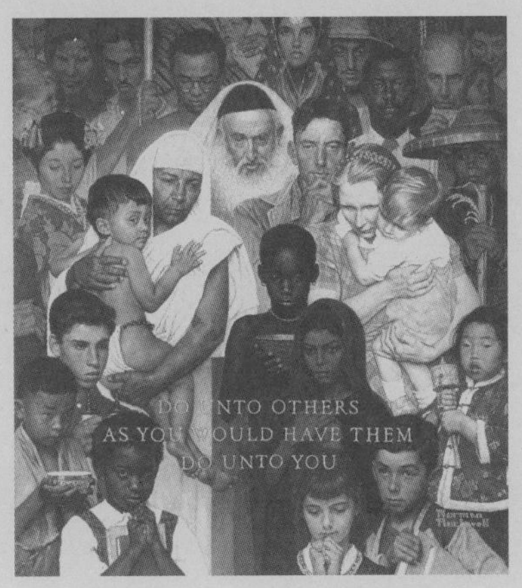

미국의 화가이자 일러스트레이터인 노먼 록웰Norman Rockwell, 1894-1978
의 그림이다. 미국 문화를 친근감 있게 표현한 작가로서 격월로 발간된
『The Saturday Evening Post』의 표지 그림을 50년 가까이 그렸는데, 이
그림은 1961년 4월호 표지였다. 록웰은 세계 모든 인종의 다양한 사람을
모아 그린 다음 "DO UNTO OTHERS AS YOU WOULD HAVE THEM
DO UNTO YOU"라는 황금률을 영문으로 적어 넣었다. 그리고 이 그림
에 대해 이런 말을 남겼다. "모든 주요 종교가 모두 황금률을 공통으로 갖
고 있다. '네가 남들이 네게 해 주었으면 하고 바라는 대로 네가 그들에게
하라.' 표현은 다소 달라도 뜻은 같다."

_ 출처: Norman Rockwell Museum 소장

황금률은,
'대우받고자 하는 대로 대우하라'는 원칙이다.

너와 내가 함께 있음을 알고,
서로 **존중**함으로써 공평과 **공존**을 추구하는 원리다.
죄인인 인간 마음에 남은 양심의 소리다.

주님은 이 지혜를 수용하시면서,
거기에 당신의 **십자가 사랑**을 가득 담아,
사랑과 희생의 원리로 우리에게 주셨다.

그리스도인은,
상호 존중과 공존을 위해 앞장서 노력하면서
희생의 사랑을 실천하여 **제자로** 살아야 한다.

황금률

황금률

초판 1쇄 발행 2025년 12월 17일

지은이 권수경

발행인 이성만

발행처 (주)칼라커뮤니케이션

등록번호 제2007-000306호

주소 서울특별시 강남구 강남대로 320, 1108호(역삼동)

이메일 colorcomuni@gmail.com

편집 최성욱 이의현 류종수

마케팅 이재혁 김명진

편집디자인 최건호

ISBN 979-11-995361-2-8 (03230)

값 35,000원

야다북스는 (주)칼라커뮤니케이션의 임프린트 브랜드입니다.

대우받고자 하는 대로 대우하라

황금률

권수경

The Golden Rule

야다북스

강영안 교수(한동대 석좌교수, 미국 칼빈신학교 철학신학 교수, 서강대 명예교수)

오늘 우리가 살고 있는 한국 사회는 정치의 양극화와 사회적 불신, 세대 갈등과 경제적 불평으로 인해 깊은 상처를 안고 있습니다. 우리에게 절실하게 필요한 것은 서로를 존중하며 함께 살아가는 지혜입니다. 이 지혜를 우리는 어느 지역, 어느 문화, 어느 종교에서나 발견되며 실천 가능한 "대우받고자 하는 대로 대우하라"는 단순하면서도 깊이 있는 황금률을 통해 배울 수 있습니다. 권수경 목사의『황금률』은 바로 이 귀한 규칙을 다루고 있습니다. 이 책을 통하여 저자는 갈등과 분열을 넘어서는 상호 존중과 공존의 길을 보여줄 뿐만 아니라, 이 규칙을 예수 그리스도의 십자가 사랑과 연결하여 단순한 윤리 규칙을 넘어 희생과 사랑 위에 세워진 참된 정의와 평화의 토대임을 밝혀 줍니다. 이 책은 한국 사회가 당면한 문제들을 극복하도록 이끄는 영적, 윤리적 나침반이 될 것입니다.

이 책의 가장 큰 미덕은 깊이와 폭넓음에 있습니다. 동서양의 종교와 철학, 윤리학과 사회학, 그리고 성경신학과 교회사를 두루 아우르며 황금률을 탐구한 국내 최초의 본격 연구서입니다. 특히 다양한 문화와 종교 속의 황금률을 그리스도의 황금률과 나란히 비교하여 보편성과 독특성을 함께 드러낸 점이 돋보입니다. 방대한 자료와 치밀한 연구를 토대로 하면서도, 일상과 사회 속에서 실천할 수 있는 구체적 지혜를 제시한다는 점 역시 이 책만의 장점입니다. 무엇보다 황금률을 단순한 상호성의 규칙이 아니라, 십자가 은혜로 드러난 사랑과 희생의 원리로 풀어낸 신학적 통찰은 특별히 주목할 만합니다.

이 책은 특정한 독자에게만 한정되지 않습니다. 신학자와 목회자에게는 설교와 교육을 위한 풍부한 자료가 되고, 철학과 종교를 연구하는 이들에게는 비교 연구의 귀중한 텍스트가 됩니다. 신앙인과 시민들에게는 일상 속에서 황금률을 어떻게 살아낼 수 있는지를 알려주며, 그것이 단순한 윤리가 아니라 구원의 은혜와 연결되어 있음을 깨닫게 합니다. 나아가 이 책은 한국 사회의 모든 이가 갈등과 대립을 넘어 화해와 공존을 실천할 수 있도록 돕는 따뜻한 길잡이가 될 것입니다.

이 책을 읽을 때 몇 가지 지침을 기억하면 좋습니다. 첫째, 큰 흐름을 먼저 살피십시오. 보편적 황금률에서 그리스도의 황금률로 나아가는 구조 속에서 저자의 큰 그림을 놓치지 않아야 합니다. 둘째, 비교의 눈으로 읽으십시오. 다양한 문화와 종교의 황금률과 예수 그리스도의 가르침을 나란히 두고 공통점과 차이를 따져 보십시오. 셋째, 성경 본문과 함께 묵상하십시오. 특히 마태복음 7장 12절과 누가복음 6장 31절을 열어두고 읽는다면, 황금률이 단순한 윤리 규칙이 아니라 복음과 은혜의 말씀임을 더 깊이 깨달을 수 있습니다. 넷째, 현실과 연결해 보십시오. 오늘의 정치적, 사회적 갈등이나 개인의 관계 속에서 황금률을 어떻게 적용할 수 있을지 성찰하며 읽어야 합니다. 다섯째, 천천히 묵상하듯 읽으십시오. 각 장을 다 읽고 나서 기록하거나 토론하면 이해가 더 깊어지고 삶의 변화로 이어질 것입니다. 이러한 방식으로 읽을 때 『황금률』은 단순한 학문적 연구서를 넘어, 한국 사회와 우리의 일상에 살아 있는 지혜와 은혜를 불어넣는 책이 될 것입니다. 마음으로 추천합니다.

김회권 교수(숭실대학교 기독교학과, 교목실장)

참 좋은 책, 신학, 예술, 철학, 문화…, 고전 종합강장제 같은 책이다. 레오나르도 다빈치 같은 입체적 접근 매우 좋다. 이렇게 좋은 책을 이렇게 짧게 추천하여 미안하다.

마태복음 7장 12절에 나오는 황금률은 수평적 동등자들 사이의 상호적인 윤리의무를 명하는 것처럼 들린다. 공자가 가르친 "기소불욕 물시어인己所不欲 勿施於人, 본인이 원하지 않는 것은 남에게도 시키지 말라" 정도처럼 들린다. 세계 도처에 존재하던 부정의 황금률과 별반 다를 것이 없어 보인다. 저자는 일단 황금률을 알고 있는 인류의 공유된 집단지혜를 살펴본다. 저자에 따르면, 황금률은 역사적으로나 지리적으로나 보편적 가르침이다. 황금률은 인간의 도덕적 내성과 성찰의 산물이라고 봐도 될 정도이다. 황금률의 구성적 보편성 또한 부인하기 힘들다. 이 책은 이처럼 황금률의 보편적 분포, 그 논리의 보편성을 일단 인정한다. 그다음 저자는 신약의 황금률에 대한 교회사 스승들과 교부들, 종교개혁가들의 해석을 개관한다. 저자의 결론은 교부들과 종교개혁가들 대부분이 일반 역사에서 나타나는 황금률과 예수님의 황금률 사이의 차이를 명료하게 밝히지는 못한다는 것이다. 대체로 다른 문명권에 등장하는 황금률은 타자에 대한 행위를 수행함에 있어서 상호적 호혜성이나 수학적, 비례적 공평성을 보장하라는 상식적 권고에 가깝게 들린다. 이런 점에서 비교적 동질 집단인 폴리스 시민들을 상대로 윤리를 가르친 아리스토텔레스의 윤리학과 황금률과 그렇게 멀지 않다. 그런데 예수 그리스도가 가르친 황금률은 이런 수준의 상호적 호혜 원리 강조나 동등한 상호 존중 정도를 월등히 뛰어넘는 것이다. 저자는 예수님의 황금률은 예수님의 십자가 도가 압축되어 있음을 밝힌다. 하나님이 먼저 베풀어 주신 구원과 은혜를 덧입은 자들이 그 하나님의 선제적인 은혜와 구원에 응답하는 것이 황금률의 핵심이라는 것이다. 구약의 선지자들과 토라의 가르침에 담긴 하나님 아버지의 터무니없는 이스라엘 사랑, 선제적 사랑이 황금률의 토대라고 본다. 주님의 황금률의 경우 그 토대는 하나님의 비대칭적이고 일방적인 사랑과 자비이다. 어처구니없을 정도로 불합리한 하나님의 내리사랑이 황금률의 원천이다. 예수 그리스도는 죄인 된 자들을 위해 자신의 목숨을 바치는 십자가를 통해 하나님 아버지의 황금률을 체현하셨다. 이 놀라운 황금률의 진실에 저자는 감격해한다.

이 분석적이고 철학적인 글을 읽고 우리는 마음이 따뜻해진다. 저자는 설교자의 선동언어를 전혀 구사하지 않으나, 그 치밀한 논리와 예리한 글발로 우리의 마음을 황금률의 광채에 개안시킨다.

이찬수 목사(분당우리교회)

이 책은 목회자이자 신학자인 저자가 오랜 시간 심혈을 기울여 연구한 내용을 담고 있습니다. 그는 "대우받고자 하는 대로 대우하라"는 황금률이 시대와 장소를 초월하여 존재해 온 이유를 밝히기 위해 동서고금의 여러 사상과 종교를 두루 살폈습니다. 뿐만 아니라 성경에 담긴 황금률의 본래 의미까지 세세하게 풀어 해석했습니다. 16세기 종교개혁자들이 그랬던 것처럼, 인문학과 신학을 아우르는 깊이 있는 통찰을 통해 예수님이 가르치신 황금률의 의미를 21세기를 사는 우리에게도 생생하게 와 닿도록 풀어주었습니다. 예수님의 제자다운 삶을 살기 원하시는 성도라면 이 책을 꼭 읽어보시기를 권합니다.

으되, 신자들이 정독하기에 알맞은 필치로 서술해 주었다. 그간에도 교회와 그리스도인이 마땅히 걸어가야 할 길을 담은 저술들을 출간하여 유익을 끼쳐온 저자의 새로운 신간을 이 땅의 모든 그리스도인에게 권독한다.

성영은 교수(서울대 화학생물공학부)

우리 시대 그리스도의 복음을 전하는 책이다. 저자를 통해 세계의 종교들, 철학자들, 윤리학자들, 교회사의 주요 인물들, 심지어 과학자들까지 생생히 만나다 보면 어느덧 그리스도 앞에 서 있는 나를 발견하기 때문이다. 정의의 실현과 자비의 실천을 고민하는 기독교인이든 비기독교이든 저자와 함께 황금률로 씨름해 보라. 특히 캠퍼스의 청년들에게 강추한다.

박은조 목사(한동대학교 교목실장, 석좌교수)

저자의 설명대로, 모든 문화에는 황금률이 존재합니다. 그 황금률의 기준은 자기 자신입니다. 그러나 성경의 황금률은 다릅니다. 하나님을 경험한 성도는, 하나님이 날 대해 주신 것처럼 다른 사람을 대하라는 가르침을 받기 때문입니다. 성도의 황금률의 기준은 자신이 아니라 하나님입니다. 땅의 것 대신 하늘의 것을 보여주려는 저자의 노력을 치하하면서, 진리 안에서 바르고 행복하게 살고자 하는 모든 분에게 이 책을 추천합니다.

대한 민족사의 흐름 속에서 교회는 어떤 위치를 차지해야 하는지, 그것이 우리 고민의 씨앗이었다. 권수경 박사의 신간 『황금률』은 그 고민을 넓히고 심화하여 얻은 값진 열매라는 생각이 들었다. 황금률은 온 세상을 다스리는 하나님의 법칙인데, 그 법칙을 구현하기 위해서는 그리스도의 사랑이 필요하다. 이 책을 통해 황금이 지배하는rule of gold 한국교회와 사회가 다시 황금률Golden Rule로 돌아가기를 소망한다.

신원하 교수(한국기독교윤리연구원 원장, 前. 고려신학대학원 원장)

이 책은 동서양의 종교와 철학, 고대와 현대를 넘나들며 "대우받고자 하는 대로 대우하라"는 소위 황금률을 꼼꼼하게 분석하고 강해한다. 저자는 예수님이 십자가의 사랑으로 완성하신 황금률에는 세상의 황금률이 지니지 못한 보배가 담겨 있다고 강조하며 그 보편성과 독특성이 무엇인지를 설명한다. 이 책은 그리스도인들이 서로를 하나님의 형상을 지닌 존귀한 존재로 인식하고, 어떻게 서로 존중하고 공존하며 살아갈 수 있을지를 분석하며 제시한다. 이념, 세대, 성별의 차이로 말미암는 갈등과 대결이 위험 수위에 와 있는 오늘 한국 사회에서, 저자가 오랜 목회 경험과 학문적 숙성을 거쳐 내어놓은 이 책은 평화와 정의, 그리고 사회적 통합의 길을 안내하는 좋은 길잡이가 될 것으로 생각하며 적극적으로 추천한다.

넘어, 그리스도를 통해 주어진 복음이라는 큰 그물 속에서 황금률을 읽어간다. 뒤집어 말하면, 저자의 말처럼, 인간 문화에 두루 존재하는 황금률이라는 질그릇에 그리스도의 사랑이라는 보배가 담긴 모양을 찾아내는 읽기다. 저자 자신이 말하듯, 그의 주관이 전면에 드러나는 논의들이지만, 그래서 오히려 더 흥미진진한 이야기로 읽힌다.

구체적인 분석과 해석에 대해서는 서로 다른 반응이 나올 것이다. 하지만 황금률을 복음의 맥락에서 읽어내려는 시도는 매우 의미심장하다. 피상적이고 억지스런 강변이 아니다. 접속사 하나의 의미에 여러 면을 할애할 정도로 본문의 세부 사항과 맥락을 꼼꼼하게 따진다. 그리고 그 가르침의 신학적 의미와 실천적 함의를 숙고한다. 이런 치밀한 사유를 거쳐 황금률의 원리를 그리스도의 사랑에서 출발하는 이야기, 곧 우리의 도덕적 지평을 넘어 그야말로 "계시로 하는 사랑" 이야기로 그려낸다. 얼핏 주어진 본문의 경계를 넘어가는 듯 보이기도 하지만, 다시 보면 오히려 황금률의 본래 자리, 곧 하나님의 사랑과 은총이라는 근원적인 맥락을 되살리려는 몸짓에 가깝다. 사람 사는 이야기를 하나님 이야기와 엮어 풀어간다는 점에서, 그야말로 '복음적'인 해석의 좋은 사례다.

폭넓은 책의 범위에서 볼 수 있는 것처럼, 이 책에는 철학도로, 신학자로, 신자들을 섬기는 목회자로, 그리고 은혜의 복음에 빚진 자로 살아가는 한 그리스도인의 모습이 그대로 담겨 있다. 생각은 치밀하지만, 이야기는 언제나 차분하고 친절하다. 또 (종종 까칠하게 나가는 동생과 달리) 저자의 글에는 목회자의 따스함이 있다. 자주 이야기를 들어 왔던 동생에게도 여러모로 배우고 생각할 것이 많은 책이다. 잘 익은 책인 만큼, 많은 이들이 함께 즐겼으면 좋겠다.

차례

The Golden Rule

일러두기

1. 성경 본문의 한글 번역 대부분은 저자의 사역이며, 별도 표시하지 않았다. 다만, 기존 출판된 번역 성경을 인용한 경우 출처를 밝혔고, 〈개역개정〉과 같이 표기하였다.
2. 성경의 정경인 경우에는 '마태'나 '누가'로 표기하였고, 외경이나 위경 등의 경우에는 『도마복음』, 『토비트』로 표기하였다.
3. 고대 문헌이나 여러 종교의 경전은 『말 잘하는 농부』, 『베다(véda)』와 같이 표기하였다.
4. 성경 약자 표기는 '마7:12'과 같이 약자와 장절을 붙였다.

질그릇에
담은 보배

이 책은 '황금률'에 관한 연구다. 그리스도께서 가르치신 황금률의 참뜻을 밝히려 시작한 작업이 교회 밖에서도 알고 있던 황금률에 관한 연구로 확장되었다. 동서고금 거의 모든 종교와 문화가 황금률을 주요 덕목으로 가르치고 있고, 주님의 가르침도 그런 배경과 무관하지 않다. 그래서 두 황금률을 비교하여 무엇이 같고 무엇이 다른지 살핀 것이 이 연구의 중심축을 이룬다. 성경 안과 밖의 두 황금률을 나란히 연구하는 일이라 성경과 일반 문화, 그리고 기독교와 다른 종교의 관계도 포함하게 되었다. 또 황금률은 윤리 규정이므로 철학과 윤리학의 여러 문제도 함께 논의했고, 황금률의 적용 현장인 정치, 경제, 사회 분야도 두루 다루었다. 결과적으로 황금률 전반에 관한 종합 안내서가 되었다.

주님께서 가르치신 황금률의 일차적인 뜻은 성경에서 찾았다. 오직 성경으로, 즉 성경을 성경으로 풀어야 한다는 것은 성경을 구원의 진리로 믿는 사람들에게 늘 타당한 명제로서 핵심은 구원의 진리에 관한 일관성 있는 이해다. 그와 함께 성경 바깥에 있는 황금률의 의미에 관한 연구도 필요했다. 주님께서 사람들이 이전부터 알고 있던 그 공식을 가져와 당신의 말씀으로 새롭게 가르쳐 주셨기 때문이다. 주님의 말씀도 황금률인 만큼 일반 황금률이 가진 여러 특징을 황금률의 문제점들과 함께 먼저 논의했다. 그렇지만 우리를 구원하려 이 땅에 오신 하나님의 아들이 그저 모두가 알고 있던 그대로를 당신의 말씀으로 주시지는 않았을 것이므로 주님의 황금률이 가진 독특성에 관한 탐구가 뒤를 이었다. 황금률은 무엇인가? 가치는 무엇이며, 어떤 문제가 있는가? 주님의 황금률은 무엇이 다른가? 특히 주님의 황금률은 주님의 생애 및 사역과는 어떤 관계에 있는가? 이런 문제들을 차근차근 살펴보았다.

이 글의 결론일 수도 있고 전제일 수도 있는 기본 구도는 같은 황금률에 다른 뜻을 담으셨다는 것이다. 모두가 알고 있는 보편적인 규칙도 귀한 것이지만, 주님께서는 거기에 오직 주님만이 주실 수 있는 큰 뜻을 담으셨다. 일반 황금률의 뜻을 그대로 살리시면서 거기에 당신의 인격과 사역을 바탕으로 새로운 뜻을 담아 생명의 말씀으로 만드신 것이다. 주님의 황금률에는 세상의 황금률이 가지지 못한 영원한 생명의 보배가 담겼다. 말하자면, 주님의 황금률은 '질그릇에 담은 보배'의 대표적인 보기가 된다. 모두가 알고 있는 황금률이 하나님께서 이 땅의 정의와 평화를 위해 일반 은혜로 주신 것이라면, 성경의 황금률은 주님께서 구원받은 이들에게 주신 특별 은혜, 곧 십자가 구원과 사랑의 길이다.

십여 년 전 〈질그릇에 담은 보배〉라는 제목으로 원고 하나를 완성했다. 땅의 지혜와 하늘의 교훈을 비교, 분석한 글이었다. 그런데 원고 분량이 너무 많아 중간 부분만 떼 내어 『질그릇에 담은 보배』복있는사람라는 제목으로 2017년에 출간했다. 믿음, 섭리, 겸손, 용서, 교회, 헌금 등의 바른 뜻을 다른 종교 및 문화와 비교하여 살펴본 것이다. 2019년에는 원고 뒷부분을 『번영복음의 속임수』SFC출판부라는 제목으로 출간했다. 믿음이라는 그릇에 보배 대신 배설물을 채운 거짓 복음을 비판하는 글이었다. 그리고 이번에 남은 첫 부분을 정리해 『황금률』이라는 단행본으로 내게 되었다. 우리 주님께서 황금률이라는 질그릇에 어떤 보배를 담으셨는지 설명하는 내용이다. 원고 하나가 세 권의 책이 되었지만 의도와 방향을 생각할 때 결국은 한 묶음이다.

황금률은 광범위한 주제다. 다 다루자면 수천 쪽은 필요할 것이다. 포괄적인 연구서가 영어와 독어로는 몇 권 출판되었다. 황금률 관련 논문도 철학, 신학, 윤리학, 법학, 정치학, 사회학, 교육학 등 여러 분야에서 많이 나왔는데 최근 들어 많아지는 추세다. 우리말로는 철학 분야의 논문 몇 개가 전부다. 칸트 윤리학 등을 다룬 글에 황금률이 언급되기도 한다. 황금률이라는 단어가 들어간 책은 몇 권 있으나 황금률 자체를 다룬 책은 아동도서 하나뿐이다. 하여 이 책에서는 이후의 연구를 위한 준비 작업도 함께 하고자 했다. 더 연구할 여러 주제도 다양하게 다루었고, 원자료 외에 그 자료를 인용한 2차 자료도 최대한 미주에 담았다.

황금률은 참으로 소중한 원리다. 일반 황금률도 사실 워낙 흔해 질그릇이지만 가치로는 이미 보배다. 그런 보배 같은 질그릇에 주께서는 더 놀라운 보배를 담아 주셨으니 당연히 살펴야 하고 즐겨야 하는데, 무엇 때문인지 너무나 오랫동안 관심을 받지 못했다. 그래서 이 책을 통해 황금률을 몰랐던 이들은 새롭게 관심을 갖고, 이미 알고 있던 이들은 일상에서 황금률을 더 많이 활용하는 계기가 되기를 바라는 마음이다.

책의

구성과 내용

책은 크게 4부로 이루어져 있다. 1부와 2부는 일반 황금률의 보편성에 관한 탐구이고, 3부와 4부는 그리스도 황금률에 관한 성찰이다.

제1부에서는 황금률의 지리적 보편성, 즉 세계 곳곳에서 발견되는 황금률을 정리했다. 고대 이집트와 그리스, 이스라엘, 중국, 인도, 중동 등 여러 문화와 종교에서 황금률이 생겨나고 발전하고 퍼져나가게 된 과정을 추적했고, 황금률을 독자적으로 만들어 활용한 여러 문화도 살폈다. 황금률이라는 같은 주제를 다양한 문화가 어떻게 수용해 활용했는지 살핀 점에서는 사상사 또는 간략한 비교종교학으로 볼 수 있겠다.

제2부에서는 황금률의 구성적 보편성을 분석했다. 황금률의 구조와 역학을 뜯어보면서 황금률이 무엇인지, 황금률이 모든 문화와 종교가 공유하는 최고의 원리가 된 동력은 무엇인지 살폈다. 황금률에 관한 다양한 윤리학적 논의도 정리했고, 황금률에 대한 오해와 황금률이 가진 문제점도 함께 살폈다. 그리고 황금률이 삶의 현장에서 정의와 평화를 위해 어떻게 활용되고 있는지도 보았다. 여기에서는 철학, 윤리학, 사

회학, 교육학 등을 다루었다. 그리하여 1부와 2부가 함께 일반 황금률, 곧 질그릇 황금률의 보편성과 의미에 관한 논의를 이룬다.

제3부에서는 교회에서 황금률을 다루어 온 과정을 살폈다. 먼저 신약성경이 가르치는 황금률 원리를 간단히 훑었고, 이어 성경의 핵심 주제인 사랑의 계명과 황금률이 어떤 관계인지 풀어 보았다. 가장 큰 계명, 새 계명, 황금률의 관계가 중심을 이룬다. 그리고 교회사의 여러 단계에서 드러난 혼란상을 살펴본 다음, 그리스도의 황금률을 살피기 위한 최종 준비로 황금률에 대한 다양한 관점과 번역 문제를 다루었다. 이 3부는 성경신학과 교리사를 주로 다루는데, 1부 및 2부와 함께 그리스도께서 황금률에 담으신 보배를 살피기 위한 준비에 해당한다.

제4부에서는 그리스도의 황금률을 다루었다. 주님께서 질그릇 황금률에 꼭꼭 눌러 담으신 보배의 정체를 확인해 본 것이다. 그리스도께서 가르치신 황금률의 참뜻을 세상이 알고 있는 황금률과 비교하여 그리스도께서 활용하신 일반 역학은 무엇이며, 주께서 거기다 담아 두신 새로운 보배는 어떤 것인지 살폈는데, 황금률이 산상수훈의 결론인 만큼 산상수훈 강해를 포함하며 황금률의 세부 내용을 성경 전체를 배경으로 풀었다. 구원의 은혜, 인간의 본성, 교회의 거룩함, 율법과 복음의 관계, 하나님의 섭리, 성령의 내적 사역, 실천의 영적 의미 등의 주제도 다루고 있다. 이 4부는 필자의 주관적 해석과 설명이 주를 이루고 있는데, 분야를 따지자면 성경신학, 조직신학, 강해, 설교, 묵상 등이다.

책 분량이 꽤 많다. 주제도 다양하여 여러 종교와 문화의 황금률을 다루다가 철학적, 윤리학적 논의로 이어지고, 성경과 교회의 여러 주제를 논의한 다음 그리스도의 황금률로 이어진다. 다소 갑작스러운 전환이 일어나는 듯 보여도 두 황금률이 서로를 휘감으며 돌아가는 큰 줄기는 똑같다. 때로는 빨리, 또 때로는 천천히 흐르겠지만, 급류나 소용돌이는 없으므로 대하소설을 읽듯 천천히 읽어가면 좋을 것이다.

책 전반에
대하여

　　　　책의 일차 목표는 그리스도 황금률의 참뜻을 밝히는 일이지만, 그 일을 위해 일반 황금률을 살핀 다음 주님의 황금률과 비교 분석하여 설명했다. 그러다 보니 황금률의 이론적 기초뿐 아니라 현실 적용 문제까지 두루 다루었고, 따라서 황금률에 포함된 문제를 대부분 논의하게 되었다. 다만 황금률 자체가 워낙 방대한 주제이다 보니 더 깊이 파고들 수 있는 심층 주제가 수없이 많고, 철학과 신학, 정치, 경제 등 이론과 실천 양면으로 뻗어가는 융합적 제목도 무수하다. 하여 이 책을 계기로 일반 황금률의 원리와 적용에 관한 연구가 계속 이어지기를 기대한다. 그런 연구는 당연히 그리스도 황금률의 뜻도 더 풍성하게 밝혀줄 것이다.

　　이 책에는 성경 인용이 많다. 성경 본문은 거의 필자가 원문에서 직접 번역했다. 이따금 한국교회의 표준 성경인 〈개역개정〉도 사용했는데, 그 경우 〈개역개정〉임을 언급했다. 〈개역개정〉은 한국교회가 사용하는 표준 번역인데도 오역이 흔하고 본문의 뜻을 정확하게 드러내지 못하는 경우도 많다. 그런 오류나 한계는 〈개역개정〉을 인용하거나 필자의 번역을 사용할 때마다 언급했다. 완결되지도 않은 번역을 교회의 공적 성경으로 쓰게 강요한 숨은 이유는 모르겠으나, 표준 성경의 그런 혼란이 한국교회의 영적, 도덕적 부패와 무관하지 않다는 것이 내 판단이다.

이 책에는 달린 주석도 많다. 본문 이해에 도움이 될 것들은 각주로 달았는데 분량은 많지 않다. 주석의 대부분은 인용 출처를 밝히는 것들인데, 황금률을 더 연구하고자 하는 분이 아니면 관심을 두지 않아도 될 것 같아서 다 미주로 돌렸다. 인용 출처는 1차 자료를 우선으로 적고, 그 자료를 인용한 2차 자료도 특별한 이유가 없는 한 전부 기록했다. 참고한 2차 자료에서 발견된 오류를 바로잡은 경우도 많다. 이따금 필자의 관점이나 설명을 각주에 추가하였는데, 그 역시 더 연구하고자 하는 분들을 위한 것이다.

이 책을 준비하면서 특히 많이 참고한 2차 자료가 네 권 있다.

Wattles, Jeffrey, *The Golden Rule*. New York: Oxford University Press, 1996 (Wattles, *GR*)

Gensler, Harry J., *Ethics and the Golden Rule*. New York: Routledge, 2013 (Gensler, *EGR*)

Dihle, Albrecht, *Die Goldene Regel: Eine Einführung in Die Geschichte der Antiken Und Frühchristlichen Vulgärethik*. Göttingen: Vandenhoeck & Ruprecht, 1962 (Dihle, *GR*)

Neusner, Jacob & Chilton, Bruce ed. *The Golden Rule: The Ethics of Reciprocity in World Religions*. London: Continuum, 2008 (Neusner & Chilton, *GR*)

워틀즈Jeffrey Wattles의 책은 황금률 종합 입문서에 해당한다. 황금률의 역사와 윤리학적 논의, 그리고 다양한 활용을 고루 소개하고 있다. 겐슬러Harry J. Gensler의 책은 황금률의 지리적 보편성과 논리적 보편성을 함께 설명하고 있다. 딜Albrecht Dihle의 책은 황금률의 역사와 구조에 대한 논의로서 현대 들어 황금률에 관한 관심을 새롭게 불러일으켰다. 뉴즈너와 칠튼Neusner & Chilton이 편집한 책은 여러 종교가 황금률을 어떻게 다루는지 설명한다. 이 네 권은 두 번째 인용부터는 전부 괄호에 있는 간략한 표현을 사용했다.

감사의 말씀

사람이 하는 연구가 늘 그래 왔듯 땀 흘려 맺은 지성의 열매를 모두에게 개방하여 도움을 주는 기관이 많다. 돈과 지식을 제공하는 수많은 후원자가 있어 가능한 일이다. 고대 그리스-로마 원전을 영어 번역과 함께 제공하는 Perseus Digital Library, 서양 사상사의 고전을 원어 또는 영어로 제공하는 Project Gutenberg, 수많은 책과 자료를 제공하는 Internet Archive 등이 특히 유용하다. 기독교 고전을 원어와 번역으로 소개하는 곳도 많은 도움이 되고, 각종 논문을 자유롭게 읽도록 공개하는 사이트도 많다. 중국 고전을 원문 그대로 소개하는 Chinese Text Project中國哲學書電子化計劃도 상당한 유익을 준다. Wikipedia는 신뢰도에 의문이 제기되기도 하지만 영문의 경우 범위가 워낙 방대하여 자료 탐구의 통로로 사용하기에는 더없이 좋다. 그 외에도 인터넷의 수많은 사이트가 유익한 정보를 제공한다. 지식과 재정을 공급해 주신 모든 분에게 감사드린다.

책 원고를 처음 작업할 무렵 필자는 미국 코네티컷에 있는 그리니치 한인교회의 담임목사로 일하고 있었다. 교회를 섬기며 마음껏 연구할 수 있게 큰 배려를 베풀어 주신 교우들과 한진석 장로, 박지수 장로 두 분께 특히 감사드린다. 책 원고가 거의 완성되었을 즈음 천안에 있는 고려신학대학원에 초빙교수로 부름을 받아 4년 동안 신학 석사 및 목회학 석사 과정에서 황금률을 다섯 번 강의했다. 불러주신 신대원장 신원하 형과 토론에 참여해 준 학생들께 고마움을 전한다. 원고를 마무리하는 지금은 서울 남동쪽 끝자락에 있는 일원동교회에서 담임목사로 일하고 있다. 은퇴가 가까운 사람을 불러 일하게 해 주신 일원동교회 교우들께 감사를 전한다.

책을 야다북스에서 출간하게 됨도 감사의 제목이다. 대학 시절 SFC Studen For Christ(학생신앙운동) 운동원으로 함께 훈련받은 사랑하는 친구 이성만 장로와 40년이 지난 지금도 서로 격려하며 활동하던 중 이렇게 문서 사역도 함께 하게 되었다. 시대가 어렵고 혼란한 만큼 같은 시대에 같은 믿음으로 일하는 기쁨은 더욱 크다. 우리가 나누는 이 기쁨이 주께서 교회를 새롭게 하시는 일에 조금이나마 도움이 되기를 간절히 바란다. 좋은 책을 만들기 위해 편집 책임을 맡아 모든 면을 세심하게 살피며 수고해 준 최성욱 목사께, 또 동역하는 이의현 목사와 최건호 실장과 야다북스 모든 가족께도 감사의 인사를 전한다.

오늘도 집과 일터에서 사랑의 수고를 감당하고 있는 사랑하는 아내 제수정에게 사랑과 고마움을 전한다. 아내에게 바치는 노래는 멈출 겨를이 없다. 샌디에이고와 독일과 뉴욕에서 사회인으로 제 몫을 하고 있는 세 아들 호성, 요한, 제영에게 아버지의 사랑을 전한다.

　십 년도 넘게 황금률과 씨름해 보니 황금률은 존경과 사랑이다. 돈독이 오를 대로 올라 서로에게 주먹을 휘두르는 우리 대한민국이 황금률을 통해 조금이라도 더 서로 존중하고 아끼는 사회가 되기를 바라고, 주님의 사랑을 먼저 아는 교회가 더 큰 사랑을 펴는 일에 앞장설 수 있기를 간절히 바란다.

2025년 늦가을
들녘에 황금물결 넘실거리는 때에

권수경

제1부

어디에나 있는 황금률

THE
GOLDEN
RULE

어디에나 있는 황금률

THE GOLDEN RULE

'황금률黃金律'은 영어 'Golden Rule'을 우리말로 옮긴 것이다. 황금처럼 값지고 소중한 규칙이라는 뜻이다. 황금률이라는 영어 이름은 다양하게 쓰인다. '지도력의 7가지 황금률', '의무행정의 10가지 황금률', '회계의 황금률 3가지'[1] 등 수없이 많다. 표준으로 삼을 정도로 권위가 있는 원리라는 뜻이다. 생물학자 찰스 다윈도 종과 변종을 구분하는 황금률은 없다는 표현을 썼다.[2] 이런 황금률은 일반명사로서 동양의 고사성어 '금과옥조金科玉條'와 통한다. 어떤 원리나 법이 금이나 옥처럼 값지다는 말이다. Golden Rule은 고유명사로도 여러 가지를 가리킨다. 물리학자 엔리코 페르미Enrico Fermi는 폴 디랙Paul Adrien Maurice Dirac이 발견한 원리가 소중하다는 뜻에서 황금률이라 불렀다. 영국법에서 법조문을 과도하게 문자적으로 풀지 못하게 막는 법도 이름이 Golden Rule이다. 또 거시 경제학에서 안정 상태의 소비성장을 극대화하는 저축률을 '황금 저축률'이라 부르고, 그것을 목표로 시행하는 정책을 '황금률 정책'이라 부른다. 생물학, 물리학, 법학, 경제학, 경영학 등 여러 학문에 등장하고, 또 실제 생활에서도 다양하게 쓰이는 용어가 바로 황금률이다.

그렇지만 황금률 용어가 가리키는 일차 대상은 윤리학이 다루는 어떤 규칙이다. 특정한 내용을 가진 고유명사로서, 간단히 줄이면 "대우 받고 싶은 대로 대우하라"는 규칙이다. 영어 'Golden Rule' 역시 대문자로 시작하는 고유명사가 되면 대개 이 윤리 법칙을 뜻한다. 이 황금률은 예수 그리스도의 가르침으로 성경에 두 번 등장한다. 마태복음 7장 12절과 누가복음 6장 31절이다. 천수백 년 동안 성경에 담겨 있던 그 가르침이 17세기 초 〈킹 제임스 성경King James Version, KJV〉1611 출판과 함께 서양에 널리 알려지면서 최고의 가치를 지닌 도덕 법칙으로 유럽 사람들의 마음을 사로잡았고, 그 과정에서 '황금률'이라는 멋진 이름도 얻게 되었다. 황금률이라는 이름 자체는 물론 성경에 없다. 누가 그 구절에 황금률이라는 이름을 붙였는지도 알려져 있지 않다.[3]

황금률은 적극적으로는 "네가 바라는 것을 남에게 해라"로, 또 소극적으로는 "네가 싫은 것은 남에게도 하지 마라"로 표현할 수 있다. 하나는 긍정문이고 하나는 부정문인데, 둘을 종합하면 "대우받고 싶은 대로 대우하라"는 중립 공식이 된다. 간단히 말해 나 자신을 대하는 태도를 방향을 바꾸어 남에게도 적용하고, 상대를 존중하는 가운데 나와 그 사람 사이에 공평한 관계를 추구하는 '상호성相互性, reciprocity' 원리다. 이 상호성은 어디에서나 찾아볼 수 있는 흔한 태도다. 우리도 황금률이라는 이름을 듣기 오래전부터 '역지사지易地思之'*, 곧 처지를 바꾸어 생각하는 원리를 알고 있었다. 그렇지만 "대우받고 싶은 대로 대우하라"는 구체적인 황금률 공식 자체는 원리만큼 흔하지 않다. 그래서 유럽 사람들도 처음에는 성경에만 있는 규칙인 줄 알았다. 그러던 중 그리스도와 동시대 사람인 유대교 랍비 힐렐도 비슷한 말을 했다는 자료가 나타났다. 또 해외선교 열풍이 불면서 멀리 중국이나 인도 등 다른 문화나 종교에도 비슷한 가르침이 있음을 알게 되었고, 그런 공식을 통틀어 황금률이라 부르게 되었다. 동서고금의 여러 곳에서 발견된 규칙이지만 내용은 그리스도께서 가르치신 그 규칙과 같거나 비슷하므로 황금률은 여전히 고유명사다.

우리가 바라는 바가 있다. 자연 가운데 유기체로 살면서, 또 사람들

---

* 이 어구는 우리나라에서 주로 쓰는 사자성어다. 중국 원문은 '역지즉개연(易地則皆然)'인데 처지를 바꾸어 생각하는 황금률 원리와는 차이가 있다. 이 책 150쪽 각주를 참고하라.

과 어울려 지내면서 되고 싶고 갖고 싶은 것들이다. 나를 출발점으로 하는 사고다. 그런 희망은 많은 경우 다른 사람들을 향한 기대로 나타난다. 물질이나 도움을 바라고, 인격 존중과 정당한 대우도 기대한다. 사람답게 살기 위한 것들이다. 그런데 그걸 거꾸로 그 사람들에게 해준다. 혹 무례함, 욕설, 차별, 폭력, 손실처럼 내가 싫어하는 것이라면 남에게도 하지 않아야 한다. 황금률의 핵심인 외연外延 확장 또는 보편화다. 나에게 적용하던 기준을 범위를 넓혀 다른 사람들에게도 적용하는 것이다. 중립 공식이라면 방향을 바꾸는 '뒤집기'가 된다. 내가 사람들에게 기대하는 태도를 역으로 내가 그들에게 보여주는 것이다. 내가 바라는 바를 행동의 기준으로 삼고 그것을 다른 사람에게 실천하는 것은 곧 다른 사람을 나처럼, 나와 동등하게 대하는 것이다.

황금률은 짧은 공식이다. 그런데 생각보다 많은 것이 담겼다. 어쩌면 짧아서 더 많이 담을 수 있었는지 모른다. 처지를 바꿔 생각하는 상호성 원리, 남의 마음을 헤아리는 공감의 윤리, 상대의 형편을 두루 살피는 배려, 다른 사람을 나와 동등한 인간으로 대우하는 인격적 존중, 내 욕심을 통제하여 세우는 공평과 정의의 원칙, 함께 더불어 사는 사회를 만드는 공존의 지혜 등 사람들이 칭송해 마지않는 여러 원리가 이 짧은 규칙에 다 들었다. 황금률을 실행할 때마다 이런 것들을 하나하나 의식하지는 않겠지만, 우리 직관에서는 언제나 그 모든 것이 함께 작용한다. 그래서 황금처럼 찬란하게 빛나는 황금률이다.

황금률은 세계 곳곳에서 찾아볼 수 있다. 황금처럼 소중한 이 규칙이 인류가 함께 일구고 지켜 온 공동의 유산이라는 뜻이다. 신학 용어를 쓴다면 하나님께서 내리신 '일반 은혜'다. 인류의 값진 삶을 위해 주

신 선물이다. 처지를 바꾸어 생각하는 황금률 태도는 말할 것도 없거
니와 그것을 일반 규칙으로 다듬은 황금률 공식도 동서고금 여러 문화,
여러 종교에 있었음이 연구를 통해 확인되었다. 말하자면, 황금률은 질
그릇처럼 어디서나 발견되는 원리다. 이 원리의 보편성은 각 문화와 종
교를 살펴보는 귀납적 연구를 통해서도 확인할 수 있고, 또 황금률의
내적 논리와 타당성을 분석하는 연역적 방법으로도 확인할 수 있다. 여
기서는 우선 세계 여러 종교와 문화가 보여주는 황금률 태도와 공식을
개괄해 보자.

I

고대 근동과 그리스의 황금률

이집트와 근동

황금률은 동서양을 막론하고 오래전부터 있었다. 다만 직관적인 황금률 사고가 구체적이고 논리적인 황금률 공식으로 모양을 갖추는 데는 어느 정도 시간이 필요했다.[*] 서양의 고대 자료 가운데 희미하게나마 황금률 공식을 담고 있는 최초의 기록은 이집트의 『말 잘하는 농부*The Eloquent Peasant*』 이야기에 나온다.

"그 사람이 하게끔 그 사람에게 하시라는 말입니다."[4]

탐관오리에게 재산을 빼앗기게 된 농부가 재판관에게 탄원하면서 속담처럼 들려준 말이다. 누군가에게 바라는 게 있다면 나 자신이 먼저 그 사람에게 그걸 해 그 사람도 따라 하게 만드는 것이 지혜라는 뜻

---

[*] 겐슬러의 책이 상세한 황금률 연보를 담고 있다. Gensler, *EGR*, 76-107.

이다. 처지를 바꾸어 생각하는 태도가 너와 나를 넘어 제삼의 인물에게 확장되었으니 어느 정도 보편성을 얻었다. 이집트 중왕국 시대인 기원전 19세기 이야기이므로 단연 오래된 것이지만, 해당 상형문자의 뜻이 다소 애매하고 또 '받기 위해 준다'는 태도 자체가 황금률의 기본 역학과 달라, 이 문구를 최초의 황금률이라 부르기에는 다소 무리가 있다.

고대 이집트에서 명확한 황금률 공식이 처음 등장하는 것은 천수백 년이 지난 기원전 4~5세기 무렵이다. 이집트 말기 왕조 문헌인 『브루클린 파피루스*Brooklyn Papyrus*』에 이런 문장이 나온다.

"네가 겪고 싶지 않은 일은 남에게 하지 말아라."[5]

명백한 황금률이다. 내가 남에게 갖는 기대가 내 행동의 기준이다. 비슷한 시기의 다른 이집트 문헌 『앙케셰숑크의 교훈』도 똑같은 부정문 황금률을 전한다.[6] 그런데 이 무렵에는 이집트뿐 아니라 고대 근동의 다른 많은 문서에서도 부정문 황금률 공식을 어렵지 않게 찾아볼 수 있다. 당시의 폭넓은 문화교류를 통해 공식이 곳곳에 전해진 것으로 보는데, 그 중심 역할을 한 것은 당시 유행하던 지혜서였다. 고대 근동 메소포타미아 지역에서는 기원전 6세기 이후 그 시대의 지혜를 집대성한 글이 『아히카르의 이야기』 또는 『아히카르의 지혜』 등의 이름으로 널리 퍼져 있었다. 가장 권위가 있는 것은 지난 세기 발굴된 당대의 아람어판인데 아쉽게도 내용이 많이 빠져 있다. 이후에 나온 번역판이나 증보판은 아람어판보다 권위는 다소 약하나 아람어판에 빠진 내용이 많이 담겨 있다. 후대 번역 가운데 아르메니아어판 88번에 이런 문구가 나온다.

"아들아, 네가 보기에 나쁜 것은 네 동료에게 행하지 말아라."[7]

부정문으로 된 황금률이다. 물론 서기 5세기 이후 등장한 후대의 번역판이므로 정확한 시기를 알 수 없고, 또 다른 사상의 영향 또한 배제할 수 없다. 같은 책의 아르메니아어판 39번 및 시리아어판 6번은 황금률을 구체적인 상황에 적용하여 전한다.

"네 아내가 다른 사람과 간통하기를 네가 원치 않는 것처럼 너 또한
네 동료의 아내와 간통하고 싶어 해서는 안 된다."[8]

이 정도면 명확한 황금률이다. 고대 이집트 여러 문헌에 등장하는 황금률과 똑같다. 따라서 활발한 국제 교류를 통해 황금률 사고 및 공식이 많은 지역에 퍼져 있었을 것으로 추정한다. 물론 공식이 퍼져 있었다고 해서 황금률 원리가 사회를 주도한 것은 아니다. 분명한 것은 적어도 그 시대에는 황금률보다 '등가보복等價報復, lex talionis' 가치관이 더 우세했다는 사실이다. 황금률 공식이 얼마나 알려져 있있는가 하는 것과는 별도의 문제다.

등가보복은 누군가 손해를 입었을 때 보상이나 징벌을 통해 그것을 바로잡는 원리로서 '보복적 정의報復的 正義, retributive justice'라고도 부른다. 손해를 입은 사람에게는 손해만큼 보충해 주고 손해를 입힌 사람에게는 그 손해에 해당하는 벌을 줌으로써 초기 사회 질서를 유지하는 기본 원리가 되었다. 기원전 18세기에 만들어진 바빌로니아의 함무라비 법전은 이 원리를 "눈에는 눈 이에는 이"라는 공식으로 표현한다.[9] 등가보

복 원리는 과도한 복수를 금지 또는 예방하므로 공평이나 정의를 추구한다는 점에서는 황금률과 통한다.[10] 하지만 처지를 바꾸어 상대를 배려하는 황금률과 달리 자신의 이익을 지키고자 하는 자기중심적 동기가 끝까지 우세하다. 외연 넓히기나 방향 뒤집기가 없으므로 내가 좋아하거나 싫어하는 것이 다른 사람을 대하는 기준으로 사용되지 않는다. 또 등가보복 원리에는 갱신을 통한 발전이나 용서의 가능성은 배제된다. 따라서 차가운 법적 정의를 확립하는 데는 도움이 될 수 있겠으나 더불어 사는 사회를 추구하는 원리가 되기에는 미흡하다. 이 등가보복이 남을 배려하고 존중하는 태도와 결합할 때 새로운 원리가 되고, 이후 황금률로 발전할 가능성까지 안게 된다.

그럼 고대 이집트나 근동의 황금률은 어디서 온 것일까? 황금률의 초기 역사를 연구한 독일의 고대 문헌학자 알브레히트 딜Albrecht Dihle, 1923-2020은 그리스에서 왔다고 주장하는데, 적지 않은 학자가 이에 동의한다.[11] 처지를 바꾸어 생각하는 태도는 구체적인 삶의 현장에서 누구나 발견하여 쉽게 활용할 수 있으나, 그것을 일반화시킨 황금률 공식은 고도의 추상화 과정을 거쳐야만 도출할 수 있다. 그런데 당시에는 오직 그리스만이 황금률 공식을 만들어낼 정도의 추상적 사고를 할 수 있었다는 것이다. 고대의 자료 가운데 황금률을 가장 뚜렷하게 또 풍성하게 보여주는 지역은 단연 그리스다. 물론 인간이라면 누구나 황금률 공식을 생각해 낼 수 있고, 따라서 이집트나 근동의 황금률이 거꾸로 그리스로 수입되었을 가능성도 배제할 수는 없다. 하지만 그리스의 사상적 변화가 황금률과 관련한 합리적 사고의 발전 역사를 잘 보여주고 있어 남과 나를 생각하는 태도가 구체적인 황금률 사고방식으로 정착하는 과정까지 확인할 수 있다. 겉으로 드러나는 현상보다 그 이면에 숨은 원리를 찾아내려 하였던 고대 그리스 특유의 합리적 사고방식이 이런 발전의 원동력이었음은 말할 필요도 없다.

고대 그리스

고대 그리스의 첫 황금률 사고는 기원전 8세기 무렵의 시인 호메로스Homer, 8C BC의 대작『오디세이아』에 등장한다. 그리스의 영웅 오디세우스는 트로이아를 정복한 뒤 고향으로 돌아가던 길에 폭풍우를 만나 한 섬에 표류한다. 그런데 그 섬을 다스리던 님프 칼립소는 오디세우스를 남편으로 삼을 욕심에 7년이나 붙잡아 두었다. 고향과 아내를 그리며 눈물로 지새우는 오디세우스를 보다 못한 여신 아테나가 신의 왕 제우스에게 부탁했고, 제우스가 헤르메스를 통해 칼립소에게 오디세우스를 보내주라 명령하자 칼립소는 분노를 억누르며 그 지시에 따른다. 오디세우스는 집으로 가도록 도와주겠다는 칼립소의 말을 믿을 수가 없어 맹세를 요구했고, 칼립소는 땅과 하늘과 스틱스 강물로 맹세하면서 이렇게 말을 이었다.

"내가 세심하게 계획을 짤게요. 마치 내가 당신 처지가 된 것처럼 말이어요. 내 마음은 올바르니까요. 내 가슴에 담긴 마음은 강철이 아니라 자비롭답니다."[12]

절대 해치지 않고 오히려 무사히 귀가할 때까지 도와주겠다 약속했다. 그러면서 오디세우스를 안심시키려고 한 말이 바로 자기가 오디세

우스의 처지가 된 듯 보호해 주겠다는 말이었다. 완전한 황금률 공식은
아니지만 적어도 명확한 자리 바꾸기가 드러나 있다. 뒤이은 말에는 정
의와 자비의 마음까지 담겼다. 황금률의 두 가지 정신 아닌가. 게다가
아직 구체적인 사례가 없는 가운데 보여주는 '일반화 경향'이어서[13] 황
금률 공식으로 나아갈 가능성마저 엿보인다. 저자 호메로스의 실존 여
부에 대한 논란이 있긴 하지만,『오디세이아』라는 책은 적어도 기원전
8세기 후반에 나왔으니 상당히 오랜 자료다. 다만 이런 위치 바꾸기가
아직은 황금률 구도로 자라지는 못하고 그 시대를 주도하던 등가교환
의 원칙에 여전히 눌리고 있었다.[14]

그 무렵의 일반적인 분위기를 잘 보여주는 사람이 시인 헤시오도스
Hesiod, 750-650BC다. 호메로스와 비슷한 시기를 살았던 헤시오도스는『일
과 날』에서 자기 관리를 제대로 못하는 동생 페르세스에게 이런 조언을
들려준다.

> "이웃을 잘 평가하여 가져온 것보다 적지 않게 돌려주거라. 할 수 있
> 다면 더 많이 주어라. 그러면 네가 곤경에 처할 때 도움을 받을 수 있
> 을 것이다. … 너를 사랑하는 이들을 사랑하고, 너를 돕는 이들을 도
> 와라. 너에게 주는 이들에게 주고 네게 주지 않는 자들에게는 절대
> 주지 마라."[15]

오는 것도 있고 가는 것도 있다. 사랑이든 미움이든 받는 대로 준
다. 사람이라면 당연히 더 받기를 기대한다. 분명 쌍방통행인데 철저하
게 나 중심이다. 그렇기에 친구와 원수를 엄격하게 구분하여 친구는 사

랑하고 원수는 미워한다. 넉넉하게 주는 것도 결국은 다 나를 위한 것이다. 내가 남에게 베풀면 나도 언젠가는 받을 것이라는 원리다. 현세에 대한 기대지만, 신을 믿는 경우 내세에 받을 것을 기대하기도 한다. 하지만 나 중심의 태도를 벗어나지 못한다면 상대를 고려하는 태도 역시 평화와 질서를 확립하는 원리가 아니라 거꾸로 파괴하는 이유가 될 수도 있다. 사실상 세상에서는 준 만큼 받지 못하는 일이 많다 보니 등가교환 수준의 상호성 원리는 결국 징벌과 보상을 추구하는 투쟁으로 이어지는 경우가 많다. 이러한 등가보복 원칙은 그보다 천 년이나 앞선 바빌로니아의 함무라비 법전에서 조금도 진전하지 못한 태도라고 볼 수 있다.

이런 흐름을 바꾼 사람이 정치가 솔론Solon, 638-558BC과 페리클레스 Pericles, 495-429BC다. 솔론은 개인적인 등가보복 원칙을 배제하고 모두에게 적용할 수 있는 공평한 법을 강조하였고, 페리클레스는 보상을 기대하거나 손해를 피하려고 베푸는 친절이 아닌 사람이기 때문에 자유롭게 실천하는 그런 보편적인 이타주의를 강조하였다.[16] 솔론과 동시대를 살았던 철학자 탈레스Thales, 624-546BC는 "가장 멋지고 가장 올바른 삶을 살려면 어떻게 해야 합니까?"라는 질문에 이렇게 답했다.

처지를 바꾸어 생각하는 태도가 상호성을 보여준다. 내 판단이 남을 대하는 내 행동의 기준이 된다는 점도 황금률과 통한다. 표현 자체도 황금률 공식에 아주 가깝다. 황금률은 내가 바라는 것에서 출발하는데, 탈레스의 문장은 그 바라는 것을 도덕 원칙으로 일반화시킨 경우라 할 수 있다. 나와 다른 사람에게 똑같은 기준을 적용하므로 뒤집기, 또는 넓히기가 이미 이루어진 셈이다. 적극적인 태도가 아닌 소극적인 태도만 포함하여 부정문 황금률과 통한다. 탈레스보다 백수십 년 뒤에 나타난 역사가 헤로도토스Herodotus, 484-425BC 역시 저서 『역사』에서 탈레스와 비슷한 태도를 가진 한 통치자를 소개하고 있다.

> "내가 내 이웃을 비난하는 그 일은 나 자신이 하지 않도록 최대한 노력하겠소."[18]

그리스의 사모스 섬이 페르시아 속령으로 있을 때 잠시 권력을 잡았던 마이안드리오스가 이전 통치자의 악행을 거론하면서 그것을 "내가 내 이웃을 비난하는 그 일"로 일반화시킨다. 왕정 대신 민주주의를 심겠다며 공평과 정의를 약속한 마이안드리오스의 말은 처지 바꾸기를 넘어 탈레스처럼 황금률의 보편성까지 암시하고 있다. 다만 헤로도토스의 기록을 보면 강대국 페르시아의 위협과 정치적 불안 때문에 임시 통치자의 약속이 실제로 이행되지는 못한 것 같다.

고전기 그리스

고대 그리스의 황금률 사고는 서양 문화의 사상적 요람인 '고전기 그리스Classical Greece' 시대에 소크라테스Socrates, 470-399BC, 플라톤Plato, 424-348BC, 아리스토텔레스Aristotle, 384-322BC 세 사람에 의해 이론과 실천 양면으로 확고하게 자리를 잡았다. 이 세 사람이 함께 추구한 존재의 의미와 올바른 삶의 원리는 이들이 보여준 바른 삶과 더불어 후대에 막대한 영향을 끼쳤는데, 그 가운데 포함된 것이 바로 황금률 원리다.

그런데 정작 황금률 사고를 대중적으로 확산시킨 주역은 이들과 동시대 사람으로서 이들과는 관심이 달랐던 소피스트들이었다.* 딜은 바로 이 소피스트들을 통해 "선은 선으로 악은 악으로 갚으라"는 규칙이 추상화, 보편화 과정을 거쳐 "대우받고자 하는 대로 대우하라"는 황금률 공식으로 발전할 수 있었다고 본다.[19] 물론 이들은 황금률을 공동체를 위한 보편적 규칙으로 끌어올리는 일보다 이 규칙을 통해 자기 이익을 최대한 확보하는 일에만 관심을 쏟았다. 따라서 이들이 발전시킨 황금률 규칙 이면에는 등가교환 원리의 핵심인 자기중심주의 동기가 여전히 작용하고 있었다.[20] 말하자면 등가교환 원리에서 본격적인 황금률 원리로 넘어가는 과도기였던 셈이다.

소피스트 가운데 황금률을 가장 널리 퍼뜨린 사람은 이소크라테스 436-335BC였다. 그는 친구는 사랑하고 원수는 미워한다는 전통의 틀 가운데서 최대한의 이익을 얻어내고자 하였는데, 그 목표를 이루는 방법이 바로 처지를 바꾸어 생각하는 태도였다. 이소크라테스는 "남들이 여러분에게 행하여 화나는 일이 있다면 그런 일은 여러분도 남들에게 해서는 안 됩니다" 하여 탈레스 전통을 잇는다.[21] 약한 나라를 상대할 때는 강한 나라가 우리를 어떻게 상대해 주었으면 좋을지 생각하고,[22] 부모를 대할 때는 내 자식이 나에게 어떻게 하면 좋을지 생각하라고 권하여

---

* 소피스트는 기원전 5세기 후반에 등장한 무리로서 당대의 식자 또는 변론가였다. 주류 철학자들이 이들을 '궤변가(詭辯家)'라 불러 그 이름으로 많이 알려졌으나, 최근에는 그런 부정적 용어 대신 그냥 '소피스트'라는 용어를 사용한다.

Scuola di Atene(아테네 학당)

르네상스 3대 화가로 꼽히는 라파엘로(Raffaello Sanzio da Urbino, 1483-1520)가 교황청 사도궁 벽에 1510-1511년에 그린 그림으로 라파엘로의 방 한 면을 차지하고 있다.

고대 그리스에서 르네상스에 이르기까지 천재 사상가들을 한자리에 모았다. 가운데는 철학의 대명사 플라톤이 손으로 위를 가리키고 있으며, 곁에는 니코마코스 윤리학 책을 든 제자 아리스토텔레스가 아래를 가리키고 있다. 하늘을 바라본 플라톤은 황금률에 무관심했던 반면, 땅의 일에 집중했던 아리스토텔레스는 황금률을 폭넓게 연구했다. 왼쪽 끝 아치 아래 꼬마 뒤에는 스토아학파의 창시자 키티온의 제논이 파란 모자를 쓰고 모두를 응시하고 있으며, 아치 아래 오른쪽 끝에서 네 번째 흰옷을 입고 수염이 많은 사람은 조로아스터다. 고전기 그리스의 큰 스승 소크라테스는 플라톤과 같은 높이에서 왼쪽으로 몇 사람 건너 쑥색 상하의를 걸친 대머리 노인이다. 황금률의 이상에 가장 가까운 가르침을 제자들에게 주었다.

고대 그리스는 철학, 문학, 과학, 기술, 예술 등 모든 분야에서 탁월한 업적을 이루어 이후 인류 사상의 깊은 샘이 되었다. 르네상스는 그 샘물을 크고 깊게 퍼낸 시대였다.

_출처: Wikipedia.

23 실제적인 지침을 준다. 또 "남들을 대할 때는 제가 여러분을 대할 때 여러분이 저에게 기대하듯 그렇게 대하셔야 합니다" 하여 보편적 적용에도 상당히 근접한다.[24] 그렇지만 그런 고상한 도덕 원리의 결론은 언제나 그런 방식으로 자신의 이익을 극대화하라는 것이었다. 이소크라테스는 자신이 제기한 소송의 판결 직전 배심원들에게 공정한 판결을 부탁한 다음 "저에 대해 판결할 때 여러분 자신에 대해 판결하듯 한다는 것을 보여 주십시오" 하고 마무리했다.[25]* 말이 좋아 공정이지 사실은 자리 바꾸기를 권유하여 자신에게 최대한 유리한 판결을 얻어내고자 한 것이다.

그럼 세 사람의 위대한 철학자는 소피스트와 어떻게 달랐을까? 간단히 말해 친구와 원수를 구분하지 않고 모두에게 유익이 되는 보편성을 추구한 점인데, 이런 흐름을 선도한 사람은 수천 년 서양 지성사에서 최고의 스승으로 존경받는 소크라테스다. 소크라테스는 자신이 다른 사람 자리에 설 뿐 아니라 남을 자기 자리에 세우기도 했다. 하여 남을 설득하기 전에 언제나 자신을 먼저 설득하려 노력했다. 대화편『크리톤Crito』에 보면 젊은이를 타락시켰다는 이유로 감옥에 갇혀 사형을 기다리고 있던 소크라테스에게 한 친구가 다가와 탈옥을 권한다. 그러자 소크라테스는 우리가 국가의 처지가 되어 보자 제안한다. 자신의 행위로 피해를 입게 될 국가 자리에 자신을 세워 본 것이다. 탈옥이라는 한 사람의 범법행위가 모두의 행동이 될 수 있음을 말해 주면서 소크라테스는 이렇게 결론을 내린다.

---

* 황금률을 이렇게 상대의 처지를 앞세우는 태도로 오해한 역사가 길다. 이 오해에 대한 설명은 이 책 182-186
　쪽을 참고하라.

"그러니 누구에게 무슨 일을 당하든 앙갚음하거나 해쳐서는 안 되네."[26]

국가가 나에게 불의한 일을 했지만 내가 그걸 불의한 행위로 되갚을 수는 없다는 말이다. 한 사람의 악행을 모두가 따라 할 수도 있음을 염려하는 부분에서는 처지 바꾸기 사고가 이미 모두가 지켜야 할 보편 규칙이 되고 있다. 『파이돈Phaedo』에서는 자살의 부당성을 또 황금률 논리로 설명한다. 죽음을 앞둔 소크라테스가 자기는 죽음이 두렵지 않다 하자 친구가 그럼 왜 자살하지 않느냐 묻는다. 소크라테스의 대답은 남이 내 소유물을 내 허락 없이 함부로 할 수 없듯 신의 소유물인 우리 역시 우리 마음대로 해서는 안 된다는 것이었다.[27] 신의 분노나 징벌이 두렵다는 이야기가 아니라 사람의 사고를 신의 자리에 확대 적용해 무엇이 옳은지 생각해 본 것이다.

소크라테스의 제자 플라톤은 달랐다. 스승의 황금률 사고를 여러 대화편에서 충실하게 전달하면서도 정작 자신은 황금률에 큰 관심을 두지 않았다. 플라톤이 상호성 원리를 통해 정의를 추구하였다는 점을 고려할 때 다소 놀라운 일이다.[28] 플라톤은 시민사회에서 지켜야 할 원칙에 대해서는 황금률 공식에 근접하는 이런 규칙을 제시하고 있다.

"가능할 경우 내 동의가 없이는 그 누구도 내 물건을 만지거나 추호도 움직이지 말고, 나 또한 상식이 있는 사람으로서 다른 사람의 재산을 똑같은 방식으로 다루는 것입니다."[29]

이웃과 적을 여전히 구분하고 있던 당시의 그리스 사고에 황금률이 어울리지 않는다고 생각했을 수도 있지만, 플라톤이 황금률에 관심을 두지 않은 진짜 이유는 인간을 신뢰하지 않았기 때문이다. 플라톤은 인간을 만물의 척도라 본 소피스트 프로타고라스Protagoras, 490-420BC를 강하게 비판한다. 인간을 보편 윤리의 기준으로 삼는 그런 관점은 사람 개인을 진리의 근거로 만들어 결국 상대주의로 전락할 수밖에 없다는 것이었다.[30] 플라톤이 추구한 것은 언제나 절대적인 이데아였다. 게다가 황금률은 내가 바라는 것에서 출발하는데, 그런 통제되지 않은 인간의 욕망은 윤리의 기준이 될 수 없다는 것이 플라톤의 확고한 견해였다. 플라톤은 그런 비판을 위해 스승 소크라테스를 거듭 프로타고라스 자리에 세워 생각하게 했으니* 황금률 비판을 위해 황금률 태도를 십분 활용한 역설적인 방법이었다. 어쨌든 출발점부터 마음에 들지 않았기 때문인지 플라톤은 뒤집기나 넓히기 등 황금률의 핵심 역학을 고려조차 하지 않았고, 따라서 황금률 원리도 발전할 기회를 얻지 못했다.

플라톤의 제자 아리스토텔레스는 황금률에 상당한 관심을 쏟았다. 라파엘로의 그림처럼 스승이 손가락으로 위를 가리킬 때 제자는 펼친 손으로 땅을 가리키지 않았던가. 아리스토텔레스가 본 황금률은 '친구들' 사이의 원칙으로서 사회윤리의 기본 바탕이 되는 중요한 원칙이었다. 아리스토텔레스의 저작 곳곳에 처지를 바꾸어 생각하는 태도가 등장한다. 이를테면 탈레스를 베낀 것 같은 이런 문구가 『수사학Rhetoric』에 등장한다.

---

* '사람은 만물의 척도'라는 프로타고라스의 명제를 비판하는 대화편 『테아이테토스(Theaetetus)』에서 소크라테스는 자신이 고인이 된 프로타고라스 자리에 서서 변호하고 대화하려 애쓴다.

"자기는 어떤 일을 해 놓고 이웃이 그걸 한다고 화를 내서는 안 된다.
그래야 자기가 하지 않는 일을 남이 할 때 화를 낼 수 있다."[31]

아리스토텔레스에 따르면 자기 사랑이 남에 대한 사랑을 낳는다.
그래서 『니코마코스 윤리학*Nicomachean Ethics*』에서는 친구를 '또 다른 나'
로 정의하여 상호성을 연마해 갈 것을 권한다.[32] 나와 남 사이에 생래적
유대감이 있다는 주장은[33] 사랑의 연합을 하나님의 형상으로 말하는 성
경의 관점과 통한다.* 아리스토텔레스는 인간이 남의 존재를 본능으로
느끼는 사회적인 동물이요 합리적인 사고능력을 가진 존재이기 때문에
남이 곧 또 다른 나임을 알아 다른 사람의 유익을 함께 추구하게 되는
데, 사람은 그런 덕스러운 행동을 통해 더불어 사는 사회를 이루고 인
생의 최고 목표인 행복*εὐδαιμονία*(에우다이모니아) 도 성취할 수 있게 된다 하였
다.[34] 아리스토텔레스가 보는 황금률은 간단히 말해 남을 향한 사랑, 곧
우정이다.

"완벽한 우정은 선한 사람들, 곧 비슷한 덕을 지닌 사람들 사이의 우
정이다. 그들이 서로에게 기대하는 것들은 본질적으로 좋은 것들이면
서 또 선한 사람들인 각자에게 골고루 유익한 것들이기 때문이다."[35]

---

* 하나님 형상에 대한 다양한 해석 가운데 '사랑의 연합'으로 보는 관점이 있다. 창세기 1, 2장의 사람 창조 기
  사에 나오는 '하나님 형상'은 요한복음 17장에 나오는 주님의 기도에서 뜻을 찾으며 에베소서 2장에 나오는
  바울의 가르침에서 구체적인 적용을 발견한다. 삼위 하나님께서 상호내주(相互內住, *περιχώρησις*)를 통해 사
  랑으로 한 하나님이시듯 사람도 그렇게 사랑으로 서로 연합하는 것이 하나님의 형상을 구현하는 일이다(창
  1:26-28; 2:18-25; 5:1-2; 요17:20-22; 엡2:14-22; 4:24-25; 5:31-32; 골3:10-11 등). 이 책 142-148쪽을 참고하라.

내가 다른 사람 처지가 되는 순간 그 사람과 나는 친구가 된다.[36] 친구들 사이의 이런 우정을 공동체 전체로 확대한 것이 아리스토텔레스의 사회윤리다. 이런 윤리는 한 국가를 넘어 전체 인류에게까지 확장할 수 있다. 아리스토텔레스의 황금률은 이상적인 윤리 이론이라기보다 사회의 균형과 질서를 확보하기 위한 실천적 규칙이다.* 하늘의 이상을 바라본 스승과 달리 우리가 발붙이고 사는 땅에 집중한 결과다. 다만 사람이 선하고 또 합리적이라는 전제 위에 세워진 원리요, 또 덕을 실천하는 사람들 사이에서만 가능한 고상한 원리여서 규칙의 실효성에는 의문이 제기될 수 있다. 특히 성경이 가르치는 부패한 인간성과 거리가 멀다. 또 아리스토텔레스는 노예와 자유인의 구분을 용인하고 있으므로 사람이면 누구나 타고난다는 그 유대감 역시 어떻게 모든 인류에게 확대 적용할 수 있을지 의문이다. 결국 인간의 현실을 고려할 때, 아리스토텔레스의 황금률은 모든 인류에게 적용할 보편적 규칙이라기보다 최고의 성품을 지닌 극소수 자유인들 사이에서 통할 그런 원리의 성격이 강하다.

소크라테스의
이상

고대 그리스의 상호성 원리 가운데 단연 돋보이는 것은 역시 소크라테스의 사상이다. '영혼 돌봄'을 철학의 목표로 삼았던 소크

---

* 아리스토텔레스가 본 황금률은 철학적 윤리라기보다 통속윤리(δόξα τῶν πολλῶν, Vulgärethik)였다. 『수사학』 2. 6. 19. Dihle, *GR*, 39-40.

라테스는[37] 고대 그리스의 이상인 덕德*을 추구하였는데, 우선 싸워 이기는 게 덕이라 보았던 호메로스의 사고를 상호협조의 덕으로 바꾸었다. 사람의 품성 향상에 초점을 둠으로써 오늘날 이데올로기와 탐욕에 휩쓸려 성령의 열매와 인격적 변화에 둔감한 교회를 부끄럽게 한다. 소크라테스는 더 나아가 상대적이고 상호 모순적인 여러 개념을 깨뜨리고 모두에게 언제나 적용할 수 있는 보편 개념인 이데아를 추구하였다. 황금률을 다룰 때도 개인의 이익이나 너와 나 사이의 정의를 넘어 모두에게 유익이 되는 영원한 것을 목표로 하였다.

소크라테스는 『크리톤』과 『파이돈』에서 다양한 황금률 사고를 가르친 바 있다. 그렇지만 단순한 처지 바꾸기나 공감 능력을 초월하여 황금률이 의도하는 바를 가장 원숙한 모습으로 보여주는 것은 자신의 무죄를 변론한 글이다. 제자 플라톤이 정리한 대화편 『소크라테스의 변명 Apology, Socrates' Defense』에서 소크라테스는 자신의 유죄 여부를 판단할 오백 명 배심원에게 이렇게 말한다.

"여러분 가운데 자신의 경우를 생각하며 기분 나빠할 분들이 있을지도 모르겠습니다. 이보다 사소한 소송 건으로 싸울 때도 배심원들에게 눈물을 흘리면서 빌며 탄원하고, 동정심을 최대한 불러일으키기 위해 아이들을 법정에 데리고 오고 친구나 친척까지도 부르는데, 저는 심각한 위기에 처해 있는 것 같은데도 그렇게 하지 않고 있으니 말입니다."[38]

---

* 아레테(ἀρετή, 탁월, 卓越). 우리말 신약성경도 이 용어를 '덕'으로 옮긴다(빌4:8; 벧전2:9; 벧후1:3, 5). 〈새한글성경〉은 '뛰어난 것' 또는 '탁월함'으로 옮겼다.

처지 바꾸기를 이용해 최대한 이익을 취하려 했던 이소크라테스의 태도와는 정반대다. 소크라테스는 공감 능력을 이용해 자신의 이익을 추구하지 않았을 뿐 아니라, 황금률을 단순히 너와 나 사이의 원리로 제한하지도 않았다. 오히려 황금률을 단순한 처지 바꾸기로 오해할 때 생길 수 있는 오류를 언급하면서 황금률이 진정으로 추구하는 이상이 무엇인지 생각하게 만든다.

> "제 생각에 배심원들에게 탄원하는 것은 옳지 않습니다. … 배심원 직책의 존재 목적은 호의를 베풀라는 것이 아니라 무엇이 정의인지 판단하라는 것입니다. 배심원은 자기 마음대로 호의를 베풀지 않고 법에 따라 판결하기로 서약한 사람들입니다."[39]

소크라테스는 배심원이 전체 사회에서 갖는 책임을 설명한다. 상호성을 훌쩍 뛰어넘었다. 그렇게 배심원들을 가르치고 설득함으로써 자신뿐 아니라 배심원들을 포함한 모두에게 유익이 되는 길을 찾으려 하고 있다.[40] 탈옥을 거부하거나 자살을 반대한 것도 단순히 처지를 바꾸거나 신의 보복을 두려워하는 차원이 아니라 보편 진리를 향한 노력의 일환이었다. 좋은 것, 아름다운 것을 향한 추구다. 독일 철학자 칸트가 정언명령이라는 보편법칙을 완성하기 이천 년 전에 큰 스승 소크라테스가 황금률을 이용해 어느 정도 방향을 잡아 둔 셈이다.

소크라테스는 당대에 그리스에서 가장 지혜로운 사람으로 알려져 있었다. 소크라테스는 그 이유가 무엇인지 조금의 거리낌도 없이 사람들에게 설명한다. 자기가 만나본 지혜롭다는 사람들은 사실 무지하면서도 그걸 모르고 있는데, 자신은 자기가 무지하다는 것을 알기 때문이라는 것이었다.[41] 소크라테스가 평생 교훈으로 삼은 구절은 델피의 아폴론 신전에 적혀 있던 문구 "너 자신을 알라!Know thyself, Γνῶθι σεαυτόν!"였다. 자신을 아는 것은 결국 소크라테스 자신이 추구하던 그 이상을 아는 것이 아니었을까? 소크라테스는 그런 이상을 추구하면서도 그것이 무엇인지는 끝까지 몰랐다. 그런 한계를 알고 솔직하게 시인하였기에 소크라테스는 오늘까지 위대한 도덕 선생으로 추앙을 받고 있다.

스토아 범신론

황금률에 관한 고대 그리스의 깊은 성찰은 그리스 철학을 계승한 로마의 스토아 사상에서 더 빛을 발한다. 스토아학파의 창시자인 제논Zeno, 334-262BC*은 온 우주가 합리성, 곧 로고스λόγος를 갖춘 신적 유기체라 가르쳤다. 그 유기체는 정해진 운명에 따라 움직이는데, 우주의 일부를 이루는 인간은 이성적 사고를 통해 우주적 로고스에 참여하고 그 법칙을 이해한다. 사람은 자유 의지를 가진 자로서 무엇보다 우주의 운행을 있는 그대로 수용하여 덕을 실천해야 한다. 그런 가운데 감정을 초월하여 일관성 있는 이성적 삶을 살아야 참 행복, 곧 에우다이모니아를 얻을 수 있다. 제논을 이은 클레안테스Cleanthes, 330-230BC는 일관성 있는 합리적 삶이 곧 "자연을 따라"**사는 삶이라 주장했다.

---

* 스토아 사상의 창시자는 보통 키티온의 제논(Zeno of Citium)이라 부른다. 제논의 역설로 유명한 철학자는 이보다 백수십 년 전에 살았던 엘레아의 제논(Zeno of Elea)이다.

** 헬라어로 'κατὰ φύσιν(카타 퓌신)'으로 표기하는데 성경에도 나오는 이 문구를 〈개역개정〉은 '원 (가지)'으로 번역했다. 로마서 11장 21, 24절. 반대말은 'παρὰ φύσιν(파라 퓌신)'으로서 로마서 1장 26절과 11장 24절에서 '역리', '본성을 거슬러'로 옮겼다.

그런 평온한 삶은 이성을 가진 인간의 의무일 뿐 아니라 인간이 누릴 수 있는 최고의 삶이다. 우주 전체를 신의 몸으로 보는 스토아의 범신론 세계관은 온 인류가 한 신의 자녀라는 보편적 가족 의식을 낳았고, 따라서 황금률 역시 우주적 보편성을 확립하는 단계로 나아간다. 이 시대가 아리스토텔레스 때에 비해 달라진 가장 놀라운 변화가 바로 인간 본성이 동등하다는 이론이다.[42] 출신 도시폴리스를 중시하고 그리스인과 야만인을 구분하던 시대 분위기에 맞서 이들은 전 세계가 자신의 출신 도시라며 스스로 '세계시민', 곧 '코스모폴리탄Cosmopolitan'임을 천명했다. 사상적 기반은 당연히 온 우주에 충만한 로고스 개념이었는데, 정치적으로는 알렉산드로스 대왕이 정복 사업을 통해 이 사상을 온 유럽에 구현하며 전파했다.

스토아 초기의 그리스 사상가들은 황금률에 큰 관심을 보이지 않았다. 그러다가 로마 시대에 들어서는 황금률이 사상의 중심 자리를 차지하게 된다. 로마의 정치가, 변호사, 작가였던 키케로Cicero, 106-43BC는 황금률 공식은 없이 기본 원리만 희미하게 보여준다. "먼저 해를 입은 경우가 아니라면 남을 해치지 않게 하는 것이 정의"[43]라는 말에는 등가보복 정신이 남아 있지만, "남에게 해를 끼치는 것보다 당하는 게 낫다"[44]는 문장에는 처지 바꾸기를 통한 존중이 사회윤리의 기본자세로 전제되어 있다. 스토아 윤리를 대표하는 세네카Seneca, 4BC-65AD의 글에서는 자리 바꾸기, 대우받고자 하는 대로 대우하기 등의 황금률 태도를 쉽게 만나볼 수 있다. 분노에 관한 글에서 "남이 해 화가 난 그 일을 나도 하겠다 할 사람이 어디 있겠느냐" 물으면서, "만약 누구에게 화가 난다면 우리 자신이 그 사람 처지가 되어 보자"고 권한다.[45] 세네카는 이 원리를 노예를 학대하는 로마인들에게 적용해 "윗사람에게 대우받고자 하는 대로 아랫사람을 대해야 한다"고 꾸짖었다.[46] 세네카는 또 『관용론』에서 왕이 백성을 대할 때는 신들이 자기를 어떻게 대해주기를 기대하는 그대로 자비를 베풀어야 한다 하여 소크라테스처럼 황금률을 신과 인간의 관계로 확장한다.[47]

세네카의 가르침은 온 인류가 한 가족이라는 세계시민주의 또는 사해동포주의Cosmopolitanism에 근거한다. 분노에 관한 글에서 "누구를 해하든 범죄다. 왜냐하면 그 사람은 더 큰 국가의 동료 시민이기 때문이다"라고 썼고, "사람은 서로 아껴야 한다. 왜냐하면 사회를 위해 태어났기 때문이다. 사회의 유대는 사회의 구성원 모두를 보호하고 사랑하기 전에는 존재할 수 없다"고 주장했다.[48] 다만 "우리는 받기 위해 줍니다"라는 태도[49]는 황금률에는 미치지 못하나 공동체 유지를 위한 현실적인 원리로 볼 수 있다. 노예제도를 용인한 채 호화판 생활을 한 세네카에 대해 위선자라는 비난도 있으나, 황금률 태도와 부정문 황금률 공식을 보편화시킨 공로는 세네카의 것이 분명하다.[50]

세네카보다 50년 뒤 등장한 에픽테토스Epictetus 50-135AD 역시 황금률을 가르쳤다. 현존하는 여러 저작에는 처지를 바꾸어 봄으로써 얻는 지혜가 가득하다. 과거 노예 시절 겪었던 고통 때문이었는지 처지 바꾸기 사고를 그 누구보다 강조했다. "네가 겪고 싶지 않은 것은 남이 겪게 하지 말라. 노예가 되고 싶지 않다면 남도 노예로 만들지 말라."[51] 자기 이익을 추구한 이소크라테스 논리처럼 들릴 수도 있으나, 언제나 약자에게 비중이 감으로 균형을 이루어 소크라테스의 이상으로 나아간다. 에픽테토스는 부정문 황금률을 주로 가르쳤는데, 특히 유명한 것이 "너희도 그렇게 하라"*는 문구로서 이 네 낱말은 그리스도의 황금률의 네 글자와 똑같다.[52] 물론 에픽테토스가 기독교와 관련됐다는 증거는 전혀 없으므로 자연의 빛 이상으로 보긴 어렵다.

『명상록』으로 유명한 황제 마르쿠스 아우렐리우스Marcus Aurelius, 121-180는 사람은 모두 지성과 이성을 공유하고 같은 윤리의식을 가진 동료 시민임을 강조한다. 아우렐리우스의 글에 나타난 황금률식 위치 바꾸기는 이렇다. "그대가 비인간적인 자들을 향해 느끼는 것이 비인간적인 이들이 인간들을 향해 느끼는 것처럼 되지 않도록 주의하라."[53] 사람을 사람으로 존중하지 않는 비인간적인 인간도 사람으로 잘 대우해 주라는 권고다. 아우렐리우스는 심지어 신약성경을 읽기라도 한 듯 인류 전체를 한 몸에 비겨 설명하면서 "서로를 대적하는 것은 자연을 거스르는 것"이라 주장한다.[54] 그밖에 2세기의 히에로클레스Hierocles, 2C도 주인과 노예, 자녀와 부모가 처지 바꾸기를 통해 서로를 잘 이해할 수 있다고 가르치면서 그 원칙을 전체 인류에게 확장한다.[55]

로마의 황제 가운데는 황금률을 사랑한 나머지 아예 통치 이념으로 삼은 사람도 있었다. 15세에 즉위하여 13년을 통치하고 암살당한 청년 황제 세베루스 알렉산데르Severus Alexander, 207-235는 황금률을 너무나 사랑하여 사람들을 훈계할 때마다 부정문 황금률을 낭송하게 하였고, 그 문구를 왕궁과 공공건물 곳곳에 라틴어로 적어 넣었다.[56] 유대교와 기독교에 관심이 많아 유대인들과 기독교인들을 보호했다고 하니 그들에게 배웠을 가능성이 크지만,[57] 부정문 공식만을 쓴 것으로 보아 백여 년 전

---

* "οὕτως καὶ ἱμεῖς ποιεῖτε"

살았던 세네카의 영향도 무시할 수 없을 것이다.

스토아 철학은 황금률 공식보다 처지를 바꾸어 생각하는 황금률 사고를 더 강조했다. 그리고 그런 태도를 온 우주를 한 몸으로 보는 범신론 세계관과 결합함으로써 황금률이 인간이라면 누구나 당연하게 받아들이는 보편적 사고라고 가르쳤다. 스토아 사상이 기독교의 직접적인 영향을 받지 않았음을 고려할 때[58] 이들이 강조한 자연적 보편성은 주목할 만하다. 사실 사해동포주의는 정치 이념이기 이전에 인간의 직관이요 느낌이다. 자연계에서 주어진 은혜의 하나다. 하여 황금률도 로고스, 곧 이성에 근거한 자연법 도덕으로 자유, 자율, 신뢰를 강조하며 모든 인류를 향한 배려와 공평으로 자연스레 나아간다.[59]

2

유대교의 황금률

히브리 성경

　　고대 그리스 철학과 더불어 서양 사상의 원류라 불리는 유대 종교[60]는 그럼 어떨까? 유대교도 역사가 길고 그리스 사상처럼 다양한 변화를 보이므로 역사적 접근이 필요하다. 가장 먼저 확립된 정경에는 처지를 바꾸어 생각하는 황금률 사고는 풍성하게 등장하는 반면, 황금률 공식에 대해서는 의견이 갈린다. "네 이웃을 너처럼 사랑하라"[레19:18]는 구절을 황금률로 보기도 하나 반대 주장도 강하다. 황금률 사고를 보여주는 수많은 내러티브가 수백 년 동안 명확한 공식으로 발전하지 못했고, 그 기간에는 이웃 사랑 계명도 황금률 사고와 연결되지 않았기 때문이다. 그러다 기원전 2세기의 외경과 다른 자료에 부정문 황금률 공식이 등장하면서 그 공식이 이웃 사랑 계명과 동일시되기 시작한다. 그런 흐름은 황금률 공식을 토라의 핵심으로 규정한 랍비 힐렐의 주장으로 정점을 찍는다. 그렇지만 이후의 논의는 많지 않으며 황금률이 유대교 내에서 갖는 위상에 대해서는 오늘까지 논란이 이어지고 있다.

유대 민족의 종교인 유대교는 약 2천 년 전까지 기독교와 하나였던 종교다. 창조주 하나님, 구원의 하나님을 믿었다는 점은 같았지만, 약속하신 메시아가 오셨을 때 거부함으로써 기독교와 갈라졌다. 유대교는 아브라함에게 주신 언약을 유대 민족 중심으로 이해한다. 그래서 하나님의 아들로 이 땅에 오신 만민의 구주 예수를 메시아로 받아들이지 않아 스스로 언약에서 배제되었다. 유대인들은 지금도 자신들의 메시아를 기다리고 있다. 그들이 믿는 하나님은 기독교가 믿는 성경의 하나님이 아니다. 독생자를 보내 사람을 구원하시는 사랑의 하나님도 아니고, 성부와 성자와 성령으로 계시는 삼위일체 하나님도 아니다. 한때 하나님의 백성이었고 또 언약을 잘 간직해 온 점은 고맙지만, 그리스도를 거부하여 멀어졌으니 정말 바울처럼 가슴을 칠 일이다_{로마서 9-11장}. 성경은 예수 그리스도를 구주로 믿는 사람이 아브라함의 자손이라고 분명하게 가르친다_{갈3:7, 14, 29}. 신구약 성경을 근거로 판단할 때 오늘날 유대교인은 헬라인, 무슬림, 힌두와 다를 바 없는 불신자다. 세대주의 같은 불건전한 신학이 휩쓸고 지나간 이후 유대인의 지위에 대한 혼란이 오늘까지 이어지고 있지만,[*] 유대인이든 이방인이든 예수 그리스도를 구주로 믿지 않는 사람은 모두 복음을 전해 구원해야 할 대상이다. 그들의 종교적 열정이나 방식을 무분별하게 추종하거나 그들의 세속적 성취에 특별한 의미를 부여하는 일은 조심하고 경계해야 할 일이다.

---

[*] 미국을 중심으로 활발히 전개되고 있는 기독교와 유대교의 교류 역시 신학적 오류, 정치적 욕심, 돈의 힘 등이 뒤엉킨 가운데 종교다원주의로 갈 가능성마저 보인다. 유대인의 지위에 관한 신학적 혼란에 관해서는 필자의 책 『질그릇에 담은 보배』(복있는사람, 2017), 261-319쪽을 보라.

유대교의 정경은 기독교가 구약성경이라 부르는 바로 그 책이다. 유대인들은 물론 구약이라 부르지 않고 『타나크』*라 부른다. 편집 시기에 대해서는 기원전 13세기부터 3세기까지 다양한 의견이 있다. 하나님의 창조와 구원 등 내용은 같으나 보는 관점은 완전히 다르다. 따라서 유대교의 황금률을 살필 때는 구약성경을 신약과 전혀 무관한 그들만의 책으로 읽어야 한다. 그런 읽기가 어떻게 가능한지는 물을 필요가 없다. 기독교가 이미 신약과 무관한, 그래서 그리스도와도 무관한 구약 이해에 적지 않게 물들어 있기 때문이다. 유대인 관점에서 본 구약 이해나 내 상식으로 풀어낸 구약 해설이 다양한 루트를 거쳐 교회에 널리 퍼져 있다. 황금률이라는 주제를 중심으로 검토해 보면 신약의 안경을 끼고 보는 구약성경과 유대인 관점으로 보는 히브리 성경 사이에 큰 차이가 있음을 확인할 수 있다.

히브리 성경이 전하는 인류 역사 초기에는 등가보복 원리가 강했다. 가인의 후손 라멕은 자신에게 상처를 입힌 소년을 죽여 버리고 그것을 자랑스레 떠벌렸으며, 야곱의 아들 시므온과 레위도 여동생이 강간당한 데 대한 보복으로 한 부족 남자를 전멸시키고도 여전히 잘했다고 생각했다창4:23-24; 34:14-31. 물론 이야기는 사건만 언급할 뿐 잘잘못을 평가하지는 않는다. 히브리 성경 앞부분인 토라에는 등가보복을 정당화하는 듯한 구절도 여러 번 등장한다. "눈은 눈으로 이는 이로" 갚으라는 명령이다출21:23-25; 레24:17-22; 신19:21. 그렇지만 이것은 함무라비 법전처

럼 법관들에게 주어진 명령으로써 오히려 사적인 보복을 엄격히 금하는 말씀이다. 이후에도 등가보복 원리처럼 보이는 구절이 많으나 대부분 하나님께 대항하는 자들에 대한 엄정한 심판을 규정하는 구절들이다삼상15:3; 에9:5-16; 시137:7-9. 물론 그렇게 보아도 문자 그대로는 받아들이기 어려울 정도로 잔인한 내용도 있다.

많은 내러티브

황금률 공식 유무와 무관하게 히브리 성경은 황금률 원리를 품은 다양한 내러티브를 전한다. 처지를 바꿔 생각하는 첫 사례는 야곱의 맏아들 르우벤이다창42:37. 양식을 사러 이집트로 가려면 막내 베냐민을 데리고 가야 하는데, 아버지가 허락하지 않자 자기가 책임을 지겠다 약속한다. 그러면서 혹 일이 잘못되면 자기의 두 아들을 죽이시라 말한다. 만약 베냐민이 죽으면 아버지 야곱은 전에 없어진 요셉과 합쳐 아들 둘을 잃는 셈이므로 자신도 똑같은 고통으로 벌을 받겠다는 말이었다. 아버지의 마음을 아버지 자리에서 이해해 보고자 한 전형적인 위치 바꾸기였지만, 사실은 르우벤 자신의 아들이 아버지 야곱의 귀한 손자들임을 고려하지 못한 큰 실언이었다. 아버지의 첩과 동침하는 패륜을 저지른 후 아버지의 분노를 누그러뜨리는 일에 모든 관심을 쏟다가 정상적인 판단을 제대로 하지 못한 것 같다.

히브리 성경에는 처지 바꾸기를 통해 공감을 유도하는 사례도 다수 나타난다. 대표적인 보기가 다윗 왕이다삼하12:1-11. 다윗이 밧세바와 간음죄를 짓고 또 밧세바의 남편 우리아를 죽이는 살인죄를 지은 다음 하나님께서 선지자 나단을 다윗에게 보내셨다. 나단은 다윗에게 비유를 하나 들려주었다. 어떤 도시의 한 부자가 자기 집에 손님이 오자 자기의 많은 가축은 아껴두고 가난한 이웃집의 전 재산인 양을 빼앗아 그걸로 손님을 대접했다는 비유다. 이야기를 듣던 다윗은 극도로 분노하여 "그 사람은 죽어 마땅하다" 하고 외쳤고, 나단은 즉각 "임금님이 바로 그 사람입니다" 하고 대답한다.

　다윗의 경우는 황금률 사고와 이중으로 연결해 볼 수 있다. 첫째는 황금률 사고의 결여가 낳은 불공정함이다.[61] 자기 이야기인 줄도 모르고 "저런 죽일 놈이 있나!" 하며 분노하고 정죄하였으니, 남을 비난하는 일을 우리 자신은 하지 않아야 한다는 탈레스의 경고가 역으로 적용된다. 우리 시대에 '내로남불'이라는 사자성어로 정착된 바로 그 태도다. 게다가 온 나라에 공평을 시행해야 할 왕으로서 자신의 기본 직무를 어긴 것이다. 또 피해자와만 일방적인 공감을 한 결과 양 한 마리를 빼앗은 죄에 대해 사형이라는 과도한 벌을 내리는 잘못도 저질렀다. 둘째는 황금률 사고를 활용하여 그 이야기의 주인공이 자신임을 깨닫고 자신의 죄를 즉각 시인한 점이다.[62] 피해자와 공감하던 자신이 바로 그 가해자임을 알게 된 순간, 다윗은 자신의 죄도 깨달았지만 동시에 자신의 판결이 얼마나 불공정했는지도 깨달았을 것이다. 양 한 마리를 빼앗아 사형을 받는다면 남의 아내를 빼앗고 그 사람을 죽인 자신은 어떻게 되겠는가. 야웨께서 용서하셔서 사형은 면했지만, 다윗 자신도 아내를 남에게 빼앗기는 벌을 받았고, 이후 집안에 간음죄와 살인죄로 인한 고통이 끊이지 않았다_{삼하12:11}.[63]

직접적 명령

히브리 성경은 많은 내러티브에 담긴 황금률 원리를 여러 곳에서 직접 가르치기도 한다. 가장 뚜렷한 것은 사회적 약자에 대한 하나님의 배려로서, 그들을 사랑하는 방법의 하나로 처지 바꾸기 사고를 요구하신다. 그렇게 함으로써 상대의 마음에 공감해야 한다는 점이 외국인을 잘 대우하라는 명령에 또렷이 나타나 있다.

"외국인을 억압하지 마라. 너희도 이집트 땅에서 외국인이었기에 외국인의 성정을 안다."_출23:9

공감의 근거는 과거의 경험이다. 이스라엘 백성도 오래전 이집트에서 외국인으로 살았다. 따라서 지금 이스라엘 가운데 거주하는 외국인의 심정을 잘 이해하여 그들에게 자비를 베풀라고 거듭 명령한다출22:21; 레19:33-34; 신10:18-19. 내 경험을 근거로 남을 이해하는 공감의 전형이다.

외국인을 향한 배려는 내부의 약자인 고아와 과부를 돌아보라는 명령과 통한다. 약자를 돌볼 이유는 우리 모두를 한 하나님께서 창조하셨기 때문이다욥31:15; 34:19; 잠14:31; 22:2. 공의의 하나님께서는 가난한 사람, 장애인, 외국인 등 사회적 약자를 부당하게 대하지 말고 잘 돌보라 명령하실 때 위치를 바꾸어 생각하는 황금률 사고를 함께 가르치신다. 하나님께서 가장 관심을 쏟으신 대상은 과부와 고아였는데, 내가 언제든 그들의 처지가 될 수 있음을 상기시키신다.

“너희는 그 어느 과부나 고아도 괴롭히지 마라. 만약 네가 그를 정말 괴롭혀서 만약 그가 나에게 정말 부르짖으면 내가 반드시 그의 부르짖음을 들을 것이다. 나의 분노가 불타올라 내가 칼로 너희를 죽일 것이고 너희 아내는 과부가 되고 너희 자녀는 고아가 될 것이다.”
_출22:22-24

과부와 고아를 괴롭히는 자는 하나님께서 죽이실 것이고, 그러면 그 사람의 아내와 자녀는 과부와 고아가 될 것이다. 하나님의 경고는 결국 평소 과부와 고아를 대할 때 처지 바꾸기 사고를 통해 내 아내와 자녀가 과부와 고아가 될 수 있음을 알고 행동하라는 명령이다.

사회적 약자 편에 서시는 하나님께서는 그들의 대리인으로 그들과 나 사이에 계신다. 이웃과 나 사이의 수평 관계에 하나님께서 수직적으로 개입하신다는 뜻이다. 처지 바꾸기의 공평성을 야웨 하나님께서 직접 보증하시는 셈이다신15:10-11; 잠19:17. 그런 하나님을 다윗은 이렇게 표현한다.

“그들이 하는 일과 그들의 행위가 악한 대로 갚으시며 그들의 손이 지은 대로 그들에게 갚아 그 마땅히 받을 것으로 그들에게 갚으소서”_시28:4, 〈개역개정〉

하나님의 이런 보증은 사람과 사람의 관계를 하나님과 사람의 관계로 연결하여 삼각 구도를 형성한다. 소크라테스가 인간과 인간의 관계를 신에게 확장한 것과 통한다. 사회적 약자와 나의 관계가 곧 나와 하나님의 관계와 통한다는 것이다. 약자 배려의 근거는 구원이다. 고아와 과부를 돌보아야 할 이유는 하나님께서 우리를 이집트 노예 생활에서 건지셨기 때문이다신16:11-12; 24:17-18. 억압받던 나를 구원하신 하나님을 생각하며 고아와 과부의 고통을 덜어주어야 한다. 다윗은 자신이 사울의 목숨을 소중하게 여긴 것처럼 하나님께서도 자기 목숨을 소중히 여겨 주시기를 기도한다삼상26:24. 내가 사람들에게 하는 만큼 하나님께서도 나에게 하실 것이다시18:24-26; 삼하22:26-27. 하나님께서는 나뿐 아니라 나의 적에게도 똑같이 하신다미7:8. 욥이 하나님께 자신의 처지를 살펴 달라고 호소할 때 자기도 고통받는 자, 가난한 자들의 사정을 멸시하지 않고 그들의 아픔에 공감하였음을 말한다욥30:24-25; 31:13-14. 자신은 늘 도움을 베푸는 사람이었지만 하나님 앞에서는 자신이 또 도움을 요청하는 자가 된다는 점을 기억하고 약자들을 도왔다는 말이다.

사람과 사람 사이의 일이 사람과 하나님 사이의 관계와 연결되어 있음은 모압 여인 룻이 하나님의 백성이 되는 과정에도 잘 나타난다. 보아스는 인간 룻이 행한 모든 좋은 일에 대해 야웨 하나님께서 똑같이 갚아 주시기를 거듭 축복한다룻2:11-12; 3:10. 사람이 다른 사람에게 어떻게 하느냐 하는 것이 하나님께서 그 사람을 어떻게 대하시느냐 하는 것을 결정한다. 처지를 바꾸어 보는 상호성 원리는 지혜를 담은 여러 글에도 등장한다. 가난한 사람, 불행을 겪는 사람을 조롱하는 일은 그런 가난, 그런 불행을 자초하는 일이다잠17:5. 내 원수가 불행을 겪을 때도 즐거워하지 않도록 조심해야 하는 이유는 하나님께서 그 불행을 나에게 옮기실 수 있기 때문이다잠24:17-18; 욥31:29-30.

이웃을 너처럼

히브리 성경에는 처지 바꾸기 사례나 원칙도 많이 나오지만, 황금률과 관련하여 가장 많이 언급되는 구절은 레위기 19장 18절이다. 훗날 그리스도께서 전체 구약성경의 핵심으로 규정하신 바로 그 말씀으로서마22:36-40 많은 학자가 이 구절을 황금률로 본다.

> "보복하지 말고, 네 백성의 자녀들에게 앙심을 품지 말고, 네 이웃을 너 자신처럼 사랑하라. 나는 야웨다."_레19:18

"네 이웃을 너 자신처럼 사랑하라"는 구절이 황금률로 인식되는 이유는 "너 자신처럼"*이라는 문구 때문이다. 두 가지 해석이 가능하다. 이 문구가 "이웃을"과 연결된다면 '너와 같은 자'라는 뜻이 되어 이웃의 범위를 제한하는 말이 되고, "사랑하라"는 말과 연결된다면 '너를 사랑하듯'이라는 뜻이 되어 사랑하는 방법을 가리킬 것이다.[64] 두 가지 해석이 공존하는 가운데 후자가 더 많은 공감을 얻는다.[65] 즉 "너 자신처럼"이라는 문구는 '어떻게 사랑해야 할지 방법을 규정하는 재귀적 부사 수식어'라는 것이다.[66] 그렇게 본다면 이 규정은 남을 사랑하되 나 자신을 비추어 생각하는 전형적인 황금률 태도가 되며, 그 자체로 황금률의 압축이라 볼 수도 있다. 이웃을 사랑하는 다양한 방법을 제시한 다음 주어진 명령이므로 그렇게 이해할 가능성이 더욱 크다.

실제로 오늘날 많은 사람이 이 명령을 황금률로 이해한다. 기독교

---

* 히브리어는 우리말처럼 재귀대명사가 없어 원문은 '너처럼'이다. 하지만 〈칠십인역〉이나 그것을 인용한 신약성경, 그리고 대부분의 서양 언어는 재귀대명사를 사용하므로 여기서도 재귀대명사로 옮겼다.

뿐 아니라 유대교 학자들도 마찬가지다.[67] 이웃 사랑 계명과 황금률은 자기 사랑에서 출발하고 그것을 남에게 적용한다는 점에서 기본 구도가 닮았다.[68] 그렇지만 이웃 사랑 계명은 황금률과 다르다. 우선 황금률은 이웃을 대하는 원리일 뿐 그 자체로 사랑을 말하지는 않는다.[69] 또 초기 유대교인들은 이 계명을 처지를 바꾸어 생각하는 황금률 원리와 연결하지 못했다.[70] 즉 황금률을 사랑의 방법으로 적용하지 못한 것이다. 이들은 이웃 사랑 계명을 연구할 때도 내 이웃이 누구인가 하는 문제에 더 집중했다. 아키바와 힐렐은 이웃을 이스라엘로 제한했고, 벤 아자이는 아담의 후손창5:1 전부를 포함한다고 주장했다.[71] 대부분의 랍비 해설이 이웃을 유대인으로 제한하고 있는데, 이 전통은 중세의 마이모니데스까지 이어진다.[72]

유대교에서 이웃 사랑 계명이 황금률과 연결된 것은 제2 성전기인 기원전 2세기 이후다. 부정문 황금률 공식이 유대교에 도입되면서 황금률 공식을 레위기의 이웃 사랑 계명과 연결하는 자료가 나타나기 시작했다. 외경 『희년서』에 부정문 황금률을 이웃 사랑의 구체적 방법으로 제시하는 내용이 나온다.[73] 사해사본 가운데 십계명을 해설하는 한 문서도 생명의 길을 하나님 사랑, 이웃 사랑으로 요약한 다음 십계명 후반부 여러 계명의 압축으로 부정문 황금률을 제시한다.[74] 조금 늦긴 하지만, 팔레스타인 『타르굼 _Targum_』은 레위기 19장 18절의 이웃 사랑 계명 뒤에 부정문 황금률을 끼워 넣었다.[75] 이 무렵에는 또 토라 전체를 한두 문장으로 요약하는 전통도 나타나기 시작했는데,[76] 이웃 사랑 계명이 하나님 사랑 계명과 함께 이 무렵 전체 토라의 핵심으로 인식되면서 황금률의 위상도 순식간에 높아졌다.

그렇지만 그런 분위기 가운데서도 황금률은 유대교의 중심 자리를 차지하지 못했다. 이웃 사랑의 대상에 대한 논의가 동족으로 제한되면서 황금률 특유의 보편성이 거부되었기 때문이다. 레위기는 "외국인을… 너처럼 사랑하라"레19:34는 명령까지 담고 있지만, 이 또한 이스라엘 가운데 와 사는 외국인으로 제한했다. 이스라엘 밖에 있는 외국인들, 그러니까 주변의 여러 나라와 민족들은 황금률을 실천할 대상이 아니라 내쫓거나 전멸시켜야 할 존재들이었다출23:29-30; 신7:16. 혹 평화를 원할 때도 상종하기보다 정복하고 지배하려 했으므로 이웃을 자신처럼 사랑해야 한다는 명령이 그들에게 확장되지 못했다신20:10. 그래서 유대인들은 그리스도께서 오신 이후에도 내 이웃이 누군지 여전히 묻고 있었고, 심지어 이웃은 사랑하고 원수는 미워하는 원시적 등가보복 윤리도* 여전히 수용하고 있었다눅10:29; 마5:43.

황금률 공식

히브리 성경에는 황금률 공식이 나오지 않는다. 그저 남위치에 서서 그들의 형편을 이해하려는 태도만 거듭 말할 뿐, 그런 태도가 "대우받고자 하는 대로 대우하라"는 구도로 자라지는 않았다. 유대교의 황금률 공식은 이스라엘과 유다가 멸망한 수백 년 뒤에나 모습을 나타낸다. 기원전 2세기에 기록된 『토비트Tobit』와 『시라크Sirach, 집회서』에는 황금률 사고방식뿐 아니라 공식까지 등장한다. 『토비트』와 『시라크』는 외경이었지만 히브리 성경의 그리스어 번역판인 〈칠십인역LXX〉

---

* 근거에 대해 논란이 있으나, 구약 정경에서는 신명기 25장 17-19절, 시편 137편 7-9절, 사무엘상 15장 3절 등이 가능하다.

에는 포함되어 헬라 문화권 전체에 알려졌다. 오늘날도 개신교를 제외한 기독교의 모든 분파, 곧 가톨릭, 동방정교 등이 이 두 권을 정경으로 수용하고 있다. 『토비트』가 전하는 황금률 공식은 이렇다.

"네 마음에 싫은 것은 남들에게 하지 말라."_ 『토비트』 4:15[77]

부정문으로 된 전형적인 황금률 공식이다. '싫은 것'은 다양한 해석이 가능하나, 전후 문맥을 볼 때 '남이 나에게 하면 싫은 것'이다. 이웃을 사랑하는 방법의 요약으로서, 이 구절을 전후하여 이웃 사랑의 적극적 방법도 많이 나오는데, 이 공식만은 부정문이다.[78] 이 황금률 공식이 그리스도 이전 거의 이백 년 동안 유대교의 주요 교훈으로 전해오고 있었다. 물론 토라에 나오는 황금률 사고와 직접 연결되지는 않았다.

『시라크』에는 황금률의 기본 전제인 공감 능력도 등장한다. 나를 기준으로 남을 이해하는 태도다. 본문을 문자 그대로 옮기면 이렇게 된다.

"네 이웃을 네 영혼처럼 알고 네가 싫어하는 모든 일에 조심하라."
_ 『시라크』 31:15[79]

"네 영혼처럼 알고"라는 문구는 여러 해석이 가능하지만, '너를 (알듯) 알라'는 뜻이 본문에 가장 어울린다.[80] "싫어하는 모든 일"은 부정문 황금률의 일부다. 이웃을 사랑하되 나를 기준으로 삼으니 레위기 19장 18절이 다시금 황금률과 이어진다. 〈칠십인역〉은 "네 이웃의 것을 너 자신으로부터 알라"고 옮겼다.[81] 우리말은 "네가 좋아하는 것을 남도 좋아하리라고 여기며 모든 일에 신중하여라"고 다소 의역을 했지만 핵심은 살렸다. 영어 번역은 대개 이웃의 감정, 필요 등을 너를 기준으로 판단하라고 옮긴다. 나를 살펴봄으로써 이웃을 알 수 있고, 그런 판단을 내 행동의 기준으로 삼으라는 것이다. 이웃과 나 사이의 유대감이라는 전제 위에 공감이 내 행동의 주요 원리가 되었다.

『시라크』는 이 황금률을 너와 나 사이의 문제를 넘어 하나님과 우리 사이의 문제로 확장한다. 보상을 염두에 두고 실천할 원리로 가르치는데, 내가 보복을 하든 용서를 하든 하나님께서도 나에게 똑같이 하실 것이다.

> "보복을 하려는 자는 주님께 보복을 당할 것이다. 네게 손해를 끼친 이웃을 용서하라. 그러면 기도할 때 네 죄를 용서받을 것이다. 자기는 분노를 품고 있으면서 어떻게 하나님께 용서를 기대할 수 있는가?"_『시라크』 28:1-3

보복을 금지하는 이유가 황금률이다. 토라에 나오는 산 자 구도와 같다. 보복해서는 안 된다 하던 소크라테스와 통한다. 이웃이 나에게 손해를 입혔지만, 그건 내가 이웃에게 바라는 바가 아니다. 게다가 내가 남에게 안 좋은 일을 했을 때도 앙갚음 받는 것을 바라지 않는다. 그렇다면 나에게 해를 가한 이웃에게도 보복을 가해서는 안 된다. 여기서 용서라는 주제는 상호성을 넘어선다. 수평 차원의 기대가 수직 차원에서 이루어지기 때문이다. 내가 이웃에게 바라거나 바라지 않는 바를 직접 행하시는 분은 하나님이시다. 히브리 성경의 다른 많은 본문과 통하며 신약성경에서 주님께서 용서에 대해 가르치신 기도와 구도가 같다마 6:12-15; 18:21-36. 『토비트』나 『시라크』는 정경 못지않게 유대인들의 사랑을 받던 책이므로 이런 구절들을 통해 부정문 황금률 공식이 전통적 황금률 사고방식과 어울려 유대 사회에 널리 알려져 있었다.[82] 다만 문장도 부정문이고 내용 역시 보복을 금하고 용서를 강조하는 정도여서 적극적 윤리를 구축하지 못했고, 유대교 윤리의 중심을 차지하지도 못했다.

그럼 『토비트』와 『시라크』에 등장하는 황금률 공식은 어디서 온 것일까? 그 이전 수백 년의 역사가 일단 공식의 자생 가능성을 부인한다. 황금률 공식 자체가 고도의 추상화와 일반화를 요구하는데, 그런 사고에 익숙지 않은 유대교에서 황금률 공식이 생겨났을 가능성은 거의 없다.[83] 이웃 사랑의 계명이 발전한 것이라는 주장도 있으나, 사랑하라는 긍정 명령이 왜 싫은 것을 하지 말라는 부정문으로 바뀌었는지 설명하기 어렵다.[*] 공식은 외부에서 온 것이 확실하며, 가능성은 메소포타미아 아니면 그리스다.[84] 당시 팔레스타인을 포함한 근동 지역은 서로 깊은 교류를 나누고 있었으므로 메소포타미아 『아히카르의 교훈』이 전해졌을 가능성이 얼마든지 있다. 『토비트』가 전하는 부정 황금률은 아히카르가 가르친 공식과 거의 같다. 『토비트』와 비슷한 구도의 황금률은 구약 위경인 『시리아어 메난더』에도 등장한다.

"네가 싫은 것은 무엇이든지 네 이웃에게 하지 말라."[85]

---

[*] 유대 학자들은 긍정문보다 부정문 황금률이 더 나은 윤리라고 주장하지만, 그것 때문에 부정문으로 바뀌었을 가능성은 낮다. 이 책 405-410쪽을 보라. 힐렐이 들려준 부정문 황금률 역시 레위기 19장 18절을 부정문으로 바꾼 것이라는 주장도 있다. 이 책 420-423쪽을 보라.

메난더는 기원전 2세기 사람이지만 책 자체는 서기 2세기 이후 집성된 것이어서 아히카르가 '동료'라 한 것을 '이웃'으로 바꾸는 등 유대교 영향도 다소 보인다. 황금률 원칙을 간통죄에 적용한 『아히카르의 이야기』 문구도 『시리아어 메난더』에 똑같이 등장하고,[86] 황금률을 하나님과 연결하는 『시라크』의 태도 역시 『아히카르의 이야기』에 그대로 나오므로[87] 근동 기원설은 상당한 설득력을 갖는다.

그리스 기원설도 근거가 없지 않다.[88] 구약 위경의 하나로 기원전 2세기경 기록된 『아리스테아스의 편지*Letter of Aristeas*』에 황금률 원리가 나온다. 이 책은 고대 그리스 문화의 중심지였던 이집트의 알렉산드리아를 배경으로 구약성경의 그리스어 번역인 〈칠십인역〉의 탄생 과정을 설명한다. 유대 역사가 요세푸스*Flavius Josephus, 37-100*도 길게 인용하고 있는[89] 이 글은 이방인에게 유대교를 옹호하기 위해, 또는 〈칠십인역〉의 권위를 주장하기 위해 쓴 것으로 본다. 역사와 허구가 뒤섞인 이 작품에서 이집트 왕이 번역자들과 대화를 나누던 중 지혜가 무엇인지 묻자 한 사람이 이렇게 대답한다.

"임금님께서 자신에게 나쁜 일은 안 일어나고 오직 좋은 일만 많이 생기기를 바라시는 그 심정으로 신하들이나 심지어 대적들까지 그렇게 대하시는 것입니다."[90]

조금 길긴 하지만 『토비트』나 『아히카르의 지혜』에 나오는 황금률 공식에 상당히 근접해 있다. 처지를 바꿔 공감하는 태도가 명백하게 나타나 있고, 또 『아히카르』나 『토비트』와는 달리 부정문에다 긍정문도 추가한다. 레위기의 이웃 사랑 계명이 영향을 미쳤을 수도 있다. 중요한 것은 이런 원리가 고대 그리스 문화와 히브리 성경이 만나는 과정에 등 장하고 있다는 점이다. 물론 황금률 공식 자체는 등장하지 않는다. 양 방향을 담은 상호성도 다소 약하다.[91] 다만 알렉산드로스 대왕의 페르 시아 정복 이후 유럽과 근동 전체가 헬레니즘 철학의 강한 영향 아래 놓이면서 유대교도 헬레니즘의 영향을 강하게 받았다. 따라서 그리스 사회에 퍼져 있던 황금률 공식이 그런 교류를 통해 유대교에 흘러 들어 갔을 가능성은 얼마든지 생각할 수 있다.*

힐렐과 그 이후

유대교의 정경인 히브리 성경에는 황금률 공식은 없고 황 금률과 통하는 원리만 나온다. 유대교의 외경과 위경에는 원리뿐 아니 라 황금률 공식까지 담겨 있다. 그런데 유대교의 황금률 가운데 가장 유명한 것은 정경도, 외경도, 위경도 아닌 유대인의 전통을 모은 책『탈 무드』에 등장한다. 바로 그리스도보다 약간 앞서 살았다고 알려진 유 대교 지도자 힐렐Hillel (the Elder), 110BC-10AD의 주장이다. 『탈무드』에 수록된 『미슈나』** 하나가 랍비 힐렐 일화를 전한다.

"한 번은 어떤 이방인이 샴마이에게 와 말했다. '저를 개종시켜 보십

시오. 단 제가 한 발로 서 있는 동안 토라 전체를 가르쳐주는 조건입

---

* 본문에서 정작 왕에게 황금률 지혜를 들려준 사람은 예루살렘에서 온 학자들이지만, 이 글이 헬라 문화의 중
  심 알렉산드리아에서 작성되었다는 점에서 그리스 기원설의 근거가 될 수 있다.
** 미슈나는 유대교 구전 전승을 모은 것으로 '구전 토라'라 부르기도 한다.

니다.' 그러자 샴마이는 손에 있던 막대기로 그 사람을 밀쳐냈다. 그 사람이 이번에는 힐렐에게 가서 묻자 힐렐은 이렇게 말했다. '네가 싫은 것은 이웃에게 하지 마라. 전체 토라가 바로 이것이요, 나머지는 풀이에 불과하다. 가서 배우도록 해라.'"[92]

힐렐이 토라의 요약으로 "셔마 이스라엘"을 말하지 않은 건 뜻밖이다. 유대인들은 "들으라, 이스라엘아!" 하는 그 구절을 히브리 성경의 핵심으로 날마다 암송한다신6:4-5. 자기를 개종시켜 보라는 이방인에게 "우리 하나님"이라 하기가 어려웠을까? 하긴 샴마이는 아예 그 사람을 내쫓지 않았던가. 힐렐은 대신 부정문 황금률을 전체 토라를 대표하는 구절로 들려주었다. 토라에 나오지도 않고 외경『토비트』와도 전혀 다른 구절을 왜 토라의 핵심으로 골랐는지는 이해가 쉽지 않다. "네 이웃을 너 자신처럼 사랑하라"는 레위기 19장 18절을 염두에 두었다는 주장도 있다.[93] 정말 그랬는지『토비트』가 "남들에게"라 한 것을 힐렐은 "이웃에게"로 바꾸긴 했다. 하지만 레위기 계명도 쉽고 간략한데 왜 엉뚱하게 황금률을 말했을까? 게다가 긍정적인 가르침을 부정문으로 바꾼 것은 더 설명하기 어렵다.[94] 그 구절 앞부분이 부정문으로 되어 있기 때문이라는 주석도,[95] 부정문이 "교육학적으로 우월해" 그렇게 바꾸었다는 설명도[96] 공감을 얻지 못한다. 또 이방인이 익히 알고 있는 원리라서 접촉점으로 그걸 골랐다 해도[97] 토라의 요약이라면 적어도 토라와 관련은 되어야 하지 않는가? 어쨌든 황금률을 구약, 곧 히브리 성경 전체의 핵심으로 처음 말한 사람은 힐렐이다. 적어도『탈무드』에 따르면 그렇다.

하지만 이토록 중요한 황금률을 힐렐 자신은 다시 언급하지 않았다. 관련된 설명도 전혀 없다. 그저 "네가 동료의 처지가 되어 보기 전에는 동료를 판단하지 말아라" 하여 『시라크』처럼 상호 이해의 중요성을 추가한 정도다.[98] "가서 배우라" 하긴 했으나 이후의 연구도 많지 않다.[99] 힐렐과 거의 동시대 사람이었던 유대인 철학자 필론Philo Judaeus, 10BC-50AD의 가르침에 부정문 황금률이 포함되어 있다고 하는데, 힐렐처럼 문구만 있을 뿐이다. 그마저도 필론의 저서에는 나오지 않고 기독교 교회사가 에우세비우스Eusebius, 260-339의 글을 통해 간접적으로 전해질 뿐이다.[100] 2세기의 랍비 아키바는 힐렐처럼 부정의 황금률이 레위기 19장 18절을 설명하는 "토라의 위대한 원리"라 가르쳤지만 '이웃'의 범위에는 제한을 두었다.[101] 동시대의 랍비 벤 아자이는 '이웃'에는 모든 인류가 포함되어야 한다고 주장하면서 아키바가 가르친 황금률도 거부했다.[102]

힐렐의 황금률이 유명한 이유는 그리스도의 가르침과 시기적으로, 또 지역적으로 근접해 있기 때문이다. 쉽게 말해 그리스도 황금률의 유일성과 독특성을 희석하는 사례라는 것이다. 그리스도께서 황금률을 말씀하신 다음 그게 바로 성경이라 하셨으니, 부정문을 긍정문으로 바꾸신 것 말고는 힐렐을 흉내 내신 것처럼 보인다.[103] 하지만 힐렐의 이야기를 담은 탈무드 자체가 서기 5세기 이후 편집된 것이어서 힐렐이라는 사람이 정말 그 시대에 그런 말을 했는지 그것부터 확인할 길이 없다.[104] 그 시대, 그 지역을 광범위하게 다룬 유대 역사가 요세푸스의 책에는 힐렐이라는 사람이 아예 등장하지 않는다. 힐렐이 황금률을 말했다는 이야기가 허구일 수 있다고 보는 학자도 많고,[105] 비슷한 내용의 일화가 힐렐 아닌 아키바를 주인공으로 하는 것도 있다.[106] 게다가 힐렐 관련 이야기가 설령 사실이라 하더라도 그 내용이 그리스도 당대에 기록되어 전해졌을 가능성은 없다.[107] 또 부정문과 긍정문의 차이도 단순한 부정어의 유무 문제가 아님을 안다면 힐렐 일화의 시기와 내용에 큰 의미를 둘 필요는 없다.[*]

요약하자면, 유대교 정경에는 자리를 바꿔 생각하는 원리는 나오지만 황금률 공식 자체는 후대의 외경이나 위경, 또는 전승에 국한되었다. 황금률과 닮은 레위기 19장 18절도 제2 성전기 후반에 와서야 토라의 핵심 가르침으로 인식되었고, 간헐적으로 황금률 공식과 연결되었을 뿐이다. 이후에도 황금률은 상당 기간 유대교의 핵심 논의에서 배제되었다.[108] 오늘날은 물론 양상이 크게 다르다. 대부분 유대인이 황금률을 유대교의 핵심으로 이해한다. 외부에서 황금률 공식이 유입된 이후 토라의 핵심인 이웃 사랑 계명과 연결된 결과다. 이웃 사랑과 황금률을 함께 구약성경의 핵심으로 가르친 신약성경의 영향도 물론 크다. 그런 가운데 오늘날도 유대교 내에서는 황금률의 위상에 대해 논의가 이어지고 있는데, 적어도 세계 다른 종교와 비교할 때 유대교는 황금률의 비중이 가장 낮은 종교일 가능성이 크다.[109]

---

[*] 더 연구할 일이지만, 힐렐의 황금률 관련 자료가 그리스도의 가르침 이후에 나왔을 개연성이 더 높다. 황금률을 가리켜 전체 토라라 한 점(마7:12)과 가서 배우라 한 구절(마9:13)은 이전의 유대교 자료에는 없고, 주님 말씀에만 나오는 표현이다.

3

중국의 황금률

유교의 황금률

황금률은 근동이나 서양에만 있는 게 아니다. 중국과 인도 등 동양 곳곳에서도 찾아볼 수 있다. 중국의 중심 사상으로 우리나라를 비롯한 여러 이웃에도 큰 영향을 미친 유교 역시 황금률을 가르친다. 유교는 종교이면서 학문이고, 또 윤리다. 창시자는 중국의 공자孔子, 551-479BC인데, 높여서 '공부자孔夫子'라 부르기도 한다. 유교의 영어 이름 'Confucianism'이 '공부자Confucius의 사상'이라는 뜻이다. 사상의 골자는 물론 이전부터 있었겠지만, 공자가 이를 잘 엮었다.[110] 공자 뒤를 맹자孟子, 371-289BC가 이었고, 이후 이천 년 이상의 세월 동안 주희朱熹, 1130-1200, 왕양명王陽明, 1472-1529 등을 통해 성리학性理學과 양명학陽明學으로 발전했다.* 핵심 경전으로는 『논어論語』, 『맹자孟子』, 『중용中庸』, 『대학大學』 등

---

* 서양에서는 이 둘을 합쳐 신유학(新儒學, Neo-Confucianism)이라 부른다. 중국 이름의 영어 철자는 공자는 'Confucius', 맹자는 'Mencius', 주희는 'Zhu Xi(과거 Chu Hsi)', 왕양명은 'Wang Yangming' 등이다.

이 있다.[111]

유교는 현세에 초점을 둔 거대한 윤리 체계다. 제사 같은 종교의식도 있고, '하늘天' 또는 '신神'이라는 초월적 존재도 언급하지만,[112] 대개는 이 땅을 사는 방법에 초점을 맞춘다.* 황금률도 그런 맥락에서 뜻을 갖는다. 우선 유교는 가정또는 가문, 국가 등 공동체를 중심으로 한다. 자기 수양에서 출발하여 천하를 평정하는 원대한 목표까지 이어지지만,[113] 중심축은 언제나 가정과 국가요, 이를 유지하는 기본 원리가 황금률이다. 국가의 경우는 조금 다르나, 가정의 경우에는 가문의 이름을 강조하여 평판 같은 외형에 치우치는 경향을 보인다. 유교에서는 또 '오륜五倫'에 나타난 것처럼 아버지와 아들, 임금과 신하, 남편과 아내, 어른과 아이또는 형과 아우, 친구 사이 등 양자 사이의 관계를 바탕으로 한다.** 오륜에는 부자, 군신, 장유 등 상하관계가 중심을 이루지만 종속 관계는 아니므로 고대 그리스나 서양 같은 평등 개념이 없다고 비판할 것도 없다.[114] 유교에서는 높고 낮음이라는 질서 가운데 너와 나 사이에 지켜야 할 도리가 있음을 강조하는데,[115] 이 '너와 나' 관계의 골격을 이루는 것이 바로 황금률 원리다.

유교에는 처지를 바꿔 생각하고 나와 남을 동등하게 여기는 황금률 원리뿐 아니라 뚜렷한 황금률 공식까지 다 있다. 등가보복 사고가 긴 여정을 거치며 황금률 사고로, 또 황금률 공식으로 정착된 서양과 사뭇

---

* 공자는 "사람도 못 섬기는데 어찌 귀신을 섬기겠느냐(未能事人 焉能事鬼)?", 또 "삶도 모르는데 어찌 죽음을 알겠느냐(未知生 焉知死)?" 하여 경험 너머의 세계에 대해 분명히 선을 긋는다. 『논어』 11장(先進篇), 11.
** 오륜은 "부자유친(父子有親), 군신유의(君臣有義), 부부유별(夫婦有別), 장유유서(長幼有序), 붕우유신(朋友有信)"으로서 맹자가 만든 것이다. 『맹자』 3장(滕文公篇), 上, 4. 이전에 공자가 가르친 오달도(五達道), 곧 천하에 통용되는 다섯 가지 도를 발전시킨 것이다. 『중용』 20장 3.

다르다. 유교의 황금률 공식 가운데 가장 유명한 것은 공자의 가르침을
모은 『논어』에 나온다.

> "자공子貢이 물었다. '평생을 두고 행할 만한 한마디가 있다면 무엇인
> 지요?' 공자가 말했다. '서恕다. 내가 바라지 않는 것은 남에게 하지
> 마라.'"[116]

"기소불욕 물시어인己所不欲 勿施於人!", 곧 "내가 바라지 않는 것은 남에
게 하지 마라!", 이는 부정문 공식으로서 『토비트』나 힐렐의 가르침과
똑같다. "내가 바라지 않는 것"은 여러 해석이 가능하지만,[117] 자공의 말
을 미루어 볼 때 '내가 남이 나에게 하기를 바라지 않는 것'이라는 뜻이
다.[118] 따라서 처음부터 나와 남 사이의 교섭이 전제된다. 황금률 여덟
글자는 『논어』에 한 번 더 등장한다.

> "중궁仲弓이 인仁에 대해 묻자 공자가 대답했다. 문을 나서면 큰 손님
> 을 보듯 하고 백성을 부릴 때는 큰 제사를 모실 때처럼 하며 내가 바
> 라지 않는 것은 남에게 하지 않는 것이다."[119]

공자의 언행을 담은 『논어』와 『대학』에 이와 비슷한 문구가 두 번 더
등장한다.[120] 네 번 모두 부정문 황금률이다. 공자는 황금률을 자주 가
르치기도 했지만, 그것을 언제나 가장 중요한 가르침으로 주었다.

그런데 공자의 가르침으로 알려진 황금률 공식은 사실 공자 자신이
만든 것이 아니고, 그보다 150년 이전의 관중管仲, 720-645BC이 전한 것이

다. 관중의 글을 모은 『관자管子』에 황금률 공식이 등장한다.

> "고어에 말하기를 '내가 바라는 바가 아닌 것을 남에게 행하지 않는
> 것이 인仁이다'라고 하였습니다."[121]

관중은 기원전 7세기 사람이므로 공식만 두고 볼 때는 『관자』의 공
식이 동서양을 통틀어 가장 오래된 것이라 할 수도 있다. 물론 『관자』
자체가 공자가 죽고 300년이 지나 편집되었으므로 정확한 연대를 말하
기 어렵다. 황금률을 인이라 말한 점도 공자와 같은데, 누가 먼저인지
는 알 길이 없다. '고어'라 불린 책에 황금률 공식까지 등장한다는 점은
적어도 황금률 사고방식이 오래전부터 중국에 널리 알려져 있었다는
확실한 증거다.

중국 황금률 공식의 기원이 어딘가에 대해서는 논의가 많지 않다.
외부의 유입으로 보기는 어렵다. 이 무렵 고대 근동이나 그리스, 또는
인도 지역과 황금률을 주고받을 정도의 지적 교류는 없었기 때문이다.
혹 있었어도 완결된 공식은 아직 생기기도 전이다. 그런데도 처지를 비
꿔 생각하는 황금률 사고가 완벽한 공식과 함께 등장한다. 공식만 불
쑥 나오는 게 아니라 전반적인 황금률 사고의 결과물로 등장한다. 따
라서 고대 그리스의 분석적, 추상적 사고와 달리 직관적 판단에 바탕을
둔 중국적 사고 내에서 자생했을 가능성이 가장 크다. 고도의 추상성이
필요하다 했던 딜의 주장이 공자의 황금률 공식에 와서 힘을 잃는다.[122]
제자백가라 불리는 다양하고 풍성한 사상적 발전을 경험하는 가운데
황금률 사고와 공식이 동시에 정립되었을 것이다. 다만 기원에 대한 명

확한 설명이 어렵기 때문인지, 최근의 유교 연구에서는 『논어』 등에 나오는 공자의 황금률이 후대에 삽입된 것이라는 주장도 만만치 않게 나오고 있다. [123]

황금률의 뜻

보통 유교 윤리의 핵심을 '인仁'으로 본다. 공자에 따르면 인은 '애인愛人', 곧 '사람을 사랑하는 일'이다. [124] 여기서 사람은 나 아닌 다른 모든 사람, 곧 '남'을 가리킨다. 따라서 '애인'은 "남을 사랑한다"는 성경 로마서 13장 8절과 통한다. 대상을 제한하지 않고 나 아닌 모두를 사랑하는 것이다. 중국의 황금률은 언제나 사람에 대한 존중을 기본으로 한다. 그렇게 사람을 사랑하는 일은 또한 사람답게 되는 일이기도 하다. [125] 이 역시 사랑을 사람의 본질로 가르치는 성경과 통하는 점이 있다. 중궁이 인이 무엇인지 물었을 때 공자는 황금률 여덟 글자를 결론으로 들려주었다. 관중이 전하는 옛사람의 말 역시 황금률을 인의 구현으로 설명한다.

그런데 공자는 그 말을 최고의 교훈으로 들려주면서 '서恕'라고 풀었다. 우리말 '용서容恕'에 나오는 그 '서'로서 배려, 참작, 이해 등을 뜻한다. 후대의 주희는 이것을 "매사에 자기를 살펴 남을 헤아리는 것", [126] 또는 "나와 남을 동등하게 대하는 것"이라 풀었다. [127] 곧 배려와 공감의 윤리인데, 이 '서'가 곧 황금률이라면 개인의 주관적 바람을 넘어 도덕적 바람, 곧 남을 향한 마땅함을 포함하여 보편성을 갖는다. [128] 그렇게 해서 서恕는 인仁과 이어진다. 이 둘이 하나임을 맹자가 확인해 주는데, 인을 구현하는 방식이 바로 이 서라는 것이다.

"서를 힘써 행하면 인을 구함에 그보다 가까운 것은 없다."[129]

황금률이 인이요, 그것을 구현하는 방식이 서다. 그런데 서는 공감 가운데서도 주로 윗사람이 아랫사람을 향해 갖는 태도다. 그래서 공자는 서와 함께 '충忠'도 가르쳤다. 충은 인의 구현으로서 사람을 대할 때 가져야 할 태도다.[130] 표준에서 벗어나지 않고 자신에게 엄격한 태도로서,[131] 서가 아랫사람을 향한 태도라면 충은 윗사람을 향한 태도를 주로 가리킨다.[132] 그러니 충서를 합치면 위아래를 다 포함하는 윤리가 성립된다. 충도 서도 모두 '마음 심心' 자를 포함하고 있다.[133] 함께 느끼는 것에서 출발한다. 공자의 제자인 증자曾子에 따르면, '충서忠恕'는 공자의 가르침 전체를 "하나로 꿰는 것"이다.[134] 힐렐이 황금률을 전체 토라의 요약으로 준 것과 같은 비중이다. 그런데『중용』은 이 충서가 곧 황금률임을 공자 자신의 말을 통해 다시금 확인해 준다.

"충서는 도에서 멀리 떨어져 있지 않으니 내가 겪고 싶지 않은 모든 것을 남에게도 행하지 않는 것이다."[135]

황금률은 기본적으로 동등한 관계를 전제한다. 하지만 오륜 가운데 부부와 친구를 뺀 셋은 상하관계다. 부부를 상하관계로 보기도 한다. 그런데 중국에서는 이 충서 개념을 통하여 그런 상하관계까지 포괄함으로써 황금률은 공동체 전체를 아우르는 보편 윤리로 자리를 잡았다.[136] 중국의 황금률은 상호성을 바탕으로 한 정의나 평등의 원리라기보다 관계의 평등성 여부를 떠나 일대일의 관계 속에서 상대방에 대한 자신의 역할을 수행하되 상대의 마음을 헤아려 봄으로써 하는 그런 규칙이다. 사회 구성원 각자에게 자신의 신분과 역할에 맞는 대우를 함으로써 사회 전체의 질서와 조화를 꾀한 규칙인 셈이다.[137] 고대 그리스의 황금률이 평등을 지향하면서도 귀족들만의 윤리로 제한되었다면, 중국의 황금률은 평등을 넘어 상하관계까지 포함함으로써 위계질서 구조를 가진 공동체 전체의 윤리로 자리를 잡았다.

유교에서는 황금률의 보편성을 믿었다. 황금률을 이루는 요소가 충, 서, 인, 애인 등이었기 때문에, 황금률은 실천의 윤리이기 이전에 개개인이 갖추어야 할 품성이었다.[138] 이 점은 덕을 추구한 소크라테스와 통한다. 이해하고 공감하는 성품을 갖추었다면 그 성품은 모든 관계에 똑같이 나타날 것이고, 따라서 한 관계에서 바로 행동하는 사람은 다른 관계에서도 역시 바로 행동하게 된다. 윗사람의 신임을 얻으려면 친구들과 사이가 좋아야 하고, 친구들과 잘 지내려면 부모를 만족하게 해드려야 한다.[139] 오륜을 그렇게 내적으로 연결하는 기본 동력이 바로 충서요, 인이며, 황금률이다. '충'과 '서'는 늘 함께 필요한 윤리지만, 고전에는 충보다 서가 더 많이 등장한다. 가르침의 대상이 주로 통치자들이나 사회 지도자들이었기 때문으로서, 이들이 본을 보이면 나머지 사람들은 저절로 따르게 되리라 본 것이다.[140]

황금률이 충과 서요, 또 유교의 이상인 인이라 할 때, 공자가 가르친 공식이 부정문으로 되어 있음에도 불구하고 그 내용은 긍정적임을 알 수 있다. 우선 유교의 핵심인 인 사상부터 부정적이고 소극적인 태도로는 불가능한 가르침이다. 황금률과 같은 내용이라고 가르친 충서 역시 적극적 실천을 요구한다. 부정문 황금률을 철저하게 지키면 사실상 인간관계 자체가 단절될 수도 있겠지만, 공동체를 바탕으로 하는 유교 윤리에서는 그런 식의 적용은 애초에 가능하지 않다. 그리고 실제 적용에서도 긍정적이고 적극적인 방식으로 실천되었음을 알 수 있다.[141] 공자 자신도 유교 윤리의 적극성을 이렇게 가르치고 있다.

> "인이라는 것은 자기가 서고 싶을 때 남을 세우며 자기가 이루고 싶은 것을 남이 이루게 하는 것이다."[142]

섬과 이룸으로 형상화된 긍정문 황금률이다.[143] 인은 한마디로 자기보다 남을 앞세우는 것이다. "자기보다 남을 낮게 여기고… 다른 사람들의 일을 돌보아…"라는 빌립보서 2장 3-4절과 닮았다. 이 문장 하나만으로도 공자의 부정문 황금률이 적극적인 내용을 포함하고 있음이 분명히 드러난다. 남송의 진순陳淳, 1159-1223은 주석에서 공자의 황금률을 "내가 싫은 것을 남에게 하지 않을 뿐만 아니라 내가 남들이 내게 해 주기를 바라는 것은 무엇이든 남들에게 하라"는 뜻으로 풀었다.[144]* 노자 역시 "성인은 백성의 마음으로 자기 마음을 삼는다" 하여 같은 사상을 전한 바 있다.[145] 이런 가르침이 유교와 공존하였으니, 공자의 황금률이 목표로 한 인은 내가 바라지 않는 것을 남에게 하지 않는 정도가 아니라 내가 바라는 것을 남이 하도록 하는 것으로 나아간다. 그것을 굳이 부정문으로만 나타낸 것은 상대를 배려하는 유교식 예절로 보아 좋을 것이다.[146]

---

* 이 '진순'은 명대의 화가(1483-1559)와 동명이인이다.

처지 바꾸기

유교 황금률의 핵심은 '처지 바꾸기'를 통해 상대를 '이해'한다는 점이다.[147] 출발점은 나 자신이다. 하지만 나를 내세우는 대신 억누름으로써 보편, 곧 '바른 원리'를 추구한다.[148] 황금률의 방향 바꾸기와 통한다. 공자는 "자신을 이겨 예禮로 돌아가는 것이 인의 실천"이라 하였다.[149] 유교가 말하는 예는 사람이 갖추어야 할 기본 인격인 동시에 모두가 지켜야 할 보편적 행동 규범이다. 황금률의 '충'을 "예에 따라 남을 섬기는 것"으로 해석할 수 있다면,[150] 황금률은 애초부터 상호성과 실천을 함께 가진 규칙이 된다. 나를 근거로 상대를 이해하여 나와 남을 동등한 위치에 둔다. 서恕를 "나를 미루어 사람들을 헤아리는 것"[151]으로 푼 주희는 이런 태도를 "나를 다른 사람 위치에 두는 태도"라고 분명하게 풀었다.[152] 물론 공자가 먼저 가르친 내용이다.

"가까운 것으로 비교를 삼을 수 있다면 인의 방법이라 부를 수 있다."[153]

자기를 미루어 남을 이해하는 것이 '인'이다. 충서가 공자의 가르침을 하나로 꿰는 것이라 했는데, 주희는 이를 "한 마음으로 모든 일에 응하는 것"이라 풀었다.[154] 맹자도 "서를 힘써 행하는 것이 곧 인을 구하는 것"이라 하기 직전에 "만물이 나에게 갖추어져 있으니 자신을 돌아보아 성실하게 행하면 이에서 더 큰 기쁨이 없다" 하였다.[155] 서를 힘써 행하는 것은 그렇게 "나를 미루어 남을 사랑한다"는 뜻이요,[156] 그것이 바로 인을 이루는 최선의 방법이다. 그렇게 모든 것을 남의 자리에서 이해하고자 하는 그게 바로 유교의 핵심인 인이다.

유교와 약간 다른 흐름이긴 하지만 제자백가의 한 사람으로 겸애설 兼愛說을 가르친 묵자墨子, 470-391BC도 이런 위치 바꾸기 원칙을 소개한다. 묵자는 공자가 죽은 10년 뒤에 태어나 맹자가 태어나기 20년 전에 죽었으므로 공자와 맹자 중간기의 사상을 보여준다.

> "보편적인 사랑은 다른 사람의 나라를 자기 나라처럼 여기는 것이다. … 보편적 사랑을 가진 사람은 자기 친구를 자기 자신처럼 돌볼 것이고 자기 친구의 부모를 자신의 부모처럼 모실 것이다. 따라서 자기 친구가 배고픈 것을 보면 먹일 것이고 추운 것을 보면 입힐 것이다."[157]

다른 사람을 자신처럼 여기는 전형적인 경우다. 묵자의 겸애설은 오늘날 사람들이 제창하는 사해동포주의, 또는 세계시민주의와 통한다. 상호성을 넘어 박애로 나아간다. 따라서 성경이 가르치는 무조건적, 보편적 사랑과도 무척이나 닮았다.[158] 물론 그런 멋진 정신을 실천하게 만드는 기본 동력에 대해서는 성경의 가르침과 근본적으로 다르다. 어쨌든 그런 박애 사상을 구현하기 위해 사용하는 방법이 서로 처지를 바꿔 보는 황금률 원리임은 분명하다.

이런 가상의 역할 교체를 위해서는 '남의 마음'을 알아야 한다. 고대 그리스의 플라톤은 사람이 만물의 척도임을 믿지 않았고, 근대 이후 서양에서는 사람이 남의 마음을 알 수 있는지 논란이 끊이지 않는다. 하지만 고대 중국에서는 그게 전혀 문제가 되지 않았다. 왜냐하면 사람은 그런 능력을 타고난다고 믿었기 때문이다. 맹자는 『시경詩經』을 인용해 이렇게 말하고 있다.

"다른 사람이 지닌 마음을 나는 헤아려 아노라."[159]

미루어 안다. 그렇게 알 수 있는 근거는 앞서 언급한 것처럼 "만물이 다 나에게 갖추어져 있기 때문",[160] 곧 천하의 모든 이치가 내 안에 갖추어져 있기 때문이다. 나를 미루어 남을 판단하는 것은 『시라크』와 같은데 이유는 전혀 다르다. 맹자는 또 말했다.

"자기의 본성을 아는 것은 곧 하늘을 아는 것이다. 자신의 마음을 지니고 자신의 성품을 기르면 그것으로써 하늘을 섬기는 것이다."[161]

하늘, 곧 우주의 진리가 내 안에 있다는 것은 사람을 소우주로 보는 범신론 관점이다. 범신론은 중국 여러 사상 가운데 도교가 주로 가르친 세계관이다. 도교는 유교의 허점을 지적하면서 오랜 기간 유교와 상호 보완 관계로 공존하였다. 우주와 사람이 로고스라는 기본 원리로 서로 통한다고 본 스토아 범신론이 유럽과 근동을 지배할 무렵 이와 비슷한 범신론 체계가 멀리 중국을 주도하고 있었으니, 놀라운 일치다. 도교를 대표하는 노자도 "집 밖에 나가지 않고 천하를 안다" 하였다.[162] 이런 세계관을 고려할 때, 유교의 황금률이 너와 나 사이의 상호성을 넘어 소크라테스처럼 모든 인간이 공감하는 보편적 이상을 추구하게 된 것은 지극히 자연스럽다.[163] 소크라테스가 황금률 사고를 통해 덕이라는 이상을 추구했다면, 유교에서는 같은 황금률 사고를 통해 덕과 통하는 인과 충서를 추구한 셈이다.

황금률의 적용

내 안에 주어진 것이 온 우주의 법칙인 만큼 실천 범위도 넓어진다. 나 하나의 탐욕이 온 나라를 어지럽히고, 한 집안의 자비는 온 나라를 자비롭게 만든다.[164] 다시금 소크라테스와 통한다. 위치 바꾸기의 대표적인 보기는 앞서 인용한 구절에 이미 나왔다.

> "문을 나서면 큰 손님을 보듯 하고 백성을 부릴 때는 큰 제사를 모실 때처럼 하며 내가 싫은 건 남에게 하지 않는 것이다."[165]

문을 나섰으니 내가 객이 된 상황인데, 그럴 때 모든 사람을 마치 내가 주인이 되어 귀한 손님을 모시는 것처럼 대한다. 문밖에 나섰으니 나를 영접해 주기 바라는 마음을 훨씬 잘 느낄 수 있지 않겠는가. 군주가 볼 때 백성은 내 아랫것들이지만 마치 큰 제사 때 귀신이나 조상을 떠받들듯 대하라는 말이다. 처지를 바꾸는 태도가 사람에 대한 존중과 이어져 있다. 황금률은 곧 인품이기에 모든 관계에서 보편적으로 나타날 수밖에 없다. 그런 태도의 근간이 바로 나 싫은 건 남에게도 하지 않는 것이다. 맹자도 비슷한 보기 하나를 전한다.

> "임금이 백성들의 즐거움을 즐거워하면 백성들도 임금의 즐거움을 즐거워하고 임금이 백성들의 근심을 걱정하면 백성들도 임금의 근심을 걱정하나이다."[166]

성선설性善說을 믿는 맹자답게 인간에 대한 낙관적인 태도가 담겼다.

임금인 내가 백성의 위치에서 그들의 즐거움을 도모하면 백성들 역시 임금의 마음을 헤아리고 임금의 즐거움을 증대시키기 위해 애를 쓸 것이고, 그런 처지 바꾸기는 서로를 염려하는 태도에서도 나타날 것이다. 이렇게 유교의 황금률은 주로 통치자들에게 백성의 마음을 헤아려 봄으로써 인의 정치를 할 것을 권하고 있다.[167] 『대학』도 이렇게 가르친다.

> "윗사람에게 싫어하는 바로 아랫사람을 부리지 말고 아랫사람에게 싫어하는 바로 윗사람을 섬기지 말라."[168]

내 위에도 언제나 누가 있게 마련이니 내가 아랫사람인 것처럼 생각하여 아랫사람을 대하라는 가르침이다. 그리스의 이소크라테스도 가르친 전형적인 위치 바꾸기다. 인간과 사물의 관계를 신과 인간의 관계로 확대하여 생각하였던 소크라테스의 태도와 일치하며, 위에 하나님이 계심을 생각하고 아랫사람에게 자비를 베풀라 가르치는 성경하고도 통하는 점이 있다엡6:5, 9; 골4:1. 다만 고대 그리스의 경우는 사람들 사이의 위아래 관계를 신에게 확장했을 뿐이므로 하나님이 그런 차원을 넘어 모든 것을 심판하실 분으로 등장하는 성경과는 근본적으로 다르다. 물론 중국은 그렇게 확장할 신 개념 자체를 아에 언급하지 않는다.

남의 마음을 알 수 있다는 전제는 처지 바꾸기를 넘어 내 마음이 바라는 바를 모든 사람에게 확대하는 노력으로 이어진다. 유교적 이상사회를 꿈꾸는 셈이다. 내 집안에 적용되는 원리를 집 바깥으로 넓히다 보면 나중에는 온 인류를 형제자매로 대하는 단계에 이른다. 맹자가 말했다.

"내 집 노인을 공경하여 그 마음이 남의 집 노인들에게까지 미치게 하고 내 집 어린이를 사랑하여 그 마음이 남의 집 어린이들에게까지 미치게 한다면 천하는 손바닥 위에서 움직일 수 있을 것입니다."[169]

나를 향하는 본성을 뒤집어 다른 사람들에게 확대하는 것이 중국의 황금률이다. 실천의 범위는 넓을수록 좋다. 『논어』에서 자하子夏가 이미 "사해 안의 모두가 형제인데 군자가 어찌 형제 없음을 걱정하겠는가?" 하여 방향을 제대로 잡고 있다.[170] 주희가 창시한 성리학性理學에서는 황금률 실천의 범위가 보편 가족 개념으로 확대되었다.[171] 11세기의 학자 장재張載, 1020-1077는 "사람은 모두 내 형제자매"라 하였고, 16세기의 왕양명은 "군자는 세상의 모든 백성을 자기 형제자매로 여긴다"고 하였다.[172] 가족의 범위가 최대한 넓어진 사람이 군자요, 큰 그릇이다. 물론 이 형제자매들의 아버지가 따로 있지는 않다. 따라서 둘이 함께 아버지께 나아간다 한 에베소서 2장 18절 말씀과 근본적으로 다르다. 이들의 황금률은 언제나 사람만 고려한 수평적 관계로서, 이들이 형제자매라 한 것 역시 그리스의 아리스토텔레스가 꿈꾼 이상향과 통하는 그런 공동체다. 물론 형제자매의 실천적 범위는 아리스토텔레스의 귀족공동체보다 훨씬 넓었다.

실천 문제

아는 것은 곧 책임이다. 알았으면 행해야 한다. 유교의 황금률은 다른 경우보다 실천을 더 강조한다. 중궁도 황금률이 인의 구현이라는 말을 듣자마자 "들은 바를 실천하겠습니다" 하고 대답했다.[173]

공자는 맹자의 오륜과 통하는 '오달도五達道', 곧 '천하에 통용되는 다섯 가지 도'[174]를 실천하는 근거가 되는 세 가지 덕, 곧 지知, 인仁, 용勇에 대해 이렇게 말한다.

> "배우기를 좋아하면 지知에 가깝고 힘써 행하면 인仁에 가깝고 부끄러움을 알면 용勇에 가깝다."[175]

인은 마음으로 그치는 게 아니라 '힘써 행할' 어떤 것이다. 행해야 할 이유는 분명하지 않지만 평판을 중시하는 문화이므로 어느 정도 보상에 대한 기대도 있고, 또 아리스토텔레스의 경우처럼 공동체 유지를 위한 윤리이니 실천하여 얻는 유익도 크다. 게다가 온 우주의 법칙이 내 안에 자리를 잡았다면 칸트가 강조한 도덕법칙 못지않게 실천의 당위성을 가졌을 것이다. 물론 이 점에서 유교는 종교라기보다 철학, 또는 윤리의 모습을 보여 다른 종교가 추구한 구원 문제와는 연결하지 않는다. 특히 구원에서 출발하는 그리스도의 황금률과 근본적인 차이를 보인다.

맹자는 모든 것을 낙관적으로 보았다. 아리스토텔레스처럼 훈련만 잘 하면 된다고 생각했다. "가서 배우라"고 한 힐렐의 권고와 통한다. 공자도 평소 노력을 강조하면서 긍정적인 자세를 가르쳤다. 도를 좋아하지만 힘이 부족하다 한탄하는 제자에게 공자는 "힘이 부족한 자는 중도에 포기하지만 너는 스스로 한계선을 긋고 있구나" 하고 나무랐다.[176] 또 "하루라도 인에 자기 힘을 쓸 수 있겠는가? 힘이 부족한 사람을 나는 만나보지 못했다"는 말도 했다.[177] 인은 멀리 있지 않기 때문에 바라기

만 하면 온다고도 가르쳤다.[178]

그렇지만 공자는 현실이 그리 녹록지 않음을 더 절실하게 느꼈다. 하여 황금률의 실현 가능성에 대해서는 기본적으로 부정적인 태도를 보인다. 앞서 언급한 보기처럼, 자공이 공자에게 "남이 제게 하기를 제가 바라지 않는 것은 무엇이든 저도 남에게 하지 않겠습니다" 했을 때 공자는 "거기까지는 미치지 못할 것이다" 하고 찬물을 끼얹었다.[179] 인의 실천은 윤리적 삶에서 가장 힘든 마지막 완성의 단계다. 천하에 통하는 세 가지 덕인 지, 인, 용은 사실 이상이지 현실은 아니다. 그런데 그것들을 다 갖추어야 오륜도 실천할 수 있고, 또 몸을 닦고 집안을 다스리고 치국에다 평천하까지 할 수 있다.[180] 욕망이나 감정 등의 마음까지 다스려야 하는데, 누가 그런 경지에 감히 오를 수 있겠는가. 그래서 공자는 『중용』에서 '충서'가 바로 황금률임을 가르친 다음 이렇게 고백하고 있다.

"군자의 도가 넷인데 나는 하나도 하지 못한다. 아들에게 바라는 바로 아버지를 섬기지 못하고 신하에게 바라는 바로 임금을 섬기지 못하고 아우에게 바라는 바로 형을 섬기지 못하며 벗에게 바라는 바를 먼저 베풀지 못한다."[181]

이소크라테스도 가르친 바 있는 바로 그 위치 바꾸기다. 아들이 아버지를 섬길 때 아버지 처지가 되어 자식에게 무엇을 바랄까 헤아려 보고 그걸 기준으로 삼을 수 있다면, 그보다 멋진 효가 어디 있을까? 임금을 섬길 때도 마찬가지요, 모든 인간관계에 이 원칙이 적용된다. 하지만 공자는 그게 이상일 뿐 현실은 아님을 알았다. 공자 자신만의 문제가 아니라 모두의 문제임을 알고 "도, 그것은 행하지 못할 것이로다" 하고 한탄하였다.[182] 그러면서 "몸에 지닌 것이 서恕가 아니면서 남을 깨우칠 수 있는 자는 없다"[183] 하였으니, 누가 황금률을 능히 가르치고 배울 수 있었을까.[184]

황금률을 언급만 하고 이후 외면한 유대교와 달리 유교에서는 황금률이 오랜 기간 연구의 대상이 되었고, 따라서 황금률의 실천 가능성 문제도 계속 논의가 되었다. 하지만 생각은 제각각이었다. 실현 가능성 자체는 모두가 믿었다. 절제되지 않은 욕망, 미움, 게으름 등이 원인이므로 훈련을 통해 그런 것들을 조금씩 없애면 저절로 황금률을 실천할 수 있으리라 기대했다.[185] 하지만 이론과 실천 사이, 이상과 현실 사이의 문제는 여전했다. 그래서 성리학 시대에는 부정문으로 된 황금률 공식과 긍정 표현으로 된 실천 사항을 구분하는 방식으로 실천 가능성을 주장하였다. 주희는 인과 서를 구분하여 인은 마음에서 우러나야 가능한 것이나 서는 훈련을 통해 실천할 수 있다 하였다. 왕양명은 긍정과 부정을 구분하여 내가 바라는 것은 마음에서 자연스럽게 저절로 생겨나야 하는 것이지만, 바라지 않는 것은 약간의 노력으로 실천할 수 있다 하였다.[186] 너무 높아 닿을 수 없는 황금률의 이상을 그런 방식으로나마 현실의 한계와 조화시키려 애써본 것이다.

목표를 이룰 수 있다 믿고 인의仁義를 부지런히 가르치던 사람들을 향해 노자는 "큰 도가 없어지면 인의가 있다"며 조롱한 바 있다.[187] 결국 공자가 말한 쉬운 것, 가까이 있는 것, 하루만 노력해도 얻을 수 있는 것은 어쩌면 자신이 고대하던 득도得道, 곧 아침에 들으면 저녁에는 죽어도 좋다 한 그 진리였을지도 모른다.[188] 지눌의 돈오점수頓悟漸修처럼 도를 문득 깨달았지만 그것을 실천하기란 힘든 그런 차이였을까? 아니면 늦은 오후가 된 지금도 그 도를 아직 듣지 못한 것일까? 황금률이 힘써 행해야 할 인이요 충서라 가르치면서도 실천할 능력은 없다 하였던 공자의 고백은 이상을 추구하면서도 그게 뭔지는 모른다 하였던 소크라테스의 태도와 무척이나 닮았다. 자연의 빛 가운데 성인 반열에 오른 두 사람의 공통된 모습이다.

4

인도 종교의 황금률

인도의 세계관

인더스 문명의 발상지인 인도에서도 황금률은 빛을 발하고 있다. 처지를 바꿔 생각하는 보편적 원리뿐 아니라 부정문 황금률 공식까지 등장하는데, 인도 특유의 세계관 가운데 최고 자리를 차지하고 있다. 인도의 중심 종교인 힌두교뿐 아니라 역시 인도에서 생겨난 불교도 황금률을 자기 종교의 핵심 윤리, 즉 모든 행동의 근거가 되는 중심 원리로 가르친다. 황금률이 생겨나고 자라던 시기를 고려할 때 인도의 황금률도 중국처럼 외부 도입 가능성이 거의 없다. 삶과 우주를 성찰하는 가운데 자기 땅에서 자생한 원리가 분명하다. 그리스의 추상적 사고와 중국의 직관적 사고가 똑같은 황금률을 낳았는데, 논리와 직관을 품으면서도 초월하는 듯한 인도 특유의 사고 역시 똑같은 황금률 공식을 만들어 냈다.

광활한 인도 땅에서 수천 년을 이어온 중심 종교는 '사나타나 다르

마Sanātana Dharma', 곧 '영원한 길法, 道'이라는 이름의 종교다. 흔히들 힌두
교*라 부르는 이 종교는 고대 인도인들의 세계관과 생활세계를 고스란
히 담고 있다. 고대 인도의 수많은 문화와 전통의 혼합으로서 다양한
신앙체계와 종교의식宗敎儀式, 그리고 철학적 사고까지 힌두교 안에 공
존하고 있다. 서로 다르고 때론 상반되기까지 하는 사상과 이론과 종교
와 생활이 한 민족 또는 여러 민족 내부에 함께 존재해 온 것이다. 신
이 우주를 창조했다고 믿은 사람이 있는가 하면 신은 없다고 본 사람도
있다. 섬기는 신의 수도 많고 독특한 사상을 제창한 지도자도 수두룩하
다. 삶과 죽음에 대한 생각도 제각각이어서 어떻게 사는 게 값진 삶인
지, 죽음은 우리에게 또 무엇인지, 전통에 따라 사람에 따라 다 다르다.
복잡하기가 그지없고 다양하기가 끝이 없다. 어떻게 보면 힌두교는 사
람들이 종교라 부르는 것들을 다 모은 종합 완결판이다. 이들의 눈에는
기독교인도 힌두다. 나와 생각이 다른 사람들과 오랜 세월 함께 어울리
며 살아온 결과 이들은 진리는 워낙 크기에 하나의 종교나 사상에 담길
수 없고, 따라서 종교가 가질 최고의 가치는 '관용寬容, tolerance'이라고 믿
는다.[189]

　여러 가지가 오랜 세월 뒤섞였으나 그냥 모아 놓기만 한 건 아니다.
공존과 교류를 통해 유기적으로 이어지게 되었는데, 이들을 하나로 엮
어주는 중심 줄기가 몇 있다. 첫째는 공통된 경전이다. 네 종의 삼히타
Saṁhitā를 중심으로 한 『베다véda』가 핵심 경전이다. 영원히 존재하는 언

---

* 힌두는 인도 사람을 뜻하는 페르시아어다. 인더스강을 산스크리트어로 '신두'라 부르는데 페르시아 발음으
　로 '힌두'가 되어, 그 강 너머 사는 사람들을 가리키게 되었다.

어를 누가 듣고 적어둔 것이라 한다. 『마하바라타*Mahabharata*』*등 베다에 버금가는 경전도 많은데, 모두가 옛 이야기, 그러니까 신들의 이야기, 사람들의 이야기, 신들과 사람들이 어울린 이야기를 모은 것들이다. 신이 내려주신 내러티브로서 세계에 널리 알려진 『바가바드기타*Bhagavad Gita*』 역시 『마하바라타』의 일부다.[190] 둘째로, 이들은 모두 같은 세계관을 갖고 있다. 세부 내용이야 물론 제각각이겠지만, 기본적인 틀, 곧 인도 사상 전체의 주축을 이루는 윤회설輪回說, 삼사라(Saṃsāra)은 모두가 공유한다. 윤회설도 물론 동서양에 다 있던 사상이지만, 인도의 경우 살아 있는 모든 것이 죽음 다음에는 업業, 카르마(Karma)에 따라 다시 태어난다는 교리가 핵심이다. 끊임없이 나고 죽는 이 순환의 고리에서 벗어나는 것이 바로 해탈解脫, 목샤(Mokṣa)이라는 이름의 구원이다.[191]

　힌두교의 구원관은 시대 및 계파에 따라 다양하다. 자연숭배가 주류일 때는 알 수 없는 힘으로부터 나를 지키는 기도가 중요했고, 사제들의 등장과 함께 신에게 제사를 지내는 제의가 중요해졌다. 어느 종교든 신앙이 조직과 체계를 갖추면 의식의 비중이 커지게 마련이다. 그래서 이스라엘 역사에서도 국력이 가장 강했던 다윗 시대에 예배도 가장 알찬 체계를 갖추었다. 어떤 이들은 내적인 지식이나 지혜를 얻어 우주와 나의 합일을 꾀하기도 했다. 이런 신비주의 경향 역시 인도를 넘어 세계 모든 종교에서 찾아볼 수 있는 것이다. 어떤 이들은 법의 중요함을 강조하면서 법을 지켜야만 구원을 받는다 가르쳤는데, 이런 율법주

---

* 『마하바라타』는 힌두교 주요 경전의 하나로 기원전 10세기에 있었던 쿠루크셰트라 전쟁 이후의 사건을 철학적, 종교적 성찰을 담아 전개하고 있다. 기원전 4세기에서 서기 3세기 사이 편집된 것으로 보는데, 총 18권(Parva)으로 분류한다. 영문판: Ramesh Menon ed., *The Complete Mahabharata*, 12 Vols. (New Delhi: Rupa, 2009-2017), pdf version, 1-6808.

의도 어디에나 있다. 내적 욕망을 다스리기 위해 금욕을 내세운 분파도 많았다. 기독교의 금욕주의 및 수도원 운동과 통한다. 그렇지만 그 어떤 방법이든 삶의 현장에서는 오직 한 가지, 우주의 법칙에 따라 사는 덕스러운 삶을 요구하였다. 다르마를 따르는 삶이 구원을 준다는 가르침이었는데, 이것이 인도 종교가 공유한 세 번째 특징이다.

다르마Dharma, 법(法), 도(道)는 온 우주를 포괄하는 총체적 질서를 가리킨다. 그런데 그 원리가 내 안에도 들어와 올바른 삶의 지침이 되었다. 우주와 내가 그렇게 통한다는 것이 힌두교 범신론의 골자다. 다르마는 영원한 것으로서 우주와 나의 공통된 원리다. 고대 인도인들이 생각한 다르마는 고대 그리스의 로고스λόγος나 중국 노자의 도道와 비슷한 개념이었다. 서로 닮은 범신론 사상이 거의 비슷한 시기에 세계의 주요 문명을 주도하고 있었던 셈이다. 이 다르마의 삶을 실천하지 못한다면 그어떤 종교적 헌신으로도 구원에 이를 수 없다. 종교적 제의를 뛰어넘는 실천의 중요성을 강조한 것이다. 앎과 삶의 일치는 인간 존재의 근본 과제가 아니던가. 행함이 없는 믿음은 죽은 것이라는 야고보서 2장 17절과도 통한다. 종교는 그렇게 일상을 초월한 듯하면서도 일상에서 능력을 발휘한다. 개인행동의 도덕적 특성이 죽음 이후의 내 운명을 결정한다는 게 바로 전통 인도의 카르마 개념이다. 한마디로 철저한 공로주의 구원관이다.

다르마를 축으로 한 이 우주적 질서가 인간 사회에 모습을 드러낸 것이 위계질서位階秩序, hierarchy가 있는 사회, 곧 카스트 제도다. 엄격하고 폐쇄된 계급사회로서, 그런 사회에서 사람은 평등하지 않다. 나이, 성, 사회계급에 따라 책임과 의무도 다르다. 사람과 사람 사이를 그렇게 나누고 극도의 차별을 시행해 왔음에도 오랜 세월 큰 저항이 없었다는 사실 이면에는 윤회설이라는 거대한 세계관이 자리 잡고 있다. 인도의 윤회론 세계관은 모든 것이 정해져 있어 바꾸는 것이 불가능하다고 보는 운명론fatalism 세계관의 전형이다. 오늘까지 인도 사회의 고질적 문제로 남아 있는 카스트 의식은 우주와 나를 바라보는 세계관이 얼마나 중요한지 다시금 일깨운다.

인도의 계급제도는 고대 사회에 어디나 있던 계급제도와 격을 달리한다. 인도에서 신분의 차이는 사회적 지위의 높고 낮음이 아니라 존재 자체의 등급이 다르다는 뜻이다. 사람이든 짐승이든 벌레든 존재 자체가 이미 자신의 운명과 같은 것이어서 인간 사회의 계급 차이 역시 사회적으로 바꿀 수 없는 어떤 것이었다. 사람이 다음 생애에는 짐승이 될 수도 있고, 심지어 벌레로 태어날 수도 있다고 믿는다면, 사람으로 태어났다고 다 같은 사람이 아니라 하기도 무척이나 쉬웠을 것이다. 그런데 그런 사회라면 상호성과 공평함을 기본으로 하는 황금률은 큰 뜻을 갖지 못할 것 같은데, 실상은 정반대다.[192] 황금률은 다르마에 따르는 삶 가운데서도 가장 중요한 원리로 등장한다.

인도에서 황금률은 두 가지 방식으로 적용되었다. 우선 너와 나의 불평등을 인정하는 가운데 서로 처지를 바꿔 봄으로써 사회에서 자신에게 주어진 책임을 잘 감당하도록 만들었다.[193] 중국에서 충서를 통해 사회 전체의 조화를 이룩했던 처지 바꾸기 원칙이 인도에서도 그렇게 작용한 것이다. 나를 포함한 온 우주의 조화와 통일을 믿는 것이 범신론인 만큼, 그런 방식의 위치 바꾸기는 우주 질서에 동참하는 일이 된다.[194] 그렇지만 인도는 중국과 달리 엄격한 배타적 계급사회로서 인간에 대한 동등한 존중이나 상호성 원칙이 완전히 배제된 상태였으므로 그런 방식의 사고를 가리켜 황금률의 적용이라 하기에는 무리가 있다.[195]

인도에서 황금률은 계급을 뛰어넘은 인간 실존의 차원에서 실현되었다. 인도에서는 카스트 제도를 있게 만든 세계관과 달리 인간 자체에 관한 철학적 탐구도 이어졌는데, 그런 연구를 통해 인간의 근본 존재는 누구에게나 동일한 것임을 자각한 것이다. 겉으로 드러난 계급을 넘어 맨 밑바닥에 도달하면, 거기는 사람이면 누구나 갖는 원초적인 모습, 곧 영겁의 세월 속에서 나고 죽기를 거듭하는 불쌍한 영혼인 자아我, 아트만(Ātman)가 있다.[196] 범신론 우주관에서 아트만은 너와 나를 계급으로 나누기 전에 먼저 모두를 큰 하나로 엮어주는 개념이다. 그렇게 서로 또 우주를 향해 열린 아트만은 우주적 존재인 브라흐만Brahman, 梵과 통하게 되어 있으므로, 인간의 실존 자체는 계급을 초월하여 우리 모두가 공유하고 있는 것임을 깨달은 것이다. 우주의 다르마가 인간 사회에 모습을 드러낸 것이 계급사회지만, 그런 차별 이전에 한 덩어리로 통일되어 있다는 것이 범신론이 믿는 우주이므로, 사람 안에 들어온 다르마 역시 계급 이전의 인간 자체에 속한 어떤 것으로 인식된 것이다.

힌두교의
황금률

그럼 어떤 삶이 다르마에 따르는 삶일까? 우선은 정직, 자비, 절제 등의 보편가치를 내세운다. 그러면서 '살아있는 모든 것'을 향한 자비의 마음을 그것들과 함께 강조하는데,[197] 그 자비를 구현하는 과정에 황금률이 등장한다. 가장 중요한 것은 '원수와 친구를 동등하게 대하는' 태도다.[198] 사람 하나하나가 우주 전체와 이어져 있으니, 공감 가능성은 애초에 문제가 되지 않는다. 내가 신과 맞닿아 있듯이 다른 사람도 모두 자기 안에 신을 소유하고 있다. 이 공감이 출발점이다.

"영원히 변치 않는 다르마는 이것이니,
내 동료가 슬퍼할 때 나도 슬퍼하며
그들이 즐거워할 때 나도 즐거워하는 것이다."[199]

그렇게 함께 느끼는 마음이 상대를 살피는 태도로 나타난다. 온 우주의 삼라만상이 '삼사라윤회'로 얽혀 있으므로 황금률 윤리도 사람을 넘어 만물을 대상으로 확장된다. 처지를 바꿔 이해하는 태도 역시 우주를 덮고 있는 거대한 질서와 연결된다. 모든 것이 윤회로 얽혀 있어 결국 부메랑처럼 나에게 돌아온다는 깨달음이다.* 남에게 손해를 끼치면 나도 반드시 손해를 겪는다. 반대로 남을 품어주면 남도 나를 품어준다. 범신론에서는 우주가 곧 신이기에 우주는 언제나 완벽한 질서와 조화를 이룬다. 삼사라의 고리도 마찬가지다. 죄를 모르기 때문에 죄가 가져온 우주적 혼란과 무질서도 모른다. 존재하는 모든 것을 있는 그대로 좋게 봄으로 기득권 유지에 정말 좋은 세계관이다. 이런 연결고리 가운데 언제나 중요한 것은 결과다. 내가 어떤 행동을 하느냐에 따라 똑같은 결과가 내게 미칠 것이다.

모든 것을 향한 자비의 태도는 인도 고대의 성문서 『마하바라타』 여

---

* 번영복음 전도사인 조용기의 '부메랑 법칙'이 바로 이 범신론 원리를 수용한 것이다. 필자의 책 『번영복음의 속임수』 304쪽을 참고하라.

러 곳에 나타난다. 『마하바라타』는 기원전 수 세기에 만들어진 서사시 형태의 글로서 힌두교 세계관과 윤리를 담은 가장 포괄적인 문서다.[200] 산다는 것이 무엇이고, 어떻게 사는 게 올바른 삶인지 사람의 마음과 행동을 중심으로 가르치고 있는데, 수천 쪽이 넘는 방대한 분량의 이 책 13권 113장은 이렇게 말한다.

> "나 자신에게 해롭다 싶은 것은 남에게 해서는 안 된다. 간단히 말해 이것이 다르마의 길이다. 자신의 욕망에 져 다르게 행동하는 사람은 다르마의 길을 저버리는 것이다. 선물을 거절하거나 받을 때, 행복하거나 불행할 때, 생각이 같거나 다를 때, 나 자신에 견주어 그 결과들을 판단해야 한다."[201]

나를 미루어 만물을 대한다. 명확한 황금률이다. "나에게 해로운 건 남에게도 하지 말라" 하였으니, 힐렐이나 중국처럼 부정문이다. 적극적인 사랑보다는 용서하고 참아주는 소극적 차원이 강조되고 있다. 그런네 힌두교 황금률은 중국의 부정문 황금률이 인仁을 통해 적극적 실천으로 나아간 것과는 달리 안으로 움츠러든다. 이런 소극적 가르침을 요약한 것이 바로 불살생不殺生 및 비폭력非暴力, 곧 '아힘사Ahimsā' 교리다. 아힘사는 인도의 간디가 자기 표어로 삼기 오래전부터 힌두교 최고의 교리였다. 사람이 지켜야 할 덕목 가운데서도 으뜸으로, 다른 덕은 모두 이 아힘사에서 나온다.[202] 힌두교는 자비의 정신을 구현하는 황금률 원리를 '보편적인 자비의 종교'로 규정하면서 황금률을 실천하면 '인간 최고의 선'에 이르게 된다고 가르친다.[203] 결국 소극적 황금률은 힌두교

의 으뜸 교리인 아힘사와 동일한 가르침인 셈이다.[204] 황금률이 핵심이
라 한 힐렐이나 인과 동일시한 공자와 통한다. 『마하바라타』는 곳곳에
서 비슷한 가르침을 준다. 나한테 고통스럽거나 상처가 되거나 싫은 것
은 남에게도 해서는 안 된다. 삶을 사랑하는 내가 어떻게 남을 죽이며,
남의 아내와 간통하는 사람이 어떻게 남을 비난하겠는가? 나 싫은 건
남에게도 해서는 안 된다.[205]

힌두교의 황금률은 사람과 사람 사이의 윤리를 뛰어넘는다. 범신론
에 입각한 윤회론 세계관답게 실천 범위를 모든 생물에게 확장한다.

> "해롭지 않은 생물을 그저 자신의 행복만을 위해 앙갚음의 막대기로
> 내려치는 사람은 죽을 때 행복을 얻지 못한다. 하지만 모든 생물을
> 자기 자신처럼 여기고, 그들을 대할 때 자기 자신을 대하듯 하여 앙
> 갚음의 막대기를 내려놓고 분노를 완전히 억제하는 사람은 다음 생
> 애에 행복을 얻는다."[206]

힌두교 황금률은 사람들 사이의 평화로운 삶을 위해서도 필요하지
만, 다른 생물들을 포함한 온 우주의 조화와 통일을 구현하는 원리이기
도 하다. 처지를 바꿔 보는 사고를 통해 배타적인 계급사회의 일방적
폐해를 줄이고, 나보다 천한 사람들, 심지어 동물들과도 조화롭게 지낼
수 있게 한 것이다.* 그런 황금률이 나 개인에게 미치는 뜻은 그것을 실
천하는 일이 다음 생애의 행복, 곧 윤회에서 더 높은 단계로 올라가거

---

* 최근 자연과학과 각종 기술의 발달로 사람과 동물 사이의 경계가 많이 희미해져 신학적으로 큰 도전이 되는
가운데 많은 사람이 힌두교 세계관에 끌리고 있다. 오늘날 겪는 세계관 위기의 실체에 대해서는 필자의 책
『변하는 세상 영원한 복음』, 184-7쪽을 참고하라.

나, 아니면 윤회의 고리에서 벗어나 영원한 구원을 얻는 방법이라는 점이다. 대상이 사람이든 동물이든 황금률이 가르치는 자리 바꾸기를 잘하고 그것을 현실에서 구현하고자 하는 사람이 다르마의 삶을 살고 구원도 얻을 수 있다.

남에게서 내 모습을 본다. 온 우주가 거대한 거울이다. 도둑은 세상 모든 사람이 무섭다. 사람들이 다 자기처럼 못된 줄 생각하기 때문이다.[207] 마음이 깨끗한 사람은 언제나 즐거움으로 가득하며 무서워할 게 하나도 없다. 남을 나와 같게 생각하는 건 곧 남의 형편을 알아주는 일이다. 삶의 경험이 처지를 바꿔 생각하는 능력을 길러준다. 부자일 때는 자선이 가난한 사람들이 만들어낸 억지 의무라 생각하다가도, 재산을 잃고 가난하게 되면 자선 행위가 참 고귀한 미덕임을 깨닫게 된다.[208] 이렇게 처지를 바꿔 볼 때『마하바라타』가 가르치는 역설도 이해할 수 있다. 누가 강한 사람인가? 용서하는 사람이다.[209] 어떤 사람이 영웅인가? 나를 미워하는 자를 사랑하는 사람이 영웅이다.[210]

인도의 황금률도 내가 바라는 바, 곧 내 욕망kāma(카마)에서 출발한다. 세상이 덕, 부, 욕망 이 세 가지를 바탕으로 돌아가는데, 덕이 으뜸, 부가 가운데, 욕망이 가장 낮은 것이므로 항상 덕을 바라보아야 한다. 그런데 만물을 바라볼 때 가장 먼저 나타나는 게 욕망이므로 만물을 대할 때 자신을 대하듯 함으로써 욕망을 제어해야 한다.[211] 그렇게 욕망을 제어할 때 해탈, 곧 구원에도 이를 수 있다. 욕망을 제어하는 것은 곧 자비의 마음을 갖는 것으로서 "종교의식을 아무리 많이 하고 제물을 아무리 많이 바쳐도" 이 단계에는 이를 수 없다 하였으니,[212] 힌두교 황금률은 인간의 가장 원초적인 욕망을 제어함으로써 해탈에 가기 위한 결정적인 통제 장치인 셈이다. 황금률을 실천하는 일은 내세의 내 위치를 결정한다. 사람으로 다시 태어날지도 결정하지만, 네 계급 가운데 어느 계급으로 태어날 것인지도 현세의 내 삶이 결정한다.

힌두교 황금률은 전체 세계관에서 볼 때는 우주의 원리를 구현하는 원리이지만, 우주의 일부가 되어 사는 개개인에게는 무언가를 얻기 위해 실천할 규칙이 된다. 무엇을 하든 그 결과를 미리 판단하되 나를 중심축으로 삼는다. 나를 미워하는 사람에게도 내가 그 사람이 나를 사랑해 주기 바라는 까닭에 사랑을 베푼다.[213] 힌두교 황금률은 윤회라는 거대한 틀 안에서 현세와 내세의 보상 하나를 바라보는 규칙이다. 내 운명을 결정할 방법론이기에 황금률을 실천해야 할 동기 및 가능성은 그 어떤 종교나 문화보다 강하다. 그렇지만 처음부터 끝까지 자기중심적이기 때문에 처지를 바꿔 생각하는 태도 역시, 이웃을 위한 것이라기보다 이웃을 수단으로 삼아 나 자신의 유익을 추구하는 시도를 넘어서지 못한다. 위치 바꾸기로 최대한의 유익을 얻어내고자 했던 고대 그리스의 소피스트와 통한다. 게다가 남에게 해를 끼치지 않기 위해 끊임없이 안으로 움츠러드는 까닭에 일반적인 황금률이 지향하는 공동의 유익이라는 목표에도 이르지 못한다. 소크라테스 같은 이상은 꿈도 못 꾼다. 하긴 그런 비판조차 의미가 없을지 모른다. 모든 것이 윤회로 뒤엉켜 돌아가는 우주에서는 황금률 실천의 주역인 아트만 자체가 명확하게 규정되어 있지 않고, 또 나아가 내가 누구이고 너는 누구인지, 또 너와 내가 어떻게 이어져 있는지 그것마저 끊임없이 변모하기 때문이다.

불교의 황금률

사나타나 다르마Sanātana Dharma(영원한 길)가 생겨난 그곳에서 불교佛敎라는 종교도 태어났다. 불교는 석가모니釋迦牟尼, 고타마 싯다르타, 624-544BC가 창시한 종교로서, 당시 인도 사회를 주도하던 힌두교에 대한 거대한 반발이었다. 불교는 인간과 우주에 대한 합리적 성찰을 통해 힌두교 운명론을 거부하고 인간의 의지와 책임을 강조하였다. 또 힌두교 계급주의를 비판하면서 인류는 모두 평등하며 모든 생명체를 자비로 대해야 한다고 가르쳤다. 그렇지만 윤회를 중심으로 한 힌두교의 기본 세계관과 힌두 사회의 복잡성을 그대로 계승하였으므로 힌두교와 불교 사이에는 연속성과 단절이 공존한다. 또 불교 역시 이천수백 년의 역사를 가진 만큼 전통이나 특성이 힌두교 못지않게 다양하고 복잡하다.[214] 황금률도 분파나 시대에 따라 다르다. 힌두교와 마찬가지로 황금률의 구체적인 형식은 다른 종교만큼 뚜렷하지는 않다. 또 고대 그리스나 유교의 경우와 달리 황금률 자체가 깊은 성찰의 대상도 아니었다. 독특한 세계관 때문일 것이다. 힌두교와 마찬가지로 불교에서도 황금률의 주체가 될 나와 내 행동의 대상인 너 사이의 관계가 희미하다. 불교의 거의 모든 종파가 불변하고 영속적인 자아의 존재를 부인한다. 게다가 불교에서는 나의 궁극적인 목표가 '나 아님', 곧 무아無我, anattā의 실현이었으므로 많은 혼돈과 모순을 예상할 수 있다.

물론 무아의 실현은 아득한 이상일 뿐, 그 목표를 추구하는 나는 여전히 현실 세계를 살아가고 있다. 불교가 실제로 부인하는 자아는 절대적 존재인 형이상학적 자아로서, 이는 힌두교의 영향이라 볼 수 있다. 불교는 현실을 살아가는 개별 자아의 존재를 명확히 인정하며, 특히 대승불교에서는 사람 안에는 어떤 본질적 속성을 가진 참 자아, 곧 불성 佛性이 있다고 믿는다. 그래서 좀 약하긴 하지만, 황금률의 기본 정신은 불교에서도 찾아볼 수 있다. 윤회의 고리에서 벗어나는 것이 내 책임이라면 삶의 원칙인 황금률의 비중은 더 커질 것이다. 게다가 무한한 복잡성 가운데서도 황금률이라는 뚜렷한 맥은 언제나 찾아볼 수 있다. 불교 경전을 뒤져보면 서로 다르고 심지어 모순인 듯 보이는 무수한 구절 가운데서도 황금률 정신이나 공식을 찾아볼 수 있고, 그것들을 꿰는 일관성도 어느 정도 확인이 가능하다. 거기다가 고통 문제에 집중하다 보니 아힘사를 힌두교보다 더 강조한다. 왕자였던 고타마 싯다르타가 왕궁 밖에서 본 고통 문제를 고민하여 시작된 종교이니 당연한 일이다. 불교의 황금률은 고통이나 죽음에 대한 나 자신의 공포에 강조점을 두어 "자신을 사랑한다면 남을 해하지 말아야 한다"는 형태를 띠고 있다.

기본 틀은 같다. 불교의 황금률 역시 자리 바꾸기를 기본 출발점으로 한다. 그리고 그 방식을 나와 너 사이를 넘어 일반적인 가르침으로 제시한다. 전반적인 내용도 힌두교와 상당히 유사하다. 출발점은 나 자신이다. 그런데 나를 아끼는 자기중심적 동기와 더불어 나와 남이 동일하다는 철학적 각성이 함께 등장한다. 불경 가운데 십이부경十二部經의 하나인 『우다나Udāna, 自說經(자설경) 또는 無問自說(무문자설)』에 보면 파세나디 왕과 말리카 왕비가 나눈 대화가 나온다. 말리카는 하층민 출신이지만 왕의 사랑을 입어 왕비가 된 사람이다. 어느 날 왕이 왕비에게 세상에서 누구를 가장 사랑하느냐 물었더니 왕비 자신이라고 대답했다. 뜻밖의 대답으로 심기가 불편해진 왕은 석가모니를 찾아갔다. 이야기를 전해 들은 석가모니는 그것을 바로 교훈으로 엮어 들려주었다.

"온 세상 만물을 두루 살펴보면
사람에게 자신보다 소중한 건 없음을 깨닫게 된다.
내가 가장 소중한 건 누구에게나 마찬가지니,
자신을 사랑하는 이는 남을 해쳐서는 안 된다."[215]

출발점은 나 자신, 곧 세상에서 가장 소중한 존재다. 석가모니가 태어난 직후 외쳤다는 "천상천하 유아독존天上天下 唯我獨尊"이 바로 그걸 가리킨다.[216] 하늘 위, 하늘 아래, 존귀한 존재는 오직 나뿐이라는 말이다. 그런데 알고 보면 세상 모든 사람, 모든 것이 이 '존귀한 나'다. 남 없는 나는 없다. 친구를 또 다른 나로 보았던 아리스토텔레스의 인식이 삼라만상으로 확장된 것이다. 그렇게 볼 때 '천상천하 유아독존' 여덟 글자에는 황금률 특유의 뒤집기 또는 넓히기가 이미 포함되어 있다. 나와 남이 다르지 않다는 깨달음이 있기에 나 자신이 느끼는 두려움이 남을 향한 태도에 영향을 미치는 것이다. 함께 느끼는 마음, 곧 공감이다. 불교도 범신론 세계관을 계승하였으니, 사람은 모두 그런 공감 능력이 있음을 믿는다. 불교에서 가장 오래된 경전인 『숫타 니파타Sutta nipāta, 經集(경집)』는 이렇게 가르친다.

"내가 어떠하면 이들도 마찬가지고
이들이 어떠하면 나도 마찬가지다.
그러니 자신과 남을 잘 비겨
이들을 죽이지도 말고 죽이게 하지도 말라."[217]

　　나와 남을 동일시하여 그들에게 자비의 마음을 보여준다는 면에서 힌두교 황금률과 거의 같다. 다만 힌두교의 계급사회에 반발한 불교인 만큼 모든 자아의 동등함을 더 강조한다. 『법구경法句經, *Dhammapāda*(담마파다)』에도 비슷한 가르침이 있다. 사람이든 동물이든 벌레든 누구나 '폭력'과 '죽음'을 두려워하는 법이므로 남을 나처럼 생각하여 고통을 주지 말라는 것이다. [218]

　　불교의 황금률도 힌두교처럼 내 행위의 결과를 우선 고려하는 원칙이다. 황금률이 중요한 이유는 보상이 따르기 때문이다. 『우다나자설경』에는 그런 언급이 없지만, 『법구경』은 황금률을 실천할 이유로 보상 하나를 내세운다. 이 점에서 불교에만 있는 독특한 제한 하나를 이해할 수 있다. 황금률이 고통 문제에 집중하기 때문에 죽음의 두려움을 뛰어넘어 해탈의 경지에 이른 소위 '아라한'들에게는 황금률 아닌 그들만의 원리가 따로 있다. [219] 황금률은 아직 그런 단계에 이르지 못한 이들을 위한 것이다. 이들은 아직 얻어야 할 목표가 있고, 황금률을 실천하는 일은 그것을 얻는 결정적인 방법이 된다. 남에게 고통을 가하지 않음으로써 나 역시 고통에서 벗어나고자 하는 것이다.

　　불교에서 황금률을 실천하는 동기는 힌두교와 마찬가지로 자신의 이익 하나다. 온 우주의 완벽한 조화를 믿는 범신론 세계관은 내가 하는 모든 행동에 대해 정확한 보상을 약속한다. 우선은 현세에서 열매를 맛본다. 내가 남에게 화를 내면 상대도 나에게 화를 낼 것이다. "내가 말을 험하게 하면 듣는 사람도 나한테 험하게 대답할 것이다." [220] 남을 주먹으로 치면 나도 주먹에 맞는 아픔을 맛본다. 반대로 나의 친절은 상대의 친절을 낳는다. 하지만 황금률을 실천해야 할 진짜 이유는 죽음

이후에 있다.

> "자신의 행복을 추구하면서 역시 행복을 추구하는 다른 존재들을 벌
> 주거나 죽인다면 죽은 뒤 행복을 얻지 못할 것이다. 자신의 행복을
> 추구하면서 역시 행복을 추구하는 존재들을 벌주거나 죽이지 않는다
> 면 죽은 뒤 행복을 얻을 것이다."[221]

힌두교의 『마하바라타』 13권 113장과 거의 같은 이 두 구절은 막대
기로 뱀을 치고 있는 아이들에게 붓다가 준 교훈이라고 한다. 아이들에
게 왜 뱀을 때리느냐 물었더니, 뱀이 물까 봐 겁이 나 그런 것이라 대답
했다. 그러자 붓다는 "네가 다치는 게 싫으면 너도 남을 해하지 말아야
지. 남을 해치면 내세에서 행복을 얻지 못할 것이다" 하면서 그 가르침
을 위의 두 문장으로 엮었다고 한다. 현세의 삶이 내세 또는 다음 순환
에 영향을 미친다. 누굴 때린다면 상대는 맞아 몸이 아프겠지만, 폭행
하는 나는 잘못pāpa을 저지르는 것이니 그게 내 업karma이 된다. 그런 업
을 쌓지 말아야 한다. 황금률을 잘 실천하는 것은 미래의 나를 결정하
는 일이다. 나 자신이 완전함에 가까워지고, 궁극적으로는 영원회귀의
굴레에서 벗어날 수도 있는 방법이다.[222]

그런 점에서 볼 때, 불교의 황금률은 힌두교와 마찬가지로 단순한
상호성을 넘어 이웃을 향한 자비로 무한히 확장될 수 있다. 공동체의
평화로운 공존이 목표라면 너도 나도 모두 나와 이웃을 동등하게 여기
는 정도로 충분하겠지만, 상대를 배려하는 내 마음이 내 업이 되어 나의
운명을 결정한다면 그런 자비에는 한계가 있을 수 없다. 불교의 표어

라고도 할 수 있는 대자대비大慈大悲의 정신이 결국 이 황금률 정신의 확장인 셈이다. 원칙만 본다면 불교의 황금률은 공자가 가르친 인과 크게 다르지 않다. 혹 무아無我를 우주를 향해 열린 존재로 이해한다면 황금률은 공동체의 평등을 넘어 우주 전체의 연합으로 나아갈 수도 있다.[223]

그렇지만 실천은 쉽지 않았다. 여러 종교, 여러 문화의 황금률이 이론에 있어서는 크고 작은 차이가 있어도, 실천 문제에 있어서는 모두 같은 고민을 안고 있었다. 불교는 인간의 자유 의지와 책임을 강조한 만큼 황금률을 실천할 이유는 그 어느 종교보다 분명했지만, 삶 가운데 자선과 박애가 구현되기는 다른 종교와 마찬가지로 어려웠다. 우선은 이기주의와 이타주의의 어색한 결합 때문이다. 이웃을 위하는 그 일이 알고 보면 나 자신을 위한 것이라는 모순을 안고 있다. 역사가 있는 모순이다. 오늘도 유명 인사들이 거액의 기부를 하고 방송으로 크게 홍보한다. 주는 일일까, 받는 일일까? 헌금인가, 투자인가? 받기 위해 주는 일은 가장 어렵고, 또 가장 흔하다.

또 다른 이유는 아힘사와 고통의 결합이다. 불교의 황금률도 부정문 공식에 맞게 소극적 실천을 기본으로 한다. 올바른 일을 하기보다 잘못을 저지르지 않는 것이 목표다. 남을 해하거나 죽여서는 안 된다. 불살생, 비폭력! 물론 함께 살아가는 세상에서 아무것도 하지 않을 수는 없다. 따라서 초기의 부정문 황금률을 후대에는 긍정적이고 적극적인 실천으로 해석했다. 6세기의 승려 부다고사Buddhaghosa는 『우다나』에 나오는 석가모니의 황금률을 이렇게 풀고 있다.

"나는 행복하다. 내가 행복하기 원하는 것처럼, 내가 고통을 싫어하는 것처럼, 내가 살고 싶고 죽고 싶지 않은 것처럼, 남들도 다 그렇게 바란다. 그러므로 자신을 본으로 삼으면 다른 존재들의 안전과 행복을 바라는 마음이 생겨난다. 그게 바로 석가모니께서 가르치신 바다."[224]

구체적인 방법은 언급하지 않지만, 마음이 생긴다면 실천도 따를 것이다. 유교의 경우에서 보았듯이 공식이 부정문이어도 실천에 있어서는 적극적인 행동이 요구되는 경우가 많다. 그렇지만 인도의 황금률은 인도 특유의 세계관과 결합해 사람들로 하여금 현세를 소극적으로 살도록 만들었다. 도덕적 책임을 강조한 불교는 더했다. 부정의 황금률이 고통이라는 주제와 뒤엉킴으로써 결국 아무것도 하지 않는 것이 가장 훌륭한 삶이 되고 말았다.

불교도 힌두교처럼 처지를 바꿔 생각하고 함께 느끼는 황금률의 기본 원칙이 중요한 자리를 차지하고 있다. 내 운명을 결정하는 근거인 만큼 가장 소중한 원칙이다. 그렇지만 황금률을 실천할 동기나 목표는 힌두교와 마찬가지로 철저하게 나 중심이다. 나를 근거로 삼아 남을 이해하고 남과 더불어 살자는 것이 황금률의 기본 줄기인데, 인도 지역의 황금률은 그 모든 것이 방법에 그칠 뿐 궁극적인 목표는 언제나 나 자신의 유익과 구원이다. 황금률 실천은 결국 나 자신의 미래를 위한 투자인 셈이다. 범신론이라는 거대한 공동체를 지향하는 것 같지만, 범신론은 그저 명분이요 처음부터 끝까지 개인주의의 틀에 갇혀 있다. 거대한 우주의 조화와 질서를 논하면서도 결국 중요한 것은 나 한 사람의 운명이었던 것이다. 하긴 우주가 곧 신이요 내가 그 우주의 일부라는 것이 범신론이라면, 그런 사상을 수용한 인간의 마음을 바닥까지 파 내려가면 거기서 개인주의와 이기주의 외에 무엇을 더 만날 수 있겠는가.

인도에서는 불교보다 약간 늦은 시기에 자이나교가 또 생겨났다. 자이나교는 힌두교의 과도한 제의를 거부하고 이성적 성찰에 집중한 종교로서 자신과 우주에 관한 올바른 지식을 얻어 해탈을 얻고자 하였다. 자이나교 역시 힌두교와 불교 못지않게 아힘사를 강조하였는데, 그 중심에 선 것이 역시 황금률이었다. 승려는 그 누구에게도 해악을 끼쳐서는 안 된다고 경고하면서 "승려는… 자신이 대우받고자 하는 대로 모든 것을 대해야 한다"[225]고 가르쳤다. 인도권에서 가장 발전된 황금률 공식이다. 적어도 황금률 공식 면에서는 자이나교가 힌두교나 불교보다 더 앞섰던 셈이다. 물론 거대한 세계관에 파묻혀 적극적 삶의 구현으로 나아가지 못한 점에서는 큰 차이가 없다.

5

중동 종교의 황금률

조로아스터교

오늘날 이슬람교를 주로 믿는 중동 지역의 중심부는 기원전 6세기부터 서기 7세기까지 천 년 이상 조로아스터교Zoroastrianism, 마즈다교(Mazdayasnā) 또는 배화교(拜火敎)를 주로 믿던 지역이다. 조로아스터교는 특히 페르시아 제국*의 황금기였던 사산 제국Sasanian Empire, 224-651의 국가 종교로 수백 년 동안 막강한 영향을 끼쳤는데, 황금률 윤리는 이 조로아스터교에서도 찾아볼 수 있다. 예언자 조로아스터Zoroaster, 또는 자라투스트라(Zarathustra)가 창시한 이 종교는 창조신 아후라 마즈다가 온 우주를 창조하였다고 믿는다. 그런데 창조주가 선하게 창조한 우주에 악이 스며들어 지금의 세상은 선과 악이 뒤엉켜 싸우는 세상이 되었지만, 결국은 선이 악을 물리쳐 이긴다는 신앙이다. 장구한 우주의 역사는 선과

---

* 지금의 이란 주변 지역을 통치한 여러 제국을 가리키는 표현으로 메디아(메대), 아케메네스(파사), 사산 등을 통칭한다.

악, 빛과 어둠, 의와 불의, 진리와 거짓, 질서와 혼란의 끊임없는 싸움으로 전개된다. 조로아스터교는 거대한 세계관의 축이 기독교와 닮아 기독교가 조로아스터교를 베꼈다는 말까지 나올 정도다. 선한 창조, 악의 개입, 최후의 승리가 닮았고, 두 세력의 대립을 설명하는 다양한 조합의 상징들도 거의 대부분 성경에 등장한다는 것이다.* 조로아스터교가 가르친 선악의 대립에 영육이원론을 섞으면 마니교가 된다. 교부 아우구스티누스를 오래 방황하게 만들었던 바로 그 종교다.

대립과 투쟁의 역사에서 큰 역할을 맡은 존재가 인간이다. 인간은 의지의 자유를 가졌기에 자신의 모든 것에 대해 전적인 책임을 진다. 조로아스터교의 인간은 타락하지 않았고, 따라서 외부의 구원자가 따로 필요하지 않다. 인간은 '생각', '말', '행동', 이 세 가지를 늘 선 쪽으로 선택함으로써 우주를 선하게 만들 책임이 있고, 그렇게 살 때 마지막 날 구원을 얻을 수 있다. 셋 가운데 가장 중요한 것은 행동이다. 말은 믿을 수 없고, 생각은 확인할 길이 없지만, 행동은 그대로 드러나기 때문이다.[226] 따라서 조로아스터교는 도덕과 윤리에 집중한다. 선한 행동을 통한 적극적인 참여가 결정적이다. 그래서 철학자 니체도 전통적 도덕을 거부하는 책에서 도덕을 상징하는 대표자로 자라투스트라를 내세웠다.[227] 사람은 자유 의지의 올바른 선택을 통해 자신의 구원을 이룰 뿐 아니라 온 우주까지 변화시킬 수 있으므로, 조로아스터교에서는 윤리적 삶이 더더욱 중요하다. 이런 윤리적 삶의 중요성은 천국과 지옥,

---

* 비교종교학을 비롯한 일반 학계에서는 유대교와 기독교가 조로아스터교의 교리를 상당 부분 계승한 것으로 본다. Jacques Duchesne-Guillemin "Zoroastrianism," *Britannica*, June 6, 2024. Joobin Bekhrad, "The obscure religion that shaped the West," *BBC*, April 7, 2017. 가톨릭과 개신교 등 정통 기독교는 그런 연결 관계를 강하게 부인하며 기독교의 유일성을 강조한다.

그리고 최후의 심판 등의 핵심 개념에 담겨 있다.

이러한 엄격한 윤리의 중심에 선 것이 바로 황금률이다. 조로아스터교의 황금률은 개인의 구원과 우주의 변화를 위한 가장 중요한 덕목이 된다. 가장 오래된 것은 조로아스터교 초기인 기원전 5세기까지 거슬러 올라간다. 헤로도토스의 『역사』는 페르시아의 왕 크세르크세스 1세Xerxes I, 518-465BC, 즉 성경의 아하수에로* 왕이 "나는 내가 그대들을 비난하는 그 일은 하지 않겠소"라고 말했다고 기록하고 있다.[228] 그런데 『역사』의 편집자들은 크세르크세스가 사실 마이안드리오스의 말을 문자 그대로 인용한 것이라고 각주에 쓰고 있다.[229] 페르시아 왕국이 이미 조로아스터교의 영향 아래 있던 시절임을 고려한다면, 크세르크세스의 말은 조로아스터교 최초의 황금률이 된다. 이 기록은 조로아스터교 황금률 공식의 기원에 대해서도 힌트를 준다. 페르시아 왕이 그리스 사람 마이안드리오스의 황금률을 인용한 것이라면 그리스의 공식이 들어왔다는 뜻이다.[230] 페르시아는 그리스와 사상적 교류가 많았고, 특히 이후의 사산 제국은 그리스 철학의 영향을 깊이 받았다. 근동에서 들어왔을 가능성도 물론 있다. 황금률을 담은 고대 근동의 지혜서 『아히카르의 교훈』이 페르시아 지역에 일찍이 전해졌다는 역사적 증거가 많이 있다.[231] 어느 쪽이든 황금률은 조로아스터교의 가르침과 일치하여 적극적으로 수용되었다.

조로아스터교 황금률에 관한 체계적인 기록은 다소 후대에 등장한다. 물론 기록이 늦을 뿐 사상 자체는 초기부터 있었다. 서기 10세기경

---

* 성경의 아하수에로 왕을 영어 〈킹 제임스〉 번역은 'Ahasuerus'로, 〈새 국제판〉은 'Xerxes'로 옮긴다.

편집된 자료집『덴카르드_Dēnkard_』에 황금률 원리와 공식이 많이 나온다. 조로아스터교의 초기 자료는『아베스타_Avesta_』에 담겨 있지만 자료의 상당 부분이 유실되었고, 또『덴카르드』가 초기 자료와 그 자료에 관한 해설도 적지 않게 포함하고 있으므로,[232]『덴카르드』가 조로아스터교의 천년 역사를 대변한다고 볼 수 있다.

조로아스터교도 황금률을 가장 중요한 교훈으로 가르친다. 인간의 행동 하나하나가 자신과 우주의 구원에 영향을 미치는데, 그런 행동의 중심에 선 원리가 바로 황금률이다. 행동이 중요하지만, 그보다 우선되는 것은 그런 행동을 가능하게 만드는 성품이다.『덴카르드』는 좋은 성품, 좋은 지혜, 좋은 지성의 정의를 각각 내리면서 좋은 성품의 정의로 황금률 공식을 제시한다.

"좋은 성품이란, 내게 해로운 것을 다른 사람에게 하지 않는 것이다."[233]

전형적인 부정문 황금률이다. 탈레스,『토비트』, 중국, 인도의 황금률과 같다. 황금률을 성품으로 본 점에서는 중국과 통한다. 부정문이지만『토비트』나 공자의 황금률처럼 적극적 실천을 동반한다. 해로운 것을 하지 않는 것은 곧 유익한 것을 행하는 것이기도 하다. 생각과 말은 믿을 수 없지만, 행동은 분명한 증거가 된다. 가장 중요한 것은 선한 의지다. 자유 의지를 가진 존재답게 좋은 성품에 바탕을 둔 선한 의지를 구현해야 한다.

처지 바꾸기를 통한 황금률 사고는 중용中庸, mean의 미덕으로 이어졌다.[234] 페르시아는 고대 그리스 철학을 폭넓게 수용했으므로 중용에 관한 아리스토텔레스의 가르침도 영향을 미쳤을 것이다. 이성적 판단을 통해 도달할 수 있는 가장 올바른 행동, 곧 스승 플라톤이 가르친 그 덕에 근접하는 것이 중용이다. 이 미덕은 너와 나 사이의 균형을 넘어 모두를 향한 원칙으로 발전한다. 내 행복을 위해서는 남의 불행을 꾀해야 한다는 사악한 가르침이 횡행하던 시절, 조로아스터는 "각 사람에게 불행 아닌 행복이 오게 하려면 모든 사람에게 불행 아닌 행복이 오기를 빌어야 한다"[235]고 가르쳤다. 한 개인에게 적용되는 원칙이 온 인류를 대상으로 확장된 것이다. 소크라테스나 공자가 기대한 황금률의 보편적 적용과 통한다.

그런데 조로아스터교는 거기서도 더 나아간다. 그런 공평함에 만족하지 않고 다른 사람에게 더 큰 유익을 주고자 한 것이다. 어떤 덕스러운 행동을 할 때는 "내 행동의 대상에게 훨씬 더 큰 유익이 돌아가도록 하는 것이 최고의 진리"라고 가르친다.[236] 그렇게 하는 이유는 그것이 온 우주의 선을 증대시키는 방법이기 때문이다.

"발전시킬 사람을 증대시키는 이들이 유익한 사람들이다. 즉 그들이 누구를 위해 선을 베풀면 그 사람은 또 다른 사람들을 위한 선을 베풀 것이다."[237]

조로아스터교의 황금률은 나 자신을 기준으로 다른 사람에게 유익을 베풀되 내가 베푼 유익이 나에게 되돌아오지 않도록 극도의 주의를 기울인다. 나에게 감사의 말을 하거나 현세의 복을 빌어주는 것조차 하지 않도록 애를 써야 한다.[238] 대신 내가 베푼 선이 그 사람으로 하여금 또 다른 사람에게 선을 베풀도록 만드는 방식으로 범위를 넓혀 나중에는 온 우주까지 미치게 한다. 나 한 사람이 바른 행동을 하되 그 효력을 극대화함으로써 온 우주의 질서와 조화와 행복이 증대되게 하는 것이다. 그렇게 세계 발전에 공헌하는 사람은 종말적인 변혁을 앞당기는 사람으로서, 그런 사람은 현세에서도 보람을 누리겠지만, 무엇보다 다음 세계에서 구원, 곧 영원한 생명을 얻는다.

조로아스터교의 황금률도 인도의 경우처럼 따지고 보면 내세의 구원을 얻기 위한 방법이다. 구원이 개인의 자유 의지의 선택에 달렸으니 당연한 일이다. 그렇지만 인도의 경우처럼 개인주의로 흐르지는 않는다. 열쇠는 '신앙'이다.[239] 내 모든 행동에 대한 평가는 마지막 심판의 순간에야 가능하다는 믿음이 있어 개인주의를 넘어설 수 있다. 특히 중요한 것이 타자지향의 태도다. 내 행동이 내 구원을 위해 의미 있게 되려면 우주적인 뜻을 가져야 하는데, 그것을 위해서는 내 행동의 결과가 오직 밖으로만 가고, 그래서 그 행동이 다른 선한 열매를 더 많이 맺어야 한다. 조로아스터 자신도 "나 자신의 영혼 구원과는 별도로, 다른 사람들의 영혼을 구원하려고 애쓰는 것이 좋다"[240]고 가르쳤다. 조로아스터교의 황금률은 공동체의 유익에도 봉사하지만, 가정이나 나라 같은 제한된 단위가 아니라 온 우주가 한 덩어리로 뒤엉켜 공동체를 이룬다는 점에서 고대 그리스나 중국의 유교와 다르다. 그리고 구원을 이루는 방식에서도 끊임없이 관심을 바깥으로 돌려 남의 유익을 구함으로써 개인주의의 함정에 빠지지 않았다.

조로아스터교는 7세기경 사산 제국이 이슬람에 정복당한 이후 급격히 소멸했다. 박해 때문에 대부분 이슬람으로 개종했고, 일부는 멀리 인도로 이주하여 오늘날까지 파르시Parsi라는 이름으로 신앙을 지켜 오고 있다. 오늘날은 약 12만 명 정도의 조로아스터 신도가 인도, 이란, 북미 등지에 흩어져 있다.

이슬람교

조로아스터교가 성행하던 지역을 이슬람교가 뒤이어 평정하였다. 이슬람교는 7세기 초 예언자 무함마드Muhammad, 570-632가 신의 계시를 받아 창시한 종교로 유일신 알라Allāh를 믿는다. 알라는 아랍어로 '신'을 뜻하며, 우리말로는 '하나님'으로 옮긴다. 이 알라에게 절대복종하는 일이 이슬람에서 가장 중요하다. 조로아스터교, 기독교, 유대교 등의 영향 아래 생겨났지만, 계시를 통해 가장 원초적 종교를 회복했다고 주장한다. 중동에서 시작하여 지금은 서남아시아, 중동, 북아프리카를 중심으로 전 세계 80억 인구 가운데 25퍼센트인 19억 명이 이슬람교를 믿는 무슬림남자, 또는 무슬림아여자다. 24억 기독교에 이어 두 번째인데, 지금도 꾸준히 늘고 있어 2070년을 기점으로 기독교보다 많아질 것으로 예상한다.* 공식 국교를 가진 나라 가운데도 이슬람교가 가장 많다.** 대부분이 수니파에 속하고, 소수파인 시아파는 이란, 이라크 두 나라에 모여 있다. 주 경전은 무함마드가 알라의 말을 천사를 통해 전해 받아 기록한 『꾸란Qur'an, 또는 쿠란』이다. 무함마드의 행적과 교훈을 모은 『하디스ḥadīth』가 『꾸란』에 버금가는 경전이며, 이 두 경전의 규칙들

---

* 종교인 수는 2020년 통계이며, World Population Review를 참고했다. 최대 종교 교체 예상 시점은 연구에 따라 2050년, 또는 2100년으로 보기도 한다.

** 국교를 가진 43개국 가운데 자이나교 1개국, 불교 2개국, 기독교 13개국, 이슬람은 27개국이다. Pew Research Center, 2017을 참고하라.

을 모아 만든 샤리아Sharia 법은 이슬람 공동체의 헌법 역할을 한다. 삶 전반을 포괄하므로 종교가 정치, 문화를 포함한 삶의 모든 영역을 주도한다. 따라서 다른 종교를 가진 이들과 잘 어울리지 못하며, 특히 기독교가 주도하는 유럽 여러 나라에서* 갈등의 원인이 되고 있다.

『꾸란』에는 황금률 공식이 나오지 않는다. 이슬람이 생겨날 무렵, 그 지역은 부족들 사이의 끝없는 투쟁이 이어지고 있어서 부족의 생존 자체가 더 시급했던 까닭이다. 그래서 『꾸란』에도 기존의 등가보복을 승인하는 규정이 종종 등장한다.[241] 그렇지만 『꾸란』의 핵심 메시지는 알라의 자비와 그 자비에 근거한 용서다. 따라서 보복 규정에 관한 해석도 서로 달라 이슬람 율법 샤리아에서 이 규정을 문자 그대로 수용하는 이슬람 국가도 있고, 이 규정보다 용서가 더 중요하다는 주장도 있다.**

『꾸란』은 개인의 도덕적 책임을 강조한다. 사회적 약자를 포함한 모두에게 선을 행할 것을 명령한다.[242] 사람은 모두 심판날에 자신의 모든 선행과 악행에 대해 심판을 받아 천국과 지옥을 보상으로 받을 것이다. 믿는 사람은 곧 선을 행하는 사람인데, 선을 설명하는 『꾸란』의 한 구절이 황금률과 통하는 듯 보인다. 상거래를 할 때 자신과 남을 다르게 대하는 사람, 곧 자신과 남에게 각각 다른 저울을 사용하여 속여먹는 사람들은 마지막 날 심판을 받을 것이라는 경고다.[243] 플라톤처럼 사회생활의 상호성과 정의를 강조하는 정도다. 그런데 후대 주석가들은 그 구절이 황금률을 가르친다고 풀었다. "아담의 자녀들이여, 내가 받고 싶

---

* 정확한 통계가 불가능한 가운데 2024년 기준 프랑스, 독일, 영국에 각 7백만, 5백만, 4백만 정도의 무슬림이 살고 있으며 지금도 급격히 늘고 있다.
** 『꾸란』 한글판은 등가보복 원칙이 나오는 곳마다 용서를 강조하는 주석을 붙이고 있다.

은 만큼 남에게 주고 공평하게 대우받고 싶은 만큼 너 자신이 공평한 사람이 되라."[244] 이 해석이 옳다면 남에게 기대하는 바를 내 행동의 기준으로 삼는 황금률 사고가 분명하다.

『꾸란』이나 이런 주석보다 더 명확한 황금률은 예언자 무함마드의 가르침에 담겨 있다. 무함마드의 행적과 교훈을 모은 경전 『하디스』에 이런 구절이 있다.

"자신을 위해 사랑하는 것을 형제를 (또는 이웃을) 위해 사랑할 때까지는 아무도 신자가 아니다."[245]

명백한 처지 바꾸기를 포함한 황금률이다. 서로의 취향 차이를 무시한 건 물론 아니리라. 당시 아랍 문학이 인도, 페르시아의 영향을 강하게 받고 있었으므로, 황금률도 거기서 왔을 가능성이 크다.[246] 다만 『덴카르드』의 부정문이 긍정문으로 바뀐 것은 기독교의 영향으로 볼 수도 있다. 사실 이슬람의 황금률은 긍정문과 부정문 다 등장하며, 이 둘을 그냥 같은 것으로 본다.[247] 이후 이슬람의 황금률은 거의 이렇게 "나를 위해 하는 것을 형제를 위해 한다"는 형태로 나타난다.[248]

무함마드의 사촌 동생으로 시아파가 첫 이맘으로 추종하는 알리 이븐 아비 탈리브Alī ibn Abī Ṭālib, 600-660도 자신을 위해 좋은 것이라면 남을 위해서도 바랄 수 있어야 하고, 내가 싫은 것이라면 남도 똑같이 대해야 한다고 가르쳤다.[249] 12세기의 이슬람 신학자 무함마드 알 가잘리Al-Ghazali, 1058-1111도 "대우받고자 하는 대로 남을 대우해야 한다" 하면서, "예배자의 믿음은 자신을 위해 바라는 것을 다른 사람들을 위해 바라게 될 때까지 불완전하다"고 가르쳐 이 점을 계승한다.[250] 그리고 한 걸음 더 나아간다.

> "하나님의 종들 가운데 사랑스러운 자는 자신을 위해 바라는 것을 하나님의 피조물들을 위해 바라는 사람이다. 그들을 자기보다 앞세우는 사람은 그보다 더 고귀하다."[251]

이슬람교의 황금률도 나의 욕심에서 출발한다. 하지만 뒤집기나 넓히기를 적용하기 전에 마음이 먼저 변한다. 단순한 상호성이나 정의를 넘어 남들을 친절과 존중으로 대하는 태도를 낳는다. 내가 바라는 것을 남에게 '행하는' 정도가 아니라, 그 이전에 내가 바라는 것을 남을 위해 '바라는' 마음이 중요하다. 행동을 강조하는 다른 황금률과 달리 이슬람 황금률이 갖는 특성이다.[252] 중국에서 주희와 왕양명이 거의 불가능하다 본 그 단계까지 요구한 것이다. 마음의 변화는 그리스도 황금률의 중요 특성이므로[253] 그 영향을 받았을 가능성도 있다. 이런 태도가 곧 이슬람이 가르치는 겸손의 덕으로서,[254] 나보다 남을 앞세워야 한다는 공자의 가르침이나 신약성경과도 다르지 않다빌2:3. 『꾸란』도 남을 앞세우는 자를 칭송한다.[255] 그렇게 자신의 욕심을 뛰어넘는 사람을 곳곳에서 위대한 사람으로 칭송한다.

하디스 해석 전통은 무함마드의 이 가르침을 일관되게 황금률로 이해하면서 핵심 가르침으로 전하고 있다. 무함마드의 직계 제자인 8세기 초의 이븐 말리크Anas ibn Malik는 이 가르침이 극도로 어렵지만 "마음이 깨끗한 사람"에게는 쉬운 것이라 가르쳤다.[256] 무함마드와 동시대 사람인 아부 후라이라Abu Hurayra는 다른 사람을 나보다 앞세우는 그 사람에게는 하나님의 사랑이 임할 것이라 했다.[257] 역시 동시대 학자인 이븐 아마드Sulayman ibn Ahmad는 내가 대우받고자 하는 대로 사람들을 대하는 태도를 하나님 및 종말에 대한 신앙과 연결해 강조한다.[258] 신비주의 성향을 가진 수피즘은 상호성 추구를 넘는 이타적인 사랑을 더욱 강조하였다. 이슬람 사회의 전체 분위기는 물론 많이 달랐지만, 어쨌든 이런 가르침과 더불어 황금률 또한 상호성과 공평의 윤리로 계속 맥을 이어 내려왔다.

　이슬람 황금률은 공동체 유지의 윤리로 사용된 측면이 강하다. 아리스토텔레스의 영향을 많이 받아 그랬을 것이다. 아리스토텔레스는 중세 때 거의 잊혀 있다가 이슬람권이 재발견하면서 중세 후반기에 진리의 독보적 권위자로 자리를 잡았다. 따라서 황금률 실천의 근거도 동류들 사이에 느끼는 동질감과 유대감이 바탕이 되었다.[259] 이후 이슬람의 자료를 보면 황금률 원리를 실제 삶, 특히 상거래에서 활용했다는 기록이 많이 나온다. 아리스토텔레스의 영향 외에 또 이슬람이 종교와 정치가 하나가 된 문화라 공동체의 중요성이 더 컸다. 상호 존경에 바탕을 두어야 하고 내 유익이 아닌 선을 추구하는 것이어야 한다. 그런 상호협조를 통해 모두가 유익을 얻을 수 있으며, 황금률은 그런 점에서 반드시 구현되어야 할 상호성 및 정의의 윤리였던 셈이다. 따라서 유교, 힌두교 등 다른 종교의 황금률과 마찬가지로 사람의 차이를 무시하지 않는다. 남자와 여자, 신과 인간, 자유인과 노예, 통치자와 백성, 어른과 아이 등등 사회의 위계질서도 그대로 인정한다.[260] 황금률을 잘 실천하는 것은 상대에게 합당한 몫을 주는 것으로, 모두가 자신의 올바른 몫을 받게 될 때 모든 문제가 해결된다.

　이슬람 황금률은 인도처럼 보상에 대한 기대가 강하다. 내가 행한 일에 대해 상대도 늘 같은 행동을 취하리라 기대한다. 내가 다른 사람에게 알맞은 사랑을 베풀면 그 사람들도 내게 맞는 사랑을 베풀게 된다는 것이다.[261] 공동체 가운데 살아가므로 황금률을 실천하면 현세의 삶에서도 열매를 볼 수 있다. 그렇지만 궁극적 열매는 내세에 얻는다. 저울을 속이지 말라는『꾸란』의 가르침은 그렇게 속인 사람이 두려운 날 심판자 앞에 어떻게 설 수 있겠느냐는 경고로 이어진다. 그러니 황금률을 지켜 얻는 유익은 현세를 훌쩍 넘어선다. 이슬람은 철저한 공로주의다.[262] 신의 자비를 거듭 말하지만, 그것이 내 선행의 계기나 동력이 되지는 않는다. 모든 것은 내 마음과 행동에 달려 있다. 힌두교나 불교의 가르침과 비슷하게 이슬람의 황금률 역시 지옥 불을 면하고 천국에 가는 최선의 방법이었다.

　이슬람 황금률에도 유대교의 경우처럼 사람과 사람 사이에 신이 개입해 있다. 수평과 수직의 만남이다.『꾸란』에 이미 신의 용서를 언급하면서 신의 용서를 바라는 사람은 남을 용서해야 한다는 내용이 있다.[263] 황금률 실천 여부가 심판날 내 운명을 정할 것이다.[264] 가잘리는 사람과 사람 사이의 관계가 곧 나와 신 사이의 관계를 반영한다고 가르쳤다. 사람이 한 일을 다 아시는 신은 그 사람에게도 똑같이 하실 것이다.[265] 노예 주인이 정직하고 말 잘 듣는 노예를 원하듯 우리도 우리의 참 주인이신 신에게 순종해야 한다는 것이다. 수피즘 사상가인 13세기의 이븐 아라비Ibn 'Arabī, 1164-1240도 비슷한 가르침을 폈다. 노예를 거느릴 때는 나 역시 신의 노예임을 알고 신이 나를 대해 주시기 바라는 그대로 나도 노예를 대해야 한다. 자녀를 다룰 때는 나도 신의 자녀임을 기억해야 한다. 그러면 내가 보상이 필요한 날 나에게 보상을 베푸실 것이다.

> "모든 계명을 하나로 모으면 이것이다. 곧 네가 참되신 그분이 너에게 해 주시기를 바라는 그것을 너는 그분의 피조물들에게 한 단계 한 단계 해 주어라."[266]

소크라테스도 신과 인간의 관계를 인간과 인간의 관계에 대한 유비로 이용하였고, 유교 역시 상하관계를 확장하여 상호 이해를 도모했지만, 이슬람의 황금률은 유대교처럼 한 단계 더 들어간다. 단순한 관계 확장을 넘어 이제는 신이 인간에게 바라는 바가 곧 계명이라는 형태를 갖추어 황금률 자체를 신의 명령으로 격상시킨 것이다. 그것이 모든 계명의 압축이라는 것까지 신약성경과 놀랍도록 닮았다. 내가 신에게 기대하는 바를 다른 사람에게 행하되 신의 명령이기에 한다. 자비의 원리인 까닭에 인간관계뿐 아니라 동물을 대할 때도 적용할 원리가 되었다. 중세 말 수니파의 주석가 이븐 하자르Ibn Ḥajar al-ʿAsqalānī, 1372-1449는 이슬람의 다섯 기둥*을 지키는 사람이라도 이 규정을 지키지 않는다면 참 신앙인이 아니라는 뜻으로 풀었으니,[267] 무함마드의 황금률은 믿음의 진실성 여부를 판가름하는 핵심적인 내부 규정이 되는 셈이다.

황금률이 경전을 넘어 이슬람 문화 자체에 널리 퍼져 있었음을 보여주는 자료가 많다. 가장 널리 알려진 것은 8세기부터 알려진 "암사자,

---

* 무슬림이 반드시 지켜야 할 다섯 가지 규정으로서 신앙고백, 기도, 자선, 단식, 메카 순례 등이다.

사냥꾼, 자칼" 이야기다.[268] 암사자가 먹이를 구하러 간 사이 사냥꾼이 와 새끼 두 마리를 죽여 잡아갔다. 암사자가 돌아와 슬피 울자 자칼이 나타나 무슨 일인지 묻고는 사냥꾼이 한 나쁜 짓이 사실 암사자 자신이 평생 해 온 일이라고 지적하면서 이제 그 대가를 받은 거라고 알려준다. 그러자 암사자는 자기 죄를 깨닫고 그 이후로는 풀만 먹고 살았다는 이야기다. 이야기 끝에는 "네가 싫어하는 일은 남에게도 하지 말아야 한다"는 교훈이 첨가되어 있다. 자기가 당한 고통을 통해 남의 고통을 헤아릴 수 있게 되었다는 이야기다. 무슨 행동을 하든 상 아니면 벌을 받게 되어 있다는 말에는 인도의 카르마 사상까지 담긴 듯하다. 황금률을 무시하며 남을 마구 대하던 사람도 자신이 불행을 겪은 뒤에는 남에게 나쁜 짓을 하지 않게 된다.

또 하나는 우리도 잘 아는 『신밧드의 모험』 이야기로,[269]* 13세기 이후[270] 아랍인들을 사로잡은 구전문학이다. 절대 권력을 휘두르는 왕에게 무지한 아들이 있어 신밧드에게 선생이 되어 달라 요청한다. 그러자 신밧드가 아들을 가르쳐 주는 유일한 조건으로 왕에게 요구한 것이 부정문 황금률이다.[271] 언뜻 보면 이야기 전개와 무관한 뜬금없는 조건 같지만,[272] 왕의 후궁 하나가 자기 죄를 감추고 목숨을 건지려고 왕자를 모함해 죽이려 하는 상황을 볼 때 그런 악한 의도에 대해 전반적인 교훈으로 주어진 것이다. 말하자면, 이야기 전체의 주제를 복선처럼 던진 셈이다. 그래서 이야기 말미에 황금률이 교훈으로 다시 등장하는 역본도 다수 있고, 어떤 경우는 황금률이 긍정문으로 나오기도 한다.[273]

---

* 황금률은 한글 역본에는 나오지 않고 영역에 나온다.

이슬람권에 황금률이 널리 퍼져 있었음은 명확하다. 문제는 유대교처럼 황금률에 언급된 남 또는 이웃이 누구를 가리키느냐 하는 것이다. 각자에게 합당한 몫을 주는 게 황금률이라면 사회 내부에서 각 구성원이 갖는 위치를 먼저 알아야 실천이 가능하다. 이슬람이 말하는 형제나 이웃은 대개 무슬림을 가리키므로[274] 일단 이슬람 내부에서는 황금률이 적용되었다. 하지만 그런 원리를 사회 바깥에 있는 이들에게 확장하기는 쉽지 않다. 황금률을 전체 인류를 대상으로 실천해야 한다고 가르친 사람은 물론 있다. 이를테면 13세기의 학자 알 쿠르투비Muḥammad al-Qurṭubī는 이웃을 "무슬림 또는 불신자"라고 규정하면서 그것이 "자비의 뜻, 선한 동반자의 의미"에 맞는 설명이라 가르쳤다.[275] 그런 사랑을 유대인에게 먼저 실천했다는 9세기의 이야기도 전한다.[276] 하디스는 유대인 역시 사람이기에 그들의 장례 행렬에도 예의를 갖추라 명령한다.[277] 황금률은 곧 겸손에 대한 명령이라는 이븐 하자르의 설명을 이용하여 이슬람의 황금률도 모든 인류를 대상으로 한다고 주장하는 이도 있다.[278]

하지만 역시 13세기의 알 나와위Al-Nawawī는 이슬람 전통에서 '형제'는 "보편적 형제"를 가리킨다고 하면서도 "무슬림 형제가 늘 무슬림으로 있기를 바라는 것처럼 그 불신자 형제 역시 자신처럼 이슬람 신자가 되기를 바라야 한다"고 가르쳐 다소 애매한 관점을 보인다.[279] 말하자면, 불신자가 무슬림이 되어야 한다는 전제가 깔렸다. 이슬람 전통에서 황금률을 통한 거래상의 공평은 무슬림들 사이에만 요구되는 규정이었다.[280] 『꾸란』의 여러 구절은 오히려 바깥사람들에게 너무 친절하지 말라고 경고하기도 한다.[281] 다른 무슬림을 나와 철저하게 동일 선상에 놓는 사람만이 참 무슬림이지만, 이슬람교 밖 사람들에게는 어떻게 할 것인지 아무 설명이 없다. 무슬림에게만 해당한다는 말이 없다고 해서 모든 인류에게 적용되는 것은 아니므로[282] 문제는 여전히 남아 있다. 황금률을 외부 사람들에게도 실천해야 하는지 아닌지 이슬람 내부에서 오늘까지 의견이 분분하다. 만약 실천에 어떤 제한이 주어진다면 그건 이미 황금률일 수 없다.

2001년 9월 11일에 민간인을 상대로 911테러를 일으킨 오사마 빈 라덴은 미국이 팔레스타인의 유대인을 도왔기 때문에 "동등한 대우" 차원에서 미국인들을 죽였다 주장했다.[283] 팔레스타인 주민들과 유대인들 사이의 갈등에서 미국이 유대인 편만 들었다는 것이다. '동등한' 대우라면 '상호성'과 통하지만 사실상 황금률 정신은 무시하고 원시적인 등가보복 사상을 실천한 것이다. 오늘날 전 세계에서 정의의 이름으로 일어나고 있는 민간인 대상의 테러 역시 이 가치관을 반영하고 있다. 지금도 팔레스타인 땅에서 진행 중인 팔레스타인 난민과 유대인의 갈등, 중동과 아프리카 여러 나라의 종교 분파들 사이에서, 또 정치 집단들 사이에서 이어지고 있는 폭력과 살상은 이 싸움을 일으키고 있는 이들의 종교가 하나같이 황금률을 가르치고 있음에도 불구하고 황금률 아닌 원시적 등가보복 원칙이 아직도 현실에서 상당한 효력을 행사하고 있음을 보여준다.

제2부

사람 마음에 있는 황금률

THE

GOLDEN

RULE

사람 마음에 있는 황금률

THE GOLDEN RULE

황금률은 세계 모든 종교와 문화에서 발견되는 보편적 원리다. 역사도 길다. 황금률의 이런 시대적, 지역적 보편성은 황금률의 논리적 보편성으로 자연스레 이어진다. 황금률 자체의 내적 구조를 분석해 보면 황금률이 갖는 논리적, 윤리적 힘을 발견할 수 있으며, 황금률이 왜 동서고금 어디에서나 발견되는 원리인지 그 이유도 설명할 수 있다. 한마디로 황금률은 사람의 '사람 됨' 자체와 깊이 얽혀 있는 원리라는 결론이다. 그리고 황금률의 내적 구조에 대한 탐구는 황금률 원칙에 담긴 윤리적 이슈에 대한 논의를 부른다. 황금률은 왜 황금률인가? 황금률이 가진 이론적, 실천적 문제는 무엇인가? 사실 쉽지 않은 윤리학적 난제들이 포진해 있다. 그런 한계에도 불구하고 황금률은 오늘까지 정치, 종교, 사회의 여러 분야에서 상호 존중과 배려의 원리로 힘을 발휘하고 있다. 황금률의 찬란한 빛이 자기 안에 담긴 어둠을 이겨내는 비결이 무엇인지도 살펴보자.

1

황금률의 골자

연역적 보편성

      황금률은 세계 어디에서나 찾아볼 수 있는 규칙이다. 사람이 있는 곳에는 황금률도 반드시 있다. 종교학, 철학, 문화인류학이 확인한 이 보편성을 어떻게 설명할까? 아히카르의 영향을 받은 곳도 많지만, 고대 인도나 중국은 다른 지역과 사상적 교류가 이루어지기 전에 '독립적으로' 황금률 사고뿐 아니라 공식까지 분명하게 갖추었다.[1] 그렇다면 당연히 가능한 추론은 황금률이 사람의 본성에 기초한 것은 아닐까 하는 것이다.[2] 언어, 상징, 종교가 사람 사는 어디에나 있듯, 황금률의 역사적, 지리적 보편성 역시 황금률이 사람의 본성 자체에 뿌리를 둔 어떤 것임을 강력하게 암시한다. 우선 남의 존재를 의식하는 황금률 사고는 이성을 가진 존재, 또 윤리적 주체로서 사람이 자연스럽게 생산해 낸 산물이다. 따라서 황금률 공식 역시 모든 사람 마음에 '트로이 목마'처럼 숨어 있어 꺼내기만 하면 되는 어떤 것일 수 있다.[3]

황금률 공식을 들어본 적이 없는 사람도 자리를 바꿔 생각하는 원리를 제시하면 감히 논박하지 못한다.[4] 새뮤얼 클러크Samuel Clarke, 1675-1729의 표현처럼 황금률 원리를 부인하는 일은 "2 더하기 3은 5가 분명한데도 아니라고 우기는 셈"이다.[5] 이성을 가진 인간은 누구나 산수를 할 수 있듯이 황금률도 그렇게 사람이라면 누구나 추론할 수 있는 도덕 원리라는 것이다. 황금률이 정말 그런 논리적 보편성을 가졌다면 그 사실은 황금률 자체를 분석해 봄으로써 확인할 수 있다. 시대와 장소를 뛰어넘는 황금률의 존재가 그 규칙의 보편성을 귀납적으로 입증하듯, 황금률의 내적 역학과 논리적 구조를 분석하여 연역적 보편성까지 확인한다면 황금률은 내적 외적 보편성을 함께 갖춘 정말 진귀한 규칙이 될 것이다. 세계 여러 종교와 문화가 황금률을 자기 사상의 중심이라 주장하게 만드는 진짜 힘이 바로 이 내적 보편성 아닐까?

황금률을 칭송하는 표현이 많은데 대개 직관적인 자명함과 포괄적인 보편성에 집중한다. 호주의 윤리학자 피터 싱어Peter Singer, 1946-는 황금률의 타당성이 "보편적 호의의 원리"처럼 깊은 성찰의 결과로 형성된 직관의 신뢰성에 달려 있다고 본다. 그렇기에 모든 종교와 문화를 초월하는 보편성을 갖는다는 것이다.[6] 황금률은 "문명사 전체에서 발견되는 자명하고 보편적인 윤리 규정"[7]으로서 "보편적 도덕의 본질"을 표현하고 있다.[8] 우주의 통일성을 가르친 스토아 사상은 이 원리를 "아주 명확하고, 너무나 쉽고, 모두에게 공통된 것"으로 보았다.[9] 사람이면 다 있는 로고스 이성에서 자연스럽게 추론할 수 있는 것이었다. 황금률은 "즉각 수용되고, 이해도 쉽다."[10]* 문구도 단순한데, 직관에 호소해 금방

---

* 스테이스는 미개인들의 혼란하고 원시적인 생각 속에도 이 원리가 담겨 있어서 삶의 원리가 거기서부터 천

공감을 얻을 수 있으므로 보편성 확보가 쉽다. 황금률은 정말로 정치, 경제 생활을 하는 가운데 "발견하지 않을 수 없는" 어떤 것이다.[11]

황금률의 다양한 명칭은 거의 이 보편성을 반영한다. 겐슬러는 "거의 모든 종교와 문화가 인정하는 세계 표준Global Standard"이라 부른다.[12] "가장 널리 수용되는 근본적 도덕 이념",[13] "헤아릴 수 없는 가치를 지닌 행동의 제일 원리"[14]라는 이름도 있다. 기독교 변증가인 씨 에스 루이스C. S. Lewis, 1898-1963는 황금률을 "모두가 옳다고 늘 알고 있던 것의 요약"이라 불렀다.[15] 규범주의prescriptivism를 제창한 영국의 윤리학자 헤어Richard Mervyn Hare, 1919-2002는 도덕 명령이 일반 명령과 다른 점으로 보편성을 들면서 황금률을 "거의 모든 도덕 이론의 형식적 기초를 이루는 논증"[16]으로 제시하였다. 수많은 윤리학자의 말이 옳다면 황금률은 특정 종교나 사상의 산물이 아니라 정말 인류가 보편법칙으로 수용할 수 있는 어떤 것이다.[17]

그러나 황금률은 이런 칭송 외에 많은 논란도 부른다. 직관적 공감과 달리 논리적 철학적 변호는 쉽지 않다. 윤리학은 "논리학이나 수학 영역이 아닌 경험적이고 가변적이고 의심스러운 영역"을 다루는 까닭이다.[18] 윤리학에서는 황금률의 정체성부터 논란이 된다.[19] 윤리학은 크게 세 분야로 나누는데, 황금률이 어디 속하는지 명확하지 않다. 첫째로, 무엇이 옳은가를 다루는 것은 규범 윤리학Normative ethics이다. 옳고 그름에 관한 규범, 이를테면 '인종차별은 잘못이다'와 같은 문장을 변호한다. 둘째로, 도덕적 판단의 성격과 의미를 연구하는 메타윤리학Meta-

---

천히 형성되었을 것이라 본다. Stace, *Morals*, 238f를 보라.

ethics도 있다. 규범 윤리학의 전제들, 이를테면 절대 윤리학이 가능한지, 신의 뜻에 근거한 객관적 도덕 진리가 가능한지, 그런 기준을 어떻게 알 수 있는지 등을 따진다. 세 번째로, 응용 윤리학Applied ethics은 도덕 문제의 실천적 영역, 곧 도덕 원리를 삶의 현장에 적용하는 문제를 다룬다. 황금률은 무엇이며, 이 셋 중 어디에 속하는가?

황금률은 우선 이 세 영역과 다 관련된다. 황금률을 하나의 윤리 규정으로 보기도 하고, 여러 규정을 포괄하는 일종의 원리로 보기도 한다. 그리고 현장이 개입되면서 뜻과 무게가 또 달라진다. 미국 윤리학자 마커스 싱어Marcus Singer, 1926-2016는 황금률에 대한 접근 방식을 개별적particular 해석과 일반적general 해석으로 구분했다.[20] 개별적 해석은 황금률을 어떤 행동이 옳거나 그른지 판단할 수 있는 규정으로 보는 규범 윤리학적 해석이다. 실제로 황금률을 가르치는 거의 모든 종교가 황금률을 내 행동의 옳고 그름을 판단할 기준으로 제시한다. 칸트의 정언명령과 달리 황금률은 개개인의 마음에 담긴 구체적인 내용을 기반으로 한다. 그런데 문제는 황금률 자체에는 아무런 구체적 내용이 담겨 있지 않다는 점이다. 옳고 그름, 좋고 나쁨을 규정하지도 않는다. 따라서 황금률은 옳다고 인정된, 아니면 내가 옳다고 믿는 그런 행동을 하라는 규정이 되고, 개인의 특성에 따라 그런 규정은 사회적으로 나쁜 행동을 고무하는 규정이 될 수도 있다.[21] 내가 일관성만 유지한다면* 황금률은 어떤 행동이든 옳은 행동으로 만들 수 있다.

일반적 해석은 황금률을 일종의 메타 윤리로 보는 관점인데,[22] 황금

---

* 일관성에 대해서는 이 책 172쪽을 보라.

률은 옳고 그름을 직접 판단하지 않고 그런 판단을 하는 어떤 방법이나 과정을 제시한다고 본다.[23] 이 원리에서 다른 도덕 규칙들이 파생될 수 있고, 황금률은 그런 규칙들이 하는 판단을 정당화하는 기본 틀 역할을 맡는다는 것이다. 황금률의 포괄성을 볼 때 이해가 되는 설명이다. 문제는 현실 종교들이 황금률을 대부분 메타 윤리가 아닌 일상 도덕을 위한 규범 규칙으로 제시한다는 점이다.[24] 또 현실 가운데서 자신의 구체적인 신념들이 황금률에 비추어 옳다고 믿는 사람도 많다. 황금률을 그렇게 규칙 아닌 원리로 보게 되면 결국 실제 규칙들의 옳고 그름을 판단할 구체적인 기준은 사회의 문화와 관습이 제공하게 된다. 그런데 관습은 대개 다수의 뜻에 따르므로, 황금률은 사회의 현상태status quo를 지속하는 수단으로 전락할 수 있다.[25] 또 문화 상대주의로 흐르게 되므로 상반된 가치관을 가진 집단 사이의 갈등을 조정하는 규정이 되기는 어렵다.*

시작부터 문제가 많고 답도 쉽지 않다. 황금률은 윤리 규정인가, 아니면 일반적 원리인가? 황금률은 자체 내용이 있는가, 없는가? 그런 의문을 현장에 적용하면 문제는 더 복잡해진다. 그렇다고 해서 황금률의 가치마저 유보되는 것은 아니다. 황금률은 적어도 나와 상대에게 동일 규정을 적용함으로써 상대를 최대한 존중하는 원리로 빛을 발한다.[26] 자리를 바꾸는 태도와 거기 포함되는 상대에 대한 배려는 서로 처지와 생각이 다른 세상을 함께 살아가며 가져야 할 기본적인 태도가 분명한

---

* 굴드는 연로한 부모를 요양원에 보내는 것을 미국인들은 황금률에 맞다 생각하고 독일인들은 아니라 생각하는 사례를 보기로 든다. 또 보수주의자들이 결혼 전 동거에 대한 비판적 견해를 황금률을 이용해 개진한다고 주장한다. J. Gould, "The Golden Rule," 74-75쪽을 보라.

까닭이다. 개별 윤리로 보든 종합적 원리로 보든, 황금률의 이런 보편성 자체에 대해서는 모두가 공감한다. 그래서 겐슬러는 황금률은 문화 상대주의, 주관주의, 초자연주의, 직관주의 등 대부분의 도덕 이론의 지지를 받을 수 있다고 주장한다.[27] 그런 공감대에서 일단 출발하여 황금률의 정체와 특성을 알아볼 수 있다.

공식과 동력

처지를 바꾸어 생각하는 황금률 사고가 오랜 세월을 거쳐 황금률 공식으로 정리되었는데, 그렇게 탄생한 황금률 공식에는 크게 세 가지가 있다. 가장 먼저 등장한 것은 부정문 공식이다.

"네가 싫은 것은/대로 남에게도 하지 마라Do not do to others what/as you would others not do to you."

동서양의 수많은 종교와 사상이 오랜 세월 동안 이 부정문 황금률 하나를 가르쳤다. 상당한 세월이 흐른 다음 이를 발전시킨 긍정문 공식이 등장했다.

"네가 좋은 것은/대로 남에게도 하라Do to others what/as you would others do to you."

이 긍정문 공식은 그리스도의 가르침으로 처음 등장한다. 신약성경에 나오는 황금률 두 개가 다 긍정문이다.* 긍정문이 더 좋다 하는 이

들은 이전의 부정문 황금률을 낮게 보아 은율銀律, Silver Rule이라는 이름
을 붙이기도 했다.** 물론 긍정문도 부정문도 다 황금률이다. 나 자신의
경험이나 판단을 기준으로 남을 대하는 윤리다. 홀로 경험하거나, 내가
나 자신에게 행하거나, 아니면 다른 사람과의 관계에서 겪은 일들 가운
데 내가 싫거나 좋은 그것을 다른 사람에게도 똑같이 적용하여 내 이기
심을 극복하고 나와 남들 사이의 공평성을 확보하며, 이를 근거로 공동
체의 최대 선을 구현하고자 하는 원리다.

그런데 황금률 공식에는 부정문, 긍정문만 있는 것이 아니라 이 둘
을 합쳐 개량한 중립적 황금률도 있다. "대우받고 싶은 대로 대우하라"
는 것으로서,*** 오늘날 황금률을 논하는 글은 대부분 황금률을 이렇
게 중립으로 표현한다. 영어는 "Treat others as you would like to be
treated by them", 또는 줄여서 "Treat others as you would be treated"
로 쓴다. 다른 표현으로 "Do as you would be done by"로 쓰기도 한
다. 이 중립 공식은 기나긴 황금률 역사에서 아주 최근에 등장한 것이
다. 황금률에 관한 철학적 논의가 활발해진 근대 이후 집중적으로 나타
나기 시작했는데, 공식 자체는 그리스도께서 가르치신 긍정문 공식을
짧은 형태로 줄인 다음 거기 부정문도 욱여넣어 중립으로 만든 것이다.
그리스도의 황금률 이전에는 긍정문 공식이 없었고, 그리스도 이후에
도 부정문과 긍정문이 함께 사용되었는데, 그리스도께서 가르치신 황

---

* 그리스도 이전에 긍정문 황금률이 있었다고 볼 수도 있으나 명확한 공식으로 나온 것은 없다. 이 책 411-415
  쪽을 보라.

** 황금률 이름과 마찬가지로 은율이라는 이름도 누가 만든 말인지 알려져 있지 않다.

*** 우리말로 "바라는 대로 해 주라"고 더 짧게 줄일 수도 있으나 바라는 주체가 명시되지 않아 혼란을 부를
  수 있다. 이 책 354-356쪽을 참고하라. 그래서 "대우받고" "대우하는" 것으로 일단 구분하는 게 편리하다.

금률이 부정문 황금률에 비해 다소 길어 그것을 간략한 형태로 줄이면서 긍정과 부정을 다 포함하는 중립적 표현으로 개량했음을 짐작할 수 있다.

황금률의 역학은 기본적으로 두 단계로 이루어진다. 긍정, 부정, 중립 공식이 똑같다. 첫 단계는 사람의 자기중심적 본성이다. 부정 황금률은 내가 싫어하는 것이 출발점이요, 긍정 황금률은 내가 좋아하는 것에서 시작한다. 둘 다 내 바람을 기초로 한다는 게 중립이다. 나의 바람에는 내 본능이나 욕심도 당연히 포함되며, 내가 싫어하거나 좋아하는 것이므로 내 주관적 판단에 바탕을 둔다. 사람은 누구나 자신을 사랑한다. 타고나는 것이요 지금도 최선을 다해 실천하고 있으니 배울 필요도 훈련할 필요도 없다. 유기체는 먹고 마셔야 하고 자신을 보호하며 생명을 지속시켜야 한다. 때로는 자기 생존에 필요한 것보다 더 보유함으로써 다른 유기체에 해악을 끼치기도 한다. 어쨌든 내가 보는 세상은 모든 게 나를 중심으로 돌아간다. 오직 나만 일인칭 아닌가. 세상 모든 게 내 마음대로 되었으면 하는 게 사람 마음이다. 그게 출발점이니 지극히 자연스럽다.

이때 등장하는 것이 타자의 존재다. 물론 온 우주에 나 홀로 있어도 좋은 것, 싫은 것은 있다. 혼자 넘어져 다칠 수도 있고, 잘 먹어 기분이 좋을 수도 있다. 하지만 황금률은 기본적으로 나와 남 사이를 규정하는 사회윤리다. 남에게 도움을 받거나 해를 입고, 칭찬을 듣거나 비난을 받는 관계를 전제로 한다. 애초에 황금률의 기본 바탕이 나와 남의 자리를 바꾸어 보는 처지 바꾸기 아니던가. 하이데거 말처럼 나는 처음부터 세계 속의 존재였다. 따라서 황금률은 타자의 존재를 나와 동등하게 인식하는 공감에서 출발한다. 황금률은 내가 남에게 기대하는 바를 그 대로 남에게 해 주는 것이다. 첫 단계가 남에게서 나로 향하는 가상의 움직임이라면, 둘째 단계는 방향을 뒤집어 나에게서 남으로 향하는 마음이나 행동이다. 내가 좋다 또는 나쁘다고 판단한 것을 나 아닌 다른 사람에게 확대 적용한다. 나에게 적용하던 원칙을 남에게도 적용하니 외연 넓히기요, 나를 향하던 것을 남에게 되돌리니 방향 바꾸기다.[28] 나와 똑같은 차원으로 적용하므로 다른 사람을 나와 동등하게 대하는 것이다. 그게 혹 사랑이라면 내 이웃을 나 자신처럼 사랑하는 방법이 된다. 이 둘째 단계는 심리적으로 중요한 뜻을 갖는다. 행동하기 전에, 우리가 남들에게 어떤 대우를 받기를 원하는지 생각해 보라고 요구한다. 이런 반성적 성찰의 순간은 충동적이고 감정에 이끌릴 수 있는 행동들을 완화해 주고 변혁도 시켜준다.[29]

이 방향 바꾸기 또는 외연 넓히기는 논리적 단계일 뿐 시간적 단계는 아니다. 그리고 단회적 사건이 아니라 나와 상대 사이의 끊임없는 소통과 대화로 이루어진다. 상대는 실존하는 사람일 수도 있지만 황금률을 적용하는 내 마음에서는 가상의 존재일 수도 있다. 논리적으로 내가 상대에게 기대하는 바는 현실에서는 나와 상대방이 자리를 바꾸는 일, 곧 내가 상대의 자리에 서 보는 일이다. 이는 상대를 나와 동등하게 대우하는 일이며, 상대를 나와 같은 인격체로 존중하는 일이다. 따라서 상대에게 기대하는 첫 단계부터 이미 내 주관적이고 이기적인 생각을 넘어 둘이 함께 수긍할, 나아가서는 같은 상황 같은 조건에 처한 모두가 동의할 객관적 생각으로 승화된다. "인간의 고유한 가치"는 손상하지 않으면서 나 중심의 모든 잘못들은 "정화하는" 단계다.[30] 나와 상대 사이의 소통을 통해 이루어지는 이 보편화 작업이 황금률의 핵심적인 논리적 기초다.[31] 그렇기에 황금률 실천을 위해서는 '지식'과 '상상력'이 둘이 꼭 필요하다.[32] 처지를 바꾸는 이 논리적 활동을 통해 내가 가진 이기적인 욕심과 탐욕이 절제되고 정제되어 너와 내가 공유할 수 있는 가치가 태어난다. 황금률이 찬란하게 빛이 나는 이유가 바로 이 역학 때문이다. 너와 나 사이의 공평함이 범위를 넓히면 객관적이고 보편타당성을 지닌 원칙이 된다. 수많은 종교가 황금률을 통해 추구한 것이 바로 이것이다. 소크라테스가 추구한 덕이나 칸트가 내세운 정언명령도 다르지 않다.

황금률은 아니지만 이런 방향 전환의 힘을 보여주는 좋은 보기가 있다. 케이크 하나를 아이 두 명에게 공평하게 나누어주는 방법은 한 아이에게 케이크를 자르게 하고 다른 아이에게 먼저 고르게 하는 것이라고 한다. 자르는 아이는 크기가 차이가 나면 자기에게는 당연히 작은 것이 돌아올 것으로 예상하기 때문에 최대한 비슷한 크기로 자르려고 애를 쓸 것이다. 케이크를 자르는 아이는 선택권을 가진 다른 인간의 존재를 자르는 내내 의식할 수밖에 없다. 둘 사이에 보이지 않는 긴장의 끈이 팽팽하게 이어져 있는 셈이다. 말하자면, 침묵의 소통을 통해 최대한 똑같은 크기가 되게, 최대한 공평하게, 가장 보편적인 결과를 낳고자 애쓰게 된다. 인간의 이기적 본성을 이용한 방법이니 아이들에게 사용하기에 다소 비정해 보이지만, 존 롤스가 말한 "무지의 장막"*이 힘을 발휘하게 됨으로써 규칙을 통한 정의 구현이 가능해진다. 물론 정

———

* 이 책 262쪽을 보라.

확하게 반으로 자르는 것은 불가능하고 또 남의 떡이 언제나 커 보이는 것이 부패한 인간의 시각이므로 마음의 불만까지 없애진 못하겠지만, 적어도 상호 간의 약속이 있으니 겉으로 싸우는 건 막을 수 있다. 단 한 번의 방향 뒤집기가 서로 수긍할 수 있는 공평함의 밑바탕이 됨을 보여 주는 증거다.

독일 철학자 라이너Hans Reiner, 1896-1991는 황금률을 부정, 긍정으로 나누는 대신 역학에 따라 세 가지 규칙으로 구분한다.[33] 첫째는 연민 투사 규칙이다. 남의 아픔을 그 사람의 자리에 서서 공감함으로써 남에게 아픔을 가하지 않겠다는 것이다. 둘째는 자율적 판단 규칙인데, 남의 행동을 보고 도덕적으로 판단하여 옳은 것만을 내 행동의 기준으로 삼는 경우다. 이 과정에서 우리는 윤리의 기초가 되는 참 가치를 발견하고 수용한다. 셋째는 상호성 규칙으로서, 내가 남이 나에게 해 주기 바라는 기대를 내 행동의 기준으로 삼는 것이다. 라이너의 첫 두 부류는 언뜻 보면 정서적 황금률과 이성적 황금률을 구분한 것 같지만 사실상 이 둘은 황금률이라면 다 가진 기본 역학이다. 다른 사람과 함께 느끼는 공감에서 출발하여 수많은 쌍방통행으로 소통하면서 옳은 것을 주구하는 것이 황금률이다. 그래서 이 둘을 합친 것이 결국 세 번째 황금률, 곧 성경의 황금률로 나타나는 셈이다. 황금률의 출발점인 자리 바꾸기는 남을 나와 동등하게 보는 생래적 특성에 근거한다. 내 욕망을 상상 가운데 상대방의 처지에 옮겨 그려보는 능력이다.[34] 모든 도덕 체계는 공감을 근거로 작동한다.[35] 공감 없는 윤리는 불가능하며, 공감을 기초로 하는 황금률이 모든 윤리의 기본이 되는 것도 당연하다. 또 아픔을 느끼는 일은 무엇이 옳은 것인지 판단하는 단계가 있어야 남에게 아픔을 가하지 않겠다는 결론을 낳고, 옳은 것을 행동의 기준으로 삼는 일 역시 남을 향한 연민과 공감이 없다면 애초에 시작조차 할 수 없는 일 이다.

사람의 본능

황금률은 인간 본성에 뿌리박고 있기에 누구나 공감하는 보편적 윤리가 됐다. 그렇지만 인간이 그저 닮기만 했다면, 다시 말해 모래알처럼 그저 비슷한 것들이 한곳에 모여 있기만 한 것이라면, 그런 본성은 공감은커녕 너와 나를 이어주지도 못한다. 또 황금률은 윤리 규 정이지만 외적 강요가 아닌 내적 성찰과 자발적 실천으로 작동한다.[36] 방향 전환도 어떤 면에서 신비적인 요소를 갖고 있다. 전환 자체는 논 리적 판단의 결과일 수 있으나, 그 전환 과정에서 상상력을 통해 경험 하는 것은 어떤 느낌, 감정이다. 공감일 수도 있다. 게다가 나 중심의 인간이 남을 배려하게 되었다면 그건 단순한 이성의 힘을 넘어선다. 따 라서 공감뿐 아니라 실천적 동기를 설명하기 위해서도 공감을 가능하 게 만드는 어떤 근거가 필요하다.

황금률이 그렇게 인간 본성에 뿌리를 박고 있는 윤리 규정이라면 인간에 대한 원초적인 가르침을 잠시 살펴볼 필요가 있다. 사람이 도대 체 어떤 존재이기에 황금률 사고나 공식을 보편적인 것으로 확립해 왔 을까? 황금률의 역사적 뿌리가 "인간의 희미한 과거"까지 거슬러 올라 간다면,[37] 결국 황금률 논의도 인간의 창조를 원점으로 하게 된다. 사람 의 창조에 대해 기록하고 있는 창세기는 인간이 무엇인지, 그리고 황금 률이 어떤 점에서 인간 보편의 규칙이 될 수 있는지 근거를 제공해 준다. 성경에 따르면 황금률의 보편성은 인간의 본질 자체와 관련되어 있다. 하나님께서 처음 사람을 만드셨는데 온 우주에 나 홀로 존재할 때는 황금률 아니라 그 어떤 윤리도 생각하기 어렵다. 하나님께서 사람을 하나 더 만드신 순간 사람은 타자他者의 존재를 처음 인식하면서 자신도 나, 곧 윤리적 윤리적 주체가 되었다. 사람이 하나에서 둘이 되는 그 순간이 황금률 사고의 출발점이다. 첫 사람 아담은 두 번째 사람 여자를 처음 보았을 때 이렇게 말했다.

> "이것이야말로 내 뼈에서 나온 뼈, 내 살에서 나온 살이구나. 이것을 남자에게서 가져왔으니 여자라 불러야지."_창2:23*

뼈도 살도 나에게서 나왔으니 나와 똑같다. 나와 동등하기 이전에 아예 나와 동질이고 나와 일체였던 존재가 바로 타자, 곧 남이다.** 타자의 출현은 또 나 자신의 존재를 깨닫는 순간이기도 하다. 소위 자의식自意識이라는 것부터 타자의 존재 때문에 가능하다. 아담이 여자를 여

---

* 이 구절에서 아담은 '~로부터(מן)'라는 전치사를 세 번 사용함으로써 여자가 남자에게서 나왔다는 사실만 세 번 반복해 말하고 있다. 〈칠십인역〉도 세 번 다 '로부터(ἐκ)'로 번역했다. 〈개역개정〉은 이전의 개역판 그대로 "내 뼈 중의 뼈요 살 중의 살이라"로 옮기는데, '기원'을 가리키는 원문을 '소유'로 바꾼 결과 본문의 뜻이 잘 전달되지 않는다. 새로 나온 〈새한글성경〉도 마찬가지다. 한글 번역 가운데는 〈공동번역〉 하나만 이 구절을 기원으로 바로 옮기고 있다. 원문은 또 '불릴 것이다'는 동사의 주어가 여성 대명사인데 니팔형 동사는 남성형이어서 다소 혼란스럽다. 그것 때문인지 우리말 〈개역개정〉과 루터의 독일어는 "(그가) 이를 여자라 부를 것이다"로 옮겼다.

** 아담은 하나님께서 여자를 만드시는 동안 잠이 들어 있었는데 여자가 자신에게서 나왔다는 사실을 어떻게 알았는지 본문은 말하지 않는다. 월튼은 잠들었다는 히브리어 원어를 분석하여 아담이 잠이 든 것이 아니라 선지자처럼 엑스타시 상태에 들었던 것으로 해석한다. John Walton, *The Lost World of Adam and Eve* (Downers Grove, IL: IVP, 2015), 80쪽을 보라.

자라 부른 다음에야 남자라는 이름도 비로소 등장한다.* 너와 나는 관계 개념이요, 따라서 언제나 상대적이다. 악이 생겨난 다음 비로소 선이 무엇인지도 알게 되듯, 네가 있으므로 나도 내가 되었다. 타자의 존재는 인식론을 넘어 존재론에 뿌리를 두고 있다. 너 없는 나는 없다. 남이 있어야 나도 있다. 오직 함께일 때 존재할 수 있다. 내가 있어 남이 생겼고 남이 있어 나도 있다는 이것이 황금률 사고의 기본 바탕이다. 황금률 윤리의 근간은 사람을 사람으로 대하는 태도다. 나 아닌 다른 모두를 나와 동등한 인격으로, 하나님 형상으로 대우하는 일이다. "내 행동의 대상 또한 주체다."[38]

사람이 타자의 존재를 인식할 수 있는 근거는 둘이 동질이기 때문이요, 본디 하나였기 때문이다. 여자를 창조하신 일은 하나이던 것을 둘로 만드신 일이다. 하나로는 좋지 않아 하나 더 만드신 것이 사람이다. 재미있다. 처음 아담을 만드실 때는 흙을 빚어 만드시더니, 하나 더 만드실 때는 에덴동산에 많았을 양질의 흙 대신 아담의 몸 일부를 떼내어 만드셨다. 그렇게 하신 목적은 다시금 하나가 되게 하기 위해서다. 서로 도와 한 몸이 된다. 따라서 타자는 '나 아닌 사람'이기 전에 '나와 하나였던 사람'이고, 그래서 '나와 더불어 다시 하나가 되어야 할 존재'다. '함께'라야 '사람'으로 존재할 수 있다. 그게 타자의 첫째 의미다.

창세기의 이 이야기를 언뜻 보면 부부의 연합을 말하는 것 같지만, 사실상 인간의 본질과 존재를 설명하는 내용이다. 창세기 2장에 나오는 남자와 여자 창조 이야기는 창세기 1장이 말하는 인간 창조를 구체

---

* 여자라는 이름은 앞절(창2:22)에 이미 언급되어 있다.

적으로 설명한 것이다. 하나님께서는 처음 사람의 창조에 대해 이렇게 말씀하셨다.

> "²⁶하나님이 말씀하셨다. '우리가 사람을 우리 형상대로 우리 모양처럼 만들어 그들이 바다의 물고기와 하늘의 새와 가축과 온 땅과 땅에 기는 모든 (기는) 것을 다스리게 하자.' ²⁷그리고 하나님이 사람을 창조하셨는데 자기 형상대로 하나님 형상대로 그를 창조하셨고 남성과 여성으로 그들을 창조하셨다."_창1:26-27

하나님께서는 사람을 하나님 형상, 하나님 모양으로, 간단히 말해 하나님과 닮게 창조하셨다. 본문은 무엇이 닮았는지 대놓고 말하는 대신 단수와 복수를 오가는 문법적 유희를 통해 암시를 준다. 26절은 하나님에 대해 단수와 복수를 오가고, 27절은 사람을 두고 "그를 창조하셨고"와 "그들을 창조하셨다"라고 단수, 복수를 반복해 표현한다. 성부, 성자, 성령 삼위이시면서도 사랑으로 한 하나님이신 것처럼 사람도 남성과 여성으로,* 너와 나로 있지만 사랑으로 하나가 될 때 하나님을 닮는다. 그리스도께서는 아버지와 당신이 하나이신 것처럼 제자들도 하나가 되게 해 달라고, 그래서 사람이 하나님과 하나가 되게 해 달라고 기도하셨다요17:11, 21-23.

바울은 아담과 여자가 하나가 되는 이 원리를 부부 사이를 넘어 유대인과 이방인의 연합에 적용함으로써 이 원리의 보편성을 보여준다엡

---

* 본문은 '남, 녀' 대신 '암, 수'라는 표현을 쓰는데, 신약에서 그리스도 안에서 남녀가 다르지 않다 할 때도 '암, 수'를 쓴다(갈3:28).

2:15.[*] 사람이 그렇게 하나가 될 때 그리스도와 또 하나가 된다엡5:31-32. 너와 나의 공존과 연합은 인간의 가장 원초적 존재 방식으로서 '사람 됨'의 기본이다. 나 아닌 나와 닮은 존재에서 시작해 나와 하나였던 존재임을 확인하고, 다시금 하나가 되어야 할 존재로 결론이 난다. 이런 "존재론적 균형"이 있어[39] 황금률은 대상을 제한하거나 등가보복으로 전락하지 않을 수 있다. 황금률은 남을 나와 동등한 존재로 존중하며 합리적인 공존을 추구하는 원리다. 한마디로 황금률은 사람이 되는 규칙이다. 황금률을 인으로 규정하고 '인이 곧 사람이다仁者 人也' 하였던 자연인 공자의 통찰은 이 점에서 계시에 상당히 근접한다. 혼자 있는 것은 사람답지 못하다. 함께 있어 사람이다. 하나이던 사람을 둘로 나눈 이 원초적 사건이 인간의 본질에 깊이 남았기에 우리는 처지를 바꿔 보기도 전에 나와 남이 하나임을 이미 본능으로 느낀다. 황금률을 알고 실천하는 것은 사람으로 존재하는 가장 기본적인 방식이요, 황금률의 보편성은 합리적 사고 이전에 인간의 존재 방식에 근거를 둔 셈이다.

그렇다면 결국 황금률의 가장 든든한 바탕은 온 인류가 하나에서 나온 존재라는 본질적 유대감일 것이다. 성경은 이것을 한 하나님의 피조물이라 말하고, 우리는 모두 한 아버지를 두었다고 말한다말2:10.^{**} 모두가 똑같은 하나님 형상이기에 동등한 존엄함을 갖는다.[40] 사도 바울은 아테네 사람들에게 예수를 전할 때 하나님이 인류의 모든 민족을 하

---

* 이 연합은 사람이 가진 하나님의 형상의 핵심적 요소로서 이 닮음은 우리와 하나님의 연합으로 이어진다(요 17:20-22; 엡5:31-32). 이 책 46쪽 각주를 참고하라.

** 말라기가 말하는 '우리'는 인류일 수도 있고 이스라엘 백성일 수도 있다. 신명기 32장 6절과 이사야 63장 16절을 근거로 한다면 구원받은 백성인 이스라엘로 국한된다.

나에서 지으셨다고 표현하여 전체 인류의 유대감을 강조한다행17:26.[*] 이 무렵에는 온 인류를 형제라 본 스토아 사상도 유럽에 퍼져가고 있었다. 인류는 모두 한 아버지를 모신 한 식구라는 말이다. 욥도 말했다.

> "뱃속에서 나를 만드신 분이 그도 만드시지 않았는가? 아기집에서 우리를 지으신 분이 한 분이시지 않은가?"_욥31:15, 새한글성경

성경을 알든 모르든 사람은 모두 이런 지각을 본능 가운데 가졌다. 그래서 바울은 우리가 모두 신의 자녀들이라 한 그리스 시인 아라토스의 시도 소개한다행17:28.[**] 하나님께서 주신 일반 은혜 가운데 도달한 깨달음이 아닌가. 같은 본질이라는 자각과 하나가 되어야 한다는 인식이 나를 사람들과 엮어준다. 다시 말해 나 아닌 모든 사람을 '또 다른 나'로 보게 만든다. 아리스토텔레스도 그렇게 가르쳤다. 석가모니 말대로 사람 하나하나가 하늘 위, 하늘 아래에서 가장 존귀한 일인칭이다. 내 자리에서는 오직 나만 일인칭이지만, 그들이 볼 때는 또 내가 이인칭, 삼인칭을 구성하게 된다. 그런 깨달음이 공존의 전제다. 우리는 날 때부터 혼자가 아니었다. 황금률의 기본 전제인 너와 나의 존재를 생각하면서 우리는 너와 내가 이렇게 뗄 수 없이 이어져 있음을 깨닫는다. 그런 우리가 함께 산다. 함께라야 사람이다. 같이 있으면 사랑스럽고 또 사람답다. 남을 사람으로 대하지 않는다면 나도 존재 가치를 상실한다.

---

[*] 〈개역개정〉은 "한 혈통으로 만드사"라 옮겼는데 〈킹 제임스〉("of one blood")를 따른 것 같다. 원문은 "하나에서(ἐξ ἑνὸς) 만드셨다"이다. 다소 약하지만 사본 가운데 "한 핏줄에서"로 된 것도 있다. 영어 〈새 국제판(NIV)〉은 "From one man"으로 옮긴다.

[**] 이 구절의 자세한 뜻에 대해서는 이 책 398쪽을 보라.

사람이 하나님 형상으로 창조되었고 또 사람은 모두가 아담에게서 왔다는 가르침은 기독교와 유대교가 공유한다. 다른 종교도 이런 본능적 깨달음을 말하고 있다. 기독교의 영향을 받은 이슬람교도 아담의 창조에 대해 같은 이야기를 한다. 뉴욕에 있는 유엔본부의 회의동 2층 벽에는 13세기 이슬람 시인 사디Saadi Shīrāzī, 1210-1291의 시를 수놓은 카펫이 걸려 있다.[41] 『굴리스탄Gulistan, 장미원』이라는 시집에 나오는 "바니 아담아담의 자녀들"이라는 시가 이렇게 황금률 정신을 담고 있다.

"아담의 자녀는 몸의 지체들.
한 본질, 한 영혼으로 창조됐네.
한 지체가 고통을 받으면,
다른 지체들도 편치 못해.
남의 고통을 못 느낀다면,
사람이라는 이름을 가질 수 없지."

인간이 모두 한 뿌리에서 왔음을 본능으로 인식한 것이다. 몸 비유는 기독교에서 가져온 것으로서 교회를 인류로 넓혔다. 『꾸란』도 인류가 모두 한 조상을 가진 형제임을 강조한다『꾸란』 49:13. 처지를 바꾸어 보는 일은 존재론적 동일성을 느껴보는 방법이다. 사람은 기본적으로 공감, 특히 남의 아픔에 대한 공감이다. 한 몸인데 그게 없다면 어찌 사람이라 할 수 있겠는가.

생래적 특성

윤리학자 가운데 황금률을 이렇게 인간의 생래적inherent 개념으로 파악하는 이들이 적지 않다. 적어도 황금률의 근거가 되는 상호성 또는 공평fairness에 대한 의식은 누구나 타고난다는 주장이다. 인간 윤리의식의 진화와 발전을 믿는 이들도 그렇게 말한다. 이를테면 먼로Kristin Monroe, 1946-는 "사람에게는 공정함에 대한 내적 감각이 심겨져 있다는 연구가 많은데 이 생래적 도덕 감각을 구체화한 것이 황금률이다"라고 주장한다.[42] 많은 사람이 황금률을 본능적으로 따른다는 것이다. 동물행동 과학자인 드발Frans De Waal, 1948-2024은 인류가 "황금률을 홉스의 생각처럼 어쩌다가accidentally 수용하게 된 것이 아니라 상호협조하는 영장류로서 우리의 배경의 일부로 수용한다"라고 주장한다.[43]* 그렇게 타고난 내적 감각은 갓난아기 때 어머니 품에서 행동 동기의 긍정적, 부정적 기둥을 "사랑과 두려움이라는 원초적 형태"로 경험하면서 상호성을 처음 드러내기 시작한다.[44]

스위스의 발달심리학자 겸 철학자인 장 피아제Jean Piaget, 1896-1980의 실험은 이 점에서 뜻이 깊다. 아동의 인지발달 과정을 폭넓게 연구한 피아제는 아이들이 '주고받는' 행위를 통해 상호성을 익혀가는 과정을 깊이 관찰, 분석하였다.[45] 다섯 살 미만 때는 자기중심의 모방을 하던 아이가 예닐곱 살 때는 규칙을 지키고 혹 어길 때는 보복을 가함으로써 정의를 훈련하다가 열 살 이후로는 다른 사람의 기준을 채택하는 방식으로 상호성을 키워간다는 점을 발견하였다.[46] 처음엔 등가보복과 통하

---

* 홉스의 관점에 대해서는 이 책 154쪽을 참고하라.

는 응징의 상호성을 배우고 나중에는 서로 협조하는 보다 성숙한 상호성으로 자라 황금률이 되는데,[47] 중요한 것은 상호성을 외부에서 강요해선 안 되고 안에서 우러나게 해야 한다는 점이다.[48] 개체발생은 계통발생을 반복한다는 진화생물학 이론이 사실인지는 논란의 여지가 많지만, 적어도 등가보복의 야만적 윤리가 황금률로 발전되어 온 인류의 역사가 한 개인의 성장 과정에서 그대로 관찰된다는 주장은 매우 설득력이 있다. 상호성 개념은 인간의 본능에 속하기 때문이요, 또 황금률은 성찰과 반성이라는 성숙함을 요구하는 원칙이기 때문이다. 아동교육에서 자기 결정권을 훈련할 때도 성숙한 판단 능력을 위해 상호성 규칙을 함께 교육하라 권한다. 다양한 가치가 공존하는 사회에서 "내 권리"는 곧 "남의 의무"가 된다는 점을 가르치는 것이다.[49]

"내 꺼!" 아이들이 일찍 배우는 말의 하나다. 그런데 '나'라는 의식에는 이미 남의 존재가 전제되어 있다. 남 없이는 나도 없기 때문이다. 사람은 그렇게 남의 존재를 인식하는 가운데 나의 존재를 형성해 간다. 그것이 자연스럽게 역지사지易地思之*, 곧 처지를 바꿔 생각하는 태도로 이어진다. 영어로는 "Put yourself in someone else's shoes"라고 표현한다. 다른 사람의 신발을 신어보라는 이야기다. 신발의 종류나 크기도 다르겠지만, 핵심은 그 사람 자리에 내가 서 보는 일이다. 그 사람 처지에서 생각하라는 뜻이다. 내가 그렇게 상대와 같은 상황에 있다는 상상을 해 보면 상대의 마음을 느낄 수 있다. 물론 사람의 이기적 태도 때문

---

* '역지사지'는 『맹자』 8장 이루편(離婁篇) 下 28에 나오는 '역지즉개연(易地則皆然)'에서 유래한 말로 본다. 안회, 하후, 후직 세 인물의 위대한 일을 언급하면서 그 셋이 위치를 바꾸었어도 똑같이 했을 것이라고 말한 것이므로, 우리가 사용하는 '처지를 맞바꿔 생각한다'는 뜻과는 상당한 차이가 있다.

에 오랜 훈련이 필요하다. 아이가 좋은 것을 독차지하려 할 때 부모는 동생이 그렇게 하면 어떻겠는지 생각해 보라 타이른다. 처지가 바뀌면 생각도 달라진다. 그렇게 너와 내가 함께 우리라는 것을 배워간다. 가는 말이 고와야 오는 말이 곱다는 속담도 그런 상호성을 일깨운다. 철학적 세계관으로 사실임을 입증하기는 불가능하지만 적어도 실천 영역에서는 매우 효과적인 가르침이다.

황금률이 사람이라면 누구나 가진 기초적 도덕 규칙이라는 인식은 자연스럽게 황금률을 자연법으로 보는 관점으로 이어졌다. 황금률은 사람이 날 때부터 가진, 그래서 인간 본성에 내재한 규칙이라는 뜻이다. 자연법*은 자연 질서나 사람의 본성을 관찰해 얻어낸 법체계다. 실증법과 무관하게 추론할 수 있는 법이라는 뜻도 된다. 자연에서 발견되는 법칙과 닮은 어떤 것이 사람 마음에도 있다는 뜻인데, 법의 원천은 하나님, 자연, 또는 이성 등으로 다양하다. 황금률을 자연법이라 부를 때는 대개 인간의 이성만으로 자연스럽게 추론할 수 있다는 뜻이다. 황금률을 자연법으로 처음 강조한 사람은 자연법을 체계적으로 발전시킨 스토아학파 사람들이었다. 고대 그리스 철학이 종교적 가르침 아닌 합리적 사고의 결과로 황금률에 도달했다면, 스토아 사람들은 그것을 사람이면 누구나 가진 보편적 자연법으로 확립한 것이다. 이들이 생각한 자연법은 로고스였다. 로고스에 따라 사는 삶이 최고의 삶이라 하였는데, 노자가 설파한 도나 인도의 종교가 가르친 다르마와 크게 다르지 않으니, 동서양이 함께 인류 공통의 법칙을 발견하고 가르친 셈이다.

---

* 영어로 'Natural Law'다. 이와 달리 'Laws of Nature'는 자연에서 관찰되는 과학 법칙을 가리킨다. 둘을 뒤섞어 쓰는 경우도 종종 있다.

황금률을 자연법으로 보는 경향은 초기 기독교 전통에서도 있었지만, 근대 유럽에서 특히 두드러졌다. 킹 제임스 성경 출판을 계기로 황금률이 널리 알려지고 그와 동시에 동서고금 여러 곳에서 비슷한 황금률 공식이 발견되면서 그런 확신이 굳어졌다. 이성이 최고의 권위를 자랑하던 계몽시대에는 황금률이 지성인들 사이의 대표적 화두였다. 황금률의 존재는 정치, 종교적 갈등이 끊이지 않던 유럽에서 인류의 평화와 공존에 가장 유익한 지침으로 인식되었고, 종교를 거부하는 무신론자들까지도 이 황금률을 지지하게 만들었다. 유럽 전체가 기독교 사회였으므로 대개는 성경이 가르치는 황금률과 이성으로 파악할 수 있는 황금률을 같은 것으로 보고 접근하였다.

근세 영국의 정치철학자 토머스 홉스Thomas Hobbes, 1588-1679는 명저 『리바이어던Leviathan』1651에서 황금률을 평화로운 사회를 이루는 데 필요한 두 번째 자연법칙second law of nature으로 규정한다. 홉스가 본 인간의 원초적 모습은 이기적이어서 모든 사람과 전쟁을 벌이고 있는 상태다. 그래서 "사람은 자신을 보호할 권리를 갖는다"는 것이 첫 번째 자연법칙이다. 그렇지만 끝없는 전쟁 상태에서는 이 권리를 확보할 수 없으므로 모든 사람이 평화를 위해 자신의 권리를 유보하는 합리적 판단에 이르게 되는데, 그 과정에서 등장하는 것이 바로 황금률이다.

"이것이 바로 복음의 법이다. '무엇이든지 다른 사람들이 너에게 해 주기를 바라는 것을 네가 그들에게 해 주어라.' 그리고 바로 온 인류의 그 법이다. '(네가) 네게 일어나기 바라지 않은 일은 다른 사람에게 하지 마라.'"[50]

홉스   로크

볼테르   루소

정치, 종교 문제로 분쟁과 살육이 끊이지 않았던 근대 유럽에서는 황금률을 자연법으로 수용하여 평화를 이룩하자는 목소리가 높았다. 남을 나와 동등하게 인정하자는 관용의 외침이었다. 이런 흐름을 주도한 사람으로 영국의 홉스와 로크, 프랑스의 볼테르와 루소를 꼽을 수 있다.

모든 종교가 사랑을 내세우면서도 나와 다르다는 이유로 서로 미워하고 죽였으니 모순도 이런 모순이 없다. 오죽하면 불신자까지 가세하여 황금률을 통한 상호 존중과 관용을 부르짖었을까. 하나님의 사랑으로 오신 그리스도를 주로 고백하는 교회로서는 더더욱 부끄러운 일이다. 이데올로기에 사로잡혀 혐오와 폭력을 부르는 오늘의 교회도 황금률의 필요성을 일깨우고 있다.

홉스. 1669-1670. 국립초상화 미술관(National Portrait Gallery, London)

로크. 1697. 에르미타시 미술관(The State Hermitage Museum, St. Petersburg)

볼테르. 1718-1724. 카르나발레 미술관(Musée Carnavalet, Paris)

루소. 미상. 앙투안 레퀴예 미술관(Musée Antoine-Lécuyer, Oise)

_출처: Wikipedia.

홉스는 먼저 마태복음 7장 12절을 영어로 인용하고, 이어 부정문 황금률을 라틴어로 인용한다.[51] 마치 계시의 법칙과 자연의 법칙을 구분한 것처럼 보이지만, 홉스는 인간의 이성을 최고 기준으로 믿은 사람이다. 사람들이 다 알고 있는 그걸 성경도 가르친다 하여 황금률의 보편성을 강조한 것이다. 자연의 법칙은 곧 "의심할 수 없는 영원한 하나님의 법"이다.[52] 홉스는 이 법칙의 보편타당성을 거듭 주장한다.

> "그러나 아무리 무식한 사람도 이해할 수 있는 쉬운 가르침이 있으니
> 바로 '너 자신이 겪기 싫은 일은 남에게도 하지 말라'는 것이다."[53]

홉스는 이 원리가 자연법 가운데 가장 합리적인 원칙이라 하면서 아무리 먹고살기에 바빠도 이 원칙 앞에서는 "그 누구도 핑계할 수 없다"며 성경 문구를 갖고 와 못을 박았다. 홉스가 본 황금률은 기본적으로 다른 사람들의 행동을 나 자신에 비겨 봄으로써 내 욕심이나 이기심을 배제하고 균형을 유지하게 만드는 합리적 장치다. 사회적 공존을 위해 필요한 온갖 규정들의 압축이다. 인간은 이기적 존재지만 또한 합리성을 가졌기에 가능한 일이다. 홉스는 이 원리를 종교적 관용에도 적용한다. 기독교인 통치자가 자신은 자유롭게 신앙생활을 하고 싶으면서 무슬림을 박해한다면, 그것은 주님께서 가르치신 황금률과 자연의 법 모두에 어긋난다는 것이다.[54]* 그렇게 하여 황금률 원리는 개인 차원의

---

* 하지만 홉스는 신앙고백을 강요하는 것이 위법이라는 주장까지는 하지 않는다. Ionut Untea, "The Golden Rule in Inferfaith Relations from Early Modern to Comtemporary Times" in *Eu-topias*, Vol 10 (Nov 2015), 153쪽을 보라.

도덕을 넘어 시민사회 전체의 기본 원리로 처음 등장했다.[55] 하지만 정치, 사회적 혼란이 종교 간의 갈등과 뒤엉켜 황금률 자체의 참뜻은 제대로 드러나지 못했다.[56]

영국의 철학자요 정치가였던 존 로크John Locke, 1632-1704도 황금률을 자연법으로 보았다. 주저『인간오성론An Essay Concerning Human Understanding』 1689에서 황금률의 주어를 삼인칭으로 바꾸어 "자기한테 해 주었으면 하는 대로 해야 한다One should do as he would be done unto"로 표현한 로크는[57] 황금률을 '가장 든든한 도덕 법칙', '모든 사회적인 덕의 기초', '위대한 도덕 원리' 등의 표현을 사용하여 극찬하였다.[58] 로크는 경험론자로서 사람의 마음을 백지tabula rasa로 보았기에 마음에 법 같은 게 새겨져 있다고 믿지는 않았다. 황금률도 타고난 것이 아니라 다른 무언가로부터 추론되는 것이다. 그렇지만 황금률은 첫째, '계시의 도움이 없이' 지성의 능력만을 활용하여 도달할 수 있는 법칙이라는 뜻에서,[59] 또 둘째, 자연 상태, 즉 시민 정부 이전의 상태에서 모두가 갖는 자연적 권리의 하나라는 뜻에서[60] 자연법의 하나로 간주하였다. 생각하는 사람이라면 누구나 공감할 수밖에 없는, 쉽고, 명료하고, 지극히 합리적인 원리가 바로 황금률이다. 새뮤얼 클러크도 황금률을 어기는 것은 "영원한 이성"을 어기는 것이라 하여 로크를 잇는다.[61]

프랑스의 계몽주의자 볼테르Voltaire, 1694-1778는 종교적 평화를 위해 황금률*의 중요성을 역설하였다. 볼테르는 프랑스 이신론의 대표자답게 예수를 신으로 섬기기를 거부하고 오직 '하나님 사랑, 이웃 사랑' 가

---

* 이 무렵 프랑스에서는 아직 황금률 용어를 쓰지 않았다.

르침만 수용하였는데,[62] 이 가르침을 담은 기독교의 핵심이 바로 황금률이었다. 볼테르가 볼 때 기독교가 가르친 황금률은 사실 기독교의 테두리를 넘어 보편 이성의 뒷받침을 받는 자연법이었다. 볼테르는 예수회 선교사들이 번역한 공자의 책을 통해 자신의 신념을 확인한 다음 황금률을 '영원한 자연법칙'으로 규정하였다.

> "사람이 가진 근본적이고 불변하는 단 하나의 법칙은 이것이다. '대우받고자 하는 대로 남들을 대우하라.' 이 법칙은 자연 그 자체에 속한 것이기에 인간의 마음과 떼놓을 수 없다."[63]

볼테르는 그 누구보다 종교적 관용의 필요성을 역설하였다. 종교의 이름으로 자행되어 온 숱한 폭력과 살상, 특히 볼테르 당대에도 이어지고 있던 종교적인 폭정에 강력하게 반발하면서 종교적 관용의 근거로 황금률을 제시하였다.

> "인간의 법은 어떤 경우에든 이 자연법에 기초해야 한다. 전 세계를 통틀어 위대한 원칙, 곧 두 법의 보편적인 원리는 '내가 겪고 싶지 않은 일을 남에게 하지 말라'는 것이다.[64]

인간의 법과 자연의 법이 공유하는 원리는 황금률 하나다. 인간의 이성을 최고의 안내자로 삼은 계몽주의자요 이신론자였던 볼테르에게 황금률은 가장 합리적이고 또 가장 효과적인 최고의 법칙이었다. 이 황금률에 근거하여 볼테르는 "서로의 어리석음을 용서하는" 관용을 가장

소중한 가치로 거듭 역설하고 있다.[65]

역시 프랑스 계몽주의를 대표하는 정치철학자로 사회계약설의 체계를 세워 근대 정치에 큰 영향을 끼친 장자크 루소Jean-Jacques Rousseau, 1712-1778도 복음서에 있는 그리스도의 황금률이 바로 자연법이고 거기에 전체 도덕이 요약되어 있다고 보았다. 하지만 남들도 나처럼 하리라는 보장이 없는 상태에서 내가 다른 사람의 처지가 되어 보게 만드는 것은 고통받고 싶지 않은 마음, 곧 자신에 대한 사랑이라고 주장한다. 따라서 황금률의 근거는 이성만이 아니라 "양심과 감정"이기도 하며, "자기 사랑에서 우러나오는 타인에 대한 사랑이 인간 정의의 기초"라고 주장하였다.[66] 사람은 자기 보존의 본능뿐 아니라 타인을 향한 연민과 동정심에 의해서도 움직인다. 루소는 『인간 불평등 기원론』에서도 황금률을 이성적 정의의 공리maxim라 부르면서 그 공리가 아닌 연민이 사람들에게 자연적 선의 공리를 일깨운다고 주장한다.

> "이성적 정의의 공리, 곧 남들이 네게 해 주기 바라는 대로 남들에게 하라는 그 공리가 아닌 연민이 사람들에게 자연적 선이라는 다른 공리를 일깨우는데, 훨씬 불완전하면서도 더 유익한 그 공리는 곧 너 자신에게 선을 행하되 이웃에게 최소한의 해를 끼치게 하라는 것이다."[67]

공감의 영역이 차가운 머리에 국한될 수 없고 뜨거운 가슴과 이어져야 함을 낭만주의자답게 잘 표현했다. 루소는 자유롭고 평등한 시민 사회의 바탕이 '일반 의지volonté générale'라 보았는데, 일반 의지는 국민 전체의 통합된 의지로서 자연법과 같은 것이라 주장하였다.[68] 그렇게 "모두의 뜻이면서 또 각자의 뜻"이 바로 황금률이 지향하는 바가 아닌가.[69] 자연법에 따라 통치되는 사회에서 구성원들은 황금률에 따라 행동할 것이다.[70]* 따라서 루소가 추구한 시민사회는 옛날 아리스토텔레스가 황금률 사고를 통해 구현하고자 한 공동체적 이상의 근대적 적용이라 볼 수 있다.

공리주의Utilitarianism 체계를 확립한 영국 철학자 존 스튜어트 밀John Stuart Mill, 1806-1873도 황금률의 보편성에 깊이 공감하여 아예 자기가 세운 공리주의와 같은 것이라 주장한다.

> "나사렛 예수의 황금률은 공리주의 윤리의 완벽한 정신을 보여준다. 해 주기 바라는 대로 하고, 이웃을 자신처럼 사랑하는 것은 공리주의 윤리의 완벽한 이상이다."[71]**

밀의 공리주의는 최대 다수의 최대 행복을 추구하는 벤담Jeremy Bentham, 1747-1832의 원리를 수용한다. 공리주의는 도덕성의 기준을 결과로 판단하는 결과주의consequentialism 철학의 전형인데, 한 개인의 행복이 아닌 "관련된 모두"의 행복을 추구하고 나와 남의 행복 사이에서 "엄격하게 공평한" 태도를 요구하는 점이 황금률과 같다.[72] 공리주의 이상을 구현하기 위해서는 "기독교적 요소와 스토아적 요소들이 많이" 필요

---

* 하지만 루소의 일반 의지론은 부패한 다수가 일반 의지를 왜곡할 가능성을 배제하지 못한다. Morsink, *Inherent*, 257을 보라.

** 밀의 황금률은 로크와 비슷하게 중립적 공식으로 되어 있다. "To do as one would be done by."

하다는 것이다.[73] 하지만 공리주의는 절대적 규칙을 거부하여 황금률에 대해서도 느슨한 "엄지의 규칙"*만 가능하다고 본다.[74] 밀의 공리주의는 철저하게 개인주의에 바탕을 두므로 타인의 자유를 침해하는 일은 그 어떤 이유로도 정당화되지 않는다. 밀은 칸트의 정언명령을 따르는 것과 개인의 자유를 지키는 문제 사이에서 고민했는데, 칸트가 합리성을 소중하게 보았다면 밀은 개별성에 방점을 둔다. 따라서 밀의 황금률은 "바라는 것을 하되 남에게 폐를 끼치지 말라"로 루소의 공식과 비슷해진다.[75] 인간의 도덕심은 "생래적이 아니라 학습된 것"이지만 동시에 "강력한 자연적 정서"이며 "공리주의 도덕 정서의 자연적 기초"다.[76] 황금률은 그런 보편적 근거를 가졌기에 좋은 결과를 낳는 최선의 원리로 인정된 셈이다.[77]

진화론의 설명

우리 시대 생물학의 주류인 진화론도 황금률을 깊이 다룬다. 다윈의 진화론은 인간의 윤리 자체를 생물학적 진화론에 근거해 설명하려는 진화 윤리학을 포함하고 있고, 이 이론은 이내 사회진화론으로 확장되었다. 진화론은 모든 생물은 단일한 공통 조상으로부터 변이를 동반한 전승을 통해 진화해 왔다는 이론이다. 진화 윤리학은 이 진화적 힘이 인간의 가치 태도 형성에 어마어마한 역할을 했다는 전제에서 출발한다.[78] 황금률도 당연히 진화의 산물로 설명한다. 하지만 반론도 만만찮다. 사실 진술에서 당위 주장을 끌어낼 수 없다고 영국의 흄

---

* "엄지의 규칙(Rule of Thumb)"은 통상적 경험을 바탕으로 하는 규칙이다.

David Hume, 1711-1776이 진화론이 등장하기 백여 년 전에 이미 지적한 바 있다.[79]* 인간의 도덕을 생물학 원리로 설명하는 일은 쉽지 않다. 황금률은 더 어렵다. 황금률의 출현과 확산은 적자생존 등 진화론 원리와 반대로 가는 듯 보이기 때문이다.

진화론을 제창한 찰스 다윈Charles Darwin, 1809-1882에 따르면, 황금률은 도덕 일반의 기초가 되는 규칙으로서 황금률의 보편성은 진화의 산물이다. 다윈은 인간과 고등 포유류의 정신적 기능에 "근본적인 차이는 없다"고 보았고, 따라서 사람과 고등동물 사이의 마음의 차이는 "정도의 문제이지 종류의 문제가 아니다"라고 주장했다.[80] 인간이 사회적 동물로서 가진 '사회적 본능'이 지성의 능력을 통해 도덕의식 또는 양심을 형성하게 되고, 그것이 이성과 훈련 과정을 거쳐 도덕의 정점인 황금률로 진화하게 된다는 것이다.[81] 지성의 역할은 과거 행동과 그 행동의 동기를 성찰하여 수용하거나 거부하는 일이며, 그것이 발전하여 생긴 양심은 모든 행동의 "최고 판단자요 감시자"다.[82] 다윈은 공리주의의 영향 아래 최대 다수의 최대 행복을 옳고 그름의 기준으로 삼았는데, 진화적 원리가 그런 선을 이룬다고 보았다.[83]** 그렇다면 예를 들어 도움이 필요하지 않은 강자가 황금률을 행동 지침으로 채택해야 할 이유는 무엇일까? 다윈이 볼 때 사람은 생물학적으로 연민적이고 이타적이고 도덕적인 경향을 보이는데 그 이유는 그것이 생존 투쟁에서 유리하다고 판명되었기 때문이라는 것이다.[84]

---

* 이 지적은 진화 윤리학뿐 아니라 윤리학 전반의 과제로서 다양한 해법이 제시되었다.

** 다윈은 밀을 "실로 심오한 사상가"로 부르며 사회적 본능이 생래적이라는 자신의 의견을 조심스레 피력한다. *Descent*, ch. 3, 71. n. 5.

진화 윤리학은 다윈이 제창한 적자생존의 틀을 정치, 사회에 적용하면서 사회진화론Social Darwinism으로 진화했다. 스펜서Herbert Spencer, 1820-1903 같은 학자는 인간 사회도 자연처럼 경쟁과 투쟁이라는 생존 과정을 거쳐 발전한다고 주장했다.[85] 스펜서가 제창한 "적자생존survival of the fittest" 개념은 다윈이 만든 "자연 선택, 즉 생존 투쟁에서 유리한 종의 보존" 원리를 생물학을 넘어 인간 사회 전반에 적용한 것이었다.[86] 그런데 자연 선택과 적자생존이 사회의 기본 원리가 되어야 한다는 그런 관점은 자유방임주의를 옹호할 뿐 아니라 우생학, 인종차별, 제국주의 등 여러 사회악을 낳았다.* 하여 스펜서의 절친이었던 헉슬리Thomas Huxley, 1825-1895나 철학자 제임스William James, 1842-1910 등은 진화론을 생물학 원리로는 수용하면서도 그 원리를 정치, 윤리의 근거로 삼는 것은 잘못이라고 비판했다. 헉슬리는 이를테면 우주적 진화가 인간의 선하고 악한 경향이 어떻게 생겨났는지 설명할 수 있을지 몰라도, 왜 선이 그 자체로 악보다 나은지는 설명하지 못한다고 지적한다.[87]** 제임스는 진화론적 역사관이 "케케묵은 동양의 운명론"에 빠진다고 경고했다.[88] 사회진화론은 20세기 들어 나치 전체주의와의 관련 때문에 외면을 당했고, 이후 생물학과 사회학 등 지식이 늘면서 학문적 기반마저 거의 상실했다.[89] 하지만 언제든 극우 사상이 다시금 등장한다면 사회진화론도 함께 활개를 칠 가능성을 안고 있다.

진화 윤리학은 일반적으로 도덕적 반실재론 또는 도덕적 회의론, 곧

---

* 스펜서는 이를테면 제국주의를 "길을 가로막고 있는 인류의 그런 부분(열등한 종족들)을 제거하는 힘"으로 옹호한다. Spencer, *Social Statics*, part IV, ch. 30, #4, 416을 보라.
** 헉슬리는 스펜서의 사상을 '사회진화론(Social Darwinism)'이라 명명한 사람이다.

객관적 도덕은 존재하지 않거나 알 수 없다는 주장과 흐름을 같이 한다.[*] 진화적 도덕 반실재론자인 조이스Richard Joyce, 1966-는 다윈의 논리를 그대로 채택한다. 인간은 사람들과 어울릴 때 덕, 의무, 정의 같은 개념을 가진 구성원을 더 바람직하다고 생각한다. 따라서 서로 도움을 주고받는 행동이 개체의 적합도를 높였고, 자연 선택은 인간이 타인의 복지에 마음 쓰는 이타적 동기를 갖게 했다는 것이다.[90] 이런 특성이 사람의 뇌에 새겨졌고 문화적 진화를 통해 자연 선택이 공동체에 협조하는 사람을 선호하는 그런 세상을 낳았다고 본다.[91] 하지만 피터 싱어는 그런 진화론 논리가 특정 집단을 벗어나서는 적용되지 않는다고 지적한다. 인간 이성이 실재하는 도덕 진리를 파악할 정도로 진화되었다고 설명하지 않는 한, "내 집단에 속하지 않은 완전한 타자들을 어떻게 똑같이 배려할 수 있는지 진화론적으로 설명하기 어렵다"는 것이다.[92] 피터 싱어는 황금률의 핵심인 보편적 호의universal benevolence 원리는 진화론적 과정의 산물로 설명할 수 없고, 따라서 깊은 이성적 성찰의 결과로 얻은 규범적 진리로 보는 것이 타당하다고 주장한다.[93][**]

영국 철학자 파핏Derek Parfit, 1942-2017은 다른 측면에서 진화 윤리학을 비판한다.[94] 진화론의 자연 선택 원리는 사람이 서로 돕는 것이 유리한 줄 알기에 상호적 이타주의를 채택하게 만들 수 있다. 하지만 황금률은 나를 돕거나 도우리라 기대되는 사람을 돕는 게 아니라 내가 남들에게 바라는 바를 그들에게 실천하는 것이므로, 만약 상호적 이타주의자인

---

[*] 도덕 실재론을 공격하는 대표적인 진화 윤리학자는 스트릿(Sharon Street)으로서 자연과학에 대한 신뢰를 근거로 하여, 자연과학 체계와 실재론 윤리가 조화될 수 없음을 논증하려 한다. Sharon Street, "A Darwinian Dilemma For Realist Theories of Value" in *Philosophical Studies* 127(Spring 2006), 109-166쪽을 보라.
[**] 헉슬리도 황금률은 생존 투쟁과 반대로 간다고 지적한다. Huxley, *Evolution*, 31f를 보라.

내가 나를 속이는 자들을 돕게 되면 난 진화론 관점에서는 바보가 되고 만다. 황금률은 속이는 자들도 도우라 말하므로 소위 봉sucker이 되라는 요구가 되는 셈이다. 그런데 봉이 되는 것은 생존에 훨씬 불리한 조건이므로 자연 선택 이론은 인류가 초기에 왜 황금률을 선택했는지 설명하지 못한다.* 이에 대해 진화생물학자들은 이타적 행위가 사람들 사이에 평판을 좋게 만들어 결국은 유익이 된다는 실험을 제시한다. 남을 돕는 것은 재력이 있다는 표시가 되므로 결혼과 종족 보존에도 유리하다는 실험도 있다.[95]

진화 윤리학의 약점을 보완하려는 시도도 있다. 캐나다의 윤리학자 대거드Paul Thagard, 1950-는 사람과 동물 사이에 양적인 차이밖에 없다는 다윈의 주장과 달리 황금률은 명백한 질적 차이를 보여준다고 지적한다. 십계명 같은 단순한 규정은 그렇지 않지만, 황금률이나 칸트의 정언명령은 재귀적recursive 사고를 바탕으로 하는데, 이런 재귀적 사고는 오직 인간에게만 찾아볼 수 있는 창발적 특성을 갖는다는 것이다.[96]** 창발은 진화론자들도 종종 채택하는 개념이므로 이런 질적 차이는 진화론과 조화될 수 있다고 대거드는 주장한다. 그러면서 재귀적 사고의 출현을 전두엽 피질에서 신경의 수가 늘어 영장류 진화 및 에너지 효율을 동시에 가져온 것으로 추정한다.[97] 또 황금률이 어떻게 많은 전통에서 독립적으로 나타날 수 있었는지 꼭 진화론은 아니라도 적어도 자

---

* 파핏은 문화 진화론도 비판한다. 규범적 신념들이 확산하고 사회 생존에 유리하다고 판단이 되어도 거짓말이 생존에 유리하다는 등의 일반 신념들을 깨뜨리지 못하므로 규범적 신념들이 발달해온 과정도 진화론적으로는 설명되지 않는다는 것이다. Parfit, *On What Matters*, Vol. 2, 537을 보라.

** '창발(創發, Emergence)'은 어떤 복합체가 부분들에는 없던 특성을 보이는 것이다. 이를테면 생명 현상은 물리, 화학의 창발적 특성이다.

연주의 관점에서는 충분히 설명할 수 있다는 주장도 있다.[98] 자연주의 관점에서 볼 때 도덕은 협력을 가능하게 하는 생물학적 사회적 기능을 담당한다. 황금률은 이성적으로 불완전한 존재들이 제한된 자원을 갖고 벌이는 경쟁에서 서로 협조해야 한다는 필요가 낳은 것이다.[99] 그런데 각기 다른 집단에서 인간의 기본 심리를 이해한 도덕 선생들이 똑같은 수사적 또는 교육적 전략을 얼마든지 생각해 낼 수 있었을 것이다. 사람들에게 자신이 남의 처지에 있다고 생각하게 함으로써 공감empathy 능력을 활용하여 정서적 반응을 부를 수 있었으리라는 주장이다.

진화 윤리학 내에서도 인간의 도덕감에 대해 의견이 많이 갈린다. 이를테면 진화생물학자 리처드 도킨스Richard Dawkins, 1941-는 인간이 이기적이고 진정한 관대함이나 박애심이 없다는 점이 동물과 같다고 주장하지만,[100] 드발은 그 견해에 반기를 들고 오히려 동물도 생래적 도덕심을 갖고 있다는 증거를 제시한다.[101] 동물계에서도 서로 돕는 행위가 종족 보존에 유리하다는 것이 많은 실험으로 밝혀진 바 있다.[102] 물론 그 도덕심이 사자 같은 포획자로부터 동료를 보호하는 차원이라면 도킨스의 주장과 크게 다르지 않다. 그리고 그런 주장은 박애심이 자연계 외부에서 왔다는 초자연주의와 공존할 수 있다.[103] 황금률을 비롯한 윤리학 여러 문제와 진화론의 관계에 대해서는 오늘도 논란이 진행되고 있다. 진화 윤리학은 인간의 도덕적 판단을 진화의 원리로 설명하는 것을 넘어, 진화적 폭로 논증evolutionary debunking arguments을 통해 기존의 규범 윤리 이론들의 타당성마저 공격한다.[104] 중요한 것은 이런 다양한 논의 가운데 황금률의 보편성에 대해서는 그 누구도 이의를 제기하지 않는다는 점이다. 물론 인간이 인간 아니던 상태에서 인간으로 진화하는 과정에 황금률을 체득하게 되었는가 하는 문제는 황금률이 오랜 기간 다양한 과정을 통해 발전해 왔다는 사상사적 연구와 전혀 다른 차원으로서 아직은 기본 전제부터 도전을 받는 상황이다.

우리 시대

황금률의 위치는 21세기에도 흔들림이 없다. 기독교 분파 또는 이단 가운데서도 황금률에 남달리 관심을 갖는 그룹이 있다. 정해진 교리 없이 진리를 추구한다는 유니테리언 보편주의Unitarian Universalist 교파도 황금률을 가르친다. 지성적 자유 및 포용적 사랑을 강조하는 이들은 황금률을 상호성 윤리로 규정하고 청소년을 위한 황금률 교육 프로그램도 운영한다. 캐나다의 한 가톨릭 자선단체도 종교 간의 대화, 선교 활동, 사회 구제 활동 등을 황금률을 기본 원리로 하여 진행하고 있다.[105] 할리우드 배우들이 많이 믿어 유명해진 현대종교 사이언톨로지Scientology 역시 창시자의 가르침에 따라 부정문, 긍정문 황금률을 신조 19, 20번으로 채택하고 있다.[106]

종교와 무신론의 중간쯤에 이신론理神論, Deism이 있다. 신을 믿되 인간의 이성을 판단기준으로 삼아 믿는다. 신은 인간에게 종교 아닌 이성을 주셨다는 것이다. 따라서 신이 인간 역사에 개입하는 기적 같은 건 안 믿는다. 계시도 거부하며 조직을 갖춘 교회도 반대한다. 이들은 창조는 믿지만 타락에는 관심이 없다. 그래서 구원의 필요성을 강조하지 않고 대신 현세의 도덕적인 삶에 비중을 둔다. 17세기 중엽 영국에서 시작되어 유럽 전역의 지성인들에게 상당한 영향을 미쳤고, 미국 건국의 아버지라 불리는 이들 가운데도 제퍼슨Thomas Jefferson, 프랭클린

Benjamin Franklin 등 이신론자가 많았다. 소위 '기독교 이신론자들'이다. 그런데 성경의 도덕적 교훈에만 집중하는 이 이신론자들도 황금률을 으뜸 법칙으로 받아들인다. 사람의 이성을 최고 판단기준으로 삼을 때 가장 그럴듯하게 다가오는 법칙이 바로 황금률이라는 말이다. 이들에게 황금률은 "덕스럽고 지혜롭게 살아가는 첫째 규칙"이다.[107] 이 사람들은 자기 종교를 아예 '황금률 종교The Religion of the Golden Rule'라고 부르기도 한다.[108] 기독교 이신론자들이 애용하는 표어 가운데 하나가 바로 "황금률에 따라 살라"는 것이다.[109]

인도주의 기치를 내걸고 이신론과 통하는 신조를 가진 프리메이슨Freemason도 황금률을 첫째 원리로 채택한다. 수백 년 역사와 세계 조직까지 갖춘 이 단체는 수많은 종교와 사상을 아우르면서도 서로를 아끼고 돌보는 형제애에 초점을 둔다. 이들이 보는 황금률은 형제애 또는 두 번째 큰 계명과 같다.[110] 공자도 예수도 황금률 실천이 인간의 참 가치라고 가르쳤다 하면서, 무관심과 불간섭의 시대에 황금률을 통해 어려운 이웃에게 다가가야 한다고 주장한다. "신도 많고 신조도 많고 길도 이리저리 많지만 이 세상에 필요한 것은 오직 하나 친절의 기술이다"라는 것이 이들의 생각이다.[111] 프리메이슨은 세계 각지에 있는 로지Lodge에서 집회를 갖고 숙소로도 활용하는데, 그 집회소 가운데 여러 개가 '황금률 로지'라는 이름을 갖고 있다.

2005년에 영국의 한 텔레비전 방송국이 여론조사를 통해 십계명에 추가할 열한 번째 계명을 모집해 보았다.[112] "네 행동에 책임을 지라", "죽이지 말라", "정직해라" 등 몇 가지가 상위를 차지한 가운데 단연 으뜸 자리를 차지한 건 황금률이었다.

"Treat others as you would be treated대우받고자 하는 대로 대우하라."

황금률이 지금도 인간의 마음에 가장 보편적 윤리로 인정된다는 뜻이다. 우리 시대 무신론을 대변하는 도킨스도 유신론 종교를 비판하는 책에서 역시 무신론자인 애덤 리Adam Lee가 만든 신십계명New Ten Commandments을 소개하는데, 그 첫 항목이 부정문 황금률이다.

"Do not do to others what you would not want them to do to you네가 남들이 네게 하기 바라지 않는 것을 남에게 하지 마라."113

도킨스는 열 가지 새 계명을 다 쓴 다음 "평범하고 건전한 사람이라면 누구나 생각해 낼 수 있는 목록"이라고 덧붙이고 있다.114 신십계명을 만든 애덤 리는 황금률을 "공감의 원리"로 소개하면서 "가장 위대하고, 가장 단순하고, 가장 중요한 도덕 공리"로 치켜세운다.115 하버드 대학교의 무신론 담당사제인 엡스타인Greg Epstein은 모든 종교가 황금률을 가르치지만, 황금률은 신의 존재를 필요로 하지 않는 인문주의 원칙이라 주장한다.116* 영국의 인문주의 단체도 부정문, 긍정문 황금률 실천을 주요 과제로 가르치고 훈련한다.117 여성운동가인 매클라클런Maria MacLachlan도 황금률이 "우리와 아주 다른 사람들"의 감정과 경험에 공감하는 보편적 원칙이라 하면서 인문주의자들의 근본적 행동 기준으로 제시한다.118

---

* 하버드 대학교 담당사제실은 세계 각 종교를 망라하는데 인문주의(무신론과 회의론 포함)도 종교의 하나로 포함하고 있다.

빌 게이츠의 연설 덕분에 유명해진 공식이 있다. "인생은 불공평하다. 적응해라" 하는 것이다. "Life is not fair. Get used to it." 이것이 찰스 사익스Charles Sykes가 만든 "학생들에게 주는 교훈Rules for Students" 가운데 첫째다.[119]* 왜 이것이 첫째가 되었을까? 청소년기에 하루에도 몇 번씩 외치는 말이 "그건 불공평해That's not fair"라는 불평인 까닭이다.[120] 여기서 말하는 불공평이 바로 황금률 사고, 곧 처지 바꾸기를 근거로 하는 표현이다. "내 꺼!"의 자연스러운 연장이다. 그런 사고가 없다면 불공평이라는 말도 뜻을 갖지 못할 것이다. 청소년들이 보는 세상은 동서양을 막론하고 황금률이 잘 구현되지 않는 세상인 모양인데, 그런 보편적 불만을 가능하게 하는 것이 바로 황금률 사고의 보편성이다.

의학계에서는 의학 연구의 기준으로 황금률을 제시하고 있다. 히포크라테스 선서가 오랜 세월 윤리 기준이 되었고, 의료의 비중이 커지고 의학이 복잡해지면서 다양한 기준들이 추가로 등장하게 되었다. 그런데 상황의 복잡성으로 인해 모든 경우에 적용할 수 있는 원리는 없다고 진단한 다음, 모든 상황에서 보편적으로 적용해야 할 기본 원칙으로 황금률을 사랑과 인류 존중에 근거한 규칙으로 제시한다. "지혜의 길을 따르고, 너 자신에게 하고자 하듯 남들에게도 하며, 과학과 사랑과 연민의 목소리에 귀를 기울이라."[121]** 미국의 한 사설요양원Nursing Home 실험에서는 황금률이 환자 돌봄의 훌륭한 원칙이 되었다는 보고도 있다.

---

* 이 목록은 1990년대부터 여러 신문, 잡지에 등장한 뒤 2007년 책으로 출간되었다(Sykes, *50 Rules*, xi.). 마이크로소프트 창업자인 빌 게이츠가 2000년에 캘리포니아의 마운트 휘트니 고등학교 졸업식 연설에서 인용한 이후 전 세계에 알려졌다.

** "Follow the way of wisdom, and do unto others as you would do unto yourselves, heeding the voice of science, love and compassion."

요양원 간호사들과 직원들이 황금률을 늘 첫째 원칙으로 삼고 수용자들을 돌보았을 때 수용자들의 존엄성이 향상되고 비인격적 대우도 현저히 줄어들었음이 확인되었다.[122]

윤리학자 애들러Felix Adler, 1851-1933는 황금률은 이기주의자, 보편주의자, 진화론자, 칸트 추종자, 쇼펜하우어 추종자 등 모두가 동의하는 "실질적인 만장일치"의 규칙이라 했다.[123] 맞는 말이다. 모든 종교가 황금률을 가르친다. 종교를 반신반의하는 사람도, 심지어 무신론자들도 황금률의 가치를 인정한다. 서로에게 도움을 주고 사회적으로도 유익하다는 것이다.[124] 동서고금의 모든 문화가 상대를 이해하고 처지를 바꿔보는 태도를 가르친다. 결론은 간단명료하다. 황금률은 모든 사람의 원리다. 말 그대로 사람에게 "가장 친근한 윤리규정"이다.[125] 사람 있는 곳에는 황금률 태도가 있고, 그런 태도를 정련한 황금률 공식도 발견된다. 세계 어디를 가도 황금률이 있더라 하는 것은 어느 민족 어느 문화에 가도 언어가 있더라 하는 것과 별반 다르지 않다. 황금률을 안다는 것은 그냥 사람, 곧 이성을 가진 합리적 존재라는 뜻이다.

2

황금률이 아닌 것

황금률은 소중하다. 그런데 사랑만큼 오해도 많이 받는다. 따라서 황금률을 제대로 알자면 자체 역학을 분석하는 동시에 숱한 오해도 바로잡아야 한다. 언뜻 보면 참 간단해 보이지만 사실 생각보다 복잡한 게 황금률이다. 이론도 그렇지만 실천은 더 혼란스럽다. 나와 남의 존재를 동등하게 여기고 처지를 바꾸는 과정에서 개인의 형편과 마음가짐 그리고 주변의 상황 등 고려해야 할 요소가 너무나 많고, 그 가운데 하나만 빠져도 황금률은 금방 빛을 잃을 수 있기 때문이다. 그래서 이런저런 오해에 근거해 황금률의 가치를 부인하는 사람도 많다. 따라서 황금률의 번쩍이는 빛을 제대로 보기 위해서는 이런 편견의 얼룩을 제거하는 일이 필수다. 황금률이 무엇인지 바로 알기 위해서는 무엇이 황금률이 아닌지도 함께 살펴야 한다는 말이다. 황금률이 아닌 것들, 다시 말해 황금률에 대한 오해들을 파악해 하나씩 바로잡는 과정에서 황금률의 본질을 더 정확하게 파악할 수 있다.

내 뜻 구현이
아님

첫째로, 황금률은 내 욕망을 구현하는 원리가 아니다. '내가 바라는 것'에서 출발하지만 그걸 그대로 실행하겠다는 것은 아니다. 내가 바라는 것은 그대로 이루라고 있는 것이 아니라 다른 사람을 대할 때 판단 근거로 삼으라고 있는 것이다. 바라는 그대로 할 거라면 황금률은 애초에 필요가 없다. 자신의 욕망은 일종의 "기준점"으로서 황금률의 내적 역학을 통해 "이내 극복된다."[126] 황금률은 오히려 "자기 이익"에 빠지지 않게 막아주는 장치다.[127] 내가 좋아하는 것이든 싫어하는 것이든 주관적 판단의 단계에 머물러 있을 때만 황금률이 뜻을 갖는다. 상상과 관념의 영역에 제한되어야 하고 오직 기준으로만 사용해야 한다. 내가 좋아하거나 싫어하는 것 또는 내가 다른 사람에게 기대하는 것을 아무런 여과 없이 그대로 실현하려 하는 순간 황금률은 무너져 내린다.

내가 바라는 그 마음이 다른 사람을 향한 마음으로 방향을 바꾼 다음에는 그 마음을 그대로 구현하고자 애쓰게 된다. 황금률이 중속하고자 하는 내 욕망은 "우리를 하나로 엮는 어떤 것을 통해 관찰되고 조정된 것"으로서 그 공통의 것이 상대를 향한 내 행동을 정하고, 정화된 내 욕망을 그에게 투사한다.[128] 이 조정은 내 욕망을 합리적인 것으로 만드는 과정이다. 조로아스터교나 이슬람교의 경우 마음에 초점을 두기 때문에 이 점이 더욱 두드러진다. 내가 나를 위해 사랑하는 그것을 이웃을 위해 사랑하는 단계까지 간다면, 첫 마음은 기준 역할을 하고, 둘째 마음은 실현의 구체적 내용이 되는 셈이다. 이 과정은 내 주관과 상대방의 주관을 넘어 모두에게 공통된 것, 즉 같은 상황 같은 처지에 있는 사람이라면, 누구나 선택해야 할 가장 좋고 올바른 것을 찾는 과정이다. 그 결론은 당연히 가장 많은 사람에게 가장 큰 유익을 주는 것이어야 한다.

이 과정에서 중요한 것이 바로 '일관성—貫性, consistency 원칙'[129]이다. 초점이 나에서 남으로 바뀌어도 처음 나를 중심으로 하던 생각이 상대에게 끝까지 그대로 적용되어야 한다. 황금률이 황금률로서 타당성을 갖기 위한 첫째 조건이다. 클러크는 이것을 "동등성 규칙"이라 부르는데, 남이 나에게 해서 "합리적"인 행동은 내가 남에게 할 때도 "합리적" 행동이 된다.[130] 이 점을 헤어가 잘 설명한다.[131] 황금률은 간단히 말해 내가 남에게 기대하는 바를 그 사람에게 해 주는 것이다. 그런데 내 기대가 단순한 기분이나 욕망이어서는 안 되고, 남이 나에게 어떻게 해 주어야 '마땅한가should' 하는 것, 곧 윤리적 보편성을 가진 판단이 기준이 되어야 한다.* 내가 그냥 바라는 것과 내가 마땅히 해야 하는 것은 당연히 다르다. 칸트의 정언명령과 통하는 부분으로서, 당연히 합리적이고 좋은 것을 찾아야 한다. 따라서 내가 남에게 갖는 기대가 내 행동의 기준이 되려면 내가 남에게 갖는 기대부터, 다시 말해 방향을 바꾸기 전부터 모두에게 적용할 보편성을 가진 것이어야 한다.

황금률을 이기주의로 폄훼하는 이들은 황금률의 이 뒤집기 역학에

---

* 헤어는 영어 〈킹 제임스〉 번역 황금률이 뒤의 'Should'와 맞추려고 앞부분을 'Would'로 바꾸었는데, 그런 고풍스러운 번역을 다른 번역이 마치 가정법인 양 'Would like'로 바꾸는 바람에 황금률이 그저 기분에서 출발하는 규칙인 것처럼 오해를 받게 되었다고 지적한다[R. M. Hare, *Moral Thinking* (Oxford: Clarendon, 1981), 96. "Euthanasia", 44.]. 영어 황금률 공식도 대부분 'Would'를 사용해 이 보편화 역학을 제대로 드러내지 못하고 있다.

주의하지 않는다. 이들은 황금률 자체를 거부하거나, 아니면 '합리적' 또는 '옳은' 등의 개념을 보완해야 한다고 주장한다. 하지만 그런 보완 이전에 황금률 역학 내에 이미 합리적이고 옳은 것을 추구하는 과정이 담겨 있다. 이 과정에서 보편화 작업이 일어나고, 황금률은 모두에게 타당한 보편적 윤리로서 근거를 갖는다. 물론 그 과정이 모두에게 의식적으로 구현되는 것은 아니겠지만, 황금률 원리는 그런 요소들을 다 품는다. 도덕 신념을 갖는다는 것은 지금의 경우와 또 비슷한 모든 경우에 특정한 행동을 해야 한다고 바라는 것이다. 내가 상대에게 기대하는 합리적이고 좋은 태도는 나의 유익과 상대방의 유익을 오가는 끝없는 소통 가운데 확보할 수 있다. 물론 쉬운 일은 아니다. 내가 상대에게 갖던 기대가 내가 상대를 향할 때도 변하지 않아야 하는데, 이론적으로도 어렵지만 현장에서는 더더욱 어렵다.

이 점에서 황금률은 '계몽된 자기 이익Enlightened self-interest'에 비길 수 있다. 계몽된 자기 이익은 다른 사람이나 공동체의 이익을 증진하는 사람은 결국 자기 이익을 증진하게 된다는 신념이다. 경험으로 터득했든 이론으로 배웠든 입증은 쉽지 않으나 수긍은 가는 지혜다. 자기 이익을 증진하되 그것을 직접 실행하기보다 남과의 관계, 특히 공동체 전체의 유익을 고려하여 행하는 것이므로 내 욕망을 방향 뒤집기를 통해 제어해 보편성을 추구하는 황금률과 닮았다. 때로는 자기 이익을 증진하기 위해 그것과 반대되는 행동을 할 수도 있다. 이 계몽된 자기 이익을 뒤집으면 탐욕, 곧 무지몽매한 자기 이익이다. 만약 황금률이 일관성을 잃는다면 그런 근시안적 이기주의로 전락할 것이다. 그런 혼란 속에서는 자기 이익을 극대화하는 극소수도 있겠지만 대다수는 손실을 맛보게 된다. 반대로 모두가 황금률을 지킨다면 공리주의가 원하는 최대 다수의 최대 행복이 확보되어 아리스토텔레스가 꿈꾼 이상적 공동체가 구현될 것이다. 특정 사회 내부에서도 그렇겠지만 전체 인류를 고려해도 마찬가지다. 차이는 무엇인가? 계몽된 자기 이익은 결과론이므로 동기가 중요한 황금률과 다르다. 또 황금률은 이익 아닌 선이 목표이므로 설령 손해가 예상되더라도 지켜야 하는 규칙이다. 또 직접적 이익과 상관없이 공동체 바깥에서도 지켜야 하는 규칙이다.

인간은 근본적으로 이기주의자다. 원죄의 결과든 적자생존으로 살아남았기 때문이든 모든 일에 자신의 유익을 앞세우게 마련이다. 홉스도 자기 보호가 첫째 자연법칙이라 하지 않았던가. 심지어 사회생활 중 남을 도울 때도 결국 가장 깊은 곳에는 자기 이익이라는 동기가 있다는 것이다. 그런 사람이 황금률을 지킬 가능성은 어디서 찾을 수 있는가? 적어도 계몽된 자기 이익이 이 점에서 약간의 설명을 준다. 인간의 합리적 사고가 하나님의 일반 은혜로 작용할 수 있다는 것이다. 사람 마음에 있는 도덕심 또는 양심이 참 동기가 되고, 처지를 바꾸면서 느끼는 남을 향한 연민이 황금률 실천의 동력이 될 수 있다. 인간이 공유한 존재론적 기초가 그런 능력을 준다. 그렇기에 황금률은 단순한 정의 확보의 차원을 넘어 평화로운 공존까지 추구하는 성숙한 원리가 된다. 등가보복이 이기주의egoism의 전형이라면, 황금률은 이타주의altruism와 통한다.[132] 이 고귀한 이념의 실현 가능성은 물론 다른 문제다.

동기가 중요함을 생각할 때 황금률은 '받기 위해 주는do ut des' 원칙과 엄격하게 구분된다.[133] 황금률에서는 내가 남들이 나에게 해 주었으면 하고 기대하는 바가 있지만, 그것은 내 행동의 원칙일 뿐 남에게 갚는 기대 자체가 내 행동의 동기나 목적은 아니다. 황금률 역학에 담긴 쌍방통행은 내가 합리적 행동을 실천하기 위해 수행하는 관념적 활동이다. 정신적, 논리적 통행일 뿐 실제 행동의 방향은 아니다. 황금률은 상대가 먼저 해 주었기에 나도 하는 게 아니듯, 내가 했으니 너도 해야 한다 할 필요도 없다. 받기 위해 주는 것은 사실상 '주고 받는Give and Take' 태도로서 친구는 사랑하고 원수는 미워하는 고대 사회의 등가보복 원리와 다르지 않다.[134] 처지 바꾸기를 자기 이익을 위해 사용했던 소피스트들의 논리가 황금률이 될 수 없는 이유가 여기 있다.[135] 사람이 "손익"만을 기초로 서로를 대할 때 삶은 비참해진다. 일상의 경제, 사회생활부터 "너그러운 상호성" 원리를 바탕에 두어야 한다.[136] 받기 위해 주는 것은 인간 이기심의 원색적 구현이다. 자기 발전을 강조한 범신론자 에머슨도 "된 대로 행하고, 행하는 대로 우리에게 행해질 것이다. 우리는 우리 운명의 건설자다"라고 받기 위해 주는 원리를 황금률인 양 가르쳤다.[137] 황금률은 이웃에게 기대하는 바를 내 행동의 기준으로 삼고, 내가 그것을 이웃에게 주는 것으로 끝난다. 남이야 어떻게 하든 적어도 합리적 사고를 하는 나에게는 황금률이 언제나 올바른 원리로 남아 있다.

황금률이 등가보복 원리와 가깝다고 보는 프랑스의 철학자 리쾨르Paul Ricoeur, 1913-2005는 황금률을 남이 주게 하려고 내가 먼저 주는 규칙이라 본다. 보상을 받으려고 내가 먼저 행동하는 원리라는 것이다.[138]* 고대의 여러 종교나 1세기 유대교는 내가 친절을 베풀면 남들도 내게 친절을 베풀 것이라는 교훈을 황금률과 함께 가르쳤다.[139] 하지만 남에게

---

* 리쾨르는 그리스도 황금률의 독특성을 인정하지 않기 때문에 이 규정이 사랑의 계명과 조화를 이루어야 한다고 주장한다. 이 책 445쪽을 보라.

받을 것을 기대하고 하는 행동은 그 자체로 선한 행동이 될 수 없으며, 의무론 윤리Deontological Ethics인 황금률에 맞지도 않다. 계몽된 자기 이익에도 못 미친다. 받기 위해서 준다는 태도도 물론 황금률 원리와 결합하면 격은 약간 올라간다. 남이 나에게 해서 마땅한 것을 바라는 마음으로 나도 남에게 그것을 하는 것이 마땅하므로, 단순히 어떤 물건이나 태도를 주고받는 차원과는 다르다. 하지만 내가 한 또는 할 그것을 상대에게 기대하는 것은 황금률의 본뜻을 왜곡하는 전도轉倒, inversion가 되고 만다.

물론 삶의 현실에서는 보상에 대한 기대 없이 황금률이 존재하기 어렵다. 사람이 다 성인군자는 아닌 까닭이다. 하지만 황금률 실천을 위한 최소 근거는 다른 사람들도 나처럼 황금률의 타당성을 인정할 것이라는 기대감이지 내가 준 그것을 나에게 돌려줄 것이라는 기대는 아니다. 그렇기에 계몽된 자기 이익이 원시적 등가보복보다 낫고, 황금률은 거기서 더 나아간다. 공동체 내의 모든 사람이 그 점을 공유할 때 황금률이 중국이나 그리스처럼 공동체 유지의 원리가 될 수 있다. 이런 기대감이 공동체의 합의를 얻으면 관습이나 법이 된다. 고대의 여러 종교는 개별 행동에 대한 보상을 기대하기도 한다. 유대교나 이슬람에는 내가 실천한 것을 신이 갚아 주신다는 약속이 있다. 인도의 경우 보상에 대한 약속이 사실상 황금률 실천의 유일한 근거다.[140] 황금률이 개인 구원이라는 실리 추구의 방편이 되는 셈이다. 그것이 황금률 실천의 현실적인 동기는 될 수 있을 것이다. 하지만 그것은 황금률 자체의 본질적 요소는 아니다. 그것이 본질처럼 인식될 때 황금률의 참뜻은 훼손된다. 다만 이 규칙이 실제 삶에서 실천되고 효력을 나타내기 위해서는 개인적 보상, 사회적 합의, 내세의 약속 등 부가적 요소가 함께 작용한다는 점 역시 부인하기 어렵다.

내 뜻 강요도
아님

둘째로, 황금률은 내가 바라는 바를 다른 사람에게 그대로 적용하는 것도 아니다. 황금률은 내 욕망을 내가 그대로 구현하는 원리도 아니지만, 그것을 남에게 그대로 뒤집어씌우는 원리도 아니다. 황금률에 대한 가장 흔한 오해가 바로 이것이다. 풍자로 유명한 아일랜드의 극작가 버나드 쇼George Bernard Shaw, 1856-1950가 이런 기발한 말을 남겼다.

"내가 남들이 나에게 해 주기 바라는 그대로 그 사람들에게 하지 마라. 취향이 같지 않을 수 있으니까."[141]*

황금률을 조롱하는 표현이다. 황금률을 깎아내리기 좋아하는 사람들은 쇼의 이 문구를 즐겨 인용한다. 내가 바라는 바는 나 자신에게 구현되어도 안 되지만 상대방에게 그대로 구현되어도 안 된다는 이야기다. 아이소포스의 우화 『여우와 두루미』가 이 문제를 지적한 것 아닌가?[142] 여우가 두루미를 초대해서 수프를 접시에 대접해 못 먹게 만들자, 두루미도 여우를 초대해서 음식을 좁은 병에 대접해 못 먹게 했다

---

* "Do not do unto others as you would that they should do unto you. Their tastes may not be the same." 우리말 번역에 주어 '내가'를 포함시킨 이유에 대해서는 이 책 355-356쪽을 참고하라.

는 이야기다. 상황과 처지가 똑같다 하더라도 바라는 것은 다를 수 있다. 개인의 취향이 최고의 권위를 갖는 포스트모던 시대에 더욱 공감되는 조롱이다. 사람은 저마다 특성과 취향이 있으므로 내가 바라는 바를 다른 사람에게 그대로 적용한다면 그건 당연히 폭력이 될 것이다.[143] 내가 느낀 성적 충동을 상대에게 그대로 강요한다면 그건 심각한 범죄다.

황금률이 윤리 기준으로 성립하기 위한 기본 조건의 하나는 인간 본성이 단일하다uniform는 전제다.[144] 말인즉 옳은데, 거기서 오해가 생겨난다. 황금률이 요구하는 단일성은 인간으로서 갖는 기본적인 공통성이지 다양성을 짓밟는 획일성이 아니다. 노자, 맹자가 말한 유대감이요, 『시라크』가 말한 품성이다. 물론 황금률은 의도를 중시하는 의무론 윤리이므로, 자신이 선하다고 생각하는 것에 집중하다가 결과를 등한히 할 수 있다. 황금률만을 도덕적 기준으로 삼는 사람들은 이를테면 억압에 눌린 사람들을 도울 때도 나의 친절이 초래하는 의도치 않은 손상을 고려하지 않는 경향을 보인다고 한다.[145] 현장에서 충분히 일어날 수 있는 일이다. 의도가 좋다고 다 좋은 건 아니며, 상대에 대한 세심한 배려가 필요하다.

그래서 영국의 공리주의 철학자 시즈윅Henry Sidgwick, 1838-1900도 이 점을 보강하기 위해 황금률 공식을 이렇게 고치자고 제안한다.

"단지 두 사람이 서로 다른 사람이라는 근거만으로, 또 둘의 성품이나 상황에 다른 대우를 할 합리적 근거로 기술할 차이가 없다면, 갑이 을을 대하는 것이 잘못인 그런 방식으로 을이 갑을 대하는 것은 옳을 수 없다."[146]

상대에 대한 배려를 강조하다 보니 황금률이 복잡해졌다. 하지만 이런 시도는 황금률이 내 욕망을 남에게 강요하는 폭력적 원리라고 시인하는 꼴이다. 쇼의 문장 못지않은 심각한 오해다. 나는 일단 뭐든지 내 뜻대로 하고 싶다. 황금률의 출발점이다. 그런데 내가 바라는 것을 남에게 한다는 것은 내 취향, 특성, 상황 등을 그 사람에게 그대로 뒤집어 씌운다는 말이 아니다. 내가 내 취향, 특성, 조건을 다 고려하는 것처럼 그 사람의 취향, 특성, 조건도 그대로 고려해야 한다.[147] 따라서 황금률은 "필요나 취향이 똑같은 사람이 세상에 아무도 없다 해도" 보편 도덕의 핵심을 구현한다.[148] 같은 상황이라는 점도 전제해야 하지만, 황금률의 방향 바꾸기는 기본적으로 상대에 대한 존중과 배려에 바탕을 두는 까닭이다. 시즈윅이 염려한 바는 황금률의 역학에 이미 포함되어 있다.

집에 손님을 초대해 놓고 내가 고전음악을 좋아한다고 그냥 고전음악을 틀어주는 건 황금률이 아니다. 좋은 음악이 있으면 좋겠다 판단될 때 상대의 취향을 물어 거기 맞는 음악을 들려주는 게 황금률이다. 아니, 음악을 좋아하는지 그것부터 물어야 할 것이다. 주인인 내가 손님 자리에서 손님을 이해함으로써 최대한 바르게 행동하려는 것이 황금률이다. 내 주관적인 생각이나 취향이 아무리 좋아도 그걸 상대에게 그대로 적용하는 것은 황금률이 아니다. 헤어도 똑같이 강조한다. 황금률이 상대에 대한 기대와 더불어 그려보는 상황 속의 '나'는 좋아하고 싫어하는 점을 명확하게 가진 그런 대상이 된다.[149] 상대의 취향이나 이익에 무관한 미학적 논증과 달리 도덕적 논증에서는 언제나 상대의 관심과 태도에 대한 존중이 포함된다.[150] 말하자면, "내가, 그의 모든 속성을 갖고, 그의 자리에서, 어떻게 대우받기 바라는가?"하고 묻는 태도다.[151] 그

렇게 상대를 존중하는 일은 상대의 뜻에 "새로운 차원"을 제공하는 일이다.[152]

무거운 물건을 나르느라 끙끙대는 사람을 보고 도와주려 했는데 그 사람이 싫어할 수도 있다. 내가 어려울 때 도움이 그리웠다고 남들도 무조건 같은 마음일 거라 생각하는 것은 황금률이 아니다. 도움을 받는 게 내가 바랐던 바라면 다른 사람이 바라는 바는 어떨지, 나와 같을지 아니면 나와 반대일지 먼저 살피는 것이 황금률이다. 그렇기에 장애인을 도울 때도 반드시 먼저 물어야 한다. 내가 싫어하는 것도 마찬가지다. 나는 남이 나를 동정하는 게 싫을 수 있지만, 그렇다고 해서 고통 가운데 있는 사람을 외면한 채 황금률을 잘 지켰노라고 착각해서는 안 된다. 내가 바라는 바를 다른 사람에게 하되 그 사람의 모든 면을 철저하게 고려하는 깊은 마음이 황금률을 실천하는 사람의 바른 태도다.*그것이 바로 현실의 나와 가상의 남 사이의 소통을 통해 확보하는 보편성이다.

황금률에 담긴 깊은 배려를 깨닫지 못한 사람들은 황금률을 내 것을 남에게 일방적으로 강요하는 윤리라며 거부한다. 복잡한 과학을 대중에게 쉽게 소개한 칼 세이건Carl Sagan, 1934-1996도 황금률을 이 관점에서 비판한다.[153] 사람의 다양성을 무시하는 폭력적 원리라는 것이다. 이런 오해는 특히 그리스도께서 가르치신 긍정문 황금률에 집중되는 경향이 있다. 이를테면 동양 철학자 김용옥金容沃, 1948-은 텔레비전『중용』강좌에서 버나드 쇼와 같은 이유를 들면서 중국의 부정문 황금률이 기독

---

* "나에게 옳은 것은⋯ 그 누구에게도 옳은 것". Sidgwick, *Methods*, 209를 보라.

교의 긍정문 황금률보다 더 낫다는 주장을 편다.** 중국의 황금률은 남에게 최대한 폐를 끼치지 않으려 하는데, 그리스도의 긍정문 황금률은 자신의 것을 남에게 강요하여 결국 폭력을 낳는다는 것이다. 그러면서 미국의 제국주의 정책을 그런 황금률의 한 사례로 언급한다.* 황금률이 그렇게 내 것을 남에게 강요하는 원리라면 당연히 그런 행동을 방지하는 부정문 황금률이 훨씬 우월할 것이다. 그렇지만 황금률에서 내 것을 남에게 적용할 때는 언제나 상대에 대한 깊은 배려와 존중이 바탕에 깔려야 하며, 그 원칙은 긍정문이든 부정문이든 상관없이 모든 황금률에 적용된다. 물론 삶의 현장에서 황금률을 원칙에 맞게 올바로 적용하는 일은 결코 쉬운 일이 아니다. 그 점에서 반성해야 할 사람도 많다. 그렇지만 실천이 어렵다고 해서 이론을 비틀어 비판하는 것은 옳지 않다.

황금률은 공존을 위한 지혜다. 내가 상대를 존중하지 않고 악을 행한다면, 다시 말해 내 생각, 내 신념을 강요한다면, 그것은 너와 나 사이를 끊는 일이다. 사람은 함께일 때 사람이므로, 그런 단절은 결국 나의 존재에도 악영향을 미친다. 이런 점에서 남에게 행하는 폭력은 결국 자신을 향한 폭력이 된다.[154] 계몽된 자기 이익도 그 정도는 안다. 황금률은 당연히 그것을 넘어서는 윤리다.

<hr>

** 2011년 EBS에서 주관한 김용옥 〈중용 인간의 맛〉 25번 "언(言)과 행(行)". 김용옥은 공자의 부정문 황금률이 인, 애인, 충서 등 긍정적이고 적극적인 이론 및 실천을 담고 있다는 점은 말하지 않는다.

* 이 점에서 기독교인들의 통렬한 반성이 필요하다. 사회가 바라볼 때 오늘의 교회는 자신들의 신앙을 남에게 무례하게 강요하는 집단으로 인식될 가능성이 충분히 있다. 기독교가 포스트모던 사상가들이 비판하는 거대담론에 포함되느냐 하는 문제도 이와 관련이 있다. 지난날 서구 기독교가 서구 제국주의에 동조하고 때로 주도하기까지 한 일에 대해서도 충분한 반성이 필요하다.

남 뜻 구현도

아님

셋째로, 황금률은 남이 바라는 것을 그대로 그 사람에게 해 주는 것도 아니다. 물론 공감이 필수요, 남의 마음을 헤아리려 애써야 한다. 또 남이 바라는 바를 당연히 존중해야 한다. 하지만 내가 바라는 바와 균형을 맞추고 보편적 결론을 추구해야지, 상대의 희망이라고 무조건 그대로 들어주는 것은 상대의 욕심을 무한정 충족시키는 잘못된 규칙이다.

황금률의 처지 바꾸기를 이처럼 상대방의 생각을 우선해야 한다는 뜻으로 오해한 사람이 역사에는 많다. 독일 철학자 라이프니츠Gottfried Wilhelm Leibniz, 1646-1716가 대표적이다. 존 로크의 『인간오성론』에 대한 비판서로 집필한 『신 인간오성론Nouveaux Essais sur l'entendement humain』1704에서 라이프니츠는 황금률을 격찬한 로크를 비판하면서 황금률이 가진 문제점을 지적하였다. [155]* 사람은 누구나 더 갖기를 원하기 때문에 더 갖고 싶은 내 욕심을 황금률에 따라 상대방에게 적용한다면 황금률은 상대방이 더 갖도록 허용하는 불공정한 규칙이 된다는 것이다. 따라서 라이프니츠는 황금률이 규칙으로서 가치를 지니려면 내 욕망이 합당하고 옳은 욕망이어야 한다는 전제가 반드시 있어야 한다고 말했다. [156] 라이프니츠는 황금률의 중요성을 매우 강조한 사람이지만, 황금률을 상대의 뜻을 앞세우는 '양보의 원리'로 오해했다. 방향을 뒤집는 소통으로 욕심 문제가 제어된다는 점을 고려하지 않고 욕심의 주체만 바뀔 뿐 욕

---

* 라이프니츠는 1704년 원고를 완성한 직후 로크가 죽자 고인에 대한 예의 차원에서 출판을 포기했다. 책은 60년이 지난 1765년에 출간됐다.

심은 그대로 있다라고 오해를 한 셈이다.

　라이프니츠의 오해는 역사가 깊다. 얼마 뒤에는 칸트가 동조했고,* 헉슬리도 이어받았으며,[157] 파핏, 그워스Alan Gewirth, 모어싱크Johannes Morsink, 시즈윅Henry Sidgwick, 로티Richard Rorty 등 현대의 여러 철학자도 황금률이 상대의 부당한 요구를 막을 방법이 없다고 지적하면서 "합리적" 황금률로 고칠 것을 주문하고 있다.[158] 폴 바이스Paul Weiss, 1901-2002는 이 문제점을 이렇게 한 문장으로 요약한다.

"그것황금률이 정당화하지 못할 악은 없다. 가해자가 자신이 희생자일 경우에도 그것을 기꺼이 수용하기만 한다면."[159]

　황금률은 주체의 주관적 욕망에서 출발하는 원리이므로, 주체가 남들이 자기에게 해도 좋다고 판단하는 것이라면 그 어떤 부도덕한 행위도 옳게 만들 수 있다는 주장이다. 상대의 요구가 우선 될 때 이 주장은 논박하기 어렵다. 그런데 이건 사실상 황금률을 가역성reversibility 원리와 동일시하는 오해다.[160] 가역성 원리란 남에게 해를 끼치는 일은 실인, 잔인함, 고문, 속임수, 강간, 간통 등 전부 가역성 조건을 위반하는 것으로서, 주는 사람이든 받는 사람이든 상대에게 수용될 수 있는 행동을 해야 한다는 것이다. 하지만 수용한다는 개념 자체가 주관적인 것으로서 변태적 성욕 등 보편화하기 어려운 것도 있을 수 있는데, 황금률도 이와 같은 문제를 갖고 있다는 것이다.[161] 황금률이 상식과 다른 기

---

* 칸트의 오해에 대해서는 이 책 228쪽을 보라.

괴한 결론을 도출할 수 있다는 비난도 그래서 나왔다. 헤어는 상대에 대한 깊은 배려에도 불구하고 황금률은 마약 중독이나 나치 같은 집단 광기에 사로잡힌 자들의 잘못을 잘못이라 지적하기 어려우므로 한마디로 무기력한 규칙이라고 규정한다.[162]

하지만 마커스 싱어는 이런 오해를 황금률의 전도轉倒, Inversion라 부르며 비판한다. 우선 황금률은 똑같은 기준을 적용하며 상대를 존중하는 원칙이지 상대의 욕망에 무조건 응하는 것이 아니다. 싱어는 그러면서 내가 남에게 '바라는 것what'이 아니라 '바라는 대로as' 하는 규칙임을 강조한다.[163] 물론 황금률을 사용하는 사람들이 모두 '것'과 '대로'를 구분할 정도로 섬세한 것은 아니지만 뜻은 명확하다. 황금률은 내 욕망을 자신이나 남에게 적용하는 것도 아니고, 남의 욕심을 그대로 수용하는 것도 아니다. 황금률은 남을 향한 기대가 자신의 행동을 위한 근거로 사용되므로 애초부터 "남이 나에게 해서 옳은" 행동이 기준이 된다.[164] 여기서 '옳음'은 도덕적 보편성을 뜻한다. 남의 욕심 아닌 그 사람이 해서 '마땅한' 행동이 기준이 되므로 상충하는 여러 욕망 가운데 가장 합리적인 것을 찾게 된다.[165] 이를 위해 "도덕적 성숙함"도 필요할 것이다.[166] 소크라테스가 추구한 것이 바로 그렇게 방향 전환을 통해 모두에게 유익이 되는 것이지 않았는가. 이 점은 라이프니츠나 다른 철학자들이 걱정해 주기 전에 황금률에 이미 담겨 있다.[167]

마약 중독자가 황금률을 상호성 원리로만 사용한다면 가역성 원리와 마찬가지로 마약을 허용하는 규칙이 될 것이다.[168] 하지만 황금률은 나와 상대의 소통을 통해 사회 전체가 수용할 보편적 결론을 추구하므로 그런 결론은 불가능하다. 나치 광신도에게도 같은 원리를 적용할 수 있다. 학교에서 일진들이 황금률을 이용해 자기들끼리 학생들을 얼마든지 괴롭혀도 된다는 결론을 도출한다면, 그것은 황금률 규정이 틀려서가 아니라 적용을 제대로 못 했기 때문이다. 일진들 사이에서는 상호 배려의 원칙을 지켰다 해도 사회의 다른 구성원들, 이를테면 교사, 학부모, 다른 학생들 등을 함께 존중하지 못했으므로, 그런 기괴한 결론은 황금률이 추구하는 보편적 합의에 이른 게 아니라 오히려 황금률을 깨뜨린 경우가 된다.[169]

황금률을 양보의 원리로 오해한 보기는 무수히 많다. 허먼 멜빌 Herman Melville, 1819-1891의 소설 『모비딕*Moby-Dick*』에 보면 선원 이스마엘이 우상숭배 의식을 함께 하자는 친구 퀴퀘그의 무언의 요구를 받고 고민하다가 황금률 논리를 이용해 결국 동참하기로 결론을 내린다.* 예배는 신을 섬기는 것이요, 신을 섬기는 것은 신의 뜻을 행하는 것인데, 신의 뜻은 황금률, 곧 내가 동료에게 바라는 바를 동료에게 하라는 것 아닌가? 난 내 친구가 기독교 예배를 드리기를 바란다. 그렇다면 나도 그 친구의 예배에 기꺼이 참여하여 우상 숭배자가 되어야 한다! 이 경우 나는 네가 원하는 것을 하고 너는 내가 원하는 것을 하여 자리만 서로 바꿀 뿐, 황금률이 의도하는 방향 전환을 통한 조정 작업은 일어나지 않는다.[170] 만약 황금률 역학을 충실하게 따랐다면, 자신의 바른 신앙과 친구의 우상숭배를 위치만 맞바꾸는 오류를 범하지 않았을 것이다. 물론 그렇게 차원을 다르게 본다면 황금률을 어떻게 적용해야 합당한 상호성이나 보편성을 끌어낼 수 있을지 답하기란 쉽지 않다.

---

* 『모비딕』 10장을 보라.

미국에서 노예제도가 아직 시행되고 있을 때의 이야기다.[171] 노예제 폐지 운동을 펼치던 사람들이 황금률에 호소했다. "자유인인 그대가 노예의 처지에서 생각해 보라. 그대가 노예가 된다면 괴롭지 않겠느냐? 해방을 간절히 바라지 않겠느냐?" 이렇게 주장하면서 노예 해방의 당위성을 역설했다. 그런데 노예제도 폐지에 반대하던 한 목사가 폐지론자들이 황금률을 오용하고 있다며 역공을 가했다.[172] 내가 노예가 되었다고 생각해도 노예의 주관적인 감정이나 희망대로 할 것이 아니라 노예의 처지에서도 어떤 게 합리적이고 공평한지 생각해 보아야 한다는 것이다. 공감 능력도 황금률의 중요한 요소이긴 하나 무조건 상대방의 처지를 옹호한다고 곧장 황금률이 되는 건 아니라는 예리한 지적이었다. 똑같은 논리로 노예가 만약 주인의 처지에서 생각한다면 노예제도를 유지해야 한다는 결론이 나올 수도 있을 것이다. 노예제도가 당장 없어지면 경제적인 혼란이나 파산이 뒤따를 것이므로 노예가 볼 때도 자기 욕심보다 사회 전체의 안녕과 유익을 먼저 고려해야 한다는 주장이었다. 성경이 노예제도를 인정한다고 믿던 시절의 이야기이므로 인권 같은 기본적인 요소를 제대로 고려하지 못한 논쟁이지만, 황금률의 복잡한 구조를 지적하면서 황금률 논리의 한계까지 어렴풋이 보여준 그런 보기다.

남에 대한 배려

우리 시대에도 황금률을 양보의 원리로 보는 오해가 널리 퍼져 있다. 그런데 양상은 사뭇 다르다. 오해가 아니라 황금률 자체를 아예 양보의 원리로 바꾸자고 주장한다. 영국 철학자 칼 포퍼Karl Popper,

1902-1994는 황금률보다 양보의 원리가 오히려 더 낫다며 황금률을 고쳐야 한다고 주장한다.

"가능하다면 남들이 바라는 대로 하라."[173]

이를테면 잔인함은 언제나 나쁜 것이므로, 황금률도 그렇게 사람을 대할 때 상대의 뜻을 앞세우는 것이 낫다는 말이다. 베넷Milton J. Bennett은 이 규정에 백금률白金律, The Platinum Rule이라는 이름을 붙였는데,[174] 내 관점을 고집하는 황금률보다 상대방의 "주파수에 맞추는" 백금률이 더 낫다고 하는 사람이 적지 않다.[175] 그렇지만 내 욕심을 상대에게 그대로 뒤집어씌울 수 없듯 상대의 욕심 또한 내가 대신 추구해 준다고 정당화되는 것은 아니다. 그래서 겐슬러는 "가능하다면"이라는 포퍼의 문구를 "가능하고 또 합당하다면"이라는 뜻이라고 푼다.[176] 방향만 바꾼다고 황금률이 되는 게 아니라, 방향을 바꾸면서 균형을 찾고 가능한 모든 요소를 고려하여 어떤 것이 합리적이고 공평한지 여러 각도로 검토하는 것이 황금률이다.

포퍼가 주장하는 백금률은 사실 윤리 규정으로 보편성을 갖기 어렵다. 이 규정대로 한다면 상대의 이기적인 욕심을 내가 충족시켜 주어야 하는 문제가 있다. 사람은 다 쉽게, 편하게 살고 싶어 한다. 그러면서도 많이 갖고 누리기를 바란다. 백금률은 모든 사람의 그런 요구를 들어주지 않을 만한 명분이 없다. 불공정한 일이면서 또 현실적으로 불가능한 일이다. 여기서 불공정함의 문제는 이런 오해의 선구자인 라이프니츠가 이미 지적하고 있다. 게다가 상대방의 요구가 제삼자에게 손해를 끼치는 것이라면 어떻게 되겠는가? 또 백금률은 황금률과 충돌할 수도 있다. 이를테면 선의로 준 선물을 뇌물로 규정하는 문화도 있기 때문이다.[177] 둘 사이의 공정함을 바탕에 둔 백금률은 모두에게 좋은 길을 모색하고자 하는 황금률과 정반대로 가는 일이 되고 말 것이다. 칸트가 언급한 죄인을 벌주지 못하는 판사나 자녀를 훈육하지 못하는 부모가 그런 경우 아닌가.* 그리고 상대방이 어린아이처럼 판단력이 부족한 경우라면 교육하고 타이르고 설득해야지** 상대방이 원하는 대로 하는 일은 극도로 무책임한 일이 되어 윤리적으로 용납될 수 없을 것이다.

그런데 백금률을 다르게 볼 수도 있다. 상대의 요구를 무조건 들어주는 원리라기보다 버나드 쇼가 지적한 부분에 대한 보완 장치로 본다면, 백금률은 황금률의 본디 뜻을 오히려 잘 구현하게 돕는 원리가 될 수도 있다. 황금률을 실천하되 일방적으로 밀어붙이기보다 나와 상대방의 차이를 깊이 인식하고 상대방의 상황을 더 세심하게 고려해야 함을 강조한 것일 수도 있다는 말이다.*** 황금률이 나와 남 사이의 차이에 대해 조정 기능이 있다면, 백금률에도 똑같은 기능이 있다고 보아야 한다.[178] 우리는 황금률을 실천할 때 동질성을 상대에게 투사하는 덫에 걸릴 수 있다.[179] 따라서 백금률을 황금률에 대한 거부가 아닌 황금률의 높은 가치, 곧 상대에 대한 배려를 강조하는 표현으로 볼 수도 있다. 자

---

* 이 책 228쪽을 보라. 겐슬러도 판사와 피고의 관계를 다룰 때 공동체의 유익 문제를 자리 바꾸기에 적용한다. Gensler, *EGR*, 209-210을 보라.

** 이 점에도 황금률 적용의 딜레마가 있다. 상대가 아이인지 누가 정하느냐 하는 문제다. 이런 오만한 태도가 사실 황금률이 필요한 근본 이유가 된다. McIver, "Beauty," 41을 보라.

*** 베넷이 백금률 용어를 만들면서 내내 강조한 점도 이 "차이"였다. 웨이틀리(Whately)도 같은 이유로 백금률을 선호한다.

기보다 남을 앞세운다고 한 공자의 인이 그런 뜻 아닌가? 중국의 장자가 가르친 우주 만물의 상대적 가치와 특성을 고려할 때 백금률은 더욱 가치를 발하게 된다.[180] 황금률을 실천할 때 생길 수 있는 오해나 오용을 막기 위한 적절한 장치가 될 수 있다. 백금률 용어를 만든 베넷도 백금률은 황금률을 대신하는 원리라기보다 보충하는 원리라고 설명했다.[181]

그렇게 본다면 백금률의 뜻이 많이 달라진다. 너와 나 사이에 "매우 다른 취향"이 있음을 일깨우고, 그래서 황금률을 "한 걸음 넘어서는" 규칙이 될 수도 있다.[182] 반증가능성falsifiability을 기준으로 하는 포퍼의 과학철학에 비추어 볼 때 절대불변의 진리란 있을 수 없다. 게다가 윤리학은 애초에 그런 과학이 될 수도 없다. 하지만 살인하지 말라, 잔인한 일을 하지 말라 등 모두가 수용할 수 있는 기준은 있다. 다만 그런 기준도 완벽하지 못하고 현장 적용에 모순이 생기기 때문에 그 모순을 최대한 줄여가는 것이 우리 책임이다. 중세 신학자들이 하나님에 대해 알아갈 때 택했던 길, 곧 하나님이 어떤 분이신지를 알 수 없기 때문에 어떤 분이 아니신지 그것부터 알아보려 했던 부정의 길via negativa과 닮았다. 적용에 모순이 있다고 규준 자체의 가치를 부인해서는 안 된다. 실제로 포퍼는 황금률의 가치를 매우 높게 평가한다. 그래서 그는 당시 유행하던 지적, 도덕적 상대주의를 비판하면서 자신의 탈권위적 인식론과 비판적 합리론을 통해 상대주의를 극복하고자 시도한다.[183] 도덕의 절대기준은 실험과 연구와 대화를 통해 찾아가는 것이지 발견했다 할 수 있는 어떤 것이 아니므로 우리는 사실 탐구를 통해 기준을 향상하도록 애써야 한다고 역설했고, 황금률 역시 그렇게 더 낫게 만들 수 있다고 주장한 것이다.

"그래서 우리는 황금률을 배울 수 있다. 그렇지만 우리가 다른 사람의 태도, 배경지식, 목표, 표준 등등에 대해 오판할 수 있음을 금방 깨닫는다. 그래서 우리는 우리 실수를 통해 더 잘 하는 법을 배워 황금률마저도 넘어설 수 있다."[184]

결국 포퍼는 라이프니츠처럼 황금률을 오해했다기보다 황금률을 실제 현장에 적용할 때 겪는 어려움을 인식하고 그것을 극복하는 실제적인 방법을 제시한 셈이다. 그래서 황금률과 백금률 대신 내 가치관과 상대의 취향과 모든 생명을 아울러 포괄하는 '영률Spiritual Rule'을 채택하자 한 사람도 있다.[185] 오늘날 지구가 좁아지면서 다양한 가치관의 공존으로 문화적 이념적 충돌이 잦아지고 있음을 고려한다면, 포퍼의 방법은 우리 시대에 황금률의 참뜻을 구현할 수 있는 좋은 대안이 될 수도 있다. 저출생 문제로 다문화 사회를 지향해야 하는 한국에서는 이주민을 향한 환대의 한 방법일 수도 있다.

포퍼의 태도는 동시대의 유대인 철학자 레비나스Emmanuel Levinas, 1906-1995의 사상과 통한다. 레비나스는 나를 중심으로 전개되어 온 수천 년 서양 사상사에 반기를 들고 타자의 존재를 자신보다 앞세우는 타자의 철학을 전개한다. 타자는 나에겐 완전히 낯선 존재지만 그가 있어 나 또한 존재하므로 나는 타자에 대해 무한 책임을 져야 한다. 전통 철학이 개인주의요, 이기적이고 그래서 불완전했다면, 레비나스의 철학은 상호주관적 인식론을 바탕으로 온전한 인식을 추구한다. 레비나스는 타자를 지식의 원천이며 우리 신념을 정당화하는 근거로 삼는다. 그리함으로써 전통 철학의 인식적 불의와 불균형을 해소하고자 한다. 타자를 바로 이해함으로써 더욱 포용적인 인식적 상황으로 나아갈 수 있다.[186] 레비나스의 윤리는 이렇게 요약할 수 있다.

> "초월 가운데 나를 압도하는 타자는 낯선 사람, 과부, 고아로서, 난 이들에게 의무가 있다."[187]

레비나스는 상호성 윤리를 넘어 타자를 우선하는 윤리로 나아가야 한다고 주장한다.[188] 그렇다면 내 욕망을 출발점으로 삼는 황금률도 달라져야 한다. 우리가 대접받고자 하는 대로 남을 대접하는 것이 아니라 남을 더 우월하게 대우해야 한다.[189]* 이는 또 다른 코페르니쿠스적 전환이다. 칸트 인식론이 세상과 나의 위치를 바꾸었다면, 레비나스 존재론에서는 너와 내가 자리를 바꾼다. 황금률 역학은 그대로 있다. 너와 내가 소통하며 모두에게 유익한 합리적 결론을 추구하는 것은 같다. 다만 출발점만 내가 바라던 바에서 네가 바라는 바로 바뀐 것이다. 그렇게 할 때 전통적으로 주류에 눌려 소외되어 온 사람들을 더 배려할 수 있다는 장점도 있어,[190] 포스트모던 시대에 더욱 잘 어울리는 원리가 된다.

백금률은 황금률 역학의 한 적용이다. 리쾨르는 행동하는 주체와 그 행동을 받는 객체 사이에는 "힘의 불균형"이 있는데 황금률이 그 불균형을 바로잡을 수 있다고 본다.[191] 역할을 바꾸어 보고,[192] 타자에 대한 존중을 일깨우며,[193] 특히 신약성경의 황금률에 내포된 넘쳐남의 논리[194]가 그런 교정을 가능하게 한다고 주장한다. 그렇다면 황금률이 곧

---

* "We should treat the other in a superior manner."

백금률이다.

문제는 소통이다. 상대의 뜻을 앞세워 보편을 추구한다면 황금률의 취지에 잘 맞다. 하지만 내 바람은 내가 얼마든지 알 수 있지만 상대의 바람은 어떻게 알 수 있는가? 상대에게 묻지도 못할 상황이 적지 않을 터인데 소통 문제가 황금률 자체보다 더 커지지 않는가?[195] 프랑크푸르트학파의 일원으로 비판이론批判理論, Kritische Theorie을 발전시킨 하버마스 Jürgen Habermas, 1929-는 대화를 대안으로 제시한다. 황금률과 백금률에 함께 적용할 수 있는 방법이다. 하버마스는 처지를 바꾸는 상상력을 실행해 보면 다른 사람에 대한 내 생각에 온갖 불일치가 있음을 알게 된다고 지적한다. 따라서 황금률처럼 개인이 바라는 바를 남에게 적용하거나 칸트의 정언명령처럼 보편화시키는 방법보다는 모든 사람이 대화를 통해 인정하는 방법을 찾아야 한다고 주장한다.[196]*

> "자신의 역할에 영향을 받게 될 관련자 전원이 실천적인 대화를 통해 동의할 수 있는 그런 규칙만이 타당성을 주장할 수 있다."[197]

행동의 원칙에 대한 설명이지만 구체적인 행동을 두고도 할 수 있는 주장이다. 하버마스는 이 원리를 "보편화 원리"라 부르는데 결국은 "합의"의 원리다.[198] 어떤 행동이든 수많은 사람에게 영향을 미치게 될 터인데, 그렇게 관련된 사람 전부가 좋다고 동의해 줄 그런 행동만 해야 한다. 라이프니츠가 상상력을 동원해 시도했던 소통을 하버마스는

---

* 하버마스는 황금률과 칸트의 정언명령을 다 거부한다. Morsink, *Inherent*, 256을 보라.

직접적인 대화를 통해 하고자 한다. 황금률을 현장에서 바로 적용하기 위해 이런 대화 이상의 방법은 없다. 이런 대화와 합의의 가능성은 인류가 한 가족이라는 직관적 인식에 있다.[199]* 세상이 복잡해지고 상호 관련도가 높아진 만큼 이 원칙은 더 중요하다.[200] 포퍼가 황금률을 넘어 백금률로 나아가고자 한 것도 결국은 그렇게 관련된 모든 사람의 동의를 얻기 위함이었을 것이다.

역사의 아픔이 이런 깨달음과 전환을 불렀다. 김용옥은 황금률이 제국주의를 낳았다고 비판한다. 원인에 공감하지 않아도 제국주의의 해악이야 누가 부인하겠는가. 포퍼나 레비나스가 볼 때 황금률은 비극적 세계대전과 홀로코스트를 막지 못했다. 남을 나와 동등하게 존중하는 것이 황금률 원리인데 오히려 다르게, 열등하게, 경멸하듯 대해왔다는 뜻 아닌가. 남을 존중하자는 원리가 나 중심으로 그쳤으니 잘못이다. 아무리 찬란하게 빛나는 원리라도 그런 결과를 낳고 말았다면 결국 빛 좋은 개살구가 되고 만다. 남은 과제는 다시금 소통이다. 내가 그 사람이 아닌데 그들이 바라는 바를 내가 어떻게 아나? 모르고선 행동도 못 한다. 하버마스의 대화도 한계가 많다. 대화할 상대와 주제가 끝없이 이어질 터인데 언제 끝내고 실천으로 나아갈 수 있을까. 어쩌면 백금률은 상대를 너무나 존중한 나머지 부정문 황금률보다 더 소극적인 결과를 낳을지도 모른다.

---

* "Alle Menschen werden Brüder(All men become brothers)" - Friedrich Schiller, "An die Freude."

3

황금률의 문제점

황금률이 무엇인지, 그리고 무엇이 아닌지를 살폈다. 그러면 이런 황
금률은 과연 이론과 실천 양면에서 찬란하게 빛을 발하고 있는가? 사
실 황금률을 거듭 제련하여 모든 오해의 찌끼를 다 제거한 다음에도 우
리가 기대하는 순금 황금률은 얻기 어렵다. 순수 황금률의 골자만 남은
상태에서도 이름에 걸맞은 빛은 보이지 않는다는 뜻이다.[201] 법칙 가운
데 으뜸으로 칭송을 받는 황금률이지만 완벽성까지 갖추지는 못했다.
아니, 황금이라는 찬사에 어울리지 않을 정도로 문제가 많다.

공감 가능성

(원리)

가장 먼저 제기되는 것은 황금률의 대전제라 할 수 있는
공감 능력 문제다. 황금률이 상호성 원리로 가능하기 위해서는 남을 이
해하는 능력이 필수다. 나와 남의 마음이 서로 교류하지 못한다면, 그

래서 다른 사람의 마음을 알 수 없다면, 내가 싫은 그것을 남에게 올바르게 적용할 수가 없다. 적극적 황금률의 경우 내가 남에게 제대로 바랄 수도 없거니와 그걸 남에게 해 줄 수도 없다. 배려와 존중은커녕 오히려 폭력이 될 수도 있음은 쇼의 말이 없어도 다 안다. 백금률에서는 공감의 비중이 더 커진다. 황금률이 최고의 원리 아닌 평범한 수준의 규칙으로 존재하기 위해서도 행동의 주체와 다른 사람들 사이의 완벽한 공감이 절대 필요하다. 그런데 이 공감 가능성을 이론 차원에서부터 제대로 확보하기 어렵다.

사람들은 대부분 공감 문제를 아주 쉽게 생각한다. 상식선에서 얼마든지 가능하며 또 충분한 수준의 공감이 가능하다 믿는다. 그리고 그런 믿음을 바탕으로 실제 삶을 살아간다. 태어나서 지금까지 해 온 경험이 그렇다. 세상에는 나만 있는 것이 아니라 나와 같은 방식으로 생각하고 추론하고 느끼고 판단하는 어떤 존재들이 있다고 우리는 믿는다. 그리고 그런 존재들이 느끼는 것을 어떤 방식으로든 내가 알 수 있고 또 실제로 알고 있다고 믿는다. 그렇기에 내가 좋아하거나 싫어하는 것을 남에게도 그대로 적용할 수 있는 것 아닌가.

그런데 지극히 당연한 이 주제가 근세 서양에서 문제가 되었다. 이른바 '남의 마음Other Minds'이라는 문제다. 스코틀랜드의 철학자 토머스 리드Thomas Reid, 1710-1796는 "마음의 생각과 감정은… 보이지 않는다"[202]고 주장함으로써 이 문제에 대한 논의에 불을 지폈다. 내 마음은 내가 직접 안다. 그런데 남의 마음은 보이지 않으니 알 수 없다. 행동이나 상황을 관찰하여 추론해 볼 수는 있으나 마음 상태를 직접 볼 수 있는 게 아니다. 그러니 내가 내 마음을 안다 할 때처럼 남의 마음도 안다고 말할 수 없다. 설령 남의 마음을 직접 보았다 해도 그렇게 안 지식은 결국 내 마음의 대상일 뿐이므로 남이 주체가 되어 알고 느끼는 것과 똑같다는 보장이 없다. 리드는 사람에게는 남의 마음의 존재뿐 아니라 그 마음을 알 수 있는 자신의 능력을 믿는 자명하고도 생래적인innate 신념이 있다는 방식으로 문제를 해결하려고 했다.[203] 그래서 사람은 이성적 사고를 하기도 전에 "사회적 교섭social intercourse"을 갖는다는 증거가 있다고 주장했다.[204]

일상 가운데서는 물론 남도 나처럼 마음이 있고 내가 그 마음을 알 수 있다는 걸 부인하는 이는 없다. 하지만 그걸 철학적으로, 논리적으로 설명하기는 쉽지 않다. 그럼에도 이를 설명하는 두 가지 이론이 있다. 첫째는 '유비추론類比推論, analogical inference'이다. 감정이나 마음을 볼 수 없지만 그걸 표현하는 행동을 관찰하여 마음 상태를 추론한다는 것으로, 상식에 가까운 전통적 관점이다. 관찰해 얻은 것이니 수학적 확실성에는 이르지 못해도 어느 정도 타당한 귀납적 논증은 가능하다. 누가 손가락을 다쳐 "아야!" 소리도 지르고 얼굴도 찡그리는데 나도 다쳐서 아픔을 느낄 때 그런 반응을 보이므로 그 사람도 나처럼 다쳐서 아파한다고 추론할 수 있다. 이런 보기가 하나둘이 아니라 무궁무진하고 사람의 성장 과정이 사실상 그런 경험의 반복과 연속으로 이루어지므로, 우리는 그런 관찰과 유비를 통하여 다른 마음의 존재뿐 아니라 상태까지 알 수 있다.

둘째는 일종의 '공존공감共存共感' 이론이다. 내가 내 마음을 먼저 알고 그걸 근거로 다른 사람의 마음을 추론해 가는 게 아니라, 나와 남은 늘 공존하며 내 마음과 다른 사람의 마음 또한 동시에 알게 된다는 것이다. 주로 대륙 철학에서 호응을 받는 견해인데, 사람은 처음부터 사회적인 존재라는 전제에서 출발한다. 내가 먼저 있고 그다음에 남이 있는 게 아니라 남의 존재를 깨닫는 것이 나 자신에 대한 인식의 본질에 속한다는 주장이다. 실존주의 철학자 하이데거Martin Heidegger, 1889-1976는 내가 남과 함께 이 세상 속에 존재한다는 '공동존재共同存在, Mitsein'를 주장했다. 사르트르Jean-Paul Sartre, 1905-1980는 한술 더 떠 전통 사고를 아예 뒤집는다. 남을 먼저 알아야 나도 알 수 있다는 것이다. "실존實存이 본질本質에 앞선다" 하였던 자신의 주장을 활용해 본다면 남의 마음이 내 마음보다 논리적으로 앞서는 셈이다. 이런 견해를 대변하는 중요한 한 요소가 언어다. 언어는 너와 내가 함께 사용하는 공동체적 산물이다. '나만의 언어private language'205*라는 건 애초에 불가능하다. 그런데 유비추론은 내가 나를 먼저 안 다음 남에게 접근한다는 방식이니, 나만의 언어 같은 모순된 개념에서 출발하는 잘못된 이론이 된다.

독일 철학자 후설Edmund Husserl, 1859-1938은 다른 마음을 내 마음처럼 알 수 없다는 뜻에서 직관直觀, Anschauung 대신 통각統覺, Apperzeption이라는 용어를 사용한다. 기존의 개념을 새 개념에 동화시켜 이해하는 방식이 통각이다. 남의 경험에 대해 느낄 수는 있지만 추론 과정 같은 걸 알 수는 없다는 말이다. 사실 누구나 품어볼 수 있는 의문이다. 아프다, 슬프다 등 언어 표현이 같다고 해서 그 사람의 경험이 내 것과 같다는 보장이 있는가. 다른 사람의 경험은 언제나 그 사람 것이지 내 것이 아니다.

인도나 중국에서는 '남의 마음'이 전혀 문제가 되지 않았다. 인간에

---

* 우리말로 '사적언어(私的言語)'로 옮기는데, 비트겐슈타인이 언어의 본질을 논하며 제시한 개념이다.

대한 성찰이 상식 수준을 넘지 못해서가 아니라, 그들이 가진 범신론 세계관에서는 우주와 나의 교류 가능성뿐 아니라 내 마음과 다른 마음의 교류 가능성이 처음부터 명백한 사실로 전제되어 있기 때문이다. 내 마음과 네 마음은 서로 다른 두 개의 마음이 아니라 우주를 덮고 있는 단 하나의 마음이 나와 네 안에 따로 자리를 잡은 것뿐이다. 우주를 주관하는 다르마道가 하나이듯 각 사람 마음에 담긴 다르마 역시 서로 다를 수가 없다. 그러니 이해하고 말고 할 것조차 없다. 중국에서도 노자를 통해 이런 범신론 가치관이 상당히 스며들어 있었는데, 이는 만물의 진리가 내 안에 다 갖추어져 있다는 맹자의 말에서도 알 수 있다.

고대 그리스에서도 남의 마음은 문제가 되지 않았다. 사람과 사람 사이의 소통을 당연한 것으로 보았기에 논의된 바도 거의 없다. 올바르게 질문함으로써 올바르게 답하도록 했던 소크라테스의 대화술은 사람의 영혼은 다시 태어난다는 윤회론적 우주관에 바탕을 두고 있는데, 여기서는 인도 사상이 보여주는 것처럼 윤회설 자체가 개인과 우주가 서로 통한다는 전제를 담고 있어 남의 마음 문제는 제기되지 않았다. 친구를 또 다른 나로 보았던 아리스토텔레스 역시 서로의 소통 가능성을 당연한 것으로 전제했다. 사람을 만물의 척도로 보았던 프로타고라스의 주장은 인간이 단지 표준이라는 뜻이 아니라 인간이 모든 가치의 원천이라는 뜻을 담고 있다. 플라톤은 이 주장을 객관적인 진리의 존재를 부인하는 것이라 비판했고 프로타고라스의 사상은 언제든 상대주의로 고착될 가능성을 품고 있지만, 그것이 너와 나 사이의 소통을 불가능하게 만드는 이유는 되지 않았다.

그렇지만 정작 황금률을 인류의 보편 윤리로 다듬고 발전시킨 서양에서는 남의 마음 문제가 제기되자마자 심각한 문제로 자리를 잡았다. 황금률이 뜻을 가지려면 남의 마음을 이해하는 능력이 전제되어야 하는데, 남의 마음을 이해할 수 있는 철학적 근거를 찾지 못했기 때문이다. 기독교적 세계관, 특별히 창조와 타락 교리는 이 부분에 많은 도전을 던진다. 성경에 따르면 사람은 개인 개인이 하나님 형상으로 개별적 가치를 갖고 있다. 이 형상 가운데 특히 자유는 다른 피조물과 구분되는 인간만의 존엄성이다. 그런데 성경은 창조주 하나님의 초월성을 강조한다. 온 우주가 곧 신이라 보는 범신론과 달리 우주는 하나님의 피조물이고 창조주 하나님은 우주와 구분되는, 우주를 넘어 계시는 분이다. 그렇다면 사람 개인이 우주와 통하거나 창조주를 통해 서로 소통하거나 연결될 가능성은 없다. 결국 피조물 상호 간의 소통, 특히 자연과 구분되는 존엄한 인간이 서로 주고받는 소통은 피조물 자신의 책임으로 남아 있을 수밖에 없다.

더 심각한 것은 죄다. 성경에 따르면 처음 완전한 연합을 경험하였던 최초의 남녀는 하나님께서 금지하신 과일을 먹은 다음 무화과나무 잎으로 치마를 만들어 입었다. 성을 통해 누리던 두 사람의 연합이 파괴되었다는 뜻이다. 하나님과 사람 사이의 단절이 먼저 있었고, 그와 동시에 사람과 사람 사이도 나누어졌다. 남자는 자기 잘못을 여자와 하나님께 뒤집어씌웠다. 여자가 하나님께 받은 벌을 보면 두 사람 사이가 이제 대립과 투쟁으로 전락했음을 알 수 있다. 죄는 함께 느끼는 공감의 마음을 앗아갔다. 하나님의 경고를 어기고 기어이 동생을 죽인 가인과 보복 살인을 저지르고도 뻔뻔했던 라멕, 그리고 폭력과 불법을 저질

러 남의 것을 빼앗은 초기 인류의 모습이 그것을 보여준다.* 피조물로,
또 죄인으로 갖는 소통의 원칙적 한계는 상대에 공감하며 합리적 대안
을 찾고자 하는 황금률의 근본적인 문제가 된다.

공감 가능성
(실천)

황금률에 내재한 보다 시급한 문제는 남의 마음을 알 수
있느냐 없느냐 하는 철학적 문제가 아니라 그 가능성을 활용하는 현실
문제다. 적지 않은 문제가 포진해 있는데, 우선은 인간이 가진 인식능
력에 한계가 있다는 점이다. 처지를 바꾸어 상대를 이해하는 일이 현실
에서 얼마나 가능한가? 상상력을 동원해 사고 실험[206]을 해야 하는데 그
게 얼마나 효과가 있을까? 내가 바라는 바를 남에게 해 주기 위해서는
나 자신에 관해서만 아니라 상대에 대해서도 최대한 잘 알아야 한다.
상대의 마음뿐 아니라 그 마음을 형성하게 된 성장배경이나 환경 그리
고 지금 처해 있는 상황까지 완벽하게 알아야만 황금률을 적어도 이론
적으로 완벽하게 적용할 수 있다.[207] 그런데 그게 가능한 일인가?* 내 마
음조차 제대로 알 수 없는 게 사람인데 어찌 다른 사람의 마음을 정확
하게 알 수 있다는 말인가? 다 안다 하였던 노자나 맹자는 정말로 모두
를 잘 알았을까?

인간은 죄로 타락하기 전에도 인식능력에 한계를 갖고 있었다. 여

---

* 성경이 그리는 '부패'와 '포악함'이 그것을 보여준다(창세기 6장 11절). 이에 대한 자세한 설명으로는 필자의
  책 『번영복음의 속임수』 57-60쪽을 보라.
* 이 논의가 얼마나 복잡한지는 Wittgenstein, *Philosophical Investigations*, #243 이하를 보라.

자가 뱀과 대화하는 장면을 보면 여자는 하나님께서 아담에게 주신 명령을 꽤 다르게 알고 있었다.[*] 여자 본인의 문제였을 수도 있고 아담과 여자 사이의 소통 문제였을 수도 있는데, 어느 쪽이든 인간이 가진 인식의 한계는 죄와 무관하게 피조물로서 갖는 한계로 볼 수 있다.[**] 거기다 죄의 영향까지 보탠다면 남의 마음을 알 수 있는 능력은 제한되는 정도가 아니라 아예 왜곡되기도 한다. 결국 완벽한 인식 자체가 불가능하고, 따라서 인간은 애초부터 황금률을 완벽하게 실천할 수 없다는 근본적인 한계를 갖고 태어난 셈이다.

인간 인식의 한계는 우선 소통 방법의 한계로 드러난다. 사람과 사람의 소통은 어렵다. 내가 바라는 바를 상대에게 적용하자면 상대의 생각과 욕망을 알아야 할 터인데, 어떤 방법으로 그걸 알아낼 수 있을까? 말이 기본이 되겠지만 몸짓, 표정 등도 있다. 그런데 말만 해도 수사법이라는 게 있어서 표현과 실제 바라는 뜻이 정반대일 경우가 많지 않은가? "잘~ 했다!" 칭찬인가 꾸중인가? 정말 잘했다는 말인지, 화를 참고 떨떠름하게 하는 소린지, 불쾌함을 반어법으로 폭발시키는 것인지, 아니면 제삼자로서 빈정거리는 말인지?[***] 가장 가까운 식구들 사이에서

---

[*] 하나님이 말씀하시지 않은 것을 보탰고('만지지도 말라'), 나무의 이름을 임의로 바꾸었으며('선악의 지식의 나무'를 '동산 중앙에 있는 나무'로), 강조하신 말씀을 평범한 표현으로 바꾸었다('반드시 죽을 것이다' 대신 '죽을 것이다'). 창세기 3장 2-3절을 보라.

[**] 기독교 변증학자 가운데 학문 분야에서 나타나는 인간의 인식적 오류가 죄에서 기원한다고 보는 이가 많은데 예수를 믿어 죄 문제를 해결하면 그런 오류를 극복할 수 있다는 주장은 개혁 인식론 외에는 찾아보기 어렵다.

[***] 성경에 비슷한 보기가 있다. 여호사밧과 아합 연합군의 출정을 앞두고 선지자 사백 명이 연합군이 전쟁에서 이길 것이라 예언했다. 그런데 조금 뒤 불려 온 선지자 미가야도 같은 내용으로 예언했지만, 아합 왕은 불만을 터뜨린다. 사백 명의 예언을 흉내 내며 빈정대듯 말했을 가능성이 큰데 글만 읽어서는 그런 차이를 전혀 발견할 수 없다(열왕기상 22장 1-28절).

도 끊임없이 일어나는 것이 오해다. 소통의 결핍 아니면 부족이다. "오빠는 내가 왜 화났는지 몰라?" 연애하는 젊은이들이 종종 듣는다는 난해한 질문이다. 사람과 관련된 것도 있고, 상황 문제도 있고, 종합적인 것도 있다. 황금률을 실천하기 위해서는 모든 것을 포함하는 종합적인 내용을 소통할 수 있어야 한다. 물론 백 퍼센트 다 알아야 황금률을 실천할 수 있는 건 아니다. 하지만 상대의 마음이나 상황에 대해 확신을 갖지 못할 경우 황금률은 아름답기 그지없으면서도 전혀 구현할 수는 없는 지극히 무기력한 원리가 되고 만다.

소통의 한계 문제는 부정문 황금률의 경우 더 심각하다. 황금률을 실천하기 위해서는 포괄적인 소통을 통한 상호 이해가 필수적인데, 부정 황금률은 상호 불간섭이 핵심이므로 적극적인 소통을 활용하기 어렵기 때문이다. 부정문 황금률 역시 내가 싫어하는 것이 출발점이긴 하지만, 상대가 모든 면에서 나와 똑같지 않은 이상 내가 싫은 그것을 상대에게 액면 그대로 적용할 수는 없다. 그 사람의 취향과 환경을 비롯하여 모든 조건을 최대한 살핀 다음 그 사람이 싫어하는 것을 하지 않도록 애써야 한다. 그렇지만 상대에게 해악을 끼치지 않는 것이 부정문 황금률의 최고 목표라면 그런 소극적인 실천을 위한 소통 역시 최소한도로 축소될 수밖에 없고, 혹 상대가 싫어하는 것의 윤곽이 어느 정도 드러났다 하더라도 확신할 수 없는 상황이라면 행동을 주저할 수밖에 없다. 결국은 내 주관적인 판단에 거의 의존해야 하므로 사실상 아무것도 하지 않음으로써 관계의 단절로 가게 될 가능성이 크다. 모든 게 내 안에 갖추어져 있다고 한 맹자의 태도 역시 이웃의 취향, 마음뿐 아니라 처한 상황까지 속속들이 다 안다는 뜻은 분명 아니었을 것이다.

소통 문제에 있어서는 백금률이 가장 좋다는 주장이 있다.[208] 하지만 백금률도 부정 황금률 이상의 난점을 안고 있다. 상대가 바라는 것을 근거로 보편성을 확보하려 하다 보니 '남의 마음'이라는 근본 한계를 안고 출발한다. 백금률은 상대를 최대한 배려한다는 장점이 있으나, 확실히 아는 내 욕심과 달리 상대의 뜻 자체를 잘 모르는 가운데 시작하기 때문에 소통 과정에서 합리성을 추구하고 보편성으로 나아가기가 황금률보다 더 어렵다. 상대의 말과 행동을 종합하고 수사학적 지식과 환경에 대한 지식까지 동원해도 이것이 상대가 정말 바라는 것이라고 확신하기는 불가능하다. 상대의 뜻을 우선 수용하여 내가 좋은 사람이라는 인상은 남길 수 있을지 모르나, 상대의 생각을 무조건 옳다 해 주는 '정치적 올바름'이 누적되어 결국 이것도 옳고 저것도 옳다는 상대주의로 끝날 가능성마저 있다.

관련된 모두의 대화를 통해 답을 얻자는 하버마스의 제안은 백 번 옳다. 소통과 대화는 우리가 택할 수 있는 최선의 길이다. 그렇지만 황금률은 현실의 삶을 위한 실천 규칙이다. 실천할 때마다 이런 방법을 채택한다면 남의 마음을 이해하려는 일에 에너지를 쏟다가 정작 황금률 자체는 단 한 번도 실천하지 못하고 말 것이다.* 그래서 소통에 과도하게 집중하다가 참된 실천은 하지 못한다는 비판이 제기되었다.[209] 개인 각자가 절대 주권을 가진 포스트모던 시대에는 하버마스가 제안한 원칙을 중요하게 고려해야 하겠지만, 현실의 삶에서 실천하기에는 너무나 복잡하고 어려운 과정이기에 결국 황금률의 실천적 타당성이 문

---

* 그래서 황금률의 복잡한 논리를 뒤로 하고 그저 분노를 억제하기 위해 열을 세는 정도의 지혜로 단순화하는 이도 있다. Duxbury, "Reasoning," 1535를 보라.

제가 될 수밖에 없다. 소통의 한계는 황금률, 은율, 백금률 모두가 함께 가진 문제다. 살아 있다는 것은 움직임을 동반하고, 움직임은 언제나 시간 안에서 이루어진다. 시간은 끊임없이 흐른다. 하버마스의 방식을 따르다가는 황금률 실천이 요구될 때마다 대화와 소통에 몰두하는 사이 상황이 끝나 버릴 가능성이 크다. 사랑의 충고 한마디를 건네기 위해서도 본인이나 상황에 관련된 정보뿐 아니라 최선의 조언을 만들기 위해 국어학자, 심리학자를 비롯한 각계 전문가의 조언까지 받아야 한다면, 황금률은 미다스의 손이 되어 닿는 것마다 금으로 만들어 결국 일상생활마저 불가능하게 만들 것이다.

소통 방식도 문제가 된다. 대화와 토론을 통한 소통은 서양의 특성이어서 동양인인 우리가 공감하기 어려운 부분도 있다. 우리는 언어보다 침묵, 곧 여백의 아름다움을 강조한다. 모든 일에 대화가 능사는 아니다. 대화가 오히려 공감을 방해할 수도 있다. 이를테면 생일선물을 하려고 하는데 황금률을 실천하겠다고 대화를 먼저 한다면 선물을 받는 사람이 기대했던 독특한 신비감이나 신선함이 약해질 수도 있다. 대화를 무시하는 것이 아니라 그걸 뛰어넘는 영역을 중시하는 일이다. 직관적 인식을 중시하는 동양적 태도다. 대화 없이도 알아서 해 주기를 바라는 심리까지 이해해야 하므로 위험부담이 있다. 대화든 아니든 실천의 영역에서는 어려움이 한두 가지가 아니다.

공감에도 한계가 있다. 온 세상 경험을 내가 직접 다 해 볼 수는 없다. 내가 경험하지 못한 것을 어느 정도 공감할 수 있을까? 책을 읽는다든지 하는 간접 경험으로도 가능할까? 아니면 사람이기에 기본적인 공감은 가능한가? 이스라엘 민족이 한때 외국인이었기 때문에 지금 이스라엘에 거주하고 있는 외국인의 성정을 이해할 수 있다고 하나님께서 말씀하셨다. 조상들이 한 경험이니 간접 경험이긴 하지만, 만약 그런 경험이 없었다면 외국인을 환대할 책임도 면할 수 있었을까? 경험 덕에 더 잘 이해할 수 있다면 경험하지 못한 건 못 느낄 수도 있다. 아무리 좋은 것이라도 내가 경험한 바가 없다면 대접받고자 하는 마음도 안 생길 것이요, 결국 남에게도 당연히 해 줄 수 없는 것 아닌가? 이웃을 자신처럼 사랑하는 것도 마찬가지다. 내가 고아가 된 적이 없어 고아의 심정을 헤아리지 못한다면 어떻게 고아를 자신처럼 사랑할 수 있을까? 홀아비라고 과부의 사정을 다 아는 것은 아니다. 공감 문제는 더불어 사는 원리인 황금률의 실현 가능성을 심각하게 제한한다. 내 욕망이나 판단에서 출발해야 하는데, 그 모든 것이 내 경험에 좌우될 수밖에 없으니 세심한 배려와 존중의 태도를 유지한다 해도 내가 내리는 판단이 다른 사람들에게 적극적 소극적 폭력이 될 가능성은 언제나 남아 있다.

게다가 사람의 판단을 신뢰하기 어렵다. 소통 및 공감을 완벽하게 한 다음 판단을 내렸는데도 공정하지 못한 경우가 많다. 황금률의 출발점이 내 욕심일 경우 그 욕심을 남에게 확장, 적용할 때 얼마나 올바르게 할 수 있을까? 그 확장의 주체가 욕심을 가진 나 자신일 수밖에 없으니 확장하는 과정 역시 내 욕심의 지배를 벗어나지 못한다. 일관성이 황금률의 기본적인 요구사항인 만큼 그것을 지키지 못한다면 모든 게 뜻을 잃는다. 다윗은 충신 우리아를 죽인 자신에 대해서는 무척이나 관대했으면서도 누가 가난한 농부의 양 한 마리를 빼앗았다 하자 "저런,

죽일 놈!"* 하고 흥분했다. 안으로만 굽는 팔을 내가 내 힘으로 얼마나 곧게 펼 수 있을까? 힌두교에서도 부자일 때 못 느끼던 자선의 필요성을 가난해진 다음 느낄 수 있다고 하였다. 사람이라는 존재를 믿을 수 없다며 황금률을 무시한 플라톤이 황금률을 통해 이상향 건설을 꿈꾼 아리스토텔레스보다 현실을 더 정확하게 본 것이 아닐까? 모두에게 유익한 보편을 추구하는 것이 목표인데, 현장에서 경험하는 소통의 한계는 그런 목표 지점이 아직 눈에 들어오기도 전에 우리 발목을 잡는다.

텅 빈 그릇

황금률이 안고 있는 세 번째 문제는 이것이 너무나 포괄적인 규정이어서 실제로 효과가 없을 수 있다는 점이다. 다시 말해 구체적인 내용이 없다는 것이다. 사실 황금률은 고유명사로서 뚜렷한 원리가 명료한 공식에 담겨 있다. 그런데 그 내용이라는 게 사실상 실제 내용이 아닌 형식적인 규정이다. 말하자면, 어떤 틀과 같다. 황금률은 고도로 추상화되어 보편성을 확보한 원리인데, 그 보편성의 폭이 워낙 넓다 보니 모든 걸 담을 수 있을 듯하면서도 막상 현장에서는 담을 게 없어 보인다. 황금률은 내가 좋아하거나 싫어하는 것을 출발점으로 삼는데 그게 무엇인지 구체적으로 말하지 않는다. 황금률을 규범 윤리로 보든 메타 윤리로 보든, 이 공허함은 응용 윤리학에서 심각한 문제를 제기한다. 너무 높은 차원으로 올라가 버려 땅에서 일어나는 현실적 문제와는 거리가 멀다. 하늘 그물은 성기어도 빠뜨리지 않는다고 하는

---

* 사무엘하 12장 5절, 〈공동번역〉을 보라.

데,* 땅의 그물은 아무리 촘촘하게 꿰어도 다 새어 나가는 모양이다.

황금률은 도덕 법칙이고 현장에서 적용하는 규칙이다. 하지만 담긴 내용이 없다면 사람이나 상황에 따라 내용이 달라질 수 있고, 그 내용이 무엇이냐에 따라 적용도 백팔십도 뒤집힐 수 있다. 상황이 단순하다면 그 틀에 담을 내용도 간단할 것이다. 형이 동생의 장난감을 빼앗으면 부모가 자리 바꾸기를 통해 별 어렵지 않게 공평함을 가르칠 수 있다. 만원 지하철에서 남의 발을 밟은 경우에도 사과나 용서 등 반대 상황을 상상하기 쉽고, 자리를 양보하는 문제라면, 개인의 형편과 마음가짐에다가 사회의 관습이나 규칙 그리고 주변 환경 등도 고려해야 하니 조금 복잡하긴 하지만, 그 역시 공감 및 처지 바꾸기 원리를 어렵잖게 적용할 수 있다. 판사와 피고의 생각 차이도 황금률을 제대로 이해하기만 하면 별 어려운 문제가 아니다. 그런 공감대가 형성된다면 버나드 쇼가 지적한 문제도 얼마든지 극복할 수 있다.

문제는 가치관이다. 특히 삶의 바탕을 이루는 기본적 세계관의 차이는 큰 충돌로 이어질 수 있다.[210] 이를테면 적자생존 원리를 신봉하는 이들이 있다 하자. 그들의 경우에는 강한 자만 살아남아야 하므로 나도 모든 경쟁에서 이기려 하겠지만 다른 사람도 그런 경쟁에서 살아남아야 한다고 믿을 것이다. 그런 사회진화론을 황금률에 대입한다면 황금률은 사회의 약자들을 도태시키는 비정한 규칙이 되고 만다. 그런데 약자를 배려하는 일이 경쟁에서 이기는 것보다 더 중요하다고 믿는 사람도 많고, 이들 역시 황금률에 호소하고 싶을 것이다. 그러니 이 두 가

-----

* "天網恢恢 疎而不失(천망회회 소이부실)", 『노자』 73장을 보라.

치관 사이의 충돌은 피하기 어렵다. 황금률은 이 충돌을 방지하거나 조정하여 사회의 공평과 평화를 이루는 일에 별 도움을 주지 못한다. 그래서 포퍼도 황금률을 백금률로 향상시켜야 한다고 말할 때 이런 가치관 차이의 문제를 지적했다.[211] 낙태를 찬성하는 쪽과 반대하는 쪽도 그런 충돌을 일으킨다. 낙태를 시술하는 병원을 국가 지정병원으로 수용해 보험을 적용할 수 있는가, 없는가? 이런 기본적인 문제에도 답을 주지 못하는 규칙을 어떻게 황금의 법칙이라 부를 수 있을까?

황금률 공식이 처음 알려질 때부터 사람들은 이 문제를 이미 의식하고 있었다. 아리스토텔레스가 황금률의 실천적인 측면에 치중한 것도 이런 이론적 한계를 의식했기 때문이다.[212] 유교의 황금률도 인을 실천하는 방법을 담은 '형식적 원칙'으로서 구체적인 내용은 그때그때 달라질 수 있었다.[213] 공자가 황금률을 부정문으로만 표현한 이유가 그것이라 보기도 한다.[214] 라이프니츠도 황금률은 그 자체로 기준이 될 수 없기에 다른 기준이 필요하다 했다.[215] 황금률은 실체적 규칙 아닌 방법적, 과정적 규칙이라는 것이다. 현대의 윤리학자들도 황금률이 윤리적 실체를 담고 있지 않다는 점을 거듭 지적한다. 마커스 싱어는 황금률이 도덕 이론을 대체할 수 없으며 특정 행동을 결정하는 "방법"일 뿐이라 주장하고,[216] 굴드James Gould는 방법이라기보다 "태도나 정신"으로 보는 게 낫다고 주장한다.[217] 겐슬러는 "도덕 이면의 정신"이라는 표현을 쓴다.[218] 윤리 법칙은 기본적으로 무엇이 옳은가 결정할 수 있어야 하지만, 황금률은 같은 기준을 적용해야 한다는 원칙일 뿐 무엇이 옳은지는 말하지 않는다는 것이다. 그래서 바이스는 황금률을 "경우마다 다른 뜻을 갖는 구조"라고 규정한다.[219]

　　황금률은 어떤 상황에서든 보편을 추구한다. 그런데 '합리성' 또는 '옳음'의 근거가 다양하다. 황금률을 따르는 사람들은 황금률이 선함, 옳음의 내용을 정의한다고 생각하지만 사실 그런 정의는 황금률이 아니라 사회가 공급한다.[220] 존 듀이John Dewey, 1859-1952에 따르면 가치관을 결정하는 건 사회와 문화다.[221] 따라서 보편의 기준이 되는 가치관도 상대적일 수밖에 없다. 황금률이 윤리적 상대주의로 간다는 비판이 그래서 나온다. 이성을 중시한 클러크는 "건전한 이성에 맞추어, 대중의 선을 위한 것"이 옳은 것이라 본다.[222] 공리주의자 베일리스C. Baylis는 "관련된 모두에게 가능한 최대한의 선"을 낳는 것을 옳은 것으로 규정한다.[223] 다윈과 진화 윤리학은 진화적 생존을 판단의 근거로 삼을 것이다.[224] 문화 상대주의에서는 사회가 인정하는 것이 옳고, 주관주의에서 보면 내 마음에 드는 것이, 또 초자연주의 관점에서는 하나님께서 원하시는 것이 옳은 것인데, 이 셋이 일치하는 경우는 드물다.[225] 내가 바라는 것에서 시작해 그걸 상대에게 적용하는 과정에서 너와 나의 기본적인 생각이 다를 경우 어떻게 해야 하나?[226] 나에게 좋은 것, 상대에게 좋은 것, 모두에게 좋은 것, 이게 서로 다를 경우 무엇을 추구해야 하나?[227]* 주관적 희망과 객관적 유익이 다를 수 있다. 욕망이 '합당하고 옳은' 것이어야 한다는 라이프니츠의 조언도 그 합당함과 옳음의 기준이 서로 다를 때는 대안이 되기 어렵다. 세상에는 다양한 가치관이 공존한다. 상대를 사람으로 존중할 때 이 차이는 간단한 문제가 아니다. 단순한 취향의 문제라면 별일 아니겠지만 때로는 죽고 사는 문제가 되기도 한다.

---

* 존 듀이도 이 점을 문제 삼아 황금률을 거부한다.

황금률이 극단적인 가치관을 합리화하는 도구로 전락할 수 있다는 우려도 이런 이유에서 나온다. 예를 들어, 마약 중독자가 마약을 구해 달라고 애원한다고 하자. 상대가 바라는 것이 먼저인가, 아니면 상대의 객관적인 복지가 먼저인가? 하버마스는 황금률 규정을 칸트의 윤리학처럼 '독백적monological'이라 비판하면서 윤리 행위의 주체가 자신의 주관적인 생각을 보편화한다면 어떤 문제가 파생되는지 성도착증 환자를 보기로 설명한다. 자신의 변태적인 가치관을 처지 바꾸기를 통해 남에게 실천한다면 황금률은 지극히 문제가 많은 규정이 된다는 것이다.[228] 이런 방식으로는 나치즘까지 정당화할 수 있다. 내가 유대인이라도 처형당해야 한다고 믿을 정도로 우생학에 빠진 사람에게 황금률이 줄 수 있는 도움은 무엇인가?[229] 종교가 근본주의 태도를 가질 때는 더욱 위험하다. 이내 광신이 되고 폭력을 부를 것이다. 그래서 한 윤리학자는 황금률을 높게 치면서도 인류 보편의 가치인 인권 확산의 도구로 사용하기에는 미흡하다고 본다.*

여호와의 증인 교인들은 수혈을 거부한다. 수혈을 강요하지 말라 요청할 때 우리가 어떻게 행동해야 할까? 나는 남이 내게 수혈해 주기를 바랄 터이니 강제로라도 수혈해야 하나? 아니면 나도 남들이 내 신앙을 존중해 주기를 바라니 그 사람의 신앙을 존중해 수혈하지 말아야 하나? 아픈 사람이 어린아이라면 그 아이도 부모와 같은 마음이라는 보장이 있나? 강제로 수혈해 살리는 것이 유익인가, 아니면 그냥 두어 죽는 순간까지 신앙을 지키게 하는 것이 유익인가? 유익은 누구의 것인

---

* "인권의 형이상학 영역에 들어가는 주된 입구는 못 된다." Morsink, *Inherent*, 113을 보라.

가? 그 유익의 기준은 무엇인가? 황금률을 모든 생물에 확대 적용하는 불교에서는 한 수도사가 배고파 죽어가는 호랑이와 새끼를 살리려고 제 몸을 던져 먹이로 주었다는 이야기를 미담으로 전한다.[230] 배가 고플 때 아무거나 먹으려는 내 욕망이 정당하지 않듯 나를 먹으려는 맹수의 욕망 역시 내가 맹수의 처지에서 배려한다는 이유 하나로 정당화될 수는 없다. 급류에 휩쓸려 가는 개를 구하려고 목숨을 거는 사람이 왕왕 있다. 과거엔 그렇지 않았는데 오늘날엔 대부분 그 용기에 박수를 보낸다. 가치관의 급격한 변화를 보여주는 이런 상황 가운데서도 황금률은 여전히 빛을 발하고 있는가? 인간과 동물이 동등한가, 아닌가 하는 문제는 옛 인도뿐 아니라 오늘날 전 세계에서 이미 논란이 되고 있으며, 황금률은 이 문제에서도 뒷짐을 지고 있을 수밖에 없다.

황금률에서는 사실 큰 가치관의 차이뿐 아니라 모든 종류의 차이가 문제가 된다. 우선 황금률이 가치관 차이를 극복해 주지 못한다면, 황금률의 효력은 결국 같은 가치관을 가진 집단에만 국한될 것이다. 그렇지만 앞서 살핀 것처럼 남의 마음을 이해하는 일에 한계가 있을 수밖에 없고, 게다가 완벽하게 이해했다 하여도 크고 작은 차이 때문에 황금률을 적용하기 어려워진다. 큰 가치관이 같아도 세부적인 관심이나 취향은 사람마다 다를 수 있으므로, 그 세부적인 차이 하나가 황금률을 실천하는 일을 방해할 수 있다. 황금률을 너와 나의 소통을 통해 공평과 평등을 추구하는 법칙으로 이해하는 한 이런 근본적인 문제를 극복할 수가 없다. 모든 세부 내용까지 완벽하게 일치되는 그런 실천은 애초에 가능하지 않기 때문이다.

미국의 사회학자 에치오니Amitai Etzioni, 1929-2023는 보편가치를 기준으로 삼아 문제를 해결하고자 한다. 기존의 황금률이 개인의 자유를 너무 허용하고 있으므로 사회가 공유하는 가치들과 균형을 맞추어야 한다는 것이다. 그러면서 자신이 만든 새 황금률 공식을 사용하자 제안한다.

> "사회의 도덕 질서를 존중하고 유지하되 네가 사회가 너의 자율성을 존중하고 유지하기 원하는 대로 하라."[231]

겐슬러는 에치오니가 추구하는 '덕스러운 균형'이 아리스토텔레스가 말한 중용과 별 다를 바 없다고 비판하면서, 황금률의 동력에는 이미 그런 조정 기능이 담겨 있다고 지적한다.[232] 하지만 에치오니의 진짜 문제는 개인의 자율성과 균형을 맞추어야 하는 사회의 도덕 자체를 어떻게 확보할 수 있는가 하는 점이다. 에치오니는 황금률이 "상호관계에 불과하다"고 비난하지만, 사회의 도덕이 그런 관계를 초월해 따로 존재하는 것은 아니므로 사회를 나와 황금률 관계로 엮는 것 자체가 불가능하기 때문이다.*

너와 나의 취향을 떠나 모두가 공감할 기준을 찾는다면 황금률도 실천할 수 있을 것이다. 고대 그리스처럼 좋은 것, 아름다운 이상을 추구하면 될까? 그렇지만 척도가 문제다. 소크라테스는 사람들이 옳다 확신하던 것들에 대해 거듭 질문을 던져 그런 잘못된 것이 아닌 진정으로 옳은 것을 바라보게 하였다. 그러면서 우리가 사람들 말을 다 믿으면 안 되고, 가장 훌륭한 사람들의 생각을 신뢰해야 한다고 말했다.[233] 소

---

* 겐슬러는 에치오니의 글에 황금률 자체에 대한 논의가 전혀 없다고 비판한다. Gensler, *EGR*, 178을 보라.

크라테스는 훌륭한 사람의 생각은 옳을 것이라고 다소 순진한 기대를 한다. 하지만 자신의 무지에 대한 고백을 염두에 둔다면 소크라테스가 말한 훌륭한 사람은 어쩌면 존재하지 않을지도 모른다. 20세기의 한스 큉은 황금률을 '취소할 수 없는 무조건적 규범'으로 수용해야 한다고 썼지만,[*] 낙태, 동성혼, 테러, 정치제도 등 삶과 종교와 학문의 여러 영역에서 극단적인 가치관 또는 이념이 서로 대립하고 있는 오늘날 그 규범이 얼마나 큰 힘을 발휘할 수 있을지는 아무도 모른다.

중립적 원리의
유익

그런데 혹 뒤집어 보면 어떨까? 황금률은 처지를 바꾸어 봄으로써 상대를 이해하고 모두를 위한 보편을 추구하는 원리다. 황금률, 은률, 백금률 다 마찬가지다. 그렇다면 생각이 같을 때보다 서로의 생각이 다를 때 오히려 더 필요한 원리가 아닌가? 그 점을 염두에 둔다면 황금률은 가치관이 서로 달라 무기력해지는 것이 아니라 거꾸로 중요성이 더 커질 수도 있다. 황금률은 사변적 규정이 아니라 실천을 위한 규정으로서, 핵심은 상대에 대한 존중과 배려다. 특정 가치관을 정당화하는 대신 문제 및 상대방에게 접근하는 "올바른 방식"을 가르쳐 준다.[234] 언제나 상호성을 안내자로 삼으라는 명령이다.[235] 그래서 파핏은 황금률이 온갖 이론적인 문제가 있음에도 불구하고 실천적으로는 최고의 원칙이라고 주장한다.

---

[*] 이 책 251-255쪽을 참고하라.

"하지만 이 규칙은 실천적인 목적을 위해서는 이 세 원리 중 최고일 수 있다. 황금률은 우리에게 다른 사람 자리에 서 보라고 요구함으로써 우리를 더욱 공정하게 만들고 우리를 도덕적으로 고무하는, 심리적으로 가장 효과적인 방법을 제공할 수 있다."[236]

황금률에서는 도덕적 직관에 따라 내가 바라는 것이 내가 바라야 마땅한 것으로 나아간다. 황금률은 실천적 지침을 주지 않는 메타 윤리적 규정으로 나름의 한계가 있을 수 있지만, 그 한계가 반대로 지성 변혁의 도구가 되어 사회적, 존재적 근거를 지향할 수 있다.[237] 이는 우리가 존재론적 동질성을 가졌기에 가능한 것으로서 황금률은 도덕 내용이 "관계적으로 구축된다"는 것을 보여준다.[238] 다양한 형태의 윤리적 행동들이 서로 어떻게 연결되어 있는지 설명하는 "통합하는 원리"로서 역할을 할 수 있다는 뜻이다.[239] 우리가 자율성 규칙을 실행할 때 구체적인 행동을 넘어 상대의 행동에서 발견하고 수용하는 참 가치가 바로 이런 것들 아닌가?[240] 개별적 차이에 겁먹을 것 없다. 생존, 인권, 자유, 공평 등 모두가 공감하는 가치를 바탕으로 시작하면 된다. 따라서 우리가 황금률의 이 점에 집중한다면 황금률은 우리 시대의 모든 대립과 갈등을 풀어갈 효과적인 수단이 될 수 있다. 이런 노력을 통해 우리의 합리성과 자기 발전을 증진하고 서로를 향한 깊은 배려를 높여갈 수 있으니 말이다.[241]

미국 펜실베이니아 등지에는 메노나이트 계열의 아미시Amish 사람들이 집단으로 거주하고 있다. 이들은 텔레비전, 전화, 컴퓨터 등 현대 문명의 기기들을 거부한다. 주로 농업이나 가내수공업에 종사하며, 이

동할 때도 자동차 대신 마차를 탄다. 그런데 2006년 한 아미시 여학교에서 집단 학살 사건이 일어났을 때는 중상을 입은 아이들을 첨단 헬기로 병원까지 수송했고, 또 부모들도 스마트폰을 사용해 아이들과 통화를 했다. 문명의 이기를 거부하는 종교적 신념과 국민의 목숨을 살리려는 국가의 정책이 대립하는 상황이었지만, 사람의 목숨을 살리는 것이 무엇보다 중요하다는 공감이 있었기에 아무런 충돌 없이 서로 잘 이해할 수 있었다. 황금률이 의도하는 것이 이것 아닌가. 아미시는 오늘도 아동노동 문제로 정부와 갈등을 빚고 있다. 아미시 아이들은 어려서부터 부모와 함께 일하는 법을 배우며 자라는데, 이게 미국 정부의 아동노동 금지법과 충돌하기 때문이다. 오래 묵인해 오던 정부가 아이들이 사고로 죽기 시작하면서 개입을 시작했다. 문제는 복잡하다. 노동이 가능한 나이를 누가, 뭘 근거로 결정하는가? 아니 그 전에, 노동이란 무엇인가? 더 중요한 것은 아이의 인권과 복지다. 아이의 어떤 측면을 누가 책임져야 하는가? 부모의 역할과 정부의 역할은 어떻게 나누어지는가? 결국 삶의 의미와 사람 됨의 의미라는 기본적 가치관의 차이는 우리에게 답을 서둘러 얻기보다 황금률 원리를 통한 상호 이해와 존중의 태도를 더 요구하고 있다.

황금률은 특정한 규정을 대체할 원리가 아니라 그런 규정들을 조정하는 보다 근본적인 원리다.[242] 헤어는 낙태와 안락사 문제를 황금률을 통해 풀어감으로써 서로 다른 가치관 사이에 대화를 시도한다.[243] 낙태의 경우 미래 시제를 과거로 바꾸어 황금률에 적용한다. "남들이 내게 해 주기 바라는" 대신 "남들이 내게 해 준 것", 곧 낙태하지 않은 것을 기뻐하는 그 마음을 근거로 낙태 반대 논리를 펼친다. 겐슬러도 헤어처

럼 황금률을 이용해 낙태 반대 주장을 전개한다.[244]* 부닌베일Boonin-Vail
은 반대 위치에 서서 헤어와 겐슬러의 논리 자체를 반박한다.[245] 마이어
John Paul Meier도 이 문제를 다루는데, 헤어와 겐슬러의 황금률 자체는 옳
지만 그것을 잠재적 인간에게 적용하는 것은 옳지 않다고 주장한다.[246]
낙태 이슈에서 태아의 생존권과 여성의 선택권 사이에 첨예한 대립이
있음을 고려할 때 헤어와 겐슬러의 시도는 서로 대립하는 수많은 가치
관이 황금률을 이용해 상호 존중의 대화를 전개할 수 있음을 보여주는
좋은 사례다.

그렇다면 관건은 황금률이 그런 조정 원리로서 중립성을 어떻게 확
보할 수 있는가 하는 것이다. 황금률은 그저 상대를 존중하고 배려하라
는 명령으로 그치지 않는다. 대립하는 두 사람이 그런 자세를 유지함으
로써 화해와 공존, 나아가서는 일치에 이르도록 도울 수 있는 원리여야
한다. 그렇지 않다면 번쩍이는 이름을 가질 이유도 없다. 매카이버Robert
McIver가 황금률의 중립성에 대해 이렇게 말했다.

"(황금률은) 그 이름으로 우리가 모든 사람에게 호소할 수 있는 원리
이며, 그들의 이성이 각자의 차이점들에도 불구하고 대답할 수 있는
원리다. … (황금률은) 편들기를 하지 않는 유일한 보편적 윤리다."[247]

매카이버, 시즈윅, 클러크 등이 볼 때 황금률은 중립적인 공평무사

---

* 한때 낙태 합법화를 위해 일했던 Bernard Nathanson도 나중에는 "인간이 생래적으로 가진 지혜"인 황금
률에 호소해 낙태 반대 운동을 펼쳤다. Nathanson, *Aborting America* (Toronto, ON: Life Cycle Books,
1979), 227을 보라.

원리다. 그위스Gewirth는 황금률이 '합리적'이어야 한다는 말을 곧 "도덕적으로 중립적 의미"라고 풀고, 도덕적 이슈에 대해 "편들기를 하지 않는 것"이라 규정한다.[248] 그렇다고 황금률이 메타 윤리가 되는 것은 아니다.[249] 우리가 좋다, 나쁘다는 도덕적 평가를 할 때 황금률에 맞거나 맞지 않다는 이유를 자주 사용하기 때문이다.[250] 그렇다면 결국 싱어가 말한 개별적 해석과 일반적 해석을 다 수용하는 쪽으로 가야 한다. 한순간 텅 비었던 그릇에 한순간 뭐가 가득 담겼으니 마술 같기도 하다. 쉽지 않다. 물론 절대주의 도덕 규정으로는 서로 다른 가치관 사이의 해결이 불가능하다. 황금률은 서로의 가치관은 그대로 둔 채 상대를 나처럼 여기는 것을 훈련한다. 상대와 나를 동일시함으로써 상대를 미워하거나 두려워하는 것을 줄여갈 수 있다.[251] 멋진 출발점이다.

실천 동력 결여

황금률의 네 번째 문제는 동력이다. 황금률을 실천할 수 있는 능력의 문제다. 황금률은 이론만 해도 복잡하기 이를 데 없다. 문제가 하나둘이 아니다. 그런데 실천 문제는 더 심각하다. 황금률의 훌륭함은 모두가 칭송한다. 하지만 공감, 처지 바꾸기, 상호성, 공존 등 이런 아름다운 원리가 좀처럼 행동으로 구현되지는 않는다. 내가 남에게 고통을 가할 때 그 사람이 아파할 줄 나도 안다. 그런데 그 깨달음이 내 행동을 멈추게 만들지는 않는다. 아프리카의 굶는 아이들 소식을 들으면 배가 고프겠구나, 고통스럽겠구나, 죽음의 공포를 느끼겠구나, 하고 우리도 느낀다. 그런데 그런 연민이 내가 배가 고플 때 사람들에게 기대하는 그것을 그 아이들에게 실천하게 만들지 못한다. 왜일까? 아니, 그 전에, 그런 깨달음이나 느낌이 내 행동으로 나타나야 할 이유가 뭔가?

　황금률에 대한 비판 가운데 황금률은 정의의 원칙과 충돌한다는 지적이 있다.[252] 특히 내가 황금률을 실천할 때 고려 대상이 되는 이웃이 내가 실천하는 황금률에 전혀 호응하지 않을 경우다. 난 언제나 웃으며 이따금 음식도 나누어주는데, 이웃은 언제나 얼굴을 찌푸린 가운데 음식도 받기만 할 뿐 주지는 않는다. 일반 상식에 비추어 볼 때 나를 바르게 대하지 않는 이웃을 계속해서 바르게 대할 의무가 나에게는 없다. 그게 정의의 원칙 아닌가. 그런데 황금률은 이웃이 어떻게 하든 난 계속 황금률을 실천하라고 지시한다. 그래서 진화 윤리학과도 충돌한다. 사실 황금률은 내가 남들에게 바라는 바를 기준으로 삼지만 남이 아닌 자신에게는 더 엄격하게 해도 부당하거나 문제가 되지 않는다.[253] 그래서 니체는 그런 태도를 노예 도덕이라며 대놓고 비난한다.[254] 그런데 황금률이 나에게 그렇게 요구할 근거가 있는가? 그렇게 계속하다가는 오히려 나쁜 사람을 더 나쁘게 만들 수도 있지 않은가? 황금률은 공동체의 합의를 깨뜨리는 이의 잘못에 대해 너무 둔감하지 않은가? 그렇다고 그런 사람들을 내 실천 대상에서 제외한다면 황금률은 보편성을 상실한다.

　타당한 비판이긴 하나 현실성은 그리 크지 않다. 황금률에 대한 비판은 이처럼 과도하게 실천할까 우려하는 쪽보다는 실천하지 않게 될까 우려하는 쪽이 대부분이기 때문이다. 다시 말해 황금률에는 그 법칙을 실천하게 만드는 내적인 동력이 결여되어 있다는 것이다. 아무리 강력한 엔진이라도 점화 장치가 없다면 무슨 소용인가. 이유는 간단하다.

사람은 자유가 있기 때문이다. 아무리 합리적이고 상황을 다 알고 있어도, 도덕적이기를 거부할 자유가 사람에게는 있다.[255] 그리고 죄가 들어온 이후 사람은 자기 이익에 도움이 되는 방향으로 움직이는 경향을 보인다. 칸트가 말한 근본악이다. 황금률은 내가 먼저 지켜야 할 규칙임을 깨닫기 전에는 나한테 아무 소용이 없다.[256] 부뚜막의 소금도 집어넣어야 짜다. 좋은 의도나 합리성 또는 일관성 문제를 논하기 전에 황금률 자체를 시행할 마음이 나지 않는다면, 모든 논의가 공염불이 되고 만다.

황금률은 강요할 수 없는 윤리다. 강요하는 순간 의미를 잃어버린다. 무언가를 기대하는 내 마음에서 출발하는 것이기 때문이다. 따라서 처지를 바꿔 생각하는 것은 좋지만, 그렇게 하라고 요구하는 것은 이미 황금률의 기본 원칙에서 벗어나는 일이다. 어머니가 아이들에게 강요하는 황금률은 교육이지 황금률 그 자체는 아니다. 그런데 강요나 압력 없이 자발적으로 황금률을 실천할 사람이 과연 몇이나 될까? 초기의 황금률 공식과 함께 자주 등장한 사례가 간통해서는 안 된다는 적용이었다. 자기 아내가 남과 간통하는 것을 바라지 않는 사람은 자기도 남의 아내와 간통해서는 안 된다. 그런데 세상에는 불륜이 흔하다. 케이드라마K-drama보다 더한 현실 가운데 모두가 그것을 숨기고서 하며, 대개는 발각될 때까지 지속한다. 들키기 전에 잘못을 느끼고 청산했다는 사람도 보기 드물지만, 황금률의 힘을 느껴 그렇게 했다는 사람은 더더욱 찾아보기 어렵다.

남의 마음 문제는 황금률 전반의 문제와 더불어 단순한 이론 문제가 아니다. 너와 내가 가치관이 같다고 쉽게 실천할 수 있는 규칙이 아니다. 남의 마음이나 상황을 속속들이 알아도 실천할 의지가 생기지 않는다는 게 더 큰 문제다. 나 중심의 세상에서 그걸 뛰어넘게 만드는 힘은 무엇인가? 동서고금의 여러 종교가 신이 내릴 상을 언급하며 황금률을 실천하라 격려하고 실천하지 않는 자는 큰 벌을 받을 것이라며 위협하기도 하지만, 그런 종교 안에서도 황금률은 모두의 원칙이 되지 못하고 있다. 죽인다고 위협해도 안 된다. 그래서 현대의 어느 학자는 황금률은 말장난에 불과하다고 조롱을 던진다.[257] 자기는 안 지키면서 남에게는 지키라 요구하고, 혹 안 지키면 그 사람을 공격하는 무기로만 삼는다며 꼬집는데, 옛날이나 지금이나 아니라 하기 참 어려운 게 현실이다.

이기적 본성을 가진 인간의 무리 가운데서 황금률을 원색적으로 오용하고 남용하는 일이 빈번하다. 황금률은 내 욕심을 구현하는 원리가 아니지만, "처지를 바꿔 생각해 보라"고 상대에게 요구할 경우 내가 바라는 바를 이루려는 수단이 되며, 상황에 따라서는 원시적인 등가보복의 원리로 전락할 수도 있다. 교양의 옷을 입은 등가보복이다. 그 정도는 아니라 하더라도 고대 그리스의 소피스트들처럼 "처지를 바꿔 놓고 생각해 보라"고 요구하며 내 이익을 극대화하려는 시도는 삶의 현장에서 일상처럼 겪는 일이다. 종교나 전체주의 집단이 자기가 약할 때는 황금률에 호소하다가 힘을 얻으면 군림하는 경우가 많다.[258] 결국 상호성을 기본으로 하는 원칙이 오히려 강자가 약자를 억압하는 도구로 전락할 위험을 안고 있다.* 남에게 강요해도 폭력이 되지 않을 정도로 완벽한 윤리는 사람 사는 세상에 없을지도 모르지만, 상호 존중의 최고

---

* 칼 세이건도 이 점을 지적하고 있다. Sagan, *Billions*, 222, 227을 보라.

원리인 이 윤리가 상황에 따라서는 아예 윤리라 부르기도 어려운 가장 저급한 차원으로 전락할 수도 있다는 것은 황금률이 가진 특징이요, 한계일 것이다.

그런데 왜일까? 수많은 윤리학자와 각 분야의 현장 종사자들은 황금률을 우리 시대 문제에 대한 효과적인 대안이라고 목소리를 높인다. 이론상 좋은 규칙일 뿐 아니라 현실적으로 유익이 되는 그런 규칙이라는 뜻이다. 그렇다면 혹 황금률 내부에 황금률을 실천하게 만드는 어떤 힘이 숨어 있는 건 아닐까? 중세 신학자 안셈Anselm은 신이라는 개념 안에 신의 존재가 이미 전제되어 있다는 존재론적 논증을 펼쳤다. 황금률에도 그런 힘이 있을지 모른다. 또 그리스 신화에서 오이디푸스 부자가 받은 신탁은 스스로 성취하는 능력이 있는 신비로운 예언이었다. 우리가 논하는 황금률도 어쩌면 그렇게 우리 시대를 위한 가장 효과적인 대안으로 제시되면 사람들 가운데서 그렇게 작용하는 힘이 드러나는 건 아닐까?

황금률을 옹호하는 이들 가운데 황금률이 선을 실천할 동력을 제공한다고 주장하는 이들이 있다. 이를테면 겐슬러는 황금률이 "우리에게 동기를 부여하고 제한된 공감을 이겨내게 한다"고 주장하고, 파핏은 "우리 자신을 다른 사람 위치에서 상상해 보도록 하는" 황금률의 메커니즘에는 "우리를 도덕적으로 고무하는" 능력이 있다고 주장한다.[259] 황금률을 이해하기만 하면 곧장 실천으로 나아간다는 뜻이다. 하지만 태퍼Alan Tapper는 둘 다 틀렸다고 대놓고 비판한다.[260] 그냥 보고 느낄 수 있는 것을 황금률이 더 잘 느끼게 해 주는 것은 아니라는 말이다. 즉 상대의 딱한 사정을 직접 볼 때는 아무렇지 않았던 마음이 처지를 바꾸어 생각하는 황금률 회로를 거치고 나면 돕고 싶은 마음과 행동을 낳게 된다는 근거가 어디 있느냐는 것이다. 남이 나를 잘 대해 주기 바라는 내 이기적인 자아가 내가 남을 잘 대하는 행동으로 구현되지 않는다는 것이다.

황금률의 기초는 공감이다. 너와 내가 같은 사람, 같은 본질이라는 존재론적 바탕에서 출발한다. 그 공감이 함께 느끼는 연민sympathy이든, 감정이입을 하는 공감empathy이든 똑같다. 마음이요 정서다. 마음은 의지로 이어지고 행동을 낳는다. 흄에 따르면, 연민은 내 관점을 어려운 처지에 있는 다른 사람의 관점으로 전환하는 순간 생긴다.[261] 이슬람 학자인 안나임Abdullahi Ahmed An-Na'im은 처지를 바꿈으로써 상대가 "비인간적이거나 혐오스러운" 대우를 받는지 느낄 수 있다고 말한다.[262] 처지를 바꾸어 보는 일에는 분명 어떤 동력이 있다. 황금률 태도가 가진 힘이다. 하지만 그것을 느끼는 것과 실제로 실행하는 일은 다른 문제다. 황금률은 태도요 정신이다.[263] 도스토옙스키가 말한 사랑처럼 황금률도 실천하는 사람만이 그 동력을 느낄 수 있는 것일까?* 어떤 점에서는 종교 같기도 하다. 신앙을 갖지 않는 사람은 절대 이해할 수 없는 그런 영역 말이다.

오늘날 신경과학에서도 황금률을 다룬다. 한 연구는 뇌가 작동하는 네 단계를 분석하여 사람의 행동이 왜 황금률을 따르게 되는지 설명한다.[264] 핵심은 거울 신경 세포mirror neurons로서, 남의 행동을 마치 내가 행동하는 듯 비추어 주는 신경 세포다. 첫째, 내가 어떤 대상에게 할 행동을 고려하며 신경계에 반영하고, 둘째, 거울 신경 세포를 가동하여 행

---

* 『카라마조프 형제들』 1부 2권 4장을 보라.

동 대상을 그려보고, 셋째, 나와 그 대상 사이의 경계가 흐려지는데, 이때 공감과 관련된 뇌 신경계가 활동한다. 마지막 넷째로, 그려본 그 행동을 할 것인지 결정한다. 재미있는 설명이다. 내 머리에서 일어나는 일인데 내가 구경꾼인 듯 설명한다.[265] 나쁜 짓을 실행하는 사람은 셋째 단계가 고장이 난 사람이라고 분석한다. 이런 연구는 사람의 윤리가 생래적임을 보여준다. 보편성은 거듭 확인된다. 그리고 이런 연구가 더 진척되면 사람 특유의 이타주의와 그것이 작동하는 동력도 설명해 줄 수 있을지 모른다. 진화론적 설명과 손잡고 두뇌의 발전과정도 더 소상히 밝혀줄 수 있을 것이고, 그 과정에서 신경과학의 기본 전제인 유물론도 더 힘을 얻게 될 것이다.

최고의 도덕이지만 결국 질그릇 인간의 규칙이다. 허약한 인생이 가진 최고의 도덕이다. 규칙은 아름다우나 그 규칙을 만들고 사용하는 인간이 피조물의 한계와 죄의 본성을 가진 자들이다. 그래서 수많은 문제가 제기되지만, 시원한 답은 하나도 없다. 가장 찬란하게 빛난다 하는 규칙이 이 모양이다. 황금률의 여러 문제를 논의하면 언제나 비관과 낙관이 공존한다. 소통 문제도 이론을 따지고 들면 한없이 어렵다가도 막상 현장에서는 큰 어려움 없이 소통이 이루어질 때가 많다. 내용이 없어 상대주의로 흐를 수 있다는 지적 역시 모두가 다른 세상에서 적어도 상대를 나와 똑같이 존중하는 자세를 유지한다면 어떤 차이도 평화롭게 해결할 수 있을 것 같다. 알면서 행하지 않는 인간의 근본 문제가 황금률에도 적용되겠지만, 황금률을 깨닫게 하신 하나님의 일반 은혜가 오늘도 지속되고 있음을 믿는 가운데 자유를 가진 우리 인간의 책임도 계속 생각하게 된다.

4

칸트의 정언명령

황금률 비판

황금률을 논할 때 빼놓을 수 없는 사람이 계몽시대를 주도한 독일 철학자 이마누엘 칸트Immanuel Kant, 1724-1804다. 인간의 이성을 그 누구보다 신뢰하였던 칸트는 이성에 바탕을 둔 도덕철학 체계를 세우면서 그 중심에 이른바 '정언명령定言命令, Kategorische Imperativ'이라는 원리를 두었다. 그런데 칸트 윤리학의 핵심인 이 정언명령이 여러 가지 면에서 황금률과 통한다. 보기에 따라서는 황금률의 변형 또는 개량이라 할 수도 있다. 그래서인지 황금률과 관련한 많은 논의도 칸트의 정언명령과 이어 전개된다.

사실 칸트는 『도덕 형이상학 기초작업Grundlegung zur Metaphysik der Sitten』1785 및 『실천이성비판Kritik der praktischen Vernunft』1788 등의 저서에서 도덕철학을 폭넓게 다루는 동안 황금률을 직접 언급하거나 논의하지 않는다. 오직 한 번, 『도덕 형이상학 기초작업』 430쪽 각주에서 황금률을 일부

인용한 다음 간단하게 비판한 게 전부다.[266] 그런데 이 짧은 비판에 칸트 윤리학의 핵심인 정언명령이 일반적으로 알려진 황금률 및 그리스도께서 가르치신 황금률과 어떻게 이어져 있는지 파악할 수 있는 열쇠가 들어 있다. 칸트는 사람을 언제나 수단이 아닌 목적으로만 대해야 한다고 역설한 다음 아래의 내용을 각주로 달았다.

> "흔히 알고 있는 'quod tibi non vis fieri네가 네게 행해지기를 원치 않는 것' 등과 같은 구절이 여기서 길잡이 또는 원리 노릇을 할 수 있으리라고 생각해서는 안 된다. 그건 원리에서 파생된 것에 지나지 않으며 여러 가지 제약을 지니고 있기 때문이다. 그건 보편법칙이 될 수 없다."[267]

칸트가 라틴어로 인용한 다섯 낱말은 황금률의 전반부다. 『토비트』 4장 15절의 불가타역과는 제법 차이가 있는데, 홉스가 『리바이어던』에서 사용한 라틴어 문구와 낱말 하나의 위치만 빼고 똑같다.[268] 흔히 알고 있는 규칙이라 했으니 누구나 알고 있던 일반 황금률을 가리킨다. 황금률을 전체가 아닌 일부반, 그것도 부정문으로 된 것을 굳이 라틴어로 인용한 까닭은 교회나 당국과 충돌하지 않기 위해서라고 본다.[269] 또 황금률 전체를 긍정문으로 인용하면 자신의 정언명령과 비슷하게 보일 수 있어서 일부러 부정문 공식의 일부만 눈에 띄지 않게 언급했을 가능성도 있다. 어쨌든 여기서 비판하고 있는 대상이 황금률임은 분명하다.

비판의 핵심은 보편법칙이 될 수 없다는 것이다. 누구나 적용할 수 있고 언제 어디서나 타당한 그런 원칙이 못 된다는 말이다. 위의 인용문 이후에 이어지는 내용을 보면, 칸트는 세 가지 이유를 든다. 황금률은 첫째, 자신에 대한 의무의 근거를 갖고 있지 않고, 둘째, 다른 사람을 향한 '사랑의 의무Liebespflichten'의 근거도 담고 있지 않으며, 셋째, 다른 사람을 향한 '마땅한schuldig 의무'의 근거도 갖고 있지 않기 때문이다. 무슨 말인가?

첫째 이유는 칸트가 책 조금 앞에서 자신의 정언명령의 타당성을 입증하기 위해 든 보기 네 개를 보면 짐작할 수 있다. 정언명령은 자살을 허용하지 않고첫째 보기, 또 자신의 재능을 십분 계발할 것을 요구하지만셋째 보기, 황금률은 자신에 대한 이런 의무의 근거를 제공하지 못한다는 것이다.[270] 자살은 사람을 목적으로 대하라는 정언명령에 어긋나므로 정언명령은 분명 자살을 반대하는 것 같다. 하지만 남이 아닌 자기 자신은 "스스로 목적"인데, 그런 자신을 수단으로 이용하는 게 가능한지 질문할 수 있다.[271] 사실 황금률은 인간이 사회적 존재라는 전제에서 출발한다. 따라서 나와 남은 직간접으로 상호관계를 맺고 있으므로 자신에 대한 의무를 남에 대한 의무와 무 자르듯 나눌 수 없다. 자살은 가족과 친지에게 큰 상처를 주는 행위로서 남을 향한 의무가 내포되어 있으므로 황금률이 자살을 허용한다는 논리는 지나친 비약이다.[272] 게다가 자신의 욕망을 출발점으로 삼는 규칙을 두고 자신에 대한 의무의 근거가 없다 비판하는 것은 마치 아기에게 젖을 물리고 있는 어머니에게 자녀 사랑의 의무를 엄숙하게 일깨우는 것만큼 어색하다.

또 내가 고립된 존재가 아니라 전체 세계와 얽혀 있는 존재임을 생각할 때 황금률은 자기 계발을 위한 동기부여도 얼마든지 될 수 있다.[273] 우리가 자신을 돌보지 않으면 스스로 고갈되어 다른 사람에게 아무런 도움이 되지 않을 것이다. 심할 경우 손해를 끼칠 수도 있다. 그런데 우리는 다른 사람들이 그렇게 자신의 필요를 무시함으로써 우리에게 손해 끼치기를 바라지 않는다. 따라서 황금률은 우리 역시 자기 계발에 애써야 함을 얼마든지 일깨울 수 있다. 자기 계발을 강조하면서 남태평양 원주민들의 게으름을 꾸짖는 칸트의 글을 읽노라면 칸트보다 이천 년 전에 무위자연의 도를 가르친 노자가 문득 떠오른다. 물론 끝없는 발전을 꿈꾸던 계몽시대였으니 무한경쟁으로 다들 힘들어하고 있는 우리 시대와는 분위기가 많이 달랐을 것이다.

둘째 이유는 각주에서 조금 부연하고 있다. 내가 남을 돕지 않아도 된다면 나도 남의 도움을 받지 않겠다 하는 사람들에게는 황금률이 아무런 행동의 근거를 제공하지 못한다는 것이다. 칸트는 앞에서 네 번째 보기를 통해 사람은 다른 사람의 애정 없이 살 수 없는 존재임을 보임으로써 정언명령은 그런 단절적인 태도를 용납하지 않는다고 주장한 바 있다.[274] 하지만 내가 남을 돕지 않아도 된다는 조건으로 남의 도움을 받지 않겠다는 결론은 칸트 자신의 공리로는 성립할 수 있어도 황금률에서는 가능하지 않다. 칸트는 사람들이 남의 도움을 바란다는 사실을 부인하지 않는다. 중국의 서恕에서도 나는 남의 호의를 기대하는 사람이다.[275] 황금률에서는 내가 남의 도움을 받고 싶어 하느냐의 여부가 중요하며, 그 결과가 무엇이든 내가 남을 도울 의무에서 해방되는 것은 아니기 때문이다.[276] 따라서 황금률에 남을 향한 사랑의 의무가 없다는 비판은 타당하지 않다.

언뜻 보면 이 비판은 칸트가 인용한 부정문 황금률에는 적용할 수 있을 것 같다. 하지만 사실 부정문에도 긍정적 내용이 포함되고 또 다른 사람의 자립이나 고립을 존중하는 것도 내 적극적 애정의 구현일 수 있다. 그러므로 칸트가 정언명령을 부각하기 위해 부정문 황금률을 문자 그대로의 뜻으로 제한했다는 느낌이 든다. 게다가 사람은 혼자일 수 없다는 사실이 황금률의 보이지 않는 전제 아니던가. 파핏은 칸트가 황금률을 비판하기 위해 사용한 문장이 자신의 정언명령에는 적용할 수 있지만 황금률에는 오히려 해당하지 않는다고 지적한다.[277]

셋째 이유는 다른 사람에 대한 마땅한 의무의 근거도 담고 있지 않다는 것이다. 우리는 사랑의 의무 외에도 많은 의무를 서로에게 지고 있는데, 황금률은 그런 의무를 행할 근거를 제공하지 않는다는 비판이다. 칸트는 황금률에 근거해 판사에게 호소하는 죄수를 보기로 든다. 죄수가 소크라테스가 아닌 다음에야 당연히 관대한 처분을 바랄 것이요, 그렇게 되면 판사는 피고인의 처지를 지나치게 고려한 나머지 정의 구현이라는 본연의 임무를 저버릴 수 있으니, 황금률은 보편타당한 기준이 될 수 없다는 것이다. 하지만 이건 황금률을 잘못 적용한 경우다. 이 판사는 상대방의 희망이나 욕심을 자기 행동의 기준으로 삼는 오류를 범했다.[278] 황금률은 내가 남에게 기대하는 바를 기준으로 삼는 것이지, 거꾸로 남이 나에게 기대하는 바를 내 행동의 기준으로 삼는 것이 아니다. 게다가 상대를 앞세우는 백금률에서도 보편화 과정은 반드시 필요하다. 처지를 바꾸는 과정을 통해 나와 상대방이 함께 합리적으로 옳다고 판단하는 것을 기준으로 삼는 것이 황금률이다.[279]

칸트는 『실천이성비판』에서 황금률을 가역성 원리와 동일시하여 비판한 일도 있다. 물론 황금률이라 말하지는 않지만, 상대의 요구를 들어주는 원리를 양방향으로 적용할 때 생길 수 있는 문제를 지적한다. "오, 놀라운 조화여! 남편 마음이 곧 아내 마음이로구나!"[280] 하나가 되지 못한 부부의 결합이 서로 상대의 뜻을 따르다가 파국을 맞이할 수 있다는 것이다. 하지만 황금률은 칸트가 말한 그런 의무를 이미 품고 있다. 죄수에게 벌을 주는 것은 내가 혐오하는 것을 남에게 행하는 "오만한 친절의 원리"가 아니라[281] 황금률을 실천하는 올바른 방식일 뿐이다. 황금률을 제대로 이해한 판사라면 죄수에게 법의 존엄함을 일깨우고 사회를 보호하기 위해 자신에게 주어진 책임을 다할 것이다.[282] 이런 보기는 끝없이 많다. 자녀가 해 달라는 대로 다 해 주는 무책임한 부모나 게으른 학생에게 낙제점을 못 주어 성실한 학생에게 불이익을 안겨 주는 교수는 모두 라이프니츠나 칸트처럼 황금률을 양보의 원리로 오해하고 보편화 과정을 생략한 경우다.

칸트 윤리학

칸트 윤리학의 출발점은 도덕 일반에 대한 비판이다. 칸트는 절대적으로 필연적인 원칙을 목표로 하였기 때문에 경험 아닌 선험적인 지식, 곧 형이상학을 추구하였다. 황금률처럼 내가 좋아하거나 싫어하는 것에 바탕을 둔 윤리학은 경험에서 비롯되는 것이기에 절대성을 가질 수 없고, 오직 도덕 형이상학을 통해 얻는 선험적 원칙만이 보편타당성을 갖는다고 보았다. 황금률이 내가 남에게 기대하는 바를 출발점으로 삼는 것이라면, 칸트 자신의 윤리학은 내 기대나 욕망과 무관하게 마땅히 수행할 의무가 있다는 것이기 때문이다. 황금률이 "만약 이 일이 나에게 일어난다면?" 하고 물을 때, 칸트는 "만약 모든 사람이 이 일을 한다면?" 하고 묻는다.[283] 그런데 이 원칙은 모든 이성적 존재에게 적용되는 것이어야 하므로 그 원칙 또한 모든 이성적 존재 일반이라는 보편적인 개념에서 나와야 한다. 그 원칙이 바로 이성적 존재인 사람 마음에 자리 잡은 도덕 법칙이다.[284] 도덕성이 이성, 곧 사람의 사람 됨 자체에 근거하고 있다는 칸트의 이 통찰은 사람의 본질이 곧 도덕적 존재라는 선언으로서, 칸트의 도덕철학이 인류에게 전하는 가장 강력한 메시지라 할 수 있다.

칸트는 뉴턴의 자연과학을 전적으로 신뢰했다. 자연의 모든 것이 법에 따라 움직이는 가운데 오직 이성을 가진 존재만이 법에 따라 행동할 능력을 갖는다. 이 능력을 의지라 부르는데, 법에서 행동을 끌어내기 위해서는 이성이 필요하므로 의지는 곧 실천이성이다.[285] 의지는 이성이 실천적으로 필연적이라 인식하는 것만 선택해야 하는데, 현실에서는 자극이나 동기부여 같은 주관적 조건의 영향을 받는다. 신이라면 의지 자체가 법과 필연적으로 일치하겠지만, 사람은 주관적 제약이 있다. 따라서 사람의 의지가 객관적 법과 일치하도록 만드는 어떤 명령이 필요하다. 이 명령에는 두 가지가 있다. 하나는 어떤 목적을 이루기 위한 행동의 경우로 가언假言, 조건적 명령이라 하고, 다른 하나는 목적과 무관하게 그 자체로 객관적으로 필연적일 경우로 정언명령이라 한다. 정언명령은 무조건 그 자체로 좋은 어떤 것을 추구하는 행동이다.[286] 오직 명령이기 때문에, 법이기 때문에 실천해야 한다는 것이 가장 이상적이다. 사람에게 그런 능력이나 가능성이 있는가 하는 것은 물론 별도의 문제다.

칸트는 정언명령을 한 문장으로 제시한다.

"네 의지의 준칙이 보편적인 법칙이 되기를 동시에 바랄 수 있게끔 행동하라."[287]

쉽게 말해, 내가 어떤 행동을 할 때 그 행동의 원칙이 시간과 장소를 초월하여 모든 사람에게 동시에 적용되어도 괜찮을 원칙에 따라 행동하라는 말이다. 약간 다른 표현도 있다.

"네 행동의 준칙이 마치 네 의지를 통해 보편적인 자연법칙이 될 것처럼 행동하라."[288]

내가 하는 행동이 자연법칙 정도의 보편타당성을 갖도록 의지를 발휘해야 한다는 이야기다. 자연과학적 보편성이라면 예외를 허용하지 않을 정도로 완벽한 것이다. 핵심은 의지의 보편화 가능성 여부다. 내 의지를 어떻게 발휘하여야 내 행동이 언제 어디서나 유효한 보편법칙으로 발전할 수 있을까?

칸트는 이후 정언명령을 하나 너 추가한다. "사람을 언제나 목적으로 대우하라"는 것이다.[289] 이성적 존재인 사람은 누구나 자신이 그 자체로서 목적으로 존재한다는 것을 안다. 따라서 이 주관적인 판단을 똑같은 이성적 근거로 보편화시켜 객관적 원칙으로 삼아야 한다. 황금률이 말하는 대우 받고자 하는 대로 대우하라는 명령의 뜻을 칸트는 내가 사람답게 대우받고 싶으니 나도 다른 사람을 사람답게 대우해야 한다는 명제로 푼 셈이다. 황금률과 정언명령은 사람을 사람으로 존중하는 이 지점에서 가장 깊이 통한다.[290] 아마도 그랬기에 바로 이 명령에 황금률을 비판하는 각주를 단 것이리라.*

칸트는 『도덕 형이상학 기초작업』에서 다룬 내용을 『실천이성비판』에서 다소 자세하게 설명한다.[291] 그간에 제기된 합당한 비판에 대해서도 자세하게 답한다. 실천이성이란 의지를 결정하는 기능으로서 행동의 일반 원리를 개별 상황에 적용하는 역할을 한다. 만약 그 원리가 주체의 욕망에 근거하면 욕망의 대상이 언제나 우연적이므로 준칙이 된다.[292] 따라서 보편적으로 성립하는 실천적 법이 되려면 법적 근거가 '내용content'에 있어서는 안 되며, 보편적으로 적용 가능한 '형식form'에 있어야 한다.[293] 그런데 오직 형식에만 근거한다 해도 법이 존재하기 위해서는 반드시 내용을 가져야 한다. 그런데 내용이 형식보다 위에 있어서는 안 되므로, 법은 첫째 정언명령과 같이 되어야 한다. 실천이성은 법의 형식이라는 이념에 따라 행동하므로 감각 세계에서는 독립되어 있으며, 따라서 자유롭다. 그런데 의지가 자유롭다면 규칙의 지배를 받아야 하는데, 의지의 자유를 제한하는 물질의 제한을 받지 않는 규칙이어야 하므로 내용과 형식이 일치하는 규칙, 곧 정언명령의 지배를 받는다. 그러므로 실천이성을 따르는 삶은 자율적 삶, 곧 자유의 삶이 된다. 우리가 자유를 의식하는 것은 자유를 가졌다는 감각이 아닌 자유에 대한 의식을 통해서다. 우리 행동은 자기 사랑에 의해 움직이지만 도덕 법칙이 문제가 되는 순간 우리는 자기 사랑을 통제할 수 있음을 깨닫는다. 하지만 도덕 법칙에 대한 의식은 선험적이어서 분석할 수는 없다.

---

* 황금률과 사람다운 대우는 한스 큉이 훗날 만든 지구촌 윤리 선언에도 나란히 반영되어 있다. 이 책 251-255쪽을 보라.

　　칸트는 자기 윤리학의 기초를 설명하는 과정에서 황금률을 거의 무시하는 듯 보인다. 그렇지만 칸트의 정언명령 자체를 찬찬히 살펴보면 황금률이 말하고자 하는 바를 일반화시킨 것, 다시 말해 황금률이 너와 나 사이의 법칙으로 말하는 것을 모든 사람에게 확대 적용한 것이라는 인상을 받는다. 오랜 추상화 과정을 거쳐 만들어진 그 공식을 한 단계 더 추상화시킨 셈이다. 학자들 가운데 칸트의 정언명령이 황금률을 일반화시킨 것이라고 주장하는 사람이 아주 많다.[294] 칸트의 도덕 철학의 기초를 면밀히 분석한 쇼펜하우어Arthur Schopenhauer, 1788-1860도 칸트의 정언명령이 사실 자신이 비판한 황금률의 "모호하고 위장된 표현"이라 지적한다.[295] 칸트 자신이 황금률은 정언명령이라는 '원리'에서 '파생된' 것이라 하였으니, 역으로 황금률에서 정언명령으로 거슬러 올라갈 수도 있다는 이야기다. 칸트의 정언명령은 소크라테스가 황금률 사고를 통해 얻고자 하였던 이상을 추상적 원리로 표현한 것일 수도 있다. 너와 나의 생각을 뛰어넘고 개인의 유익과 공동체의 유익마저도 넘어서는 어떤 선하고 아름다운 이상, 곧 보편 진리에 도달하겠다는 것이다. 자신의 정언명령이 누구에게나 적용할 수 있는 보편타당한 원리라는 칸트의 주장이 옳다면, 황금률 역시 칸트가 정언명령으로 개량하기 이전에도 이미 누구에게나 적용할 수 있는 보편타당한 원리였다.

　　정언명령은 황금률과 다르다. 차이는 추상적 원리를 한 번 더 일반화했다는 점에 있다. 황금률이 행동에 집중한다면, 칸트는 의지의 원칙에 초점을 둔다. 파핏은 정언명령과 황금률의 차이를 이렇게 표현한다.

"황금률은 (남에게 짐을 지워 우리가 덕을 보는) 그런 행동을 정죄한다. 왜냐하면 우리는 다른 사람들이 우리에게 그런 행동들을 하기를 바라지 않기 때문이다. 하지만 칸트의 공식을 우리가 어떤 공리에 따라 하는 행동에 적용하면 우리는 우리가 남들이 이것들을 우리에게 하는 것이 옳다고 합리적으로 바랄 수 있는지 묻지 않는다. 우리는 모두가 이것들을 남들에게 하는 것이 옳다고 합리적으로 바랄 수 있는지 묻는다. 그리고 우리는 설령 모두가 이것들을 남들에게 한다 치더라도 아무도 그것들을 우리에게는 하지 않을 것임을 알게 될 수도 있다."[296]*

"모두"나 "아무도"는 현실에는 존재하지 않는 사람일 가능성이 크다. 물론 황금률도 모두에게 적용하기 위한 윤리로 보편성을 지향하는 가운데 구체적인 삶의 맥락을 떠날 가능성이 있다. 하지만 정언명령은 황금률 이행을 위해 요구되는 상상력조차 배제한다.[297] 황금률보다 한 걸음 더 나아감으로써 더욱 넓은 추상의 세계로 나가 어쩌면 내 현실과는 아무 상관이 없는 규칙이 될 수 있다.

칸트는 자신의 정언명령이 형식적 보편성에 근거했다는 점에서 황금률과 다르다고 본다.[298] 하지만 황금률 역시 보편성을 추구한다는 점에서 정언명령과 같은 길을 간다. 이 점에서 황금률이 가진 근본적인 문제가 칸트의 정언명령에도 그대로 나타난다. 어쩌면 칸트가 논리적으로 잘 갈무리해 주었기 때문에 문제도 더 뚜렷하게 드러났다 할 수 있다. 보편적인 법칙으로 만들긴 하였으나 보편성을 위해 구체성, 곧

---

* 강조 표현은 파핏이 한 것이다.

실제 내용은 누락되고 말았다. 칸트 윤리학에 대한 비판 가운데 가장 많이 알려진 것이 '공허한 형식주의empty formalism'라는 비판이다. 이는 헤겔G. W. F. Hegel, 1770-1831이 처음 제기한 이후 오늘까지 꾸준히 이어져 온다.[299] 행동의 내용과 무관하게 오직 법을 따르고자 하는 형식에 초점을 맞추기 때문에 피하기 어려운 비판이다. 윤리의 원리가 '오직 선험적'이어야 한다면 '오직 형식적'일 수밖에 없고, 따라서 경험은 바깥 세계에 속하는 객관적 경험이든 내 의식에 속하는 주관적 경험이든 전적으로 배제될 수밖에 없다. 공리주의자 밀은 이것을 "참 어처구니없는 실패"라 부른다.[300] 여기서 칸트 윤리학에 대한 비판이나 그 비판에 대한 반론을 다 다룰 수는 없으나, 정언명령과 황금률이 보편타당성을 추구하는 최고의 법칙으로서 근본 문제 하나를 공유하고 있다는 점은 분명하게 확인할 수 있다. 이를테면 '법을 지키라'는 고상한 명령을 내리면서도 그 법이 무엇인지 말하지 않으면, 법의 내용을 이루는 하위 규정끼리 충돌을 일으킬 때 아무런 지침이 되지 못하는 것과 같다. 그런 모순 때문에 "착하게 살자"거나 "훌륭한 사람이 되자"와 같은 이상적인 구호가 폐쇄된 조직이나 국가에서 범죄에 악용되기도 한다.

황금률도 보편을 추구하나 정언명령과는 다르다고 보는 이들도 있다. 언제나 구체적인 상황을 마음에 품고 있기 때문이다.[301] 황금률은 내가 좋아하거나 싫어하는 것을 경험적 내용으로 가지므로 비록 형식적이긴 해도 정언명령과 달리 공허하지는 않다는 것이다.[302] 하지만 황금률도 내용이 없는 형식적 규정임은 분명하다. 사랑하라든지, 정의롭게 살라든지, 자비를 베풀라는 말은 황금률에 없다.[303] 그리고 그런 의미에서는 정언명령도 삶에 적용하는 원칙인 만큼 아무 상황이나 구체적인 내용이 없는 공허한 규칙일 수는 없다. 다만 정언명령을 적용하는 우리 마음에서 나와 남이 엮이는 대신 온 인류와 남들이 나와 무관한 존재로 떠오르게 된다면 황금률과는 다르다고 볼 수 있다. 그래서 칸트의 정언명령과 황금률을 상보적 관계로 풀려는 이도 있다. 정언명령이 황금률의 합리적 범위를 밝혀주고 황금률은 정언명령 적용을 위한 영적 기초를 제공한다는 것인데,[304] 이 또한 정언명령은 형식이 중심이고 황금률은 구체적 내용에 방점을 두는 해석이다.

칸트가 전통적인 황금률을 개량해 정언명령을 만들었다면 쇼펜하우어는 칸트의 정언명령을 다시금 고쳐 자신의 윤리 기초를 정립하였다.

"아무도 해하지 말고 모두를 도우라. 네 힘이 닿는 데까지."[305]

긍정문 부정문 황금률을 아우른 모양새다. 해하지 말라는 것은 인도 종교나 루소의 강조점이고, 도우라 한 것은 기독교의 가르침 같다. 그렇지만 쇼펜하우어 자신도 도덕 원칙을 "가장 짧고 간결한 규정"[306]으로 추구한 이상 자신이 칸트의 정언명령에 가했던 그 비판을 피하기 어렵다. 간결한 만큼 추상적이어서 모든 것을 담을 수 있을 것 같은데 실상은 담을 게 하나도 없다. 법 아닌 연민Mitleid에서 출발해도 마찬가지다. 어떻게 하는 것이 해하는 것인지, 또 무슨 도움을 어떻게 주어야 하는지 사람마다 생각이 다를 수 있기 때문이다. 모든 경우에 다 적용되는 보편법칙이 가진 운명을 칸트의 정언명령, 황금률, 쇼펜하우어 자신의 윤리가 공유한 셈이다.

보편만을 추구하는 윤리학은, 말하자면 관념 속에 있는 이상적인 사람을 사랑하게 하지만, 현실 세계를 살아가는 실제 사람을 사랑할 방법은 가르쳐 주지 않는다. 이성을 가진 인간으로서 보편을 추구하는 일은 지극히 당연하지만, 구체적인 현실에서 멀어지는 부작용이 뒤따른다. 황금률을 칭송하면서 칸트의 정언명령을 비판하는 리쾨르는 정언명령을 수행하는 '나'는 '보편적인 나'라고 지적하였다. 배경이나 성품 등 아무런 차이를 용납하지 않는 주체이니 모든 '나'가 똑같을 수밖에 없다는 것이다. 하지만 리쾨르의 생각과 달리 황금률을 실천하는 '나'도 결국은 마찬가지다.[307] 정언명령이 가진 그 추상성을 황금률도 똑같이 갖고 있기 때문이다. 결국 이런 태도는 이성의 절대성을 신뢰한 근대적 태도가 내포한 문제일 수 있다. 근대의 비조鼻祖 데카르트는 의심하는 자신의 존재를 확실성의 근거로 삼았지만, 그 근거 역시 추상적 생각의 하나로서 "너무나 엄격하여" 구체적인 삶의 경험적 진술들을 뒷받침하는 토대가 될 수는 없었다.[308]

> "실제적인 것이 실제적인 것은 꼭 한 때만,
> 그리고 꼭 한 곳에서만이다.
> 난 사물들이 있음을 즐긴다."*

엘리어트가 〈재의 수요일Ash Wednesday〉에서 이렇게 노래했다. 우리는 그렇게 시간과 공간에 제한된 구체적인 삶의 정황을 살아간다. 갖가지 삶의 정황이 수많은 차원으로 뒤엉킨 복잡한 세상이다. 헤라클레이

---

* "And what is actual is actual only for one time/ And only for one place/ I rejoice that things are." T. S. Eliot, 〈Ash Wednesday〉을 보라.

토스가 언급한 흐르는 강물 아니라 거울처럼 잔잔한 호수라도 같은 물에는 두 번 들어갈 수 없다. 언제 어디서든 모두에게 적용되는 보편법칙을 어떤 방법으로 그런 구체적이고 개별적인 현장에 잇댈 수 있을까? 나의 삶과 내 곁에 선 쌍둥이 동생의 삶조차 비슷할 수 없는 세상에서 보편 윤리는 우리에게 어떤 지침을 줄 수 있을까? 구체성이 결여된 원리라면 가치관끼리 충돌을 일으킬 때 그 누구의 손도 들어줄 수 없을 것이다. 도덕성이 땅에 떨어진 우리 시대에 사람이 곧 도덕이라는 칸트의 외침은 거듭 새겨들어야 할 값진 가르침이 분명하지만, 정언명령이든 황금률이든 우리 손이 닿지 않는 너무 높은 곳까지 올라가 버렸다는 느낌을 지울 수 없다.

결국 앞에서 살핀 역설로 돌아간다. 간략하기에 많이 담을 수 있다. 중립적 원리여서 서로 대립하는 가치관 사이를 중재할 수 없을 것 같다가도, 뒤집어 보면 그런 근본적인 원리이기에 현장에서는 오히려 힘을 발휘할 수 있다. 형식 위주의 추상적 원리이기에 현실에서 너무나 동떨어진 것 같은데, 반대로 오히려 그렇게 높이 떠 있기 때문에 정반대의 가치를 가진 것들을 일관되게 논의하고 실천할 수 있게 해 주는 것 아닌가.[309] 모두가 공유하는 기초적 가치를 침해하지 않으면서 서로 존중하기만 한다면 말이다.

5
정의와 평화의 황금률

이론과 실천 양면에서 수많은 문제를 안고 있는 황금률이지만, 현실 가운데서는 많은 사랑과 관심뿐 아니라 신뢰까지 받고 있다. 황금률은 오늘날도 보편 윤리의 기본 원칙으로 전 세계에서 일하고 있다. 어디에나 있는 원리, 그래서 우리 모두의 마음에 있는 것으로 확인된 그 원리를 바탕으로 인류의 보편가치인 정의, 평등, 박애, 평화를 이루어 보려는 노력이 진행되고 있다. 나와 남을 동등하게 배려함으로써 모두에게 유익이 되는 선을 추구하는 일이다. 오늘날 황금률은 개인과 개인 사이의 윤리뿐 아니라 나라와 나라 사이, 나아가 인간과 자연환경의 관계에도 적용되고 있다. 개인의 인권, 사회 질서, 국제 관계, 환경 문제 등을 논의하고 모두의 공존을 위한 해법을 찾고자 할 때 황금률이 긴요하게 사용되고 있다. 종교가 있든 없든, 신의 존재를 믿든 믿지 않든, 사람이라면 누구나 공감하는 원리가 된 것이다.

톨스토이와
간디

　　19세기 말 20세기 초의 사회적, 경제적, 국제적 혼란상 가운데 적지 않은 지성인이 공존과 평화를 위한 지침으로 황금률을 제시했는데, 그중 대표적인 인물이 러시아의 사상가 톨스토이 Lev Tolstoy, 1828-1910다. 비판적 지식인의 대부 톨스토이는 『전쟁과 평화』, 『부활』 등 소설로도 유명하지만, 『바보 이반』, 『사람은 무엇으로 사는가』, 『그렇다면 우리는 무엇을 할 것인가』 등의 저술로 당시의 사회, 경제적 불평등과 부조리를 신랄하게 고발했다. 또한 행동하는 지식인으로서 노동자의 해방과 복지를 위해 몸을 던졌는데, 톨스토이가 사회 개혁과 노동자 해방을 위한 지침으로 제시했던 것이 바로 황금률이다. 『종교란 무엇인가』[310]라는 저서에서 그는 신이 모든 것의 원천이라 전제하고,* 인간에게는 신에게서 유래된 본질이 있다는 유대교와 기독교의 가르침을 수용하여, 우리가 어떻게 사느냐에 따라 이 본질이 증대되기도 하고 감소하기도 한다고 주장했다. 인간의 신적 본질을 구현하려면 감정을 누르고 사랑을 증대해야 하는데, 이것을 성취하는 유일한 수단이 바로 황금률을 실천하는 것이다.[311]

　　톨스토이는 노동자들의 고통에 특히 적극적 관심을 보였다. 그는 〈유일한 방법〉이라는 글에서 노동자들을 괴롭히는 빈부격차, 산업화 문제, 군대, 세금 등 사회 전반의 모든 문제를 해결하는 "유일한 방법"으로 황금률을 제시한다.[312] 비록 황금률이라는 용어는 사용하지 않지

---

* 톨스토이는 신을 논하지 않는 불교에서도 니르바나(해탈)를 신과 통하는 개념으로 해석한다. Tolstoy, "What is Religion," 40을 보라.

만, 황금률을 "하나님의 법"이라는 이름으로 이렇게 소개한다.

> "이천 년 전 하나님의 법이 사람들에게 알려졌다. 상호성의 법으로
> 서, 사람은 남들이 자기에게 해 주기 바라는 대로 남들에게 해야 한
> 다는 것이다. 중국의 선생 공자의 표현대로는, 네가 남들이 네게 하
> 기 원치 않는 것을 남에게 해서는 안 된다."[313]

톨스토이가 볼 때 이 규정은 간단하고, 모두가 이해할 수 있고, 인간
에게 가능한 최대한의 복지를 제공하는 게 명백하다. 그리스도께서 이
법이 전체 성경이라 하셨으니, 기독교인들은 이 규정을 그 누구보다 열
심히 지켜야 한다.[314] 그런데 2천 년 전에 밝혀진 법이 여태껏 실현이
안 된 이유는 무엇일까? 소수의 가진 자들이 그 법을 덮어 버렸기 때문
이다. 숨길 수 없을 정도로 너무나 명백하기에 다른 법을 잔뜩 만들어
그 아래 파묻어 버렸다.[315] 단순한 십계명을 복잡한 규정으로 만들어 못
지키게 된 유대인의 전철을 밟은 것이다.

톨스토이는 황금률의 보편성을 이용해 세계평화까지 이루고자 했
다. 물론 다양한 가치관, 이를테면 사해동포주의와 공동체주의가 서로
대립하는 세상에서 모두의 합의를 끌어내기는 쉽지 않다. 하지만 그리
스도께서 가르치신 황금률은 다른 종교에도 있을 뿐 아니라 철학자들
도 가르치고 또 직관적으로 누구나 깨달을 수 있으므로,[316] 이를 통해
세계평화와 인류 공영을 이룰 수 있다고 믿은 것이다. 구현 방법으로는
훗날 인도의 지도자 간디에게 영향을 끼친 비폭력을 채택했다.[317] 교회
가 절대 써서는 안 되는 것이 폭력이라고 톨스토이는 역설했다. 황금률

종교만 있으면 외교관, 국제법, 평화회의, 정치 경제학자, 사회주의자들의 도움이 없이도 평화롭고, 다정하고, 행복한 삶이 온 인류에게 임하게 될 것이라 주장했다.[318] 무정부주의에 가까운 톨스토이의 주장은 우리 시대에 허황하게 들릴 부분도 없지 않으나, 톨스토이가 황금률을 유일한 기초로 본 이유는 평화와 공존을 위한 출발점이 남의 아픔에 대한 공감이라 믿었기 때문이다.[319]

톨스토이와 교감을 가진* 인도의 지도자 간디Mahatma Gandhi, 1869-1948 역시 황금률을 가르쳤다. 간디는 우선 판단을 받지 않으려면 판단하지 말라는 말씀을 황금률로 소개한다.[320] 반대자들을 악인으로 비난하지 말라는 경고였다. 간디는 자신의 비폭력이 "남들이 네게 해 주었으면 하는 대로 남들에게 하라"는 황금률을 따른 것임을 설명한다.[321] 마하바라타의 부정문이 아닌 성경의 긍정문 공식이다.** 하지만 정신은 부정문에 가깝다. 황금률의 본질은 '상호 관용mutual tolerance'인 까닭이다.[322] 간디는 다원주의 관점에서 황금률의 중요성을 설명한다. 너와 나의 생각은 절대로 같을 수 없다. 우리 각자가 진리를 서로 다른 각도에서 단편적으로 보기 때문이다. 만약 우리 행동을 남에게 강요한다면 그 사람들의 양심의 자유는 견딜 수 없을 정도로 침해를 당할 것이다. 그렇기에 상호 관용의 황금률은 우리 행동의 좋은 안내자가 된다. 상대방의 관점을 이해하는 일에 최선을 기울여야 하며, 혹 수용할 수 없을 때도 "그가 우리 관점을 존중해 주기 바라는 그대로 전적으로 존중해야"

---

* 간디는 영국 유학 중이던 1909년에 톨스토이에게 편지를 보내 톨스토이가 죽던 1910년까지 여러 차례 편지를 주고받으며 비폭력과 국제정세에 대한 생각을 나누었다.

** 간디는 남들이 폭력을 쓰지 않기를 바라는 마음으로 자기도 폭력을 쓰지 않았고, 자신이 남들의 잘못을 입증한 것처럼 남들도 자기 잘못을 입증해 주기를 바라는 마음이라는 뜻으로 긍정문을 사용했다.

한다.[323] 간디는 또한 약자 중심의 도덕을 펴 균형을 꾀한다. 상반되는 해석이 있을 때는 언제나 약자의 해석을 수용하는 것이 '황금률'이다.[324] 말하자면, 간디의 약자는 레비나스의 타자인 셈이다. 약자, 곧 타자의 권리에 대한 존중과 배려가 간디의 글 전반에 넘친다.

사회복음주의

19세기부터 20세기 초까지 월터 라우션부시Walter Rauschenbusch, 1861-1918 등을 중심으로 미국, 캐나다 등지에서 사회복음주의 운동The Social Gospel Movement이 활발히 전개되었다. 개신교인들이 주도한 기독교 사회주의 운동으로서, 하늘 뜻을 땅에서 이룬다는 주기도문에 근거하여 구원의 의미를 개인과 사회의 삶 전반에서 구현하고자 했다. 운동의 뿌리는 성경 외에 톨스토이, 러스킨John Ruskin, 마치니Giuseppe Mazzini 등의 사상이었다. 예술의 아름다움은 진리와 도덕까지 포괄한다고 믿은 러스킨은 산업화가 가져온 비인간화와 자본주의의 폐해를 고발하였고,[325] 이탈리아 통일을 추구한 민족주의자 마치니는 사회적 불평등과 인권 유린에 항거하였는데, 특히 큰 영향을 끼친 것이 톨스토이가 가르친 원리, 곧 황금률에 근거한 사회 변혁이었다.

이들은 개인이 저지르는 죄보다 인종차별이나 빈부격차 같은 구조적 죄가 사회에 더 해를 끼친다고 보았는데, 이들이 불평등, 빈곤, 알코올 중독, 범죄, 노동착취 등 사회적 문제를 해결하려 할 때 근거로 삼은 원리가 바로 황금률이었다. 이들은 황금률 자체를 사변적으로 논의하는 대신 일반적인 상호성의 규칙, 곧 상대를 배려하고 존중하는 규칙으로 황금률을 이해했다. 부의 편중이 시장경제와 민주주의를 무너뜨릴 수 있음을 인식하고 황금률을 실천하여 가난한 사람들의 삶의 질을 높이는 것을 목표로 삼았다. 사회복음주의자 대부분은 후천년 종말론을[*] 신뢰하여 자신들의 노력이 그리스도의 재림을 앞당기는 것이라 믿었다.[326] 이들은 또 산상수훈을 인류 사회 전체를 위한 말씀으로 보고 그 전부를 사회 모든 영역에 구현하고자 애썼는데, 자신들의 그런 노력을 "응용 기독교Applied Christianity"라 불렀다.[327]

사회복음주의의 선구자 워싱턴 글래든Washington Gladden, 1836-1918은 존경받던 회중교회 목사였는데, 1905년 해외선교부에게 억만장자 록펠러가 낸 10만 불 기부금을 돌려주라 촉구한 일로 유명하다. 글래든이 볼 때 그 돈은 기업 윤리를 위반한 "더러운 돈tainted money"이어서 교회가 받을 수 없다는 것이었다.[328][**] 글래든은 모든 경제, 사업, 정치 활동에 황금률을 적용해야 한다고 목소리를 높여 사회복음 활동가들에게 크게 영향을 미쳤다. 이들의 활동 덕분에 그 기간1913-1920에 채택된 여러 미국수정헌법16, 17, 18, 19조은 미국을 더욱 정의롭고 공정한 사회로 만들었다는 평가를 받는다.[329]

사회복음주의자들은 황금률을 이웃 사랑의 올바른 방법으로 이해하고 그것을 사회에 어떻게 적용할 것인지 고민했다.[330] 그 무렵 찰스 셸던Charles Sheldon 목사가 발표한 소설의 부제 "예수라면 어떻게 했을까What Would Jesus Do?"라는 문장이 사회복음의 핵심 주제로 자리를 잡았

다.[331]* 이들은 고난을 겪는 노동자, 빈민, 소외된 자들을 예수의 마음으로 바라보았으며, 노동조합 운동 등을 통해 사회와 기업의 구조를 바꾸는 일에도 진력했다. 이들은 "주여, 주여" 하고 부르기만 해서는 안 되고, 실천적인 일, 이를테면 노동자들의 노동 시간을 줄여 가정, 학교, 교회에서 더 많은 시간을 갖도록 돕는 것이 황금률을 실천하는 방법이라고 보았다.[332] 사회복음주의 운동의 주역으로 사회 개혁을 위해 일하던 선구자들은 "황금률의 기사들"이라 불렸다.[333] 이들은 현대의 정치 체제가 사실상 황금률에 기반을 두고 있으므로,** 황금률을 실천하려는 노력은 곧 사회 전체를 발전시키는 일이라고 믿었다.[334]

사회복음주의 운동은 수십 년 북미를 주도하다가 약해졌지만, 북미의 주류 기독교 교파에 큰 영향을 끼쳐 사회의 제반 문제에 주목하게 하였고, 여성 참정권, 금주법 등을 이루어내기도 했다. 사회복음주의 운동은 이후 흑인민권운동에도 큰 영향을 끼쳤으며, 오늘까지 기독교 사회단체들의 활동 가운데도 여전히 영향력을 보이고 있다. 물론 목회자들이 주도한 사회 개혁 운동이라는 한계는 있었다. 더 큰 문제는 근대적 이상을 따라 인간 본성을 신뢰하고 모든 것을 낙관적으로 기대했다는 점이다.*** 죄가 힘을 쓰는 세상에서 사회 구조 개선은 한계가 분명한데도 황금률을 만병통치약으로 생각했다면 분명 큰 잘못이다.[335]

---

* 교회 목사와 실직 노동자의 만남을 시작으로 경제, 사회적 문제들을 다루어 가면서 그런 문제에 무관심한 교회를 꾸짖는 내용이다. 그런데 출판사가 저작권 등록 때 실수하여 다른 출판사 16곳이 저작권 없이 책을 대량으로 출간하는 혼란을 낳았다. 예수라면 어떻게 하셨을까?

** 홉스, 루소 등의 사회계약설을 의미한다. 이 책 152-159쪽을 보라.

*** 사회복음을 열렬히 지지한 미국 윤리학자 라인홀드 니버(Reinhold Niebuhr)는 사회복음주의자들 특히 라우선부시의 낙관적 인간관을 강하게 비판했다.

그렇지만 예수의 마음으로 약자들을 돕고 사회를 더 낫게 바꾸려 한 이들의 노력은 분명 인류 보편의 황금률이 가르치는 최고의 이상을 기독교의 이름으로 구현하려 한 아름다운 시도였다.

웨스트민스터 신학교 설립자인 그레섬 메이천John Gresham Machen, 1881-1937은 황금률에 집착하는 사회복음주의를 강하게 비판했다.[336] 메이천은 이들이 가진 자유주의 신학을 "구원 없는 현대 종교"라 규정하고,[337] 이들이 신학에도, 기적에도, 속죄에도, 심지어 천국이나 지옥에도 관심이 없다고 지적한다. 메이천은 사회복음주의자들의 관점을 이렇게 요약한다.

> "우리는 황금률이 삶의 지침으로 충분합니다. 사회의 모든 문제에 대한 해결책이 산상수훈의 단순한 원리들에 담겨 있다고 우리는 봅니다."[338]

이에 대해 메이천은 산상수훈과 황금률은 보편적 사회윤리로 주어진 것이 아니라 교회에 주신 명령이라고 지적한다. 또 산상수훈은 순종하라고 주신 말씀이라기보다 마치 옛 율법처럼 우리의 무능함을 알고 그리스도를 의지하게 만드는 말씀이라고 푼다.[339] 그리고 사회복음주의자들이 황금률을 보편적으로 적용할 상호성의 법칙으로 잘못 해석하여 결국 술주정뱅이끼리 서로 마음껏 술을 사줄 수 있게 하는 그런 규칙으로 만들었다고 비판한다. 황금률을 잘못 강조해 사회의 도덕적 진보를 오히려 가로막았다는 비판이다. 그러면서 그리스도의 황금률은 세상이 아닌 그리스도인에게 주신 규칙으로서, 순수한 욕망을 가진 이들만이 사람들이 자기들에게 고상하고 순수한 것을 해 주기 바랄 것이기 때문에, 황금률은 오직 그리스도인만이 실천할 수 있는 규칙이라 하였다.[340]

산상수훈이나 황금률의 뜻에 대해서는 의견이 다를 수 있으나 복음의 참뜻에 대한 메이천의 지적은 옳다. 복음은 예수 그리스도의 대속적 죽음과 믿는 자들에게 주시는 구원이다.[341] 다만 그렇게 얻은 구원이 우리의 인격과 삶에 어떤 모습으로 나타나야 하는가에 대해서는 더 생각할 필요가 있다. 메이천은 생활 환경을 낮게 만드는 일이 좋은 일이라 평가하면서도 복음의 가치에 비하면 아무것도 아니라고 딱 잘라 말함으로써 복음과 사회적 책임을 분리하는 태도를 보인다.[342] 복음은 삶의 모든 면에서 구원을 가져오는 온전한 복음이다. 교회가 그리스도의 평화의 복음을 말로만 전하고 그것을 현장에서 구현하는 일은 외면해도 좋을 근거가 무엇인가? 복음을 전했는데도, 그래서 당시의 영국이나 미국처럼 국민 과반수가 교인인데도, 불의, 불공평, 억압, 독점, 약탈 등 구조적 악이 여전히 세상을 주도하고 있다면 복음이 문제인가, 아니면 그 복음을 믿는다는 사람이 문제인가? 인간의 삶 자체가 하나님께서 존귀하게 창조하신 피조물의 영역이고, 그래서 하나님의 일반 은혜가 작용하는 영역임을 고려한다면 복음과 그 결과를 떼놓을 수 없다. 물론 전도가 첫째다. 하지만 그리스도의 주권은 개인의 삶뿐 아니라 그 사람의 삶 모든 영역에서 나타나야 마땅하다. 1974년 전도와 참여를 아우르는 온전한 복음을 표방하며 시작한 로잔 운동Lausanne Movement도 복음의 이러한 사회적 측면을 복음주의 전통에 품어 균형을 이루고자 한 노력이라고 볼 수 있다.* 그 귀한 복음의 결과가 삶에서 구현되지 않는다면

---

* 사회복음주의 운동이 세계교회협의회(WCC)로 이어지면서 복음 전도가 약해지자 전도를 다시금 핵심으로

영혼 없는 몸처럼 죽은 것이라 해야 옳다약2:26.

보편적 확산

사회복음주의가 활발히 활동하던 19세기 말, 20세기 초에는 온 미국이 이 황금률에 매료되었다. 미국의 대표적 유통기업 제이씨 페니J. C. Penney가 이 무렵 창업되었는데, 창업자 페니가 처음 일했던 가게 이름이 '황금률 가게'였다. 페니는 나중에 자기 회사를 설립한 뒤 이 가게들을 모두 사들였고, 페니 자신도 황금률을 사훈으로 내세워 사업을 크게 번창시켰다.[343] 성공학으로 이름을 날린 나폴리언 힐Napoleon Hill도 『성공법칙The Law of Success』1928에서 성공 법칙들을 소개할 때 "황금률을 실천하라"를 마지막 열다섯 번째 법칙으로 포함시켰다.[344] 그 당시의 분위기를 보여주는 미국 언론인의 발언이 그 사람의 모교인 미국 메인주의 콜비 대학Colby College 건물에 걸려 있다.

> "종교는 인격의 초석이다. 곧 황금률의 폭넓은 원리 즉 자비로 조화시킨 사랑과 정의의 원리에 기초한 그런 종교다."*

그는 황금률 원리를 사랑과 정의로 보았다. 그리고 그 둘을 자비로 조율해야 한다고 보았다. 단순한 정의를 넘어 그리스도의 사랑까지 포

확정하면서 복음의 사회적 측면도 함께 고려하여 온전한 복음을 구현하고자 한 것이 로잔 운동이다. 이 운동에서 복음의 사회적 차원을 강조한 주역은 존 스토트(John Stott)였는데, 〈로잔 언약〉 제5항에 그 점이 잘 나타나 있다.

* "Religion is the cornerstone of character. Religion that is based on the broad principles of the golden rule of charity and justice tempered with mercy." George Horace Lorimer(1867-1937).

자비로 조화시킨 사랑과 정의

미국 메인주 워터빌(Waterville, ME)에 있는 콜비 대학의 로리머 채플(Lorimer Chapel) 외벽에 붙어 있는 동판이다.
1970년에 이 대학의 흑인학생 단체가 이 채플을 점거하여 민권운동을 벌이기도 했다. 입학, 장학금, 일자리, 교수 채용
등에서 흑인에게 일정한 비율을 요구해 일부 관철된 일로서, 사회정의를 위한 사건으로 대학 역사에 기록되어 있다.

_사진: 저자 촬영(2013년 8월)

함하는 것 같은데, 이제는 황금률 자체가 하나의 종교처럼 된 셈이다.
19세기 들어 동서양의 여러 종교와 문화에 대한 지식이 늘면서 황금률
의 보편성을 인식하게 되었고, 그와 더불어 온 인류가 한 아버지를 모
신 형제자매라는 생각이 서양을 주도하게 되었다. 따라서 황금률 하나
만 바로 배워 훈련하면 온 세상이 정의와 평화의 자리가 되리라 기대한
것이다. 그리고 사회복음주의 운동으로 이런 분위기를 주도한 것은 당
연히 교회였다. 교회가 전한 황금률을 통한 사회 개혁 의지가 사회 전
반에 스며든 것이다.

이 무렵 미국의 여러 교회는 황금률을 어린이 찬송가로 만들어 부
르기도 했다. 우리에게 〈등대지기〉라는 제목으로 알려진 노래의 원곡

이 〈황금률The Golden Rule〉이라는 어린이 찬송가다.[345] 황금률이 삶의 원리로 널리 확산하던 1863년에 발행된 찬송가집에 나오는데, 가사를 보면 "내가 지킬 이 법을 온 세상이 함께 지킨다면 우리가 얼마나 행복할까" 했고, "모두가 이 법을 지킨다면 우리 삶이 조화를 이루어 전쟁이 사라질 것이고 고통받는 자도 가난한 자도 소외되는 자도 없을 것"이라 했다. 사회복음주의의 낙관적 미래관이 그대로 반영되어 있는데, 황금률 공식이 짤막하고 '사람들' 대신 '남들'이라 한 것으로 보아 동서양 모든 종교가 알고 있는 그 황금률과 성경의 황금률을 동일시한 것 같다.*
〈인애하신 구세주여〉, 〈예수 나를 위하여〉 등 수많은 찬송가 가사를 지어 교회에 크게 공헌한 패니 크로스비Frances Jane (Fanny) J. Crosby, 1820-1915도 1870년에 〈황금률을 잊지 마세Never Lose the Golden Rule〉라는 노래를 만들었다. 황금률을 늘 기억하자 한 그 노래는 일반 황금률 공식을 사용하여 약하고 상처 입은 자들을 돕자 했는데, 성경의 가르침 그대로 황금률을 가장 큰 두 계명의 결합으로 소개하고 있다. 미국에서는 지금도 교회나 사회에서 다양한 노래를 만들어 아이들에게 황금률을 가르치고 있다. 어른들을 위한 노래도 물론 있다. 우리나라에서는 미국의 영어 찬송 〈황금률〉이 〈오 황금률〉이라는 제목으로 번역되어 있고, 2003년 가톨릭에서 발간한 『젠의 노래』에 황금률이 있다.[346]

---

* 작사가는 짐머맨(I. J. Zimmerman)이다. 노랫말은 이렇다. "1. The golden rule, the golden rule, Oh that's the law for me! Were this the law for all the world, How happy we should be, (Chorus) The golden rule, the golden rule, Oh that's the law for me; To do to others as I would that they should do to me. 3. The golden rule! then would no war Be known to any land, If each one sought the other's good, And loved the Lord's command." 노래 곡조는 아일랜드 민요 〈The Rose of Allendale〉과 유사하다. 노래가 일본을 거쳐 들어오면서 완전히 다른 가사를 얻어 〈등대지기〉가 되었다.

종교 간의 대화

황금률이 가져올 미래를 낙관적으로 바라보는 가운데 1893년 미국 시카고에서 세계종교회의Parliament of the World's Religions가 열렸다.[347] 전 세계의 주요 종교를 대표한다는 사람들이 시카고 박람회를 계기로 모여 종교 간의 대화를 증진하고 세계평화를 증진하고자 시도한 것이다. 모임을 주도한 변호사요 범신론자인 찰스 바니Charles Carroll Bonney는 개막연설에서 이렇게 강조했다.

> "우리는 이 회의에서 모든 무종교에 맞서 모든 종교를 통합하고, 황금률을 이 연합의 기초로 삼으며, 수많은 종교가 선행 면에서 사실상 하나임을 세계에 알리고자 합니다."[348]

목표는 모든 종교를 하나로 만드는 것인데, 그 통합의 토대가 황금률 하나다. 스베덴보리Emanuel Swedenborg, 1688-1772의 범신론을 추종한 이들이 주도한 모임답게 모든 종교의 통일성을 강조했다.* 황금률을 선행이라는 실천으로 보면 모든 종교가 똑같으니 결국 하나로 통합힐 수 있다는 것이다. 당연히 제기되는 질문은 황금률이 모든 종교의 핵심인가 하는 것과 종교를 신 없이 윤리 체계로만 규정하는 것이 타당한가 하는 것이다.[349] 그런 식이면 종교와 무종교를 나누는 것 자체가 무의미해지고, 무종교에 맞설 필요도 없지 않은가?

---

* 스베덴보리의 신학과 이후의 영향에 관해서는 『번영복음의 속임수』 132-155쪽을 보라. 스베덴보리 사상을 이어받은 미국 신사고 지도자 가운데도 황금률을 신을 경험하는 방법의 하나로 강조하는 이들이 있다. Neville Goddard, 1905-1972. gateofconsciousness.com을 보라.

　백 년 뒤인 1993년 같은 장소에서 두 번째 모임이 열렸다. 그 사이 제국주의가 퇴조했고, 두 번의 세계대전이 있었다. 나치즘이나 공산주의 같은 전체주의가 수많은 사람의 목숨을 빼앗아 갔다. 이번에는 첫 모임에서 강조한 황금률에다 사람을 사람답게 대우하자는 새 규범을 추가하여 온 인류의 공통된 윤리로 채택하였다. 내가 받고자 하는 대우, 곧 내가 남에게 해야 할 올바른 대우는 사람을 사람답게 대우하는 것이라고 본 것이다. 황금률과 정언명령이 그렇게 다시 만났다. 전체 기조는 달라졌다. 이제는 통합 대신 대화와 조화를 꾀한다. 이런 내용을 〈지구촌 윤리 선언Towards a Global Ethic: An Initial Declaration〉이라는 문서에 담았는데, 초안 작성은 가톨릭 신부요 신학자인 한스 큉Hans Küng, 1928-2021이 맡았다. 가톨릭은 1962-5년의 제이차 바티칸 공의회를 통해 힌두교, 불교 등 타종교의 구원 가능성을 인정하고 종교 간의 대화에 애쓰기로 결정한 바 있어 이 모임에도 적극 참여하였는데, 한스 큉은 황금률을 부정문, 긍정문으로 나란히 기록한 다음 "이것은 삶의 모든 영역에서 취소할 수 없는 무조건적인 규범이 되어야 한다"고 덧붙였다.[350] 세계 각 종교, 곧 기독교, 도교, 바하이교, 불교, 신지학, 유대교, 이슬람교, 조로아스터교, 힌두교 등을 대표하는 143명이 이 문서에 서명했다.* 세계 전체를 한 덩어리로 담는 지구촌 윤리의 필요성을 세계 각 종교 지도자들이 인정한 것이다. 세계종교회의는 오늘까지 종교 간의 대화Interfaith Dialogue 위주의 크고 작은 모임을 이어가고 있는데, 십수 년 전

---

* 가톨릭은 교황청 공식 문서에서 이 선언문을 긍정적으로 수용하고 있다. "Introduction," #6 in *In Search of a Universal Ethic: A New Look at the Natural Law* by International Theological Commission (보편 윤리를 찾아서: 자연법에 대한 새로운 시각, 교황청 국제신학위원회), 2009를 보라.

부터는 몇 사람이 따로 '황금률 프로젝트The Golden Rule Project'라는 운동을 창설하여 운영하고 있다.[351] "황금률은 우리 모두를 하나로 엮는 줄입니다"*라는 기치 아래 황금률을 삶 전반에서 실천할 것을 격려하는 운동이다. 이들은 4월 5일을 황금률의 날로 지킨다.

통일교에서 운영하는 기관 가운데 국제종교재단International Religious Foundation이 있다. 종교 간의 대화와 조화를 통해 세계평화를 증진하겠다는 이 단체가 1991년 『세계경전World Scriptures』이라는 책을 발행했다.[352] 통일교 신학교 교수인 앤드루 윌슨Andrew Wilson이 편집을 맡은 이 책은 종교가 공통으로 다루는 주제인 신, 인간, 우주와 인간의 존재 의미, 고통, 죄, 구원, 신앙 등에 관해 세계 여러 종교의 경전에 나타난 내용을 발췌해 모은 일종의 자료집이다. 그 가운데 우주의 법칙과 진리를 다루는 제2장에서 황금률을 언급하고 있는데, 세계 각 종교의 황금률을 열다섯 가지로 소개하면서 이렇게 쓰고 있다.

"황금률 또는 상호성 윤리는 거의 모든 종교의 경전에 나오는데 일반적으로 가장 간결하고 보편적인 윤리 원칙으로 친다. 황금률은 십계명처럼 여러 조항으로 된 규칙 전부를 하나의 원리로 압축한 것이다."[353]

여러 규칙을 압축했다는 표현은 황금률이 곧 성경이라 하신 그리스도의 말씀을 가리키는 것 같다. 핵심은 어느 종교에나 있다는 것으로서, 그것을 종교 간 대화와 평화 운동의 명분으로 삼는다. 사실 황금률

---

* THE GOLDEN RULE is the THREAD THAT WEAVES US ALL TOGETHER.

은 세계 모든 종교에 있는 규칙이다 보니 오늘날 종교 간 대화에서 빠질 수 없는 감초가 되었다. 황금률을 주제로 최근에 나온 책들도 황금률의 세계적 차원, 곧 종교끼리 서로 통하는 그 차원을 강조한다. 주류 종교들 역시 황금률을 통한 평화와 공존에 공을 들이고 있으며, 환경 문제가 대두되면서 인간을 넘어 모든 것에 황금률을 적용해야 한다는 목소리도 커지고 있다.

19세기에 창설된 신흥종교인 바하이 신앙은 신의 통일성, 종교의 통일성, 인간의 통일성을 믿는 종교다. 바하이 신앙은 종교와 사람의 다양성을 인정하는 가운데 평등과 평화를 지향하는데, 이 종교의 최고 의결기구인 세계정의원Universal House of Justice이 1985년 10월에 발표한 〈세계 평화 약속The Promise of World Peace〉은 종교를 무시하고는 세계 평화를 이룰 수 없다고 전제한다. 여러 종교의 서로 다른 가르침 사이의 갈등이나 이성과 신앙, 과학과 종교 사이의 장벽도 각 종교의 창시자의 가르침을 잘 살펴보면 설 자리가 없음을 알 수 있다고 주장하면서, 이런 통일성을 보여주는 보기로 황금률을 "우리가 대우받고자 하는 대로 남들을 대우해야 한다는 가르침"으로 제시한다. 황금률은 평화를 부르는 도덕적 태도를 요약한 것으로서 시간과 장소에 무관하게 모든 종교를 관통하고 있으며, 또 모든 종교의 본질적 덕인 통일성도 보여주고 있는데, 인류가 자신의 역사를 통일 아닌 분열의 역사로 본 결과 이 덕을 알아주지 못했다고 지적하고 있다.[354]

이슬람의 한 분파인 수피파는 세상에는 한 종교, 한 법만 있다고 주장하면서 그 법이 곧 상호성의 법이라 했다. 수피 사상가인 이나야트 칸Inayat Khan, 1882-1927은 세계 여러 종교의 다양한 가르침이 "대우받고자

하는 대로 대우하라"는 한 진리에서 모두 만난다고 주장했다.[355] 미국의
종교 간 대화 단체는 2011년 황금률을 주제로 콘퍼런스도 열었다. "사
람도 많고, 신앙도 많으나, 공통된 원리는 하나: 황금률."[356] 세계가 지구
촌으로 가까워지고 다른 종교 사이의 접촉과 교류가 많아진 다원주의
사회에서 종교 간의 평화는 인류의 평화와 공존을 위한 필요조건이 되
어 있다.

공통의 말

이 점에서 뜻깊게 살펴볼 문서가 바로 2007년 이슬람과
기독교 사이의 화해를 꾀하고자 작성된 〈우리와 그대들 사이의 공통된
말A Common Word Between Us and You〉이다.[357] 이슬람 사제 138명이 서명한 이
편지는 9·11테러 이후 생겨난 반이슬람 정서에 대응하면서 이슬람과
기독교 사이의 대화를 촉진하기 위한 것이었다. 이슬람 지도자들은 편
지 서문에서 두 종교 사이의 평화가 갖는 뜻을 이렇게 설명한다.

> "무슬림과 기독교인을 합치면 세계 인구의 반은 족히 넘습니다. 이
> 두 종교 공동체 사이의 평화와 정의 없이는 세계평화도 제대로 있기
> 어렵습니다. 세계의 미래는 무슬림과 기독교인 사이의 평화에 달려
> 있습니다."

추구하는 목표는 평화다. 특히 중요한 것이 기독교와 이슬람교 사이
의 평화다. 항구적인 평화를 위해서는 정의가 반드시 필요하다. 그렇지
만 원시적 등가보복, 다시 말해 보복적 정의로는 결코 그런 평화에 이를

수 없다. 이 편지를 쓰게 된 직접적인 계기는 한 해 전 있었던 교황 베네딕토 16세의 연설이다. 교황은 그 연설에서 이슬람의 지하드, 곧 성전 개념을 언급하면서 "무함마드가 전해준 것이라고는 악하고 비인간적인 것들뿐"이라는 옛 비잔틴 황제의 글을 인용했다. 이 연설로 무슬림들이 크게 상처를 받았고, 교황청은 나중에 사과 성명도 발표했다.[358]

교황은 사실 그 연설에서 종교 간 대화의 필요성도 역설했다. 그래서 세계 무슬림 대표자들이 모여 공개편지를 보낸 것이다. 이 편지는 두 종교가 공유하고 있는 사랑의 원칙을 해법으로 제시한다. 놀랍게도 두 종교가 가르치는 핵심이 일치한다. 그러니 그 원칙을 자기 종교를 넘어 서로 간에도 적용하여 평화를 도모하자는 것이다.

> "이 평화와 이해의 기초는 이미 놓여 있습니다. 두 종교의 주춧돌을 이루는 원칙으로서 한 하나님*을 사랑하고 또 이웃을 사랑하는 것입니다. 이 원리는 이슬람과 기독교의 경전 곳곳에서 거듭 찾아볼 수 있습니다."

편지가 인용하는 이슬람 교훈은 알라에게 헌신하라는 『꾸란』73장 8절과 『하디스』에 나오는 무함마드의 황금률 구절이다. 황금률이 이슬람교와 기독교의 화해를 위한 기초석이라는 뜻이다. 기독교의 가르침은 신약성경에 세 번 등장하는 가장 큰 계명에 관한 말씀 가운데 셔마를 포함한 마가복음 구절을 먼저 소개하고 있다.[359] 편지는 그리스도의 황

금률 자체는 언급하지 않는다. 하지만 하나님 사랑, 이웃 사랑의 계명을 "쌍둥이 '황금' 계명"이라 하여 황금률을 끌어들인다. 이 편지에 답변한 그리스도인 학자들도 무함마드의 가르침을 그리스도의 황금률과 직접 연결했다. 그리고는 기독교가 이집트에서 소수 종교인 것처럼 이슬람은 서방 세계에서 소수 종교이므로 서로 처지를 바꿔 봄으로써 배울 수 있을 것이라 했다.[360] 이 편지는 황금률 원리를 통해 서로 소통할 것을 기대한다. 한 기독교 신학자의 표현대로 "우리 믿음을 이해해 주기 바라는 마음으로 상대방의 믿음을 이해하려는 태도"를 보인 것이다.[361] 보수 진보를 망라한 수많은 기독교인이 이 편지에 뜨거운 호응을 나타냈다. 유대교를 비롯한 다른 종교에 속한 사람들도 이런 시도에 적극적인 지지를 보냈다. 이런 시도는 황금률을 이용하여 세계 모든 종교 사이의 평화를 구축하려는 노력과 맥을 같이 한다고 볼 수 있다.

황금률은 이성을 중시하던 근대의 지성인들이 종교적 관용을 촉구할 때 제시한 대표적 원리였다. 물론 당시에는 정치, 종교적 사정이 복잡하여 황금률의 역할이 크지 않았다. 홉스는 황금률에 근거해 종교적 관용을 말하면서도 그 원리를 현실 정치에 적용하기는 꺼렸고,[362] 로크 역시 황금률이 요구하는 종교적 관용을 가톨릭 신자나 무신론자에게는 허용하지 않았다.[363] 로크가 추구한 평화도 기독교인들 사이의 평화로 제한되었다.[364] 하지만 사회 각 영역이 나름의 자율적 주권을 갖추어가는 지금은 다양한 영역에서 황금률을 활용할 기회가 많아졌다. 다만 기독교 철학자 키르케고르Søren Kierkegaard, 1813-1855가 염려한 것처럼 종교적 관용이 영혼에 대한 무관심으로 전락하지 않도록 정치적 차원의 관용과 개별적 차원의 전도를 병행할 필요가 있다.[365]

인권과 평화

황금률은 종교 간의 평화를 넘어 전지구적 평화를 구축
하려는 여러 영역에 활용되고 있다. 이론적 한계를 넘어 실제 현장에서
위력을 발휘하고 있다는 뜻이다. 지난 세기에 있었던 미국의 민권운동
에서 황금률은 큰 역할을 했다. 미국의 케네디John F. Kennedy, 1917-1963 대
통령은 1963년 6월 11일 흑백 인종차별 정책을 폐지해야 한다는 연설
에서 백인들에게 황금률 원리를 생각해 보라고 호소했다.

> "미국 시민은 모두 자기가 대우받고 싶은 대로, 자기 자녀가 대우받
> 고자 하는 대로, 대우받을 권리를 가져야 합니다. … 문제의 핵심
> 은… 우리가 동료 미국인을 우리가 대우받고 싶은 대로 대우할 것이
> 냐 하는 점입니다."366

노예해방운동 시절 해방론자들이 황금률을 양보의 법칙으로 오해
한 일이 있었지만, 케네디는 황금률을 너와 나 모두를 아우르는 이상
적 원리로 잘 소개한다. 그리 길지 않은 연설문에서 황금률을 세 번이
나 반복, 소개했다. 케네디 암살로 대통령직을 승계한 린든 존슨Lynden
B. Johnson, 1908-1973 대통령은 어려서부터 사회복음주의 영향을 많이 받은
사람이었다. 대통령으로서 사회 정의를 위한 정책을 강력하게 추진하
였는데, 이미 상원의원 시절 황금률 공식을 새긴 손목시계를 많이 주문
해 지인들에게 선물한 것으로 유명하다.

흑인민권운동의 기수 마틴 루터 킹Martin Luther King Jr. 1929-1968 목사가
고등학교 시절 연설대회 원고로 쓴 연설문이 남아 있다. "우리가 예수

황금률 시계

린든 존슨 미국 대통령이 상원의원 시절 만들어 배포한 황금률 시계로 영문 황금률 "DO UNTO OTHERS AS YOU WOULD HAVE THEM DO UNTO YOU"가 글자판을 빙 둘러 새겨져 있다. 미국의 보석상인 티파니사(Tiffany & Co.)가 스위스의 시계 제조회사인 파텍 필립(Patek Philippe)에 의뢰해 만들었다. 사진의 제품은 1954년에 제조된 시계로, 2024년 크리스티(Christie's) 경매에서 11만 달러(원화로 1억 5천만 원)에 팔렸다.

_출처: 크리스티스 사이트(christies.com).

황금률 시계

노먼 록웰이 황금률 그림으로 잡지 표지를 장식한 것이 1961년, 케네디 대통령이 황금률에 근거하여 인종차별 폐지를 호소한 게 1963년이다. 황금률은 이미 백 년 전부터 미국인 특히 그리스도인들의 마음에 깊이 새겨져 있었으므로, 존슨 상원의원이 배포한 황금률 시계는 그 아름다운 원리의 실천을 촉구하는 강력한 권고였던 셈이다. 이 시계는 미국 시계회사 Benrus사가 제작하였으며, 린든 존슨 상원의원의 서명도 새겨져 있다.

_출처: windvintage.com.

님의 핵심 가르침인 형제 사랑과 황금률을 등한히 하는 한 우리는 진정한 그리스도인이 될 수 없습니다."[367]* 하지만 킹 목사는 정작 민권운동 중에는 황금률을 단 한 번도 언급하지 않았다. 황금률이 자신의 이익을 위한 규칙으로 오해될 수도 있었거나, 인권을 백인의 선물로 받고 싶지 않았기 때문이리라. 하지만 황금률은 이미 민권운동의 정신적 바탕을 이루고 있었다. 1955년 백인 승객에게 좌석을 양보하라는 지시를 거부하여 흑인민권운동의 아이콘이 된 로자 팍스Rosa Parks는 백인 운전기사의 지시를 조용히 거부하고 경찰의 체포에 순응해 감옥에 갔다. 팍스는 훗날 인터뷰에서 자신의 행동을 황금률로 설명했다.

> "황금률은 우리가 남을 대우한 대로 남들도 우리에게 대우할 것이라고 말하지 않습니다. 우리가 대우받고자 하는 대로 남을 대우하라고 말하지요."[368]

부당한 지시를 평화롭게 거부한 작은 행동에 인류 보편을 향한 뜻이 이미 담겨 있었던 셈이다. 그런 정신적 힘이 결국 완전한 법률적 평등을 이루어냈다. 미국의 한 국회의원은 '마틴 루터 킹의 날Martin Luther King Day'을 맞아 발표한 성명서에 자신이 한때 황금률을 배반했음을 고백하고 있다.[369] 미국의 한 항공사는 고객, 특히 흑인 고객을 황금률 원리대로 잘 모시겠다 하면서 마틴 루터 킹을 언급하고 있다.[370] 황금률과 민권운동을 연결해 공부하는 성경공부 자료도 있다.[371] 크고 작은 수많은

---

* "We cannot be truly Christian people so long as we flaunt the central teachings of Jesus: brotherly love and the Golden Rule."

자료가 황금률이 미국 민권운동의 기초를 이루었음을 증언하고 있다.

황금률은 21세기에도 정치, 사회, 경제적 통합globalization을 위한 동력이 되고 있다. 오늘날 화두가 되는 인권과 세계평화 문제에서도 황금률이 가운데 자리를 차지하고 있다. 현대의 인권 개념은 루소에서 시작되어 제퍼슨 등을 거쳐 〈미국독립선언서〉의 "양도할 수 없는 권리"로 이어지는 것이어서 고대에 있었던 황금률의 발전 및 확산과는 다소 거리가 있다.[372] 하지만 인권 개념이 모두의 정의를 이루는 "상호적 책임"과 함께 간다고 볼 때 당연히 황금률 원리가 그 기초가 된다. 우리 시대에 인간의 존엄성을 선포한 권위 있는 문서가 유엔의 〈세계인권선언〉이다.* 서문에 이은 본문 제1항은 이렇게 선언한다.

"사람은 모두 자유롭게 또 동등한 존엄성과 권리를 갖고 태어난다. 사람은 이성과 양심을 부여받았으며 서로를 형제의 정신으로 대해야 한다."**

윤리학자들은 이 인권선언 전체 내용의 기초가 되는 규범적 원리가 바로 황금률, 곧 상호성 원리라고 본다. 사실 인간의 생래적 존엄성과 동등하고 양도 불가능한 권리는 여러 종교가 가르치고 또 직관적으로 누구나 느끼는 것이지만, 그것을 철학적으로 정당화하는 일은 극도로 어렵다. 노르웨이의 린트홀름Tore Lindholm이 이 인권의 기초로 "생래

---

* 〈Universal Declaration of Human Rights(세계인권선언)〉은 캐나다의의 법학자 존 험프리(John Humphrey)가 1946년 초안을 작성하고, 1948년 유엔 총회에서 선포되었다.

** "All human beings are born free and equal in dignity and rights. They are endowed with reason and conscience and should act towards one another in a spirit of brotherhood."

적 자유와 동등한 존엄성에 대한 상호적 도덕적 인식"을 내세웠는데, 이 상호적 도덕이 바로 황금률이다. 린트홀름은 제1항에 내재한 이 규범을 현재와 미래의 상황 해석에 두루 적용하면 전 지구적 인권 체계를 이룩할 수 있을 것이라 주장한다.[373] 인권 분야의 전문가인 이슬람 학자 안나임Abdullahi Ahmed An-Na`Im 역시 보편 인권의 문화적 타당성을 확보하기 위해 황금률을 사용해야 한다고 목소리를 높인다.[374]

주저『정의론A Theory of Justice』1971으로 20세기 정치철학에 큰 영향을 끼친 존 롤스John Rawls, 1921-2002는 황금률을 직접 논하지는 않지만, 롤스 정의론의 기본 틀은 황금률과 닮았다. 롤스는 자유와 평등이라는 두 마리 토끼를 잡고자 탐구하는 가운데 사회계약설과 유사한 일종의 사고 실험을 시도한다. 곧 인간이 원초적 위치original position에서 무지의 장막 veil of ignorance에 가려진 채, 다시 말해 자신이나 남이 앞으로 갖게 될 조건들을 모르는 상태에서 사회의 여러 원리를 선택한다는 실험이다. 최대한 많은 지식을 갖고 가장 합리적인 선택을 할 수 있으나, 자신이 그 사회에서 어떤 사람이 될지 알 수 없으므로 모두에게 최대한 공정하고 합리적인 계약을 맺게 된다는 것이다. 상대방에게 선택권이 있어서 케이크를 최대한 똑같이 자르려 애쓰는 것과 같다. 무지의 장막이 공정함의 근거가 됨으로써 내가 대접받고자 하는 대로 남을 대접하는 지식과 배려의 역설적 구현이 된 셈이다.[375] 롤스의 이론을 두고 자유를 침해한다거나 최대한의 유익을 못 이룬다는 비판이 있고, 심지어 서양 우월주의에 바탕을 두고 있다거나 홀로코스트 같은 비극도 막을 수 없다는 등의 비판까지 제기되지만,[376] 사회와 국가와 세계의 정의를 수립하는 과정이 황금률을 구현하는 과정과 닮았음은 주목할 만하다. 황금률은 정치 체제 가운데 민주주의와 사상적으로 잘 통한다. 미국의 한 정치가는 아예 "민주주의는 황금률의 구현"이라고 단언한다. [377]

미국의 지성 노엄 촘스키Noam Chomsky, 1928-는 황금률을 통한 세계평화를 부르짖는 사람이다. 촘스키는 유명한 사해동포주의자로 황금률 용어는 사용하지 않지만, 남에게 적용하는 기준을 그대로 우리 자신에게 적용해야 한다는 것을 자신의 학문적 기준으로 삼는다. [378] 특히 팔레스타인, 베트남 등 세계 여러 곳에 개입하는 미국에 대해 비판을 가할 때, 같은 기준을 우방뿐 아니라 세계 여러 나라에 똑같이 적용해야 한다고 소리를 높인다. 비판자도 많다. 이들은 복잡한 국제정세 가운데 자비로운 개입과 부당한 간섭을 구분하기 어렵다고 지적한다. 그러면서 문제는 기준을 평등하게 또 상호적으로 적용했느냐가 아니라, 그 기준 자체에 있다고 지적한다. [379] 초강대국과 약소국 사이의 힘의 차이를 무시하고 특정 원리를 추상적으로 적용하면 무기력이 선이 되어 결국 생존을 위해 무슨 방법을 써도 될 것이고, 나중에는 무정부주의가 되고 만다고 비판한다. [380] 한편 옳은 지적이다. 세상은 복잡하다. 강대국이 다른 나라의 인권 문제에 얼마나 개입할 도덕적 권리가 있는지, 의로운 전쟁이 가능한지, 아니면 경제적 지원 같은 평화적 방법만 추구해야 하는지, 국제 조약은 어떻게 맺고 어느 정도의 구속력을 갖는지, 끝없이 많다. [381] 하지만 상황이 복잡할수록 황금률의 가치는 떨어지는 것이 아니라 오히려 올라간다. 두루 포괄할 수 있기 때문이다.

경제 분야에서도 황금률의 가치가 논의되고 있다. 복잡한 현장에서 이익이 첨예하게 대립할 때, 각자의 차이를 존중하면서 모두의 의견에 귀 기울여 도출할 수 있는 결론은 무엇일지 탐구한다. [382] 또 현장에서 이 원리를 적용할 때, 무슨 문제가 생기는지, 또 그것들을 보편 도덕에 어떻게 맞추어 갈 수 있는지 살피는데, 여기서도 다양한 생각의 합의를 도출하는 문제가 관건이다.[383] 이런 논의에서는 당연히 포퍼와 하버마스의 지혜가 필요하다. 미국의 정책연구가도 황금률을 정책의 기본 원리로 제안한다. 모든 종교에다 무종교까지 품는 원리이기 때문에 특히 유익하다.[384]

환경 문제에도 황금률을 적용해야 한다는 이들이 있다. 고생물학자인 스티븐 굴드Stephan Jay Gould는 애리조나 산꼭대기에 천체망원경을 설치하려는 이들과 생물 멸종을 가져올 산림 훼손을 막으려는 이들 사이의 갈등을 다루면서 환경 문제에 대해 우리가 활용할 수 있는 윤리의 기초로 황금률을 제시한다.[385] 인류와 지구의 미래에 대해 다양한 관점이 공존하는 가운데, 구조적 안정을 이루고 포용적tolerant 삶을 위한 기본 품위를 갖추려면 사회의 다양한 집단이 내가 대우받고자 하는 대로 남을 대우하는 황금률 원리를 함께 모색해야 한다는 것이다. 굴드는 황금률을 여러 문화에 있는 원리로 소개하면서 계몽된 자기 이익에 근거할 때 이보다 더 나은 원리는 찾기 어렵다고 덧붙인다.

오늘도 세계평화를 위해 일하는 이들이 황금률을 모토로 내세운다. 평화를 위해 결성된 미국의 재향군인 단체는 평화의 배를 운영 중인데, 이름이 '황금률Golden Rule'이다. 이들은 핵무기와 핵전쟁을 반대하는 운동을 '황금률 프로젝트'라는 이름으로 전개하고 있다.[386] 한 자선단체도 평화 교육을 촉구하는 성명서에서 황금률에 호소한다. 세계인권선언을 왜 안 지키느냐 물으면서, 황금률 하나만 지키면 더 정의로운 세상이 될 것이라 주장한다.[387] 하지만 쉽지 않다. 이를테면 이런 비판이 있다. "군인들은 적군을 죽이면서도 적군은 자기를 죽이지 않기를 진심으로 바란다."[388] 황금률이 전쟁 하나도 막을 수 없다면 도대체 무엇을 할 수 있을까? 사상에 대한 모든 집착을 끊어야 황금률이 성립하는가? 아니면 이론적 천착보다 실제로 오용되어 온 역사를 반성해야 하나? 그런 오해, 그런 모순이 있기에 어쩌면 상호 이해와 존중의 황금률은 더 빛을 발하는지도 모른다.

우리 시대는 그 어느 때보다 황금률이 필요하다. 이전에 없던 기후위기와 더욱 심해진 사회, 경제적 격차가 서로 이해하고 조정하는 원칙을 부른다. 지구촌 시대의 빈부격차는 국내 문제를 넘어 국가 간 문제가 되고 있다. 전쟁과 경제 때문에 난민이나 이주민도 많아졌다. 소외된 자들을 위해 황금률을 사용해야 한다는 목소리도 높아지고 있다.[389] 구약성경에서도 네 이웃을 너처럼 사랑하라는 일반적인 계명을 구체 사례에 적용한 유일한 경우가 바로 그들 가운데 살던 외국인이었다레 19:34. 외국인, 타종교인, 타민족을 환대하는 일은 오늘날 황금률을 실천하여 정의와 평화를 이룩하는 중요한 디딤돌이 될 것이다.

공동선을
향하여

우리 시대는 서로의 다름을 인정하는 포스트모더니즘이 주도한다. 이성의 절대 권력 아래 억눌렸던 약한 것들을 존중하고, 이제는 그런 차이를 수용하며 더불어 살고자 하는 것이 우리 시대 사상의 최대 장점이다. 그런데 웬일인지 우리는 이전보다 더한 대립과 분열과 갈등을 경험하고 있다. 약자 배려에 벌써 피로감을 느끼는지 주류의 힘을 과시하려는 극우 사상이 힘을 얻고 있다. 서로 다른 것들, 특히 약한 것들을 함께 품기란 쉽지 않다. 하지만 이대로 상황이 나빠진다면 그 결과는 파멸뿐이다. 함께 머리를 맞대고 평화와 공존의 지혜를 찾아야 한다.

황금률은 보편성을 가진 연합 원리다.[390] 전 세계 어디서나 찾아볼 수 있는 인류 보편의 지혜이며, 누구나 수긍할 수 있는 쉽고도 명확한 진리다. 그 어떤 윤리 규정이나 규칙도 황금률이 가진 이 포괄적 보편성에 근접하지 못한다. 황금률은 또한 공감에 근거한 공존 원리다. 상대에 대한 존중과 배려를 기본으로 하므로 인류 공존을 위해 더할 나위 없이 소중한 원칙이다. 서로 다른 문화, 사회, 종교를 이루어 살면서 적어도 이렇게 모두가 공감할 원칙을 공유하고 있다는 사실은 온 세계가 지구촌으로 가까워진 지금 더욱 뜻이 깊다. 인종이나 문화가 다르다는 이유로, 심지어 종교가 다르다는 이유로 서로 싸우고 죽이는 끔찍한 역사를 경험해 온 인류로서, 평화로운 공존을 위한 최소한의 원리로서 황금률에 대한 인식과 실천은 더욱 나은 미래를 건설하기 위해 필수적이다. 황금률이 근본적 원리 역할을 할 수 있다면, "우리는 거기서 시작할 수 있다."[391]

황금률은 공감과 배려다. 서로의 차이를 인정하고 받아주면서 서로 다른 너와 내가 함께 평화롭게 살아가는 지혜를 찾자는 원리다. 절대 규범을 담고 있지 않기에 적용하지 못할 영역이 없다. 개인과 개인 관계나 가정에서도 윤리의 기본이 될 수 있고, 국내 또는 국제적인 경제적 불평등에도 적용할 수 있고, 성차별 문제도 대응할 수 있고, 문화적 차이나 이념적 차이까지 다룰 수 있다. 인류 역사를 돌이켜 보면 심각한 대립과 갈등의 원인이 종교였던 경우가 많다. 종교는 궁극적 실재에 대한 탐구이므로 교리나 진술이 절대적인 경우가 많고, 근본주의에 사로잡힐 때는 쉽게 폭력으로 전락해 교리나 적용이 다르다는 이유로 상대를 짓밟고 죽이는 일도 서슴없이 자행해 왔다. 이 점에서 상대에 대한 존중을 기본으로 하는 황금률은 큰 가치를 갖는다. 서로의 주장이 아무리 달라도 관용과 존중의 태도를 지키면서 공존의 지혜를 함께 찾자는 것이 황금률의 교훈인 까닭이다. 내 진리의 절대성을 포기하지 않고도 다른 사상, 다른 종교, 다른 이념과 공존할 수 있게 하는 것이 황금률이다.

그리스도께서도 황금률을 가르치셨다. 그게 바로 성경이라는 말씀까지 하셨다. 물론 그리스도께서 가르치신 황금률은 일반인이 알고 있던 황금률과 모양도 제법 다르고, 뜻도 당연히 차이가 있을 것이다. 하지만 그리스도께서 사람들이 다 알고 있던 그 황금률을 기초로 사용하셨다는 사실은 거기 보편적으로 담긴 그 정신을 부인하지 않고 그대로 활용하셨다는 뜻이다. 그리스도를 주로 믿는 이들에게 모두가 알고 있는 그 황금률을 중요한 원리와 지침으로 주셨다는 뜻이다. 그리스도인은 그 누구보다 황금률을 지킬 책임이 있는 사람이다. 인간 본성에 따라, 즉 양심에 따라 지켜야 할 뿐 아니라, 우리의 구주이신 주님의 명령을 순종하는 차원에서도 지켜야 하기 때문이다. 그리스도께서 일반 황금률에 담아 주신 다른 뜻도 물론 있을 것이다. 만약 그렇다면 그건 추가이지 대체가 아니다. 새로운 뜻을 담아 주셨다고 해서 인간 보편의 황금률의 가치가 부인되거나 약해지는 것은 아니다. 그리스도인이라면, 사람이면 누구나 생각하고 판단할 수 있는 수준, 곧 자연의 수준에서도 최선을 다해 순종해야 한다. 우리는 그리스도인이기 이전에 사람

La Danse(춤)

앙리 마티스(Henri Matisse, 1869-1954)의 1910년 작품이며, 러시아 상트페테르부르크의 국립 예르미타시 미술관에 소장되어 있다.

1909년의 첫 작품 이후 이듬해 새로 시도한 작품으로, 우리가 나라를 빼앗기던 그 해에 마티스는 이런 춤을 꿈꾸었다. 서로 손 잡고 동그라미를 그리며 돌아가는 모습이 강력한 힘과 일체감을 발산하고 있다. 초록과 파랑으로 단일화된 배경은 롤스의 무지의 장막을 떠올린다. 아, 함께 하나를 이루는 것은 언제나 가슴 벅찬 감동이다. 사람들의 팔을 따라 선을 그리면 하트 모양을 이룬다. 그래, 사랑이다.

_출처: Wikimedia Commons.

Dance(I)

앙리 마티스의 1909년 작품.
뉴욕현대미술관(Museum of Modern Art, MOMA) 소장.

_사진: Wikipedia.

A Midsummer Night's Dream(한여름 밤의 꿈)

마티스에게 영감을 주었을 윌리엄 블레이크의 1786년 작품.
영국 테이트 브리튼(Tate Britain) 소장.

_출처: Wikipedia.

이기 때문이고, 이 세상은 그리스도인과 그리스도인이 아닌 사람이 함께 어울려 살아가는 곳이기 때문이다. 성경에 따르면 좋은 그리스도인은 곧 좋은 사람이다. 사랑, 평화, 오래 참음, 자비, 선함, 온유 등 성령의 열매를 잘 맺는 좋은 그리스도인은 가장 멋진 인격자가 된다. 그런 사람은 당연히 다른 사람을 존중하는 태도를 가질 것이고, 공평과 배려의 황금률 또한 최선을 다해 지키게 될 것이다.

한계도 물론 알아야 한다. 그리스도인으로서 이 땅의 평화를 위해 노력하는 일에 어떤 의미가 있는지 교부 아우구스티누스가 『신의 도성』에서 이렇게 설명한다.

"따라서 하늘의 도시도 이 땅에서 나그네로 사는 동안, 참 신앙과 경건을 방해하지 않고 허용되는 한도 안에서는, 땅의 평화를 활용하며 사람들의 의지가 이 땅의 여러 문제에 대해 사람의 유한한 본성에 맞게 타협하는 일을 옹호도 하고 추구도 한다."[392]

땅의 일이니 궁극적 소망은 없다. 다만 나그네 삶을 더 잘 살기 위하여 이 땅의 평화를 위해 노력한다. 의로운 삶을 위해[롬13:4-7], 또 경건과 단정함을 위해[딤전2:2] 평화는 필요하며, 그 일을 위해 황금률을 함께 사용하자는 것이다. 이 땅에 사는 한 황금률 실천은 뜻이 있다.

황금률을 온 인류의 윤리로 제창하는 사람들은 대개 사해동포주의, 또는 세계시민주의를 표방한다. 신을 믿는 사람들은 온 인류가 한 하나님의 자녀라 믿는다. 그리스도인은 불신자도 하나님의 자녀인가 하는 신학적 분석을 제기하기 전에 온 인류를 하나에서 만드신 하나님의 뜻을 먼저 생각해야 한다. 인류를 처음 만드실 때 한 몸에서 만드셔서 다시금 하나가 될 수 있게 하시고, 그렇게 사랑으로 연합하는 것이 하나님을 본받아 서로 사랑하는 존귀한 모습임을 보여주셨다는 사실을 잊어서는 안 된다. 교회는 십자가의 능력으로 그런 하나 됨을 이루어 사람들에게 보여줄 사명이 있다. 사해동포주의나 온 인류가 한 가족이라는 생각은 자연 계시 가운데 깨달은 내용 중 특별 계시에 가장 근접한 것이다. 황금률에 대해 우리가 내릴 수 있는 결론은 공평과 정의를 지향하는 이 규칙을 사람의 하나로, 또 예수 그리스도의 제자로 삶의 모든 분야에서 최선을 다해 지켜야 한다는 사실이다.

사람이 사는 사회에는 분쟁이 끊이지 않는다. 수많은 가정에 다툼이 있고, 회사나 단체 등 사람이 모이는 곳에는 늘 갈등과 싸움이 있다. 나라 전체나 온 세계는 말할 것도 없다. 역사적으로 강자가 힘으로 주도하는 일이 적지 않았고, "정의는 강자의 이익"이라는 명제가 진리로 수용되는 일이 많았다. 하지만 그런 가운데도 인류는 그런 동물적 차원을 넘는 사람다움을 구현하고자 애써 왔고, 황금률이 그런 노력의 중요한 일부를 이루었다. 오늘도 정치, 군사, 경제, 문화 모든 영역에서 전쟁이 진행되고 있지만, 그 가운데 공평함과 평화를 더불어 심고자 하는 노력도 함께 전개되고 있다. 올림픽이나 월드컵처럼 스포츠를 통한 노력도 있고, 유엔이나 세계무역기구, 유네스코, 세계보건기구 등등의 조직도 있다. 월드비전, 유니세프 등 각종 구호 기관의 노력도 눈부시다. 그리스도인은 그런 조직이나 모임에 적극 참여할 수 있고, 거기서 사람의 하나로서 주어진 책임을 다할 수 있다. 그리스도께서 맡기신 황금률 실천의 책임이다.

제3부

교회가 이해한 황금률

THE
GOLDEN
RULE

THE GOLDEN RULE

황금률은 세상에도 있고 성경에도 나온다. 둘 다 황금률이다. 같은 것일까? 아니면 다른 것일까? 무엇이 같고 무엇이 다를까? 교회 밖 사람들이야 둘이 똑같다고 생각한다 해도 교회에 속한 우리는 이 둘의 같고 다름을 제대로 이해했는가? 아니, 따져 보기라도 했는가? 주님께서는 누구나 알던 그 황금률을 사용하셨다. 그런데 주신 내용에는 차이가 있다. 황금률의 본디 뜻을 살리시면서 거기 신령한 뜻을 더해 주셨다. 말하자면, 황금률이라는 질그릇에 천국 보배를 담아 주신 것이다. 그 보배를 보아야 한다. 그 보배는 여러 종교와 문화가 가르치는 일반 황금률을 먼저 알고, 거기에 더하여 신약성경이 명확하게 가르치는 예수 그리스도의 진리를 깨달을 때 확인할 수 있다.

1

신약성경의 황금률

기독교의 핵심인 신약성경은 황금률에 대해 무엇을 말하는가? 황금률 공식이나 원리는 신약성경에서 어느 정도 비중을 갖는가? 그 가르침은 구약을 어떻게 달리 보게 만드는가? 주님의 황금률을 직접 배우기 전에 황금률을 주님 말씀으로 담고 있는 신약성경 전반을 먼저 살펴보자. 신약성경의 주제인 그리스도의 십자가와 부활, 주님의 구원, 하나님의 사랑 등은 그리스도 황금률의 배경을 이루면서 함께 결론인 황금률을 지향한다.

오직 성경으로

기독교의 황금률 이해는 신약성경을 기본으로 한다. 예수께서 가르치신 두 번의 황금률이 신약에 나오기 때문이며, 또 기독교 복음의 핵심 또한 신약성경에 담겨 있기 때문이다. 하나님께서 세상을 사랑하셔서 독생자를 보내 믿게 하심으로 구원하신다는 복음이 신약성경에 나온다. 구원자로 오신 예수 그리스도의 인격과 사역 그리고 가르침이 신약성경에 다 들었다. 사역의 핵심은 십자가와 부활이다. 그리스도께서 이루신 구원은 오래전 에덴동산에서 주신 약속의 완성이므로, 유대인들이 히브리 성경이라 부르는 책이 신약성경의 역사적, 교리적 배경을 이룬다. 둘을 잇는 띠는 하나님의 구원 언약으로서, 그렇게 완성된 신약의 눈으로 히브리 성경을 볼 때 그 책이 약속의 책 구약이 되어 신약과 유기적으로 하나를 이룬다. 66권으로 이루어진 신구약 성경이다. 성경은 우리에게 구원을 주시는 하나님의 은혜의 책이다. 신약뿐 아니라 구약도 구원자 예수 그리스도를 전하는 말씀이다. 모든 게 구원에서 출발한다. 따라서 전체 신약성경을 하나님의 구원이라는 관점에서 바로 이해하고, 그 이해의 바탕에서 구약성경 역시 새롭게 풀어야 한다. 그렇게 할 때 신약성경에서 주신 그리스도 황금률의 참뜻도 깨달을 수 있다.

기독교의 황금률을 이해함에 중요한 지침은 '오직 성경으로'라는 원리다. 성경을 성경으로 푸는 원리이기도 하다. 성경 전체를 예수 그리스도를 통한 구원이라는 성경의 주제에 맞추어 일관성 있게 풀어내는 작업이다. 개별 구절을 볼 때 성경 전체의 가르침에 일치하게 하고, 성경 전체의 뜻은 또 성구 하나하나의 뜻을 모아 밝히는 작업으로서, 나무와 숲을 동시에 파악하되 철저한 일관성을 갖추며 하는 일이다. 황금률과 관련된 신구약 성경 여러 구절의 참뜻은 그리스도께서 가르치신 황금률을 바로 이해할 때만이 깨달을 수 있으므로, 신구약 성경이 가르치는 황금률 원리에 대한 이해는 그리스도의 황금률 공식에 대한 이해와 동시에 진행되는 것이 옳다. 하지만 황금률이 곧 성경이라 하신 그리스도의 말씀처럼 그리스도 황금률의 참뜻을 밝히는 작업은 사실상 신구약 성경 전체를 이해하는 일과 같으므로, 거기 나타난 황금률 원리를 먼저 개략적으로 살펴볼 필요가 있다. 여기서 말하는 황금률 원리란 함께 느끼는 공감, 처지를 바꾸어 보는 원리, 상호성, 상대에 대한 존중과 배려 등 지금까지 살펴본 문화적, 철학적 황금률을 가리킨다. 이는 이것과 다른 그리스도 황금률의 참뜻을 이해하기 위한 준비 작업이다.

신약성경에는 그리스도께서 가르치신 황금률이 두 번 나온다. 마태복음 7장 12절과 누가복음 6장 31절이다. 한 번은 산상수훈에서, 한 번은 평지설교에서 주셨는데, 둘 다 긍정문이다. 모양이나 길이에 약간의 차이가 있지만 기본 골격은 똑같다. 결론부터 먼저 말하자면, 황금률 원리는 신약성경 전체를 덮고 있다. 물론 단순한 상호성이 아닌 그리스도께서 가르치신 뜻의 황금률이다. 서로 사랑하라 하신 그 계명과 같다. 그 황금률은 구약성경을 다시 보게 만든다. 히브리 성경으로 이해한 황금률이 구약성경에서 새로운 뜻을 갖는다. 교회는 '오직 성경으로'의 원리에 충실하지 못해 여러 가지 오해를 했다. 구약성경을 구약성경으로 바로 못 보고 유대인의 관점이나 상식의 눈으로 보았던 것처럼, 신약을 볼 때도 신약성경으로 보기보다 상식의 눈으로 일반 서적을 대하듯 보는 경우가 많았다. 성경 황금률의 참뜻을 깨닫지 못하고, 일반적으로 알고 있던 처지 바꾸기나 상호성 정도로 여겼기 때문이다. 아뿔싸, 상대에 대한 존중 역시 생각조차 못한 사람이 많다. 그래서 온유와 두려움을 기본 태도로 가져야 할 교회가 무례하고 오만한 집단으로 알려지기도 했다.

함께 느끼고

신약성경에는 황금률의 기본 원리 가운데 공감의 태도가 두드러진다. 남을 나처럼 느끼고 너와 나를 동등하게 대하는 태도다. 그런 자세가 신약성경에 100번 정도 나오는 '서로'라는 대명사에 잘 나타나 있다.* 서로 사랑하고, 서로 용서하고, 서로 손 대접을 하고, 서로 권고하고, 서로 위로하고, 서로 노예가 되고….[1] 이 '서로'의 행렬은 끝이 없다. 핵심은 물론 사랑이다. 다른 모든 것을 하나로 합쳐도 사랑이 된다롬13:8-9. 서로 하는 것은 상대도 나와 똑같이 하는 것이니, 상대를 나와 동등하게 여길 뿐 아니라 상대가 나에게 해 주었으면 하는 기대를 품고 나와 상대 모두에게 가장 좋은 것을 추구하게 된다. 나뿐 아니라 너도 하는 것은 우리가 다 하나님의 구원을 경험했기 때문이다. 서로 하되 받았기 때문에 주는 것도 아니고 받기 위해 주는 것은 더더욱 아니다. 혹 받았다면 하나님께 받았을 뿐, 우리는 그냥 준다. 너도나도 다 하나님께 먼저 받아서 그걸 서로에게 준다.

서로 하는 것이니 교회 공동체가 기본이다. 교회가 실천하는 그런 사랑은 외부인들에게 교회가 무엇인지, 그리스도의 제자가 누구인지 알리고, 하나님께 영광을 돌리게 만든다. 내적으로만 보면 아리스토텔레스가 꿈꾸던 공동체가 이루어지는 것 같다. 그런데 그런 사랑은 교회를 훌쩍 넘어선다. 오래 참고, 선을 행하는 모든 일을 서로 하고, 또 교회를 넘어 모두에게 한다살전5:15.

서로 할 이유는 하나님께서 먼저 하셨기 때문이다. 수평에 수직이

---

* 헬라어 원어는 'ἀλλήλων'으로서, 우리말로 옮기면 명사나 부사가 된다.

개입된다. 하나님의 구원이다. 사실 이 수직이 먼저 있어 수평도 가능해졌다. 하나님께서 우리를 먼저 사랑하셨기에 우리도 서로 사랑할 수 있게 되었다. 그리스도께서도 "내가 너희를 사랑한 것처럼 너희도 서로 사랑해라" 하셨다요13:34. 서로 하는 삶은 하나님의 구원을 경험한 자들이 할 수 있는 것이다. 그렇기에 우리가 하는 사랑은 가능성인 동시에 책임이다요일4:11. 구원을 얻은 이들은 황금률을 실천할 수 있다. 하나님과 나 사이가 나와 형제 사이를 결정한다. 유대교와 이슬람교에서 보던 하늘과 땅의 수직적 만남 같다. 그런데 내가 하는 그대로 하나님께서도 나에게 하시는 것이 아니라, 하나님께서 먼저 하셨고 그걸 내가 본받는다. 이게 차이다. 두려움과 압박이 아니라 감사와 은혜의 동력이다. 하나님께서 먼저 사랑하셨다는 것은 오직 복음만 말한다. 내가 이웃을 사랑하는 일은 내가 사랑받고 있음을 확인하는 일이다.

서로와 더불어 뜻을 갖는 말은 '함께'다.* 같은 피조물로서 존재론적 일체감을 느끼는 자의 당연한 반응이다. 이 공감이 그리스도인의 기본 태도다.

"즐거운 이들과 함께 즐거워하고 우는 이들과 함께 우십시오."_롬12:15

공감 가능성은 당연한 것으로 전제된다. 우리가 피조물로서, 죄인으로서 갖는 한계가 그리스도 안에서 극복되기 때문이다. 유비추론도 공존공감도 필요하지 않다. 이런 공감은 내 욕망을 남에게 투사할 이유

---

* 헬라어 원어는 'μετά'라는 전치사, 또는 'συν-'이라는 접두어인데, 우리말에서는 다 부사가 된다.

도 없고, 남의 욕망을 기준으로 삼을 필요도 없다. 바리새인은 음악 소리를 듣고도 노래하지 않았고, 우는 사람을 보고도 가슴을 치지 않았다 마11:16-19; 눅7:31-35. 세례요한과 그리스도의 사역에 공감하지 않고 오히려 방해하고 박해했다. 악기가 경쾌하게 울리면 어깨가 들썩거리고, 통곡 소리가 나면 가슴부터 먹먹해지는 게 사람 아닌가. 천국 시민은 공감하는 사람이다. 아니, 그냥 사람이다. 사람이라면 당연히 이웃의 아픔에 공감하고 도움을 베풀게 되어 있다는 것을 주님께서는 선한 사마리아인 비유를 통해 가르쳐 주셨다눅10:25-37.

아무거나 같이 느낀다고 공감은 아니다. 사람의 연약함, 죄가 가져온 고통을 함께 느끼는 것이 기본이다. 그리스도께서 우리의 연약함과 아픔을 먼저 느끼셨다히4:15. 그래서 우리도 이웃의 아픔을 볼 때 함께 느낄 수 있게 되었다히10:34. 같은 인류이기에 느끼는 유대감을 넘어 죄로 비참하게 된 형편을 느끼는 공감이다. 내가 공감할 수 있게 된 것은 주님의 마음을 나도 나누어 받았기 때문이다.

"갇힌 이들을 나도 함께 갇힌 듯 기억하고 학대받는 이들을 나 역시 몸을 가진 자로서 기억하십시오."_히13:3

감옥에 갇혀 자유를 빼앗긴 사람들을 기억할 때는 마치 내가 갇힌 것처럼 하고, 학대받는 이들을 기억할 때는 나도 몸을 가졌음을 잊지 말아야 한다. 처지 바꾸기를 통한 공감의 전형적인 보기다. 누구든 옥에 갇힐 수 있고 누구나 몸을 가졌으니, 자연인, 곧 인간으로 갖추어야 할 조건은 같다. 복음 때문에 갇히고 믿음 때문에 학대를 받은 것이라

면 믿음의 공동체 내에서 적용되는 원리다히11:36-37. 그런데 주님께서는
이렇게 갇히고 학대받는 사람을 도운 일은 곧 주님 당신을 도운 것이라
말씀하신다마25:35-40. 그렇다면 처지 바꾸기가 단순히 너와 나를 바꾸는
것을 넘어 주님의 사랑, 곧 마귀의 소굴에 갇혀 고통받던 나를 찾아오
신 그 사랑을 생각케 한다. 다시금 구원이다. 그저 너와 내가 자리를 바
꾸어 느껴보는 것이 아니라, 주께서 먼저 느껴 주셨기에 우리도 느끼게
된 것이다.

나그네 대접

　　　　　이런 사랑의 전형이 바로 나그네 대접이다. 히브리 성경
은 이웃 사랑의 한 보기로 외국인을 잘 대우하라 명령했는데, 신약성경
도 사랑의 첫 방법으로 말하면서레19:34; 히13:1-2 성도가 갖출 기본 소양으
로 강조한다롬12:13; 딤전3:2; 5:10; 딛1:8; 벧전4:9.* 대상은 외국인에서 나그네로
바뀌었다. 그리고 나그네를 향한 공감은 고난을 겪는 사람 모두를 향한
연민으로 확장된다. 옛 외국인도 고아, 과부와 늘 함께 언급되지 않았
던가.

　　그런데 중요한 차이가 있다. 히브리 성경은 이스라엘 중에 있는 외
국인을 배려하라 가르치는데, 신약성경은 외국인 이야기는 거의 없고,
대신 이스라엘 백성이 자신을 나그네로 여겼다는 점을 강조한다히11:13-
16. 아브라함에서 시작하여 이스라엘 백성 전체가 나그네였다고 하나

---

* 신약은 나그네를 거의 'ξένος'로, 나그네를(=손을) 잘 대접하는 것은 'φιλόξενος'로 표현한다. 〈칠십인역〉에
　서 이스라엘 중에 있던 외국인을 가리켜 말한 낱말(προσήλυτος)은 신약에서 개종자라는 뜻으로만 쓴다(마
　23:15; 행2:11; 6:5; 13:43).

님께서 말씀하신다창23:4; 47:9; 레25:23.* 가나안 땅에 들어가 안정을 얻은 후에도 마찬가지다. 다윗도 백성과 자신이 조상들처럼 나그네라고 고백한다대상29:15; 시39:12. 또 히브리 성경에서는 이집트 노예 생활이 외국인을 배려할 근거였다면, 여기서는 오히려 노예 생활에서 구원받은 내가 나그네라 가르친다. 그게 구약의 강조점이다. 하나님의 구원이다. 외국인을 배려하는 것은 이 땅에서 나그네 된 내 신분을 확인하는 일이다. 구원받은 나는 이 세상에서 구원받아 천국 백성이 되었고, 따라서 내 세상 신분은 이제 나그네다. 따라서 나그네 대접은 그저 약자를 돕거나 불편함을 서로 나누는 차원을 넘어 고향이 따로 있는 우리의 신분을 일깨우는 일이 된다. 우리는 다 나그네다. 그래서 나그네 대접도 '서로' 한다벧전4:9. 너와 내가 서로 나그네가 되고, 또 나그네를 영접함으로써 마지막 날 하늘 아버지의 영접을 받을 날을 기다리게 된다.

그래서 나그네를 대접하다가 천사를 대접한 사람도 있었음을 상기한다히13:2. 나그네를 잘 대접하다가 뜻밖에 여호와 하나님과 두 천사를 대접한 아브라함 이야기다창18:1-8. 롯도 나그네를 영접했는데 알고 보니 두 천사였다창19:1-13. 나그네를 대접하는 일은 처지를 바꾸어 주게 영접받게 될 우리의 신분을 일깨운다. 이 땅에서 우리가 대접해야 할 나그네가 많다. 감옥에 갇힌 사람, 병에 걸린 사람, 못 먹는 사람, 목마른 사람 등등. 우리 시대에는 가난한 사람, 아픈 사람, 경제 난민, 전쟁 난민, 해외 이주민 등이 그런 사람이다. 그들을 우리는 환대해야 한다.

---

* 창세기 23장 4절에서 아브라함은 자신을 '나그네요 거류하는 자(גֵּר־וְתוֹשָׁב)'라고 말한다. 레위기 25장 23절도 같은 낱말의 복수형을 이용해 이스라엘을 묘사한다. 베드로전서 2장 11절은 창세기 23장 4절의 헬라어 번역(πάροικος, παρεπίδημος)을 그대로 그리스도인에게 적용하는데 〈개역개정〉은 두 단어의 순서를 뒤집어놓았다.

Hospitality! 그런데 주님께서는 그런 사람은 곧 주님 당신을 영접한 것이라 하신다마10:40. 주님께서는 생애 중에도 집이나 거처가 없다 하셨다마8:20; 눅9:58. 주님께서는 지금도 밖에서 문을 두드리고 계시다계3:20. 그러니 아브라함이나 롯처럼 우리도 모르는 가운데 주님을 대접한다. 내가 주님께 받고자 하는 그 대접을 내 이웃에게 베풀었는데 그게 바로 주님을 대접한 것이라 하시고, 주님께서도 우리에게 그와 같은, 아니 그보다 더한 영생의 복을 주신다. 서로 하라 하셨지만, 나그네 대접은 상호성 아닌 구원이다.

> "그대들은 갇힌 자들과 함께 느끼고 가진 것을 강탈당하는 일을 기쁘게 받아들였지요. 더 좋고 항구적인 재산이 있음을 아니까요."_히10:34

간힌 자를 동정한 이유, 다시 말해 그들처럼 느낀 이유가 "더 좋고 항구적인 재산"이 있기 때문이다. 너와 내가 주고받는 대접이 아니라 천국의 "큰 보상"을 바라는 일이다히10:35. 손님을 대접하는 식사는 천국 잔치다. 큰 차이다. 신약 황금률에서 그리스도는 우리 대접을 받으시는 분으로, 또 우리를 대접하시는 분으로 늘 함께 계신다.

신약성경이 기록되던 시절 유럽은 헬라 문화권이었다. 그런데 고대 그리스는 나그네 대접을 좋아하지 않았다. 나그네, 곧 외국인을 대적으로 여기거나스파르타 미개한 존재로 취급했다아테네. 그런데도 나그네 대접을 함부로 무시하지 못한 것은 신화 때문이었다. 신들이 종종 낯선 사람으로 위장해 나타났고, 그들을 대접하지 않은 사람은 벌을 받았다. 내키지 않아도 신이 무서워, 또는 물질적 보상을 기대하고 나그네를 극진히 대접했다.[2] 그런 뜻을 담았기 때문인지 손님에게 신분부터 묻는 것은 큰 실례였다. 씻게 하고 음식을 대접하고 편히 쉬게 한 다음 비로소 누구며, 어디서 왔는지 물어야 했다.[3] 나그네 대접은 중요했다. 유명한 트로이아 전쟁도 왕자 파리스가 메넬라오스 왕의 손 대접을 악용해 일어났다.[4] 손님으로, 또 주인으로 예절을 어긴 오디세우스와 외눈 거인 폴리페무스는 결국 목숨을 건 혈투를 벌이게 된다.[5]

하지만 성경은 사랑을 명한다. 두려워서 나그네를 영접하는 거기엔 황금률 원리가 없다. 성경의 나그네 대접은 자리를 바꾸는 것이 핵심이다. 나그네를 대접하는 내가 곧 나그네임을 일깨우고, 나그네를 영접하는 내가 주님의 영접 받을 사람임을 확인하고, 받은 사랑으로 이웃을 사랑하게 한다. 나그네로 살다 가신 주님께서 우리를 영접하실 것이다^{마8:20; 눅9:58; 요14:3}. 먼저 느끼신 주님 덕분에 나도 느끼고, 그 느낌을 삶으로 구현할 수 있게 된 것이다. 누군지 모르고 대접했는데 그분이 나를 영접하셨고, 또 영접하실 주님이라면 얼마나 감격스러울까? 엠마오에서 뒤늦게 주님을 알아본 두 제자의 기쁨을 뛰어넘을 것이다^{눅24:31-32}. 그런데 우리가 평소 나그네에게 하는 대접이 바로 그런 일이라 하신다. 함께 느끼는 공감은 존재를 넘어 구원으로 간다. 그것이 신약의 황금률 태도에 담긴 참뜻이다.

처지를 바꾸고

함께 느끼는 것과 더불어 처지를 바꾸는 일도 신약에서 계속된다. 대표적인 보기는 비판하지 말라는 경고 말씀이다. 산상수훈과 평지설교에 함께 나오는 말씀이므로 황금률하고도 가깝다. 많은 사람이 이 말씀을 상호성의 대표적인 구절로 보고 내가 하는 그대로 나에게 돌아올 것이라는 뜻으로 푼다. 물론 그렇게 볼 경우에도 공의의 하나님께서 하시는 일이므로 힌두교 범신론의 부메랑 원리와는 다르다.

〈개역개정〉은 '판단하다'라는 말을 나쁘게 말한다는 뜻의 '비판하다'로 옮겼는데, 번역이 아니라 해석이다. 여기서 판단은 특히 죄의 유무를 가리는 법적인 판결을 의미한다. 비슷한 내용을 담은 누가복음 6장 37절에는 판단하지 말라는 말씀에 이어 정죄하지 말라는 말씀이 나온다. 바울도 남을 판단하는 것은 자신을 정죄하는 것이라 경고한다롬2:1. 이 말씀은 판단력을 행사하지 말라는 말씀이 아니라 정죄하지 말라는 말씀이다.[6] 주님께서는 대신 용서하라 하신다. 판단하지 않는 것이다. 남에게 유죄 판결을 내리면 나도 유죄가 되고, 남을 용서하면 나도 무죄 판결을 받을 것이다. 여기도 하나님께서 개입해 계신다. 내가 이웃을 정죄하면 이웃이 아니라 하나님께서 나를 정죄하실 것이다롬2:2. 잊지 말 것은 판단의 대상이 형제라는 점이다. 일반적인 인간관계가 아닌 그리스도인의 공동체 교회의 원리다. 주님께서는 우리가 다 죄인임을 일깨우시며 처지를 바꾸어 보라 하신다. 우리는 판단하는 사람이 아니고 판단을 받을 사람이다. 너와 나의 처지를 바꾸어 보는 일에는 하나님께서 개입해 계신다. 언제나 수평 수직이 함께 있는 3차원이다.

주님께서는 눈에 있는 작은 티와 거대한 대들보의 차이를 통해 처지 바꾸기의 참뜻을 가르치신다. 너와 나는 똑같은 사람, 똑같은 죄인이니, 네 눈에 티가 있다면 내 눈에도 티가 있어야 한다. 그런데 주님께서는 남을 판단하려 하는 이의 눈에는 티 아닌 대들보가 있다고 하신다. 낙타와 바늘귀 같은, 주님 특유의 과장법으로 들린다. 그런데 이 차이는 어디서 오는 걸까? 형제의 눈은 내가 본다. 티 정도가 보일 것이다. 그런데 형제를 보는 내 눈은 형제가 아닌 주님께서 보신다. 그러면 티 아닌 대들보가 보인다. 이건 단순한 처지 바꾸기가 아니다. 아니, 그런 바꾸기는 애초에 가능하지 않다. 은혜를 알았다는 사람이 아전인수를 하면 하나님께서 그 아전인수를 그대로 나에게 적용하신다. 하나님께서 하실 보복을 우리가 직접 하는 일은 소름 끼치도록 무서운 일이다 히10:31.

이 또한 구원의 은혜로 이해할 수 있다. 구원이란 무엇인가? 내 죄를 하나님께서 용서하신 것이다. 일만 달란트 채무를 면제받은 것과 같다마18:23-35. 내가 형제에게 하는 용서는? 백 데나리온 수준이다. 그것도 적지 않지만, 내가 받은 용서에 비하면 새 발의 피도 안 된다. 이걸 뒤집으면, 내가 이웃의 티끌을 용납 못 한다면 그건 하나님께 내 대들보를 벌해 달라고 요청하는 것과 같다마6:12, 14-15. 가는 말이 고와야 오는 말이 곱다는 건 힌두교 범신론 수준이다. 심해도 혹 떼려다 붙이는 정도요, 더 심해도 되로 주고 말로 받는 정도로 그친다. 하지만 신약성경의 처지 바꾸기는 상상을 초월한다. 티끌과 대들보 차이다. 백 데나리온과 만 달란트 차이다. 주님께서는 엄청난 양의 차이로 질적 차이를 가르치신다. 황금률 실천에 중요한 것이 일관성이라 했는데, 성경은 그것보다 더해야 한다고 명령한다. 하나님께서 개입해 계시기 때문이다.
처지 바꾸기가 아니라 하나님 앞에서 내가 죄인임을 깨닫는 것이다. 그
것도 모르고 남을 정죄한다면 내 죄는 수천, 수만 배 커진다. 대들보도
일만 달란트도 전혀 과장법이 아니다.

용서받은 죄인

그리스도인의 자기 인식은 형제들과 위치를 바꾸어 보기
도 전에 확립된다. 이웃이 있어 내가 되는 것이 아니라, 먼저 하나님 앞
에서 죄인이 된다. 그런 죄를 용서받았다. 난 죄인이고, 그 죄를 용서받
은 복된 사람이다. 내 존재 의미는 사랑 하나다. 그런 나에게도 사랑 하
나가 남는다. 남들은? 죄인인지 아닌지 모른다. 관심 둘 겨를도 없다.
내 코가 석 자 아닌가? 그저 내가 받은 사랑을 전해줄 따름이다. 그런데
도 사랑하지 않고 용서하지 않는다면, 그건 내가 아직 용서를 못 받았
다는 증거일 뿐이다엡4:32.

주님께서는 산상수훈 시작부터 처지 바꾸기를 뛰어넘어야 한다고
말씀하셨다. 천국 시민의 여덟 가지 특성과 그런 특성을 가진 사람의
역할을 말씀하신 다음 살인을 금하는 계명의 참뜻을 풀어주셨다마5:21-
26. 살인은 사람 목숨을 직접 빼앗는 일뿐 아니라 형제에게 분노를 느끼
고 말로 모욕하는 일도 포함한다. 분노는 나는 옳고 남은 틀렸다는 판
단, 그리고 상대의 잘못으로 내가 피해를 입었다는 판단으로 생긴다.
당연히 마귀가 주는 감정이다. 분노를 표현하는 욕설이나 폭력은 내가
입은 손해를 언어와 행동으로 갚는 원시적 등가보복이다. 남을 정죄하
는 일은 나 자신을 하나님께 고발하는 일로서, 하나님께서는 그런 사람

을 즉각 판결하실 것이다. 그런 상태에서는 예배도 못 드린다. 재판이 열리기 전에 얼른 형제를 용서해야 한다. 그렇지 않으면 하나님께서는 내 눈에서 대들보를 발견하고 엄정한 심판을 내리실 것이다. 내게서 나간 건 욕설 몇 마디인데 돌아오는 건 지옥 형벌이다.

황금률 공식은 산상수훈 끝부분에 나오지만, 정신은 처음부터 나온다. 주님께서는 원시 등가보복 원리를 여전히 수용하던 당시 사람들에게 원수까지 사랑하는 윤리를 명령하신다마5:43-47. 메이천의 주장처럼 이 원리가 사회 전체의 규칙이 되기는 어려울지 몰라도, 그렇다고 산상수훈을 애초부터 순종 불가능한 원리로 보는 것도 잘못이다. 그런 식으로 뒤집는다면 하나님 아버지 뜻대로 행하지 않는 자가 천국에 간다는 희한한 결론도 가능할 것이다마7:21. 주님께서는 사람들이 알고 있는 수준의 상호성보다 "더 하는 것"이 있어야 한다 명하신다마5:47.[7] 나에게 해 주었다고 나도 남에게 하거나마5:46; 눅6:32-33, 앞으로 잘해 주기를 기대하고 잘하는 것은눅6:34 바른 태도가 아니다.

우리가 더 해야 하는 이유는 하나님의 자녀가 되었기 때문이다마5:43-48; 눅6:35-36. 그리스도를 믿어 죄를 용서받고 의로운 사람이 된 것이다. 하나님의 사랑을 입으면 자녀다워진다엡5:1. 황금률의 대전제는 하나님의 용서의 사랑이다. 하나님께서는 우리를 사랑하여 용서하시고, 우리도 같은 사랑으로 서로 용납하라 하셨다. 분노하지 말라는 말씀, 정죄하지 말라는 말씀이 다 같다. 용서받은 자신을 돌아보라는 것이다. 원수를 사랑해야 할 이유 역시 하나님께서 당신과 원수였던 우리를 먼저 사랑하셨기 때문이다롬5:10.[*] 신약성경은 하나님께 용서받기 위해 먼저

---

[*] 원수를 사랑할 수는 있지만 원수를 그대로 용서하는 것은 불가능하다. 성경적 용서의 참뜻에 대해서는 필자

형제를 용서해야 한다는 것을 거듭 강조한다마6:12, 14-15; 18:35. 형제를 향한 내 용서가 주님의 용서의 근거가 된다는 말이 아니라, 주님의 용서를 경험한 사람이라면 당연히 남도 용서하게 된다는 말씀이다. 그래서 남을 불쌍히 여겨야 자신도 불쌍히 여김을 받는다마5:7. 남을 불쌍히 여기지 않으면 마지막 심판날에 자신도 불쌍히 여김을 받지 못할 것이다약2:13.

> "무자비한 심판이 자비를 베풀지 않은 자에게 있으니까요. 자비는 심판을 가볍게 이깁니다."_약2:13

자비를 베풀지 않는 사람은 자비를 맛보지 못한 사람이다. 내가 실천하는 자비는 내게 임한 하나님의 자비의 명확한 증거이기에 심판을 가볍게 이긴다. 산상수훈과 평지설교는 용서받은 자로 살아야 한다는 가르침이다. 산상수훈에서는 그런 가르침이 한참 이어진 다음 황금률이 결론으로 주어졌다. 앞의 모든 계명을 종합하는 명령이다. 평지설교에서는 황금률이 이 모든 말씀 한가운데 놓여 있다. 원수 사랑을 비롯한 여러 실천이 황금률의 실천이다. 따라서 주님의 황금률은 사람들이 이미 알고 있던 그 황금률과 같을 수가 없다. 단순한 상호성으로, 또는 정의의 법칙으로 끝내서는 안 된다.

의 책 『질그릇에 담은 보배』, 205-259쪽을 참고하라.

하나님 앞에서

신약성경에도 다른 종교나 문화에서 가르치는 위치 바꾸기가 자주 등장한다. 동등한 관계에서도 그렇지만 위아래 사이에서 그런 점이 뚜렷하다. 사람과 사람 사이를 하나님께 확장 적용한 것은 『시라크』에 나오는 처지 바꾸기를 그대로 계승한 것처럼 보인다. 노예 주인들에게 주는 명령이 좋은 보기다.[*]

> "주인들이여, 노예들을 바르게 공정하게 대하십시오. 그대들도 하늘
> 에 주인이 계시다는 것을 아십시오."_골4:1

주인으로서 노예를 대할 때 내 위에도 주인이 계심을 생각하는 것은 내가 노예 자리에 서 보는 일이다. 마치 내가 노예가 되어 하나님을 섬긴다 생각하고 노예의 마음을 제대로 이해하라는 명령이다. 내가 주님께 기대하는 대우를 나도 노예들에게 베풀어야 한다는 뜻이다. 사람 노예는 주인에게 '바르고 공정하기'를 기대한다. 주인은 노예에게 부당한 '위협'을 가해서도 안 된다[엡6:9]. 노예 주인이 그리스도인이라면 마땅히 가져야 할 태도다. 언뜻 보면 자신을 신의 소유물에 비긴 소크라테스와 통한다. 노예를 자비롭게 대해야 한다던 세네카와 에픽테토스의 외침도 들리는 것 같다. 이슬람교도 이 가르침을 배워갔지 않은가. 그

---

[*] 신약성경의 인간관에 따르면 인간이 인간을 노예로 부리는 것은 잘못인데도 성경은 노예제도 자체에 대해서는 비판적인 언급을 하지 않는다. 노예 주인들에게 노예를 해방하라 하지도 않으며 노예들에게도 자유를 위해 일어나라 하지 않고 오히려 주인을 주님처럼 섬기라 명령한다. 노예제도가 사회의 한 부분으로 정착되어 있던 시절의 사회상을 그대로 수용하면서 모든 사람이 하나님 앞에서 동등하다는 사상을 전한 셈이다. 성경은 자유인과 노예, 서로 다른 민족, 남자와 여자 등에도 같은 원칙을 적용하므로(갈3:28) 오늘날 여성의 위치에 대해 논의할 때 이 점을 염두에 두어야 할 것이다.

런데 노예들에게는 주시는 명령이 다르다. 처지를 바꿔 생각해 보라는
권면이 여기에는 없다.

"노예들이여, 육적 주인들을 두려움과 떨림으로, 참된 마음으로, 마
치 그리스도께 하듯, 복종하십시오."_엡6:5

노예들에게는 주인의 자리에 서 보라 권하지 않는다. 내가 마치 주
인이 된 듯 주인이 어떤 충성을 기대할까 생각해 보라 하지 않는다. 대
신 주인을 마치 그리스도를 섬기듯 섬기라 하였다. "그리스도께 하듯"
하는 것은 "사람들에게 하듯" 하는 것과 다르다엡6:7. "참된 마음으로 주
님을 두려워하는" 것이다골3:22. 주님을 "부지런하게, 게으르지 않게, 뜨
거운 마음으로" 섬기는 일이다롬12:11. 이건 주인들에게 명령한 처지 바
꾸기와 다르다. 그렇게 자리를 바꾸어 상상하는 것보다 더한 충성을 요
구한 셈이다.

아랫사람이 윗사람과 자리를 바꿔 생각하는 것은 다른 종교에 많이
나온다. 하지만 다른 종교는 노예에게 관심을 두지 않았다. 오직 수인
들에게만 처지를 바꿔 생각하고 노예를 학대하지 말라 권할 따름이다.
오직 성경만 노예를 같은 형제로 대우하여 권면의 말씀을 전한다. 노예
제도는 사람을 동물처럼 부리는 비성경적 제도지만, 성경은 사회 제도
자체를 뒤집기보다 그 제도 안에서 사랑으로 섬기라 명령한다. 외적 형
식보다 내적 동력을 변화시킨다. 진짜 혁명이다. 주인이 같은 신앙인일
경우에도 형제라고 가벼이 대하지 말고 충성을 다하라 했다딤전6:2. 처지
를 바꾸어 보는 대신 내 주인이 마치 하나님인 것처럼 대하라 했으니,

모든 것을 "하나님 앞에서coram Deo(코람데오)" 하라는 명령이다. 약자를 돌보는 것이 주님을 돌보는 것과 같다 하신 것과 맥을 같이 한다.

그렇다면 주인들에게 주신 명령도 그저 처지를 바꾸어 생각하라는 뜻이 아니라, 모든 사람의 주인이신 하나님 앞에서 바로 행하라는 명령이 된다. 위치를 바꾸어 생각했다면 노예를 형제로 잘 대우하라는 정도에 그쳤겠지만몬1:16,* 성경은 그보다 더 할 것을 명령한다. 주인들이 노예들을 다룰 때 잊지 말아야 할 것은 하나님이 "그들과 너희의 상전"이시라는 사실이다엡6:9. 우리 하나님께서는 주인과 노예를 구분하는 "차별대우"를 하지 않으신다엡6:9.

성경은 다른 종교가 가르친 그런 자리 바꾸기를 가르치지 않는다. 바꾸어 보라 한 경우도 다 하나님 앞에서 나를 바로 알고, 그래서 하나님 사랑을 알고, 그래서 형제도 자비로 대하라는 결론으로 이어진다. 그래서 다른 상하관계, 이를테면 부모와 자녀 사이의 관계를 설명할 때도 이소크라테스나 유교가 가르친 것 같은 그런 자리 바꾸기를 전혀 시도하지 않는다엡6:1, 4; 골3:20-21. 부부 사이를 설명할 때도 마찬가지다. 배우자의 처지에 서 보기보다 주님 안에서 서로를 대하면 자기 몸의 관리인이 나 아닌 배우자임을 더 깊이 깨달을 수 있다고전7:3-4. 그리스도인의 인간관계는 모든 것이 구원에 바탕을 두고 있으며, 구원의 은혜, 용서의 사랑이 동력으로 작동한다. 주님과 자기 사이를 자신과 부하들 사이에 비겼던 큰 믿음의 소유자 백부장 역시 단순히 자신과 부하들 사이의 관계를 주님께 확대한 것이 아니라, 그런 유비를 통해 주님이 진정한

---

* 노예를 형제로 대하라는 유일한 권고인데, 빌레몬의 노예였던 오네시모가 바울을 만나 예수님을 믿었기 때문에 이제는 형제의 하나로 대우해 달라는 부탁이다.

주님이심을 고백한 것으로 보아야 한다마8:9-10; 눅7:8-10.

　　신약성경의 황금률 태도는 하나님의 사랑과 용서에서 시작한다. 사랑으로 용서받은 나를 먼저 알고, 그 깨달음을 모든 인간관계에 그대로 적용한다. 삶의 모든 자리에 주님께서 은혜의 원천으로 함께 계신다. 내가 노예라면 내 주인을 주님처럼 섬기고, 내가 주인이라면 내 주인이 또 하늘에 계심을 잊지 않아야 한다. 부모가 자녀를 양육할 때도 주님의 마음으로 하고, 자녀가 부모를 섬길 때도 주님의 은혜 가운데 한다. 부부 사이도 나를 위해 목숨 버리신 주님의 은혜로 주님을 섬기듯 서로 복종하고 사랑하여 아름다운 가정을 이루어 간다. 언뜻 보면 겉모양은 다른 종교, 다른 사상의 가르침처럼 처지 바꾸기를 권하는 것 같으나, 사실은 하나님의 구원의 은혜에 대한 깨달음을 강조한다. 은혜와 사랑과 생명이다. 나에게 공감해 주신 그 은혜가 있어 상대를 이해할 수 있고, 불쌍히 여기고 도와줄 수 있다. 은혜로 얻은 공감 능력이기에 이론도 실천도 전혀 문제가 되지 않는다. 모든 것이 하나님의 사랑과 은혜에서 출발한다는 이 한 가지가 신약성경이 두루 가르치는 황금률 정신의 바탕이다.

2

상호성에서 사랑으로

그럼 황금률 자체는 어떤가? 주님께서 가르치신 황금률을 일반 황금률과 비교해 보기 전에, 신약성경에서 갖는 위치를 먼저 알아볼 필요가 있다. 그 점을 살피면 황금률의 참뜻도 더 잘 알 수 있다. 신약성경은 하나님 사랑과 이웃 사랑을 가장 큰 교훈으로 주는데, 황금률은 이 두 계명과 어떤 관계인가? 주님께서 당신의 제자들에게 주신 새 계명과는 또 어떤 관계인가? 이런 관계 속에서 황금률의 위치를 잘 파악하면 일반 황금률을 넘어 주님께서 가르치신 황금률의 참뜻에 한 걸음씩 다가갈 수 있다.

루이스의 견해

황금률은 성경에 나온다. 처지를 바꿔 생각하는 원리는 성경 곳곳에서 찾아볼 수 있지만, 황금률 공식 자체는 꼭 두 번 등장한다. 둘 다 그리스도께서 직접 가르치신 것으로서 마태복음 7장 12절과 누가복음 6장 31절이다. 현재 많이 사용하고 있는 한글 〈개역개정〉 성경은 황금률 두 구절을 이렇게 옮기고 있다.*

> "그러므로 무엇이든지 남에게 대접을 받고자 하는 대로 너희도 남을 대접하라 이것이 율법이요 선지자니라"_마7:12

> "남에게 대접을 받고자 하는 대로 너희도 남을 대접하라"_눅6:31

마태복음의 황금률이 누가복음보다 좀 길어 보이지만 앞과 뒤의 몇 구절을 빼면 몸통은 똑같다. "남에게 대접을 받고자 하는 대로 너희도 남을 대접하라"는 계명으로서 사람들이 보통 알고 있는 일반 황금률과도 모양이 거의 같다. 그렇지만 〈개역개정〉은 두 구절 다 원문을 정확하게 옮기지 못했다. 또 원문은 마태와 누가가 약간 다른데, 우리말 번역은 그 차이도 못 살리고 똑같이 만들었다. 다른 한글 번역도 대부분 같은 문제를 안고 있다. 물론 기본 구도는 원문과 큰 차이가 없다. "대접을 받고자 하는 대로", 즉 내가 남에게 바라거나 기대하는 바에서 출발한다. 그리고는 방향을 뒤집거나 범위를 넓혀 그것을 다른 사람에게 실천한다. 주님의 황금률이 내용에 있어서는 얼마든지 일반 황금률과 다를 수 있다. 하지만 형식적으로는 사람들이 일반적으로 알고 있는 황금률과 거의 차이가 없어 보인다. 적어도 〈개역개정〉 번역에 따르면 그렇다.

---

* 이 두 구절은 이전의 〈개역한글〉 번역을 손대지 않고 그대로 두었다. 황금률의 정확한 번역에 대해서는 이 책 363쪽을 보라.

　지난 세기 최고의 기독교 변증가이면서 학자요 작가로 활동했던 영국의 씨 에스 루이스는 기독교 복음을 간결하게 소개한 명저『순전한 기독교_Mere Christianity_』에서 그리스도께서 가르치신 황금률에 대해 이렇게 말했다.

　　"사람과 사람 사이의 기독교 도덕에 대해 가장 먼저 분명하게 해야 할 것은 그리스도께서 이 분야에서 새로운 도덕을 전파하러 오신 게 아니라는 점입니다. 신약성경의 황금률—네게 해 주었으면 하는 대로 네가 해라—은 사실 모두가 옳다고 늘 알고 있던 것을 요약한 것입니다. 진정 위대한 도덕 선생들은 절대 새 도덕을 도입하지 않습니다. 그런 건 돌팔이나 별짜들이 하는 일입니다."[8]*

　루이스의 관점은 간단명료하다. 주님께서 가르치신 황금률이 사람들이 알고 있는 일반 황금률과 똑같다는 것이다. 황금률의 형식뿐 아니라 내용도 그렇다는 말이다.

　일단 배경을 고려할 때 충분히 이해할 수 있는 주장이다.『순전한 기독교』는 루이스가 1941년부터 1944년까지 행한 라디오 방송을 책으로 엮은 것이다.** 불신자들에게 기독교 복음을 소개하는 강의였다. 변증학의 교과서라 불리는 이 강좌에서 루이스는 인간이 가진 양심 또는 도덕의식이 하나님이 계시다는 증거라 설명하면서 사람들을 기독교 복

---

* 필자 번역. 루이스는 황금률을 "Do as you would be done by"로 표현한다. 존 스튜어트 밀이 만든 공식과 가장 가깝다.

** 『순전한 기독교』는 처음 3권의 소책자로 출간되었다가 1952년 합본으로 출간되었다. 기독교 변증학의 교과서라 불리는 고전으로서 이 책을 통해 그리스도인이 되었다고 고백하는 사람이 특히 지성인 가운데 수없이 많다.

음으로 초청하고 있다. 황금률은 이 도덕법이 사람과 사람 사이의 윤리, 곧 사회적 도덕으로 나타난 것으로서, 성경에도 있는 그게 또한 사람이라면 누구나 알 수 있는 보편법칙이라 하여 전도를 위한 접촉점으로 삼은 것이다. 불신자를 대상으로 한 만큼 기독교 윤리의 보편성을 강조함으로써 독자들과 소통의 폭을 넓히고 싶었을 것이다. 그리스도께서 가르치신 계명이 모두가 알고 있는 일반 윤리와 크게 다르지 않다면 더욱 많은 사람의 공감을 얻을 수 있지 않겠는가. 한 영혼이라도 더 건지려는 저자의 선한 열정을 충분히 읽을 수 있다.

하지만 몇 가지 질문이 떠오른다. 첫째로, 그리스도께서 가르치신 황금률이 과연 사람이면 누구나 알고 있는 그것과 같은 것일까? 형식은 분명 닮았다. 그래서 이천 년 교회사에서도 이 둘을 똑같이 다룬 사람이 적지 않았다.[*] 하지만 형식이 같다고 거기 담으신 내용도 같은 것일까? 둘이 다르지 않다는 루이스의 주장은 분명 형식뿐 아니라 내용까지 염두에 둔 것이다. 루이스는『순전한 기독교』첫 부분에서 사람이라면 누구나 알고 있는 법칙의 첫 보기로 "누가 너한테 똑같이 한다면 어떻겠니?"라는 문장을 소개한다. 처지를 바꿔 생각하는 '역지사지' 태도다. "내가 오렌지를 줬으니 너도 좀 다오"라는 보기 역시 상호성 원리를 담고 있다. 공평을 추구하는 이런 수많은 보기를 한 문장으로 집약한 것이 루이스가 이해한 황금률이다.[9] 그렇다면 우리 주님께서 주신 계명도 상호성 원리요, 따라서 목표 역시 공평과 정의의 확립에 그친다는 말인가?

---

[*] 교회사가 본 황금률에 대해서는 이 책 327-350쪽을 참고하라.

첫 질문은 둘째 질문으로 이어진다. 설령 주님의 황금률이 일반 윤리의 가르침과 똑같다 하더라도 그렇게 황금률 하나를 근거로 그리스도께서 새로운 도덕을 전파하지 않으셨다고 단정하는 것이 옳은가? 물론 황금률은 주님의 핵심 가르침 가운데 하나다. 하지만 주님께서는 사람과 사람의 윤리에서 손해를 입어도 참으라 가르치시고, 또 서로 사랑하라, 남을 위해 자신을 희생하라는 계명까지 주셨는데마5:39; 요13:34; 요일 3:16, 그런 것들도 사람들이 늘 옳다고 알고 있던 것인가? 주님께서 가르치신 대인 윤리가 다른 종교, 다른 문화의 가르침과 다를 바 없다면, 루이스 자신이 지금 전하고자 하는 기독교 복음의 유일성은 도대체 어느 영역에서 찾겠다는 말인가?

셋째로, 루이스의 주장대로 그리스도께서 가르치신 황금률이 일반 윤리의 가르침과 내용이 같고, 또 주님께서 정말로 사람과 사람 사이의 관계에 대해 새로운 도덕을 전파하시지 않았다고 본다면 더 심각한 문제가 제기된다. 하나님의 아들이 이 땅에 오셔서 기껏 하신 일이 사람들이 처음부터 알고 있던 내용, 곧 도덕 선생들이 잘 가르쳐 놓은 그걸 되풀이하신 일이라는 말인가? 주님의 가르침은 대부분 주님의 생애 및 사역과 깊이 이어져 있다. 사랑의 계명만 보아도 주님께서 우리를 먼저 사랑하셨기에 우리도 서로 사랑해야 한다 하셨다. 그런데 만약 황금률이 일반 도덕의 가르침과 같다면 황금률은 주님의 생애 및 사역과 무관한 가르침이 되어 버리지 않는가? 심하게 말해 주님의 성육신이나 십자가마저 의미를 잃게 되지 않는가? 루이스는 다른 책에서 주님과 인간 스승들의 차이는 윤리 원칙에 있지 않고 그리스도의 인격과 직분에 있다고 분명히 말했다.[10] 문제는 이 둘이 과연 분리될 수 있는 것인가 하는 점이다.

넷째로, 그리스도가 과연 위대한 도덕 선생의 한 분이신가? 사람들은 주로 소크라테스, 석가, 공자 등을 떠올릴 터인데,* 그리스도를 사대 성인의 한 분인 양 말해 놓고 전도가 제대로 될까? 물론 루이스는 이 책 후반부에서 그리스도는 "하나님의 아들"이시라고 거듭 말하고 있다.[11] 그런데 정작 여기서는 도덕 선생의 하나로 소개하면서 새로운 도덕은 도입하지 않으셨다고 단언한다. 돌팔이니 별짜니 하는 표현이 무척이나 당황스럽다. 만약 주님께서 가르치신 황금률이 세상이 알고 있던 황금률과 다른 내용을 담고 있다면 주님이 그런 존재로 전락하신다는 뜻인가? 공감대를 형성하는 일에 몰두한 나머지 정작 중요한 문제는 놓쳐 버린 것이 아닌가?

결국 질문은 첫 질문으로 돌아간다. 같은가 아니면 다른가 하는 것이다. 겉모습은 같다. 하지만 문제는 내용이다. 다르다면 문제될 것이 없다. 돌팔이니 별짜니 하는 표현에 개의치 말고 그냥 무엇이 어떻게 다른지 살펴보면 된다. 하지만 같다면? 도덕 선생 지위는 유지할 수 있을지 모르겠다. 하지만 루이스의 주장에 내포된 모든 문제, 특별히 자기가 지금 사람들에게 전하고자 하는 복음의 유일성 문제로 힘겨운 씨름을 벌여야 한다. 일반 황금률이 안고 있는 이론적, 실천적 문제들과는 별개로 말이다.

---

* 루이스 자신은 플라톤, 아리스토텔레스, 공자를 언급한다. Lewis, *Mere Christianity*, 137. 『순전한 기독교』, 243쪽을 보라.

성경의 핵심

누가복음은 황금률 자체만 전하지만, 마태복음은 황금률 뒤에 "이것이 율법이요 선지자니라"는 말씀을 추가하고 있다. '율법과 선지자'는 구약성경을 가리키는 표현이므로 "이게 바로 성경이다" 하신 것이다. 황금률이 구약성경 전체의 압축, 요약, 핵심, 정신 등이라는 말씀이다. 황금률은 또 마태복음 5-7장에 나오는 이른바 '산상수훈山上垂訓'의 결론으로 들려주신 말씀이다.[12]* 물론 황금률 이후에도 말씀이 더 이어지지만 적용과 실천에 관한 것이므로 내용상 결론은 황금률이다. 산상수훈이 어떤 말씀이던가? 흔히들 기독교 복음의 정수라 부르는 말씀으로, 당시 사람들이 잘못 알고 있던 구약의 내용을 바로잡아 주시면서 그리스도를 구주로 믿는 사람은 어떤 믿음, 어떤 삶을 보여야 할 것인지 원리 및 구체적인 실천까지 설명해 주신 말씀이다. 한마디로 신약성경의 골자다. 그렇다면 산상수훈의 결론인 황금률은 구약성경의 결론인 동시에 신약까지 포함하는 성경 전체의 압축 또는 요약이어야 옳다.

황금률이 전체 성경의 골자라면 루이스의 주장은 더욱 심각한 문제를 안게 된다. 주님께서 가르치신 황금률이 일반 도덕의 황금률과 다르지 않다면, 성경 전체의 핵심 교훈도 공감과 공평, 그리고 현세에서의 공존으로 그친다는 말인가? 그런 교훈이라면 성경을 모르는 자연 상태에서도 얼마든지 깨달을 수 있고, 그런 것들은 다른 도덕 선생들이 이미 잘 가르쳐 놓았다. 그렇다면 성경은 왜 주셨을까? 자연 시간에 다 배운 것을 복습이나 하라고 성경 과목을 주셨다는 말인가? 사실 성경을 주신

---

* 누가복음의 황금률은 평지설교에 들어 있는데 내용은 산상수훈과 거의 겹친다. 평지설교에서는 황금률이 결론이 아니라 중간쯤에 나오는데, 마이어나 앨런 등은 마태가 산상수훈의 결론으로 옮겼다고 주장한다.

목적이 자연이 가르치는 진리를 더 쉽게, 또 정확하게 깨닫게 하기 위함 이라는 주장도 교회사에는 있었다.[13] 루이스의 관점에 따른다면, "모두 가 옳다고 늘 알고 있던" 그것을 성경의 핵심으로 다시금 주신 셈이니, 심한 경우 계시가 아예 필요 없다는 결론마저 가능하지 않은가?

자연과 계시의 관계는 사실 생각보다 복잡하다. 둘 다 하나님에 대 해 알려주는 계시이므로 자연은 자연 계시, 계시는 특별 계시라 부르기 도 한다. 하나님께서 쓰신 두 권의 책으로도 표현한다. 자연 계시는 창 조가 보여주는 계시로서, 주 통로는 광대한 대자연과 인간의 양심 또는 도덕의식이다. 특별 계시는 자연을 초월하는 계시로서, 자연법칙을 뛰 어넘는 기적이나 구원의 말씀으로 주신 성경을 가리킨다. 둘의 관계에 대해 전통적으로 다양한 관점이 있지만, 가장 중요한 것은 자연만 가지 고는 구원의 하나님을 발견할 수 없기에 하나님께서 계시를 주셨다는 사실이다.* 그렇지만 성경의 핵심 중의 핵심인 황금률이 자연이 가르치 는 내용과 다를 바 없다면 자연 하나로 충분하여 계시가 따로 필요하지 않다는 계몽주의 시대의 주장이 힘을 얻을 수도 있다. 자연밖에 모르는 이들에게 조금이라도 가까이 다가가려 하다가 계시를 아예 포기해 버 린 것은 아닌가?

가장 큰 계명

신약성경에 보면 "이게 바로 성경이다" 하고 들려주신 말 씀이 황금률 말고 또 있다. 예수께서 구약성경의 고갱이로 요약해 주신

---

* 로마서 1장 20-23절, 디모데후서 3장 15절, 웨스트민스터 신앙고백서 1장 1항을 보라.

'가장 큰 계명'이다.[14] '하나님 사랑'과 '이웃 사랑' 계명은 공관복음 세 권이 다 전하는데마22:37-40; 막12:28-33; 눅10:25-28, "이게 바로 성경이다" 하신 말씀은 마태복음에만 나온다.

> "네 온 마음과 네 온 영혼과 네 온 생각으로 주 네 하나님을 사랑해라. 이것이 큰 첫 계명이다. 둘째도 마찬가지다. 네 이웃을 너 자신처럼 사랑해라. 율법과 선지자들 전체가 이 두 계명에 달려 있다."_마22:37-40

여기서도 구약성경을 "율법과 선지자들"이라 부르신다. 구약성경 전체가 하나님을 사랑하고 이웃을 사랑하는 두 계명에 달려 있다 하셨으니, 이 두 계명이 구약성경의 알맹이요 핵심이라는 말씀이다.[15] 그렇다면 이 두 계명을 종합한다면 그리스도께서 가르치신 황금률과 내용이 같아야 할 것이다. 성경은 신구약이 함께 하나의 말씀을 전하고 있으므로, 황금률과 큰 두 계명은 비록 형식은 다르더라도 내용만은 반드시 일치해야 한다.

첫 계명은 신명기 6장 5절의 인용이다.[16] 하나님께서 당신의 백성 이스라엘에게 주신 명령으로서 유대인들이 오늘날도 하루 두 번 암송하는 '셔마 이스라엘'이다.*

> "이스라엘아, 들어라. 우리 하나님 야웨는 한 야웨시다. 너는 네 온 마

---

* 마태복음 22장에는 없지만 마가복음 11장 29절에서는 주님께서 셔마 문구도 인용하신다. '셔마(שְׁמַע)'는 영어를 거쳐 들어오다 보니 '세마' 또는 '쉐마'로도 쓰인다.

음과 네 온 영혼과 네 온 힘으로 야웨 네 하나님을 사랑해라."_신6:4-5

야웨는 온 우주에 유일하신 하나님이시니 우리의 모든 것으로 사랑해야 한다. 모세는 마음, 영혼, 힘을 언급했다. 그런데 이 구절의 신약 인용은 세 곳이 약간씩 다르다. 마태는 힘을 생각으로 바꾸었다. 생각은 첫 요소인 마음과 거의 같은 표현이므로 중복 느낌도 난다. 마가와 누가는 마음, 영혼, 생각, 힘을 다 언급한다.[17] 이 넷이 구체적으로 무얼 가리키며, 또 서로 어떻게 다른지 따지고 들 필요는 없다.[18] 그 하나하나가 사람의 중심, 곧 사람의 전부를 가리킨다. 하나님을 사랑할 때는 나의 일부가 아닌 전체를 드려야 한다는 것을 세 번 네 번 강조한 것이다. 그래서 마가는 네 가지를 언급한 뒤 지혜도 추가하며, 바울은 몸을 바쳐야 한다고 가르친다막12:33; 롬6:13; 12:1. 온 우주의 창조주요 우리의 구원자이신 야웨 하나님은 내 모든 것을 바쳐 사랑함이 마땅하다.

둘째 계명은 레위기 19장 18절 후반부의 인용이다.

"네 이웃을 너처럼 사랑해라."*

이 구절은 마태, 마가, 누가가 똑같다. 모두 〈칠십인역〉을 그대로 인용해 "네 이웃을 너 자신처럼 사랑해라"가 됐다. 이웃을 사랑할 때는 내

---

* 〈개역개정〉은 이 구절을 "네 이웃 사랑하기를 네 자신과 같이 사랑하라"고 옮겼다. 원문에도 우리말 어법에도 맞지 않은 해괴한 번역이다. 이 구절을 인용한 신약 여러 구절과도 일관성이 없다. 이 계명을 인용한 신약 구절은 위의 세 본문 외에 여러 곳(마5:43; 19:19; 롬13:9; 갈5:14; 약2:8)인데, 이전의 개역판도 이 구절들을 일관성 있게 번역하지 못했고, 〈개역개정〉은 거기서 더 후퇴했다. 재귀대명사 사용에 대해서는 이 책 63쪽 각주를 보라.

모든 것을 바칠 필요가 없다. 이웃도 나처럼 피조물이요 나와 동등한 사람이므로 나 자신을 챙기는 정도로 사랑하면 된다. 나를 기준 삼아 어떤 대상을 대한다는 것은 그 대상이 나와 동등하다는 전제를 담고 있다. 그렇기에 하나님은 나 자신을 사랑하듯 사랑할 수 없고, 오직 나와 동등한 사람, 곧 이웃을 사랑할 때만 나를 기준으로 삼는다.[19]

주님께서는 여기서 하나님 사랑과 이웃 사랑을 히브리 성경의 압축으로 본 유대교 전통을 그대로 수용하신다. 기원전 2세기의 랍비 아키바가 이웃 사랑을 "토라의 위대한 원리"라 했고,[20] 기원전 2세기 중엽의 『희년서』에서도 아브라함이 후손들에게 하나님 사랑, 이웃 사랑을 야웨의 길로 가르친다.[21] 십계명 역시 그렇게 하나님 사랑, 이웃 사랑의 계명으로 나누어지니 전체 히브리 성경을 둘로 압축한 것은 자연스럽다. 제2 성전기에 이 둘을 가장 포괄적인 두 계명으로 이해하는 전통이 세워졌다.[22] 다만 주님께서는 여기서 이웃 사랑 계명이 하나님 사랑 계명과 '마찬가지ὁμοία'라 하여 이웃 사랑 계명의 위상을 높이신다. 십계명도 물론 이웃 사랑을 중요하게 언급하지만, 이웃 사랑을 실천하기는커녕 이웃이 누군지도 제대로 몰랐던 이들에게 하나님 사랑과 대등하게 둘 정도는 아니었지 않은가? 당시 유대인들에게는 할례, 안식일, 정결 규례 등 더 중요한 게 많았다. 그런데 이 둘이 같다고 하신다. 마가복음은 두 계명을 함께 언급한 다음, 이 둘이 하나님께 드리는 "번제물과 제물 전부보다 낫다"는 말까지 덧붙인다막12:33. 이웃 사랑이 하나님 사랑에 버금가는 정말 중요한 계명이라는 이야기다.

그렇다면 루이스에게 던진 첫 번째 질문의 답은 명백해진다. 주님께서 가르치신 황금률이 가장 큰 계명과 똑같은 성경의 압축이요 요약이라면, 주님의 황금률은 일반 도덕이 말하는 황금률과 같을 수 없다. 즉, "대접을 받고자 하는 대로 남을 대접하라"는 주님 말씀이 단순히 공평과 정의, 또는 존중과 배려를 추구하라는 가르침으로 끝날 수 없다. 이유는 간단하다. 사랑이기 때문이다. 황금률은 전체 성경의 요약으로서, 그 내용은 하나님 사랑, 이웃 사랑이어야 한다. 혹 사람을 사랑하는 일은 '서로' 사랑할 경우 그걸 정의라 우길 수도 있겠지만,* 그보다 더 중요한 계명, 곧 우리가 하나님을 사랑하는 일은 정의나 공평을 훨씬 능가하는 문제이기 때문이다. 주님의 황금률이 사람들이 다 알고 있는 그 원리와 같다고 말해버리면 가장 큰 두 계명 가운데서도 첫째인 하나님을 향한 사랑이 사라져 버린다. 따라서 주님의 황금률을 형식이나 글자만 보고 일반 황금률과 같다고 성급하게 결론짓기보다 주님께서 성경의 고갱이라 가르치신 가장 큰 계명을 기준 삼아 다시금 푸는 것이 필요하다.

계명과 황금률

가장 큰 계명은 "이것이 성경이다" 하신 말씀으로만 황금률과 통하는 게 아니다. 그런 외적 선언 외에 내용 면에서도 황금률과 통한다. 주님께서 들려주신 선한 사마리아인 비유가 이 둘이 같은 내용임을 보여주는 중요한 가르침이 된다눅10:25-37.[23]

비유의 배경은 영생의 길을 묻는 율법 교사의 질문이었다. 주께서는 네가 가르치는 성경에 그 길이 있지 않으냐 되물으시고는 성경을 어

---

* 상황윤리를 제창한 조셉 플레처(Joseph Fletcher)의 주장이며, 이 책 445-446쪽을 보라.

떻게 이해하고 있는지 물으셨다. 그러자 그 사람은 가장 큰 계명 두 개로 성경을 요약했고, 주님께서는 맞다 하시고는 그걸 지키면 산다, 즉 영생을 얻는다고 가르쳐 주셨다. 그러자 그 사람은 둘째 계명이 말하는 내 이웃이 누구인지 물었고, 예수께서는 비유를 하나 들려주셨다. 비유의 내용은 간단하다. 한 사람이 강도를 만나 반죽음을 당했는데, 제사장과 레위인은 보고도 그냥 갔지만, 사마리아 사람은 보고 불쌍한 생각이 들어 응급처치를 한 뒤 데리고 가 지극 정성으로 돌보아 주었다는 내용이다. 그런 다음 주님께서는 셋 가운데 누가 강도 만난 사람의 이웃이 되었겠느냐 물으시고, 율법 교사는 자비를 베푼 사람이라고 답했다. 예수께서 그에게 "가서 너도 똑같이 해라" 하심으로 이야기는 마무리된다.

죽어야 할 인생이 살 길을 찾는다. 생사의 기로에 선 인생이다. 그에게 예수께서는 생사의 기로에 선 한 사람 이야기를 들려주신다.* 그런데 예수께서는 이웃이 누구인지 묻는 율법 교사에게 특유의 뒤집기 기법을 사용해 진리를 깨우쳐 주신다. 첫째는 유대인들이 이웃인가 아닌가 고민했던 사마리아 사람을 이야기의 주인공으로 만드신 점이다. 내가 사랑할 것인가 말 것인가 고민할 대상이 아니라 오히려 나를 사랑한 사람으로 만드신 것이다. 둘째는 이웃 관계의 방향을 바꾸신 것이다. 내 이웃이 먼저 있어 내가 그 이웃에게 다가가는 것이 아니라, 누구든지 어려운 처지에 있는 사람이 있으면 내가 그 사람에게 다가가 이웃

---

* 주님께서는 강도 만난 사람이 "반죽음(ἡμιθανῆ)" 상태였다고 독특한 용어를 사용하셨는데, 우리말 〈개역개정〉은 "거의 죽었다"고 번역하여 세계 모든 성경 번역 가운데 '반'이라는 뜻을 없앤 유일한 번역이 되었다. '거반'이라 했던 이전의 개역판이 본문의 뜻에 더 가까우니 이 부분도 개정이 개악이 되었다.

이 되어 주어야 한다는 말씀이다.

주님께서 사용하신 방법은 한마디로 황금률 전략이다. 사마리아인이 내 이웃인가 고민하는 율법 교사에게 주님께서는 사마리아인을 강도 만난 나를 이렇게 도와주었으면 하고 바랄 그런 사람으로 만드신다. 불쌍한 이웃을 보고 도울까 말까 고민하기 전에 내가 강도를 만난 불쌍한 사람이 되어 사마리아 사람의 도움을 받게 만드신 것이다. 사마리아 사람은 불쌍히 여기는 마음에서 시작해 응급처치, 이송, 간호, 재정 투입, 외부 지원까지 필요한 모든 도움을 베풀었다. 이야기가 끝난 다음 누가 강도 만난 사람의 이웃이 되었느냐 물으시자, 율법 교사는 자비를 베푼 사람이라고 분명히 답했다. 사마리아 사람이라고 말하기 싫어 그렇게 답했다고 보는 사람도 있지만, 그보다는 비유의 핵심을 바로 깨달은 겸손한 답이라 볼 수 있다. 이웃이 따로 있는 게 아니다. 내가 자비를 베풀어 그 사람에게 이웃이 된다. 그가 나'의' 이웃이 아니라 내가 그'에게' 이웃이 되어야 한다. 이웃은 정적 개념Be이 아니라 동적 개념 Become이다. 그래서 비유에서도 주님께서는 수없이 많은 동사를 사용하셨다.

율법 교사가 자비를 베푼 사람이 강도 만난 사람에게 이웃이 되었다고 답하자, 주님께서는 그 사람에게 "가서 너도 똑같이 해라" 하셨다. 내가 어려움을 만나 생사의 기로에 놓였을 때 누가 나를 살려 주기를 간절히 바랄 것처럼, 너도 그렇게 생사의 기로에 선 이들에게 다가가 그들에게 이웃이 되고 그들을 살려 주어라 하신 말씀이다. 내가 사람들에게 바라는 그것을 사람들에게 똑같이* 하라 하신 것이다. 주님의

---

* 여기서 사용하신 낱말(ὁμοίως)은 누가복음 황금률에서 쓰신 바로 그 낱말이다.

De barmhartige Samaritaan(선한 사마리아인)

세기의 천재 빈센트 반 고흐(Vincent van Gogh, 1853-1890)는 1889년 심한 정신적 혼란으로 정신병원에 입원했다. 거기서 주변 풍경도 그렸지만 다른 화가들의 작품을 모작도 많이 했는데, 그 하나가 스승처럼 여겼던 외젠 들라크루아(Eugène Delacroix)의 '선한 사마리아인'이었다(1890년 5월).

전체 구도는 거의 들라크루아의 작품 그대로인데, 색깔과 강조점에는 변화를 주었다. 강도를 만난 사람은 머리에 지혈을 위한 띠를 띠고 있고 돕는 사마리아인 역시 같은 빛깔의 띠를 머리에 두르고 있다. 두 사람의 역동적인 모습에서 사마리아인이 보여준 적극적인 사랑이 느껴진다. 정신질환으로 고생하던 고흐가 누군가 선한 사마리아인이 되어 그렇게 죽어가던 자신을 살려 주었으면 하고 바란 것은 아닐까. 고흐는 이 그림을 그리고 두 달 뒤 죽었다. 외면하고 간 제사장과 레위인도 그렸다. 율법을 읽는 모습을 약 상자와 겹치게 하여 이들의 위선을 폭로한다. Kröller-Müller Museum 소장.

Le Bon Samaritain(선한 사마리아인)

외젠 들라크루아(Eugène Delacroix)의 작품(1849)으로 개인이 소장하고 있음.

_출처: Wikimedia Commons.

Il Buon Samaritano(선한 사마리아인)

들라크루아에게 영감을 주었을 도메니코 페티(Domenico Fetti)의 작품(1618-1622)임.
뉴욕의 Metropolitan Museum of Art 소장.

_출처: Met Museum.

이 마지막 말씀에는 여운이 담겼다. "그러면 살리라"는 여운이다. 이야기 직전에 "이를 행하라. 그러면 살리라" 하셨다. 사마리아 사람이 생사의 기로에 놓인 사람을 자비로 살린 것처럼, 영생의 길을 찾으며 생과 사의 갈림길에서 헤매는 너도 네 이웃을 너 자신처럼 사랑하면 영생을 얻을 것이다. 이웃을 살리면 나도 산다. 그게 주님께서 가르치신 영생의 길이다.

"이를 행하라. 그러면 살리라." 이 말씀의 뜻을 행위 구원이라 오해해서는 안 된다. 하나님을 믿는다 하는 사람들에게, 다시 말해 이미 마귀에게 다 털리고 생사의 기로에 놓인 나를 찾아와 살려주신 주님의 은혜를 아는 사람들에게 주신 말씀이다.[24]* 해봐야 안 될 거니까 포기하고 그냥 나를 믿으라는 말씀으로 푸는 사람도 있지만, 그건 말씀을 거꾸로 알아듣는 일이다. 주님께서는 남에게 기대하는 바를 그대로 실천하는 것을 천국 백성이 마땅히 해야 할 것으로 가르치신다. 함께 살고 함께 죽는다. 주님께서 진정 나를 살려 주셨는가? 그렇다면 나도 가서 사람들을 살리게 된다. 내가 사람들을 살리는 삶을 살지 않는다면? 그렇다면 주님께서 나를 살려 주셨다는 것도 확인할 방법이 없다.

새 계명

하나님을 사랑하고 이웃을 사랑하라는 계명이 구약성경의 핵심이요 요약이라 하셨다. 그리고 그것이 바로 황금률임을 멋진 비유로 가르쳐 주셨다. 그런데 신약성경을 찬찬히 살펴보면 이 두 계명

---

* 주님의 황금률은 이렇게 하나님을 본받으라는 계명이 된다. 이 책 383-384쪽을 보라.

가운데 이웃을 향한 사랑은 거듭 강조하면서도, 놀랍게도 더 중요하다 했던 하나님에 대한 사랑은 별로 언급하지 않는다. 이웃 사랑의 계명에 대해서는 우리가 이웃을 사랑한다는 사실을 서술하는 구절뿐 아니라 사랑하라는 명령도 많이 나온다. 구체적인 적용도 무수하다. 하지만 하나님을 향한 사랑에 대해서는 "(우리가) 하나님을 사랑한다"는 서술만 몇 번 나올 뿐 "하나님을 사랑해라"는 명령은 구약을 요약한 가장 큰 계명을 제외하면 단 한 번도 나오지 않는다.* 신약성경이 하나님을 사랑하라고 명령하지 않는 이유는 무엇일까? 세 가지 이유를 생각해 볼 수 있다.

첫째, 무게중심이 달라졌기 때문이다. 신약은 우리가 하나님을 사랑해야 한다는 것보다 반대로 하나님께서 우리를 사랑하셨다는 점을 더 강조한다. 구약성경도 물론 우리를 향한 하나님의 사랑을 많이 말하고 있다. 하지만 구약성경은 우리가 하나님을 사랑해야 한다는 사실을 더 강조하고, 이스라엘 백성도 자기들이 하나님을 사랑해야 한다는 의무감을 하나님께서 자기들을 사랑하셨다는 사실보다 더 많이 의식했다. 그런데 신약에서는 우리의 사랑을 받으시는 하나님보다 우리를 먼저 사랑하신 하나님의 모습이 두드러진다. 방향이 백팔십도 뒤집혔다. 왜 이렇게 달라졌을까? 하나님께서 약속하신 메시아가 오셨기 때문이다.

---

* 우리가 하나님을 사랑한다는 사실을 명확하게 서술하는 구절은 롬8:28; 고전2:9; 8:3; 약1:12; 2:5; 요일4:10-11; 4:20-21; 5:1-2 등이다. 그런 뜻을 약하게 담고 있는 구절로는 마태복음 6장 24절, 누가복음 16장 13절이 있다. 요한복음 5장 42절 및 요한일서 5장 3절은 우리말 번역과 달리 원문이 '하나님의 사랑'인데, 요한복음 5장 42절이 하나님을 향한 우리의 사랑인지 우리를 향한 하나님의 사랑인지 모호하나 요한일서 5장 3절은 하나님을 향한 우리의 사랑이 거의 확실하다. 성부와 성자의 관계에서도 성자를 향한 성부의 사랑은 거듭 등장하는 반면 성부를 향한 성자의 사랑은 요한복음 14장 31절 한 곳에만 나온다.

이 점을 가장 강조한 사도가 요한이다. 그리스도께서 오셔서 우리를 사랑하신 하나님을 확실하게 보여주셨다.

> "하나님이 세상을 사랑하셔서 독생자까지 주셨기에 그를 믿는 모두가 멸망하지 않고 영생을 얻게 되었다."_요3:16

가장 큰 두 계명은 사실 자기 이름만큼이나 큰 한계를 갖고 있었다. 실현 가능성이 없었다는 점이다. 죄로 타락한 그 누가 스스로 모든 것을 드려 하나님을 사랑하고 이웃을 자신처럼 사랑할 수 있었겠는가? 그래서 하나님께서 독생자를 보내신 것이다. 하나님의 사랑은 사람을 구원하시는 사랑이다. "우리가 하나님을 사랑한 것이 아니라 그가 하나님께서 우리를 사랑하셨다"는 것이 신약성경의 핵심 메시지다요일4:10. 구약성경도 처음부터 사람을 향한 하나님의 이 사랑을 말하고 있었지만, 그 사랑이 실체가 되어 나타나기 전에는 그게 눈에 잘 들어오지 않았다. 하나님의 사랑이신 그리스도께서 이 땅에 오신 다음 다시 살펴보니 성경 전체가 온통 이 사랑을 말하고 있었다. 하나님의 사랑으로 오신 예수 그리스도가 구약부터 신약까지 성경 전체의 주인공이시라는 것도 비로소 알게 되었다요5:39; 눅24:27, 44.

신약성경에 하나님을 사랑하라는 명령이 나오지 않는 두 번째 이유는 주님의 가르침 때문이다. 주님께서는 당신이 하나님의 사랑으로 우리에게 오셨음을 알려주시면서, 그 결과로 우리도 하나님을 사랑해야 한다고 말씀하시지 않고 우리가 '서로' 사랑해야 한다고 말씀하셨다. 위로부터 내려온 사랑을 다시 위로 되돌리는 대신 옆으로 나누어주라 하신 것이다. 우리가 주님을 사랑해 봤자 별 유익이 없다는 걸 아서서 그러셨는지는 모르지만,[25] 우리 관심을 옆으로 돌리셨다. 따라서 적용은 옆으로 사람에게 하지만 사실상 그 사랑은 위에 계신 하나님을 향한 사랑이기도 하다. 수직과 수평이 그렇게 다시 만난다. 주님께서는 그것을 새 계명이라는 이름으로 제자들에게 주셨다.

> "새 계명을 너희에게 준다. 서로 사랑해라. 내가 너희를 사랑한 것처
> 럼 너희도 서로 사랑해라. 너희가 서로를 사랑하면[26] 모두가 이걸로
> 너희가 내 제자임을 알게 될 것이다."_요13:34-35

주님께서 우리를 사랑하셨다는 말씀에는 하나님을 사랑해야 할 우리의 의무가 이미 담겨 있다. 그런 다음 서로 사랑하라 하셨으니, 주님께서 주신 새 계명도 결국 가장 큰 두 계명을 압축한 것이다. 시작은 주님께서 하셨다. 하나님의 보냄을 받고 오셔서 우리를 먼저 사랑하셨다. 그리고는 우리에게도 서로 사랑하라는 명령을 주셨다. 이전에는 순종할 수 없던 가장 큰 계명을 이제는 순종할 수 있게 해 주신 것이다. 요한복음 3장 16절을 성경 전체의 요절로 많이들 가르치고 또 암송한다. 우리를 향한 하나님의 사랑이다. 그런데 성경은 그렇게 사랑을 입은 이들에게 같은 사랑의 의무가 있음을 함께 말한다.

> "그가 우리 대신* 자기 목숨을 버리셨다는 이것으로 우리가 사랑을

---

* 원어 'ὑπέρ'를 '위하여'로 많이 번역하지만, 우리가 죽어야 할 죽음을 대신하여 죽으신 것이므로 고린도후서 5장 14-15절이나 베드로전서 3장 18절처럼 '대신하여'로 번역하는 것이 본문의 뜻을 더 정확하게 전달한다.

요한복음 3장 16절과 더불어 요한일서 3장 16절도 함께 기억해야 균형이 잡힌다. 이 둘을 합치면 바로 주님께서 가르치신 새 계명이 된다. 주님께서 우리를 사랑하셔서 목숨을 버리셨다. 그래서 죽어야 할 우리가 살았다. 목숨을 건졌다. 그것이 우리를 향한 하나님의 사랑이다. 그 사랑을 통해 우리가 사랑을 배웠다. 따라서 우리도 같은 사랑을 실천해야 한다. 생명을 얻었으니 생명을 내놓아야 한다. 실천이 없는 믿음은 거짓이라는 것이 성경의 일관된 가르침이다약2:17; 요일3:18. 순종 없는 거짓 믿음의 수렁에 빠지지 않기 위해서도 이 균형은 꼭 필요하다.

새 계명은 가장 큰 계명과 같고, 따라서 주님께서 가르치신 황금률과도 같다. 여기에 황금률의 독특성이 있다. 분명 사람과 사람 사이의 윤리지만 그 실천의 근거와 기준이 우리를 향한 하나님의 사랑이라면, 그런 사랑을 입은 자들에게 주시는 그리스도의 황금률은 독생자를 주신 하나님의 사랑과 떼놓을 수 없고, 따라서 내용 면에서도 하나님의 사랑을 모르는 사람들의 일반 규칙과 같을 수 없다. 믿음이 삶을 결정한다. 그리스도를 구주로 믿는 믿음이 그리스도께서 주신 황금률의 내용을 믿는 믿음으로, 그것을 실천하는 삶으로 나타난다. 바른 교리, 바른 원리 없이는 바른 실천도 없다는 것은 성경의 한결같은 가르침이다요일3:23. 실천이 없는 믿음이 거짓이듯 오직 참 믿음일 때 실천도 가능하다.

결국은 하나

구약성경 전체의 요약인 가장 큰 두 계명이 신약에 와서 두 번째인 이웃 사랑의 계명 하나로 다시 압축되었다. 이웃을 향한 사랑 속에 하나님을 향한 사랑이 내포되어 있으니 두 계명 가운데 하나만 남은 것이 아니라 두 계명이 하나로 합쳐진 것이다. 주님께서 가르치신 새 계명과 같아진 것이다. 바울은 이웃 사랑의 계명이 가진 포괄성을 이렇게 설명한다.

> "간음하지 마라, 살인하지 마라, 훔치지 마라, 탐내지 마라, 또 어떤 다른 계명들이 있어도 그것들은 네 이웃을 너 자신처럼 사랑하라는 이 말씀으로 요약됩니다.*"_롬13:9

구약에 수많은 계명이 있지만, 이제는 "네 이웃을 너 자신처럼 사랑하라"는 한 계명이 율법 전체를 완성한다갈5:14. 그래서 야고보는 이웃 사랑의 계명을 '왕의 법'이라 부른다약2:8.[27]** 왕이신 예수께서 가르치신 법이요, 또 모든 법 가운데 가장 권위 있고 가장 높다는 뜻이다. 물론 율법을 완성하는 주체는 계명이 아니라 사람이다. "남을 사랑하는 사람"이 율법을 완성한다롬13:8.

---

* '요약된다'는 말의 원어는 '아나케팔라이오마이(ἀνακεφαλαίομαι)'로서 '압축하다, 하나로 모으다' 등의 뜻을 갖는다. 이곳 외에는 에베소서 1장 10절에만 사용되었는데 여기서는 "통일되게 하려"로 옮겼다. 전체를 하나로 엮는다는 뜻이다.

** 〈킹 제임스〉 성경이 출간된 5년 뒤 마태복음 7장 12절을 왕의 법이라는 이름으로 소개한 책이 나왔고, 이후에도 황금률과 왕의 법을 같은 것으로 보는 책이 계속 나왔지만, 이 구절은 결국 왕의 법 아닌 황금률이라는 독특한 이름을 얻었다. 이에 대한 좋은 설명이 Gensler, *EGR*, 83-84에 있다. "왕의 법"을 〈개역개정〉, 〈공동번역〉, 〈바른성경〉은 "최고의 법"으로, 〈새한글성경〉은 "가장 중요한 율법"으로 의역했다.

"사랑은 이웃에게 나쁜 짓을 하지 않습니다. 그래서 사랑은 율법의 완성입니다."_롬13:10

율법을 완성하는 것은 결국 사랑이다. 가장 큰 두 계명이 한 계명으로 압축되고, 그 계명이 새 계명이라는 새 옷을 입고 우리에게 가르쳐 주는 것은 결국 율법의 정신은 사랑이라는 것이다. 그래서 주님께서 주신 새 계명은 이웃 사랑의 계명과 내용이 같으면서도 한 가지를 명확하게 가르쳐 준다. '이웃'이 특정한 대상으로 제한될 수 없다는 것이다. 이웃과 원수를 구분하였던 유대인들에게 주님께서는 그들이 원수라 부른 사람들까지도 사랑의 대상임을 명확하게 가르쳐 주셨다마5:43; 눅10:29-37. '서로' 사랑하는 일에는 대상의 제한이 있을 수 없다. 그리고 사랑의 방향을 뒤집으심으로써 황금률 사고의 무게를 확인하신다. 대상이 제한된다면 사실 '사랑'일 수도 없다. 율법도 모두, 계명도 전부, 결국은 사랑이다. 황금률을 위시하여 가장 큰 계명, 주님의 새 계명, 왕의 법 등이 모두 성경 전체를 대표하는 것이고 그 모든 것의 고갱이는 이웃 사랑 하나로 요약된다.

거듭 말하지만, 이웃 사랑 하나를 강조한다고 해서 신약에서 하나님을 향한 사랑이 무시되거나 배제되는 것은 아니다. 신약성경이 하나님에 대한 사랑을 자주 언급하지 않는 세 번째 이유가 있는데, 바로 이웃 사랑이 곧 하나님을 사랑하는 방법이기 때문이다. 주님의 사랑을 먼저 받은 사람들에게 서로 사랑하라 하신 것은 하나님 대신 사람을 사랑하라는 뜻이 아니라 그렇게 서로 사랑하는 것이 결국 하나님을 사랑하는 방법이라는 말씀이다. 하나님 사랑, 이웃 사랑은 결코 양자택일일 수 없고, 언제나 같이 간다. 서로 사랑하라는 계명이 가장 큰 두 계명의 압축인 만큼 이 계명의 또 다른 표현인 황금률 역시 사람과 사람 사이의 윤리처럼 보이지만 하나님 사랑과 속속들이 뒤엉켜 있다.

우리가 하나님을 사랑하는 핵심적인 방법은 하나님의 계명을 순종하는 것인데요14:15, 21; 요일5:3; 요이1:6, 그 계명의 중심에 서로 사랑하라는 명령이 자리 잡고 있다요일3:23; 4:21; 레19:18. 서로 사랑하는 그 일이 바로 하나님을 사랑하는 일이라는 말이다. 또 우리가 서로 사랑하는 것은 하나님의 자녀를 사랑하는 것인데, 그 사랑은 자녀를 낳으신 하나님을 향한 사랑의 연장이요 적용이다요일5:1. 개혁자 칼뱅은 '사랑'이 '믿음'에서 나온다는 바울의 가르침을 하나님을 믿으면 서로 사랑하게 된다는 뜻으로 풀었다딤전1:5.[28] 하나님을 향한 경건한 두려움이 이웃을 향한 사랑으로 나타난다는 것이다. 그러면서 신약성경이나 구약 선지서가 이웃 사랑만 주로 언급하는 이유는 하나님을 향한 사랑을 무시해서가 아니라 하나님을 사랑한다는 증거가 겉으로 분명히 드러나야 함을 강조하기 때문이라 하였다.[29] 정말 잘 보았다. 그러니 "서로 사랑하라"는 명령에는 언제나 "모든 것을 드려 하나님을 사랑하라"는 계명이 포함되어 있는 셈이다. 수평적 인간관계 속에 하나님과의 수직적 관계가 언제나 내포되어 있다. 이웃을 나 자신처럼 사랑함으로써 우리는 하나님을 우리 모든 것을 다해 사랑한다.

새삼스러울 것도 없다. 사람을 사랑하는 그게 바로 하나님을 사랑하는 것임을 구약성경도 이미 가르치고 있다. 구약에서는 하나님을 사랑하는 것과 계명을 지키는 일을 붙여서 함께 언급하는 경우가 많다출20:6; 신5:10; 7:9; 수22:5; 느1:5; 단9:4. 또 모세는 이스라엘 백성에게 "야웨를 경외하여… 야웨의 명령과 규례를 지키라” 하였는데, 그 명령과 규례가 대부분 사람과 사람 사이의 윤리다신10:12-13. 장애인을 괴롭히지 않고, 사람들 사이의 예절을 잘 지키고, 진실하고 자비롭게 서로를 대하는 그게 다 “하나님을 경외하는” 방법이다레19:14, 32; 25:17, 36, 43; 느5:15. 그래서 선지자 미가는 이렇게 가르쳤다.

> “사람아, 무엇이 좋은지, 야웨께서 네게 무엇을 요구하시는지, (그가) 네게 알려 주셨다. 정의를 행하고, 자비를 사랑하고, 네 하나님과 동행하는 겸손이라고.”_미6:8

정의를 행하고 자비를 사랑하는 일은 사람과 사람 사이의 원리다. 그 원리를 요구하신 분은 하나님이다. 그렇기에 그것을 실천하는 일은 하나님과 함께 걷는 삶이다. 사람 사랑이 곧 하나님 사랑의 방법이다. 신약도 마찬가지다. 가장 작은 형제 하나에게 베푼 자비가 곧 나에게 베푼 것이라고 주님께서 말씀하신다마25:40. 그러니 새 계명은 언제나 옛 계명이다요일2:7; 요이1:6.

이웃 사랑은 우리가 하나님을 사랑하는 방법일 뿐 아니라 하나님 사랑을 계속해서 받는 방법이기도 하다. 하나님 사랑을 먼저 받았기에 이웃을 사랑할 수 있게 되었고, 이웃을 사랑함으로써 하나님을 사랑할 뿐 아니라 이미 받은 그 사랑을 더욱 받게 된다. 주님께서 이렇게 가르쳐 주셨다.

"너희가 내 계명을 지키면 내 사랑에 머물게 될 것이다. 내가 내 아버
지의 계명을 지켜 와 그의 사랑에 머무르고 있는 것처럼."_요15:10

주님 당신이 아버지의 계명을 지켜 본을 보이시면서 우리에게도 따
라 하라 하신다. 주님의 사랑이나 아버지의 사랑은 이미 받은 사랑에
국한되지 않는다. 현재뿐 아니라 미래까지 포괄한다. 계명을 지키는 것
은 주님을 사랑하는 일인데, 그렇게 주님을 사랑하는 사람은 하나님 아
버지께 사랑을 받을 것이라고 말씀하신다요14:21, 23. 종말론적 의미가 우
선이겠지만, 지금 우리가 실천하는 이웃 사랑의 행위가 하나님을 사랑
하는 행위일 뿐 아니라 하나님의 사랑을 받는 행위이기도 하다는 말씀
이다. 간단히 말해 이웃을 사랑함으로써 우리는 하나님과 사랑을 주고
받는다.

물론 하나님 사랑과 이웃 사랑이 똑같을 수는 없다. 우선 대상이 다
르다. 또 순서도 다르다. 하나님 때문에 이웃을 사랑하는 것이니 하나
님 사랑이 우선이다. 또 하나님 사랑이 범위가 더 넓다. 이웃 사랑이 하
나님 사랑에 포함된다. 하나님을 사랑할 때는 사람과 무관하게 할 수도
있지만,* 이웃을 사랑할 때는 하나님과 무관하게 하는 것이 불가능하다.
그렇지만 사람과 사람이 뒤엉켜 살아가면서 이웃과 무관하게 하나님을
사랑하는 방법은 그리 많지 않으므로, 실천의 영역에서는 이웃 사랑과
하나님 사랑이 거의 일치한다고 볼 수 있다. 다시금 잊지 말 것은 하나

* 혼자만의 찬양, 묵상, 기도 등의 방법을 가리키는데 이 또한 이웃을 사랑할 때만 하나님께서 받으시므로(요
  일4:10; 렘7:9-10; 사58:6-7) 에덴에서 아담 혼자 살았던 그 짧은 순간을 제외하고는 이웃과 완전 무관하게 하
  나님을 사랑하는 방법은 있기 어렵다. 하나님을 향한 예배와 이웃을 향한 사랑의 실천 사이에는 언제나 유
  기적 연합과 긴장이 있어야 한다.

님을 사랑하는 일과 사람을 사랑하는 일이 절대 나누어질 수 없다는 사실이다.

십자가 원리

가장 큰 두 계명이 이웃 사랑의 계명 하나로 압축되었다. 이 과정에서 드러나는 하나님의 사랑이 주님의 황금률을 이해하는 열쇠가 된다. 황금률은 사람과 사람 사이의 수평적 윤리지만 하나님에게서 오는 수직적 사랑이 그 수평적 사랑의 바탕이 된다. 우리를 향한 하나님의 사랑이 없이는 황금률도 뜻을 잃는다. 왜냐하면 하나님께서 오셔서 우리를 거듭나게 하시고 성령을 선물로 주시지 않으면 아무도 하나님의 계명을 지킬 수 없기 때문이다.

사람과 사람 사이의 윤리에 하나님께서 개입해 계신다. 우리를 사랑하셔서 이웃을 사랑하게 하시는 분으로, 또 이웃을 사랑하는 우리의 행위를 통해 우리의 사랑을 받으시는 분으로 와 계신다. 이 점을 사도 요한이 잘 보여주었다. 우리가 말씀을 순종할 때, 다시 말해 서로 사랑할 때, 하나님의 사랑이 우리 안에서 완성된다 하였다.

> "누구든지 그의 말씀을 지킨다면 정말 그 안에서* 하나님의 사랑이 완성되었고 이것으로 우리는 우리가 그 안에 있음을 압니다."_요일2:5

---

* '그 안에서' 대신 '이것으로'로 옮길 수도 있다. 요한일서에서 이 문구가 '안다'는 말과 이어지면 '이것으로'가 자연스러운데, 그렇지 않은 경우는 '그 안에서'로 된다. 그런데 4장 17절은 '이룬다'는 말과 이어져 있는데 '이것으로'로 옮긴다.

"아무도 하나님을 본 적이 없지만 우리가 서로 사랑하면 하나님이
우리 안에 머무르시고 그의 사랑이 우리 안에서 완성된 것입니다."
_요일4:12

하나님은 우리 안에 계시고 우리는 또 하나님 안에 있다. 하나님 사랑이 그 안에서 또 우리 안에서 완성되었기 때문이다. 여기서 '하나님의 사랑'은 우리를 향한 하나님의 사랑도 되고, 하나님을 향한 우리의 사랑도 가리킬 수 있다. 둘 다 요한일서의 핵심 주제다. 첫 인용인 2장 5절은 하나님을 안다 하는 사람은 계명을 지켜야 한다는 구절에 이어 나오므로, '하나님의 사랑'이 하나님을 향한 우리의 사랑을 가리킬 가능성이 크다.* 우리가 서로 사랑할 때 하나님을 향한 우리의 사랑이 완성된다는 뜻이다. 다시 말해, 하나님을 사랑한다는 우리의 고백은 사람을 사랑함으로써 구체적으로 실현되고 완성된다요일4:20. 둘째 인용인 4장 12절은 우리를 사랑하신 하나님을 언급한 직후 나오는 구절이므로, '그의 사랑'은 우리를 향한 하나님의 사랑을 가리킨다. 우리가 서로 사랑할 때 우리를 향한 하나님의 사랑이 완성된다는 뜻이다. 하나님께서 처음 우리를 사랑하실 때는 그 사랑을 받은 우리가 서로 사랑할 것을 기대하셨다. 따라서 사람을 사랑함으로써 우리는 우리를 사랑하신 하나님의 사랑을 완성한다. 우리가 서로 사랑하지 않는다면 하나님을 향한 우리의 사랑도, 또 우리를 향한 하나님의 사랑도 다 미완성으로 남는

---

* 영어 번역은 대부분 "하나님의 사랑(love of God)"으로 옮기는 가운데 〈개역표준판(*Revised Standard Version, RSV*)〉, 〈새 국제판(*NIV*)〉 등 여러 번역이 "하나님을 향한 사랑(love for God)"으로 풀어 옮기고 있다.

다. 어느 쪽이든 우리가 서로 사랑하는 일은 하나님과 우리 사이의 사랑과 떼놓을 수 없다.

둘은 언제나 같이 간다. 하나님을 사랑하면서 사람을 미워할 수 없고, 사람을 사랑하면서 하나님을 미워하는 것도 불가능하다. 아담이 죄를 지었을 때 하나님과 자신 사이에 벽이 생기면서 사람과 사람 사이에도 벽이 생겼다창3:7, 10. 예수께서도 한 비유에서 "하나님을 두려워하지 않고 사람을 존중하지 않는" 재판장을 언급하셨다눅18:2, 4. 하나님을 경외하는 일과 사람을 사랑하는 일은 언제나 함께 가는 것임을 전제하신 것이다. 그래서 선한 일을 할 때에는 "주 앞에서만 아니라 사람 앞에서도" 주의를 기울여야 하며, 그리스도를 섬기는 일은 "하나님이 기뻐하시고 사람들이 알아주는" 일이 된다고후8:21; 롬14:18. 너와 내가 주고받는 사랑이지만, 우리 사이의 수평 관계는 위에 계시는 하나님과 수직으로 늘 이어져 있음을 사랑의 계명이 가르쳐 준다.

따라서 주님께서 가르치신 황금률은 수평밖에 모르는 일반 황금률과 시작부터 다르다. 다른 종교나 사상도 신을 언급하여 수직 구도도 있는 듯 보이지만 사실 그건 모두 수평의 연장에 불과하다. 구도가 같고 문구도 닮았다고 해서 성경에서 황금률 문구 하나만 쏙 빼내어 똑같다고 성급하게 결론지어서는 안 된다. 성경은 성경으로 풀어야 한다. 황금률은 성경 전체를 요약한 핵심 구절이다. 따라서 하나님의 구원의 복음이라는 성경의 큰 틀 속에서 살필 때만이 주님께서 가르치신 황금률의 참뜻을 발견할 수 있다. 그것이 이 책의 주제다. 수평의 윤리만 알고 있는 세상을 향해 그 윤리 이전에 위로부터 내려오는 수직적 사랑이 있었음을 보이고, 그 수평과 수직이 만나 이루는 십자가 사랑이 주님께서 가르치신 황금률의 고갱이임을 밝히려는 것이다. 그저 수평과 수직이 만나는 기하학적 십자가가 아니다. 하나님의 사랑이 되어 오신 우리 주님의 십자가가 있었기에 뜻을 갖고 또 가능한 윤리가 바로 황금률이다.

질그릇에
담은 보배

그럼 주님께서 황금률 공식을 사용하신 이유는 무엇인가? 주님께서 가르치신 황금률이 가장 큰 계명 및 새 계명과 내용이 같다면 그냥 "서로 사랑하라" 하신 것으로 충분할 것 같은데, 굳이 "대우받고자 하는 대로 대우하라"고 달리 표현하신 까닭은 무엇일까? 일반 황금률과 분명 뜻이 다른데, 왜 같은 구도를 사용하셨을까? 오해할 가능성이 심히 큰데도 말이다. 몇 가지 이유를 생각해 볼 수 있다. 이 이유들이 주님께서 가르치신 황금률의 핵심 의미로서 우리가 더 자세히 살펴볼 내용이기도 하다.

첫째는 황금률 구도를 사용하심으로써 인간의 이기적 본성을 가르치고자 하셨을 수 있다. 황금률은 나를 기준으로 삼는다. 배울 필요도 없이 타고난 자기 사랑이 황금률 실천의 출발점이다. 서로 사랑하라는 말씀이 우리를 먼저 사랑하신 주님을 생각나게 한다면, 황금률에 담으신 같은 말씀은 우리가 언제나 자신만 생각하는 존재, 곧 주님의 사랑을 받을 자격조차 없던 죄인임을 일깨운다. 자신만 챙기던 우리에게 그 마음을 이웃에게 돌릴 능력을 주셨음을 깨닫게 하는 계명이다. 이 점에서 황금률은 이웃을 자신처럼 사랑하라 하신 명령과 통한다.

둘째 이유는 사랑을 실천하는 방법을 가르치고자 하심이었던 것 같다. 황금률은 이기적인 우리가 어떻게 그 이기심을 극복하고 이웃을 사랑할 수 있는지 구체적인 길을 보여준다.* 나를 기준으로 삼되 방향을 뒤집거나 범위를 넓히면 된다는 것이다. 그렇게 처지를 바꿀 때 우리는 다른 사람의 처지도 생각하게 되지만, 그전에 내 비참한 처지를 먼저 알아주신 주님의 사랑을 함께 느끼게 된다. 그리고 그렇게 방향을 뒤집으면서 우리는 주님을 믿어 변화된 자신을 깨달을 수 있다. 이전에는 내 이기적인 욕심을 그렇게 뒤집어 조절해야 하는 우리였다면, 주님의 사랑을 받은 지금은 주님의 마음을 가져 오직 좋은 것들을 바라면서 그 좋은 것들을 이웃에게도 주고자 하는 변화된 자신을 발견할 수 있다. 황금률에 담긴 논리적 구도가 주님을 믿어 변화된 내 인생의 기본 골격과 같음을 확인하는 것이다.

셋째 이유는 둘째 이유와 통하는 것으로, 주님의 은혜를 거듭 깨닫는 기회로 황금률을 주신 것 같다. 주님을 믿는 사람에게는 황금률이 새 뜻을 갖는다. 황금률은 언제나 내가 바라는 것에서 출발하므로 사랑의 실천을 생각할 때마다 우리는 이기적이던 과거와 좋은 것을 바라는 현재를 비교하게 되고, 우리 안에 와 계시는 성령께서 우리가 나와 이웃을 위해 좋은 것을 바라게 하심을 깨닫는다. 황금률이 사랑을 실천하는 방법이라는 점에서는 과거나 지금이 다를 바 없지만, 이기적인 것을 방향을 뒤집거나 범위를 넓혀 공정함을 기해야 했던 과거와 달리 이제는 이웃을 위해 가장 좋은 것을 나 자신이 바라는 것 이상으로 바라게 되어 같은 구도 같은 동력 속에서 전혀 다른 것을 이웃을 위해 바라고

---

* 이 점은 마틴 로이드 존스가 잘 지적하고 있다. D. Martyn Lloyd-Jones, *Studies in the Sermon on the Mount*, Vol 2 (Grand Rapids, MI: Eerdmans, 1960), 210을 보라.

실천할 수 있게 된다.

넷째 이유는 익숙한 황금률 구도를 통해 주님의 사랑을 입은 우리 자신을 더욱 잘 느낄 수 있게 하심인 것 같다.[30] 황금률은 당시 그리스-로마 문화에 널리 알려져 있던 원칙이다. 동서고금에 다 알려진 규칙이니 인간 본성 깊이 느끼는 규칙이다. 따라서 그런 구도를 통해 "내가 너희를 사랑한 것 같이"라는 말씀을 더 잘 깨닫게 하시고, 그것을 우리 사랑의 실천에 활용하게 하셨다. 황금률 구도를 한 단계를 거쳐, 어떻게 보면 간접적으로 느끼되 주님의 사랑을 입은 나 자신을 절실히 깨닫게 한다. 내가 사람들에게 기대하는 바는 알고 보면 좋으신 아버지 하나님에게서 오는 것들이요, 그것들은 사실 우리가 구하기도 전에 이미 주신 것임을 확인하기 때문이다. 그런 은혜는 이미 받은 것이면서, 또한 영원히 받도록 약속된 그런 은혜다.

마지막 다섯 번째 이유는 황금률 구도에 담으심으로써 주님의 가르침이 이 땅의 가르침과 어떻게 같고 다른지 명확하게 가르치고자 하심이었던 것 같다. 주님께서 황금률을 가르치시기 오래전부터 사람들은 황금률을 알고 있었다. 주님께서는 사람들이 정의와 공평의 원칙으로 알고 있던 그 규칙에 당신의 사랑을 더하서서 황금률이 정의와 사랑이 공존하는 원칙이 되게 하셨다. 말하자면, 도처에서 찾아볼 수 있는 흔한 질그릇에 오직 주님만이 주실 수 있는 보배를 담으신 것이다. 말하자면, "직관적 호소력을 간직한 유익한 격언"[31]으로 주셨는데, 이 땅의 황금률을 부인하거나 거부하신 것이 아니라 멋지게 활용하신 것이다. 주님의 황금률을 연구하는 일은 상식의 황금률과 주님의 황금률의 공통점과 차이점을 확인하는 일이다. 자연과 계시 사이의 관계도 잘 파악할 수 있다. 그리고 두 가지의 황금률을 다 아는 우리 그리스도인에게는 사람들 사이에 정의와 존중의 원칙으로 존재하는 질그릇 황금률과 사랑을 구현하는 원리인 보배 황금률을 함께 실천해야 할 책임이 있음도 확인할 수 있다. 정의의 황금률을 실천하는 것은 사람으로서 갖는 기본 의무다. 하지만 주님의 구원의 은혜를 경험한 우리는 "너희가 더 하는 것이 무엇이냐?" 하신 주님의 말씀대로마5:47 정의의 황금률에 더하여 사랑의 황금률도 삶 가운데 구현할 수 있어야 한다.

그런 방식으로 결국 우리는 주님께서 가르치신 황금률이 역시 주님께서 가르치신 사랑의 계명과 전혀 다른 것이 아님을 다시금 확인한다. 우리를 먼저 사랑하시고 우리에게 서로 사랑하라 명하시는 주님께서는 우리 위치에서 필요한 것을 먼저 해 주시면서 또 우리에게 내가 바라는 그것을 이웃에게 해 주어야 한다고 말씀하신다. 같은 사랑을 새로운 각도로 느끼고 다양한 방식으로 실현하라는 뜻에서 주님께서는 우리에게 황금률이라는 멋진 보배를 주셨다.

3

교회사에 나타난 황금률

성경은 이렇게 성경만의 황금률을 가르친다. 일반 황금률 태도와 닮았으면서 사실은 전혀 다른, 하나님 은혜에서 시작하고 그 은혜의 힘으로 서로를 이해하는, 그래서 사랑의 동력도 함께 주어진 그런 황금률을 요구한다. 그럼 교회는 성경의 이런 독특한 점을 얼마나 제대로 알았을까? 황금률 공식이나 태도는 성경 바깥에서도 널리 알려져 있었기에 교회는 성경의 황금률을 이해할 때도 일반 지식과 성경의 참뜻 사이에서 적지 않은 혼란을 겪었다. 긍정이든 부정이든 다 똑같다 생각하고 그리스도 황금률의 참뜻을 천착하지 못한 세월이 참 길었다. 그리고 그런 혼란은 오늘까지도 이어지고 있다.

기독교 초기

황금률은 사람의 본성에 바탕을 두고 있다. 그래서 사람 있는 곳이면 어디나 황금률도 있다. 합리성을 가진 모두가 공감할 수 있기에 황금률은 종교인, 비종교인을 막론하고 모두의 지지를 받는 최고의 자연법이 되었다. 그리스도께서도 성경 전체를 황금률 하나로 갈무리해 주시고는 지키라 명령하셨다. 주님의 황금률도 황금률인 이상 적어도 골격은 비슷해 보인다. 상호성도 있고 공평과 평등의 원리도 들었다. 그런데 주님의 황금률은 동시에 특별 계시의 핵심이다. 주님께서 주신 구원의 말씀을 담아야 하고, 구원의 바탕인 주님의 인격과 사역도 포함해야 한다. 도덕 선생들이 가르친 것과는 근본적으로 달라야 한다. 그래서 황금률의 이 두 특성을 모두 알았던 사람들은 이 둘을 어떻게 연결할 것인지, 그리스도 황금률의 유일성과 독특성을 어떻게 규명할 것인지, 오랜 세월 씨름해 왔다.

교회는 초기부터 그리스도의 긍정문 황금률과 『토비트』와 상식이 가르친 부정문 황금률을 잘 알고 있었다. 그런데 둘의 관계에 대한 교회의 태도는 분명하지 않았다. 대체로 부정문 황금률은 사람이면 누구나 다 아는 정의의 원리를 반영하고 긍정문 황금률은 그리스도께서 가르치신 사랑의 계명과 통하는 것이라 보았지만, 긍정문과 부정문을 구분하지 않은 경우도 많았고, 또 그리스도의 황금률을 부정문으로 언급하거나 그리스도의 긍정 황금률을 단순한 정의의 원칙으로 본 경우도 적지 않았다. 유대교 출신 초기 그리스도인들이 유대교 전통의 부정문과 주님의 긍정문을 같은 것으로 오해했을 가능성도 크다.[32] 문제는 그리스도 황금률의 독특성을 이해하지 못한 채 다른 종교나 일반 윤리의 가르침과 같은 것으로 보았다는 점이다. 그러면서도 그것을 이웃 사랑의 방법으로 가르쳤으니, 성경과 상식 사이에서 많은 혼란을 겪었다고 볼 수 있다.

초기에는 긍정, 부정 사이의 혼란 가운데서도 자연법 황금률과 그리스도 황금률을 구분하고, 후자를 이웃 사랑 계명과 부지런히 연결했다. 서기 80-110년에 기록된 초대교회의 문서인 『디다케열두 사도의 가르침』는 시작부터 황금률을 다룬다. 생명의 길과 죽음의 길 가운데 생명의 길은 하나님을 사랑하고 이웃을 사랑하는 것이라 가르친 다음 이웃 사랑의 방법으로 부정문 황금률을 소개하고 있다. "무엇이든지 네가 네게 일어나지 않기 바라는 모든 것을 너도 남에게 하지 말라." 부정문이긴 하지만 문장 전반부가 마태복음 황금률과 거의 같고, 곧이어 저주하는 자를 축복하고 원수를 위해 기도하라는 등 산상수훈의 가르침을 자세하게 열거한 것으로 보아 그리스도의 황금률이 분명하다.[33] 비슷한 시기에 작성된 외경 『도마복음』 6번에도 부정문 황금률이 예수의 가르침으로 나오고, 역시 외경인 『사도 서신』도 부정문 황금률을 원수 사랑의 방법으로 가르친다.[34] 『클레멘스 1서』는 로마의 클레멘스Clement of Rome, -100가 쓴 글로서 정경은 아니지만, 서기 100년 이전에 기록된 소중한 문서다.* 이 책 13장 2절에서 "행한 대로 행해질 것이라"는 구절을 구체적인 여러 실천과 함께 그리스도의 가르침으로 전하는데, 황금률 역학과 약간 차이가 있지만 여러 행위를 모아 일반적 표현을 사용한 점은 황금률과 통한다.

순교자 유스티누스Justinus, 100-165는 『유대인 트리포와의 대화』에서 탈레스를 연상케 하는 부정문 황금률을 먼저 언급하며 그것은 양심을 통해 "전 인류"가 아는 정의의 법칙이라 한다.[35] 그런 다음 그리스도께서

---

* 『클레멘스 1서』는 4대 교황으로 알려진 클레멘스 1세가 고린도 교회에 보낸 편지다. 저작 연대를 70년으로 보기도 하나 일반적으로 98년경 기록된 것으로 본다.

가르치신 큰 두 계명을 언급하며 이웃을 사랑하는 방식을 "자기가 바라는 좋은 것들을 이웃을 위해 바라는 것"이라 규정한다. 이슬람 황금률이 여기서 왔을까? 또 자기에게 나쁜 일이 일어나기를 바라는 사람은 없을 것이라 한 다음, 이웃을 사랑하는 사람은 "자기가 바라는 그것이 그 사람에게 생기도록 기도하고 노력할 것"이라 했다. 부정문 황금률을 모두가 아는 보편적 원리로, 긍정문은 주님께서 가르치신 이웃 사랑으로 명확하게 이해한 설명이다. 그런데 비슷한 시기의 다른 글들은 분위기가 다르다. 하드리아누스 황제에게 보낸 『아리스티데스의 변증』은 기독교인들은 간음, 거짓말, 탐욕, 우상숭배 등을 하지 않는다고 변호한 다음, 이 모든 것을 종합해 기독교인들은 "남들이 자기들에게 하기 원하지 않는 것은 무엇이든 누구에게도 하지 않는다"고 결론짓는다.[36] 안디옥의 테오필로스 역시 『아오튀쿠스 변증』에서 부정문 황금률을 인용하는데, 하나님께서 보내신 선지자들이 간음, 살인, 음란, 도둑질, 돈 사랑, 거짓, 분노 등 모든 나쁜 것을 피하라 가르치고, 또 "자기에게 일어나기를 원치 않는 일은 남에게 해서는 안 된다"고 가르쳤다고 썼다.[37] 두 책 모두 부정문 황금률만 말하는데, 아마도 이방인들에게 복음을 변호하기 위해 그들도 다 아는 부정문 황금률을 이용한 것 같다.

교부 테르툴리아누스Tertullianus, 160-225는 영지주의에 빠져 구약을 거부한 이단자 마르키온을 비판하는 『마르키온 논박』에서 그리스도의 사랑에는 대상의 제한이 없다면서 그 근거로 누가복음의 황금률을 그대로 인용하고 있다.[38] 그러면서 그 계명에는 나 싫은 것은 남에게도 하지 않는다는 부정문 황금률이 포함되어 있다 하여 긍정, 부정을 아우른다.[39] 그런데 사랑, 위로, 복을 좋아하고, 폭력, 모욕, 악을 싫어하는 자유는 하나님을 모르는 이방인들도 자연으로 안다. 다만 그런 교훈은 마르키온의 신이 가르친 것처럼 모호하고 자의적인 교훈일 뿐 참 하나님을 경외하는 것이 아니다. 참 하나님께서 가르치시는 교훈은 가난한 자와 고아와 과부를 돌보고 헐벗고 굶주린 자를 돕는 것처럼 명확하여 진정한 순종이 가능한데, 그것을 압축한 "간결한 공식"*이 바로 황금률이다.[40] 남들이 내게 해 주기 바라는 것을 남에게 하는 것이며, 또 살인, 간음, 도둑질 등 나 싫은 것은 남에게도 하지 않는 것이다. 테르툴리아누스의 황금률은 긍정, 부정의 차이는 없다. 같은 내용으로서 자연인도 알 수 있으나, 오직 그리스도의 황금률만이 하나님을 경외하여 순종하게 하는 참 가르침이다.

3세기 초의 교부 클레멘스Clement of Alexandria, 150-215는 삼부작의 하나인『선생』에서 누가복음 황금률을 그대로 인용하고 "모든 것을 포괄하는 삶의 교훈"이라 소개한다.[41] 그리고 이 황금률을 가장 큰 두 계명과 바로 연결하는데, 율법과 선지자들이 여기 달렸다 하신 구절을 근거로 하였으니 마태복음 황금률도 염두에 둔 것 같다. 다른 삼부작『잡록』에서는 결혼에 관한 철학자들의 위선을 비판하면서『토비트』4장 15절의 부정문 황금률을 한 번 인용하였다.[42] 3세기 전후의 작품으로 짐작되는『클레멘스 설교』**도 내가 싫은 것은 남에게 해서는 안 된다는 부정문 황금률을 이성으로 알 수 있는 도덕 지식이라 하면서 살인, 간음, 도둑질 등을 부정문 황금률에 근거해 금지한다.[43] 그리고 성경의 긍정문 황

---

* 테르툴리아누스는 로마서 9장 28절에 인용된 이사야 10장 23절의 〈칠십인역〉을 "세상에 짧게 말씀하시리라"로 오해하여 주님의 간략한 황금률 공식이 하나님의 예언의 성취라고 본다.
**『클레멘스 설교』는 로마의 클레멘스 이름으로 되어 있으나 클레멘스가 실제로 썼을 가능성은 없는『클레멘스 교령집(Clementine Literature)』의 일부다.

금률을 이웃 사랑의 계명과 연결하고, 양과 염소 비유에 나오는 여러 선행을 구체적인 방법으로 언급한다. 무엇이 나에게 좋은지는 "자신과 대화를 나눔으로써" 알 수 있다 하여 황금률 역학도 소개하는데, 무엇이든지 좋은 것을 어려운 이웃과 나누는 일은 사람을 하나님 형상으로 존중하는 일이다. 내가 벌 받고 싶지 않으니 이웃을 벌주지 말고 내가 용서를 바라니 이웃을 용서하라 가르쳤는데, 특히 황금률을 순교자 유스티누스처럼 "자신을 위해 바라는 좋은 것들을 이웃을 위해서도 바라는 것"이라 거듭 소개하여 이슬람 황금률 공식의 출현을 예고하는 듯하다.[44]

이 무렵의 작품인 듯한 『섹스투스의 문장』이 있다. 피타고라스 학파 사람으로 기원전 1세기에 살았다고 추정되는 인물의 기록인데, 문장 89, 90번이 긍정문, 부정문 황금률을 담고 있다.[45] 책 자체는 오리게네스나 히에로니무스의 글에 언급되어 2세기 작품으로 추정하는데, 기독교 영향 아래 첨삭되었을 가능성이 커 신뢰하긴 어렵다. 또 『교황 파비아노의 편지』라는 문서도 있는데, 부정문 황금률을 그리스도의 가르침으로 직접 인용한 다음 이웃을 너 자신처럼 사랑하라는 계명 및 사랑은 이웃에게 악을 행하지 않는다는 내용과 연결하고 있다.[46] 파비아노는 3세기 사람이지만 이 문서는 한참 후대에 기록된 위작이다.[47] 이 외에도 긍정문, 부정문 황금률을 인용하는 자료는 많다.[48] 재미있는 것은 신약성경 서방 사본 몇 개가 사도행전 15장 20절과 29절에 부정문 황금률을 추가하고 있다는 점이다.[49] 너 자신에게 일어나기를 바라지 않는 것은 남에게도 하지 말라는 내용이다. 초기 사본이지만 수는 많지 않다. 이방인 신자들에게 주는 교훈을 담고 있는 본문이어서 부정문 황금률도 추가했을 가능성이 있다.

오리게네스
이후

이성으로 알 수 있는 일반 황금률과 그리스도께서 가르치신 사랑의 황금률을 구분하며 긍정, 부정을 오가던 교회의 관점은 오리게네스Origines, 184-253의 등장과 함께 크게 달라졌다. 교회사 최고의 천재로 불리는 오리게네스는『로마서 주석』에서 로마서 2장 14-15절에 나오는 '마음에 적힌 법'이 바로 황금률을 가리킨다고 처음으로 주장하면서[50] 황금률이 바로 그 '자연법'이라는 사실을 강조하였다.

> "하지만 내가 보기에 그들의이방인들의 마음에 새겨졌다고 하는 것들은 복음의 법들과 같은 것으로서, 거기서는 모든 것이 자연적 정의에 귀결된다. 사람이 자기가 겪기 싫은 것들을 남에게 해서는 안 된다는 것만큼 자연적 도덕심에 가까운 게 어디 있겠는가?"[51]

오리게네스는 "마음"이 '이성의 능력'을 가리킨다 했다.[52] 그렇다면 이성을 가진 사람이라면 누구나 황금률 원칙을 알고 있어야 한다. 오리게네스는 설교에서도 위에 인용한 내용을 역설했다.[53] 그렇게 황금률이 가진 보편성을 강조한 것은 좋으나, 그 결과 그리스도 황금률의 독특성은 관심 밖으로 밀려났다. 사랑은 사라지고 정의 하나만 남은 것이다. 이 '복음의 법칙', 곧 황금률이 자연적 정의를 가리키므로 모세의 율법과 문자는 달라도 뜻은 일치한다는 것이 오리게네스의 주장이었다.

이런 관점을 락탄티우스Lactantius, 250-325가 이어받았다. 부부가 간음으로부터 가정을 지키려면 "처지를 바꿔 생각해 보아야 한다" 하면서,

그렇게 바꾸어 보는 것이 정의의 핵심, 곧 "내가 겪기 싫은 것은 남에게도 하지 않는 것"이라 했다.[54] 락탄티우스는 부정문 황금률을 "정의의 요약", "정의의 뿌리", "평등의 전적인 기초" 등으로 부르면서 사람에게서 배운 것이면서 "신의 법"이기도 하다 하였다.[55] 락탄티우스는 긍정 황금률을 직접 언급하지 않는다. 다만 남을 해치는 악을 제거한 다음에는 "도움이 되는" 단계가 있는데 "덕을 심으면 거기서 하나님 말씀이 낳는 영생의 열매들이 자란다" 하여 성경의 황금률을 암시하는 정도로 그친다.[56] 카파도키아 교부의 하나로 삼위일체 교리 확립에 공헌한 바실리오스Basil, 329-379도 황금률을 자연법으로 전한다. 동물이 자연적으로 자기에게 유익한 것을 찾아 먹듯이 사람도 선하고 악한 것, 남이 나에게 하지 않았으면 하는 것들을 "배우지 않은 자연의 법"이 우리에게 가르쳐 준다 했다.[57] 그러면서 내가 기대하는 좋은 것을 남들에게 행하고 내가 바라지 않는 악은 남들에게 행하지 않는 긍정문, 부정문 황금률을 함께 언급한다.

초기 기독교 문서들은 상당한 기간 동안 황금률을 긍정문, 부정문으로 함께 언급하는데, 그리스도의 가르침이 갖는 독특성과 무관하게 그저 적용에 있어서 해야 할 적극적인 것과 하지 말아야 할 소극적인 것으로 나누는 정도였다. 쉽게 말해 긍정문은 선과, 부정문은 악과 연결되는 명령이었다.[58] 테르툴리아누스와 동시대의 시리아 교부였던 바데산Bardaisan, 154-222은 황금률을 "내가 바라지 않는 것은 남에게 하지 않는" 부정문과 "내가 바라는 좋은 것은 남에게 하는" 긍정문으로 구분했다.[59] 이런 구분은 테르툴리아누스의 글에도 그대로 나오고, 락탄티우스도 이어받았다. 이 무렵의 문서 대부분이 부정문 황금률을 더 많이 언급하는데, 이유는 명확하지 않다. 사도 바울도 사랑 실천과 관련하여 부정문 황금률을 일부 인용했다_{롬13:10}. 긍정문 황금률이 그리스도의 것이 아니라 후대에 첨가되었다는 주장[60]도 이에 대한 설명은 못 된다. 긍정문이 확실하게 언급된 이후에도 부정문이 오래 주도했기 때문이다. 힐렐의 영향이라는 주장이 있으나,[61] 아직 편집되지도 않은 유대교 랍비의 견해가 구전으로 기독교의 중심에 자리를 잡았다는 것은 터무니없는 설명이다.[62] 힐렐의 실존을 전제하더라도 그렇다.『토비트』도 널리 알려져 있었으나, 왜『토비트』부정문을 그리스도의 명령보다 선호하게 되었는지는 설명이 안 된다. 황금률이 일종의 속담으로 당시 그리스-로마 문화에 널리 알려져 있어서 접촉점 차원에서 선호했을 가능성도 있다.[63] 또 박해하던 이방인들에게 복음을 변증하는 일이 많았으므로 기독교가 공격적이라는 느낌을 피하려고 부정문을 선호했을 수도 있다.[64]

황금률을 자연법으로 보는 분위기는 황금의 입* 크리소스토무스 Ioannes Chrysostomus, 347-407에게도 이어져, 그 역시 황금률을 자연법의 하나로만 가르쳤다. 물론 긍정문, 부정문을 구분하고 또 사랑의 실천과 관련된 것들을 구체적인 보기로 들었지만, 황금률 자체는 인간 본성에 본디부터 자리 잡고 있던 자연법으로 이해했다.

> "그런 이유로 그리스도께서는 이것을 선포하시기 위해, 또 당신이 낯
> 선 법이나 우리의 본성_{자연}을 능가하는 법이 아닌 당신이 이전부터
> 오랫동안 우리 양심에 심어두신 그 법을 도입하는 것임을 보여 주시

---

* 원래 이름은 '요한'인데 탁월한 설교가여서 황금의 입이라는 뜻의 '크리소스토무스'라 불렸다.

기 위해, 수많은 복을 선포하신 다음 이렇게 말씀하셨다. '무엇이든
지 사람들이 너희에게 해 주었으면 하는 모든 것을 너희도 그들에게
그렇게 해라.'"[65]

그리스도께서 새로운 법을 도입하신 게 아니라는 루이스의 말이 어
쩌면 여기서 나왔는지도 모르겠다. 크리소스토무스는 그리스도의 황금
률을 친절, 자비, 인정, 사랑 등에 다양하게 적용한 다음 "너 자신의 의
지가 법이 되게 하라", 또 "너 자신이 판단자가 되고 너 자신의 삶의 입
법자가 되라" 하며 칸트를 연상시키는 권고도 준다. 그런 다음『토비트』
의 부정문 황금률도 언급하고, 또 미움, 질투, 속임수 등에 적용한다.
황금률 두 개를 다 그리스도께서 주셨다. 부정문은 "불의를 떠나게 하
시려고", 긍정문은 "덕을 실천하게 하시려고" 주셨는데, 이 두 황금률만
있으면 다른 가르침은 필요 없다.

"왜냐하면 덕을 아는 지식은 그분이 우리 본성에 심어 놓으셨기 때
문이다. 그걸 실천하고 바로잡는 일은 우리의 도덕적 선택에 맡겨두
셨다."[66]

주님께서 가르치신 황금률, 곧 수많은 복을 선포하신 다음 결론으로
주신 말씀이 알고 보면 사람의 양심에 처음부터 새겨져 있던 바로 그
것이다.『욥기 설교』에서는 욥이 만약 자기가 남의 여인을 탐냈다면 자
신도 아내를 남에게 빼앗기는 게 옳다 한 부분을 해설할 때는 하나님
께서 남의 사정, 특히 남의 고통을 느끼는 "자연적 연민"을 주서서 죄를

덜 짓게 하신다면서 『토비트』의 황금률과 그리스도의 황금률을 연이어 인용한다.[67] 크리소스토무스가 본 황금률은 이해력이 모자라는 사람에게도 "너무나 명백하고 또 배우기도 쉬운" 규정이다.[68] 그런 식으로 주님의 가르침이 온 인류의 보편성을 얻은 것은 좋으나, 주님의 황금률이 자연법에 속한 그 황금률에 흡수되어 버렸으니, 주님께서 오셔서 하신 일은 모두가 처음부터 알고 있던 그것을 상기시켜 주시는 정도가 되고 말았다. 크리소스토무스 자신도 이웃 사랑을 황금률의 내용으로 거듭 소개하고, 또 황금률을 실천하는 일에 주님의 도우심이 있어야 함을 역설하지만,[69] 주님께서 당신의 제자들에게 명령하신 황금률 계명의 독특성은 관심 밖으로 밀려나고 말았다.

이런 흐름은 라틴어 불가타 성경을 번역한 히에로니무스Hieronymus, 347-420에게도 이어진다. 로마서 2장 14-15절에서 사도 바울이 말한 그 법은 하나님께서 인류의 마음에 새기신 "자연법", 곧 양심으로서, 그 법의 내용은 살인, 간음, 도둑질, 탐욕 등 "(네가) 네게 일어나기 바라지 않는 것을 남에게 행하지 말라"는 부정문 황금률이다.[70] 히에로니무스는 마태복음 7장 12절의 황금률을 사람들이 서로 돕고 사랑하는 방법으로도 언급하지만, 핵심은 여전히 "마음에 새겨진" 자연법의 하나라는 점이다.[71] 세상에 정의가 복잡하고 많은데 주님께서 들려주신 "이 짧은 문장"이 그 모든 정의를 포괄한다. 히에로니무스는 방대한 주석과 편지에서 자연법의 보편성과 그에 근거한 하나님 심판의 정당성을 두루 가르쳤는데,[72] 그 덕분에 그리스도 황금률의 독특성은 자연법 황금률의 보편성 아래 완전히 묻혀 버렸다.

탁월한 설교자로 아우구스티누스에게 큰 영향을 끼친 암브로시우스Ambrosius, 339-397의 글에서도 이 전통을 찾을 수 있다. 법에는 마음에 쓰인 법과 돌판에 새겨진 법이 있는데, 자연은 그 자체로 우리에게 선행을 가르치는 선생이다. 암브로시우스는 "내가 남을 비난하는 그 일을 내가 한다면" 벌을 받아 마땅하다 하여 탈레스의 공식을 연상케 한다.[73] 이 법이 있어 온 세상이 하나님 심판 아래 놓인다.

아우구스티누스

이후

기독교 신학의 큰 틀을 세운 교부 아우구스티누스 Augustinus, 354-430는 황금률에 대해서도 많이 연구하고 많이 가르쳤다. 우선 전통을 따라 부정문 황금률을 누구나 알고 있는 '일반 격언'으로 수용한다.[74] 마음에 새겨진 자연법, 곧 처지를 바꿔 생각함으로써 잘 이해할 수 있는 그 황금률을[75] 시편 58편 강해를 통해 설명한다.

> "모든 사람을 향해, 마치 온 인류가 한자리에 모인 듯, 진리가 외칩니다. '너희 사람의 아들들아, 너희가 과연 공의를 말한다면 일들을 올바로 판단하라'(1절). 공의를 말하는 일이 어떤 불의한 사람에게든 쉽지 않겠으며, 정의가 무엇인지 물었을 때 특별한 이해관계가 없다면 누구든 쉽게 말할 수 있지 않겠습니까? 우리 창조주의 손이 우리 마음에 '네가 겪고 싶지 않은 일은 남에게도 하지 말라'는 이 진리를 써 주셨으니 말입니다."[76]

아우구스티누스는 하나님께서 모두의 마음에 정의의 법을 써 주셨다 하면서 그것을 『토비트』의 부정문 황금률로 요약한다. 그 법은 "마음에 자연적으로 기록된 법"으로서 "이성을 사용하는 이들에게 알려진 자연법"이다.[77] 무엇이 좋고 나쁜지는 내가 바라는지 아닌지 살펴보면 알 수 있고, 그것을 남에게 적용할 때는 내가 그 사람 처지에 있다고 상상해 보아야 한다.[78] 『고백록』에서도 부정문 황금률을 '양심의 기록'이라 부르면서 "그 어떤 문법 지식도 양심의 기록보다 가깝지는 못할 것입니다"라고 썼다.[79]

아우구스티누스도 긍정문, 부정문을 혼용한다. 선과 악 개념은 나라나 민족에 따라 달라 절대 선, 절대 악은 없다 주장하는 사람들에게, 아우구스티누스는 그리스도께서 말씀하신 긍정문 황금률을 보기로 들면서 국가나 관습이 아무리 달라도 이 규칙은 바꿀 수 없다 주장하였다.[80] 창조주가 마음에 적어 주신 이 진리 덕분에 사람들은 계시가 오기 전에도 무지하지 않았고, 계시를 받지 못한 이들도 이걸 기준으로 판단할 수 있었다고 주장한다.[81] 아우구스티누스는 로마서 2장 14-15절을 '자연의 법'이라는 이름으로 인용하지만, 오리게네스와 달리 그 내용을 황금률이라 직접 말하지는 않는다.[82] 하지만 그리스도 이전의 사람들이 성경에 있는 것을 먼저 이야기했다는 점을 우리는 기뻐해야 한다 하여 그리스도의 황금률이 자연인들이 알고 있던 그것과 같다는 전통은 그대로 잇고 있다.[83]

그렇지만 아우구스티누스는 인간의 마음이 죄로 타락하였음을 누구보다 잘 알고 힘주어 가르친 사람이다. 하나님께서 사람 마음에 법을 적어 주신 것은 사실이지만 죄로 타락하면서 그 법이 흐려지고 왜곡되었다는 것이다.[84] 따라서 마음에 새겨주신 그 법을 제대로 깨닫거나 그대로 실천하는 것은 자연의 능력으로 불가능하다고 주장하였다. 이런 깨달음은 그리스도께서 주신 황금률의 독특성에 대한 인식으로 자연스럽게 연결되었다. 아우구스티누스는 그리스도의 황금률, 특히 산상수훈의 결론으로 주신 그 명령은 이웃 사랑 계명과 같은 것이라고 가르친다. 히에로니무스에게 보낸 편지*에서 바울이 유대인 하나를 얻기 위해 유대인처럼 행동한 것이 곧 그리스도의 황금률을 실천한 것이라 설명하였다고전9:19-22; 고후11:29.

"그는 그들을 그 오류에서 건지고자 하되 그들이 아닌 자기 자신이 마치 그 오류에 사로잡힌 것처럼 여기고 그럼으로써 자기 이웃을 자기 자신처럼 사랑하고 도움이 필요할 경우 남들이 자기에게 해 주기 바라는 그것을 남들에게 하였습니다."[85]

아우구스티누스는 "죄짓다 걸린 사람을 영적인 너희가 부드러운 영으로 회복시켜 주고 너도 유혹받지 않게 조심하라"는 말씀을 황금률로 푼다갈6:1. 유대인들이 율법을 지켜 구원을 얻을 수 있다고 믿는 오류에서 벗어나지 못하고 있을 때, 바울은 자신이 그런 오류에 빠진 사람인 것처럼 생각하며 그들을 도왔다는 것이다. 유대인들에게 필요한 도움이 마치 나에게 필요한 도움인 듯 주께 구하는 마음으로 그들에게 다가

---

* 히에로니무스는 아우구스티누스와 동시대 사람으로 둘은 서신도 교환했다. 아우구스티누스는 히에로니무스에게 성경을 번역하지 말라고 간곡히 만류했다. 히에로니무스의 능력은 믿었지만 새로운 성경이 교회의 분열을 초래할까 우려했기 때문이다.

Saint Augustine(성 아우구스티누스)

필립 드 상파뉴(Philippe de Champaigne, 1602-1674)가 1659년에 그린 아우구스티누스 초상이며, 로스앤젤레스 카운티 미술관(Los Angeles County Museum of Art, LACMA)에 소장되어 있다.

오른손에는 책을 쓰던 펜을 쥐었고 왼손에는 하나님을 향한 사랑을 상징하는 불타는 심장을 들었다. 심장의 불꽃과 아우구스티누스의 눈빛이 함께 향하는 곳을 보니 펼쳐진 성경 위에서 진리(Veritas)의 빛이 뻗어 나오고 있다.

가톨릭 신자였던 상파뉴는 당대 권력자였던 리슐리외 추기경 초상화를 독점으로 그리는 등 인정받던 화가였는데 인간의 부패와 하나님의 은혜를 강조하는 얀센파 신앙을 수용하면서 사실주의 화풍을 이룩했다. 얀센파 신앙의 조상 격인 아우구스티누스는 그 누구보다 성경을 바르게 풀어 가르친 사람인데 일반 규칙인 황금률과 그리스도 사랑의 계명인 황금률을 잘 구분하여 가르친 사람이다.

_출처: Wikipedia.

가 도움을 베풀었다.

아우구스티누스는 이웃 사랑 계명과 그리스도의 황금률을 나란히 기록하기도 한다.[86] 그리고 실천 영역에서는 그리스도 황금률의 독특성을 분명하게 가르쳤다. 우선 긍정문 황금률의 적용을 오직 좋은 일에만 국한했다. '바란다'는 말은 의지의 행위를 가리키는데, 의지는 나쁜 것을 지향할 수 없다는 이유에서였다.[87] 불신자도 겉으로 황금률을 어느 정도 실천할 수 있으나 죄의 영향을 고려할 때 황금률은 믿음이 있는 사람만이 제대로 실천할 수 있고, 황금률의 완벽한 실천은 오직 은혜요, 성령의 열매라고 주장하였다.[88]* 부정문 황금률은 모두의 마음에 새겨진 자연법으로 한계를 가진 반면, 긍정문 황금률은 구원의 은혜를 맛본 사람만이 실천할 수 있는 사랑의 계명으로 뚜렷이 구분한 것이다. 하나님 말씀의 참뜻을 아는 것부터가 하나님의 조명으로만 가능하고,[89] 그 빛을 보기 위해서 마음의 눈이 깨끗하게 되어야만 하기 때문이다.[90]

황금률을 부정문, 긍정문으로 명확하게 구분하여 그리스도의 황금률을 사랑 계명과 연결해 강조한 사람은 아우구스티누스 외에 많지 않았다. 황금률은 이후에도 수백 년 동안 관심 밖으로 밀려났다. 그러다가 10세기 들어 황금률이 자연법과 동일시되면서 다시금 주목을 받았고, 이후 수백 년 동안 수많은 학자가 황금률을 자연법으로 논의했다.[91] 이를테면 12세기의 『그라티아누스 교령집』은 자연법의 첫 원리로 긍정문, 부정문 황금률을 함께 제시하는데, 그 자연법이 성경에도 담겨 있다면서 그리스도의 황금률을 인용하고 있다.[92]

---

* 아우구스티누스가 황금률을 해설할 때 신플라톤주의의 영향을 받았을 가능성도 있다. 플로티노스가 상호성의 원천을 신으로 규정한 부분은 더 연구할 가치가 있다. R. Berchman, "Golden Rule," 50f를 참고하라.

스콜라 신학의 대부 아퀴나스Thomas Aquinas, 1225-1274도 황금률을 자연법으로 이해한다.[93] 아퀴나스는 의지의 선함을 강조한 아우구스티누스 전통, 사랑의 계명과 연결한 교회 전통, 그리고 그 무렵 새로이 빛을 발한 아리스토텔레스 철학까지 융합시켰다. 아퀴나스의 선의 철학에서는 선은 행하고 추구해야 하며 악은 피해야 한다는 것이 자연법의 핵심인데, 황금률도 거기 포함된다.[94] 인간은 존재론적으로 자신의 형이상학적 목적을 지향하는 특성이 있는데, 이 특성 또는 욕망은 선 일반을 지향하는 무한한 능력이다. 자유를 가진 존재로서 자신의 유한함 안에서 무한의 지평을 지향하는 것이다. 이 경향은 실천이성의 영역에서는 구조적으로 불확실하면서도 사람이면 다 가진 몇 가지 보편적 또는 선험적 경향들로 나타난다. 따라서 도덕적 삶에서 옳은, 다시 말해, 합리적인 방식이 가능한데, 무엇이 선인지 알고 실현하는 과정에서 황금률의 역할을 찾을 수 있다.[95] 황금률을 통해 모든 문화적, 개인적 차이를 뛰어넘는 인간의 공통적 기본 필요를 발견하는 것이다.

아퀴나스는 전통을 따라 인간 이성이 가르치는 내용과 종교적 신앙이 가르치는 내용이 같다고 보았다. 자연과 계시가 함께 가르치는 황금률이 바로 그 증거라는 것이다. 따라서 학문적 탐구를 할 여유나 능력이 없는 사람은 계시의 가르침을 순종하기만 하면 된다.[96] 하나님께서 주신 지식과 의지를 활용하여 선을 추구하는 일이다. 아퀴나스는 아리스토텔레스를 따라 사람은 자기를 사랑하는 만큼 남도 사랑하는 법이라 주장한다.

"우리가 다른 사람과 우정 관계를 맺는다면 그것은 우리가 우리 자신에게 하듯 그들에게 하기 때문이다. 그래서 『윤리학』에서도 '남들과 맺는 친구 관계의 근원은 우리가 우리 자신과 맺는 관계에 있다'고 말한다."[97]

사람들이 나에게 해 주기를 바라는 것은 나를 그 사람의 처지에 둠으로써 알 수 있는데, 그것은 그 사람의 관점에서 나를 보는 것이기도 하다. 친구는 또 다른 나라는 개념이 하나님 형상인 인간의 상호관계에 작용한다.[98] 상대를 나와 똑같은 하나님 형상으로 인정하는 일이 기본이므로 내 욕망을 구현하는 일은 반드시 상호 인식이라는 관계에서 진행되며, 그 과정에서 상대의 참된 선을 지향하게 된다. 그렇게 하여 그리스도의 황금률은 네 이웃을 너 자신처럼 사랑하라는 계명과 같아진다.[99] 하나님께서 사람 마음에 심으신 황금률이 결국 이웃을 자신처럼 사랑하라는 말씀이 되었으니, 계시의 핵심이 자연의 가르침과 다시금 같아져 버린 셈이다.

루터와 칼뱅

개혁자 마르틴 루터Martin Luther, 1483-1546는 황금률에 특히 관심이 많아 생애 첫 설교를 비롯하여 수십 번도 더 가르쳤다.[100]* 기본적으로 황금률을 자연법 및 사랑의 계명으로 보는 두 전통을 그대로 수용하였는데, 사람 마음에 담긴 자연의 법을 그리스도께서도 그대로 가

---

* 두르와는 황금률에 대한 루터의 관심 덕분에 영국처럼 종교개혁이 일어난 지역에서 황금률이 많이 알려지게 되었다고 본다. du Roy, "The Golden Rule," 88을 보라.

르치신 것으로 보았다.[101] 학자들 가운데는 루터가 두 왕국 이론에 근거하여 서로 다른 두 개의 황금률을 가르쳤다고 주장하는 이들도 있으나,[102] 루터는 어디에서도 황금률이 두 개라고 말하지 않는다. 황금률은 오직 하나요, 다만 그 적용에 있어서 두 가지 차원이 있을 뿐이다. 하나는 이기적인 동기에서 출발하여 상호성으로 귀결되는 황금률로서 모든 사람에게 적용되는 것이고, 다른 하나는 사랑의 동기에서 출발하는 황금률로서 그리스도인에게 요구되는 계명이다.

황금률은 우선 자연법이다. 루터는 『로마서 강의』에서 그리스도의 황금률을 그대로 인용한 다음 "우리에게 전해져 온 법 전체가 사실 이 자연법과 다르지 않다" 하면서 훗날의 홉스처럼 "모두가 알고 있는 것이기에 아무도 핑계할 수 없다" 하였다. 하나님의 영광을 보고서도 섬기지 않았기에 핑계하지 못한다는 말을롬1:19-20 루터는 오리게네스 전통에 따라 마음에 새겨진 바로 그 법으로 본 것이다롬2:14-15.[103] 하나님께서 아담에게 주신 그 법을 이스라엘 백성에게는 십계명으로 주셨는데, 우리 주님께서는 산상수훈에서 그 율법을 잘 설명하셨다. 그런 다음 그 긴 설교를 단 하나의 문장으로 멋지게 압축하신 "탁월한 선생"이시다.[104] 한 모범설교에서는 황금률 계명에 "자연법의 정의와 진리가 요약되어 있다" 한 다음 "이 법의 빛은 모든 사람이 가진 이성에서 빛나고 있다" 하였다.[105] 루터는 황금률의 보편성에 감동된 나머지 때로는 황금률 하나만 있으면 성경마저 필요하지 않을 것처럼 말하기도 했다.

"책은 여러분 자신의 가슴에 간직되어 있고 또 너무나 또렷하기에 안
경 없이도 모세와 율법을 이해할 수 있습니다. 그러니 여러분이 여러

분 자신의 성경이요, 여러분 자신의 선생이요, 여러분 자신의 신학자
요, 여러분 자신의 설교자입니다."[106]

크리소스토무스가 되살아난 것 같다. 내 안에 있는 것만으로 충분
하다면 하나님께서 굳이 성경을 써 주실 필요는 없었으리라. 루이스가
본 것도 이런 관점이었을까? 시대적인 상황을 고려할 때 어느 정도는
이해할 수 있는 일이다. 농민전쟁1524-5을 전후하여 원시적 등가보복 및
대대적인 살륙 행위를 직접 목격하였기에 황금률이 가르치는 상호 존
중에 근거해 정의와 평화를 확보하고 싶었던 것 같다. 또 황금률을 실
천하지 않는 성도들을 향한 엄중한 꾸지람이었을 수도 있다.

루터의 황금률은 상호성을 근거로 한 정의의 법칙으로서 일상생활
의 모든 영역에 적용된다. 교환, 거래, 사업 등은 물론이고, 이웃과 올
바른 관계를 유지하기 위해서도 꼭 지켜야 할 규칙이다.[107] 그 어떤 상
황이든 처지를 바꿔 보면서 양심의 소리에 귀를 기울이기만 하면 된다.
전체 사회의 틀에서 볼 때는 사회, 경제, 정치 생활의 열쇠라고 할 수
있다. 이 자연법이 그리스도인에게는 이웃 사랑 계명이 된다. 사람을
만드신 분도 또 계명을 주신 분도 한 하나님이시므로 아무 문제가 되지
않는다. 그리스도인은 황금률 실천의 동기나 범위에 있어서 불신자보
다 더 나아갈 수 있다.

그렇지만 루터는 황금률이 또한 자기를 초월하는 사랑의 근본적인
요구도 담고 있음을 모르지 않았다. 황금률이 그런 사랑의 근거가 되
는 이유는 우리 주님께서 먼저 황금률을 실천하여 본을 보여 주셨기 때
문이다. 루터는 황금률에 하나님을 향한 사랑은 없고 오직 사람을 향한

사랑만 있다고 보았다.[108] 그렇지만 우리로 하여금 그 사랑을 실천하게 하시려고 주님께서 먼저 모범을 보이셨음을 이렇게 설명하고 있다.

> "우리는 모두 누군가가 우리와 우리 죄 사이에 개입하여 그 죄를 짊어지고 해결해 주기를 바라지 않겠습니까? … 우리가 죽음과 지옥에서 벗어나는 것보다 더 간절히 바랄 것이 어디 있겠습니까?"

> "만약 주님께서 우리처럼 죽음과 죄와 지옥에 둘러싸여 계시다면 주님도 누군가가 주님을 거기서 건져주고 죄를 없애고 선한 양심을 회복해 주기를 기대하실 것입니다. 주님은 다른 사람이 이것을 주님을 위해 해 주기 바라시기 때문에 그 규칙이 요구하는 대로 그것을 몸소 다른 사람들을 위해 해 주십니다. 우리 죄를 주님이 대신 지시고 죽음으로 가서서 우리를 위해 죄와 죽음과 지옥을 극복하셔서 누구든지 그를 믿고 그의 이름을 부르는 모두가 의롭게 되고 구원받게 하셨습니다."

대림절 첫 주일용으로 마태복음 21장 1-9절을 본문으로 작성한 보범설교에 나오는 구절이다.[109] 개혁운동이 한참 진행되던 1521년의 설교다. 주님의 황금률에는 주님 당신의 성육신과 십자가 사랑이 담겨 있다. 따라서 그리스도인에게 황금률은 구원의 은혜에 따르는 사랑의 계명이다. 예수께서 십자가에서 자기를 버리신 것처럼 우리도 자기를 버려야 한다는 요구가 바로 황금률이다.[110] 그렇지만 이런 깨달음은 단편적이고 간헐적이어서 황금률을 자연법으로 본 평생의 관점과 균형을 이루지 못했다. 루터는 이 설교 이전에도 그랬지만 이후에는 더더욱 사랑의 황금률보다는 상호성의 황금률에 더 치중하는 경향을 보인다.

칼뱅은 루터와 달리 황금률을 강조하지 않는다. 언급한 게 손에 꼽을 정도며, 강조점도 정의의 규칙이라는 점 하나다. 세네카의『관용론』을 주해한 글에서 왕이 통치할 때 "신들이 자기에게 해 주었으면 하는 대로 백성을 대해야 한다"는 황금률 원리를 '자연법'으로 언급한 적이 있는데,[111] 이 관점이 끝까지 이어졌다.『복음서 주석』에서도 황금률을 "우리 마음속에서 빛나는 정의의 규칙", "우리 마음에 새겨진 올곧음"이라 하여 정의의 원칙으로서만 거듭 강조하였다.

> "자신의 이익이 걸려 있는 곳이라면 무엇을 해야 할지 자세하게 또 정교하게 설명하지 못할 사람은 하나도 없다. … 따라서 그리스도께서 보이신 것은 만약 사람이 자기 자신을 위해 요구하는 것을 다른 사람에게 한다면 모든 사람이 자기 이웃에게 합당하고 의롭게 행동하는 기준이 될 것이라는 점이다."[112]

칼뱅은 고리대금업을 금지하는 시편 15편 5절의 해설에서 "우리 마음에 평등의 규칙이 새겨져 있다" 하면서 마태복음 7장 12절의 황금률을 인용하고 있다.[113] 칼뱅은 이자 자체를 반대하지 않는다. 다만 고리대금업은 이웃을 부당하게 억압하는 일로서 주님께서 우리에게 기대하시는 평등에 어긋난다는 것이다.[114] 칼뱅은 고리대금업을 비판하는 다른 책에서도 황금률을 "보편적인 정의의 법칙"*이라 부른다.[115] 그리스

---

* 황금률 용어를 처음 쓴 것으로 추정되는 기번(Charles Gibbon)은 칼뱅이 사용한 "보편적인 정의의 법칙" 등의 용어를 거듭 사용하여 칼뱅의 영향을 보여준다. du Roy, "Exposition," pdf., 3을 보라.

도 황금률을 일반 황금률과 구분해 사랑의 법칙으로 강조한 루터와 달리, 칼뱅은 일반 황금률 하나만을 정의의 법칙으로 알았고, 그리스도께서 말씀하신 황금률도 그런 맥락에서 설명했다.

칼뱅은『기독교 강요』에서 황금률을 두 번 언급하는데, 그중 한 번은 황금률을 이웃 사랑 계명과 연결한다. "자기 이웃을 사랑하는 자는 율법을 완성했다"는 말씀롬13:8, 10과 "전체 율법이 '네 이웃을 너 자신처럼 사랑하라'는 말씀에 담겼다"는 말씀을 인용한 다음갈5:14 이렇게 글을 잇는다.

"바울이 가르친 것은 다름 아니라 그리스도께서 친히 말씀하신 바 '무엇이든지 너희가 사람들이 너희에게 하기 바라는 그것을 너희가 그들에게 해 주어라. 이것이 율법과 선지자들이다' 하신 그것이었다. … 주님이 뜻하신 것은 율법은 우리에게 사람들에게 법과 공평을 지킬 것만을 요구한다는 점이다."[116]

바울이 가르친 이웃 사랑 계명은 분명 그리스도께서 가르치신 황금률 그것이었다. 그런데 칼뱅은 이웃 사랑으로 황금률의 뜻을 설명하는 대신 황금률로 사랑의 뜻을 제한한다. 이웃에게 정의를 실행하는 것이 그들을 사랑하는 방법이라 하였으니, 자연법에서 조금도 나아가지 못한 결론이다. 그렇게 하는 것이 하나님을 경외하고 그 결과 이웃을 사랑하는 삶이라고 칼뱅은 결론짓는다.

교회사는 이천 년 동안 이 주제를 다루어 오면서도 여러 가지 이유로 그리스도 황금률의 독특성을 깨닫지 못했다. 부정문의 강한 영향 아래 긍정문이 갖는 독특성을 생각지 못했고, 겉모습만 보고 같다고 속단하여 그리스도 황금률이 가진 중요한 차이를 발견하지 못했다. 황금률을 이웃 사랑과 연결한 경우에조차 이웃 사랑을 황금률의 한 적용으로 보았을 뿐 황금률 자체가 그런 사랑을 자기 안에 품고 있음을 깨닫지 못했다. 그릇에 너무 집중했기 때문인지 거기 담긴 보배는 제대로 깨닫지 못한 역사가 참 길었다고 할 수 있다.

4

황금률 번역과 위치

이제 그리스도의 황금률을 직접 다루기 전에 원문에 따른 황금률의 바른 번역을 시도해 보고, 황금률에 관한 논란 몇 가지를 간단하게 다루어 보자. 그리스도의 황금률은 누가복음 6장 31절에도 있으나, 모양을 제대로 갖춘 것은 마태복음 7장 12절이다. 주님의 황금률이 누구나 옳다고 알고 있던 그 규칙과 어떻게 다른지 알려면 원문의 정확한 뜻을 먼저 살펴야 한다. 원문은 이렇다.

Πάντα οὖν ὅσα ἐὰν θέλητε ἵνα ποιῶσιν ὑμῖν οἱ ἄνθρωποι, οὕτως καὶ ὑμεῖς ποιεῖτε αὐτοῖς· οὗτος γάρ ἐστιν ὁ νόμος καὶ οἱ προφῆται.

한글 번역이 여럿 있는데, 큰 차이는 없다. 주로 첫 번역인 〈개역한글〉을 따라 해 그런 것 같다. 최근 한국교회가 주로 사용하고 있는 〈개역개정〉 번역은 이 구절을 이렇게 옮겼다.

이전의 〈개역한글〉을 그대로 두었다. 수많은 사람이 알고 있고, 또 그리스도인 대부분이 거의 암송하는 구절이지만, 안타깝게도 아쉬운 점이 많은 번역이다. 그리스도 황금률의 독특함을 전혀 보여주지 못하고 있다. 물론 이 구절의 정확한 뜻은 각 구성 요소의 뜻을 하나하나 살핀 다음에야 드러날 것이다. 하지만 깊이 들어가기 전 표면적 의미 번역의 단계에서 이미 여러 가지 문제점을 발견할 수 있다.

남이 아니라

사람들

첫째로, '남'이라는 표현은 두 번 다 틀렸다. 원문은 명사 '사람들' 및 대명사 '그들'이다. "남에게 대접을… 너희도 남을…"이 아니라, "사람들에게 대접을… 너희도 그들을…"이다. 사람과 남은 전혀 다른 낱말이다. 원문에서도 이 말이 구분되고, 우리말에서도 이 두 낱말은 명백히 다르다. 따라서 '사람들'을 '남'으로 옮긴 것은 명백한 오역이다.

사람들을 남으로 옮긴 이유가 무엇일까? 나 아니면 모두 남이라는 쉬운 논리가 개입되었기 때문인데, 그런 논리를 적용하게 만든 원인은 역자들의 선입견이었을 가능성이 크다. 사람들이 알고 있는 일반 황금률은 "네가 남에게 바라는 것을 남에게 하라", 또는 "네가 싫은 것은 남에게도 하지 말라"로 되어 '나'와 '남'을 대비하는 구도로 이루어져 있다. 따라서 이 구절을 번역한 역자들이 주님의 황금률도 일반 황금률과 같은 것이리라는 선입견이 있었다면, '사람들'이라는 말을 '남'이라는 전혀 엉뚱한 말로 옮기고도 잘못인 줄조차 느끼지 못했을 것이다.[*] 나중에 보겠지만, 이 오류는 주님께서 가르치신 황금률의 참뜻을 보지 못하게 만드는 심각한 방해물이 되고 있다.

용어 자체의 뜻과 용법만 따진다면 '남'이라고 번역한다고 해서 뜻이 통하지 않는 것은 아니다. 바울은 "남ἕτερον을 사랑하는 이는 율법을 완성했다"고 하여 우리 사랑의 대상을 '남'이라 부르고, 그 '남'을 '이웃πλησίον'과 동일시한다롬13:8, 10.[**] 성도들끼리 서로 사랑하라 할 때도 자신과 대비되는 다른 사람들을 '남'이라고 부른다고전10:24; 갈6:4; 빌2:4. 그렇지만 사랑을 베풀라는 그런 말씀과 달리 황금률에서는 행동하는 주체와 그 행동을 받는 객체 사이에 독특한 역학이 있어서 '사람들'을 '남'으로 옮기면 그 역학의 정확한 의미에 혼란이 초래된다. 다시 말해, 일반 황금률처럼 해석해 버리고 주님의 황금률만이 가진 보배를 놓쳐버릴 수 있다는 말이다. 예를 들어, 주님의 황금률은 '너희'라는 복수의 사람에게 주신 명령이다. 다수가 바라는 것이 항상 같을 수는 없으므로 개인의 소원에서 출발하는 일반 황금률과 애초에 같을 수가 없다. 그런데도 일반 황금률과 같게 번역해 버림으로써 일반 황금률을 넘어서는 참뜻을 찾지 못하게 만드는 것이다. 황금률의 우리말 번역은 성경의 관점으로 세상을 보는 게 아니라, 거꾸로 세상의 관점으로 성경을 왜곡하게 만드는 안타까운 번역이다.

---

[*] 우리가 가진 일반 상식이 성경을 오역하게 만든 다른 보기로는 "높아지려면 낮아져야 한다"는 구절이다. 필자의 책 『질그릇에 담은 보배』, 153-203쪽을 보라. 성경적 가치관으로 우리 생각을 바꾸어야 하는데, 번역된 성경이 이미 세상 가치관으로 왜곡되어 있다.

[**] 칼뱅은 로마서 13장 8-10절이 황금률과 같다고 강조한다. 『기독교 강요』 II, viii, 53을 보라.

다른 한글 번역도 다 〈개역개정〉의 오류를 답습하고 있다. 가장 최근에 나온 〈새한글성경〉도 마찬가지다. 다들 이전의 〈개역한글〉을 별 생각 없이 따라 해 그런 것 같다. 〈바른성경〉 하나가 '사람들'과 '그들'을 정확하게 번역하였다. 한글 번역은 누가복음의 황금률에서도 '사람들' 및 '그들'을 다 '남'으로 옮겨 같은 오류를 범하고 있다. 외국어 번역은 영어, 독어, 불어, 심지어 라틴어까지 대체로 무난하다. 영어 〈새 국제판NIV〉 하나1984, 2011 모두가 '남들'로 해석하는 오류를 범하고 있을 뿐, 대부분이 '사람들' 및 '그들'로 정확하게 옮겼다.

대접이 아니라
바라는 것

"남에게 대접을 받고자 하는"이라는 구절은 "사람들이 너희에게 하기 바라는"이라는 원문을 간략하게 옮긴 것이다. 깔끔하긴 하나 느낌도 대폭 줄었다. 우선 주로 음식을 연상시키는 '대접'보다는 '대우'가 낫겠지만, "대우를 받고자 하는" 표현 역시 구체적인 행동보다 일반적인 태도에 국한된 느낌을 준다.* 원문은 대우한다는 뜻이 아니라 어떤 행동을 한다는 뜻이다. 그래서 그냥 '기대한다'는 말로도 줄이기 어렵다. 주체는 사람들이어야 하고, 대상은 우리'너희'여야 하며, 어떤 행동까지 포함해야 하는 까닭이다. 내용은 나와 있지 않지만 '한다'는 말의 목적어로 어떤 실제적인 행동이 분명히 암시되어 있다. 〈개역개정〉을 비롯한 모든 한글 번역이 이 구절을 에누리해 간단하게 옮겼다. 좀 길

---

* 그런 종류의 대우(προσφέρεται)는 히브리서 12장 7절에 나온다.

더라도 이 구절도 원문을 그대로 옮기는 것이 주님께서 의도하신 바를 파악하는 데 도움을 준다.

그런데 원문을 제대로 옮기려면 '너희가'라는 주어를 반드시 추가하여 "너희가 사람들이 너희에게 하기 바라는"으로 써야 한다. "대접을 받고자 하는"이라는 표현에서는 주체와 객체가 분명하게 구분되지만, "사람들이 너희에게 하기 바라는"이라고 옮기면 주객이 뒤집히는 혼동이 일어나기 때문이다.* 한마디로 황금률이 양보의 원리가 돼 버린다. 누가복음의 황금률도 마찬가지다. 원문에서 '너희'는 바라는 주체고 '사람들'은 우리에게 무언가를 하는 행동의 주체인데, 그걸 주어 없이 "사람들이 너희에게 하기 바라는"으로 옮기면 거꾸로 너희가 무언가를 하기를 사람들이 너희에게 기대한다는 뜻도 될 수 있다. 심하게 해석하면 "사람들이 우리에게 무언가를 해 주고 싶어 하는"이라는 뜻까지 가능하다. 이런 혼동이 생기는 이유는 '에게'라는 토씨가 행동의 대상과 바라는 대상을 다 가리킬 수 있기 때문이다.** 그래서 '너희가'라는 주어를 한 번 더 써주면, '너희'는 '바라는' 주체가 되고, '사람들'은 '하는' 주체로 분명하게 구분이 된다. 이 점은 누가복음 황금률에서도 마찬가지다. 이전처럼 그냥 "대접한다"는 표현을 쓰면 이런 문제가 없이 간단하다. 하

---

* 최근 나온 〈새한글성경〉이 이런 혼동을 부르고 있다. 아동도서 『황금률』(아일린 쿠퍼 지음, 2008년 두레아이들)도 황금률을 이런 애매한 문구로 번역해 혼동을 일으킨다. 원서 Ilene Cooper, *The Golden Rule* (New York: Abrams Book, 2007)을 참고하라.

** 〈바른성경〉 및 〈한글 킹 제임스 성경〉은 마태복음 7장 12절 및 누가복음 6장 31절을 원문 그대로 잘 옮겼지만 '너희가'라는 주어를 빠뜨림으로써 이 혼란을 초래하고 있다. 특히 누가복음 6장 31절의 경우 바로 앞 6장 30절이 상대의 요구대로 해 주라는 내용이어서 황금률도 사람들의 요구를 들어주는 규칙처럼 되어 버렸다. 〈새한글성경〉은 마태복음 7장 12절은 주어의 혼동이 일어나지만 누가복음 6장 31절은 그런 혼동을 피하고 있다. 계시가 언어로 되어 있는 이상 정확한 언어를 사용하는 일은 매우 중요하다.

지만 이렇게 복잡한 단계를 거치더라도 원문을 정확하게 표현하는 것
이 주님의 황금률을 정확하게 이해하는 데 꼭 필요하다.

무엇이든지
모든 것

　　　　　'무엇이든지'는 '호사 에안*ὅσα ἐάν*'이라는 원문 그대로다. 얼
마든지 많은 것을 가리킨다. 아무리 많아도 제한이 있을 수 없다. 그런
데 이 문구 앞에 '모든 것'을 뜻하는 '판타*πάντα*'가 먼저 나오는데 우리말
번역에는 빠져 있다. 물론 '판타'가 '호사' 앞에 오면 큰 차이를 보이지 않
을 수도 있다. 이를테면 "네게 있는 것을 다 팔아"라는 똑같은 내용이 누
가복음 18장 22절에는 '판타 호사', 마가복음 10장 21절에는 그냥 '호사'
로 되어 있다. 실제로 신약에서 '판타'와 '호사'가 나란히 등장하여 마치
관계대명사와 선행사처럼 사용되는 경우가 많은데 본문도 그 하나다.[117]
독어와 불어 번역도 관계대명사와 선행사를 사용하여 '모든 것'이라는
뜻으로 옮겨 '무엇이든지'라는 뜻은 사라졌다. 영어도 〈새 국제판〉은 '무
엇이든지'라는 느낌을 생략하였고, 〈킹 제임스〉는 둘 다 살렸다.

　'판타'가 '호사 에안_{또는 안}(ἄν)'과 결합된 경우가 신약에 네 곳 더 있다.
우선 마태복음 21장 22절 "무엇이든지 믿고 구하는 것은 다 받으리라"
는 구절은 〈개역개정〉, 〈공동번역〉, 〈표준새번역〉 모두 '무엇이든지'와
'다'를 모두 살렸다.[118] 마태복음 23장 3절은* 바리새인들이 하는 말은 무
엇이든지 다 듣되 행동은 본받지 말라는 말씀인데, 〈개역개정〉과 〈공동

---

* 황금률과 똑같이 '판타, 운, 호사' 순서로 된 유일한 구절이다.

번역〉은 ‘무엇이든지’만 살린 반면 〈표준새번역〉은 ‘무엇이든지’와 ‘다’를 다 옮겼다. 셋째 보기는 ‘판타’와 ‘호사 안’이 약간 떨어져 있는 사도행전 2장 39절인데, 〈개역개정〉은 ‘모든’과 ‘얼마든지’를 다 살렸다. 〈공동번역〉과 〈표준새번역〉은 ‘모든’ 하나만 살렸다. 넷째 보기는 사도행전 3장 22절로서 나와 같은 선지자의 말을 들으라 한 모세의 말을 인용한 구절인데, 히브리어 원문이나 〈칠십인역〉에는 없는 ‘모든’이라는 낱말을 베드로가 추가한 경우다. 〈개역개정〉과 〈표준새번역〉은 강조의 뜻을 반영하여 ‘무엇이든지’에다 ‘모든’ 또는 ‘다’를 추가했는데, 〈공동번역〉은 강조 자체를 아예 없애 버렸다. 외국어 번역은 대부분 네 구절 모두 한 가지 표현만 살렸는데, 〈킹 제임스〉 번역은 세 곳은 "all (things) whatsoever"로, 사도행전 2장 39절은 "all… as many as"로 옮겨 네 곳 모두 강조의 뜻을 잘 살렸다.

성경이 강조하고 있는 것을 간략하게 줄여 버린다면 그건 번역이라 할 수 없다. 성경이 서로 다른 두 어구를 통해 뜻을 강조하므로 우리말 번역 역시 그 뜻을 최대한 그대로 살려야 한다. 황금률 경우에는 ‘무엇이든지’에다가 ‘모든’을 추가할 이유가 있다. 우선 ‘판타’가 문장의 첫 낱말로 등장하여 강조의 뜻이 명확히 드러난다. 그런 낱말을 아무 이유도 없이 생략해서는 안 된다. 게다가 이 ‘판타’의 경우 역시 ‘판타’를 문두에 두어 뜻을 강조하신 이전의 두 구절마6:32 및 7:8과 의미상 연결된다. 그냥 생략해 버리면 그런 연결 고리가 드러나지 않게 된다. 그렇게 원문의 뜻을 살릴 때 본문의 첫 문구는 "무엇이든지 너희가 사람들이 너희에게 하기 바라는 모든 것"으로 옮길 수 있다.

그대로 하라

황금률 자체는 두 개의 절이 관계사로 결합한 복문이다. 첫 절 전체가 둘째 절의 목적어다. 〈개역개정〉은 둘째 절도 "너희도 남을 대접하라"고 옮겼는데, 오역이다. 원문은 "너희도 그들에게 그렇게 하라"다. "그렇게 하라"의 내용이 "대접하라"일 수도 있지만, 그렇게 옮기는 것은 번역이 아니라 해석이다. 이 역시 주님의 황금률이 일반 황금률과 똑같다는 선입견이 낳은 오류다. 둘째 절을 첫 절과 연결하면 "무엇이든지 너희가 사람들이 너희에게 하기 바라는 모든 것을 너희도 그들에게 그렇게 하라"가 된다. 우리가 사람들에게 바라는 바가 있다. 그게 무엇이든 모조리 사람들에게 그대로 하라는 말씀이다. "그렇게"는 방식을 가리킨다. 너희가 바라는 마음 그대로 하라는 것이니 황금률의 기본 틀인 공감과 처지 바꾸기가 내포된 말씀이다. '대접하라'고 옮기면 먼저 나온 기대와 내용이 같아 뜻이 명확해 보이지만 황금률 특유의 역학은 드러나지 않는다. "그렇게 하라"는 원문을 그대로 옮기는 것이 최선이다.

이 부분은 누가복음이 마태복음과 좀 다르다. 누가복음 6장 31절 원문은 이렇다.

καὶ καθὼς θέλετε ἵνα ποιῶσιν ὑμῖν οἱ ἄνθρωποι ποιεῖτε αὐτοῖς ὁμοίως

이 원문을 그대로 옮기면 이렇게 된다.

"(그리고) 너희가 사람들이 너희에게 하기 바라는 그대로 너희도 그들에게 똑같이 해라."

마태복음 7장 12절이 "모든 것"이라고 어떤 대상을 말하면서 "그렇게"를 함께 말하여 방식까지 언급했다면, 누가복음 6장 31절은 대상에 대한 언급은 없이 "그대로", 곧 방식 하나에 초점을 둔다.[119] 특히 "~대로 καθὼς"와 "똑같이ὁμοίως"를 함께 사용함으로써 방식 자체를 반복해 강조한다.* 그대로, 똑같이 하라는 말씀이다. 그런데 우리말 번역은 마태복음 7장 12절도 '모든 것'을 생략하여 마치 방식 하나만 말하고 있는 양 옮겼다. 누가복음 6장 31절의 영향을 받았거나 아니면 내용이나 방식이나 그게 그거라 생각하고 대충 옮겼을 수도 있다.

우리말 번역은 전부 마태와 누가의 황금률을 똑같이 '방식'으로만 번역했다. 외국어 번역은 다양한 경향을 보인다. 불어LSG는 마태와 누가 모두 대상 및 방식을 함께 말한 것으로 번역했고, 루터의 독일어 번역의 경우 마태는 대상만, 누가는 방법만 말하는 것으로 옮겼다. 영어 〈새 국제판〉도 루터처럼 마태는 대상만, 누가는 방법만 말하는 것으로 옮겼다. 마태와 누가의 차이를 정확하게 반영하고 또 '모든 것'과 '무엇이든지'도 원문 그대로 정확하게 옮긴 것은 〈킹 제임스〉 번역 하나뿐이다.** 황금률에 대한 오해를 고려한다면 방식만 말해도 좋겠지만, 방식과 대상을 함께 말씀하신 뜻을 알면 낱말 하나도 버릴 수가 없다.

---

* 신약성경에서 "~대로(καθὼς)"와 "똑같이(ὁμοίως)"를 함께 사용하여 방법을 강조한 유일한 문장이다. "~대로(καθὼς)"와 "그렇게(οὕτως)"를 결합한 구문은 골로새서 3장 13절, 요한일서 2장 6절 등 많다.
** 〈킹 제임스〉는 사본의 권위 등 약점도 있으나 본문의 뜻을 정확하게 옮긴 점은 탁월하다. 〈킹 제임스〉에 대한 소개서로는 J. van Bruggen, *The Future of the Bible* (Nashville: Nelson, 1978)을 참고하라.

주님께서 서로 다른 두 개의 황금률을 가르치시지는 않았다면 마태와 누가의 황금률을 조화시키려는 의도 자체가 나쁘지는 않을 것이다. 다만 마태의 긴 구절을 근거로 누가도 길게 풀어야 할지, 아니면 후자의 짧은 문구를 바탕으로 전자를 다듬어야 할지 그건 더 생각할 문제다. 서양의 똑똑한 사람들은 황금률을 누가복음보다 더 간략하게 줄였다. "사람들이 너희에게 하기"라는 능동태 절에서 주어 '사람들'을 생략하고 '너희(나)'를 주어로 하는 수동태 문장으로 바꾸었다. "Do as you would be done by." 근대 철학자들이 선호했고, 루이스도 사용한 바로 그 중립형 공식이다. 우리말로도 비슷한 기교가 가능하다. '겪기 바라는 대로 해라.' 신약 원어인 그리스어로도 얼마든지 가능하다. 주님께서 쓰신 아람어로는 왜 안 됐겠는가. 그런데도 언어 사용의 달인이신 우리 주님께서 그런 기교를 사용하시지 않고 아주 장황해 보이는 문장으로 들려주신 데는 이유가 있을 것이다. 주님의 황금률에서는 능동태 수동태의 차이도 중요하고, '너희'라는 주어도 함부로 빼면 안 된다. 무작위로 아무에게나 주신 말씀이 아닌 까닭이다.

어차피 닿을 진리라면 길이 짧을수록 좋고, 이왕 같은 뜻이라면 표현이 간략한 게 좋다고 영국의 철학자 오컴의 윌리엄William of Ockham, 1285-1349이 말했다. 하여 군더더기를 잘라내는 기교를 '오컴의 면도날Ockham's(Occam's) Razor'이라 부르는데, 이 전가의 보도를 황금률에도 많이들 휘둘렀다. 오컴의 면도날을 사용하는 건 자유이나 짧아졌다고 무조건 좋다 해서는 안 된다. 간단히 줄이면 외기는 쉬울지 몰라도 본뜻을 잃어버리기 쉽다. 간략하게 줄이는 기교보다 말씀하신 뜻을 정확하게 아는 게 더 중요하다. 성경 전체가 그렇지만, 특히 주님께서 들려주신 비유나 말씀은 토씨 하나도 가볍지 않다. 축자영감이다 아니다 논란할 것도 없다. 낱말 하나하나, 문장의 구조 자체 등이 무슨 뜻을 갖고 어떤 역할을 하는지 먼저 살펴야 한다. 두 황금률의 초두에 나오는 접속사 '그러므로'와 '그리고'도 마찬가지다. 일반 황금률의 골자를 염두에 두었기 때문인지 〈개역개정〉도 원문보다 약간 짧게 옮겼는데, 주님께서 가르치신 황금률을 공부해 보면 과연 잘 한 짓인지 의문이 생긴다.

율법과
선지자들

마지막 문장인 "이것이 율법이요 선지자니라"는 원문 그대로 잘 옮겼다. "이것이 율법과 예언서의 본뜻이다"_{표준새번역}, "율법과 예언서의 정신이다"_{공동번역}, "율법과 예언서의 핵심이니까요"_{새한글성경}, "율법과 선지자들의 가르침이다"_{바른성경}, "율법과 예언서의 요약이다"_{NIV}, "율법과 예언서들의 의미다"_{앵커 바이블}[120] 등으로 풀어준 번역도 있으나 과잉친절이다. 지나치면 모자란다는 말이 여기 꼭 어울린다. "이게 바로 율법과 선지자들이다"는 주님 말씀은 일단 똑같다는 말씀이요, 그 말씀에는 요약, 핵심, 참뜻, 교훈, 정신, 전부, 목적, 성취[121] 등의 가능성이 다 들었다. 말씀을 듣는 사람도 그 여러 가지를 한꺼번에 생각함으로써 이해의 너비와 깊이가 더해진다. 원문을 그냥 두면 여러 가지 가능성도 살릴 수 있고 또 종합적인 이해도 가능한데, 번역자가 다른 말을 사용해 한두 가지로 제한하는 것은 말씀하신 분의 의도를 제한하는 것이다. 받는 느낌도 현저히 줄어든다. 그런 제한은 성경의 바른 뜻을 번역자의 주관적인 생각으로 훼손하는 잘못이다.

"율법과 선지자들"은 구약성경을 가리키는 일종의 고유명사다. "모세와 선지자들"이라는 표현도 있고눅16:29, 31; 24:27, "시편"이 함께 언급된 경우도 있으나눅24:44, 주로 "율법과 선지자들"의 형태로 등장한다마11:13; 22:40; 눅16:16; 요1:45; 행13:15; 24:14; 28:23. 그런데 "율법이나 선지자들"이라는 표현도 성경에 한 번 나오므로마5:17 〈개역개정〉처럼 "율법이요 선지자"라 해도 틀린 것은 아니다. 다만 '선지자들'이라는 복수형으로 '선지서'라는 뜻을 담을 수 있다면 "율법과 선지자들"이라는 고정된 표현이 가장 무난할 것 같다.

그런데 접속사는 왜 빠뜨렸을까? 황금률 초두에서는 접속사 '그러므로'를 잘 살려 황금률이 이전 내용과 긴밀히 이어져 있다는 점도 밝히고, 황금률의 참뜻도 잘 밝히지 않았나? 그런데 끝부분의 접속사를 생략하는 바람에 후반부 문장이 이유를 설명하는 구절임이 드러나지 않은 점은 아쉬움을 남긴다. 원문은 "이것이 율법과 선지자들이기 때문이다"로 되어 있다. 이유를 설명하는 '가르γάρ'는 신약성경에 셀 수 없을 정도로 많이 등장하는데, 한글 번역에서는 거의 빠졌다. 실제로 이유가 아닌 경우도 많고, 혹 이유를 말할 때도 '때문'이라는 표현 없이 뜻이 통하는 경우가 많기 때문이다. 그렇지만 주님의 황금률에서는 명령 이후 이유를 추가함으로써 실천의 당위성을 강조하고 있으니 그 점이 드러나게 하면 좋겠다. 외국어 번역은 대부분 이유의 접속사를 사용했는데, 우리말 가운데는 〈바른성경〉과 〈새한글성경〉이 이유임을 뚜렷하게 표현하고 있다. 이런 여러 가지를 다 고려하여 황금률 두 구절을 다시 옮겨보면 이렇게 된다.

"그러므로 무엇이든지 너희가 사람들이 너희에게 하기 바라는 모든 것을 너희도 그들에게 그대로 해라. 이것이 율법과 선지자들이기 때문이다."_마7:12

"그리고 너희가 사람들이 너희에게 하기 바라는 그대로 너희도 그들에게 똑같이 해라."_눅6:31

황금률의 위치

끝으로 황금률 본문에 대한 논의를 간단히 정리해 보자. 예수께서 정말로 황금률을 가르치셨는지, 주님께서 가르치신 긍정문 황금률 말씀의 출처는 어딘지, 그 말씀이 성경과 당시 문화에서 갖는 뜻은 무엇인지 등이다.

우선 그리스도께서 황금률을 말씀하신 일이 없다고 주장하는 이들이 있다. 처음 주장한 이는 독일 신학자 불트만Rudolf Karl Bultmann, 1884-1976이다. 불트만은 "세속 이야기"였다가 전승을 통해 들어와 예수의 말씀이 된 것들이라며 수십 구절을 열거하는데, 황금률 구절인 마태복음 7장 12절과 누가복음 6장 31절이 거기 들어 있다.[122] 사람들이 다 알고 있던 이야기로서 "순진한 이기주의"라며 예수의 말씀에서 제외한 것이다. 브리치James Breech도 같은 견해인데 황금률을 "공리주의적 자기도취"라 비난한다.[123] 딜도 불트만에 동조한다. 예수보다 유대교 가르침에 더 어울린다는 이유다.[124] 예수의 가르침은 임박한 종말론에 기초한 것으로서 기존의 황금률을 없애고 이웃 사랑 개념으로 대치했다는 게 딜의

주장이다.[*]

성서비평학자들이 1985년 모여 만든 예수 세미나Jesus Seminar 팀이 1993년 사복음서와 『도마복음』을 합친 『오복음서』를 발행했는데, 예수의 가르침 가운데 어느 것이 진짜인지 결정하기 위해 투표했다. 예수의 말씀이 확실하면 붉은색, 가능성이 크면 분홍색, 가능성은 없으나 예수의 정신을 담았으면 회색, 예수의 말씀이 전혀 아니면 검은색으로 표시했는데, 황금률 두 구절은 회색으로 표시했다.[125] 황금률이 사랑 실천의 방법으로 무난하지만 자기 자신이 표준이 되므로 "타산적인 이기심"을 감추는 방식일 수도 있다는 것이다. 이런 관점은 간단히 말해 황금률 역학에 대한 오해와 그리스도 황금률의 참뜻에 대한 무지가 빚은 결론이다.

근래에는 역사적 예수 연구의 권위자인 마이어John Paul Meier, 1942-2022 신부가 그 흐름을 잇는다. 마이어는 사랑의 계명에 대해서는 길게 논하면서도 황금률은 깊게 다루지 않는데, 이유는 예수께서 황금률을 말했다는 근거가 없기 때문이라고 한다. 마이어는 황금률이 예수 이전에도 있었고 Q자료 외에 전혀 언급되지 않는다는 이유도 대지만,[126] 요지는 예수의 핵심 가르침과 맞지 않다는 것이다. 예수의 가르침, 특히 산상수훈은 "상호성 윤리" 자체를 비판하고 있는데, 그런 "이방의 통속윤리"를 구약성경의 요약으로 말했을 리가 없다는 것이다.[127] 마이어는 그리스도의 황금률이 "계몽된 자기 이익"으로서 거기 기독교적 요소는 없다

---

[*] 딜은 예수의 윤리는 고대의 일반 도덕과 윤리에 동조하지 않은 '분리자 윤리(Sonderethik, 불트만의 용어)'여서 황금률과 어울리지 않는다고 주장한다(Dihle, *GR*, 75, 114-6; Betz, *Sermon*, 512). 그러면서 유대교적 황금률이 기독교인들에 의해 이웃 사랑의 계명과 조화를 이루게 된 과정을 길게 서술한다. Dihle, *GR*, 109-127을 보라.

고 잘라 말한다.[128] 마이어의 주장도 그리스도의 황금률이 일반 황금률과 똑같이 상호성을 가르친다는 전제에 달려 있다. 그 전제로 다른 역사적 자료를 해석한 것이다. 그리스도 황금률의 참뜻을 먼저 확인한다면 황금률이 그리스도의 가르침이 아니라든지 구약의 요약이 될 수 없다는 주장은 하기 어려울 것이다.

황금률이 분명 그리스도의 말씀이라는 논증도 많다. 황금률은 산상수훈과 평지설교의 공통된 핵심에 속한 것으로서 그리스도께서 직접 가르치신 말씀이다.[129] 신약성경 모든 사본은 황금률이 분명한 그리스도의 말씀임을 입증한다. 황금률이 사랑의 계명과 통한다는 점도 그 가능성을 높인다.[130] 그리스도 황금률의 참뜻을 알면 그런 논증마저 필요하지 않을지 모른다.

그럼 그리스도 황금률의 출처는 어디일까? 황금률 구도를 가져 와 바꾸셨으니 일반 황금률을 어디선가 가져오셨을 것이다. 황금률을 전하는 마태나 누가는 예수의 말씀 자체만 전달할 뿐 출처에 대해서는 침묵한다. 신약학자 예레미아스Joachim Jeremias, 1900-1979는 그리스도가 황금률을 힐렐에게서 가져왔다고 본다. 부정을 긍정으로 바꿈으로써 상식적 지혜가 아닌 이웃 사랑의 계명에 대한 해석으로 만들었다는 것이다.[131] 불트만은 반대한다. 긍정이나 부정이나 다 "순진한 이기주의 도덕"에 불과하다는 이유다.[132] 예레미아스는 황금률을 예수의 말씀으로 인정하지 않은 불트만보다는 나으나, 기원에 대해서는 불확실한 추정을 했다. 힐렐의 실존 자체부터 의심되는 상황에 그런 말이 그 당시에 이미 알려져 예수께 영향을 미쳤을 가능성은 없다. 다만 부정문 황금률 자체는 당시 사회에 널리 알려져 있었고, 『토비트』 등을 통해 유대교 안에도 잘 알려져 있었으니 기본 틀은 그대로 쓰셨을 가능성이 크다. 그리고 율법과 선지자들을 완성하러 오셨다 하셨으니, 그 공식을 그 율법의 핵심인 하나님 사랑, 이웃 사랑과 관련짓되 뜻, 특히 네 이웃을 너처럼 사랑하라 하신 말씀과 이으셨을 것이다. 그래서 부정문을 긍정문으로 고쳐 가르치셨을 것이다. 일반 은혜로 사람들 사이에 긴요하게 사용되던 윤리를 구원이라는 특별한 은혜를 경험한 이들에게 해당하는 새로운 윤리로 풀어주신 것이다.

그리스도께서 가르치신 황금률

THE

GOLDEN

RULE

THE GOLDEN RULE

이제 그리스도께서 말씀하신 황금률의 뜻을 살펴보자. 그리스도께서는 사람들이 다 알고 있는 그 흔한 황금률을 이용하셔서 당신만이 주실 수 있는 하늘의 뜻을 담으셨다는 것이 우리의 요지다. 일반 황금률이 사람이면 누구나 알고 지킬 그런 규칙이라면, 주님의 황금률은 하나님의 구원을 받은 하나님의 자녀들이 마땅히 지켜야 할 계명이라는 것이다. 그리스도 황금률의 각 요소를 하나하나 살펴보면 그 황금률이 어떤 점에서 일반 황금률과 비슷하고, 어떤 점에서 다른지 분명하게 알 수 있다. 특히 마태가 전하는 긴 황금률은 조목조목 그리스도께서 담으신 보배로 더 밝게 빛나고 있는데, 그 길이만큼 담긴 뜻도 풍성하다.

1

그러므로: 황금률 실천의 근거

마태복음의 황금률에서 우선 눈여겨보아야 할 낱말은 가장 먼저 나오는 접속사 '그러므로'다. 원문은 '운οὖν'인데, 문장 초두에 오지 않는 버릇이 있어 원문에서는 두 번째 낱말이다. 사본 문제도 없으니[1] 그리스도께서 가르치신 황금률의 확실한 일부다. 결론부터 말하자면, 그리스도의 황금률이 진정한 사랑의 계명이라는 점이 이 첫 낱말에서부터 드러난다.

'그러므로'의 중요성

그리스어 '운'의 쓰임새는 크게 세 가지다. 첫째, 말의 시간적 흐름을 이어준다. '그리고', '그런데', '그래서' 정도의 뜻으로, 영어로는 'then'에 해당한다. 둘째는 '그러므로'다. 영어로 'therefore'로서, 흐름을 이어준다는 점은 같지만 논리적 관계를 강조한다. 앞과 뒤가 원인과 결과로 이어져 있다는 뜻이니 '그러므로', '그러니', '따라서' 등으로 옮길 수 있다. 특히 조리 있는 논의 후 결론을 말할 때 이 표현이 종종 쓰인다. 셋째는 기타 용법으로, 말이 중단되었다가 본론으로 돌아가거나, 같은 말을 되풀이하여 참됨을 강조하거나, 우리말의 '에~'나 '또~'처럼 말을 부드럽게 만들 때 쓰인다.[2]

개혁자 칼뱅은 공관복음 주석에서 황금률의 '그러므로'를 아무 뜻도 없는 "쓸데없는" 말이라며 무시했다.[3] 산상수훈은 한 개의 말씀이 아니라 여러 말씀을 모은 것으로서 황금률을 담은 이 문장은 앞 내용과 아무 상관이 없는 것이라 하였으니, '운'을 '에'나 '또' 정도로 본 셈이다. 이 문장을 독립된 문장이라 본 이유는 황금률이 당시 두루 알려져 있던 속담이었기 때문이리라. 칼뱅의 주석을 영어로 번역한 프링글William Pringle은 각주에서 그리스 속담에는 아무 의미 없는 접속사가 서두에 붙어 있는 경우가 많다며 칼뱅의 견해를 두둔하고 있다.

칼뱅이 바로 본 것일까? 신약성경에 수백 번 나오는 '운'이 마태복음 5-7장의 산상수훈에는 황금률을 포함해 모두 열세 번 나오는데,[*] 전부가 두 번째 쓰임새, 곧 앞에서 말한 내용의 논리적 결론을 말하는 데 쓰이고 있다. 〈개역개정〉도 7장 11절 외에는 다 '그러므로'로 옮겼다. 논리적 연결 관계도 확실하다. 혹 겉으로 무관해 보이는 경우도 속으로는 논리적으로 이어져 있다. 이를테면 6장 9절의 "그러므로 너희는 이렇게 기도하라"는 말씀은 6장 5-8절에 나오는 내용의 결론으로 올바른 기도를 가르쳐 준다. 6장 31, 34절에 거푸 나오는 '운'은 하나님의 보호와 공

---

[*] 마5:19, 23, 48; 6:2, 8, 9, 22, 23, 31, 34; 7:11, 12, 24 등이다. 마태복음 6장 25절도 대개 '그러므로'로 옮기나 원문은 '운(οὖν)' 아닌 '디아 투토(διὰ τοῦτο)'다.

급이 있으니 걱정하지 말라 하신 것으로 황금률 전후 내용과 닮았다. 7장 24절은 산상수훈의 마지막 단락을 '그러므로'로 시작한다. 주신 말씀을 실천해야 할 당위성을 담은 말씀으로서 이론에서 실천으로 나아가는 진전이 있다. 칼뱅이 말한 것처럼 뜻 없이 사용된 '그러므로'는 적어도 산상수훈에는 단 하나도 없다.

그런데 황금률 직전에 나오는 7장 11절의 '그러므로'는 언뜻 보면 쓰임새가 좀 애매하다. 무엇과 무엇을 논리적으로 이어주는지 잘 드러나지 않으며, '운'의 다른 용법과도 잘 맞지 않다. 어쩌면 칼뱅이 이게 분명하지 않아 다음 절의 '그러므로'도 함께 무시했는지 모른다. 번역 성경도 마찬가지다. 대부분 7장 11절의 '운'을 아주 약하게 번역하고 있다. 라틴 불가타 및 불어*LSG*는 '그러므로*ergo, donc*'로 옮겼으나, 영어 번역은 대부분 'then' 정도로, 루터의 독어도 그와 비슷한 'nun'으로 옮겼다. 우리말 번역 〈개역개정〉, 〈공동번역〉, 〈표준새번역〉은 모두 이 낱말을 아예 생략해 버렸다.

왜 그랬을까? 문장 구조가 독특하기 때문이다. 마태복음 7장 11절은 그냥 '그러므로'가 아니라, '만약 그러므로에이 운(εἰ οὖν)'로 시작된다. 이런 문구로 시작되는 문장이 신약성경에 모두 17번[*] 나오는데, 모두 세 가지 공통점을 갖는다. 첫째, 두 문장을 하나로 이은 중문이다. 둘째, 앞 문장은 직전에 언급한 내용을 간략히 요약하며 재확인하고, 뒤 문장은 앞 문장에 이어지는 논리적 결과를 말한다.[4] 셋째, '만약'은 앞 문장에 걸려 '지금까지 말한 내용이 맞다면' 하는 뜻을 갖고, '그러므로'는 앞

---

[*] 마6:23b; 7:11; 22:45; 눅11:13; 11:36; 12:26; 16:11; 요13:14; 18:8; 행11:17; 19:38; 25:11; 빌2:1; 골3:1; 몬1:17; 히7:11; 8:4 등이다. 의문문이 9개, 평서문이 8개로 거의 비슷하다.

문장과 뒤 문장 사이에 걸려 두 문장을 원인과 결과로 이어준다.

'에이εἰ'는 가정법을 이끄는 접속사지만 직설법 동사와 결합할 때는 '정말… 이라면'의 뜻이 되어 사실성을 강조한다.[5] 일방적인 주장을 하는 대신 읽거나 듣는 사람의 동의를 구하는 기교다. 그래서 앞에서 말한 내용을 '에이'를 사용하여 먼저 요약, 확인한 다음 '그러므로' 하면서 뒤 문장으로 이어진다. 따라서 '그러므로'는 앞뒤 두 문장을 원인과 결과로 이어줄 뿐 아니라, 크게 볼 때 앞 문장이 요약하고 있는 이전의 내용 전체와 뒤 문장을 논리적으로 이어주는 역할도 동시에 한다. 마태복음 7장 11절의 앞 문장은 "너희가 악하면서도 너희 자녀들에게 좋은 선물들을 줄 줄 안다면"이다. 바로 앞 7장 9-10절에서 말씀하신 "너희도 자녀에게 떡과 생선을 주지 않느냐"는 내용을 재확인하신 것이다. 그런 다음 "그러므로" 다시 말해 "그렇다면 결과적으로" 하시고는 "하늘에 계신 너희 아버지께서는 당신에게 구하는 이들에게 좋은 것들을 얼마나 많이 주시겠느냐?" 하고 마무리하신다. 간단하게 "악한 너희도 준다. 그러므로 하나님은 더 주신다"로 줄일 수 있다.

산상수훈의 일부인 마태복음 6장 23절 후반절을 비롯하여 나머지 열여섯 구문을 분석해도 결과는 똑같다. '그러므로'의 쓰임새는 분명하다. 그런데도 번역에는 잘 등장하지 않는 이유는 무엇일까? 두 가지 이유를 생각할 수 있다. 우선 '만약 그러므로'라는 구문 자체가 독특하여 둘을 나란히 번역해 놓으면 다소 어색한 문장이 된다. 또 이전의 내용을 앞 문장이 이미 반복하고 있어서 굳이 '그러므로'를 넣지 않아도 따지고 들어가면 앞뒤 문장이 원인과 결과로 이어진다는 사실이 드러나기 때문이다. 그렇지만 번역에서 '그러므로'를 누락시킴으로써 이런 연결

관계가 무시되고, 또 뒤 문장이 앞 문장뿐 아니라 그 이전의 내용까지 논리적으로 이어주고 있다는 사실도 드러나지 않는 아쉬움이 있다. 따라서 우리말로 옮길 때 '그러므로'를 넣어 "그러므로 만약 너희가 악하면서도 너희 자녀들에게 좋은 선물들을 줄 줄 안다면"으로 옮긴다면 약간의 어색함은 있으나 원문의 뜻을 최대한 잘 살리는 방법이 될 것이다.

칼뱅의 영향인지 아니면 바로 앞의 7장 11절 때문인지 황금률의 '그러므로' 역시 번역에서 별 관심을 받지 못하고 있다. 영어 번역은 〈킹 제임스〉와 〈새 미국 표준역NASB(New American Standard Bible)〉만 '그러므로 therefore'로 옮겼고, 나머지는 'So'RSV(Revised Standard Version), NIV 정도로 옮겼다. So는 '그러므로'의 뜻도 물론 가능하지만, 앞뒤 연결이 약하고 문두에 나오면 '자~' 하는 감탄사 정도로 그칠 수 있다. 앞 절의 '운'을 '그러므로'로 분명하게 옮겼던 불어도 여기서는 아예 그 말을 생략해 버렸고, 독어는 앞 절과 같이 여기서도 'nun'으로 옮겼다. 한글 가운데 〈공동번역〉은 이 말을 생략했는데, 〈개역개정〉과 〈표준새번역〉과 〈새번역〉은 '그러므로'라고 분명하게 옮기고 있다.

황금률의 첫 낱말을 의미 없는 접속사로 보는 역자 프링글의 설명은 설득력이 없다. 보기로 든 그리스 속담들처럼 그런 접속사를 가진 것들도 물론 있지만, 동서고금의 황금률 공식 가운데는 '그러므로'라는 접속사를 가진 경우가 단 한 번도 없기 때문이다. 따라서 '그러므로'라는 접속사는 마태복음의 저자인 마태가 기록한 낱말임이 분명하다. 그렇다면 산상수훈이 여러 개의 말씀을 한 데 모은 것이라는 칼뱅의 주장을 혹 수용해도 그 여러 말씀을 짜임새 있는 덩어리로 엮어 전하는 마태의 의도까지 무시하는 것은 옳지 않다. 마태가 황금률 직전의 말씀과 황금률을 '그러므로'라는 접속사로 연결하였다면 그 낱말 역시 주님의 의중을 담은 중요한 요소가 되어야 마땅하다. 산상수훈에 나오는 '그러므로'는 하나도 빠짐없이 분명한 뜻이 있다. 모두 앞뒤를 원인과 결과로 이어주고 있다. 따라서 황금률의 '그러므로'가 단 하나의 예외가 되어야 할 이유는 없다.

이와 함께 고려해야 할 한 가지는 황금률이 서술문 아닌 명령문이라는 점이다. 어떤 명령을 내리기 전에 '그러므로'라고 한다면, 그건 아무 뜻이 없는 말이거나 그저 문장을 부드럽게 하는 낱말일 수가 없다. 사실 산상수훈에 나오는 '그러므로' 가운데 반 이상이 명령문으로 이어진다. '그러므로' 하신 다음 '해라!' 하는 명령을 주셨다면, '그러므로' 앞에 나오는 내용은 그 명령을 실천할 근거나 이유 또는 원동력이 된다. 속담의 하나로 치부하거나 독립된 문장이라 속단하고 무시해 버릴 것이 아니라, 본문에 적힌 그대로 '그러므로'로 정확하게 옮긴 다음 앞에 나오는 무엇과 연결되는지 그 점을 따져 보는 게 바른 순서다. 황금률이 산상수훈의 결론이라는 점과 명령문으로 되어 있다는 사실을 고려할 때 '운'을 무시하는 일은 황금률의 참뜻을 보지 못하게 만드는 결정적인 잘못이 된다.

'그러므로'의

쓰임새

마태복음의 황금률이 '그러므로'를 통해 앞 내용과 이어진다면 생각해 볼 경우의 수는 세 가지다.[6] 첫째, 황금률이 산상수훈 전체의 결론이라면 지금까지 말씀하신 내용 전체가 황금률을 실천할 이유가 된다.[7] 그 경우 '그러므로'는 산상수훈 전체, 특히 거기 등장하는 여러 약속을 황금률 실천의 근거로 제공한다. 둘째, 황금률의 '그러므로'가 조금 앞에 나오는 7장 1-6절의 내용을 받는다고 보는 견해가 있다. 황금률 직전에 나오는 하나님의 약속에 대한 말씀은 일종의 삽입구로 보아 건너뛰고 판단 받지 않으려면 판단하지 말아야 하므로 황금률을 실천해야 한다는 뜻으로 푼다. 셋째는, '그러므로'가 바로 앞의 내용, 곧 구하면 주실 것이라는 7장 7-11절의 약속과 이어져 있다고 보는 관점이다. 하나님 아버지께서 구하는 모두에게 좋은 것을 주실 것이므로 너희는 사람들에게 황금률을 실천하라는 말씀이 된다.

첫 견해는 황금률이 산상수훈 전체의 결론이라는 것인데, 산상수훈이 사실상 성경 전체를 요약하는 말씀이라 본다면 황금률은 결국 성경 전체의 결론이 되는 셈이다. 황금률 직후 "이것이 바로 성경이다" 하고 덧붙이셨으니 당연한 말씀인데, 그 경우 '그러므로'는 성경 전체의 메시지를 황금률을 실천할 근거로 제시한다. 성경 전체가 말하는 하나님의 사랑과 우리가 실천해야 할 황금률을 연결하는 말씀이다. 그렇다면 황금률은 "하나님이 우리를 사랑하셨으니 우리도 서로 사랑해야 한다"는 말씀의 또 다른 표현인 셈이다. 이 견해는 세 번째 견해를 파고들 때 마지막에 도달하게 될 결론이기도 하다.

두 번째 것은 『산상수훈 강해설교』에 나오는 마틴 로이드 존스D. Martyn Lloyd-Jones, 1899-1981의 견해다.[8] 로이드 존스는 '그러므로'라는 낱말을 중요하게 다룬다. 칼뱅을 의식해서인지 이 구절이 독립구가 아니라 앞 내용과 이어져 있음을 거듭 강조한다. 그런데 황금률이 "사람들에 대한 우리의 판단"을 계속 다루고 있기에 '그러므로' 역시 그 주제를 다룬 7장 1-6절의 내용에 이어진다고 본다. 7장 7-11절은 일종의 삽입구로서 황금률을 잘 실천하게 해 주는 은혜를 언급한다고 본다. 로이드존스의 말대로라면 7장 1-6절은 주로 상대성, 상호성 차원의 내용을 다룬다. 나와 형제를 동등한 위치에 두고 형제에게 적용하는 기준을 나자신에게 먼저 적용해야 한다는 가르침이다. 상호성을 골자로 하는 일반 황금률과 잘 통하는 말씀이다. 이런 가르침 후에 "그러므로" 한 다음 "남에게 기대하는 바를 너희가 먼저 실천하라" 하셨다는 것이다.

로이드 존스의 이 관점에는 두 가지 문제가 있다. 첫째는 산상수훈의 일관성 문제다. 로이드 존스는 산상수훈이 "논리적 순서"를 갖춘 잘 짜인 말씀이라고 본다.[9] 그런데 황금률이 그 앞에 나오는 상호성 차원의 가르침을 잇는 것이라면 산상수훈의 전체 구조가 허물어지고 만다. 예수께서는 산상수훈 중간 부분에서 상호성은 이방인이나 세리도 알고 실천하는 원리라 하시면서 그리스도인은 그걸 뛰어넘어야 한다고 누누이 강조하셨다마5:38-48. 그 정도로는 안 된다고 여러 차례 말씀하셨으면서 마지막에 가서 그걸 산상수훈 전체의 결론으로 다시금 주셨다는 것은 말이 안 된다.* 주님의 황금률도 일반 황금률처럼 상호성 차원의 가르침으로 결론 날 뿐 아니라, '그러므로' 역시 논리적 인과관계가 아닌 그저 같은 내용을 요약해 되풀이하는 차원의 낱말이 되고 만다. 그게 곧 성경이라 하셨으니 성경 전체의 내용 역시 상호성을 넘지 못한다는 뜻이 되고 만다.

두 번째 문제는 로이드 존스의 접근 방식이다. '그러므로'가 황금률

---

* 로이드 존스는 마태복음 7장의 내적 통일성에 집중하다가 정작 산상수훈 전체의 통일성은 놓치고 있다. Lloyd-Jones, *Studies*, Vol 2, 206.

을 이전의 내용과 이어준다고 보면서도 바로 앞에 나오는 내용을 건너뛰고 더 앞에 있는 내용에 연결한 점에서 로이드 존스가 이미 황금률이 상호성에 관한 가르침이라 전제하고 있음이 드러난다. 로이드 존스는 황금률을 처지를 바꿔 생각하여 남을 이해하는 원리로 본다.[10] 황금률은 이웃 사랑 명령을 순종하는 '방법'이다. 다른 사람의 가축이 길 잃은 걸 보면 내가 그 사람 자리에 서서 생각하고는 잘 거두어 돌려 주어야 한다는 식이다. 황금률을 그런 상호성 규칙으로 보고 판단하지 말라는 말씀도 상호성에 대한 말씀으로 보았기에 이 둘을 자연스레 연결한 것이리라. 여기서 로이드 존스는 성경을 성경으로 풀어 황금률의 참뜻을 찾기보다 이미 상식으로 알고 있던 황금률로 성경을 해석하고 있다. 성경으로 상식을 바로잡는 게 아니라 거꾸로 상식으로 성경을 풀려 한 셈이다.

성경 전권을 주석한 것으로 유명한 매튜 헨리Matthew Henry, 1662-1714도 같은 생각이다. '그러므로'의 전제는 7장 1-11절 전부라 하면서도 직접 연결되는 부분은 로이드 존스처럼 판단 문제를 다루는 전반부라고 본다. 그래서 황금률의 뜻도 "다른 사람이 나를 어떻게 보아주기를 바라는지 그걸 기준으로 나도 남을 보아야 한다"고 풀었다.[11] 그렇게 보면 황금률은 앞 내용의 요약에 지나지 않고, '그러므로' 역시 논리적 발전은 없이 그저 요약 정도로 그칠 것이다. 헨리는 로이드 존스와 달리 후반부인 7장 7-11절의 내용도 누가복음 황금률인 6장 31절 직전에 나오는 내용과 합쳐 황금률에 일단 연결은 한다. 우리가 이웃에게 정직하지 않고 다정하지 않으며 살갑지 않다면, 하나님께서도 우리에게 좋은 것들을 주시지 않을 거라는 설명이다. 하지만 그건 산상수훈 초반에 기도를 가르치시면서 이미 말씀하신 내용이다마6:14-15. 황금률에서는 조건 '없이' 기도를 들어주시는 하나님을 먼저 말하고 있으므로 이웃을 향한 우리의 태도가 하나님의 기도 응답과 연결되어 있지 않다. 따라서 '그러므로'를 7장 전반부에 연결해 황금률을 상호성 윤리로 보려는 헨리의 시도 역시 성경 본문의 지지를 받지 못한다. 로이드 존스나 헨리의 이 두 번째 관점은 황금률을 우리가 상식으로 알고 있는 속담으로 보고 그 전제 위에서 '그러므로'의 뜻을 풀려고 시도한 경우다.

세 번째 경우는 이와 달리 황금률의 '그러므로'를 그 직전에 나오는 내용과 연결하는 관점이다.[12] 일단 가장 자연스러운 접근이다. 산상수훈을 비롯하여 마태복음 전체를 짜임새 있는 글로 엮어준 마태의 의도를 생각할 때도 그렇지만, 전후 문맥을 볼 때도 그렇게 보는 것이 가장 타당하다. 이 경우 '그러므로'는 앞뒤 내용을 명확하게 원인과 결과로 이어준다. 원인은 기도를 들으시는 하나님이다. 결과는 내가 사람들에게 기대하는 바를 그들에게 실천하라는 명령이다. 하나님께서는 너희가 구하면 다 들어 주신다. 그러므로 너희는 그 점을 잊지 말고 너희가 사람들이 너희에게 해 주었으면 하는 것을 그들에게 해 주어야 한다. 앞뒤를 뒤집으면 원인과 결과가 바뀌므로 "그러므로"가 "왜냐하면"이 된다. 너희는 너희가 사람들이 너희에게 해 주었으면 하고 바라는 것을 그들에게 해 주어야 한다. 왜냐하면 너희가 구하는 것은 뭐든지 하나님께서 다 들어주실 것이기 때문이다. 내 기대는 하나님께서 다 들어주신다. 따라서 난 그 기대를 갖고 사람들에게 다가가야 한다.

황금의 입 크리소스토무스는 황금률에 담긴 '그러므로'를 중요하게 여긴다.[13] 황금률 직전에 나오는 기도에 대한 말씀과 황금률을 논리적으로 연결하는 낱말이다. 이 연결어에 숨은 뜻은 "너희가 기도 응답을 기대한다면 사람들에게 기대하는 바를 그들에게 해 주어라"는 뜻이다. 사실 황금률 직전의 구절에서는 기도에 대한 무조건적 응답을 말씀하셨기 때문에 황금률을 조건으로 내거는 것은 본문의 취지와 맞지 않다. 하지만 '그러므로'의 중요성을 인식한 점과 그 낱말을 통해 내가 하나님께 기대하는 바와 사람들에게 해 주는 바를 서로 연결한 점은 정확한 통찰이다. 다만 이 놀라운 것들은 "모두가 금방 아는" 것이라 하였으니, 황금률을 자연법으로 본 관점에서는 여전히 헤어나지 못하고 있다.[14]

7장 초두에 상호성인 듯한 가르침이 다시 나온다. 판단하지 않아야 판단 받지 않는다 하셨으니 나와 남을 동등하게 대하는 태도처럼 보인다. 그렇지만 6장 후반부에서 우리의 필요를 채우시는 하나님을 말했다. 따라서 여기서도 판단하는 내가 남의 판단이 아닌 하나님의 판단을 받는다는 뜻이 되어 논리적 발전이 있다. 또 상호성을 넘어 성도들 사이의 연합을 위한 지침이다. 그런 다음 후히 주시는 하나님 아버지를 언급한다. 사람 아버지도 자식에게는 좋은 것을 준다. 나쁜 아버지라도 그렇다. 그런데 우리 하나님은 하늘에 계시는 참으로 좋으신 아버지가 아니시냐! 그러므로 우리는 황금률을 실천해야 한다. 그러므로 7장 7-11절은 로이드 존스의 말대로 황금률을 실천하게 돕는 힘일 뿐 아니라 실천해야 할 논리적 근거, 특히 상호성 차원을 뛰어넘게 하는 결정적인 근거가 된다. 하나님 아버지의 무한한 사랑, 그게 있어 우리는 더 나아갈 수 있다.

황금률에 나오는 가르침이 세 번째 관점대로 '그러므로'를 통해 바로 앞 내용과 이어져 있다면 원인과 결과로 연결할 수 있는 조합이 또 세 가지 있다. 첫째는 하나님 우리 아버지가 계시니 걱정 말고 이웃에게 해 주라는 뜻이다. 하나님의 구원과 보살피심이 황금률 실천의 근거와 동력이 되는 셈이다. 하나님께서는 사랑으로 우리를 구원하셨고, 구원받은 우리에게는 언제나 가장 좋은 것을 주시는 분이다롬8:28. 우리를 구원하신 하나님은 온 우주를 창조하시고 오늘도 다스리시는 전능하신 주권자다. 황금률 직전의 내용이 그 약속을 확인한다. 우리는 구원의 은혜를 통해 하나님을 아버지로 모시는 복을 누린다. 구하는 모두에게 좋은 것을 주시는 그분을 아버지로 모셨으니, 우리는 아무것도 걱정하지 말고 우리가 바라는 그걸 오히려 사람들에게 해 주라는 뜻이다. 자식은 "구하는 자들"이다마7:11. 땅의 아버지도 자식에게는 좋은 것을 주는데, 하늘 아버지야 말해 무엇 하랴. 우리를 구원하신 하나님의 은혜는 황금률 실천의 동기요, 원동력이요, 당위성이다.

산상수훈 앞쪽에서도 이미 가르치셨다. 먹을 것, 마실 것, 입을 것 모두 구하지 않아도 다 알고 주실 것이니 너희는 하나님의 나라와 의만 구하라 하셨다마6:30. 하나님의 나라와 의를 구하는 것이 곧 황금률을 실천하는 것이다. 초대교회의 문서『디다케』도 누가복음 6장 30절처럼 달라는 이에게 주고 가져가는 이에게 내놓으라 하지 말 이유가 바로 하나님께서 구하는 자에게 얼마든지 복을 주실 것이기 때문이라 하였다.[15] 자식이 '달라' 하면 아버지는 '좋은 것'을 주신다. 구원의 은혜는 모든 것을 주시는 은혜로 이어진다. 독생자까지 아끼지 않고 주신 하나님이 무엇이 아까워 안 주시겠는가롬8:32! 사람 아버지의 경우 떡과 생선을 보기로 드셨으니 기본적인 필요도 당연히 포함된다. 자녀의 특권이 너무나 당연한데도 그걸 모르고 있어, 주님께서는 "하물며 너희일까 보냐, 믿음이 작은 자들아!" 하며 답답해 하셨다마6:30.[*]

둘째는 아버지를 본받으라는 말씀이다. 하늘 아버지가 너희에게 무제한의 공급을 베풀어 주시니 너희도 그대로 따라 하라는 뜻이다. 누가 아들인가? 아버지의 보호와 사랑을 받는 자가 아들이요, 또 그런 아버지를 닮는 자가 아들이다. 주님께서도 아들로서 아버지의 일을 계승하신다면서 "아버지가 하시는 그것을 아들도 그대로 하느니라" 하셨다요5:17-19. 여기서 "그대로"는 누가복음 황금률과 같이 '호모이오스ὁμοίως'여서 뜻도 잘 통한다. 디모데도 바울의 일을 이어받았기에 바울의 아들이 되었다빌2:22. 주님께서는 산상수훈 앞부분에서 평화를 꾀하는 사람은 하나님의 자녀라고 이미 말씀하셨다마5:9. 하늘에 계시는 우리 아버지가 완전하신 것처럼 자녀 된 우리도 완전해야 한다고 명령하셨다마5:45-48. 그 부전자전을 마지막 황금률에서는 '주는 것'으로 압축하신다. "너희 아버지는 자녀에게 다 주시는 분이시니 자녀 된 너희도 사람들에게 다 주어라." 바울도 같은 가르침을 준다.

> "그러므로 여러분은 사랑받는 자녀들로 하나님의 모방자들이 되십시오."_엡5:1

---

[*] 과거 〈개역한글〉은 믿음이 "적은"으로 되어 있었으나 〈개역개정〉은 "작은"으로 바로잡았다. 이 차이에 대해서는 필자의 책 『질그릇에 담은 보배』, 75-81쪽을 보라.

아버지가 자녀에게 주시는 것은 모두 사랑이다. 우리는 다 사랑받는 자녀다. 그런데 자녀가 따라 할 수 있도록 본을 보여주시는 것 역시 사랑이다요5:20. 그런 이중의 사랑을 우리는 받았다. 하나님의 자녀라면 아버지처럼 다 주는 사랑을 실천해야 한다. 공평, 정의의 원칙을 넘어 하늘 아버지처럼 완전하게 되어야 한다.

로이드 존스는 "그러므로"가 직전의 내용과 연결되지 않는다 하면서도 구하면 주시는 하나님 아버지에 대한 말씀은 우리가 따라 해야 할 보기라고 잘 설명했다. 하나님께서 우리에게 아낌없이 주시듯 우리도 그렇게 주는 사람이 되어야 한다는 말이다.[16] 하나님의 자녀가 된 것이 황금률 실천의 원동력이라면, 아버지를 본받는 것은 황금률 실천의 올바른 방향을 보여주는 셈이다. 마이어는 황금률이 하나님을 직접 가리키지 않는다 했다. 맞다. 주님께서는 하나님을 직접 언급하시지 않는다. 하지만 "암시하지도 않는다"는 말은 틀렸다.[17] 직접 언급은 없어도 황금률 전체가 자녀에게 모든 것을 주시는 하나님의 사랑을 배경으로 하고 있다.

세 번째 가능성은 새로운 것이 아니고 그냥 첫 두 경우를 합친 것이다. 하나님께서 우리에게 주시는 모든 것을 우리는 사람들에게 주어야 한다는 것이다. 하나님 아버지께서 우리에게 필요한 모든 것을 주시고 우리 역시 아버지의 자녀로서 사람들에게 다 주어야 하므로 우리가 사람들에게 기대하는 모든 것을 사람들에게 해 주어야 한다는 말씀이다. 이렇게 둘을 합치면 수직과 수평이 만난다. 하나님과 우리 사이의 수직관계가 '그러므로'라는 접속사를 통해 우리와 사람들 사이의 수평관계로 이어진다. 사람들에게 기대하는 바를 뒤집어 사람들에게 해 주는 방

Bjergprædiken(산상수훈, The Sermon on the Mount)

덴마크의 화가 카를 블로흐(Carl Bloch, 1834-1890)의 1877년 작품으로 제목은 덴마크어로 'Bjergprædiken'(산상수훈)이며, 덴마크 프레데릭스보르 궁(Frederiksborg Slot) 국립역사박물관에 소장되어 있다.

많은 사람이 산에 모여 주님 말씀을 들었다. 흩어진 여러 일상의 도구가 이들이 말씀에 집중하고 있음을 보여준다. 손으로 모아 간절함을 나타내는 이들이 있는가 하면 미심쩍어하는 이들도 있다. 왼쪽의 소녀는 여인의 베일에 앉은 나비와 장난을 치고 있다. 말씀과 자연이 그렇게 만난다. 바로 여기서 주님은 황금률을 당신 말씀의 결론으로 들려주셨다. "그러므로 무엇이든지…."

블로흐의 팬이었던 동화 작가 안데르센은 블로크의 작품이 "영원으로 가는 야곱의 사닥다리에 한 단을 더 보탠 것"이라 했다. 블로흐의 작품은 몰몬교가 거의 독점하다시피 사용하지만 블로흐는 몰몬교와 아무 상관이 없다.

_출처: Wikimedia Commons.

향 전환이 주님의 황금률에서는 하나님과 나 사이의 수직관계를 통해 가능해진다.

수평과 수직의 공존을 염두에 둔다면, 그리스도께서 가르치신 황금률에는 일반 황금률의 상호성과는 다른 독특한 역학이 담겨 있다고 볼 수 있다. 우선 기본 구도는 같다. 일반 황금률과 마찬가지로 내가 사람들에게 기대하는 그것을 거꾸로 내가 사람들에게 해 준다. 모든 것은 여전히 나를 중심으로 돌아간다. 나의 기대, 나의 요구를 바탕으로 상호성이 확보된다. 거기다가 내가 사람들이 바라는 것이 아니라 내가 바라는 것을 사람들에게 하듯, 하나님께서도 내가 바라는 것이 아닌 하나님 당신이 원하시는 것을 내게 주신다. 그런 점에서는 수평과 수직이 잘 통한다. 그런데 내가 사람들에게 기대하는 바를 실제로 주시는 분은 하나님이시라는 점에서 이 상호성에 변화가 생긴다. 하나님께 구하고 하나님께 받는다. 그러니 사실은 내가 사람들 아닌 하나님께 기대하는 바를 사람들에게 해 주는 셈이다. 바라기는 위로 하나님께 바라고 실천하기는 옆으로 사람들에게 실천한다. 따라서 일반 황금률의 상호성 대신 주님의 황금률에 담긴 것은 하나님을 향한 기대와 이웃을 향한 실천 사이의 균형이다.

그런데 '그러므로'는 우리가 아버지께 이미 받았음을 전제한다. 구하기 전에 이미 넘치도록 받았다. 구원의 은혜요, 돌보시는 은혜다. 따라서 우리는 하나님께 먼저 받고 사람들에게 주는 것이므로 기도와 실천 사이의 균형이 아니라 받은 은혜와 그 은혜의 힘으로 실천하는 의무 사이의 균형이 필요하다. 성경에는 마치 주님께서 우리의 행동을 조건으로 삼아 은혜를 주시는 듯한 표현이 많이 나온다. 산상수훈의 시작 부분인 팔복부터 그렇다. 우리가 남을 불쌍히 여겨야 하나님께서도 우리를 불쌍히 여기실 것이라는 말씀처럼 들린다마5:7. 기도를 가르치실 때도 우리가 먼저 사람들의 잘못을 용서하지 않으면 하나님께서도 우리 잘못을 용서하지 않으실 것이라 하셨다마6:14-15. 그렇지만 성경은 사랑의 하나님을 가르친다. 우리를 사랑하셔서 독생자를 보내신 하나님의 은혜를 생각할 때, 주님의 이 말씀은 그 은혜를 받지 못한 이들의 열매 없는 삶을 두고 하시는 말씀이다. 수직이 먼저 있어야 수평도 가능하다. 그게 복음이다. 주님께서 먼저 우리를 사랑하셨기에 우리도 서로 사랑할 수 있다. 하나님의 은혜가 먼저 있지 않으면 그 이후에는 아무 것도 있을 수 없다.

'왜냐하면'도
같다

그런데 누가복음 황금률에는 '그러므로'가 없다. 마태복음에서는 산상수훈의 결론으로 나오는 황금률이 누가복음에서는 황금률의 적용이라 할 수 있는 여러 명령 한가운데 등장한다. 원수를 사랑해라. 미워하는 이들에게 잘해 주어라. 저주하는 이들을 축복하고 욕하는 이들을 위해 기도해라. 뺨을 때리면 다른 뺨도 대주고, 겉옷을 빼앗으려 하면 속옷도 주고, 달라 하는 모든 이에게 주고 내놓으라 하지 마라눅6:27-30. 그런 다음 황금률을 말씀하신다.

"그리고 너희가 사람들이 너희에게 하기 바라는 그대로 너희도 그들에게 똑같이 해라."_눅6:31

앞서 주신 말씀이 다 황금률 실천의 보기라는 뜻이다. 구약 레위기에서 "네 이웃을 너처럼 사랑하라"는 말씀을 주실 때와 정황이 거의 같다레19:9-18. 원수를 갚지 않고 동포를 원망하지 않는 그게 바로 이웃을 나처럼 사랑하는 일이다. 일반 황금률이나 정언명령은 구체적인 보기를 찾기가 극히 어려운데, 주님의 황금률은 구약처럼 실제적인 보기가 많다. 평지설교에서 주님께서는 황금률 직후 황금률이 뛰어넘어야 할 상호성 윤리를 몇 가지 언급하신 다음, 그런 사랑을 먼저 실천하신 하나님을 "너희 아버지"라 부르신다눅6:35-36. 은혜를 모르는 자에게도 자비로우신 그분이 너희 아버지시니 너희가 받은 복은 얼마나 더 크겠느냐 하시는 뜻이다. 마태가 좋으신 아버지를 먼저 말한 다음 '그러므로' 황금률을 실천하라 했다면, 누가는 황금률을 실천하라 한 다음 '왜냐하면' 좋으신 아버지가 계시기 때문이라 말한 것이다.

우리가 사람들에게 기대하는 바를 그들에게 해 주어야 하는 이유는 하나님께서 먼저 우리에게 주고자 하시는 은혜를 주셨기 때문이다. 내 행위가 조건이 될 수 없다. 하나님께서 주시는 구원에는 내 행위가 공로가 되어 낄 자리가 눈곱만큼도 없다. 매튜 헨리는 이 점에서도 본문을 오해하고 있다. 내가 사람들에게 주지 않는다면 나 또한 하나님께 기대하기 어렵다 했고, 우리의 용서가 하나님의 용서로 이어진다고 결론지었다.[18] 하지만 본문은 수직과 수평을 '그러므로'로 연결한다. 넘치게 주시는 아버지를 둔 자녀의 의무에 대해 말하고 있지, 그 의무가 부자 관계의 조건이 된다는 것은 낌새도 주지 않는다. 헨리의 관점은 주님의 황금률에 일반 황금률의 상호성을 그대로 대입하는 것과 같다. 내가 사람들에게 하는 그대로 하나님께서도 나한테 하실 것이라는 적용이다. 그 경우 내가 사람들을 대하는 그대로 대우받을 것이라는 힌두교의 카르마 사상과 닮았다는 주장도 가능할 것이다.[19] 그렇지만 주님의 황금률은 '그러므로'로 시작된다. 은혜가 아니면 아무런 의미가 없는 것이 주님의 황금률이다.

마태의 황금률은 '그러므로' 지켜야 한다. 우리가 이미 하나님의 자녀가 되었으니, 또 구하는 대로 주시는 아버지가 계시니 순종해야 한다. 누가는 방향을 뒤집었다. 우리는 황금률을 지킨다. 왜냐하면 하나님의 자녀가 되었기 '때문'이다.[20] 그래서 마태와 누가는 함께 황금률을 실천하는 일을 우리가 하나님의 자녀가 된 것과 연결한다. 우리가 황금률을 실천해 상호성 윤리를 뛰어넘으면 "가장 높으신 분", 곧 "너희 아버지"의 자녀가 될 것이라 한다눅6:35-36. 마태도 앞에서 누가가 황금률 실천의 구체적 보기로 언급한 것들을 열거한 다음, 그렇게 하면 "하늘에 계시는 너희 아버지의 자녀가 될 것이다" 하였다마5:45. 결국 누가의 황금률도 '그러므로'라는 말만 없을 뿐 뜻은 고스란히 담겨 있다. 물론 우리가 하는 그것이 무슨 공로나 조건이 되는 줄로 착각해서는 안 된다.

'그러므로'의 삶

'그러므로'에 담긴 세 가지 뜻을 종합하면 그게 바로 산상수훈 전체의 교훈이요, 성경 전체의 가르침이 된다. 그러니 황금률의 '그러므로'는 우리 구원에 포함된 모든 복을 한꺼번에 담은 귀한 낱말이다. 우리는 하나님의 구원의 은혜를 입어 하나님의 자녀가 되었다. 하늘에 계시는 하나님이 우리 아버지시다. 그 아버지는 우리가 원하는 것과 우리에게 필요한 것을 우리가 구하기도 전에 다 주시는 좋은 아버지

로서 우리가 아버지를 닮은 아들딸이 되기를 바라신다. 사람들을 향해
기대하는 것이 있으면 아버지만 바라보고 사람들에게는 그냥 다 주라
하셨다. 거저 받았으니 거저 준다마10:8. 은혜를 주셨으니 우리는 할 수
있고 또 해야 한다. 그렇게 함으로써 우리는 또 하나님의 자녀가 되고
은혜를 누린다.[*]

이런 '그러므로'는 구약에도 이미 나온다. 하나님께서는 이스라엘
백성에게 가난한 자를 도우라 명령하실 때, 이집트에서 건지신 구원의
은혜와 생업에서 베푸신 은혜를 기억하고 "야웨께서 복 주신 대로 주
라" 명령하신다신15:14-15. 내가 먼저 이웃을 사랑해야 하나님께서도 나를
사랑하실 것처럼 말씀하시는 내용 한가운데 이렇게 하나님께서 먼저
주신 은혜가 하나님 백성의 삶의 출발점임을 일찍부터 적어 놓으신 것
이다.[**]

그러므로 황금률의 '그러므로'는 바울 서신에 자주 등장하는 바로 그
'그러므로'와 통한다. 바울은 하나님의 은혜를 설명한 다음, '그러므로'
하고는 그 은혜를 입은 사람들이 마땅히 해야 할 바를 가르친다. 교리
를 설명한 다음, 그 교리에 맞는 실천 사항을 말할 때도 '그러므로' 하고
시작한다엡4:1; 5:1; 빌2:1; 4:1; 골3:1. 가장 대표적인 것이 로마서 12장 1절이다.

> "그러므로 형제들이여, 하나님의 자비에 의지해 내가 그대들을 권합
> 니다. 그대들의 몸을 하나님이 기뻐하시는 거룩한 산 제물로, 곧 그

---

[*] 필자의 신학대학원 스승이신 고 오병세 교수는 생전에 『그러므로의 생애』(1980)라는 설교집을 냈다. 제목
하나가 오랜 울림을 남긴다.

[**] 딜은 이 구절을 구약의 황금률로 본다. Dihle, *GR*, 82를 보라.

대들의 올바른 예배로 드리십시오."

아들을 보내어 우리를 건지신 하나님의 사랑에 대해 열한 장에 걸쳐 길게 설명한 바울은 "그러므로" 한 다음 우리도 그 하나님을 사랑해야 한다고 명령한다. 황금률도 명령문이다. 실천이다. 명령을 주시기 전에 그 명령을 지켜야 할 이유, 지킬 수 있는 근거를 설명해 주신 다음 "그러므로" 하고는 행동하라 하신다. 그저 결론이 아니라, 지금까지 설명한 내용에 근거한 논리적이요 필연적인 결론이다. 그런 점에서 황금률의 첫 낱말인 '그러므로'는 성경 다른 곳에서 '~같이' 또는 '~처럼'으로 번역된 구절과 뜻이 통한다.

"새 계명을 너희에게 준다. 서로 사랑해라. 내가 너희를 사랑한 것처럼 너희도 서로 사랑해라."_요13:34

"그리스도께서 그대들을 사랑하신 것처럼 그대들도 사랑으로 행하십시오."_엡5:2

사실 일방통행이다. 상호성의 모양을 한 일방통행이다. 위에서 아래로 나에게 내려오고, 그것이 다시 이웃에게 흘러간다. 겉모양은 닮았지만 역학은 전혀 다르다. 주님께서는 황금률 구도를 사용하심으로써 우리가 받은 은혜의 새로운 차원을 우리에게 일깨우신 셈이다.

주님의 사랑이 먼저 있었다. 그러므로 우리도 사랑한다. 그게 바로 황금률이다. 그리스도께서 가르치신 황금률을 일반 황금률과 다르게 만드는 첫 요소는 믿음이다.[21] 그리스도를 구주로 믿는 믿음, 독생자를 구세주로 보내신 사랑의 하나님을 믿는 믿음이다. 교리와 실천, 따지고 보면 간단하다. 주 예수께서 우리를 사랑하셨다는 것이 믿을 교리요, 우리도 주님을 본받아 사랑해야 한다는 것이 실천 사항이다요일3:23. 요한복음 3장 16절과 요한일서 3장 16절의 결합이다. 크리소스토무스는 주님께서 우리를 사랑하신 것과 우리가 서로 사랑해야 할 것이 서로 "사슬처럼" 이어져 있다 하였다.[22] 그렇기에 하나님의 사랑에 대한 깨달음은 언제나 우리에게 '당위', 곧 '마땅함'의 명령을 부과한다.

그리스도 황금률의 첫 낱말 '그러므로'는 그리스도께서 주신 황금률이 사람이면 누구나 생각할 수 있는 상호성 차원의 황금률과 다른 것임을 분명히 보여준다. 구성하는 문구는 비슷한 구조로 되어 있다. 그러나 거기 담긴 뜻은 다르다. 하나님의 구원의 은혜다. 하나님의 자녀 자격으로 시작한다. '그러므로'를 아는 이들에게 주신 명령이다. 그저 싸우지 말고 사이좋게 잘 지내자는 차원이 아니다. 새롭다. 생명이요 구원이다. 질그릇에 담으신 보배다. 인도에서 시작된 종교는 황금률을 지켜 구원을 얻으라 권한다. 이슬람도 황금률을 지켜 그 공로로 천국에 가라 명령한다. 그런 흐름이 교회에 스며들어 요즘 황금률을 지켜 '축복'을 받아 보겠다는 이들도 있다. 하지만 그리스도의 황금률은 은혜에서 시작한다. 이 은혜가 있기에 그리스도의 황금률은 보배다. 은혜를 받은 이들은 첫 낱말에서부터 질그릇에 담긴 이 보배를 본다.

개혁자 루터는 안타깝게도 황금률에서 은혜를 보지 못했다. 1530년에 황금률을 주제로 한 설교에서는 황금률은 하나님의 은혜에 대해서는 전혀 말하지 않는다고 단언했다.[23] 이전에 황금률을 이웃에게 좋은 것을 주고 남의 유익을 구하라는 명령으로 풀 때는 우리가 바라고 구하는 것은 주님께서 이미 다 주셨기 때문이라 하지 않았나?[24] 아마도 루터는 그 은혜가 '그러므로'라는 파이프를 통해 황금률까지 흐르고 있음은 생각지 못했던 것 같다. 평생을 그토록 사랑했던 황금률이고 주님의 생애와 사역으로 뒷받침된 귀한 가르침이라고 정확하게 가르쳤으면서도 황금률의 참뜻에 대해서 정의와 사랑 사이를 오락가락한 이유가 아마도 황금률의 출발점이 은혜라는 점을 생각지 않았기 때문일지 모르겠다. 결국 루터가 '그러므로'를 "그러므로darum"로 옮기지 못하고 "이제nun"로 옮긴 것은 생각보다 큰 문제였던 셈이다.

2

너희: 황금률 실천의 주역

그리스도께서는 황금률을 '너희'에게 주셨다. 마태복음의 황금률 원문에는 '너희'라는 이인칭 대명사가 두 번 나온다. 하나는 목적어'너희에게', 하나는 주어'너희도'다. 동사 '바라는'과 '해라' 역시 이인칭 복수형으로 되어 있다. 그러니 주님께서는 황금률이 '너희'에게 주어진 명령임을 네 번에 걸쳐 말씀하신 셈이다. 누가복음 황금률도 이인칭 복수인 대명사 하나와 동사 두 개로 되어 있다. 동서고금의 황금률 가운데 한 개인이 아닌 '너희'라는 복수를 주어로 하는 황금률은 주님의 가르침이 유일하다. 이 특성을 염두에 두고 '너희'가 누구인지 알면 그리스도의 황금률이 왜 독특한지, 거기 담긴 뜻이 무엇인지, 그것도 바로 이해할 수 있다.

'그러므로'와
'너희'

누가 '너희'인가?[25] 너희는 이인칭이므로 일인칭이신 그리스도 앞에 모여 그분의 말씀을 직접 듣고 있는 사람들이다. 주님께서 산상수훈을 시작하실 때 '제자들'이 나아왔다 하였으니, '너희'는 일단 그리스도의 제자들이다마5:1. 아직 열둘을 따로 세우시기 전이므로 그리스도를 따르는 모두를 가리킨다. 평지설교에서는 '제자의 큰 무리'가 있었다 하였으니, 그리스도를 따르는 사람이 상당히 많았던 것 같다눅6:17. 그런데 산상수훈이 끝난 뒤의 기록에는 "무리들ὄχλοι"이 말씀을 듣고 놀랐다 한다마7:28. '무리'라는 단수만 해도 많은 사람인데, 복수형으로 썼으니 엄청나게 많은 사람이었을 것이다. 그런데 이들은 앞에서 언급한 '제자들'과는 다른 사람인 것 같다. 누구일까? 이들은 예수의 소문을 듣고 곳곳에서 모여온 사람들로서 병을 고치려는 자도 많았다마4:23-25. 평지설교의 경우에도 '제자의 큰 무리' 외에 '많은 무리의 사람들'이 있었다 하였다눅6:17. 그리스도의 가르치심, 복음 전파, 병 고치심에 감동된 많은 사람이 그리스도의 말씀을 들었다. 한 데 뒤섞여 말씀을 들은 이들이 다 잠재적인 '너희'다.

그런데 산과 들에서 전하신 말씀을 살펴보면 그리스도께서 사용하신 '너희'는 주로 제자들을 가리키는 표현이다. 전체 청중이 아니라 제한된 자들, 곧 당신을 믿고 따르는 자들만을 가리켜 '너희'라 하셨다. 주님 표현 그대로 "너희 듣는 이들"로서눅6:27, '그러므로'의 삶을 아는 이들이다. 그래서 마태, 누가 모두 시작부터 예수께서 '제자들'에게 말씀하셨다고 밝히고 있다마5:2; 눅6:20. 시작 말씀대로 한다면 "영이 가난하며, 슬피 울고, 그리스도 때문에 박해받고, 세상의 빛이 된" 자들이다. 처음에는 "천국이 그들의 것이다" 하여 삼인칭을 쓰셨지만, 여덟 가지를 다 말씀하신 다음 그 말씀을 종합하실 때는 "너희가 복이 있다" 하심으로써 그게 바로 제자들을 두고 하신 말씀임을 알려주셨다마5:3-12. 이 "너희”를 마지막 말씀대로 한다면 “하늘에 계신 내 아버지의 뜻대로 행하는 자”다마7:21. “하늘 아버지”를 모셔서 걱정할 게 하나도 없는 이들에게 그리스도께서는 약속도 주시고 명령도 내리셨는데, 황금률은 그 명령의 종합이요 결론이다.

그런데 평지설교 한 곳에서는 제자들뿐 아니라 제자가 아닌 자들도 ‘너희’라는 이인칭으로 부르신다눅6:24-26. 우선 복 받은 이들을 ‘너희’라 부르시며 칭찬하신 다음, 이런 복에서 제외된 사람들을 또 ‘너희’라는 이름으로 부르셨다. 듣는 이들 가운데 그렇게 배제된 ‘너희’도 있었다. 주님께서는 이 땅에서 배부르고 웃는 ‘너희’에게는 저주를 선포하셨다. 같은 ‘너희’로 섞여 있지만 결국은 양과 염소처럼 나누어질 것이다. 말씀을 듣고 순종하는 무리만이 참 ‘너희’로 남을 것이다. 그래서 제자 ‘너희’에게 말씀하실 때는 순종하지 않는 이들을 삼인칭인 ‘그들’로 지칭하셨다마7:23. 산 위나 벌판에서 말씀을 들은 이들 가운데 ‘너희’가 아닌 ‘그들’도 많았을 것이다. 진리를 눈앞에 두고 진리의 말씀을 들으면서도 깨닫지 못했으니 참으로 안타까운 일이다. 이천 년 뒤 이 땅에 온 우리는 현장에 가 보지도 못했으면서 기록된 말씀을 들어 ‘너희’가 되었다. 이런 복이 어디 또 있을까?

주님께서는 ‘너희’와 ‘그들’을 명확하게 나누셨다. ‘너희’가 제자의 무리라면 ‘그들’은 거기에 들지 못한 이들이다. 주님께서는 ‘너희’에 들지 못한 이들을 몇 가지 다른 표현을 써 언급하셨다. ‘너희’ 빛을 ‘사람들’ 앞에 비추라 하셨다. 너희가 아니면 ‘사람들’이다. ‘너희’가 착한 행실을 실천하여 ‘너희 빛’을 사람들에게 비추면 그들은 하늘에 계시는 ‘너희 아버지’께 영광을 돌릴 것이다마5:13-16. 또 “너희는 이들처럼 해서는 안 된다" 하시면서 '세리들, 위선자들, 이방인들'을 언급하셨다^{마5:46; 6:2, 32}. 배제된 사람들이요, 지금 그리스도께서 주시는 이 말씀과 무관한 이들이다. 누가복음에서는 이들을 '죄인들'이라 하셨다^{눅6:32-34}. '은혜를 모르는 자들'이요, 심지어 '악인들'이라는 표현까지 쓰셨다^{눅6:35}.

'너희'와 '사람들' 외에 중간에 낀 자들도 있다. 자신은 '너희'인 줄 알았으나 주님께는 '그들' 취급을 받은 사람들이다. 한마디로 속은 자들이다^{약1:16, 22}. 이들은 주님과 대화할 만큼 가까워져 일단 '너희'에 들었으나 진정한 '너희'는 되지 못한 불행한 사람들이다. 주님을 "주님, 주님!" 하고 부르며 따라다녔지만 마지막 날 "불법ἀνομίαν을 행하는 자들"이라 꾸중 들을 것이다. 길에서 주님 말씀을 듣고 주님과 밥도 같이 먹었지만 마지막 날 "사악한 모든 자들πάντες ἀδικίας"로 정죄를 받을 것이다^{마7:22-23; 눅13:26-27}. 주님께서는 "썩 꺼져라!" 하며 이들을 차갑게 내치실 것이다. '너희'와 '그들'을 구분하는 기준은 오직 하나, 순종 여부다. 말씀대로 실천하는 사람은 든든한 바위 위에 집을 지은 사람이지만, 듣기만 하고 순종하지 않는 사람은 모래 위에 집을 지은 사람이어서 비가 오면 집과 함께 모든 것이 무너져 내리고 만다^{마7:24-27}.

너희와 사람들

따라서 그리스도의 황금률을 풀 때는 이 '너희'를 보편적 이인칭으로 오해하지 않도록 주의해야 한다. '너희'에는 두 종류가 있기 때문이다. 그리스도의 산상수훈과 황금률이 좋아 신조로 삼으면서도 그리스도를 구주로 믿지는 않은 이들이 많다. 힌두교의 간디가 대표적이다. 간디는 황금률을 포함한 산상수훈 전체를 온 인류에게 주신 말씀으로 보았다.[26] 무저항, 비폭력의 가르침이 자기가 추구한 아힘사와 비슷해 특히 마음에 들었을 것이다.[27] 오늘날 산상수훈 특히 황금률을 푸는 사람들도 대개 이런 관점을 갖고 있다. 세계종교회의도 그런 관점에서 종교 간의 평화를 추구하며, 통일교도 그런 흐름에 동조하며 세력을 유지하고 있다. 그런 노력은 그 자체로 소중하다. 다양한 종교가 공존하는 세상에서 평화를 지키자면 서로를 존중하는 황금률 원리가 정말 필요하다. 종교뿐 아니라 국가 간, 이념 간의 대립 완화에도 산상수훈과 평지설교에 담긴 평화의 메시지가 큰 도움이 될 수 있다. 하지만 사회복음주의의 주장과 달리, 주님께서는 그 말씀을 인류 전체에 주신 것이 아니다. 마찬가지로 황금률도 누구나 다 아는 자연법에 속한 그런 황금률이 아니라, 주님의 제자가 된 '너희'에게 주시는 특별한 명령임을 잊어서는 안 된다. 주님의 제자 된 우리는 일반 황금률을 지켜 평화와 공존을 추구할 뿐 아니라, 주님께서 주신 황금률까지 지켜 사람들에게 올바른 행실의 빛을 비추어 하늘에 계신 우리 아버지께 영광을 돌리게 해야 한다.

그렇게 보면 성경이 하나님을 아버지라 부를 때도 두 가지 뜻이 있음을 알 수 있다. 첫째는 온 인류의 아버지라는 뜻이다. 바울은 아테네에서 전도하면서 "우리가 그의 자녀들이다" 한 시인 아라토스의 글을 인용했다^{행17:28}. 제우스가 하나님이라 인정한 것은 아니겠지만 적어도 온 인류가 한 하나님의 자녀들임은 확인한 셈이다. 칼뱅도 아라토스가 "일반적 느낌", 곧 "경험의 가르침"을 따라 그렇게 불렀다고 본다. 하나님을 닮은 많은 선물로 사람을 존귀하게 장식해 주신 결과라는 것이다.[28] 존 스토트John Stott, 1921-2011도 우리가 하나님 안에서 "살고, 움직이고, 존재한다"는 뜻에서 하나님을 "모두의 아버지"라고 표현한다.[29] 비록 죄를 지어 하나님을 떠났으나, 하나님께서는 온 인류가 하나님을 더듬어 찾도록 민족과 국가로 흩으셨다행17:26-27. 그런 인류가 서로에게 느끼는 생래적 유대감은 한 분 아버지를 찾는 근거로뿐 아니라 인류의 평화와 공존을 위한 기초로서도 큰 뜻을 갖는다. 따라서 인류가 본능처럼 함께 알고 있는 황금률은 우리의 평화로운 공존을 위해 실로 유익한 규칙이 된다. 공평과 공존을 위한 소중한 원칙이므로 그걸 실천하는 사람이 많으면 많을수록 세상은 더 좋아질 것이다. 분쟁이 있는 곳마다 황금률을 원리로 삼아 서로 이해하고 존중하는 것은 분쟁을 줄이고 또 예방하기 위한 좋은 방법이 될 것이다.

그렇지만 주님께서 우리를 가리켜 하나님의 자녀라 하실 때는 언제나 하나님의 자녀가 아닌 이들을 배제하신 표현이었다. 창조가 아닌 구원이다. 주님의 표현은 늘 같다. 산상수훈에서는 더더욱 분명하다. "너희도 완전해라" 하는 명령을 주실 때도 "하늘에 계시는 너희 아버지"를 보기로 주셨는데, 그 아버지는 '세리'나 '이방인'의 아버지는 분명 아니었다마5:45-48. 기도할 때 "하늘에 계신 우리 아버지"께 하라 하셨는데, 그 아버지는 위선자들이나 이방인들이 알고 있는 잡신과는 다른 하나님이다마6:5-8.* '우리 아버지'는 제자들의 아버지시다. 따라서 온 인류가 형제자매라는 뜻과는 다르다. 먹고사는 문제로 걱정하는 이들에게 "너희 하늘 아버지"께서 다 아시니 걱정할 것 없다 하실 때도 이방인은 그 '너희'에서 배제하셨다마6:32. 이 차이를 개혁자 칼뱅이 깔끔하게 정리해 준다.

---

* 겐슬러는 이 구절을 근거로 온 인류가 하나님의 자녀라고 무리하게 주장한다. Gensler, *EGR*, 40을 보라.

"아담의 자녀를 전부 엮어주는 공통의 유대가 있으나, 하나님의 자녀들 가운데는 더욱 거룩한 연합이 있다."[30]

주님께서 하나님을 "너희 아버지"라 부르실 때는 그 '너희'를 명확하게 당신의 제자들로 국한하셨다. 하나님은 오직 당신의 자녀들에게만 아버지가 되신다. 집 나간 아들도 아들이니 하나님은 모두의 아버지가 아니냐 해서는 안 된다. 탕자의 비유를 잘못 읽으면 그런 결론도 나온다. 오직 돌아온 사람만 아들이다. 주님께서는 하나님을 믿고 섬기는 사람, 곧 천국 백성에 대해 말씀하신다. 유대인이든 우리 같은 이방인이든 하나님의 자녀가 되는 방법은 오직 하나뿐이다.

"그를 받아들인 모두, 곧 그의 이름을 믿는 이들에게 하나님의 자녀가 되는 권세를 주셨다."_요1:12

그리스도를 믿으면 하나님의 자녀가 된다. 그리스도의 십자가 없이 하나님의 자녀가 될 수 없고, 하나님의 자녀는 하나님의 자녀 아닌 사람들과 하나가 될 수 없다. 빛을 비추어야 할 '너희'와 그 빛을 보고 '너희 아버지'께 영광을 돌려야 할 '사람들'은 분명히 나누어진다. 믿음은 모든 사람의 것이 아니다살후3:2. 우연히 발견하든, 열심히 찾아 발견하든, 발견한 그게 정녕 보배라면 너도 나도 다 가진 것일 수는 없다마13:44-46.

하나님을 아버지로 모시는 일에는 또 다른 뜻도 담겨 있다. '너희'가 아버지로 모신 그분이 지금 말씀하시는 그리스도의 아버지도 되신다. "하늘에 계시는 내 아버지의 뜻"이라 하셨다마7:21. 그리스도를 주로 믿는 사람은 하나님의 뜻을 행하게 되어 있다. 그러니 '너희'가 하나님 아버지의 뜻대로 행할 때 그들은 그리스도와 한 식구가 된다마12:50; 25:40; 요20:17; 히2:11. 중요한 것은 아들이 없이는 아버지도 없다는 사실이다요일2:23. 그리고 아들이 없는 이들에게는 영생도 없다요일5:12. 유대교의 하나님은 아들이 없으니 우리 하나님과 다르다. 삼위일체를 모르는 이슬람의 알라도 우리 하나님이 아니다. 이 점에서 교회의 고백은 명확하다. 종교 간의 대화도 필요하고, 다른 종교를 믿는 사람과 평화롭게 지내는 일도 지극히 중요하지만, 적어도 성경에 근거한 바른 원리는 절대 놓치지 말아야 한다. 평화와 비폭력에 관한 그리스도의 말씀을 좋아하는 간디도 그리스도가 하나님의 아들이라는 것은 절대 인정하지 않는다.[31]

제1차 세계종교회의 의장이었던 미국장로교 목사 배로우즈John Henry Barrows, 1847-1902는 세계 모든 종교인들에게 '최초의 그 연합된 세계'로 돌아가는 것이 그 회의의 과제라 선언하였다.[32] 창조 때의 연합, 곧 죄가 들어오기 전 상태로 돌아가자는 말이다. 범신론자 스베덴보리를 추종하는 사람들이 주도한 모임이었으니 별로 놀라운 일은 아니다. 하지만 다 모였다는 이유 하나로 에덴을 꿈꾸었다면 실로 위험천만한 착각이다. 오래전에도 사람들이 그런 시도를 하다가 풍요한 시날 평지를 혼돈의 바벨로 바꾸어 놓지 않았던가창11:1-9. 죄가 들어온 이후 그 죄를 이기는 그리스도의 십자가 없이는 참 하나가 될 수 없다. 죄 때문에 옷을 입었는데 옷만 벗어 던진다고 낙원이 되는 건 아니다. 우리가 불신자나 다른 종교를 가진 사람들과 추진할 수 있는 연합은 늘 한계가 있다. 경제, 사회적 정의, 종교나 국가 사이의 평화, 다양한 문화적 활동은 함께 할 수 있고 또 해야 마땅하지만, 하나님을 섬기는 일 자체에 혼란이 와서는 안 된다. 자칫 하다가는 우상숭배에 빠질 수도 있다. 그렇기에 우리는 황금률을 통해 인류의 평화와 공존을 위해 힘써 노력하면서도 언제나 한계를 의식하며 한다. 그래서 때로는 평화를 깨뜨린다는 오해를 받기도 한다. 중요한 것은 그리스도 없는 하나 됨이 아니라 그리스도 안에서 얻는 생명이다. 사이좋게 지내는 일은 참으로 중요하고 언제나 힘써야 할 일이지만, 진리와 거짓을 뒤섞도록 내버려두어서는 안 된다.

절대 오해하지 말자. 이건 책임이다. 우리가 그리스도를 믿어 하나님 자녀가 되었다는 사실은 오만의 이유가 아니라 은혜의 고백이다. 구원을 빌미로 내세우는 배타적인 자만이 아니라 모든 것을 바쳐 섬겨야 할 무거운 책임이다. 그리스도께서 주신 황금률은 '너희'가 아닌 자들과는 아무 상관이 없는 말씀이다. 그리스도께서 말씀하시는 '너희'에 들지 못한 사람은 주님께서 명령하신 그 황금률을 실천해야 할 의무도 없다. 아우구스티누스가 지적한 것처럼 혹 머리로 알아도 실천할 수는 없는 그런 원리다. 다시 말해, 그리스도의 제자라 하는 우리는 지킬 수 있을 뿐 아니라 반드시 지켜야 할 원리다. 주님께서는 자연의 자아가 실천할 수 없는 계명을 거듭난 이들에게 내리신다. 그리스도의 황금률은 사랑이다. 희생이다. 내 것을 강요하는 무례함이 아니라 진리를 함께 나누고자 하는 뜨거운 마음이다. 그래서 하나님의 자녀가 아닌 이들을 대할 때는 반드시 "온유와 두려움"으로 해야 한다_{벧전3:15}. 우리는 이미 선물을 받았다. 그걸 사람들에게 전해주는 것이 우리 사명이다.[33] 만약 우리가 그리스도의 제자로 자처하면서 일반 황금률로 만족하고 그리스도의 황금률을 지키지 않는다면, 우리는 우리가 믿는 복음이 거짓임을 스스로 입증하는 일이 될 것이다.

수평과 수직의
만남

황금률을 '너희'에게 주신 것은 한 개인이 아닌 여럿에게 함께 주신 것이다. 주님께서 가르치신 황금률은 '너희'가 주체라는 점에서 독보적이다.[34] 고대의 황금률 중에도 주어가 복수로 된 것은 물론 있다. 하지만 보편적인 개별 인간을 모은 복수일 뿐이다. 여기서는 일반 개인이 아니라 특정한 집단인 '너희'를 주어로 말씀하신다. 따라서 황금률도 인간의 마음에 새겨진 자연법이 아니라 하나님의 백성에게 주신 특별한 명령이 된다. 세상의 황금률이 개인의 자기중심적 사고에서 출발하는 것이라면, 주체가 복수형인 주님의 황금률은 그런 출발이 불가능하다. 사람은 바라는 바가 다 다르기 때문이다. '너희'는 개인의 모임이 아니라 그리스도의 제자, 곧 '그러므로'의 은혜를 함께 간직한, 그래서 공통된 특성을 가진 집단이다. 주님의 황금률은 한마디로 "교회"에 주신 것이다.[35] 개인의 실천 윤리가 아니라 교회가 함께 실천해야 할 규칙이다. 주님의 황금률은 '너희'가 어떤 공통된 바람을 가졌음을 전제한다. 따라서 이 바람이 무엇인지 파악하는 것은 주님의 황금률을 바로 이해하는 열쇠가 된다.

제자들이 가진 공통된 요소는 당연히 구원의 은혜다. '그러므로'의 은혜, 위로부터 오는 은혜다. 이 은혜가 제자들을 '너희'로 엮는다. 그리고 이 은혜는 그리스도의 황금률을 3차원으로 만든다. 사람과 사람 사이의 수평 구도에, 하나님과 제자들 사이의 수직 구도가 이어지는 것이다. 하나님은 모든 좋은 것을 이미 주신 우리 아버지시다. 우리가 사람들이 우리에게 해 주기 바라는 것은 사실 좋으신 아버지께 이미 다 받았다. 주님께서는 황금률 조금 앞에서 먹고 마시는 문제는 걱정하지 말고 하나님의 나라와 의를 구하라 하셨다마6:33. 그러면 하나님께서 알아서 해결해 주신다고 약속하셨다. 그런 다음 너희는 모든 좋은 것을 주시는 좋은 아버지가 계시므로 황금률을 실천하라 하셨다. 이미 받았다. 우리는 우리가 받은 그것을 기준으로 삼아 사람들에게 그대로 해 줄 책임이 있다. 주님의 황금률은 우리에게 그 은혜를 알고 그것을 기준으로 삼아 이웃을 사랑하라는 명령이다.

그리스도인은 두 가지 황금률을 알고 실천하는 사람이다. 하나는 사람과 사람 사이의 수평적 황금률이다. 남을 배려하고 존중하는 것은 제한된 시간과 공간 가운데 살아가는 너와 내가 서로의 공존을 위해 반드시 지켜야 할 윤리다. 이 윤리는 사회에서 정의를 이루어 공평하고 서로 돕는 세상을 만들어간다. 또 하나는 입체적 황금률이다. 수평과 수직이 만나 이루는 입체다. 우리가 바라는 모든 것은 하늘 아버지께서 이미 다 주셨기에, 그걸 바탕으로, 원리로, 원동력으로 삼아 이웃을 향해 나아가는 사랑의 원리다. 이 입체적 원리는 사람들이 알고 있는 수평적 황금률도 저 안에 품으며 그 황금률의 참뜻까지 밝혀준다. 그리고 바로 이 황금률을 통해 우리의 제자 됨, 하나님의 자녀 됨이 나타난다요 13:34-35; 마5:13-16.

잊지 말자. 공존이다. 하나가 다른 것을 배제하거나 대체하는 것이 아니다. 일반 황금률만 알고 그리스도 황금률의 독특한 가치를 몰라서도 안 되지만, 그리스도의 황금률을 배웠다고 일반 황금률의 가치를 폄훼하거나 짓밟아서도 안 된다. 자연과 은혜의 관계 그대로 그리스도의 황금률은 일반 황금률의 한계를 지적하고 그 한계를 극복한다. 수평적 황금률만 아는 사람은 서로 존중하고 배려함으로써 공평한 세상을 만들고자 한다. 죄가 있는 세상에서 현실적으로 정말 어려운 과제다. 하지만 함께 살아야 하니 포기할 수 없다. 하나님께서도 이 땅의 공평과 평화와 안정을 원하신다딤전2:2. 우리 그리스도인도 그런 노력의 소중함을 알고 열심히 동참해야 한다. 기독교인이 아니라고 비하하거나 차별하지 않고 모든 사람을 하나님의 존귀한 피조물로 동등하게 대한다. 인종, 성별, 종교, 재산, 학벌, 지역 등을 빌미로 한 모든 차별을 극복하기 위해 이 황금률 원리를 적극적으로 활용해야 한다. 그리고 그런 우리에게 주께서 물으신다.

"너희가 더 하는 것이 무엇이냐?"_마5:47

우리가 '더' 해야 하는 그게 바로 황금률이다. 남들도 다 실천하는 그 황금률에 더하여 주님의 황금률도 이웃 사랑 계명으로 실천해야 한다. 일반 황금률의 한계를 알고 극복하도록 도우며, 배려와 존중으로도 극복하지 못하는 차가운 정의의 세계를 따뜻한 사랑으로 감싸야 한다. 두 황금률을 순종할 때 절대 필요한 것이 균형이다. 사회복음주의를 둘러싼 논쟁처럼 보편 황금률 때문에 복음이 약해져서도 안 되고 복음의 이름으로 일반 황금률이 외면당해서도 안 된다.

수평과 수직을 함께 아는 사람들은 황금률을 실천할 때도 수평만 아는 사람들과 같을 수 없다. 그래서 황금률을 실천하는 원리와 방법이 달라 갈등이 생기기도 한다. 교회사에서는 수직의 원리를 수용하는 사람들만의 공동체를 만들어 거기서 황금률을 완전하게 구현하고자 하는 일이 왕왕 있었다. 수도원 운동에도 그런 뜻이 있었고 오늘날 따로 모여 사는 종파들도 그런 경향을 보인다. 그런데 우리끼리만 모이는 것은 수평의 원리만을 아는 사람들을 배제하는 일이다. 가능한 일도 아니며 하나님 뜻도 아니다고전5:10; 요17:15. 주님께서 산상수훈 전반부에서 가르치신 세상에 빛을 비추는 사명을 외면하는 일이며, 결정적으로는 산상수훈의 결론을 잘못 적용한 일이 된다. 우리의 수직은 반드시 수평과 이어져야 한다. 하나님 아버지께 받은 그 많은 사랑과 은혜를 이웃에게 전하지 않는다면, 우리는 그런 은혜를 받지 않은 것과 같다. 위로부터 사랑을 입은 사람은 그 사랑을 옆으로, 땅끝까지 전하고자 애쓰게 된다. 수평 윤리만 아는 이들은 이 땅에 정의를 심기 위해 애쓴다. 우리는 그런 원리를 수행할 때도 입체 원리에 따라 사랑으로 할 수 있어야 한다. 그게 정의를 이루는 참 방법이기도 하다.

수평의 황금률만 아는 사람 가운데는 황금률에 수직 구도를 도입했다고 비판하는 이들도 있다. 사람과 사람 사이의 윤리에 왜 신을 개입시키느냐 하는 불만이다. 한 황금률 연구가는 원래 수평만 있던 황금률에 신플라톤주의가 수직 개념을 도입했다고 분석한다. 황금률 공식을 "하나님의 은혜와 사랑으로 너에게 행해진 대로 너도 남들에게 하라"로 바꾸었다는 것이다.[36] 아리스토텔레스가 깔끔하게 정리해 둔 황금률을 신플라톤주의가 흐려 놓았다면서 "신적 뒤틀림divine twist"이라는 표현도 쓴다. 인간의 이성이 바탕이 되어 상호성 원칙을 이루어 놓았는데 신의 뜻이 끼어들어 엉망이 돼 버렸다는 이야기다.[37] 자율성을 손상당한 인간의 분노일 것이다. 하지만 우리는 우리의 수직이 수평을 대신하지 않음을 알아야 한다. 수평의 가치는 수평 그대로 인정해야 한다. 인간의 자율성은 하나님과 닮은 소중한 특성이므로 질그릇 황금률도 중요하다. 다만 수직을 아는 이들은 거기서 그칠 수 없다는 것이다. 죄가 세상에 들어왔기 때문이다. 그것을 아는 이들은 더 해야 한다. 수평의 황금률이 가진 한계를 극복하는 일도 그렇게 더 하는 일의 하나다.

주님께서는 흔한 원리를 이용해 하늘의 뜻을 보이셨다. 질그릇에 보배를 담으신 것이다.[38] 곡식이 자라면 수십 배의 열매가 맺힌다는 평범한 지식을 이용해 말씀을 듣고 순종하는 삶에는 성령의 열매가 풍성하게 나타난다는 것을 가르쳐 주셨다. 겸손해야 한다는 도덕적인 교훈을 통해 하나님 앞에서 죄인인 자신을 깨달아야 한다는 영의 진리를 가르쳐 주셨다.* 마찬가지로 주님께서는 사람이면 누구나 알고 있는 그 상호성 원리를 이용해 당신의 제자들에게 어떻게 이웃을 사랑할 수 있겠는지 가르쳐 주신다. 주님의 황금률을 일반 황금률과 같다고 생각하는 것은 그릇만 보고 거기 담긴 보배는 못 보는 일이다. 여러 종교와 사상과 문화가 가르치고, 그래서 사람이면 누구나 깨달을 수 있는 그 원리와 겉모양은 닮았지만, 거기 담으신 내용은 다르다. 하늘과 땅처럼 다르다.

질그릇에
담은 보배

그릇이 늘 보던 것이라 담긴 내용물도 같으리라 지레짐작하고 뚜껑을 열어볼 생각조차 하지 않는다면 얼마나 안타까운 일이겠

---

* 성경적 겸손의 참뜻에 대해서는 필자의 책 『질그릇에 담은 보배』, 153-203쪽을 보라.

는가. 그리스도의 황금률에는 사랑이 가득 담겼는데도 그릇만 보고 상호성의 원리를 가르치신 말씀이라 서둘러 결론짓는 일이 교회 역사에 많이 있었다. 황금률을 산상수훈의 결론으로 주셨다는 한 가지만 보아도 그리스도 황금률이 상호성의 원리일 수가 없다는 점을 쉽게 알 수 있지 않은가? '너희'는 일반 '사람들', 곧 '이방인', '세리', '죄인'을 넘어서야 한다고 주님께서 누누이 가르치셨다마5:16; 7:12. 그런데 그 말씀의 결론인 황금률을 주님께서 이건 아니라 하신 그 공평함 수준의 말씀으로 끌어내린다.

루터는 처음 황금률을 구원받기 위해 반드시 지켜야 할 원칙으로 보았다. 아직 가톨릭 신부로 있을 때의 이야기다. 그런데 믿음으로 얻는 구원을 깨닫고 난 다음에는 자연법 차원의 상호성 황금률과 그리스도인이 지켜야 할 자기희생 및 사랑의 계명 황금률을 구분하였다. 질그릇에 담긴 보배를 비로소 보기 시작한 것이다. 그런데 1520년 이후 황금률의 사회적 기능을 조금씩 강조하기 시작하여 사회, 경제, 정치 생활의 열쇠로 보았다.[39] 그러면서 황금률을 점점 생활원칙으로, 내 욕망을 억누르는 장치로 보게 되었고, 결국 상호성 차원의 황금률로 되돌아가고 말았다. 특히 1530년에 행한 황금률 설교에는 마음에 새겨진 황금률만 등장할 뿐 그리스도의 사랑은 전혀 보이지 않는다.[40] 1521년 대림절 첫 주일 설교에서는 황금률이 사람들에게 어떻게 할지 가르치는 규칙이라면서 "사람들에게, 사람들에게, 사람들에게"라고 세 번 거듭 강조하였다. 남자는 아내와 자녀를 위해, 아내는 남편을 위해, 자식은 부모를 위해, 정부는 시민을 위해, 서로를 위해 등등. 우리는 서로의 손, 입, 눈, 발, 심지어 마음이 되어 주어야 하며, 이것이 그리스도인의 선행이라 하였다.[41] 더 하는 것이 무엇이냐 하신 주님 말씀이 무색해진 셈이다.

칼뱅도 마찬가지다. 법학 전공이라 그랬는지 칼뱅이 본 황금률은 무엇보다 '정의'에 관한 가르침이었다. 모두가 자기 이익만 챙기는 세상에서 황금률은 정의가 무엇인지 간단명료하게 보여준다는 것이다. 우리가 나만 챙기는 소극적인 자비만큼 남을 챙기는 적극적인 자비를 배울 수 있다면 완벽한 정의가 온 세상을 덮어 하나님께서 주신 사람 사랑의 계명이 완성될 것이라 하였다. 말인즉 황금률이 사랑의 방법인 것처럼 했지만, 내용은 정의 확립의 기준을 넘어서지 못한다. 그리스도의 황금률에 대해 그런 선입견이 있었기에 앞에 나오는 산상수훈 전체 내용과 무관한 것으로 보았고, 따라서 '그러므로'라는 접속사도 무시할 수밖에 없었던 것 같다. 칼뱅은 인간의 부패함을 누구보다 잘 알았을 터인데, 그리스도께서 이 규칙을 주신 것이 마치 인류의 정의를 위한 것인 양 생각한 까닭이 무엇일까? 제네바 전체를 이 규칙으로 평정할 수 있다 기대한 것일까? 이 법칙을 인류 보편이 실천해야 할 상호성의 규칙, 정의의 원리로 보는 순간, 우리는 값진 보배를 잃어버릴 뿐 아니라 앞에서 만난 온갖 이론적 실천적 문제와 다시금 씨름을 벌여야 한다!

앞서 언급한 씨 에스 루이스도 마찬가지다. 루이스도 흔한 질그릇만 보았을 뿐 뚜껑은 닫힌 그대로 두었다. 황금률은 물론 사람과 사람 사이의 도덕이 분명하다. 루이스도 황금률을 상호성에 바탕을 둔 사회 윤리의 근간으로 보았다.[42] 그리스도인답게 이웃 사랑 계명과 연결은 시켰지만,[43] 황금률 자체에 이미 하나님의 은혜가 담겼고, 하늘의 하나님이 우리 아버지로 뒷받침하고 계시다는 점은 생각지 못했다. 간략하게 요약한 황금률을 즐겨 사용하지만, 그렇게 깔끔하게 만드는 과정에서 수많은 값진 요소들이 잘려 나갔음을 깨닫지 못했다. 그리스도께서 새 도덕을 도입한 게 아니라 한 것은 성급한 결론이었고, 돌팔이나 별짜 등의 표현은 나가도 너무 나갔다.

전도 동기가 강해 접촉점의 오류를 범한 것 같다. 루이스는 복음을 전하기 위해 사람이면 누구나 가진 도덕의식을 신 존재를 입증하는 근거로 삼았다.[44] 자연법이라 해도 좋을 정도로 도처에 존재하는 황금률은 그런 점에서 최고의 접촉점이었다. 그 점을 강조하려고 도덕 선생을 언급하고, "사람에게 더 필요한 건 가르침이 아니라 회상"이라는 소크라테스의 말도 인용하였다.[45] 루이스가 본 황금률은 인간의 기술이나 학문처럼 성경 없이도 알 수 있는 어떤 것이다. 누구나 다 아는 그런 내용이 성경에 나오니 우선 말을 꺼내기는 좋았을지 모르나, 더 큰 의문과 위험을 안게 되었음을 루이스는 생각지 않았다. 루이스는 그리스도는 세상의 도덕 선생 가운데 한 분이 아니라고 책 다른 곳에서 분명히 말했다.[46] 하지만 그리스도의 황금률을 자연법 정도로 이해하고 만다면 그리스도를 돌팔이로 만들지 않기 위해서라도 도덕 선생의 한 분으로 모시는 수밖에 없고, 그러다 보면 어느 길로 가도 종착역은 다 같다는 다원주의의 함정에 빠질 위험마저 있다.

그리스도의 황금률은 다르다. '그러므로'를 아는 사람들, 곧 '너희'에게 주신 말씀이요, 세상을 향한 교회의 이중 사명을 담은 명령이다.

3

무엇이든지… 모든 것: 황금률의 내용

황금률 원문의 첫 낱말은 '모든 것'이다. 이 낱말 하나로 모자란다 싶으셨는지, 주님께서는 '무엇이든지'라는 문구를 덧붙이셨다. 모든 것을 하되 무엇이든지 하라고 거듭 강조하신 이 문구는 그리스도의 황금률이 당신의 제자들에게 명하신 사랑의 계명이요, 단순한 공평이나 평화 또는 존중이나 배려를 넘어서는 것임을 확인하는 또 다른 증거다. 그리스도의 황금률은 일반 상식의 부정문 황금률을 긍정문으로 고친 정도가 아니라 무엇이든지 다 주라 명하시는 극단적인 원리다.

부정문 vs 긍정문

그리스도 황금률의 독특성을 긍정문이라는 형식에서 찾고자 한 사람이 많다. 대부분의 황금률이 "하지 마라"로 되어 있는데 그리스도만이 "하라"고 가르치셨다는 것이다. 근세 유럽에서는 처음 황금률이 성경에만 있는 줄 알았다. 그러다가 다른 종교나 문화에도 비슷한 공식이 있음을 알게 되면서 그리스도의 황금률이 뭐가 다른지 고민하게 되었고,[47] 그 답을 긍정문이라는 점에서 찾았다. 중국에 처음 발을 디딘 서양 선교사 마테오 리치Matteo Ricci, 1552-1610 신부는 공자의 황금률을 발견하고는 황금률이 '자연법'의 산 증거라며 흥분했지만, 몇 세기 뒤 스코틀랜드 출신의 중국 선교사 제임스 레그James Legge, 1815-1897는 둘을 비교한 다음 긍정문인 그리스도의 황금률이 더 뛰어나다고 주장했다.[48] 가톨릭 신자인 리치가 보편적인 자연법에 관심이 컸다면, 개신교인 레그는 기독교의 독특성을 더 중요하게 여긴 셈이다.

유대교에서 기독교로 개종한 에더샤임Edersheim, 1825-1889 목사는 광범위한 유대교 문헌 연구를 바탕으로 그리스도 황금률의 우월함을 주장했다. 유대교의 부정문 황금률과 달리, 기독교의 긍정문 황금률은 "사람이 할 수 있는 절대 사랑에 가장 근접하는" 말씀이라는 것이었다.[49] 지난 세기의 한 신학자는 황금률을 부정문에서 긍정문으로 바꾸신 것은 "그리스도의 도덕적 가르침 가운데 가장 독창적이고creative 독보적인 original 부분"[50]이라 했다. 영국 신학자 헤들람Arthur Headlam도 그리스도는 부정문을 "도덕적 열정의 위대한 명령"으로 바꾸셨다고 칭송한다.[51] 일제 강점기의 선각자 김교신金敎臣, 1901-1945도 예수의 적극적 교훈이 "다른 성자의 추종을 불허하는 가장 고귀한 것"이라며 자랑했다.[52] 우리 시대의 유명 설교가 존 파이퍼John Pipeer, 1946-도 긍정문으로 된 그리스도의 황금률이 다른 것들에 비해 "훨씬 더 혁신적"이라 했다. 부정문이 우리에게 인간의 고통을 잊고 무관심하게 만드는 반면, 긍정문 황금률은 적극적인 행동을 요구한다는 것이다.[53]

긍정문이 우월한지 아닌지 따지기 전에 먼저 답할 물음은 긍정문 황금률이 그리스도만의 것인가 하는 것이다. 일단 그렇다는 의견이 많다. 성경학자 바클레이William Barclay, 1907-1978는 그리스도 이전에는 긍정문 황금률이 없었다고 단언한다.[54] 바우먼Robert Bowman도 마태와 누가의 긍정문 황금률은 다른 황금률과 명확히 구분된다고 주장한다.[55] 하지만 반론도 만만찮다. 특히 겐슬러는 다른 종교와 문화에 있다는 긍정문의 목록까지 제시한다.[56] 언급된 열한 개 가운데 그리스도 이전의 것은 힌두교, 도교, 호메로스, 이소크라테스, 아리스테아스 정도다.[57]*

힌두교의 『마하바라타』는 전반적으로 부정문 황금률을 가르치면서 긍정적 요소도 간헐적으로 언급하는데, 핵심은 언제나 욕망이나 분노의 억제에 있어 소극적 범주를 넘지 않는다. 호메로스나 이소크라테스는 적극적 실천을 담은 황금률 공식은 아니고, 위치 바꾸기 차원에서 중립적 또는 긍정적 표현을 담고 있다. 그 정도 표현은 고대 그리스 외에 노자나 묵자의 글에도 얼마든지 나온다. 『아리스테아스의 편지』에는 분명한 긍정 표현이 나온다. 그렇지만 황금률 공식으로 볼 정도는 아니다. 이 긍정문을 근거로 그리스도 황금률의 유일성을 부인하는 마이어도 아리스테아스 표현에 상호성이 명확하지 않음을 지적한다.[58]

결국 그리스도의 황금률이 유일한 긍정문 공식이라고 일단 결론지을 수 있다. 그렇지만 더 중요한 것은 긍정문이 어떤 점에서 부정문보다 더 나은가 하는 문제다. 사실 교회사에서는 부정문과 긍정문 구분이 크게 중요하지 않았다.[59] 『디다케』나 『아리스티데스의 변증』이 보여주듯

---

* 라에르티오스의 『유명한 철학자들의 생애와 사상』이 아리스토텔레스의 긍정문 황금률을 전하고, 『섹스투스의 문장』도 섹스투스의 긍정문을 전하지만, 두 책 모두 그리스도 이후의 것이고 역사적으로 신뢰하기 어렵다.

교회 초기에는 긍정문과 부정문 둘 다를 기독교 윤리의 기준으로 삼았고,[60] 오늘날도 리쾨르 같은 기독교 철학자는 그리스도의 긍정 황금률과 힐렐의 부정 황금률을 늘 함께 언급하면서 두 가지가 조금도 다르지 않다고 주장한다.[61] 사실 같다고 볼 근거도 없지 않다. 황금률을 상대에 대한 관심과 존중으로 본다면 부정문이나 긍정문이나 별 차이가 없다.[62] 또 긍정문 황금률도 "사랑은 이웃에게 악을 행하지 않는다" 하여 소극적 실천을 포함하고롬13:10, 부정문 황금률도 '하라'는 적극적인 실천을 요구한다. 논리만 본다면 똑같은 것을 표현 방식만 반대로 했을 뿐이다.

공자는 오직 부정문 황금률만 가르쳤으나, 그 가르침의 핵심은 '충서忠恕'요 '인仁'이라 하였다. 인을 설명할 때도 '자기보다 남을 세우는 것'이라 하여 적극적인 실천을 강조하였다. 남송의 진순도 공자의 가르침이 적극적인 행동도 포함한다고 설명했다. 고대 그리스의 황금률도 마찬가지다. 상호성 차원에 머문 윤리지만 보다 나은 사회를 이루기 위한 원칙이므로 그저 남에게 폐를 끼치지 않는 소극성을 넘어 모두가 동등하게 규칙을 지키는 적극성도 당연히 포함한다. 불교에서도 5세기경의 경전에 보면 부정문으로 된 황금률을 어떻게 실천할지 설명하면서 적극적인 관심 내지 친절한 사랑을 계발하는 방법을 설명하고 있다.[63] 부다고사의 가르침도 있고, 또 단순한 상호성이나 공평함을 넘어 이웃에게 일방적으로 더 베푸는 아량까지 가르친다.[64] 간디도 아힘사의 근원은 "남들의 행복을 간절히 바라는 것"이라 했다.[65] 유대교가 가르친 부정문 황금률 역시 고통받는 자들을 돕고 고아와 과부를 돌아보는 등 적극적인 실천 사항을 내포하고 있다.[66] 힐렐의 황금률 또한 토라 전체 특히 "네 이웃을 너 자신처럼 사랑하라"는 말씀의 요약이라면 단순한 소극적 자세를 넘어 적극적인 행함으로 나아간다.[67] 모양만 부정일 뿐 내용은 긍정이라는 것이다. 그렇다면 부정문과 긍정문은 문법적으로뿐 아니라 내용에 있어서도 크게 다르지 않다는 뜻 아닌가.

고대인들의 사고에서는 긍정과 부정의 차이가 오늘 우리가 논하는 철학적 사고처럼 엄격하지 않았다는 점도 염두에 둘 필요가 있다.[68] 고대 그리스 사람들은 철저하게 논리적 사고를 전개했지만 주로 철학자들에게 국한된 일이었고, 일반 사람들의 논리적 사고는 근대 이후에나 자리를 잡았다고 볼 수 있으므로, 황금률 공식이 처음 알려지던 그 무렵에는 긍정과 부정의 차이 자체를 그리 크게 느끼지 않았을 수 있다. 따라서 현실의 삶에서도 긍정, 부정에 상관없이 같은 규정으로 이해했을 가능성이 크다. 그렇게 볼 때, 오늘날 부정문, 긍정문 차이와 관련해 전개되는 논의의 상당 부분이 우리 시대에 정밀 가공된 둘 사이의 차이를 고대인들의 직관적이고 포괄적인 마음에 덧씌우는 오류일 수 있다.

부정문의 유익

황금률을 긍정문, 부정문으로 명확히 나누고, 부정문이 더 낫다고 주장하는 사람들이 있다. 크게 세 가지 이유를 드는데, 첫째는 삶의 현장에서 부정문이 훨씬 효과적이라는 것이다. 중학생 또래 아이들에게 긍정문, 부정문 황금률을 보여주고 행동 목록을 만들게 했더니, 부정문 황금률에 대해서는 구체적인 목록을 길게 만든 반면 긍정문 황금률에 대해서는 모호하고 일반적인 것들만 적었다고 한다.[69] 부정 명령은 뜻이 명확하고, 적용도 절대적이다. "이것 손대지 마세요!" 명확하게 선을 그어 주면서[70] 모든 시간까지 포함하는 명확한 지시다. 긍정의 경우는 그렇지 않다. "이것 좀 옮겨 주세요." 언제 어디로 어떻게 옮기라는 말인가? 보통 부인들이 남편에게 무언가 부탁하면 남편이 종종 잊어버리는데, 시간을 정해주고 그 시간 안에 해 달라 부탁하면 대부분이 잘 한다고 한다. 긍정 명령이 가진 포괄성을 그런 제한이 다소 줄여 주기 때문일 것이다. 그래서 부정문 황금률이 명령의 정확도가 높다며 선호한다.[71] 심지어 부정문 황금률의 '교육학적 우월성'을 주장하기도 한다. 공자의 황금률을 높게 치는 앨린슨도 공자의 황금률이 어쩌다가 부정문이 된 것이 아니라, "의도"를 갖고 "공들여 다듬은" 형식이라 분석한다.[72] 그러면서 그런 부정문 황금률이 도덕성 함양과 해악 예방에 큰 효과를 끼쳤다고 주장한다.[73]

성경의 명령은 두 가지 형태를 다 갖는다. 대체로 원론적인 명령은 긍정문이고, 실천적인 세목은 부정문이다. "생육하고 번성하고 땅을 채우고 땅을 정복하고 땅의 피조물들을 다스리라"는 명령과 에덴동산을 "경작하고 지키라"는 원론은 긍정문이다창1:28; 2:15. 거기에 이어 "동산 모든 나무 열매를 마음껏 먹으라"는 명령도 그렇다창2:16. 그런데 이런 긍정문 명령은 내용이 포괄적이어서 순종 여부가 애매하고, 어긴 데 대한 처벌 조항도 없다. 그저 허용인 듯한 느낌마저 준다. 처음 등장하는 부정 명령은 "선악 지식의 나무 열매는 먹지 말라"는 명령인데창2:17, 이 금지령은 명령의 내용과 한도가 명확하다. 그래서 명령을 듣는 순간 어길 가능성이 바로 떠오르고, 그때 받게 될 벌도 추가되어 있어 긴장감을 준다. 하나님께서 훗날 이스라엘 백성과 언약을 맺을 때 주신 수많은 규례는 부정문과 긍정문이 섞여 있다. 그런데 그 모든 것을 압축해 주신 십계명은 하나 빼고 전부 부정문으로 되어 있다.* 아홉 계명 모두 뜻이 분명하여 지켰는지 어겼는지 명확하게 알 수 있다. 부정문이 실천하기 유용하다는 주장은 상당한 성경적 근거를 갖는다.

부정문이 좋다 하는 두 번째 이유는 실현 가능성 때문이다. 원수를 사랑하기 힘든 세상에서 남에게 적극적으로 다가가라는 긍정문은 그저 부담스럽다.[74] 긍정 명령을 다 실천하는 것은 너무 이상적이고 비현실적이므로 부정문이 더 효과적일 수 있다. 게다가 치열한 경쟁 사회에서는 자신의 유익을 중심 동기로 삼는 긍정 황금률보다 나 싫은 건 남에게 하지 않는 부정 황금률이 '보다 효과적인 조정 원리'가 될 수 있다 주장한다.[75] 유대인 학자 나심 탈레브Nassim Taleb, 1960-는 심리적 이유 및 실천적 이유로 은율이 황금률보다 더 낫다고 주장한다. 똑같은 어떤 것을 얻는 즐거움보다 잃는 상실감이 더 크고, 또 나에게 좋은 것보다 안 좋은 것이 더욱 명확하므로 좋은 것을 얻으려 하기보다 싫은 것을 피하고자 애쓰는 것이 더 낫다는 것이다.[76] 언뜻 보면 부정문 황금률은 간섭하지 않으니 자유롭다고 느낄 수도 있다. 적극적인 사랑의 공세가 부담스러운 인간, 간섭받기 싫어하는 본성에는 부정문 황금률이 더욱 잘 어울릴 것이다. 개인의 취향이 최고의 가치가 된 오늘날은 적극적 실천이 더 큰 부담을 안게 된다.

그렇게 볼 때 부정, 긍정 문제는 인간 본성 문제와 연결된다. 부정문을 칭송하는 한 학자는 만약 인간 본성이 악하다면 적극적인 개입과 훈련을 담은 긍정 황금률이 더 나았을 것이라 시인한다. 하지만 인

---

* 제5계명 "네 부모를 공경하라" 하나가 긍정문이다. 제4계명은 문법 구조는 "안식일을 지키라"는 긍정문이지만 실제 내용은 "일하지 말라"는 금지령이다.

간 본성이 선하기 때문에 그런 적극적 황금률은 필요하지 않다는 것이다.[77] 선한 본성을 관습들이 나쁘게 만들었으므로 그것들을 줄여가는 소극적 황금률이 필요하다 한다.[78] 착한 본성을 사회가 타락시킨다 했던 루소도 그래서 남에게 폐를 끼치지 말라고 강조했던 것일까. 결국 긍정문, 부정문 사이의 대립은 기본적인 세계관 사이의 대립이 된다. 부정문 황금률을 발전시킨 대부분의 종교와 문화는 사람에 대해 좋은 관점을 갖고 있다. 사실 기독교 외의 대부분이 그렇게 본다. 따라서 긍정문 황금률의 의미는 성경적 인간관 및 기독교 복음과 직결된다.

그렇다면 명령의 명확성과 실현 가능성 등이 보여주는 것은 부정문 황금률의 우월함이라기보다 사람의 연약함일 것이다. 우리는 하지 않는 태도에는 익숙하면서 적극적인 일에는 동력의 부족을 느낀다. 그렇기에 성경도 최소한의 금지를 명령으로 주신 것 아닌가. 죄로 부패한 본성을 가진 우리 인간에게는 적극적으로 다가가는 사랑이 언제나 어렵다.[79] 그래서 현실 삶에서 긍정으로 말하는 것도 부정문이나 중립적인 표현으로 에누리해 실천하는 경향이 있다. 같은 이유로 황금률도 부정문이 먼저 생겼을 것이다. 그렇지만 죄가 있는 세상에서는 금지되었기 때문에 더 하고픈 본성도 드러난다.* 훔친 물이 달다잠9:17. 좋은 일에는 맘이 내키지 않지만, 나쁜 일에는 적극성을 발휘한다. 부정문 황금률은 이를테면 강도 만나 죽어가는 자를 외면할 수 있는 좋은 논리가 된다. 그러니 문제는 부정, 긍정이 아닌 사람의 본성이다. 그렇게 볼 때 부정문이 현실에서 더 유용하다는 주장은 인간의 본성을 염두에 둘 때

---

* 이 점을 잘 꼬집은 사람이 프랑스의 사상가 몽테뉴다(Michel de Montaigne, *Essais*, II, 12). 필자의 책 『파스칼 평전』(깃드는 숲, 2024), 321쪽도 보라.

오히려 긍정 황금률의 진짜 힘을 암시할 수도 있다.

현실적 필요성 외에 철학적, 신학적 이유로 부정 황금률을 선호하는 사람도 있다. 부정문을 선호하는 세 번째 이유다. 이들이 볼 때 부정 황금률은 사람의 고유 영역을 침해하지 않는다. 문화 시온주의를 제창한 유대인 학자 하암Ahad Ha'am, 1856-1927은 우선 긍정문 황금률을 강하게 비판한다. 긍정문 황금률은 사람 개인이 가진 "모든 객관적 도덕 가치"를 박탈하기 때문에 유대교의 도덕적 기초와 맞지 않다고 주장한다.[80] 긍정 황금률은 "전도된 이기주의"로서, 타자를 자기 유익의 수단으로 삼는 이기주의와 달리 자아를 타자를 위한 수단으로 만든다는 것이다. "나를 위해 타자의 삶을 해칠 권리가 없듯, 타자를 위해 내 삶을 해칠 권리도 없다"는 것이 하암의 결론이다. 힐렐과 공자의 황금률을 함께 칭송하는 앨린슨 역시 주관적 판단에 좌우되는 긍정문과 달리 부정문은 상대의 도덕적 자율성을 존중하므로 객관적인 도덕 원리로 작용할 수 있다고 주장한다.[81]

적어도 지지자들에 따르면 부정문 황금률은 불간섭이 기본이다. 슐라이어마허 말처럼 "난 남들이 날 내버려두기를 바란다. 그래서 나도 남들을 내버려둔다"는 식이다.[82] 그래서인지 비폭력, 무저항 운동을 한 사람들은 대개 부정문 황금률을 선호했다. 인도를 영국의 지배에서 구한 간디는 힌두교의 핵심 교리인 비폭력아힘사을 바탕으로 저항운동을 전개하였다. 기독교 긍정문도 활용하지만 "내가 싫은 것은 남에게도 하지 말라"는 부정문 황금률이 간디의 비폭력 저항의 근간이었다. 미국 흑인의 인권과 평등을 위해 애쓴 마틴 루터 킹Martin Luther King, Jr., 1929-1968 목사는 비록 황금률을 직접 사용하지는 않았어도 간디에게 배운 아힘사를 그리스도의 원수 사랑 개념과 연결하여 동일한 비폭력 민권운동의 근거로 삼았다.

긍정문에
대한 오해

그런 식이라면 부정문 황금률에 대한 선호에는 긍정문 황금률에 대한 혐오가 포함된다. 긍정문이 가진 적극성을 일종의 공격으로 느낀 결과다. 유대인 학자인 킹George B. King. 1956-은 우리 시대의 문제 중 하나는 "해서는 안 될 일이 있다는 점을 망각하는 일"이라며 긍정문 황금률을 공격한다.[83] 장로교인이었다가 무신론자가 된 히슬롭James Harvey Hyslop, 1854-1920은 황금률을 '광범위한 상호적 정의 및 공감'으로 규정하면서 긍정의 황금률은 '상호적 자기이익'에 치중하므로 인간이 나쁜 마음을 품고 오남용할 수 있다 평가하였다.[84] 영국의 윤리학자 이언 킹Iain King, 1971-도 황금률이 광신을 합리화할 수 있다는 우려 때문에 고대인들이 공식을 부정문으로 표현한 것이라 주장한다.[85] 유교의 부정문 황금률을 칭송하는 김용옥도 불필요한 관계를 방지한다는 점에서 부정문이 더 낫다고 주장한다. 그러면서 기독교의 긍정문 황금률이 서양 제국주의의 근거라며 강하게 비판한다.[86*]

간단히 줄이면, 긍정문은 자신의 것을 강요하는 오만함hubris이 있으나 부정문은 자신의 부족함을 깨닫는 겸손함이 있다는 것이다.[87*]또 인

---

* 긍정 황금률이 제국주의의 근거라는 주장은 긍정 황금률의 역학을 오해한 앨린슨의 관점을 그대로 수용한 것으로 보인다.

간은 인식에 한계가 있으므로 선이 무엇인지 알아 상대에게 적용하겠다는 오만함보다 악이 무엇인지 알아 그걸 피하려고 하는 겸손이 더 낫다고 주장한다.[88] 하지만 이런 주장에는 긍정과 부정의 차이에 대한 혼동뿐 아니라 황금률의 역학 자체에 대한 근본적인 오해도 담겨 있다. 선이든 악이든 인간 지식의 한계는 긍정문과 부정문에 똑같이 영향을 미친다.[89] 중세 신학자들이 부정의 길*via negativa*을 택한 것은 신의 존재와 본질 영역이었지만, 당장 결정하고 실행해야 하는 윤리 현장에서는 그런 길이 효과적이지도 현실적이지도 않다. 혹 그런 부정의 길을 택한다고 해도 긍정문처럼 적극적으로 적용할 수도 있고, 부정문처럼 소극적으로 적용할 수도 있다. 부정문 황금률은 실제 적용에 있어서 긍정 황금률보다 소극적 태도를 갖게 되고 활동 내용도 현저하게 줄어들어 덜 공격적인 듯 보일 수도 있다. 그렇지만 그런 소극적인 태도를 극단적으로 적용하면 결국 완전한 관계 단절로 간다. 그것은 더불어 살 수밖에 없는 인간의 존재 방식 자체를 부인하는 것이므로 애초부터 틀린 것이다.

긍정문 황금률이 오남용에 노출되어 있다는 주장은[90] 두 가지 오해에 근거한다. 첫째는 실천 영역에 관한 오해다. 황금률을 주관적으로 오용하는 잘못은 긍정 황금률의 문제가 아니라 타락한 인간 본성의 문제다. 내 것을 강요할 수도 있지만 상대를 속일 수도 있고, 반대로 적극적 사랑을 외면한 채 게으름을 부릴 수도 있다. 자신은 실천하지 않으면서 상대에게만 실천을 강요하는 이기적이고 위선적인 태도 역시 긍정, 부정과 무관하다. 공식 아닌 실천 문제요 인간성 문제이기 때문에

---

* 이런 이유는 부정문 황금률 외에 백금률의 우월함을 주장하는 논리가 되기도 한다. Huang, "Copper Rule," 406을 보라.

정도의 차이는 있을지 몰라도 부정문 황금률 역시 그런 오용에서 자유롭지 않다. 긍정문과 부정문의 차이는 교만과 겸손의 차이가 아니다. 긍정이든 부정이든 황금률의 기본 역학을 잘 따른다면 언제나 겸손한 태도가 된다. 상대를 최대한 배려할 뿐 아니라 상대의 도덕적 자율성도 최대한 존중한다. 반대로 황금률 원리를 무시한다면 부정문 황금률이라 해도 무례한 교만이 된다. 겉으로는 아닌 척하니 위선이기도 하다.

두 번째 오해는 황금률 역학에 대한 원론적 오해다. 황금률은 물론 인간의 자기 사랑이라는 동기에서 출발한다. 그렇지만 방향 뒤집기나 외연 확장 역학을 통해 이기적 동기가 절제되고 상대를 배려하고 존중하는 가운데 양자 사이의 균형이 이루어진다. 긍정문이든 부정문이든 마찬가지다. 그런데도 버나드 쇼로 대표되는 그런 방식의 오해가 수백 년째 이어지고 있다. 황금률의 기본 태도인 상대에 대한 배려를 일방적인 강요로 착각한 것이다.* 황금률이 제국주의의 근거라는 비판 역시 황금률에 대한 오해가 낳은 것이다. 긍정문 황금률이 적극성을 보이기 때문에 마치 긍정문 황금률만의 문제인 것처럼 보이지만, 황금률의 역학에 대한 이런 오해는 부정문 황금률에도 똑같이 적용된다. 황금률은 긍정문, 부정문 가릴 것 없이 뒤집기나 넓히기를 통해 객관성과 합리성을 확보하는 원칙이지, 내 생각을 앞세우는 강요의 원칙도 아니고 상대의 생각을 무조건 존중하는 양보의 원칙도 아니다. 이기주의와 전도된 이기주의를 싸잡아 공격하는 하암의 주장 역시 부정문과 긍정문에 함께 작용하는 역학을 긍정문 하나에만 덧씌운 결과일 뿐이다.

---

* 긍정문 황금률을 비판하는 글에는 상대에 대한 배려가 생략된 극단적인 보기들을 긍정문 황금률의 적용 사례로 소개하는 경우가 많다. Allinson "Hillel and Confucius," 32, 34-5를 보라.

부정문 황금률이 더 낫다 하는 이들도 사실 실천 영역에서는 부정문도 적극적인 행동을 내포한다고 거듭 주장한다. 부정문도 긍정문에 뒤지지 않는다는 주장인데, 그 결과 긍정문 황금률을 향한 자신들의 비판이 자신들이 옹호하는 부정문에도 그대로 적용되고 만다. 부정 황금률도 그런 적극성을 띤다면 그 역시 그들이 말하는 교만으로 나타날 것이다. 내가 원하는 것을 상대가 원한다는 보장이 없다며 긍정 황금률을 비판하지만, 이를 뒤집으면 내가 원하지 않는 이것을 상대 역시 원하지 않는다는 보장이 없으니 부정 황금률도 다를 바 없다. 다만 부정 황금률을 원리로 채택하는 사람은 상대의 처지에 대해 확실한 정보가 없다면 아무것도 하지 않으면 되므로 강요나 억압의 무례함은 줄일 수 있을지 모른다. 하지만 소통의 한계라는 근본 문제를 안고 있는 인간의 존재 양태를 고려할 때, 그런 태도는 칸트가 우려한 완전한 관계 단절을 피할 길이 없다.

긍정문의 의미

그럼 긍정문이 더 나은가? 우선 긍정문과 부정문이 어떻게 다른지 우리의 경우 이웃 일본과 비교해 느껴볼 수 있다. 두레나 품앗이로 적극적인 교섭을 나누는 우리 문화와 남에게 폐 끼치기를 극도로 꺼리는 일본 문화는 달라도 너무나 다르다. 하지만 타락한 세상에서는 어느 쪽이 더 좋다 하기는 불가능하다. 시인 보들레르는 서로를 유령 대하듯 하는 도시민의 교섭 없는 삶을 한탄했지만, 한국 사람들은 멀고 가까운 사람들의 넓은 오지랖 때문에 늘 피곤하다. 결혼은 언제 할 거냐, 취직은 언제 할 거냐, 옷은 왜 그렇게 입고 다니냐 등등. 하지만 싫든 좋든 우리는 사람이다. 그리스도의 황금률은 공존이라는 인간의 존재 방식에 대한 분명한 이해를 담을 뿐 아니라, 그 방식을 가장 효과적으로 구현하는 원리를 가르쳐 준다.

그리스도 황금률의 유일성을 칭송하는 이들은 거의 긍정문이 부정문보다 낫다는 주장도 함께 편다. 긍정, 부정 차이에 대한 인식이 늦게 생긴 만큼 긍정문이 우월하다는 주장도 19세기 이후 등장했다.[91] 예레미아스는 그리스도의 긍정문 황금률이 더 소중하다 하면서 힐렐의 부정문 황금률만 알고 있던 팔레스타인 유대인과 긍정문까지 알고 있었던 디아스포라 유대인들을 잘 구분해야 한다고 주장한다.[92] 특히 황금률이 이웃 사랑 계명과 통하는 것이라 본다면 뜻은 크게 달라질 수 있다. 황금률은 윤리규정이다. 윤리에서 긍정과 부정은 단순한 논리적 차이가 아니다. 긍정과 부정의 차이는 존재의 여러 차원, 곧 논리와 언어와 삶에서 각각 다른 뜻을 갖는다. 논리에서는 부정을 부정하면 그냥 긍정이 된다. 논리는 차갑다. 그런데 언어는 다르다. 삶의 온기가 있기 때문이다. 언어에서는 일단 긍정을 부정하면 그 반대가 되지만, 그걸 다시 부정한다고 처음의 긍정으로 돌아가지는 않는다. 부정의 부정은 그냥 긍정이 아니라 강한 긍정이 된다. 그럼 삶은 어떤가? 삶의 표상인 언어가 그 정도라면 실체인 삶 자체는 논리나 문법보다 얼마나 더 두텁겠는가. 논리가 차가운 것이라면 언어는 약간의 온기를 가졌고 삶의 열기는 언어보다 훨씬 뜨겁다. 따라서 윤리에서 부정과 긍정의 차이는 그 윤리가 적용되는 현장에서 근본적인 차이를 가져온다.

윤리에서도 부정의 부정이 그냥 긍정과 똑같아 보이는 경우가 있다. "거짓말하지 마!"는 "사실대로 말해!"와 큰 차이가 없다. 뉘앙스의 차이는 있지만 내용은 같다.[93] 그런데 참과 거짓의 경우는 대부분 참과 거짓 자체가 강약을 구분할 수 없이 명확하게 구분되고 중간 지대도 없어 부정의 부정은 그냥 긍정과 같아진다. 정직이 아니면 거짓이고 거짓이 아니면 정직이다. 항상 기도하라 하신 주님의 명령과 쉬지 말고 기도하라는 바울의 권면에도 적용된다눅18:1; 21:36; 살전5:17. 쉬지 않는 건 부정의 부정이지만 항상이라는 긍정과 별 차이가 없다. 그렇지만 우리가 삶에서 하는 대부분의 판단은 농도가 각기 다르며 중간 지대도 얼마든지 있다. 사랑의 반대는 미움이다. 하지만 '사랑하라'와 '미워하지 말라'는 같은 것일 수 없다. 사랑의 강도가 천차만별이고, 미움 또한 수십 가지 이상이기 때문이다. 둘이 겹치는 영역은 왜 또 없겠는가. 황금률이 내용은 없는 형식적인 규정이라면 부정문과 긍정문이 논리적으로나 도덕적으로 등가라 할 수 있을지 모른다.[94] 또 목표로 하는 바가 상호성과 공평이라면 소극적 접근과 적극적 접근이 같은 결과를 낳을 수도 있다. 하지만 하나님의 구원과 사랑을 아는 자들에게 그것을 실천하는 규칙으로 주신 것이 황금률이라면 긍정문과 부정문의 차이를 그저 "수사적, 심리적 차이"로 요약할 수는 없다.[95]

그리스도의 황금률은 하나님 은혜라는 든든한 출발점을 가졌고, 이웃을 향한 사랑이라는 명확한 내용까지 가졌다. 계명이 부정문, 긍정문이라면 현장에서는 소극성, 적극성으로 나타난다. 따라서 그리스도의 황금률이 긍정문이라는 점은 문법적 긍정, 부정의 의미를 뛰어넘는다. 긍정문에 담긴 이런 적극성은 주님의 다른 말씀에서도 확인할 수 있다. 내 이웃이 누군지 묻는 율법 교사에게 주님께서는 선한 사마리아인 비유를 들려주셨다. 누군가가 나의 이웃이기 때문에 내가 그 사람을 사랑하는 것이 아니라, 내가 적극적으로 다가가 도움을 베풂으로써 그 사람의 이웃이 되어야 한다고 가르쳐 주셨다눅10:25-37.* 소극적 자세를 가진 율법 교사에게 적극적 사랑에 대해 가르쳐 주신 셈이다. 내 사랑의 대상인지 아닌지 고민하던 사마리아 사람을 내게 먼저 자비를 베푼 사람으로 소개하셔서 황금률이 담은 적극적 사랑을 보여주신 것이다.

이런 적극성은 관계 형성 가능성으로 이어진다. 양과 염소 비유에서 주님께서는 오른쪽에 있는 이들의 선행이 "이 가장 작은 내 형제들 중 하나에게 한 것"이라며 칭찬하셨다. 그런데 그런 선을 행하지 않은 왼쪽 사람들에게는 "형제들"이라는 말은 없이 그냥 "이 가장 작은 자들 중 하나에게 하지 않은 것"이라 하셨다마25:40, 45.[96] 물론 주님의 형제라 부르셨지만 우리가 다가가야만 그런 관계가 이루어진다.** 적극적인 사랑은 너와 나를 '형제', 곧 한 식구로 엮어준다. 하지만 사랑의 행동이 없을 때는, 다시 말해 내가 먼저 적극적으로 다가가지 않을 때는 그런 관계 자체가 형성되지 않는다. 크리소스토무스도 부정문은 상대와 이어지지 않는다고 했다. 오직 긍정문일 때 서로 엮인다.[97] 긍정문의 우월함을 주장하는 한 글은 "긍정 공식은 부정 공식을 반드시 품지만 반대는 아니다"라고 주장한다.[98] 논리적 관점의 우월함이 아니라 "실천 도덕의 더욱 충만한 표현"이기 때문이다.[99]

결국 중요한 것은 문장 자체가 긍정이냐 부정이냐 하는 것이 아니라 거기 담긴 따뜻함이다. 단수 복수가 문제가 아니라 특정한 집단이라는 점이 중요했던 것처럼, 긍정 부정이 문제가 아니라 거기 담으신 뜻

---

* 이 책 305-310쪽을 참고하라.
** 고린도전서 8장 11절, "그는 그리스도께서 위하여 죽으신 형제니라." 주의 형제는 곧 나의 형제다.

의 차이가 중요하다. 문법이 아니라 사랑의 실천이다. 김교신이 지적한 것처럼 영의 세계에서는 소극과 적극은 땅과 하늘만큼 다른 것이다.[100] 세상 교훈도 잘 뒤집으면 긍정이 되겠지만, 그리스도의 가르침은 긍정을 넘어 적극적인 사랑으로 나아간다. 동서고금의 수많은 황금률은 부정문 공식을 통해 소극적 자세를 가르친다. 혹 적극적 자세를 품은 경우라 하더라도 그리스도의 황금률처럼 적극적으로 다가가는 사랑에는 미치지 못한다.

긍정을 넘어
'모든 것'으로

그리스도의 황금률은 다르다. 하지만 그리스도의 황금률을 독보적인 가르침으로 만드는 것은 단순한 문장 형태가 아니라 거기 담아 주신 뜻이다. 주님께서는 문장만 부정문에서 긍정문으로 바꾸신 것이 아니라, 긍정보다 더 강하고 적극보다 더 무거운 요구를 황금률에 담으셨다. 이웃 사랑 계명을 황금률이라는 형태로 만들어 주신 의도를 우리가 깨달을 수 있도록 모양을 잘 갖추어 주셨다. 가장 뚜렷한 것이 그리스도 황금률의 첫 낱말인 '모든 것'이다.

'모든 것판타'은 황금률의 그리스어 원문에서는 가장 먼저 나오는 낱말이다. 번역에서는 '그러므로'라는 접속사가 먼저 나오지만, 이 접속사는 수줍음이 많아 첫 자리를 '모든 것'에게 양보했다. 하지만 '모든 것'이 가장 먼저 등장한 이유는 그저 문법 때문이 아니다. 주님께서는 이 말을 문장 가장 앞에 둠으로써 힘을 실으셨다. 우리말로 옮기면 구조상 문장 한가운데로 간다.* "그러므로 무엇이든지 너희가 사람들이 너희에게 하기 바라는 '모든 것'을 너희도 그들에게 그대로 해라." 누가복음 황금률에는 '모든 것'이 없다. 대신 '똑같이'라는 말을 두 번 반복함으로써 같은 뜻을 담으셨다. 비유에서 말씀하신 사마리아인이 최선을 다해 도운 것처럼, 즉 모든 것을 준 것처럼, 우리도 '똑같이' 해야 한다는 말씀이다눅10:37. '해라', '자비를 베풀라', '다 주어라' 하는 뜻이다.

'모든 것'이 무엇을 가리킬까? '모든 것'이니 아무 조건이 필요하지 않겠지만, 앞에서 말씀하신 '이 모든 것'**과 관련되었을 가능성이 있다마6:32. 〈개역개정〉은 '이는 다'로 옮겼는데, 주님께서는 '먹고사는 일에 관련된 모든 것'을 언급하시면서 그건 이방인들이 구하는 것이라 하셨다마6:25-34. 그리곤 우리의 하늘 아버지는 그게 우리에게 있어야 할 줄 아신다 하실 때 '이것들을 통틀어'***라는 표현을 사용하여 단 하나도 빠짐없는 전부임을 강조하셨다. 그런 다음 하나님의 나라와 그의 의를 먼저 구하라 하셨다마6:33. 재물과 관련된 말씀을 길게 하신 다음 주신 결론이므로 재물을 나 먹고사는 문제를 위해 쓸 것이 아니라 하나님의 나라와 의를 위해, 구체적으로는 이웃과 더불어 사는 일에 쓰라는 말씀이 된다.

사실 '이 모든 것'은 황금률 말씀에서 제법 떨어져 있다. 하지만 황금률 직전에 비슷한 말씀이 다시 등장한다마7:8. 여기서도 '모든'을 문장 첫 낱말로 사용하시면서 '구하는 모든 사람'이 얻을 것이라 하셨는데,

---

* 〈개역개정〉은 이 중요한 낱말을 누락하고 있다. 〈새한글성경〉은 '무엇이든지' 뒤에 '다'를 추가했다.
** "πάντα… ταῦτα"(판타 타우타).
*** "τούτων ἁπάντων"(투톤 하판톤).

이는 '구하는 모든 것'을 얻는다쳐 말씀과 다르지 않다. 주님께서는 '구하기만 하면 다 주시는 하늘 아버지'를 소개하신 다음 곧바로 황금률로 연결하심으로써 앞서 이야기한 '이 모든 것'이 황금률의 '모든 것'과 무관하지 않음을 보여주신다. 그런데 앞에서는 구하지 말라 하시더니 여기서는 구하라 하신다. 이 차이는 어떻게 될까? 구하라, 찾으라, 두드리라는 말씀의 결론이 '그러므로' 다음에 나오는 황금률인데, 우리가 사람들에게 바라는 바를 그대로 그들에게 하라 하셨으니 여기서도 사실상 구할 필요가 없어진다. 말인즉 구하라 하셨지만 결론에 가서는 사람 아버지보다 훨씬 좋으신 아버지께 다 맡기고 사람들에게 하라, 곧 하나님의 나라와 의를 구하라 하신 것이다. 결국 같은 말씀이다.

예수께서는 '모든 것'으로 문장을 시작하신 다음 '무엇이든지'라는 문구를 추가하셨다. 절대적 용어 하나로 미진하다 생각하셨는지 양보어까지 하나 추가하신 것이다. 우리말은 구조상 무엇이든지가 먼저 나왔다.

> "그러므로 무엇이든지 너희가 사람들이 너희에게 하기 바라는 모든
> 것을 너희도 그들에게 그대로 해라."

'모든 것'으로 시작하는 그리스도의 황금률을 유대교 랍비 전통과 연결하려는 이들이 많다. 미슈나의 규정들도 대부분 '모든'으로 시작한다는 이유다.[101] 그럴 수도 있다. 하지만 그런 규정 가운데 '무엇이든지'가 추가된 것은 없다. 그리스도의 황금률은 부정문을 긍정문으로 고친 정도가 아니라 긍정을 넘어 적극적인 사랑으로 나아간다. '모든 것' 하나만 해도 긍정문 황금률을 훌쩍 뛰어넘는데, 주님께서는 그걸로 모자

라는지 '무엇이든지'를 추가하셨다. 그리스도의 황금률은 이웃을 사랑하되 상호성 원칙을 기준으로 삼아 하라는 중립적인 명령이 아니다. 그런 명령이라면 부정문 황금률로도 충분하다. 그렇게 남에게 피해를 끼치지만 않아도 세상은 의롭고 평화로운 곳이 될 것이다. 하지만 그런 차원의 정의로 풀 수 없는 것이 많다. 아니 세상의 근본 문제는 그런 정의로 해결되지 않는다. 주님의 명령은 극단적이고 혁명적이다. 다 주라는 것이다. 주님의 황금률은 상호성도 아니고 중립성도 아니다. 그냥 사랑이다.

왜 '모든 것'일까? 이유는 간단하다. 아버지도 우리에게 모든 것을 주셨고 또 주시기 때문이다. 하나님께서는 구하는 '모든 이'에게 주신다. 당신의 자녀 모두에게 주신 특권이다. 그렇다면 당신의 자녀들인 우리 역시 무엇이든지 우리가 사람들이 우리에게 해 주었으면 하는 모든 것을 그들에게 그대로 해야 한다. 이미 받았다. 이제 남은 일은 주는 일이다. 주기만 할 뿐 조건을 따지지도 보상도 바라지도 않는다. '모든 것'이라는 이 한 낱말에 하나님께서 주신 사랑과 우리를 향한 기대가 다 들었다.

"사랑하는 이들이여, 하나님이 우리를 이렇게 사랑하셨다면 우리도 서로 사랑하는 것이 마땅합니다."_요일4:11

'이렇게'라니 어떻게 사랑하셨다는 말인가?

"그가 우리를 대신하여 당신의 목숨을 버리셨기에 우리가 그것을 통해 사랑을 알고 우리도 형제들을 대신하여 목숨을 버리는 것이 마땅합니다."_요일3:16

목숨을 내놓은 것은 다 내놓은 것이다요15:13. 그리스도는 우리를 '위하여', 다시 말해 우리를 '대신하여' 죽으신 것이다. 이것이 그리스도 황금률의 근본적인 차이다. 우리가 죽어야 할 죽음을 그리스도께서 대신 죽으신 것이니 그리스도의 죽음으로 우리는 목숨을 건졌다. 그리스도께서 목숨을 버리신 결과 돈 십억을 받았다면 우리도 목숨 아닌 돈 십억을 내놓아야 할 것이다. 그런데 그리스도께서 죽으셔서 우리가 목숨을 건졌으니, 우리가 형제들을 위해 내놓을 것도 목숨이다. 주님께서 하셨으니 '우리도' 해야 한다. 김교신은 공자나 석가 같은 사람을 미개인 취급하려는 '경박하고 거만한' 그리스도인들에게 분노를 느끼면서도 오직 그리스도만이 하늘에서 오셨기에 그렇게 가르치실 수 있었음을 거듭 강조한다.[102] 오직 주님만이 다 주셨다.

황금률에 대한 비판 가운데 무제한으로 주게 만들기 때문에 잘못이라는 것이 있다. 인류 역사에는 자신이 이웃에게 기대하는 정도가 아니라 "그것보다 훨씬 많이" 이웃에게 한 사람이 많다는 것이다.[103] 착한 사람을 그런 식으로 바보로 만드는 노예 규정이라는 뜻인데, 공정함이나 상호성을 목표로 하는 일반 황금률에 대해서는 해볼 수 있는 비판이겠지만 우리 주님의 황금률에는 적용되지 않는다. 주님께서 가르치신 황금률이 바로 그렇게 "훨씬 많이" 어쩌면 "끝까지" 해 주라 하신 것이기 때문이다.

율법과 복음

부정문, 긍정문 차이를 뛰어넘는 그리스도 황금률의 참뜻은 율법과 복음을 비교해 봄으로써 더욱 분명하게 알 수 있다. 복음이 무엇인지 알면 주님께서 가르치신 적극적 황금률의 뜻도 이해할 수 있다. 그리스도께서는 산상수훈 초두에서 천국 시민의 성품과 사명에 대해 말씀하신 다음 본론에 들어가시면서 이 말씀을 하셨다.

> "내가 율법이나 선지자들을 없애러 왔다고 생각하지 마라. 없애러 온
> 게 아니라 완성하러 왔다."_마5:17

그런 다음 5, 6, 7장에서 구약 계명의 참뜻을 길게 설명해 주시고는 결론 부분에 가서 황금률을 들려주신 다음 "이게 바로 율법과 선지자들인 까닭이다" 하셨다. 그러니 5, 6, 7장에 담긴 말씀은 그리스도께서 율법과 선지자들을 어떻게 완성하시는지 설명하는 내용이고, 황금률은 그 모든 말씀의 결론, 곧 율법과 선지자들의 완성이다. 다시 말해 산상수훈의 시작이 율법이라면 그 마지막은 율법의 완성인 복음이 되어야 하며, 황금률은 율법과 선지자들을 완성한 복음의 압축이요 정수가 되어야 옳다.

그럼 주님께서는 율법을 어떻게 완성하시는가? 핵심은 '의' 개념이다. 율법의 점 하나 획 하나도 가벼이 여기지 말고 철저하게 다 순종해야 한다 말씀하신 주님께서는 의에 대해 이렇게 말씀하셨다.

"내가 너희에게 말한다. 너희의 의가 서기관들과 바리새인들보다 더 뛰어나지 않으면 절대 하늘나라에 못 들어간다."_마5:20

'의'는 옳음이다. 하나님께서 옳다 하시는 게 의다. 주님께서는 두 가지 의를 대비시키신다. 하나는 '서기관들과 바리새인들의 의'고, 다른 하나는 '너희의 의'다. 이 둘이 어떻게 다른가?

눈에 띄는 첫 차이는 부정과 긍정의 차이이다. 주님께서는 부정문으로 된 계명을 긍정문으로 바꾸어 주셨다. 살인하지 말라는 계명은 사람들과 사이좋게 지내라는 뜻으로, 간음하지 말라는 정욕을 이기려고 몸부림을 치라는 뜻으로, 헛맹세하지 말라는 언제나 바른말만 하라는 가르침으로 풀어주셨다. 힐렐이 구약성경의 요약으로 가르친 부정문 황금률은 금지령에 담긴 율법의 한계를 잘 보여주지만, 주님께서 주신 긍정문 황금률은 가장 큰 두 계명과 함께 구약성경의 참뜻을 정확하게 밝혀 준다. 그래서 한 주석가는 황금률을 '더 나은 의'의 최고 표현, 곧 "*ultimum desideratum*최종 소망"이라 부른다.[104] 주님의 황금률에는 부정문이 순종에 더 낫다는 식의 논리가 낄 자리가 없다.

또 율법이 겉모습에 치중하는 반면, 복음은 하나님의 나라에 초점을 두고 마음으로 순종하고자 애쓴다. 하나님을 사랑할 때는 무엇보다 마음을 다해야 한다. 살인, 간음, 맹세 등에 관한 말씀에서도 이 차이가 드러나지만, 구제, 기도, 금식 등에서 더 구체적으로 드러난다마6:1-18. 사람들에게 보이려고 행하는 의와 하늘 아버지 앞에서 행하는 의의 차이다. 꼭 사람에게 보이려고 한 게 아니라 해도 율법의 의를 이루고자 애쓴 사람들은 할례, 안식일, 정결규례 등 외적인 규정을 어기지 않으려고 애를 썼으니 마음에 집중한 의가 더 나을 수밖에 없다.

하지만 그리스도께서 그저 참뜻을 밝히시는 정도로 율법과 선지자들을 완성하신 것은 아니다. 그렇게 해서 완성될 율법과 선지자들이었다면 소크라테스나 공자 정도로도 얼마든지 하실 수 있었을 것이다. 율법과 선지자들을 완성하시기 위해서 하나님의 아들이 사람이 되어 오셨다. 우리의 의가 되시기 위해서다. 이게 핵심이다. 성경은 이렇게 말한다.

"그리스도는 율법의 마지막이 되셔서 믿는 모든 이에게 의가 되신다."_롬10:4

'마지막'은 끝, 곧 닿는 지점이다. 그리스도는 율법의 끝이시다. 구약 율법은 그리스도를 기다리고 있었다. 그리스도가 오셨을 때 그 기다림은 현실로 이루어졌다. 그림자가 사라지고 실체가 오신 것이다. 율법과 선지자들은 세례요한 때까지요, 그 뒤로는 하나님 나라의 복음이 전파된다 하셨다눅16:16. 그리스도께서 오셔서 율법과 선지자들을 완성하시며 주신 것이 황금률이다. 이 점에서 우리의 의는 서기관들과 바리새인들보다 당연히 낫다. 그렇게 오신 그리스도는 율법이 할 수 없던 것을 가능하게 하셨다. 첫째는 십자가를 지고 율법의 저주를 대신 받으심으로 율법의 요구를 다 이루셨다. 둘째는 그렇게 이루신 의를 당신을 믿는 모든 사람에게 주신다.

하늘나라에 들어가려면 적어도 율법의 의, 곧 서기관들과 바리새인들의 의보다 나아야 한다고 주께서 말씀하셨다. 그러니 율법보다 나은 의가 아니라 사실 율법 아닌 다른 의가 필요하다.

> "이제 율법과 별도로 하나님의 의가 나타나 율법과 선지자들의 입증
> 을 받았습니다. 예수 그리스도를 믿음으로써 믿는 이 모두에게 미치
> 는 하나님의 의입니다."_롬3:21-22

이 의가 바로 서기관들과 바리새인들보다 나은 의, 곧 그리스도를 믿고 따르는 제자들이 얻은 의다. 율법보다 나은 의요, 이 의를 가진 사람은 모두 하늘나라에 들어간다. 예수께서 오신 다음 보니 구약성경도 믿음으로 의롭게 되는 이 진리를 이미 말하고 있었다.

황금률은 완성이다. 율법과 선지자들의 완성이다. 따라서 부정 아닌 긍정이라야 하고 껍데기 아닌 내면을 향해야 하지만, 무엇보다 하나님의 아들이 사람이 되어 오셨다는 진리가 반드시 들어 있어야 한다. 우리를 의롭다 하시기 위해 율법의 저주를 몸소 짊어지신 그 사랑이 그리스도께서 주신 황금률에는 반드시 담겨 있어야 한다. '이게 성경이다' 하신 주님께서는 다른 곳에서는 주님 당신이 그 성경의 주인공이라 하셨다요5:39; 눅24:27. 사람 되어 오신 하나님이시다. 주님께서는 나 싫은 건 남에게도 하지 말라는 원리가 아닌 내가 바라는 것을 남에게 하라는 적극적 원리에 따라 이 땅에 오셨다. 오셔서 당신의 목숨, 곧 전부를 주셨다. 황금률은 우리를 향한 주님의 사랑을 담고 있다. 주님께서는 그 사랑으로 우리에게 똑같이 실천하라 명령하신다.

그리스도 황금률의 특성은 긍정문도 아니고, 적극적 실천도 아니다. 주님께서 주신 황금률의 고갱이는 주님 당신이 이 원칙을 자기희생

으로 구현하셨다는 점이다. 긍정 황금률로 볼 수 있는 게 역사에 없지 않았다. 공자나 묵자도 적극적인 사랑을 가르쳤고, 부다고사나 진순도 스승들의 황금률을 그렇게 풀었지만, 인간 가운데는 그 누구도 황금률을 온전하게 행하지 못했다. 황금률을 먼저 실행하시고 그것을 제자들에게 명하신 분은 예수 그리스도 한 분이다.[105] 아니, 그리스도 외에는 이 문장에 그런 우주적 무게를 담을 수 있는 자가 없다. 그리스도의 인격, 성품에 기초를 두고, 그리스도의 사역을 믿어 하나님 은혜를 경험한 이들에게 주시는 명령이 바로 황금률이다.

리쾨르는 그리스도 황금률의 이 점을 무시한다. 힐렐의 부정문 황금률과 그리스도의 긍정문 황금률을 똑같은 것으로 보고 그저 황금률이 칸트의 정언명령보다 뛰어남을 증명하는 일에만 치중한다. 두 황금률이 각각 미움 및 욕망에서 출발하고 따라서 삶의 기본 조건을 내용으로 담고 있는 반면, 칸트의 정언명령은 경험의 요소를 완전히 배제하여 공허하고 내용도 없는 형식주의가 되었다는 것이다. 그 과정에서 리쾨르는 그리스도의 황금률의 뛰어남을 발견하지 못한 채 일반 황금률과 똑같이 상호성 및 자기 이익의 규칙으로 보고 말았다. 칼뱅의 관점 그대로다. 리쾨르도 황금률을 사랑의 계명과 연결은 한다. 하지만 사랑의 계명이 무한 희생을 요구하는 반면, 그리스도의 황금률은 그런 무제한의 희생으로부터 균형을 잡아주는 장치라고 본다.[106] 한 뺨을 맞으면 다른 뺨도 대주는 게 사랑의 계명이라면, 황금률은 그렇게 대주지 못하게 막는다는 이야기다. 일반 황금률을 그렇게 풀었다면 모르겠거니와 그리스도의 것까지 그렇게 똑같이 풀었으니 보배를 못 보았다. 그리스도의 황금률을 완전히 거꾸로 이해한 셈이다. 하여 리쾨르는 황금률을 여러 번 설명하면서도 '이것이 곧 성경이다' 하신 말씀은 한 번도 언급하지 못했다.

일반 황금률은 형식적 규정으로 공허한 것 같더니 그 빈자리가 또 문제로 가득해 그릇으로 쓰기는 쉽지 않다. 주님의 황금률은 일반적 규정이 아니라 내용이 꽉 차 있다. 빈자리가 없음에도 그릇으로 긴요하게 쓰인다. 내용에는 빈자리가 없으나 그 내용을 채우기 위해 행하신 주님의 희생이라는 빈자리 덕분이다빌2:7. 주님께서는 당신을 비우고 이 땅에 내려오셨다. 그리스도의 황금률은 '모든 것'에다 '무엇이든지'까지 추가한 명령이다. 내 마음대로 골라 실천하던 율법과 달리 다 하는 것이 복음의 요구다. 주님께서 우리에게 그렇게 다 해야 함을 강조하신 이유는 간단하다. 주님께서 우리에게 먼저 다 주셨기 때문이다. 부정과 긍정의 차이로 설명할 수 없는 적극적인 사랑이다. 그게 바로 황금률의 참 내용이다.

4

너희가… 바라는: 황금률의 출발점

무엇이든지 너희가 바라는 모든 것을 사람들에게 하라 하셨다. 그리스
도의 황금률도 우리가 바라는 바에서 시작하니 일반 황금률을 닮았다.
그런데 그냥 좋아하거나 싫어하는 것이 아니라 '우리가 사람들이 우리
에게 해 주기 바라는' 것에서 시작한다. 여기서 우리는 제자들이다. 제
자가 한 마음으로 사람들이 우리에게 해 주었으면 하고 기대하는 바는
무엇일까? 그리고 우리는 그걸 또 어떻게 그들에게 해 주어야 할까?

자기 사랑 문제

　　　　일반 황금률에서는 '내가 바라는 것'을 '자기 사랑'으로 본
다. 내가 좋아하는 것을 남에게 해 주는 것이 황금률이다. 부정문 황금
률은 내가 싫어하는 것을 남에게 하지 않는 것이니, 이 역시 소극적 형
태의 자기 사랑이다.

　　　자기 사랑에는 두 가지가 있다. 첫째는 생물로서 갖는 생존본능이

다. 갓난아기가 힘을 다해 젖을 빨고 무엇이든 손에 잡히면 움켜쥐는 것은 원초적인 자기 사랑의 모습이다. 안 먹으면 배가 고파지는 생물학적 본능에서부터 넘어질 때 팔을 뻗어 몸을 보호하는 구체적인 행동까지 다 이런 본능에 속한다. 살아있는 것은 다 가진 이런 자연스럽고 합리적인 본능이 이웃을 '너처럼 사랑하라' 할 때 전제된다. 이 경우 나는 하나의 유기체일 뿐 아직 남과 대비된 존재는 아니다. 나만 일인칭이다. 사람인 이상, 생각하는 존재인 이상, 모든 게 나 중심일 수밖에 없다. 이 본능은 나에게서 출발하여 식구나 친구 등 가까운 사람들에게도 조금씩 확장된다. 예수 믿어 거듭났다고 내가 이인칭, 삼인칭이 되지는 않는다. 내 이웃이 잘 되기 바라는 마음 역시 내 마음이니 나 중심이다. 하나님 은혜를 더욱 많이 받고자 하는 마음, 그리스도를 닮아 거룩해지고 싶은 것도 다 내 마음이요, '나 중심'이라는 범주에서 벗어나지 않는다.

두 번째 자기 사랑은 이기적 자아다. 세상에는 나 말고도 많다. 그렇게 나와 남이 함께 있을 때 나부터 챙기는 본성이 사람에게는 있다. 본능적 자기 사랑과 시작은 같겠지만, 나를 챙기기 위해 남과 겨루고 그들을 밀어내는 단계로 나아간다. 흔히들 말하는 '욕망'이 그런 자기 사랑으로서 현실 세계에서 만나는 자기 사랑이 주로 이런 모습을 하고 있다.[107] 나를 사랑하되 나 아닌 모든 존재를 배제하니 배타적이다. 내가 생존본능을 넘어 더 가지고 더 누리고자 할 때 이웃은 내 경쟁자요, 내 성취의 방해자가 된다. 따라서 이런 자기 사랑의 본능은 남을 경쟁자로, 또 적으로 느낄 수밖에 없다. 자연인, 곧 타락한 자아의 실제 모습이다. 이것이 보편적인 인간의 모습이기에 세계의 여러 종교가 이것을 문제로 인식하고 통제하기 위해 금욕, 절제, 수련, 고행, 희생, 자선

등 여러 가지 방법을 가르친다. 물론 종교가 이기주의로 타락하면 통제해야 할 것들을 오히려 부추기기도 한다.*

첫 번째 자기 사랑은 얼마든지 정당하지만, 두 번째 자기 사랑은 잘못일 수 있다. 그런데 황금률은 기본적으로 이 두 사랑을 구분하지 않는다. 이 둘은 사실 칼로 무 썰듯 딱 나누어지지 않는다. 잘사는 나라에서는 건강식을 많이들 한다. 돈을 더 써서라도 유기농 식품을 먹으며 안전한 수돗물 두고 생수를 사 마신다. 가난한 나라에서는 농약 범벅이 된 음식도 없어서 못 먹고, 수도는커녕 웅덩이 물을 걸러 마신다. 양극 사이에서 어디까지가 내 생존을 위한 자기 사랑인지 선을 긋기 어렵다. 황금률이 타당한 원리가 되려면 출발점인 자기 사랑이 먼저 합리적이거나 옳은 것이어야 한다는 주장이 많다. 하지만 황금률은 시작부터 내가 남에게 갖는 기대를 통해 보편성 확보를 꾀하므로, 합리성을 확보하는 작업은 사실상 황금률 역학 안에 담겨 있다. 황금률은 어떤 종류의 자기 사랑이든 나 아닌 다른 사람들에게도 똑같이 확장함으로써 객관성을 확보하고자 한다.

그런데 자기 사랑은 그렇게 꼭 남에게 확대해야 하는 것일까? 방향을 뒤집지 않고 자기 사랑 그대로 두어도 얼마든지 공평하고 평화로운 세상을 이룰 수 있다고 주장하는 사람들도 있다. 한마디로 황금률이 필요 없다는 이야기다. 이를테면 자기 사랑이 자기 계발로 이어지면 다른 모두에게도 유익이 되지 않을까?[108] 모차르트의 음악이 사람들에게 끼치는 유익을 생각한다면 모차르트가 누렸던 남다른 특혜가 오히려 고

---

* 교회를 타락시킨 번영복음이 대표적이다.

마울 수도 있다. 그렇지만 천재가 아닌 우리 대부분은 어느 정도까지 자신에게 투자한 다음 사회에 공헌하는 것이 적당한지 답을 찾기가 쉽지 않다. 그래서 이 논리대로 한다면 결국 모든 사람이 자기 사랑을 위한 무한경쟁에 휘말릴 수도 있을 것이다. 서울 강남 대치동 학원가에 가 보면 이런 어려움을 현실로 느낄 수 있다.

자기 사랑이 곧 이웃 사랑이라는 변증법 같은 주장도 있다. 인류가 다 하나로 얽혀 있기 때문이라는 것이다. 영국의 경제학자 애덤 스미스Adam Smith, 1723-1790처럼 보이지 않는 어떤 손을 믿는지, 자기만 부지런히 사랑하면 이웃 사랑도 저절로 구현된다는 식이다. 계몽된 자기 이익의 반대 논리인 셈이다. 남의 아픔은 곧 내 아픔이라 하였던 영국 시인 존 던John Donne, 1572-1631도 나와 남을 동일시하는 유대감을 보여주지만, 이 또한 남의 슬픔이 종종 내 기쁨이 되는 현실에는 적용하기 어려운 논리다. 물론 적자생존을 믿는 사람들은 다른 이유로 이런 논리를 지지할 것이다.

남에 대한 사랑이 자기 사랑에 포함되어 있다는 주장도 있다. 자신만 배타적으로 추구하면 고립되고 빈약해지므로 관계를 통해 너와 내가 함께 자라야 한다는 것이다. 미국의 신학자 라인홀드 니버Reinhold Niebuhr, 1892-1971가 말했다.

"자아가 제 안에 가진 영적 풍요는 어떤 것이든 자신 너머의 삶에 대한 관계, 애정, 책임, 그리고 그것에 대한 관심의 부산물이다."[109]*

---

* 니버는 20세기를 대표하는 기독교 사회윤리학자로 사회복음주의를 옹호한 사람인데도 놀랍게도 저서에서 황금률은 단 한 빈도 언급하지 않는다.

나와 남이 그렇게 얽혀 있다는 주장인데, 어쨌든 결론은 이웃을 챙기는 그게 자기 사랑이요, 따라서 자기 사랑이 중요하다는 이야기다. 남을 억압하는 건 곧 자기 자신에 대한 불의라 한 폴 틸리히의 주장도 같은 뜻이다.[110] 하지만 이 경우는 말이 자기 사랑이지 실제 내용은 이웃 사랑이므로, 이런 걸 갖고 와서 자기 사랑으로 충분하다 주장하는 건 궤변에 가깝다. 물론 니버도, 틸리히도 그런 식의 자기 사랑이면 된다고 말하지 않는다.

결국 자기 사랑은 어떤 모양이든 황금률로 제어해야 한다는 결론이 나온다. 자기 사랑은 모두가 가진 것이니 황금률은 무척이나 현실적이고 솔직한 원칙이다. 인간 세계에 있는 부조리와 불평등, 미움과 분노, 서로 싸우고 죽이는 모든 문제가 이 욕심, 곧 '바라는 마음'에서 비롯된다. 그런데 이걸 조절한다. 황금률의 힘이다. 욕망으로 시작한 다음 연민의 마음과 합리적 이성으로 그걸 통제한다. 더불어 사는 세상이다. 내가 남에게 무언가 기대하는 이기적인 마음을 그대로 행동에 옮긴다면 우리 사회는 혼란에 빠질 것이다. 남도 또 다른 나 아닌가? 내가 남의 것을 빼앗으려 하듯 남도 내 것을 빼앗으려 하지 않겠는가? 난 내 것을 빼앗기고 싶지 않다. 그렇다면 나 역시 남의 것을 빼앗아서는 안 된다.

사람의 도덕적 본능, 곧 양심이 우리에게 황금률을 지킬 것을 요구한다. 사람이라면 누구나 느끼는 마음이다. 씨 에스 루이스는 황금률에 담긴 뒤집기 또는 넓히기 역학을 이렇게 양심의 활동으로 묘사한다.

"우리는 평범한 자아 곧 다양한 욕구와 관심사를 가진 자아에서 출발합니다. 그런 다음 무언가가 이 자아에게 청구한다는 것을 인정합니다. 그게 도덕성일 수도 있고, 올바른 행동 또는 사회의 유익일 수도 있는데, 이런 요구는 우리 자아의 욕구에 간섭합니다. '선하다착하다'는 것은 그런 청구에 승복하는 것을 말합니다."[111]

황금률이 자기 사랑을 통제하는 원리라 할 때 황금률을 통해 기대할 수 있는 최고의 수준은 평등이다. 공평함을 바탕으로 한 정의와 평화다. 내가 남들에게 기대하는 이기적인 욕망이 있는데, 그걸 그대로 성취하는 대신 방향을 바꾸어 남에게 해 줌으로써 균형을 잡는다. 자기 사랑에서 시작하여 끝까지 내가 중심이므로 일반 황금률은 자기희생으로 이어지지 않는다. 유대인 심리학자인 에리히 프롬Erich Fromm, 1900-1980도 황금률을 공평의 윤리로 규정하고 유대교와 기독교의 가르침인 이웃 사랑 계명과 구분한다.[112] 이런 정의의 원리를 너와 나 사이에 일대일로 적용하면서 범위를 조금씩 넓혀 온 인류에게 확장한다면 칸트의 정언명령도 얼마든지 나올 수 있다. 생각하는 사람, 이성적인 사람이라면 누구나 납득할 수 있는 원리다. 모두가 공감할 수 있는 공평, 정의, 균형, 공정함이 황금률을 통해 얻는 복표다. 물론 이론 및 실천의 문제가 다 해결될 때 그렇다는 이야기다.

정의와 사랑

지난 세기의 신학자 폴 틸리히Paul Tillich, 1886-1965는 그리스도의 황금률을 혹평한 사람으로 유명하다. 틸리히가 보는 황금률은 서로 이해하고 공감하는 가운데 주거니 받거니 하면서 공평한 것을 추구하는 '타산적 정의calculating justice'다. 그리스도의 황금률도 그런 정의를 지향하는데, 근본 문제는 "우리가 뭘 바라야 하는지 말해 주지 않는다"라는 점이라고 틸리히는 지적한다.[113] 한마디로 내용이 빠져 있다는 주장인데, 삶이 현실적이요 구체적이라는 점도 함께 강조하는 걸 보면, 틸리히가 비판한 게 사실 성경의 황금률이 아니라 칸트의 정언명령이 아닐까 하는 의구심도 생긴다. 틸리히는 이어 말한다.

> "사람들이 우리에게 하기 바라는 우리의 소원이 우리가 사람들에게 하는 기준이 되어서는 안 됩니다. 우리 소원은 우리의 옳음뿐 아니라 그릇됨도 보여주고 우리의 지혜보다 어리석음을 더 드러내기 때문입니다."[114]

그러면서 틸리히는 황금률이 정의의 원리로 서기 위해서는 반드시 좋은 것을 바라야 한다고 주장한다. 틸리히는 여기서 일단 황금률의 기본 공식을 오해하고 있다. 황금률은 내가 바라는 것이 좋든 나쁘든 외연 확장과 방향 전환을 통해 합리성을 추구하며 공평과 정의로 나아간다. 그럼에도 좋은 것을 바라야 한다고 주장하는 이유는 사랑과 정의가 서로 깊이 연결되어 있다고 보았기 때문이다. 틸리히는 사랑, 힘, 정의, 이 세 가지가 인간 존재의 바탕을 이루고 있다고 믿는다.[115] 따라서 황금률이 정의의 원리로 서기 위해서는 반드시 사랑을 자기 안에 품고 있어야 한다.* 사랑 없는 정의는 정의일 수 없고, 정의 없는 사랑 또한 사랑이 아니기 때문이다. 틸리히는 그리스도의 황금률 역시 개인의 욕망

---

* 루소도 사랑과 정의의 결합에 대해 말했지만, 루소가 말한 사랑은 낭만주의가 말하는 사랑으로서 틸리히가 말하는 사랑과는 다르다. Rousseau, *Emile*, IV, 236을 보라.

에서 출발하기 때문에 사랑의 계명보다 못하다고 평가하면서 황금률은 사랑의 계명으로 보완되어야 한다고 주장한다.[116] 이웃 사랑 계명은 동기를 부여하고 황금률은 실천 방법을 가르친다는 것이다.[117] 사랑은 타산적 정의를 생산적 정의로 바꾸어 준다. 정의는 사랑의 형식이요 구조다. 정의로 하여금 무엇을 할 것인지 가르쳐주는 게 바로 사랑이다. 사랑은 정의를 제거하지 않고 오히려 세워준다. 사랑이 황금률을 가능하게 만든다.

리쾨르도 틸리히와 생각이 거의 같다. 다만 틸리히가 황금률에 사랑을 보충해야 한다고 주장하는데, 리쾨르는 넘치는 사랑을 황금률의 정의로 조정해야 한다고 주장하는 차이다.* 반대 방향에서 접근해 같은 자리에 닿았다. 리쾨르는 누가복음 황금률을 인용하고 이후 구절을 연결하면서 황금률은 등가보복 원리에 갇힌 반면 이후 구절들은 무한한 사랑을 가르친다고 본다. 따라서 무한한 사랑의 경륜은 결국은 황금률을 부정한다는 것이다.[118] 틸리히나 리쾨르는 황금률을 일반 속담으로 보는 관점을 견지하면서 그리스도께서 거기 담으신 새로운 뜻은 보지 못하고 있다. 다만 딜처럼 황금률을 사랑의 계명으로 대체해야 한다고 생각지는 않고, 사랑의 계명과 조화를 이루어야 한다고 본다.[119]

정의와 사랑, 이 둘은 어떤 사이일까? 상호 모순이라는 견해부터 둘이 같은 것이라는 주장까지 다양하다.[120] 상황윤리를 제창한 조셉 플레처Joseph Fletcher, 1905-1991는 아예 사랑이 곧 정의라 주장한다. 정의는 이웃

---

* 리쾨르도 사랑의 넘쳐남을 균등의 논리로 보충해야 한다 하면서 틸리히처럼 이기적 동기를 너그러움의 동기로 바꾸어 상호성 규칙을 속량해야 한다는 주장을 추가한다. Gensler, *Ethics*, 169를 보라.

간에 공평하게 하자는 것이니 그게 바로 사랑이 아니냐는 것이다. [121]*
하지만 공리주의를 아무리 신봉한다 해도 그런 주장은 사랑이라는 개
념 자체를 왜곡하는 행위다. 교묘한 논리를 사용하면 조화를 못 시킬
것도 없지만, 사랑과 정의는 다르다. 사랑은 희생을 원하고, 정의는 희
생을 반대한다. 사랑은 더 많은 것을 요구한다. [122] 그리스도의 황금률을
두고서도 의견이 분분하다. 일반 황금률이 정의를 말하고 그리스도는
사랑을 가르치셨으니 그리스도의 황금률에는 정의와 사랑이 공존한다
고 본 사람도 많으나, 대부분은 틸리히나 리쾨르처럼 그리스도의 황금
률 역시 정의의 법칙으로서 그리스도께서 가르치신 사랑의 계명과 상
보적인 관계를 이루어야 한다고 본다. 사람들의 이해관계가 충돌을 일
으킬 때 사랑이 제어장치가 되어 줌으로써 정의가 저급한 자기주장으
로 타락하지 않게 돕고, 반대로 무조건적인 사랑이 너무 넘쳐나지 않도
록 공평의 원리로 조절도 해야 한다는 이야기다. [123]

그런데 사랑으로 보충해야만 그리스도의 황금률이 산상수훈에 나
타난 하나님의 의와 부합된다는 틸리히의 주장이 사실이라면, 그리스
도께서 산상수훈을 들쭉날쭉 두서없이 말씀하셨거나 아니면 황금률을
결론으로 편집한 마태가 성의가 없거나 판단력이 모자랐다고 해야 할
것이다. 앞에서 '이건 아니다' 하신 주제를 끝에 가서 결론으로 다시 주
신 셈이니 말이다. 게다가 '이게 바로 성경이다' 하신 말씀은 더더욱 말
이 안 된다. 성경은 하나님의 구원의 사랑을 전하는 책 아닌가. 산은 깎
고 골짜기는 메워 모든 땅을 평평하게 만들긴 해야 하겠지만, 그건 구

---

* "Just is love distributed, nothing else."

원의 결과이지 구원 그 자체는 아니다. 틸리히는 일반 황금률의 역학도 오해했을 뿐 아니라, 그리스도의 황금률도 자기가 그렇게 오해한 황금률과 같은 것이라고 잘못 보고 있다.

그리스도의 황금률은 산상수훈의 결론이다. 산상수훈은 사랑이다. 정의 문제는 간단히 언급만 하신 그리스도께서는 내내 사랑의 가르침을 주셨다. 그게 율법과 선지자들의 완성이요, 그리스도의 제자들이 추구해야 할 하나님의 나라와 의다. 슈트레커Georg Strecker, 1929-1994가 잘 지적했다.

> "황금률은 원수를 받아주고 사랑하라는 요구와 연결된다. 무조건적 사랑의 명령이 황금률의 적용이다. 여러 보기가 황금률을 설명한다. 황금률은 낮아지시고 높아지신 하나님의 아들의 말씀으로 종말론적인 권위로 선포된다."[124]

그리스도인에게 있어야 할 '더 하는 것'을 이 황금률이 명령한다. 황금률이 곧 아가페다.[125] 좋은 것을 바라야 한다는 틸리히의 주장은 옳다. 이 점에서 그리스도의 황금률은 일반 황금률과 다르다. 하지만 정의이기 때문에 사랑이 보충되어야 한다는 주장은 틀렸다. 틸리히가 황금률보다 월등히 낫다고 주장한 사랑의 계명이 사실은 황금률의 내용을 이루고 있다. 틸리히가 채워 넣는 수고를 하기 전에 그리스도께서 이미 꽉꽉 담아 놓으셨다. 우리를 향한 하나님의 사랑과 우리가 사람들에게 실천해야 할 사랑을 함께 담으셨다. 사랑의 계명은 틸리히의 말처럼 황금률을 무한히 초월하는 것이 아니라 함께 뒤엉켜 성경의 알맹이를 이룬다. 그리스도의 황금률이야말로 황금률이다. 틸리히는 이 보화를 못 보았다. 그래서 그릇마저 형편없는 것으로 깎아내리고 말았다.

우리가 바랄
'좋은 것'

그리스도의 황금률은 사랑이다. 뭘 바라든 방향만 뒤집으면 되는 일반 황금률과 다르다. '바라는 것'이 이미 사랑에서 나온다. 이와 관련해 교부 아우구스티누스가 멋진 힌트를 제공한다. 당시 아우구스티누스가 사용하던 라틴어 성경이 '모든 것'이라는 구절을 '모든 좋은 것'이라고 옮겼었던 모양이다.* 명백한 오역이다. 그런데 아우구스티누스는 '좋은*bona*'이라는 말이 원문에는 없지만 이 구절의 뜻을 분명하게 밝혀 주고 있다고 썼다.[126] 왜냐하면 황금률에 나오는 '바라는'은 욕망 아닌 의지를 가리키는데, 아우구스티누스는 스토아 전통을 따라 의지는 늘 좋은 것을 지향한다고 보며 성경도 그 전통과 일치한다고 믿었기 때문이다.[127] 현대의 윤리학자 가운데는 아우구스티누스가 황금률 역학의 문제점을 간파한 것이라고 푸는 이도 있지만,[128] 사실 아우구스티누스는 일반 황금률의 논리를 분석한 것이 아니라 그리스도 황금률에 담긴 참뜻을 밝혔을 뿐이다. 사람이 나쁜 것을 욕망할 수는 있지만 나쁜 것을 바라는 의지를 품을 수는 없다는 것이다. 모로 가도 서울만 가면 되는지는 잘 모르겠으나, 스토아 식으로 풀었는데 성경적 결론에 도달했다. 그리스도의 황금률은 사람들에게 좋은 것을 바라고 그 좋은 것을

___

* 오늘날 가톨릭이 표준으로 사용하고 있는 라틴 불가타 성경은 아직 없을 때였다. 불가타 성경은 이 구절을 '모든 것'으로 바르게 옮기고 있다.

또 사람들에게 해 준다는 뜻이다. 출발점이 욕망이 아니라 좋은 것이고, 그 좋은 것은 이 세상 것들이 아니므로, 그리스도의 황금률은 일반 황금률과 이름만 같을 뿐 시작부터 전혀 다른 방향으로 간다. 아우구스티누스는 일반 황금률의 역학을 오해한 것이 아니라 그리스도의 황금률을 제대로 깨달은 사람이다. 사람 마음에 새겨진 일반 황금률과 그리스도께서 가르치신 황금률이 다르다는 것을 비록 희미하게나마 구분한 셈이다. 그렇기에 하나님의 은혜가 아니고서는 황금률을 실천할 수도 없다고 바로 가르쳤다.

선을 추구하는 의지의 역할을 고려할 때 황금률과 칸트의 정언명령은 적어도 형식 면에서는 같은 길을 간다. 바라는 것은 단순한 욕망이 아니라 상대가 내게 어떻게 해 주어야 마땅한지 알아 그것을 기준으로 삼음으로써 보편성을 확보한다.[129] 개인이 바라는 것은 다 다르겠지만, 적어도 처지를 바꾸어 봄으로써 의지가 바라야 하는 좋은 것을 파악할 수 있게 된다. 물론 차이도 있다. 칸트의 의지는 정언명령으로 구현하기가 쉽지 않다. "의를 사랑하는 일은 자연적으로는 절대 선호할 수 없는 일"이라고 칼뱅이 정확하게 지적해 두었다.[130] 더 큰 차이는 추구하는 내용이다. 칸트의 정언명령은 환경과 문화가 제공하는 가치관과 연결해 현장에 적용할 수 있겠지만, 그리스도의 황금률은 하나님 말씀이 가르치는 여러 원리를 주어진 상황에 적용하게 된다. 그리스도인은 이웃의 유익을 최고 관심사로 삼는 사람이어야 한다.[131] 교부 유스티누스도 이웃을 사랑하는 사람은 자기가 바라는 유익, 곧 "좋은 것들"을 그 사람도 얻어 누리기를 기도하고 바랄 것이라 했다.[132] 하지만 실천 방법은 황금률을 백금률로 만드는 것이 아니라, 수평 황금률을 은혜의 수직

구도로 만드는 것이다.

　황금률의 전제에 이미 그 차이가 드러나 있다. 그리스도의 황금률은 하나님의 구원의 은혜를 경험한 '너희'에게 주신 것이다. 그런 '너희'는 구하기만 하면 다 주시는 좋은 하나님을 아버지로 둔 자들이다. 아니, 달라 하기도 전에 다 주시는 그런 아버지시다. 주님께서 말씀하셨다.

　주님께서는 '좋은 것'이라고 두 번 말씀하신다. 앞서 언급한 '모든 것'이 사실 다 좋은 것들이다. 뭘 바라든 방향만 뒤집으면 좋은 것으로 바뀌는 게 아니라 애초부터 좋은 것이다. 하나님이 보실 때 좋은 것, 그러니까 내가 가지면 나쁜 아니라 남도 좋은 그런 좋은 것을 가리킨다. 그러니 좋은 것을 바라는 '너희' 자체가 이미 내적 변화를 경험했다는 말이다. 내가 이기적으로 바라는 것, 다시 말해 거듭나지 않은 자아가 바라는 것을 방향만 뒤집는다고 거듭난 삶이 되지는 않는다. 그리스도 황금률은 그런 역학이 아예 필요가 없다. 대신 위로부터 오는 은혜를 근거로 한다. 그 은혜가 있어야 하니 사람이 변하는 것이 첫 조건이다. 이제 좋은 것만 바라게 되었다. 그 좋은 것은 모두 아버지께서 주실 것이다. 그러니 그 좋은 것을 그저 이웃에게 베풀기만 하라는 명령이다.

　이 좋은 것의 내용은 그럼 무엇일까? 우선 '모든 것'의 내용은 무엇인가? 하나님께서 주시는 '모든 것'에 대해서는 주님께서 이미 여러 번 말씀하셨다. 먹고 마시고 입는 등 우리에게 필요한 '모든 것'이요마6:32-33, 우리가 아버지께 구하는 '모든 것'이다마7:7-11. 이어 나오는 '모든 것', 곧 황금률에 나오는 '모든 것'은 우리 몫이다. 우리가 바라는 모든 것, 다시 말해 '너희가 사람들이 너희에게 하기 바라는 모든 것'이 출발점이다. 황금률은 모두 내가 바라는 것에서 시작하는데, 주님의 황금률은 '너희'라는 공동체에 주셨기에 우리가 바라는 것에서 시작된다. 그렇게 바라는 '모든 것'을, 그게 '무엇이든지' 상관없이, 사람들에게 '그대로' 하라 하신다.

주님께서는 우리가 무엇을 바랄 것인지 틸리히가 불만을 터뜨리기 거의 이천 년 전에 교부 테르툴리아누스를 통해 답을 주셨다.[133] 테르툴리아누스는 마르키온을 꾸짖으며 시작한다. 마르키온은 구약의 하나님을 폭군이라며 거부하고 용서의 하나님이신 신약의 하나님만 참 하나님이라 주장한 사람인데, 테르툴리아누스는 황금률을 주신 분이 곧 구약의 하나님 바로 그분이시라 설명한다. 만약 그리스도가 구약과 무관한 새로운 신이라면 내가 이웃에게 무엇을 기대할 것인지 내 마음대로 정해야 할 것이요, 그리스도의 황금률은 뭐든지 내 기분, 내 감정대로 하라는 말이 되고 말았을 것이다. 테르툴리아누스는 하나님을 모르는 이방인들이 그렇게 한다고 지적한다. 자연인도 선과 악이 나누어지는 정도는 알지만 하나님의 가르침대로 살지는 않는다는 것이다. 오직 하나님의 말씀만이 믿음 안에서, 곧 하나님을 두려워함 가운데서 참 자유로 바라고 행동하게 가르친다.

우리는 오직 하나님의 말씀이 가르치는 대로 바라야 한다. 구약에서는 이사야를 통해 고아와 과부를 돌보라 하셨고, 에스겔을 통해 가난한 자를 도우라 하셨다. 내가 다른 사람들이 나에게 해 주기를 바라는 좋은 것들을 그들에게 해야 한다. 구원의 은혜를 알았기 때문이다. 십 계명에 나오는 금지령 역시 내가 이웃이 나에게 하지 않기를 바라는 것들이니 나 또한 그들에게 하지 말아야 한다. 우리가 바라야 할 것은 결국 산상수훈이요 성경 전체가 가르치는 내용이니, 테르툴리아누스는 '이것이 바로 성경이다' 하신 말씀의 뜻까지 정확하게 알고 있었던 셈이다. 주님께서는 마무리 부분에서 하늘나라에 갈 사람은 '하늘에 계신 내 아버지의 뜻대로 행하는 자'라 하셨다. 성경에 담아 주신 바로 그 가르침대로 실천하는 이만 하늘나라에 간다. 그리스도께서 사람이 떡으로만 사는 게 아니라 하나님의 입에서 나오는 모든 말씀으로 산다고 사역 초기에 이미 분명하게 말씀하셨다.

산상수훈 본문에서도 주님께서는 우리가 바라야 할 것들이 무엇인지 거듭 가르쳐 주셨다. 핵심은 하나님의 나라와 의다. 구하는 대로 주시는 하나님, 구하기도 전에 다 알아서 공급하시는 아버지를 둔 사람들은 성령의 인도를 따라 거듭난 마음, 새 생명으로 하나님의 말씀이 가르치는 대로 하나님의 나라와 의를 바라게 된다. 김홍전金弘全, 1914-2003은 이런 마음가짐을 다음과 같이 설명한다.

"하나님의 나라의 백성은 그 마음에 하나님 나라가 있는 이상, 그 마음에 있는 대로 남에게도 요구하는 것입니다. 만일 내 마음 가운데 늘 하나님 나라의 의와 평강과 기쁨이라는 거룩한 속성들을 지니고 사는 사람이라면… 다른 사람들도 어떻게든지 하나님을 알고 하나님을 기쁘시게 하는 사람으로 살았으면 좋겠다고 하는 것이 하나님의 씨 에스 루이스를 비롯한 많은 사람이 그리스도의 가르침을 일반 황금률과 같다고 본다. 가장 완벽한 형태의 황금률이라며 칭송을 아끼지 않는다. 황금률이라는 이름부터 원래 그 가르침에 붙인 이름 아니던가. 쉽게 말해 그리스도 역시 인간의 자기 사랑에 호소하셨다는 말인데, 한마디로 틀렸다. 그리스도의 가르침은 황금률이라는 보편적인 가르침과 겉모양은 제법 닮았지만, 타락한 욕망에서 출발하여 방향을 뒤집어 균형을 이루는 그런 사고 체계가 아니다. 무엇보다 거듭난 이들에게 주신 명령이요, 모든 좋은 것을 주시는 하나님, 구하는 대로 주시는 아버지를 보유한 이들에게 주신 명령이기 때문이다. 메이천의 지적대로 순수한 욕망을 가진 이들만이 황금률을 실천할 수 있다.[135] 좋은 것을 바라야 한다. 먹고사는 문제도 중요하지만, 그것보다 하나님의 나라와 의를 첫째로 바라보아야 한다.

출발점은
구원의 은혜

주님의 황금률은 일반 황금률과 달리 자기 사랑에서 출발하지 않는다. 주님의 황금률은 나 아닌 우리가 바라는 것에서 출발하는데, 사람은 서로 다르므로 너와 내가 바라는 것이 같을 수가 없다. 그럼에도 우리가 바라는 것에서 시작한다 하신 이유는 우리가 교회, 곧 하나님의 구원을 아는 사람으로서 함께 바라야 할 어떤 것이 있기 때문이다.*

황금률은 산상수훈의 결론이다. 처음부터 결론을 염두에 두셨는지 주님께서는 입을 여시자마자 누가 황금률을 실천할 수 있는지 천국 백성의 특징부터 말씀해 주셨다.

"복 받았구나, 영이 가난한 이들! 하늘나라가 저희 것이니. 복 받았구나, 우는 이들! 위로를 받을 것이니. 복 받았구나, 온순한 이들! 땅을 물려받을 것이니. 복 받았구나, 의에 주리고 목마른 이들! 배부르게 될 것이니."_마5:3-6

영적 파멸을 경험하고 슬피 울다 하나님의 위로를 맛보고 영원한 하늘나라를 상속받게 된 이들. 이들은 하나님의 나라와 의를 바라보되 굶주린 사람처럼 목이 타는 사람처럼 간절히 바란다. 하나님의 구원을 경험한 사람들의 공통점이다. 이 구원의 경험이 내가 바라야 할 바고, 또 사람들에게 베풀어야 할 내용이다. 하나님의 구원의 사랑은 우리 생각과 삶을 뒤집는다. 처음에는 나도 바라는 게 많았다. 나 중심의 바람이지만 폭을 넓히거나 방향만 바꾸면 괜찮을 줄 알았다. 바꾸려 할 때마다 안으로만 굽는 팔을 경험해야 했다. 하지만 하나님의 사랑을 받는 순간 내가 진정으로 바라던 게 바로 그 사랑이었음을 깨닫게 되었고, 그 이후로도 이제 그것 하나만 바라게 되었다. 나에게 진정 필요한 것이 하나님의 사랑과 구원임을 그 구원을 받은 순간 깨달았다. 주님 표

---

* 겐슬러는 그리스도의 황금률이 가진 독특성을 못 보고 주님의 황금률도 자기 이익에서 시작된다고 주장한다. Gensler, *EGR*, p. 41을 보라.

현대로 표적을 본 것이다.

하나님의 용서와 구원. 사람이면 누구나 마음 가장 깊은 곳에 간직하고 있는 갈망이다. 워낙 깊이 있어 실체를 잘 모르지만 잊을 수는 없기에 소위 종교라는 현상은 하나같이 용서를 갈구한다. 인도의 종교도, 이슬람교도 다 신의 용서를 바란다면 남을 용서해야 한다고 가르친다. 『토비트』도 그 용서를 바라본다. 그렇지만 그 갈망의 실체는 오직 그 갈망이 채워지는 순간, 곧 하나님의 사랑으로 오신 예수 그리스도를 통해 용서를 경험하는 순간에만 깨달을 수 있다. 바랄 것은 이제 용서 하나다.

"서로 용서하되, 하나님께서도 그리스도 안에서 그대들을 용서하신 것처럼 하십시오."_엡4:32

"주께서도 그대들을 용서하신 것처럼 그대들도 그렇게 하십시오."
_골3:13

하나님께서도 하셨다. 주님께서도 하셨다. 허물이 많은 나, 이 더러운 죄인을 용서해 주셨다. 이젠 내 차례다. 내가 바랄 좋은 것, 다른 사람에게 해 주어야 할 좋은 것은 용서와 구원의 은혜 하나다. 우리가 바랄 것이 그런 사랑이라면 황금률이 마약이나 피학대음란증을 정당화한다는 비난은 여기 해당하지 않는다.[136] 이제는 아우구스티누스 말대로 좋은 것 하나만을 이웃을 위해 바란다. 내가 주님께 바라는 것도 그것 하나인 까닭이다.

내 구원의 경험이 나를 이렇게 바꾸어 놓았다. 그래서 이제 사람들을 보는 눈도 달라졌다. 전에는 모두가 내 경쟁자요 대적이었다면, 이제는 우리와 똑같이 그리스도의 구원의 은혜가 필요한 사람들일 뿐이다.[137] 이제는 그 누구도 육신대로 알지 않는다고후5:16. 주님께서 나를 보시는 그 눈으로 나도 사람을 본다고전13:12. 사랑의 눈이다. 그래서 의에 주리고 목마른 다음 단계가 바로 불쌍히 여기는 단계다마5:6-7.

우리 구원의 경험이 이웃 사랑의 근거가 되어야 한다는 점은 구약성경도 가르친다. 하나님께서는 이스라엘 백성에게 외국인이었던 과거를 기억하고 외국인을 사랑하라 명령하신다신10:17-19.

"외국인을 억압하지 마라. 너희도 이집트 땅에서 외국인이었으므로 외국인의 성정을 안다."_출23:9

처지를 바꿔 상대를 잘 이해하라는 말씀이 아니다.[138] 성경을 상식으로 풀어서는 안 된다. 내 경험 덕에 상대를 잘 이해할 수 있다고 푼다면, 이미 보았듯 내가 경험하지 못한 부분에서는 황금률을 실천할 수 없게 된다. 그리고 사실 나그네 생활도 조상들이 했지 내가 한 것은 아니다. 이스라엘 백성의 이집트 탈출은 하나님의 구원을 보여주는 중요한 사건이다. 그것을 기억하라는 말씀은 곧 나 자신의 구원이 황금률 실천의 근거라는 뜻이다. 하나님께서는 이집트의 노예 생활에서 구원받은 그 경험을 삶의 기본 바탕으로 삼으라 명령하신다. 자연인은 좋은 것을 바랄 수 없다. 구원은 오직 하나님의 백성만 맛본 경험이니, 그것을 실천하는 일 또한 하나님의 백성만이 할 수 있는 일이다.

우리도 그리스도를 알기 전에는 죄 가운데 살며 마귀의 노예로 살았다엡2:1-3; 딛3:3. 그런 우리를 하나님께서 자비로 구원해 주시고 당신의 나라 백성이 되게 해 주셨다. 이 경험을 통해 우리는 하나님의 은혜를 알고 아직 그 경험을 하지 못한 이들의 상태를 이해한다. 잘 대해 주어야 한다. 불쌍하게 여겨야 한다. 무엇보다 그들의 영혼을 향한 끝없는 연민을 가져야 한다. '우리가 바라는 바'는 지금 하나님의 은혜를 알지 못하는 이들을 대할 때 구원의 은혜를 마음에 깊이 새기고 대하라는 말씀이다. 주님께서는 마음에 있던 자연법을 회복시켜 주신 게 아니다. 죄에 눌린 자연 상태를 능가할 새 법을 주신 것이다.

그렇기 때문에 하나님의 나라 백성은 공감하는 사람이다마11:16-19. 참된 공감은 구원에서 비롯된다. 기쁨이나 슬픔 등을 함께 느낄 수 있는 이유는 가장 큰 기쁨을 맛보고 가장 큰 슬픔이 무엇인지 알게 되었기 때문이다. 황금률은 공감 능력을 전제한다. 하지만 보편적인 공감을 근거로 삼을 때 근본적인 문제를 만난다. 세상 모든 사람의 모든 감정을 내가 다 그대로 느끼는 건 불가능하다. 게다가 공감 능력 자체가 죄로 더러워졌다. 그래서 바울은 "즐거운 이들과 함께 즐거워하고 우는 이들과 함께 울라"고 명령할 뿐 아니라롬12:15, 반대로 "우는 이들은 울지 않는 이들처럼 또 즐거운 이들은 즐겁지 않은 이들처럼" 하여고전7:30 그런 감정적 공감을 뛰어넘을 것을 명령하고 있다. 자연인이 좋은 것을 바랄 것이라 한 맹자나 아리스토텔레스는 일반 은혜의 한계 안에서만 맞다. 느끼고 안 느끼는 게 내 마음이다. 공감하지 못한다면 방향을 뒤집을 수도 없고, 황금률 자체도 효력을 잃고 만다. 그리스도의 가르침은 이 점에서도 황금률이 아니다. 아무것이나 같이 느끼라는 말씀도 아니다. 하나님 나라의 기쁨과 슬픔, 그걸 느끼고 그걸 근거로 삼아야 한다는 말씀이다. 그렇기에 공감 가능성은 우리가 한 성령을 마셔 한 몸이 되었다는 사실에 있다^{고전12:13, 26}. 몸 비유는 정말 강력하다. 한 몸인데 어떻게 못 느끼겠는가. 공감하지 않는 것은 회개하지 않은 사람의 전형적인 특징이다^{마11:20-24}.

계시로 하는
사랑

그렇다면 이웃을 자신처럼 사랑해야 한다는 레위기 19장 18절의 계명도 일반 황금률의 자기 사랑이 아닌 그리스도의 황금률로 풀어야 한다. 내가 좋아하고 싫어하는 것을 남에게도 그대로 적용하라는 게 아니다. 내 욕심을 뒤집으라는 말씀이 아니라, 내가 먼저 좋은 것을 바라고 그걸 그대로 이웃에게 전하라는 말씀이다. 그렇기에 이웃 사랑은 일반 황금률과 달리 내가 이웃의 마음과 형편을 다 알아야 할 수 있는 게 아니다. 주님 은혜를 알아야 할 수 있다. 주님의 은혜가 아니면 살 수 없는 나 자신의 처지를 깊이 알고 이웃도 똑같이 대하는 것이 이웃을 자신처럼 사랑하는 것이다. 그게 주님께서 우리에게 베풀어 주신 사랑이고, 보여주신 황금률의 모범이다. 우리는 주님의 은혜를 이미 받았으니 결국 주님께서 나를 사랑하신 것처럼 서로 사랑하는 것이 이웃을 나 자신처럼 사랑하는 참 방법이다.

좋은 것을 바라고 좋은 것을 사람들에게 주어야 한다면 우리의 사랑은 일방적일 수밖에 없다. 일반 황금률은 내 뜻을 상대에게 그대로 적용하는 것도 아니고 상대의 뜻을 그대로 살리는 것도 아니다. 서로를 배려하고 존중하는 쌍방통행이어야 하고, 깊은 소통이 있어야 가능한 것이 일반 황금률이다. 그렇기에 남의 마음, 가치관 차이 등 문제가 수 없이 많다. 하지만 주님의 황금률을 실천할 때는 그런 게 문제가 되지 않는다. 상대가 원하는 것 아닌 상대에게 꼭 필요한 것을 준다. 내가 주님께 바라던 좋은 것이요, 내가 사람들에게 주어야 할 좋은 것이다. 상대의 취향을 존중해 주라는 버나드 쇼의 제안이 여기서는 효력을 잃는다. 상대가 원하는 대로 해 주라는 칼 포퍼의 백금률 역시 우아한 인간관계를 가능하게 해 줄지는 몰라도 그들에게 참으로 필요한 것은 주지 못하게 막는 위험한 충고가 될 수 있다.

사람을 이해하기 위해 세상 모든 사람을 다 연구할 필요는 없다 한 맹자의 말은 백 번 옳다. 하지만 우주의 진리는 맹자가 말한 것처럼 내 속에 갖추어져 있는 것이 아니라 내 부패함과 무능함을 지적하면서 구원의 길을 보여주는 계시의 말씀에 갖추어져 있다.

남의 유익을 구하라 하셨다고전10:24. 무엇이 그들의 유익인지 나도 모르고 그들도 모른다. 오직 하나님의 말씀만이 무엇이 그들에게 좋은지 가르쳐 주신다. 그걸 우리는 바란다. 하여 우리가 하나님께 바라는 것도 일방적이고, 그걸 사람들에게 베풀 때도 일방통행만 있다. 사람들은 모른다. 그래서 싫어하고 거부한다. 갈등이 생길 때도 많다. 그래서 성령의 역사 없이는 황금률 실천이 불가능하다. 성령으로 거듭나야 좋은 것을 바라고 또 베풀 수 있고, 성령께서 마음을 열어 주셔야 그 좋은 것을 사람들도 받아들일 수 있기 때문이다.

우리 행동의 기준은 오직 계시다. 내 판단이나 경험이 아닌 하나님 말씀인 성경의 진술을 믿음으로 수용한다. 그리고 그것을 순종한다. 우리의 공감은 하나님 말씀의 판단에 근거한 공감이지 눈과 귀로 보고 들어 느끼는 공감이 아니다. 그들의 저주받은 처지를 아는 것이다. 죄 때문에 멸망하게 된 그들의 운명 하나가 크다. 내 감정이나 사람들의 감정에 대한 주관적인 왜곡 가능성이 여긴 없다. 내 경험이라면 그저 구원의 경험 하나가 크다. 이 둘이 합쳐 참 황금률을 실천하게 만든다. 실천할 때는 물론 나의 연약함도 백분 고려하여 온유와 두려움으로 해야 한다벧전3:15. 가장 아름다운 이 원리에 외적인 강요나 폭력이 담겨서는 안 될 것이다. 복음 자체가 주는 거부감과 우리의 무례한 태도가 사람들에게 주는 거부감은 근본적으로 다르다는 맥그래스Alister McGrath, 1953-의 경고를 잊어서는 안 된다.[139]

여기서 뼈아픈 반성이 필요하다. 정말 좋은 것을 주어야 하는데, 기독교 역사 이천 년을 살피면 좋지 않은 것을 준 일, 그것을 강요한 일, 그래서 내 이익을 취하고 상대를 아프게 한 일이 적지 않았다. 긍정 황금률이 제국주의의 근거가 되었다는 비판은[140] 그저 논리적으로 아니라고 반박하기에는 너무나 많은 역사적 자료가 있다. 이 점 솔직하게 인정해야 한다. 오늘 한국교회도 그런 점에서 가장 좋은 것이 아닌 자신의 유익을 세상을 향해 강요하는 모습을 적지 않게 보인다. 특정 이념을 복음과 혼동하고 그걸 앞세운 결과 사람들을 참 복음에서 멀어지게 만든다. 우리가 일방적으로 주어야 할 것은 오직 사랑, 오직 희생, 오직 봉사 아닌가.

손 대접을 잘해야 하는 이유는 우리도 사실 나그네이기 때문이다. 우리가 주님의 구원의 은혜를 받는 순간 우리는 이 세상에서 나그네가 되었다. 즉, 나그네 대접손 대접은 나 자신이 나그네임을 알고 하는 황금률 사고의 한 행위이면서 동시에 나를 나그네 되게 하신 주 예수의 은혜를 회상하며 하는 행위다.

이웃끼리 왕래를 많이 하라는 말이 아니다. 공자처럼 내가 길밖에 나섰으니 주인의 마음으로 사람들을 대하자는 위치 바꾸기도 아니다. 순회 전도자를 대접하여 선교에 동참하는 일도 뛰어넘는다요삼1:5-8. 처지를 바꾸되 하나님 앞에서 한다. 나그네 대접은 그리스도인의 신분을 보여주는 행위다. 나그네 된 이웃을 대접함으로써 나 자신이 하나님 앞에서 영적 나그네임을 확인하는 것이다. 가나안 땅의 이스라엘 백성도 그래서 "외국인이며 나그네"였다레25:23. 오래전 그 땅에 살았던 아브라함과 똑같았다창23:4. 과거 나그네였기 때문에 나그네를 잘 돌보라는 게 아니라 지금 나그네인 줄 알고 구원의 은혜를 잊지 말라는 것이다.

이 손 대접을 우리 시대에 적용한다면 이주민에 대한 환대가 된다. 우리 시대는 전쟁이나 경제적 이유로 난민이 많이 발생한다. 우리나라는 기록적 저출생이라는 사회적인 이유로 이주민을 많이 수용해야 하는 형편이 되었다. 외국인을 차별하고 혐오하는 분위기는 어디에나 있다. 세계 곳곳에서 극우파가 득세하는 우리 시대에는 더하다. 오천 년 단일민족임을 자랑스레 여겨 온 우리나라에 그런 정서가 없다면 오히려 이상할 것이다. 그런 가운데 우리 그리스도인은 이주민을 따뜻한 마음으로 환대하고 그들이 우리 대한민국 국민이 되어 살아갈 수 있도록 도와야 할 것이다. 다른 국민의 미움을 살 수도 있는 일이지만, 그리스도의 황금률을 몸으로 배운 사람으로서 가야 할 길은 명확하다. 그 길을 잘 갈 때 그들에게도 이 황금률을 체득할 기회를 제공할 경우가 많아질 것이다.

결국은 하나님의 구원의 은혜가 모든 가르침의 바탕에 깔려 있다. 하나님께서 우리를 먼저 사랑하셨기에 다른 사람의 처지에 공감하는 일도, 가정생활이나 사회생활도, 또 나그네를 대접하는 일도 전부 그 사랑과 은혜의 바탕에서 하게 된다마6:12; 엡5:1. 황금률 사고를 가르치지만 상호성이나 공평의 차원을 뛰어넘는다. 이웃을 자신처럼 사랑하라 하신 바로 그 사랑의 계명과 통한다. 주님께서 우리를 먼저 사랑하셨기에 우리도 서로 사랑해야 한다. 이것이 신약의 요약이요, 성경 전체의 핵심이다.

5

사람들: 하나님과 이웃

그리스도의 황금률에는 두 무리의 사람이 등장한다. '너희'와 '사람들'이다. 너희는 교회를 가리킨다. '그러므로'의 은혜를 경험한 이들로서 '모든 것'을 주고자 하는 이들이다. '사람들'은 말 그대로 '사람들'이다. 아무 제한도 없는 모든 인류를 가리킨다. 심지어 내 원수도 그 사람들에 포함되어야 한다마5:38-48. [141] 이 '사람들'은 두 단계로 등장한다. 처음 '사람들'은 나에게 무언가를 해 줄 주체로 등장하고, 방향을 바꾼 뒤의 '그들'은 내 행동의 대상이 된다.

가상의 사람과
현실의 사람

첫 단계의 '사람들'은 나에게 무엇인가 해 줄 것으로 내가 기대하는 주체들이다. 일반 황금률이라면 내 욕심을 충족시켜 줄 사람들이다. 돈이 필요한 나에게 돈을 주고 사랑이 그리운 나에게는 사랑을 베풀 어떤 주체다. 내가 바라는 것들의 공급자로 나와 얽혀 있으므로 친구 아무개, 동창생 누구 등등 구체적인 특정한 사람들이다. 부정문 황금률이라면 오늘도 쿵쿵거리는 위층 사람이나 늘 못살게 구는 김 부장이 그 사람일 것이다. 그렇지만 그리스도의 황금률에서는 우리가 바랄 것이 자기 사랑이나 내 욕심이 아니라 '좋은 것'이므로 이 '사람들'의 정체도 달라진다. 우리가 기대하는 좋은 것을 내게 줄 사람은 누구일까? 하나님의 구원의 은혜를 경험한 우리가 기대할 좋은 것은 당연히 그 은혜의 지속과 완성일 것이다. 주님 말씀대로 한다면 하나님의 나라와 의를 구하는 마음이기도 하다.

그리스도인도 세상을 살아갈 땐 이것저것이 필요하다. 돈을 비롯하여 의식주 생활에 필요한 것들과 볼거리, 놀 거리 등이 있어야 한다. 편리함이나 안전도 있어야 하고, 또 하나로 얽혀 살아가는 세상이므로 다른 사람의 관심과 사랑도 필요하다. 게다가 동물 아닌 사람으로 사는 보람도 꼭 있어야 한다. 모두가 구체적인 것들이고 눈으로 보거나 마음으로 느낄 수 있는 것들이다. 이런 것들은 다 '사람들'에게서 온다. 그런데 주님께서는 피부에 와 닿는 그런 구체적인 것들은 하나님께 다 맡기고 대신 하나님의 나라와 의를 구하라 하셨다_{마6:19-34; 7:7-11}. 그러니 황금률에서 우리가 사람들에게 기대하는 바 역시 먹을 것, 입을 것, 집이나 자동차 등이 될 수 없고, 그 모든 것을 뛰어넘는 다른 차원, 곧 하나님의 통치와 의로움 차원으로 올라간다.

그런데 함께 온다. 우리가 바라는 '좋은 것'은 우리가 바라지 않아도 될 돈, 음식, 위로, 보람, 안전 등과 무관하게 오지 않고 그것들과 함께 온다. 보이지 않는 좋은 것이 눈에 보이는 그것들을 통해 우리에게 온다. 좋은 것을 기대하는 것은 이 땅을 살아갈 때 필요한 구체적인 것들을 거부하는 것이 아니다. 그래서 주님께서도 걱정하지 말라 하실 때 그것들이 필요 없다 하시지 않고 그것들을 다 주겠다 약속하셨다. 우리는 그것들과 함께, 또 그것들을 통해 오는 좋은 것을 기대한다. 그리고 그것을 또 사람들에게 해 준다. 우리가 바라는 바는 분명하다. 약속하신 구원의 완성이요, 또 그때까지 우리를 지켜 주시는 은혜다롬8:31-39; 엡4:30. 구원의 은혜도 또 지키시는 은혜도 구체적인 방법을 생각한다면 다 사람들을 통해 오는 것들이다. 하지만 원천은 그들이 아니라 하나님이시다.[142] 사람들은 매개체일 뿐이다. 성경은 이 진리를 이런 말씀으로 우리에게 가르쳐 준다.

> "하나님을 사랑하는 이들 곧 목적대로 부름 받은 이들에게는 모든 것이 함께 일해 좋은 것을 이룹니다."_롬8:28[*]

사람들과 함께 살아간다. 내게 즐거움을 주는 사람도 있고 괴로움을 주는 사람도 있다. 돈을 주는 사람이 있는가 하면 빼앗으려는 이도 있다. 마음을 나눌 수 있는 사람과 나를 속이는 사람이 다 함께 있다. 이들 모두가 우리에게 무언가 주기를 우리가 기대하는 바로 그 사람들이다. 이들은 내 마음에 드는 것들도 주지만 마음에 들지 않은 것들도 준다. 참 많이도 준다. 하지만 내가 진정으로 받고 싶어 하는 것, 곧 '좋

---

[*] 톰 라이트를 포함한 최근의 몇 학자는 이 구절을 "하나님은 하나님을 사랑하는 자들과 함께 모든 것을 선으로 만드신다"고 번역한다. N. T. Wright, *God and the Pandemic: A Christian Reflection on the Coronavirus and Its Aftermath* (Grand Rapids, MI: Zondervan, 2020), ch. 4. Kindle Edition을 보라.

은 것'은 이들이 아닌 하나님에게서 온다. 이들은 나에게 재물과 마음, 기쁨과 슬픔, 좋은 것과 나쁜 것을 뒤섞어 줌으로써 오늘도 나에게 가장 좋은 것을 주시는 하나님의 도구가 될 뿐이다. 사람들에게 무엇을 받든 그것은 나에게 좋은 것이다. 다 모아 좋게 만드시는 하나님께서 우리와 함께 계시기 때문이다.

따라서 첫 단계에 등장하는 '사람들'의 존재는 우리의 관심을 자연스럽게 하나님께 인도한다. 보이는 사람들을 지나 보이지 않으시는 하나님께 간다. 모든 것을 모아 좋은 것으로 만드시는 하나님이다. 요셉이 이집트의 총리가 되어 이스라엘 백성을 보호하게 된 일은 '좋은 것'이었다. 하나님의 나라에도 요셉 자신에게도 좋았다. 그런데 그것을 이루는 과정에는 아버지 야곱의 편애와 형들의 질투뿐 아니라 보디발의 아내의 욕정과 모함도 포함되어 있다. 이집트 왕의 꿈과 신하의 건망증 등도 물론. 하나님께서는 그 모든 것을 사용하셔서 '좋은 것'을 만드신다. 일반 황금률이라면 제한된 '너'를 통해 편애나 질투에 관한 교훈 정도 얻을 수 있을지 모른다. 나아가 용서에 대한 가르침도 가능할 것이다. 하지만 그리스도의 황금률로 볼 때는 그런 상호성으로 설명할 수 없는 다른 차원이 있다. 기대는 사람들에게 하지만, 그 기대를 이루어주시는 분은 하나님이시다. 따라서 첫 단계의 사람들은 실제 사람이 아닌 일종의 가상의 존재가 된다.

칸트의 정언명령에 등장하는 '나'와 비교하면 좀 더 구체적으로 알 수 있다. 정언명령의 주체는 언뜻 보면 실제로 존재하는 나를 가리키는 것 같지만 항상 동시에 모든 사람이 똑같이 행동해도 좋을 그런 행동만을 의지로 선택해야 하는 존재이므로, 그런 존재는 실존하는 인물이라기보다 어떤 이상, 곧 관념상의 존재일 가능성이 크다.[143] 정언명령의 경우 보편성이라는 특성 때문에 구체적인 사람을 생각할 수 없다면, 그리스도 황금률의 경우에는 내가 바라는 바를 나에게 줄 수 있는 '사람'이 존재하지 않기 때문에 가상의 존재가 된다는 점이 다르다.

우리가 바라는 것의 참모습이 사람들의 존재를 가상적인 것으로 만들고 대신 그들 배후에서 역사하시는 하나님을 바라보게 만든다 할 때, 그리스도 황금률은 우리와 사람들 사이의 문제를 넘어 하나님을 제삼의 요소로 하는 삼각 구도로 나아간다. 너와 나 사이의 수평의 문제이면서 동시에 하나님이 우리 위에서 우리와 연결되는 수직의 문제이기도 하다는 것이다. 우리가 사람들에게 갖는 기대는 사실상 하나님께 갖는 기대요, 그렇게 기대하는 바를 우리는 사람들에게 해야 한다. 사람들에게 바라는 바가 있으면 사람들에게 요구하지 말고 하나님께 구해라. 그러면 다 주신다. 대신 사람들에게 바라는 그것을 우리는 거꾸로 그들에게 해 주어야 한다. 하여 김교신은 '남에게사람들에게'를 '하나님에게'로 바꿔 읽으라 제안하였다.[144]* 하나님께 어떤 대접을 받을까 기대하는 마음으로 사람들을 대접하라는 말이다.

이 삼각 구도는 그리스도의 황금률이 새 계명과 일치하는 것임을 다시금 보여준다. 우리가 사람들에게 기대하는 바는 하나님에게서 온다. 아니, 이미 왔다. 하나님께서 사람이 되어 오셨다. 그걸 바라는 마음을 그대로 이웃에게 하라는 명령은 내가 너희를 사랑한 것처럼 서로 사랑하라는 바로 그 말씀이다요13:34. 주님께서 이미 우리를 사랑하셨고

---

* 김교신도 '사람들'을 '남'으로 번역한 당시의 성경을 따랐다.

또 지금도 사랑하고 계시니 그런 기대를 마음에 품고 사람들에게 그 사랑을 베풀어야 한다. 그리스도께서는 새 계명을 황금률의 자리바꿈 구도를 이용해 말씀해 주심으로써 우리가 이미 사랑을 받은 자임을 일깨우시고, 하나님께서는 지금도 끊임없이 좋은 것을 주고 계심을 확인해 주신다.

첫 단계의 사람들이 하나님과 관련되어 있음을 보여주는 또 다른 근거는 '너희도καὶ ὑμεῖς'라는 표현이다. 주님께서는 우리가 사람들에게 기대하는 바에 대해 말씀하신 다음 '너희도 하라' 하셨다. 황금률의 둘째 단계다. 그러면 첫 단계에서는 누가 했다는 말인가? 마치 사람들이 우리에게 무언가를 하는 것처럼 보이지만, 그건 우리의 바람일 뿐 실제로 사람들이 우리에게 무언가를 한 것은 아니다. 그리고 우리가 바라는 그것을 실제로 주시는 분은 하나님이시다. 그래서 우리의 바람 역시 사람을 넘어 하나님을 향한다. 그러니 너희'도'라는 표현은 기대도 했으니 실천도 하라는 뜻의 '도'라기보다 우리에게 먼저 해 주신 하나님의 사랑을 생각나게 한다. 주님께서는 먼저 우리를 사랑하시고 '너희도' 서로 사랑하라 하셨다. 우리 발을 씻기신 다음 '너희도' 서로 씻기라 하셨다요 13:14, 15. 주님께서 우리를 사랑하셨기에 '우리도' 서로 사랑하는 것이 마땅하다요일3:16.

우리와 사람들과
하나님

첫 단계에서 희미하게 숨어 있던 삼각 구도가 둘째 단계의 '사람들'에서 더욱 명확하게 드러난다. '너희도 그들에게 그대로 하라' 하셨다. 이 '그들'은 우리 행동의 대상이다. 우리가 사람들에게 바랄 것이 하나님의 나라요 의라면 우리가 그들에게 실천할 것도 다를 수 없다. 사랑을 바라는 우리는 사랑을 실천한다. 그런데 사람들에게 사랑을 베푸는 이 일을 성경은 마치 하나님께 하는 일인 듯 표현한다. 내가 이웃에게 사랑을 베풀었는데 나와 이웃 사이에 하나님께서 개입해 계신다. 사람이 내 사랑의 대상인 사람들 대신 그 자리에 와 계신다. 신약뿐 아니라 구약에서부터 이미 그렇다.

"가난한 자에게 자비를 베푸는 것은 야웨께 빌려드리는 것이다. 베푼 것을 갚아 주실 것이다."_잠19:17[*]

가난한 자를 불쌍히 여기고 돕는 것은 하나님의 명령을 순종하는 일이다. 그래서 직접 갚겠다 약속하신다. 구원의 은혜가 가난한 자를 향한 관심으로 이어진다. 그런데 하나님께서는 그것을 확대하여 하나님 당신을 돕는 것이라고, 다시 말해 가난한 사람을 마치 하나님을 대하듯 해야 한다고 말씀하신다. 특히 어렵고 소외된 이웃을 돌보라 명령하실 때 하나님과 우리 사이의 수직관계를 거듭 언급하신다레19:10, 14, 18, 34; 23:22. 하나님의 백성의 삶의 모든 영역이 하나님의 명령과 관련되어 있어 결국 순종 아니면 거역이 된다. 순종하는 자에게 복을 약속하신 하나님께서는 순종하지 않는 사람에게도 수직 차원의 결과가 있을 것이라 하신다.

---

[*] 〈개역개정〉은 이 구절 전반부를 "가난한 자를 불쌍히 여기는 것은"으로 옮겼는데, 이 부분은 마음의 태도가 아닌 실제적인 행동을 뜻한다.

"가난한 사람의 부르짖음에 귀를 닫으면 제가 외칠 때에도 들리지 않을 것이다."_잠21:13

수평만 생각한다면 힌두교식 부메랑 원리처럼 들릴 것이다. 가는 말이 안 고우면 오는 말도 안 곱다는 원리다. 내가 남을 안 도우면 남도 나를 안 도우리라는 식이다. 〈개역개정〉도 '들을 자가 없으리라' 하여 그런 뉘앙스를 풍긴다. 하지만 원문은 수동태여서 여운의 꼬리가 위로 올라간다. 성경 전체의 뜻을 고려할 때 사람 아닌 하나님의 외면을 가리킬 가능성이 크다. 중립으로 된 황금률 공식도 중요 요소들을 빠뜨리는 약점이 있으나 수동태를 통해 하나님과 갖는 수직관계를 암시하는 유익이 있다. 수평과 수직의 이런 만남을 다윗은 이렇게 노래하였다.

"자비로운 이에게는 그대가 자비로우심을 보이시고, 올바른 이에게는 그대의 올바르심을 보이시고, 깨끗한 이에게는 그대가 깨끗하심을 보이시고, 비뚤어진 이에게는 그대가 맞서실 것입니다."_시18:25-26

수평을 수직으로 연결하는 것은 하나님의 백성 이스라엘의 기본 태도였다. 위치 바꾸기를 시도하되 사람들 자리에 하나님을 대신 두는 방식이다. 다윗은 사울의 목숨을 살려주면서 하나님께서도 자기를 그렇게 살려 주시기를 기대하였다삼상26:24. 욥도 자기가 만약 종들의 억울한 사정을 무시하였다면 하나님께서도 제 억울함을 무시하시지 않겠느냐 하여 삼각 구도 사고방식을 보여준다욥31:13-14. 종들의 억울한 사정을 무시하지 않고 하나하나 들어 주었기에 욥 자신도 지금 하나님 앞에서 당당하게 변론을 펼칠 수 있다는 이야기다욥30:25; 31:16-18. 나오미도 자신을 선대한 두 며느리를 야웨께서도 선대해 주시기를 축복했다룻1:8. 보아스는 룻이 한 착한 행동에 대해 하나님께서 갚아 주시기를 빌었다룻2:12. 소식을 들은 나오미도 하나님께서 보아스에게 갚아 주시기를 빌었다룻2:20. 남에게 베풀면서 부자가 되고 아낀 끝에 가난하게 되는 원리 역시 수직 차원의 개입 없이는 생각할 수 없는 지혜다잠11:24-25.

소크라테스를 비롯한 적지 않은 사람이 사람과 사람의 관계를 신에게 확장했다.[145] 그런데 대부분이 수평적 상하관계를 신에게 확장했을 뿐 절대 주권의 신이 사람의 수평관계를 살피고 심판하는 그런 수직 구도로는 나가지 못했다. 동양에서는 겸애설을 설파한 묵자가 성경과 통하는 삼각 구도를 가르친다. 외적 모양만 보아서는 잠언에 나오는 말씀인가 싶을 정도로 닮았다.

"사람을 사랑하고 사람을 돕는 자는 하늘이 반드시 그 복을 내리며, 사람을 싫어하고 사람을 해치는 자는 하늘이 반드시 그 화를 내린다."[146]

이성을 가진 사람 마음에서는 황금률이 더불어 사는 원리로 자연스레 생겨난다. 사람은 양심이 있으니 선을 실천해야 한다는 것도 느낀다. 그런 도덕심이 사람 속에 있는 종교의 씨와 결합하면 이런 삼각 구도가 된다. 특별 계시 없이 일반 은혜 하나로 이렇게 정확한 구도에 도달했다는 것은 놀라운 일이다. 물론 묵자의 '하늘'은 우주와 뒤엉킨 범신론적 존재로서 인격적 심판자라기보다 어떤 원리에 가깝다. 양심 때문에 생기는 상선벌악賞善罰惡에 대해 갖는 막연한 느낌이요, 희망을 넘지 못한다. 무엇보다 독생자까지 주시고 사람을 불러 구원하시는 그 하나님은 몰랐다.

고아와 과부를 배려하는 것은 황금률인데, 이제는 내 처자식도 그렇게 될까 두려워서 하는 게 아니다. 약자를 배려하는 마음은 인간에 대한 연민과 더불어 그 약함의 원인인 죄에 대한 고려를 바탕으로 하고, 나 또한 죄인이라는 인식으로 이어진다. 하나님의 용서와 구원이 없으면 나도 희망이 없기에 죄의 열매로 고통받는 그들을 도움으로써 나 역시 죄로 인한 고통에서 건져주시기를 간구하는 마음을 나타낸 것이다. 혹 가난하지 않아도, 재앙을 겪고 있지 않아도, 나도 같은 죄인이므로 그런 사람들을 향해 미안한 마음을 가지는 것이 옳다. 가난한 자를 조롱하거나 남의 재앙을 즐긴다면 큰 벌을 받을 죄가 된다잠17:5. 그리스도께서도 실로암 망대 사건과 헤롯의 정치적 폭거를 근거로 우리가 다 회개해야 할 죄인임을 분명히 가르쳐 주셨다눅13:1-5.

사람과 사람 사이에 하나님께서 수직으로 늘 개입되어 계시다는 것을 신약성경은 더욱 분명하게 가르친다. 주께서 산상수훈에서 가르치신 기도가 좋은 보기다.

"우리가 우리에게 잘못한 이들을 용서한 것처럼 우리 잘못도 용서해 주옵소서."_마6:12

자비를 비는 기도인데 엄밀하게 살피면 무시무시한 기도다. 내가 이웃의 잘못을 용서하지 않고 이 기도를 읊조린다면, 이 기도는 저주를 부르는 기도가 되고 만다. 칼뱅은 이 기도문에 황금률 원리가 담겨 있음을 정확하게 지적하였다. 우리가 이웃을 용서하지 않으면 하나님께서도 우리를 용서하시지 않을 것인데, 그 이유는 우리 기도가 곧 "하나님이 우리가 남에게 하는 것처럼 우리에게 해 주시기를 구하는 것"이기 때문이라 하였다.[147] 정확한 지적이다. 우리 행위의 대상은 이웃이지만, 우리가 우리에게 뭔가 해 주기를 기대하는 주체는 사람이 아니라 하나님이시라는 점이 이 기도문에 분명히 나타나 있다. 우리가 사람들에게 하는 용서가 하나님이 우리에게 베푸시는 용서의 전제조건임을 주님께서는 거듭 말씀하셨다마6:14-15. 비슷한 가르침은 수도 없이 많다. 불쌍히 여기는 자가 불쌍히 여김을 받는다마5:7. 자비를 베풀지 않는 사람은 무자비한 심판을 받을 것이다약2:13. 황금률로 바꾸어 본다면, 하나님의 자비를 기대하는 사람은 사람들에게 자비를 베풀고 용서를 기대하는 사람은 이웃을 용서한다는 뜻이다. 그런데 하나님의 용서와 자비를 기대하고 사람들에게 베푸는 것이기에 하나님께서는 우리가 사람들에게 베푼 그 용서와 자비를 마치 하나님께 베푼 것인 양 보아주신다.

우리가 사람들에게 바라는 것이 무엇일까? 하나님 앞에서 바로 서도록 도와 주기 바랄 것이다. 완성의 그날까지 지켜 주시기를 바랄 것이다. 그렇다면 나도 사람들에게 똑같은 것을 해야 한다. 내가 바라는 바를 이웃에게 베풀지만, 나도 여전히 모자라고 베푸는 그것을 더 받아야 하기 때문이다. 바울도 이웃에게 전한 다음 자기가 버림을 받으면 어떻게 하나 늘 긴장했다고전9:27. 우리는 이미 용서받았다. 하지만 용서받아야 할 일이 많고, 마지막 하나님의 심판대 앞에서 그 용서를 최종 확인받아야 한다. 주님의 용서의 약속에는 우리가 먼저 용서해야 한다는 조건이 늘 붙어 있기 때문이다. 김교신은 만주에 살던 한 〈성서조

선〉 독자로부터 오랜 기간 심한 고통을 받았지만, 결국 그 사람의 사과를 받아들이기로 하고 그날 일기에 이렇게 적었다.

"내 마음의 분한 것으로 말하면 평생토록 용서치 말 것으로 단정코 결심했었으나 나 자신이 매일 매 시에 주 그리스도의 용서를 바라는 자인 고로 부득이 저를 용서했다."[148]

내가 용서해야 주님께서 용서하신다? 자연인 인간에게 용서의 능력이 있나? 신학 논리로 굳이 따지자면, 하나님께서 먼저 용서해 주셨기에 우리도 용서할 수 있다. 주님께서 먼저 하셨기에 우리도 용서할 수 있다엡4:32. 만약 우리가 용서하지 않는다면, 그것은 용서를 받고 배은망덕해서가 아니라 사실은 용서받지 못했기 때문이다. 임금에게 일만 달란트를 탕감받은 신하가 친구에게 일백 데나리온을 탕감해 주지 않는다는 것은 말도 안 된다마18:21-35. 주께서 황금률 직후에 들려주신 말씀처럼, 나무가 좋은 열매를 맺지 못하는 이유는 게으르거나 변심해서가 아니라 좋은 나무가 아니기 때문이다마7:16-20.

사람들 속에
계시는 하나님

황금률은 우리와 사람들 사이의 일대일 대응구조로 시작하였다가 주님의 개입으로 주님과 우리와 사람들의 삼각 구도로 입체화된 다음, 주님이 사람들과 동일시되면서 다시금 일대일 대응구조로 바뀐다. 이 구조는 주님이 사람들 자리를 대신 하시는 단계를 넘어 아예 사람들과 같아지시는 단계로 나아간다. 우리가 사람들에게 기대하는 바를 대신 주시고 우리가 사람들에게 행하는 바를 사람들 대신 갚아 주실 뿐 아니라, 아예 '사람들'이 되셔서 우리 기대를 받으시고 우리 행동까지 직접 받으신다는 것이다. 사람들과 우리 사이의 수평구조에서 수평은 사라지고, 주님과 우리 사이의 수직구조만 남는 것 같다. 양과 염소 비유가 그 점을 가장 명확하게 보여준다마25:31-45. 주님께서 다시 오셔서 심판하실 때 모든 민족을 둘로 나누겠다 하셨다. 한쪽은 영원한 생명을 얻고, 다른 쪽은 영원히 벌을 받게 된다. 그런데 이 둘을 나누는 기준이 그들이 사람의 아들이신 주님께 어떻게 해 드렸는가 하는 것이다. 주님께서는 오래전 부활하여 하늘로 가 지금 하나님 보좌 우편에 앉아 계시지 않는가? 그런데 그 주님께 뭘 어떻게 해 드렸다는 말일까?

"너희가 이 가장 작은 나의 형제들 중 하나에게 한 그것이 나에게 한 것이다."_마25:40

"너희가 이 가장 작은 자들 중 하나에게 하지 않은 그것이 나에게 하지 않은 것이다."_마25:45

오해는 말자. 형제들 가운데 지극히 작은 자 하나가 곧 주님 당신이라는 뜻이 아니다. 여긴 사람이 곧 신이라는 힌두교 범신론이 끼어들 자리가 아니다. 사람에게 자비와 사랑을 베푼 나의 행위가 주님을 대하고 주님을 섬긴 행위와 같다는 말씀이다. 그래서 원문도 하나에게 한 '만큼'* 나에게 했다고 되어 있다.[149] 형제를 사랑했는데 그 사랑을 주님께서 받으셨다. 황금률에 나오는 삼각 구도가 아니고는 이해하기 힘든 말씀이다. 내가 대신 갚아 주겠다 하신 구약 말씀에서 크게 한 걸음 나아간다. 우리는 사람들에게 기대할 것을 하나님께 기대하고 대신 그걸 사람들에게 베푼다. 내가 헐벗고 굶주리면 주님께서 입히고 먹여 주실 것이다. 그런 약속을 믿고 헐벗고 굶주린 이들에게 다가간다. 내가 기대하고 그 기대하는 것을 사람들에게 행하니 나와 사람들이 같아졌다. 이웃을 나처럼 사랑하는 것 아닌가. 또 주님을 향한 기대가 고스란히 이웃에게 감으로써 이웃을 향한 나의 사랑에는 언제나 주님께서 약속으로 함께 계신다. 주께 바라는 것을 이웃에게 베푼다. 베풂은 동시에 바람이다. 이웃에게서 주님을 본다. 이웃을 보살피는 행동 하나하나가 주님을 섬기는 일이요, 결국 이웃에게 베푸는 나의 삶이 마치 주님께 베푸는 것처럼 된다.

그렇게 해서, 보이는 형제를 사랑하는 일이 보이지 않으시는 하나님을 사랑하는 일이 된다요일4:20. 어떻게 보면 보이지 않으시는 하나님께서 보이는 형제 안에 숨어 계신다. 너와 나 사이의 수평이지만 하나님과 나 사이의 수직과 무관한 수평은 하나도 없다. 내가 재물로 어려운 이웃을 돕는 것은 나를 대신하여 목숨을 버리신 그 주님을 내 마음을 다해 사랑하는 일이다요일3:16-17. 주님께서 당신을 바쳐 우리를 사셨기 때문이다. 우리가 형제를 사랑하는 것은 그 형제가 우리가 사랑하는 하나님의 자녀이기 때문이기도 하다요일5:1-2. 형제에게 짓는 죄는 곧 그리

---

* '에피 호손(ἐϕ' ὅσον)', 마태복음 25장 40, 45절을 보라.

Seven Corporal Acts of Mercy(일곱 가지 육적 선행)

일곱 가지 육신적 선행을 그린 아들 브뤼헐(Pieter Brueghel the Younger, 1564-1637)의 화실 작품으로 제작 시기는 알 수 없으며 개인이 소장하고 있다.

주린 자들을 먹이고, 목마른 자들을 마시게 하고, 벗은 자들을 입히고, 아픈 이들을 돌보고, 갇힌 자들을 찾아보고, 나그네들을 영접하고, 죽은 자들을 매장하는 일이다. 양과 염소 비유에 나오는 여섯 가지 선행에 죽은 자를 매장하는 한 가지가 추가되었다. 일곱 가지 모두 몸과 관련한 것들로서, 이 선행을 실천하는 일은 그리스도인의 기본 의무로 여겨졌다. 정신적 또는 영적 자비로는 권고, 가르침, 위로 등이 있다.

먹이고 입히는 두 가지가 전면에 가장 부각돼 있고 그 뒤 오른쪽으로 환자를 돌보는 모습, 반대쪽으로는 마실 물을 주는 장면 뒤로 갇힌 자를 돌아보는 모습이 보이고, 가운데 멀리 나그네를 영접하는 모습과 그림 가장 먼 곳에 희미하게 죽은 자를 매장하는 모습이 보인다. 이런 자비의 행위는 존엄한 인간으로 살기 위한 기본 조건으로 누구든 사람들이 자기에게도 해 주기 바라는 가장 보편적인 행동일 것이다.

_출처: Wikidata.

스도께 짓는 것이다고전8:12. 교회를 박해한 바울은 곧 주님을 박해한 것이었다행9:5. 아우구스티누스의 권고처럼 죄에 빠진 사람을 볼 때도 나 자신이 유혹에 빠지지 않도록 조심하면서 온유한 마음으로 그 사람을 바로잡아야 한다갈6:1. 내가 마치 죄에 빠진 사람인 양 주의 도우심을 구하면서 그런 도움을 이웃에게 베풀어야 한다. 형제를 사랑함으로 하나님을 사랑하게 되니 우리의 이웃 사랑, 우리의 황금률은 이 땅을 넘어 영원으로 간다. 우리도 갇힐 수 있어 갇힌 사람을 돌아보는 게 아니라 영원한 나라를 바라기 때문에 돌아본다히10:34. 구원이 아니라면, '그리므로'의 은혜가 아니라면, 황금률은 영원한 뜻을 갖지 못하고 자연의 미덕으로 허무함에 머무르고 만다.

비유로 말하자면, 하나님께서 나와 사람들 사이에 계신다. 한편 유리처럼, 한편 거울처럼 서 계신다. 하나님 모습에 내 모습이 거울처럼 비친다. 죄인인 모습과 은혜를 받은 자의 모습이다. 그런데 그 하나님 너머로 사람들이 보인다. 따로따로 보이는 게 아니라 겹쳐 보인다. 하나님이 사람들이고 사람들이 또 하나님이다. 그런데 유리 건너편에 있는 그 사람이 거울에 비친 나이기도 하다. 나와 이웃이 그렇게 자리를 바꾼다. 아니, 겹쳐진다. 내가 이웃이 되고, 이웃은 또 내가 된다.

나와 사람들을 동일시하고 나아가 주님과 그 사람들을 동일시하는 것은 성경이 일관되게 가르치는 원리다. 보이는 사람들을 통해 보이지 않으시는 주님을 섬기는 원리다. 노예제도가 합법이던 로마제국 시절 노예들에게 주인을 섬길 때 '주님을 두려워하는 마음으로' 하되, '마치 주님께 하듯' 하라 하였다. 그러면서 "그대들은 주 그리스도를 섬깁니다" 하고 결론을 짓는다골3:22-24; 엡6:5-8. 하나님과 나 사이가 마치 사람 주인과 노예인 나 사이와 대비된다는 말이 아니다. 이 모든 것 중심에는 '우리가 바라는 것'이 있다. 내가 하나님께 기대하는 바는 해방도 아니고, 나를 괴롭히는 주인이 천벌을 받는 것도 아니다. 반대로, 미국 노예제 때 벌인 논쟁처럼 주인이나 나라의 경제를 살리는 것도 아니다. 좋은 것이다. 하나님의 용서와 구원의 약속, 영생의 약속이다. 그런 마음으로 사람 주인을 대한다.

내가 노예 주인이라면 황금률을 더욱 잘 실천할 수 있다. 주인인 내 위에도 내 영혼의 주인이신 예수 그리스도가 계시니, 내가 주님께 바라는 것이 분명한 만큼 내가 노예들에게 할 것도 분명하다. 주님과 우리 사이가 나와 노예 사이와 단순 대비를 이루는 게 아니다. 자리 바꾸기 역학을 넘어 하나님의 마음을 이해하는 단계로 나아간다. 이 모든 것 중간에 '내가 바라는 바'가 있다. 내가 사람들에게 기대하는 바, 곧 노예를 비롯하여 모두에게 기대하는 바를 나는 주님께 간구한다. 그러면서 그걸 노예들에게 실천한다. 그래서 아랫사람을 대할 때는 의와 공평이 요구된다엡6:9; 골4:1. 하나님께서는 사람을 차별하지 않으시니 주인인 나와 노예인 저 사람을 똑같이 보실 것이다.

그럼 주님은 애초에 하나님께 기대하는 바를 사람들에게 하라 하시지 왜 복잡하게 사람들이 해 주었으면 하는 것을 그들에게 하라고 말씀하셨을까? 크리소스토무스는 이 구절에 하나님께서 하실 수 있는 것과 사람이 할 수 있는 것의 차이가 담겼다고 본다.[150] 바로 앞 구절에서 하나님을 향한 간구를 언급하신 다음 '그러므로 너희도…' 하고 말씀하셔서 이 둘을 연결하셨는데, 하나님께 바라는 것을 이웃에게 하라 하셨다면 우리는 사람인데 어떻게 할 수 있겠느냐 했을 것이라 한다. 하나님께서 하실 수 있는 것과 사람이 할 수 있는 것은 다르다. 그래서 사람들이 해 주었으면 하고 내가 바라는, 그래서 나도 할 수 있는 그것을 그들에게 해 주라 하신 것이다. 여기서 우리는 요한일서 3장 16-17절의 구도가 여기 포함되어 있음을 본다. 주님께서는 우리를 위해 목숨을 바치셨다. 우리도 그래야 마땅한데 사람인 우리가 무슨 재주로 이웃을 위해 죽을 수 있겠는가. 우리가 기껏 할 수 있는 것은 재물로 섬기는 정도다. 주님께서는 그걸 하라 명하신다.

일반 황금률에서는 주인과 노예 사이의 역학이 황금률 이론만큼이나 복잡하다. 하지만 우리 주님의 황금률에서는 조금도 복잡하거나 문제 될 것이 없다. 사람에게 바라는 것은 곧 주님께 바라는 것이요, 사람에게 행하는 것 역시 주님께 행하는 것이기 때문이다. 아무리 멋대로 하는 주인이라도 내 행동의 대상이 주님이시라 생각하는 사람이라면 절대 노예를 학대하거나 혹사할 수 없을 것이다. 결국은 해방으로 가지 않겠는가. 또 아무리 힘든 상태에 있는 노예라 해도 내가 섬기는 분이 주님이시라면 반항하거나 게으름을 피울 수 없을 것이다. 결국은 사랑이요, 그 사랑이 결국은 노예제도가 사라지게 만드는 한 힘이 되었을 것이다.

내 이웃은
누구인가?

일반 황금률에서는 두 단계의 사람이 거의 같은 사람들이다. 그리스도의 황금률은 다르다. 첫 단계의 '사람들'은 사람이라기보다 하나님의 뜻을 이루는 가상의 존재였다. 그런데 둘째 단계, 그러니까 우리 사랑의 실천 대상인 '그들'은 비록 주님과 동일시되긴 하지만 현실의 삶에서 만나는 실제 사람들이다. 구체적으로 누구일까? 그리스도 황금률이 '네 이웃을 너 자신처럼 사랑하라'는 말씀의 새로운 적용이라 할 때 과거 사람들이 제기했던 내 '이웃'이 누구인가 하는 질문의 연속이다. 유대인들은 나와 가까운 사람이 이웃이라 생각하였다. 그리스도 당시에도 랍비들의 그릇된 가르침 때문에 사랑할 대상은 이웃이요, 그렇지 않은 대상은 원수로서 그들은 미워해야 한다고 사람들은 배웠다_{마5:43}. 중세의 유대인 랍비 가운데도 상당수가 레위기 19장 18절의 이웃을 동족으로 제한한 다음 인류 전체를 향한 사랑의 계명이 따로 필요하다 주장했다.

그럼 우리 사랑의 대상은 누구인가? 주님께서 선한 사마리아인 비유로 이미 가르쳐 주셨다_{눅10:30-35}. 이웃이 먼저 있는 게 아니라 내가 다가가서 이웃이 되어 주어야 한다는 말씀은 우리 사랑의 대상에서 모든 제한, 모든 조건을 제거한다. 사마리아인은 강도 만나 죽어가는 사람이 내 이웃인지 아닌지 고민하지 않았다. 그 사람을 보고 "불쌍히 여겨 ἐσπλαγχνίσθη" 그를 도와주었다. 그런데 제사장과 레위인은 그 사람을 보고 "피해 지나갔다." 같은 사람인데 왜 이렇게 달랐을까? 제사장과 레위인은 유대인들이 자랑하던 그 종교의 대표자들이고, 보기에 따라선 율법 자체의 상징일 수도 있지만, 사마리아 사람과 비교한다면 그냥 평범한 인간이다. 남의 고통을 보아도 공감하지 못하게 된, 죄 가운데 있는 자연인이다. 그렇다면 사마리아 사람을 그리스도의 상징으로 보는 풍유적 해석도 근거가 없지 않다. 그리스도께서는 "목자 없는 양처럼 시달리고 내던져진" 무리를 "불쌍히 여기신ἐσπλαγχνίσθη" 분 아닌가_{마9:36; 막}

6:34. "무리가 불쌍하구나!" 하고 제자들에게도 말씀하셨다막8:2. 사마리아 사람의 마음은 바로 이 주님의 마음을 본받은 것이다. 은혜를 받아 천국 백성이 된 사람은 무엇보다 먼저 함께 느끼는 사람이다. 논리 이전에 감정이라고 루소가 지적하기 천칠백 년 전에 주께서 이미 가르치셨다. 즐거운 이들과도 함께 즐거워하지만, 무엇보다 슬퍼 우는 이들과 함께 운다.

일반 황금률의 출발점도 사실 공감이다. 함께 느끼는 것이다. 일반 은혜의 영역에서도 그렇게 함께 느끼는 일이 어느 정도는 가능하다. 그렇게 볼 때 제사장과 레위인은 거룩한 종교의 탈을 쓰고 인간의 기본 바탕마저 저버린 잔인한 인간들이다. 이들이 보고 그냥 지나간 이유가 그 사람이 "이미 다 털렸기 때문"이라 한 영어 유머는 우리 시대 타락한 교회의 중심부를 푹 찌른다. 종교와 자비의 이름으로 민간인을 마구 죽이는 우리 시대 근본주의자들의 폭력과 크게 다를 바 없다. 한마디로 사람도 아니다. 그리스도의 황금률은 그리스도의 마음으로 함께 느끼는 공감이 출발점으로서, 그 느낌은 인간이 존재론적으로 느끼는 유대감을 피해 지나가지 않고 저 안에 품는다. 은혜는 자연을 내버리지 않는다. 자기 가족을 팽개치는 사람은 "믿음을 저버린 사람"이며 "불신자보다 더 악한 자"라 했다딤전5:8. 그리스도인이 맺는 성령의 열매를 하나하나 살펴보면 하나같이 좋은 사람을 만드는 성품들이다갈5:22-23. 좋은 사람이 아니면서 좋은 그리스도인이 되는 것은 불가능하다.

그리스도의 황금률을 실천할 주체는 '너희'로 제한된다. 하지만 '너희'가 사랑할 '사람들'과 '그들'은 제한이 없다. 이웃은 가까운 사람도 아니고 동족도 아니다. 내가 나 자신처럼 사랑해야 할 대상이 이웃이라면 이웃은 나 아닌 모두를 가리킨다. '사람들'에게 먼저 다가가 '그들'을 사랑해야 한다. 우리가 할 일은 오직 사랑이므로 대상에 조건이 붙어서는 안 된다. 기독교 철학자 키르케고르가 말했다.

> "에로스 사랑은 대상에 의해 결정된다. 우정은 대상에 의해 결정된다. 오직 이웃을 향한 사랑만이 사랑 그 자체에 의해 결정된다. 사람의우리의 이웃은 모든 사람, 무조건적으로 모든 사람이므로, 대상에게서 모든 특성이 제거된다."[151]

'사람들'은 내 이웃부터 원수에 이르기까지 모든 사람을 가리킨다. '사람들'은 구약의 명령 '이웃'의 범위를 명확하게 규정해 주시는 명쾌한 말씀이다.* 우리가 바라는 것을 '사람들'에게 하라 말씀하시는 주님께서는 내 이웃이 누구인지 아직도 묻고 있는 우리에게 사람 일반이라고, 단 한 사람의 예외도 없는 전체 인류라고 이미 가르쳐 주지 않았느냐 말씀하신다.

황금률을 교회에 주신 계명이라 본다면 교회가 이 계명을 실천해야 할 일차 대상은 교회 밖 세상, 곧 이방인, 세리, 죄인들일 것이다. 하지만 우리가 실천하는 이 사랑을 우리 역시 받는다. '그들'이라는 삼인칭 대명사를 사용하셨지만, 그렇다고 '너희'가 배제되는 것은 아니다갈6:10. 교회는 줌으로써 받는 곳이요 받음으로써 또 주는 곳, 그래서 주고받는 곳이다. 우리를 위로하시는 하나님께서 우리가 또 위로하게 하신다고후

---

* 유대교에는 '이웃'이 누구인지 묻는 사람이 아직도 있다. Lance J. Sussman "What Judaism Says about the Golden Rule."(May 2017) in www.reformjudaism.org를 보라.

난민들

차드(Chad)에 있는 수단 난민촌의 2023년 5월 모습이다. 한 주 만에 난민이 두 배로 늘었다는 설명이 곁들여 있다. 21세기에도 우리의 관심과 도움이 필요한 사람이 많다. 전쟁이나 경제 문제로 타국으로 이주하는 사람이 많아졌고 난민이나 이주민을 환대 대신 혐오로 대하는 이들도 많아졌다. 여성, 가난한 사람, 장애인, 노인, 다른 민족, 다른 종교인 등 우리 시대에도 황금률을 마음에 새기게 만드는 대상이 주변에 가득하다. 차별을 부르는 이념을 정말 조심할 일이다.

어떻게 사람답게 살 것인가, 어떤 방식으로 하나님 형상답게 존귀하게 살 것인가는 결국 사회적 약자들을 어떻게 도울 것인가, 그들이 어떻게 하나님의 형상답게 존귀하게 살도록 도울 것인가 하는 데 달렸다. 사는 건 언제나 함께 사는 일이다.

이 사진은 저널리스트이자 사진가인 Henry Wilkins가 촬영했으며, 아프리카 분쟁 지역 난민캠프의 현실을 보여주는 다큐멘터리 사진이다.

_사진: Henry Wilkins(Voice of America)
_출처: Wikimedia Commons

1:4. 그러니 실천할 책임은 '너희', 곧 '우리'에게 있지만, 그 실천의 대상에는 제한이 없다. 그냥 '사람들'이다. 때로는 교회 안의 사람들에게 먼저 실천해야 할 때도 있다갈6:10. 우리가 서로 사랑할 때 세상이 보고 깨달을 것이다. 하지만 사랑은 대상을 제한하지 않는다. 교회 안팎으로 흘러넘쳐야 하는 것이 사랑이다.

그렇기에 그리스도의 황금률을 실천하는 일은 아버지이신 하나님을 닮는 일이기도 하다. 우리 아버지는 사람을 차별하지 않으시고 해를 악인과 선인에게 고루 내리신다마5:45-48. 우리에게 황금률을 명하시기 전 후히 주마 약속하셨다. 그래서 우리도 우리를 사랑하지 않는 자를 사랑하고 우리에게 문안하지 않는 자에게도 문안한다눅6:31-36. 우리에게 무한히 주셨으니 우리도 무한히 준다. 그런 무차별의 태도가 확보될 때 오 리 아니라 십 리도 함께 가 주고, 겉옷에다가 속옷까지 필요한 자에게는 내주게 된다. 돈을 꾸어줄 때도 갚을 능력을 안 보고 무조건 빌려준다. 일반 황금률은 상대방이 원하는 대로만 하면 안 되지만, 주님의 황금률에서는 그게 중요한 게 아니다. 일반 황금률은 공평과 정의를 목표로 하지만, 여기서는 그게 아니라도 상관없다. 이들의 탐욕을 채워주거나 폭력을 용인하라는 뜻이 아니라, 그보다 더 중요한 것이 있다는 것을 알게 하고 그 중요한 것을 주어야 하기 때문이다. 사람들에게 기대하는 것이 물질을 초월하듯 사람들에게 주는 것도 그것을 뛰어넘는다. 우리는 이미 받았다. 그런데 아직 못 받은 자들이 있다. 그들에게 주어야 한다. 달라는 대로 다 주는 것은 그렇게 함으로써 그들에게 이 좋은 것을 줄 가능성을 얻고자 함이다.

주님의 황금률을 실천하는 것은 아주 확실한 신앙고백이다. 하나님께서는 구하는 모두에게 주신다. 그걸 믿는 사람은 자기가 구하는 모든 것을 사람들에게 베푼다. 그러므로 사람들에게 베푸는 우리의 행동은 구하는 모두에게 주시는 하나님을 향한 신앙고백이다. 만나 규례를 지키기 위해서는 내일도 어김없이 만나를 주실 하나님을 믿어야 한다출 16:12, 35. 그런 하나님을 믿지 못한다면 창고에 쌓아두려 하지 않겠는가. 우리의 베풂은 우리 믿음의 분명한 표현이다. 이미 받았다는 명확한 증거다. 사람들에게 한 것이 곧 하나님께 한 것이다, 다시 말해 우리가 행하는 것과 믿는 것이 하나라는 사실이다. 하나님을 믿지 않고 이웃을 사랑할 수 없고, 이웃을 사랑함에는 하나님을 믿는 믿음이 없을 수 없다. 믿음과 삶은 하나다!

이런 점에서 황금률은 다시금 하나님을 사랑하는 방법이 된다. 우리 사랑의 직접적인 대상은 사람들이지만, 그들에게 황금률을 실천하는 과정에서 우리는 하나님을 끊임없이 신뢰하게 되고 의지하게 된다. 하나님을 사랑함에 이토록 확실한 방법이 어디 또 있겠는가? 다시금 이웃을 사랑하는 것은 하나님을 사랑하는 방법이다. 하나님의 명령을 순종해 그렇고, 하나님의 자녀를 사랑하니 그렇고, 하나님을 절대 신뢰하고 의지하기 때문이다. 아우구스티누스는 하나님 사랑 계명과 이웃 사랑 계명이 이런 식으로 하나가 된다고 설명한다. 이 두 계명이 황금률에서 도출될 수 있기 때문이다. 우리가 하나님과 이웃이 우리를 사랑하기를 바라기 때문에 우리 역시 하나님과 이웃을 사랑하게 된다는 것이다.[152]

그냥 사랑하라 말씀하셔서도 될 일이라면, 주님께서는 당시 사람들이 많이 알고 있고 또 이성을 가진 인간이라면 조금만 생각해도 납득할 만한 법칙을 이용해 말씀해 주셨다. 그리하심으로써 이웃을 사랑하라는 말씀도 하시고, 또 그렇게 이웃을 사랑하는 것이 곧 하늘에 계시는 아버지를 사랑하는 것이요, 또 주님 당신을 사랑하는 것임을 함께 가르쳐 주셨다. 참으로 놀라운 보배다.

6

그대로 해라: 지켜야 할 명령

일반 황금률은 수많은 이론적 문제를 안고 있다. 그걸 개량했다는 칸트의 정언명령도 마찬가지다. 하지만 황금률이든 정언명령이든 진짜 문제는 따로 있다. 이론보다 더 큰 한계, 곧 실천 문제다. 황금률은 윤리요, 윤리는 실천을 위한 원리 아닌가? 아무리 아름다운 문장에 치밀한 분석을 거쳤다 해도 삶으로 구현할 수 없는 것이라면 무슨 소용이 있겠는가? 그리스도의 황금률은 이 점에서 독보적 차이를 보인다. 주님의 명령은 순종의 이유를 제공할 뿐 아니라 순종할 마음도 불러일으키고, 그 마음대로 실행할 수 있는 조건, 곧 가능성도 함께 준다. 순종하지 못하게 억누르던 족쇄가 풀렸다. 진리를 통해 얻는 자유다. 주님께서는 '너희', 곧 우리에게 마음과 가능성을 함께 주시면서 '해라!' 명령하신다.

순종하는 능력

황금률의 핵심은 "하라!", 곧 행동이다.[153] 복음의 진리성은 여러 방법으로 입증할 수 있지만, 가장 효과적인 것은 역시 실천이다. 볼테르는 예수의 가르침이 사랑인데 기독교인 아무도 실천하지 않는다며 비판했다.[154] 볼테르 하나겠는가. 그 시대만의 문제겠는가. 오늘 우리의 현실을 생각해도 부끄러운 이야기다. 구원은 오직 믿음으로만 얻음을 강조한 루터도 황금률 실천의 중요성을 강조한다. 황금률은 믿음의 문제다. 그런데 믿음은 곧 마음이요, 마음은 삶 아닌가. 황금률은 결국 사랑 문제다. 뭐가 사랑인가? 사랑은 곧 선행이다.[155]

황금률의 근본 문제인 '남의 마음'은 사실 철학이나 논리의 문제가 아니라 신학적, 영적 문제다. 머리가 아닌 마음의 문제다. 머리로는 안다. 유비추론을 통해서든 공존공감을 통해서든 함께 느끼고 서로 안다. 누가 핑계할 수 있겠는가. 그런데 그런 앎이 내 삶에 아무 영향을 미치지 못한다. 남의 존재를 알고 남의 마음을 알았으면서도 거기 합당한 반응은 보이지 않는다. '하지 마라!' '해라!' 황금률은 모두 명령이요, 명령은 순종을 요구한다. 하지만 인간 세상에서 명령이 바로 순종으로 이어지지는 않는다. 해야 할 이유를 모르면 순종하지 않고, 이유를 알아도 마음이 잘 내키지 않는다. 순종하기로 마음먹었지만 능력이 안 되는 경우도 있다. 앎과 삶의 괴리! 황금률이 문제가 아니라 그걸 지키는 인간이 문제이기 때문이다.

성경은 이 문제가 죄 때문이라고 가르친다.* 죄는 본디 하나였던 사

---

* 로이드 존스는 이 점을 자세하게 분석한다. Lloyd-Jones, *Studies*, vol 2, 210-213을 보라.

람을 나와 남으로 갈라놓았다. 사람과 사람 사이에는 보이지 않는 두꺼운 벽이 있다. 있는 줄도 모르니 깨뜨릴 생각인들 어떻게 하겠는가? 남이 있고 남의 마음을 내가 알 수 있을 뿐 아니라 지금 이 순간도 알고 있다는 이 자명한 사실이 죄 때문에 무용지물이 되고 만다. 하나님의 뜻을 알면서도 지키지 않으려 하는롬1:21, 28, 32, 혹 지키려 해도 불가능한 롬8:3; 히7:18-19, 인간 본성의 근본 한계다. 질그릇 인간이다. 성경은 그런 형편을 마귀의 노예 상태로 규정한다롬6:6; 갈4:3, 8; 딛3:3. 따라서 자연 상태의 인간은 황금률이라는 아름다운 규정을 발견하고 그 규정의 타당성과 탁월함을 이성으로 확인한 다음에도 자기 사랑의 범위를 넘어 실천하지 않는다. 이 법칙의 타당성을 부인하는 이 없고 아무도 핑계할 수 없다고 홉스가 지적하였지만, 그렇게 안다고 모두가 지키는 건 아니다. 오늘도 서로를 마치 유령인 듯 대하며, 이 세상을 진정한 상호교섭이 없는, 살아있는 자들의 지옥으로 만들고 있다.[*]

유교의 부정문 황금률도 적극적인 내용을 포함하고 있음을 앞에서 살폈다. 하지만 그렇게 이해한 것을 실천으로 옮기는 것은 다른 문제다. 공자는 인을 실천할 수 있다고 가르쳤다.[156] 하지만 부정문 황금률을 실천하겠다는 제자에게 못 할 것이라 하였고, 공자 자신도 마음을 다스리는 단계는커녕 평범한 황금률조차 실천할 능력이 없음을 시인하였다. '인'은 '실천하기가 어렵다'는 것을 알았던 공자는 실천이 말을 따르지 못함을 늘 고민하였지만,[157] 해결 방법을 찾지 못해 차라리 말을

---

[*] 단테의 『신곡』 연옥편, 21곡, 131-136을 보라. 빅토르 위고(Victor Hugo)의 시집 『징벌(Châtiments)』(1853)에 나오는 시 〈즐거운 인생(Joyeuse Vie)〉과 샤를 보들레르(Charles Baudelaire)의 시집 『악의 꽃(Les Fleurs du mal)』(1857)에 수록된 시 〈일곱 노인(Les Sept Vieillards)〉을 참고하라.

줄임으로써 인을 구현하고자 했다.[158] 묵자의 가르침은 성경과 참 닮았지만, 묵자는 그것을 어떻게 실천할 수 있는지, 사람들이 왜 실천하지 않는지는 말하지 않는다.

고대 그리스에서는 아리스토텔레스의 낙관주의가 돋보이나 황금률 실천 여부는 최고의 덕을 갖춘 사람들 사이에서도 불투명하다. 황금률을 내세의 복과 연결해 강조한 인도나 이슬람 종교에서도 과연 몇 사람이나 황금률을 실천해 해탈이나 구원에 도달했는지 의문이다. 인간이 그런 정도의 압력으로 순종의 삶을 살 수 있었다면 그리스도께서 오실 필요조차 없었을 것이다. 사람들 스스로가 그런 한계를 알기에 생겨난 것이 법이다. 규칙을 만들어 훈련하고, 강제로 지키게 하고, 안 지키면 제재를 가한다. 너나 나나 생각하는 것이 같기에 함무라비 법전이나 고조선의 팔조금법이나 이십일 세기 대한민국의 법이 다 비슷하다. 법 대신 전통이 된 것도 있다. 지난날 우리네 두레가 그랬고, 향약이 그랬다. 품앗이도 그렇게 너와 내가 사이좋게 주고받는 좋은 전통이었다. 경조사에 부조를 내는 것도 그 전통의 연속이다. 공적인 제재는 없지만 이런 것들 역시 소위 불문율이 되어 사람들의 행동을 제약하고 있다. 자발적인 듯 보이지만 이면의 압력 없이는 오래 가기 어렵고, 유지되는 동안에도 온갖 불협화음이 끊이지 않는다.

아는 대로 살지 않는다. 때론 아는 것과 반대로 산다. 앎과 삶의 괴리는 어제오늘의 문제가 아니다. 황금률이 자연법이든 아니든 합리성을 지닌 사람으로서 그 타당성을 아는 건 어렵지 않다. 하지만 일반 황금률도 실천하는 것은 참으로 어렵다. 사람을 좋게 본 칸트는 점진적인 교육을 통해 정언명령이 실현될 것이라 기대했다.[159] 그렇지만 수백 년

이 지난 오늘까지 그런 이상에 가까워지기는커녕 오히려 칸트 자신이 말한 근본악만 늘어간다. 이유는 명백하다. 황금률을 지켜야 할 내가 여전히 자연에 속한 죄인이요 구원이 필요한 사람이기 때문이다. 뭐가 옳고 좋은지 알면서도 행하지 않는 인간의 모습을 바울은 이렇게 표현하고 있다.

> "내가 하는 것을 난 알지 못합니다. 원하는 것은 행하지 않고 싫어하는 것은 하니 말입니다."_롬7:15

바울의 자기 고백이다. 옳고 그름을 알면서도 바로 행하지 않는 자연인의 전형적인 모습이다. 사람들도 어렴풋이 느낀다. 아름다운 규칙과 그걸 안 지키는 나. 그래서 윤리학도 둘로 나누어졌다. 행동의 옳고 그름을 따지는 행위의 윤리법적인 윤리 외에 사람의 도덕적 성품을 살피는 내면의 윤리선함의 윤리가 따로 있다. 어느 것이 참 도덕성인가? 규칙을 따르는 것인가, 아니면 됨됨이를 기르는 것인가? 황금률도 마찬가지다. 멋진 규칙이 있다. 그걸 잘 따르는 것이 중요한가, 아니면 그걸 지키고자 하는 '나'라는 사람이 중요한가? 행함인가, 인격인가? '하는 것'인가, '되는 것'인가? 미국의 윤리학자 프랑케나William K. Frankena, 1908-1994가 이 둘의 관계를 칸트식으로 갈무리했다.

> "성품 없는 원칙은 무능하고, 원칙 없는 성품은 맹목이다."[160]

원칙이 아무리 뛰어나고 내가 그걸 잘 알아도 실천할 성품이 갖추어져 있지 않다면 헛일이요, 됨됨이가 아무리 훌륭해도 올바른 행동 원칙을 모른다면 나쁜 결과를 가져올 수 있다. 프랑케나는 인격을 '능력'으로 표현했다.[161] 황금률을 실천할 수 있는 가능성은 곧 인격이다. 그런데 그 인격을 갖추지 못했다면 그 좋은 황금률도 무능한 규칙이 된다. 이론상 문제가 하나도 없다 가정해도 말이다. 규칙의 무능함이 아니라 사람의 무능함이다. 법을 만들어 아무리 강력한 제재를 가해도 법이 참된 순종이나 실천을 가능하게 해 주지 않는다.

그렇기에 그리스도께서 주신 황금률의 중요한 특징 하나가 실천이다. '해라' 하셨다. 원칙만 지킨다고 되는 것이 아니다. 그 전에 먼저 인격이어야 한다. 그리스도의 황금률에서는 외적인 행동보다 마음가짐 frame of mind이 더 중요하다.[162] 할 수 있는 마음과 자유까지 주셨으니 앎과 삶의 괴리가 발붙일 자리가 없다. 성경 전체가 실천을 말하지만, 산상수훈은 더더욱 실천을 강조한다. 예수께서는 산상수훈 시작 부분에서 율법을 순종하는 일이 중요함을 말씀하셨다. 서기관들과 바리새인들보다 나아야 할 의의 중요한 특징 하나가 실천이다. 그런 다음 황금률을 결론으로 주시고는 '그대로 해라' 하셨다.

산상수훈을 황금률로 마무리하신 주님께서는 이제 실천 하나에 집중하신다. 행동이 곧 열매라 하시면서 열매를 보고 나무를 안다 하셨다. 실천이 없다면 그리스도인이 아니라는 말씀이다. 찍혀 불에 던져진다 하셨으니 끝이다. 실천 여부가 구원 문제를 최종 결정할 것이라고 분명히 말씀하신다.

"나에게 주님 주님 하는 모두가 하늘나라에 들어갈 것이 아니라 하늘
에 계시는 내 아버지 뜻을 행하는 이가 들어갈 것이다."_마7:21

우리 아버지 또 우리 주님의 아버지 하나님께서 계시는 하늘나라에
가려면 그분의 뜻을 행해야 한다. 모든 것을 보장하시면서 무조건 사랑
을 실천하라 하셨으니 결국 믿음으로 간다는 말씀이다. 하나님 아버지
를 믿지 않고서 어떻게 사랑을 실천할까. 행하지 않음은 믿지 않음이
다. 하나님의 뜻을 다 전하신 분을 "주님"이라 부르면서도 정작 그 말씀
은 순종하지 않는다면, 그건 불법이고 거짓이다마7:24; 눅6:45-46. 집을 짓는
수고는 똑같이 하지만 제대로 된 기초가 있느냐 없느냐에 따라 결과는
정반대가 된다. 듣고 실천하는 사람은 수고한 바를 그대로 간직하지만
듣고 실천하지 않는 사람은 똑같은 수고를 하고도 결국 모든 것을 잃고
만다.

궤변에 속지 않도록 조심할 일이다. 우리의 의는 주님의 공로에 바
탕을 둔 것이기에 실천은 좀 못 해도 훨씬 귀하다는 끈질긴 주장은 주님
말씀의 참뜻을 숨기는 가증스러운 거짓말이다. 옳다. 서기관들과 바리
새인들은 율법을 실천함으로써 '자기의 의'를 얻으려 하다 실패했다. 우
리의 의는 예수 그리스도를 믿음으로써 얻는 의, 곧 하나님의 의니 당연
히 뛰어나다롬9:30, 32; 10:3. 그런데 이 의는 서기관들과 바리새인들이 행위
를 따르다 실패한 그 일을 가능하게 한다. 주님께서 율법을 완성하셨다.
그 완성에는 이전에 불가능하던 실천을 가능하게 하신 일도 포함된다.
순종이 좀 없어도 괜찮다는 속삭임에 대한 성경의 경고는 명확하다.

"속지 마세요, 내 사랑하는 형제들이여!"_약1:16*

"말씀을 행하는 자들이 되고, 듣기만 해 자신을 속이는 자들이 되지 마십시오."_약1:22

산상수훈 처음부터 끝까지 주님께서는 행동하라 명령하신다. 이론의 틀을 벗어나 실천의 영역으로 나가라고 거듭 촉구하시는데, 말재주만 갈고 닦은 게으름뱅이들이 주님의 가르침을 이론의 쳇바퀴 속에 가둔다. 생명의 말씀을 죽음의 세계에 가두는 죄를 짓고 있다. 실천으로 나가지 못하면, 다시 말해 열매가 없다면, 이론 역시 실패다.

궤변에 익숙한 자들은 누가 행동을 강조하기가 무섭게 '공로주의'라고 공격한다. 공로주의? 행함이 없는 믿음은 죽은 것이라 한 야고보가 들으면 기가 찰 일이다약2:26. 아니, 조상들의 순종을 하나하나 언급하며 믿음이 무엇인지 가르친 히브리서 기자가 들어도 답답해 가슴을 칠 것이다히11:4-39. "믿음으로" 하고 시작하는 히브리서 11장의 열일곱 구절은 하나같이 순종했다는 이야기다. 믿음으로 구원받은 자의 삶은 순종의 열매를 맺게 마련이라 가르친 바울은 또 뭐라 하겠는가엡5:9. 믿음에 대해 그렇게 잘못 알고 있는 이들을 향해 야고보는 이렇게 경고한다.

"보세요. 사람이 행함으로 의롭게 되지 믿음으로만은 아니지요."
_약2:24

---

* 속지 말라는 신약성경의 경고는 거의 순종을 경시하는 풍조에 대한 것이다(롬7:11; 고전3:16-18; 15:33; 고후 2:9-11; 갈6:7; 엡5:6; 딤후3:13-14; 딛1:10; 약1:22).

"오직 믿음으로만"이라는 구절이 성경에 단 한 번 나오는데, 놀랍게도 그게 아니라고 말씀한다. 믿음과 순종은 한 덩어리인데 그걸 떼놓는 이들이 하도 많아 이렇게 세게 못을 박은 것이다. 성경은 믿음으로 의롭게 되는 진리를 가르칠 때 믿음을 행위와 대비시킨다. 믿음으로 된 것은 행위로 된 것이 아니다롬4:2-4. 구원의 은혜를 아는 그 누가 감히 자신의 행위가 자신의 구원에 털끝만큼이라도 이바지했다고 생각하겠는가. 그렇게 볼 때 야고보의 말은 성경의 가르침을 뒤엎는 것처럼 보인다. 오죽하면 루터가 야고보서를 성경에서 빼자 했을까. [163]* 하지만 믿음으로 의롭게 된다는 말은 내 행위가 공로가 되지 못한다는 뜻이지, 믿음이 삶과 무관한 관념만의 상태라는 뜻은 아니다. 믿음은 마음에서 나오는 것으로서 마음이 변하면 생각과 행동도 당연히 달라진다. 구원의 조건으로 대립하던 행위와 믿음이 구원받은 자의 삶에서는 하나로 합쳐진다.

은혜로 주신
성령

실천해야 하늘나라에 들어간다고 해서 내가 내 구원을 위해 무언가 했다 생각하면 그건 계명을 이론의 틀에 가두는 것보다 더 큰 잘못이다. 내가 하는 실천은 가장 작은 것 하나도 내게 주신 은혜의

---

* 루터는 자기가 번역한 신약성경 초판(1522) 서문에서 야고보서를 요한복음, 요한일서, 로마서, 갈라디아서, 에베소서, 베드로전서 등과 비교해 "진짜 지푸라기 서신(ein recht strohern Epistel)"이라 불렀다. 믿음으로 구원받는 원리를 보여주지 못하기 때문이라는 것이었다. 1537년 이후 이 표현은 사라졌으나 야고보서에 대한 관점은 끝까지 달라지지 않았다. Martin Foord, "The 'Epistle of Straw': Reflections on Luther and the Epistle of James," in *themelios*, vol. 45, Issue 2 (August 2020), 292를 보라.

열매일 뿐이다. 황금률 실천의 첫 조건은 우리의 구원 경험이다. 죄로 잃어버린 공감 능력을 구원을 맛보는 순간 되찾았다. 함께 느낀 것을 행동으로 옮기지 않을 수 없는 동력도 얻었으니, '남의 마음'은 이제 문제가 아니라 답이다요일3:17. 사랑을 받는 순간 나도 사랑을 배웠다. 사랑할 힘도 얻었다. 그 사랑의 힘으로, 내게 주신 은혜로 실천하게 되는 사랑의 계명이 바로 우리 주님께서 주신 황금률이다.

모든 것이 은혜의 열매요, 황금률도 그 은혜의 힘으로 지킬 수 있다는 것을 주님께서는 황금률 직후 좁은 길을 언급하신 뒤 나무와 열매의 관계로 설명해 주셨다마7:16-20. 좋은 열매를 맺지 못하는 나무는 불에 던져진다. 맞다. 실천이 없으면 지옥행이다. 그런데 실천은 열매다. 주님께서는 좋은 나무가 좋은 열매를 맺고 안 좋은 나무는 안 좋은 열매를 맺지, 그 반대는 불가능하다고 거듭 강조하신다. 열매는 어떤 나무인지 판단하는 기준일 뿐이다. 우리 소속이 하나님인지 마귀인지 행동으로 판가름 난다요일3:10. 그러니 열매가 없어서가 아니라 나무가 안 좋기에 불에 들어가는 것이다. 우리의 실천은 이미 사실로 전제되어 있다. 우리의 행동은 하나님의 은혜를 경험한 우리의 변화된 인격, 거듭난 사람됨을 전제한다. 영이 가난하고 그래서 슬피 울고 부드럽게 된 인격은 좋은 행동으로 세상에 빛을 비추게 되어 있고, 주님께서 말씀하신 황금률 역시 실천하게 되어 있다. 로이드 존스가 지적한 것처럼, 산상수훈은 도덕 법규를 모은 게 아니라 '성품'에 대한 가르침이다.[164] 되면, 한다.

그리스도께서는 율법과 선지자들을 완성하셨다. 그렇게 구원을 이루신 결과 그리스도를 구주로 믿는 사람들은 성령을 선물로 받는다. 하나님의 영 성령은 또한 자유의 영이다. 이 성령께서 우리를 죄에서 해방하시고 순종의 삶으로 이끄신다. 성령으로 사는 삶은 하나님의 뜻대로 자유롭게 순종하는 삶이다.

> "율법이 육신 때문에 무기력해 할 수 없는 그것을 하나님은… 육신 아닌 영을 따라 행하는 우리 안에서 율법의 규정이 이루어지게 하셨습니다."_롬8:3-4

율법의 요구는 두 가지로 이루어진다. 첫째, 그리스도께서 우리를 대신해 죽으셔서 우리의 모든 죗값을 치르셨다. 주님께서는 십자가로 다 이루셨다요19:30. 둘째, 그리스도를 믿어 의롭게 된 사람은 이제 하나님의 계명을 순종할 수 있게 된다. 자유의 영 성령께서 오셨기 때문이다고후3:17. 육신 아닌 성령을 따라 행동하면 율법의 규정이 이루어진다.

따라서 우리에게 성령을 주신 일이 황금률 실천과 밀접하게 관련되어 있다. 황금률이 곧 성경이요 성령께서 하시는 일이 성경대로 살게 하시는 일이니 당연히 관련되겠지만, 황금률의 경우 더 밀접하게 연결된다. 황금률 실천의 근거로 주신 말씀, 곧 '그러므로'의 근거로 주신 그 말씀이 성령을 주시겠다는 약속과 겹치기 때문이다. 구하면 다 주신다는 주님의 약속, 곧 마태복음 7장 7-11절은 성령을 주마 약속하신 누가복음 11장 9-13절과 놀랍도록 닮았다. 우선 첫 두 절은 원문이 완전히 똑같다.

> "구하라, 그러면 너희에게 주어질 것이요, 찾으라, 그러면 발견할 것이요, 두드리라, 그러면 너희에게 열릴 것이다. 구하는 모두가 얻을

것이요, 찾는 이가 발견할 것이요, 두드리는 이에게 열릴 것이다."_마
7:7-8; 눅11:9-10

구하는 모두에게 주시겠다는 하나님의 약속은 같다. 토씨 하나까지 똑같다. 그런데 이어 나오는 사람 아버지에 대한 말씀은 약간 다르다. 앞의 두 절에 대한 보기라는 점에서는 같지만, 사용된 낱말은 차이를 보인다. 마태는 '사람'을 강조하면서 떡과 돌, 생선과 뱀을 언급했고, 누가는 '아버지'를 강조하면서 생선과 뱀, 알과 전갈을 언급했다. 그런 다음 하나님 아버지에 대한 말씀으로 이어지는데, 다시금 원문이 거의 같아진다. 둘 다 '에이 운' 구문이고,* 문장 구조와 낱말 배치도 거의 비슷하다. 마태는 이렇게 썼다.

"그러므로 만약 너희가 악한데도 너희 자녀들에게 좋은 선물들을 줄 줄 안다면 하늘에 계시는 너희 아버지께서는 구하는 이들에게 좋은 것들을 얼마나 더 주시겠느냐?"_마7:11

누가는 거의 같은 문장을 사용하되 몇 가지를 바꾸었다.

"그러므로 만약 너희가 악한데도** 너희 자녀들에게 좋은 선물들을 줄 줄 안다면 하늘로부터 아버지께서는 구하는 이들에게 성령을 얼마나 더 주시겠느냐?"_눅11:13

---

* 이 구문에 대해서는 이 책 373-376쪽을 보라.
** 누가는 'ὄντες' 대신 'ὑπάρχοντες'를 사용하는데, 뜻은 둘 다 'being'으로 차이가 없다.

가장 중요한 변화는 "좋은 것들"을 "성령"으로 바꾼 것이다. 그래서 "너희 아버지"를 그냥 "아버지"로 바꾸었다. 성령을 주시는 분은 우리의 아버지가 아닌 그리스도의 아버지, 곧 성부 하나님이시기 때문이다요 14:16, 26; 15:26; 행1:4; 2:33.* "하늘에 계시는"을 "하늘로부터"로 바꾼 것도 성령이 하늘에서 오신다는 뜻을 드러내기 위함일 것이다행2:2.

우리 아버지는 좋은 것들을 다 주시는 분이라고 마태복음에서 약속하셨다. 그러니 그 아버지를 믿고 무조건 바라는 대로 사람들에게 하라 하셨다. 그런데 그 좋은 것이 먹고 마시는 것들이나 세상의 사람들이 바라는 그런 것이 아님을 앞에서 보았다. 대신 하나님의 나라를 향한 우리의 거룩한 소원이다. 그럼 그 거룩한 소원의 출처가 어딜까? 누가가 설명해 주는 대로 '성령'이다. 달라 하는 모든 이에게 아버지께서는 성령을 주신다. 성령을 주시면? 성령은 무엇보다 우리 마음과 생각을 바꾸신다. 하나님의 약속대로 오신 성령은 돌처럼 단단하던 마음을 살처럼 부드러운 마음으로 변화시키신다겔11:19; 36:26; 고후3:3. 성령은 하나님 마음을 우리에게 알려 주신다고전2:10-11. 우리가 뭘 기도할지 모를 때 우리를 대신해 직접 간구해 주신다롬8:26-27. 그리고 성령이 오시면 순종하게 된다. 진리와 자유 안에서 실천할 수 있다요14:17; 16:13. 성령을 주셨기에 우리가 사랑 안에 거하며 사랑이 온전히 이루어진다요일4:13-17. 그렇게 황금률을 실천하게 하심으로 그리스도께서는 율법과 선지자들을 완성하신다.

---

* 〈개역한글〉과 〈개역개정〉에는 '아버지' 앞에 '너희'가 추가되어 있다. *KJV*와 *NIV*도 'your'를 붙였다. 권위가 약한 몇몇 사본을 근거로 하고 있는데 마태복음 7장 11절과는 비슷해졌는지 몰라도 신학적으로 좋은 선택인지는 생각해 볼 필요가 있다. 〈새한글성경〉은 그냥 '아버지'로 옮겼다.

하나님께서 주시는 모든 좋은 것들을 성령 하나로 국한할 수는 없다. 하지만 좋은 모든 것 가운데 성령과 무관한 게 또 어디 있던가. 우리를 이상적 인간으로 만드는 모든 조건이 다 성령의 열매다^{갈5:22-23}. 따라서 황금률의 '그러므로'의 뜻에 담긴 세 가지, 특히 '그러므로'의 근거로 주신 황금률 직전의 말씀은 결국 '성령을 주실 것이므로'라는 이유 하나에 다 포함된다. 일반 황금률은 자연 이성으로 깨달을 수 있다. 어느 정도 실천도 가능하지만, 한계가 분명하다. 그리스도 황금률의 진리는 오직 성령의 내적 조명을 통해 깨닫는다. 그리고 곧바로 행함으로 나아간다. 성령께서 우리에게 깨끗한 성품을 주시기 때문이다.

따라서 그리스도의 황금률을 순종하는 삶은 곧 '성령으로 사는 삶'과 다르지 않다^{갈5:16, 25; 롬8:4}. 우리는 자연, 곧 육신을 따르지 않고 성령을 따른다^{롬8:4-5, 11-12}. 우리가 바라고 또 사람들에게 베풀어야 할 것으로 성령의 열매를 빼놓을 수 없다. 사랑, 기쁨, 평화, 오래 참음, 자비, 착함, 신실함, 부드러움, 절제. 우리가 하나님께 바라고 또 사람들에게 해 주어야 할 것들이다. 성령의 인도 아래 우리의 거듭난 인격이 낳는 삶의 열매다. 황금률 실천의 참 동인은 이 성령, 이 은혜, 곧 리쾨르가 말하는 "선물의 경륜"이다. 그런 경륜은 원수까지 사랑하라는 "넘쳐남 논리"로 이어진다.[*] 주신 은혜의 힘이 그렇게 크다.

---

* "The economy of the gift," "The logic of superabundance," Ricoeur, "The Golden Rule," 168을 보라.

은혜에 더한 은혜

황금률은 받기 위해 주는 것이 아니다. 일반 황금률도 그렇지만 그리스도의 황금률은 더더욱 그렇다. 하지만 황금률을 실천하는 사람 마음에 기대감마저 없을 수는 없다. 일반 황금률이라면 혹 내가 한 행동에 대한 직접적인 보상을 기대하지 않아도, 적어도 다른 사람들도 이 규칙을 지키리라는 기대는 반드시 한다. 공평과 상호성은 모두에게 요구되는 가치인 까닭이다. 계몽된 자기 이익과도 통하고 그런 전제가 있어 사회도 유지된다. 그리스도의 황금률은 다르다. 개별적인 보상도 바라지 않거니와 남들도 나처럼 해야 한다는 기대도 하지 않는다. 그냥 한다. 주신 은혜에 감사하여, 그리고 그 은혜의 힘이 동력이 되어 순종할 따름이다.

공동체의 유익을 떠나 개인적인 보상을 약속하고 황금률을 지키라 요구한 문화나 종교도 많다. 인도 종교에서는 황금률 준수 여부로 환생 수준이 정해진다. 이생에서 내가 한 행동에 대해 다음 생애에 그대로 보상이 주어진다는 이야기다. 이슬람 역시 황금률을 지키는 사람에게 천국의 복을 약속한다. 그런데 놀랍게도 그런 조건을 내걸지 않는 성경도 순종에 대한 보상을 약속한다. 황금률이라고 예외일 수 없으니, 황금률에도 개별적인 보상이 약속되어 있다. 바울은 주인과 노예에게 황금률의 삶을 실천하라 권한 다음 이렇게 말한다.

"노예든 자유인이든 각자가 좋은 일을 한다면 그것을 주께 받을 줄 여러분은 압니다."_엡6:8

내가 하는 좋은 것을 주님께서 나에게 주실 것이다. 놀라운 약속이다. 사실 우리가 황금률을 실천하는 힘은 미래가 아닌 과거와 현재에 속한다. 이미 받은 은혜의 힘이다. 넘치는 은혜를 받았으니, 순종의 열매도 그만큼 많이 맺는다. "많이 심는 자는 많이 거둔다"는 말씀처럼 행동은 수확이지 파종이 아니다고후9:6.* 그런데 그렇게 은혜의 열매로 이루어지는 실천에 대해 하나님께서는 보상을 약속하신다. 우리는 주신 은혜에 따라 했을 뿐인데, 은혜를 모르는 다른 종교와 비슷하게 마치 우리가 우리 힘으로 하기라도 한 것처럼 상을 주시겠다는 것이다.

황금률을 실천할 때는 내가 바라는 바에서 출발한다. 그리스도의 황금률 역시 교회인 우리가 바라는 것에서 시작한다. 그럼 이 '바라는 바'에는 보상에 대한 기대도 포함되는가? 답은 '아니오'인 동시에 '예'다. 아니오인 이유는 보상에 대한 기대가 아닌 이미 주신 은혜가 그리스도 황금률의 동기이기 때문이요, 그러면서 예도 되는 이유는 우리가 '이미 그러나 아직 아님'의 상태, 곧 종말론적 긴장 상태를 살아가고 있기 때문이다. 이미 받은 구원이지만 완성은 아직 오지 않았다. 그래서 받은 은혜에 대한 감격과 더불어 그 은혜의 완성을 기대하지 않을 수 없다. 주님께서는 이미 우리를 불쌍히 보아주셨다. 그래서 우리도 사람들을 불쌍히 여긴다엡4:32. 그러나 우리는 앞으로 입어야 할 자비가 또 있다. 심판의 날에 주께서 베푸실 그 자비다. 그래서 우리도 그 마음으로 자비를 베푼다유1:21-23.

보상에 대한 이 기대도 사실 황금률의 중요한 일부다. 그냥 사랑하

---

* 번영복음은 헌금을 심는 행위로 곡해하여 성도들의 마음을 타락시킨다. 이 구절의 바른 뜻에 대해서는 필자의 책 『질그릇에 담은 보배』, 321-368쪽을 보라.

라 하셔도 될 것을 이렇게 '사람들에게 바라는 그대로 그들에게 하라'고 황금률로 만들어 주신 이유는 하나님 약속의 완성을 바라보는 우리로서 그 완성을 고대하는 간절함으로 이웃에게 같은 좋은 것을 베풀어야 함을 가르치시기 위해서다. '이미 그러나 아직 아님'의 상태를 살고 있는 우리에게 참으로 적절한 말씀이 아닐 수 없다. 주님께서 우리를 먼저 사랑하셨으니 우리도 감사하며 사랑하는 것이 사랑의 계명이라면, 주님의 그 사랑이 완성될 날을 소망 가운데 기대하며 사랑하는 것은 황금률이다. 마치 내 행동에 대한 보상을 기대하는 사람들처럼 우리는 하나님께서 우리가 우리 삶에서 드러낸 은혜의 증거를 확인해 주실 날을 기다린다.

보상에 대한 말씀도 오해하지 않도록 주의해야 한다. 내가 기대하는 것이 물질처럼 눈에 보이는 차원이 아니듯, 하나님께서 약속하시는 보상 역시 일반 황금률에서 주고받는 것과 차원이 다르다. 보상은 언제나 삼각 구도에서 이해할 수 있다. 사람들에게 구제를 베풀 때 하나님 앞에서 하지 않으면 사람들의 칭찬이라는 보상이 주어진다마6:1-4. 눈에 보이는 그 보상은 더 많은 재물로 이어지기도 한다. 다 썩어 없어질 것들이다마6:19-20; 요6:27; 고전9:25; 15:42. 그렇지만 주님의 가르침대로 하여 은밀하게 하면 하나님께서 갚으신다. 사람들이 주는 칭찬이나 더 많은 재물이 아니라 이미 주신 그 은혜에 대한 확인이다. 영원한 가치가 있는 보상이다.

그러니 보상인 듯 보이지만 사실은 보상이 아니라 은혜다. 은혜가 오고, 내가 실천하고, 그래서 애초에 주신 그 은혜를 확인한 것이다. 그런데 그 은혜를 마치 보상인 양 말씀하신다. 평지설교 황금률 조금 뒤에서 이렇게 말씀하셨다.

> "주어라. 그러면 너희에게 주어질 것이다. 좋은 되를 누르고 흔들고
> 넘치게 해 너희 품에 줄 것이다. 너희가 되는 그 되로 너희도 됨을 받
> 을 것이다."_눅6:38

첫 문장은 수동태인데 뒤이은 문장은 삼인칭 복수 동사를 쓴다. 그
래서 상호성으로 많이들 오해하고 번영복음 전도사들은 돈 주신다는
뜻으로 즐겨 왜곡한다. 하지만 이 말씀은 썩어 없어질 세상 것들과는
아무 상관이 없다. 이미 주신 영원한 은혜의 확인이요, 영적 빈익빈부
익부 현상이다. 이미 있는 사람은 더 많아질 것이다마13:12; 25:29; 막4:25; 눅
8:18; 19:26. 교부 클레멘스가 이 구절을 잘 풀었다. "자비로워라. 그러면
너도 자비를 얻을 것이다. 용서하라. 그러면 너도 용서받을 것이다. 네
가 하는 그대로 너에게도 행해질 것이다."[165] 하지만 내가 무슨 재주를
부린 게 아니라 처음부터 하나님의 은혜가 컸을 따름이다. 양과 염소
비유에서 주님을 잘 대접했다고 상을 받은 이들에게 주님께서는 이렇
게 말씀하신다.

> "내 아버지께 복 받은 이들아, 와서 세상 시작 때부터 너희를 위해 준
> 비된 나라를 물려받아라."_마25:34

이들의 착한 행위는 지금 한 것이지만, 하나님께서는 우주를 만드실
때부터 이들을 위해 하늘나라를 준비하셨다. 이들이 세상에 났을 때 이

런저런 방법으로 그 은혜를 알게 하셨고, 그 은혜의 힘으로 사랑을 실천하게 하셨다. 그리고는 마지막 날 모든 것이 완성될 때 그 나라를 주실 것이다.

이슬람은 기독교와 닮은 점이 많다. 하나님께 바라는 것을 이웃에게 하라는 삼각 구도를 비롯하여 기독교에서 많은 것을 가져갔으니 당연하다. 그 가운데 하나가 보상이다. 내가 하는 행위를 하나님께서 그대로 갚으신다는 약속이다. 그렇지만 모양만 가져가고 알맹이는 못 가져갔다. 이슬람에는 이미 받은 복이 없다. 모든 것을 가능하게 하는 그리스도의 십자가 은혜가 거기 없다. 하여 보상을 약속하고 징계를 선포하는 힌두교나 불교에서 한 걸음도 나아가지 못했다. 자연의 한계에 갇힌 소위 '종교'의 일반적인 모습이다.

우리의 행동이 조건인 듯 말씀하실 때마다 하나님께서 먼저 우리를 사랑하셨다는 성경의 핵심을 염두에 두어야 오해를 피할 수 있다. 주님께서 우리를 사랑하신 것처럼 우리도 서로 사랑한다. 주님께서 우리를 섬기러 오신 것처럼 우리도 서로 섬겨야 한다막10:45. 겉모양은 "내가 받고자 하는 것"이 내 행동의 기준 같지만, 실상은 "내가 이미 받은 것"이 내 행동의 원리와 동력이 된다. 불쌍히 여기는 자가 불쌍히 여김을 받는데, 사실 먼저 불쌍히 여김을 받지 않고서는 남을 불쌍히 여길 수가 없다. 남에게 자비를 베풀지 않으면 나도 자비 없는 심판을 받을 것이다. 이미 받은 용서가 취소된다는 뜻이 아니라 참으로 용서받은 사람이라면 삶에서 그런 열매가 당연히 나와야 한다는 말씀이니, 힌두교의 권고나 이슬람교의 위협과는 다르다. 그리고 하나님의 자비의 은혜는 마지막 날의 완성을 기다리고 있다는 뜻도 담겨 있다.

　　그렇기에 황금률을 참으로 실천하는 이들은 많이 수고하고도 자신의 행동을 전혀 공로로 느끼지 못한다. 양과 염소 비유에 등장하는 양들은 그들이 주님을 대접했다는 주님 말씀을 들었을 때 "주님, 저희가 언제 그랬습니까?" 하고 반문했다마25:37-38. 주님이신 줄 몰랐다는 뜻도 되겠지만, 이들의 태도에는 이미 받은 은혜만 있었을 뿐 자기가 뭔가 했다고 생각지도 않았고, 보상 같은 건 바랄 수도 없었다. 이들의 관심사는 그저 하나님의 나라와 의였다. 그것을 사람들에게 행할 때도 이웃의 복지가 우선이지 내가 뭘 잘 하고 못 하고 따질 겨를조차 없었다. 그렇게 수고를 많이 하고서도 자신은 무익한 종이라 생각했을 뿐이다눅17:20.[166] 주님께서 나를 그렇게 좋게 봐 주실 줄 꿈엔들 생각했을까? 하지만 반대의 경우도 있으니 두렵다. 가장 작은 자에게 사랑을 베풀지 않은 이들도 "우리가 언제 안 했습니까?" 하고 따졌다. 자기들이 뭘 안 했는지 몰랐다. 주님을 주님, 주님 하고 부르던 이들 역시 자기들이 그렇게 비정하게 쫓겨나게 될 줄 꿈에도 생각지 못했을 것이다.

　　키르케고르는 보상을 생각지 않는 태도를 두고 '자신을 잊는다'는 표현을 쓴다. 자신의 삶이 뿌듯한 사람은 기억도 하고 적어두기도 할 것이다. 그걸로 하나님께 감사도 드릴 것이다눅18:11. 하지만 진정으로 사랑하는 사람은 이웃에만 집중할 뿐, 자신은 잊는다. 하지만 주는 것을 다시 받는다. 하나님께서 기억해 주시기 때문이다.

"그를 기억해 주시는 분, 하늘의 하나님이 계시다. 그래, 사랑이 기억해 준다. 하나님은 사랑이시다. 사람이 사랑 때문에 자신을 잊을 때 하나님이 어떻게 그 사람을 잊으시겠는가!"[167]

그냥 사랑하라 하셔도 될 것을 황금률이라는 틀에 담아 주신 것은 결국은 내가 사람들에게 하는 그게 나 자신을 향한 것임을 생각하라는 뜻이리라. 이웃을 나처럼 사랑하는 일이다. 순서는 은혜, 순종, 은혜다. 은혜를 받지 못한 사람은 실천해도 아무 유익이 없겠지만, 실천 자체도 불가능이다.

이렇게 볼 때 주님의 황금률은 기도에 대한 주님의 가르침과 통한다. 주님께서는 제자들에게 일꾼을 보내 달라고 기도하라 하시고는 그렇게 기도한 제자들을 일꾼으로 먼저 보내셨다마9:38-10:5 눅10:1-2. 내가 사람들에게 바라는 그것, 다시 말해 하나님께 바라는 그것이 바로 내가 먼저 실천해야 할 사항이기도 하다. 주님의 황금률은 하나님께서 하시는 일은 곧 내 책임이기도 함을 일깨워 준다. 내가 기도하는 바는 곧 내가 먼저 솔선해야 할 바이기도 하다.

의의 길
좁은 길

주님께서는 황금률을 말씀하신 직후 좁은 문에 대해 말씀하셨다. 생명으로 가는 길은 입구도, 길도 다 좁아서 사람들이 많이 가지 않는다 하셨다. 산상수훈 전체를 마무리하시는 단계이니 성경대로 사는 삶은 인기가 없는 삶임을 가르치신 것이리라. 그런데 그 말씀을 황금률 직후에 주셨다는 점 또한 의미가 없지 않다. 만약 그리스도께서 사람들이 황금률을 워낙 잘 알기에 그걸 이용해 이웃 사랑을 명하신 것이라면 굳이 황금률 직후에 길이 좁다 하시지는 않았을 것이다. 반대로, 누구나 아는 규칙과 비슷한 말씀을 주신 다음 그것을 당신의 가르침과 대비시키셨을 가능성은 있다. 황금률은 누구나 다 알고 있지만 의를 바라보며 실천하는 삶은 사람들이 알아주지 않는 삶이라는 뜻으로 말이다.

인기 없는 길에 대해서는 산상수훈 초입에서도 말씀하셨다. 의를 구하며 사는 것이 제자의 삶이다. 의를 향한 배고픔과 목마름은 하나님께서 반드시 채워주신다. 하늘나라에 들어가는 복을 받는다. 그런데 그렇게 받은 복이 현재의 삶 속에서는 전혀 다른 모양으로 나타난다.

"나 때문에 너희를 욕하고 박해하고 거짓말로 너희를 해하는 온갖 못
된 말을 할 때는 너희가 복 받았다."_마5:11

보상은 분명히 있다. 창세 전에 이미 받았고, 완성의 날 또 받을 것이다. 그래서 복 받았다 하시지 않는가. 기뻐하고 즐거워하라 하셨다. 그런데 이미 이루어진 구원이 아직 완성되지는 않았다. 그래서 모양이 좀 달라진다. 불쌍히 여기고 평화를 꾀하고 의를 위해 애쓴 결과는 박해다. 내가 한다고 이웃도 따라 하지는 않는다. 계몽된 자기 이익? 사람이 계몽되면 자기 이익 말고 남는 게 없음을 깨닫는다. 황금률을 실천할 때 기대할 것도 똑같다. 그리스도를 따르는 길에는 레드 카펫이 깔려 있지 않다. 고난과 치욕, 그리고 사망의 음침한 골짜기가 기다리고 있다. 그러니 비용부터 잘 계산한 다음 공사를 시작해야 한다눅14:28-33. 괜히 들떠서 땅부터 팔았다가는 애꿎은 목숨만 날린다행5:1-11.

우선 차원을 잘 구분해야 한다. 땅과 하늘은 다르다. 눈에 보이는 것들은 괴롭고 힘들지만, 하나님께서 그것들을 모아 만드시는 것은 우

리에게 가장 좋은 것이다. 그러니 눈에 보이는 좋은 것들을 바라지 않
도록 조심해야 한다. 아우구스티누스는 우리가 이웃에게 하나님의 구
원을 전달함으로써 하나님의 영광을 드러낼 때 이 세상의 보상을 기대
하지 않는다 하면서, 만약 그런 기대를 갖는다면 그건 이중의 눈을 갖
는 것으로서 하나님께서 바라시는 깨끗한 눈이 아니라 하였다마5:8.[168]
하나님께는 분명히 바라고 또 바라지만 사람들에게는 아무것도 기대하
지 않는 것이 황금률을 실천하는 사람의 태도다.

좁은 문에 대한 주님의 말씀은 우리가 황금률을 실천하면서 세상
에 대해 어떤 자세를 가져야 할지 분명하게 가르쳐 준다. 일반 황금률
은 이 땅의 정의와 평화를 궁극 목표로 한다. 이 땅의 지도자들이 반드
시 갖추어야 할 지혜다. 모두가 실천한다면 세상은 조금이라도 평화로
워질 것이다. 루터와 칼뱅도 한때 그런 꿈을 꾸었다. 그렇지만 그리스
도의 황금률은 우리 주님께서 보이신 모범처럼 이 땅에서 버림받는 것
이 최종 결과다. 키르케고르는 아가페를 역사 가운데 구현하기 위해서
는 자기희생 외에 다른 대안이 없었다 하면서, 아가페의 표본이신 주님
의 십자가 죽음이 우리가 세상에서 살아야 할 삶의 궁극적인 모습을 보
여준다고 했다. 아가페는 세상에서 갈등을 일으키고 결국은 십자가 죽
음으로 간다. 피할 수 없는 충돌이다.[169]

라인홀드 니버도 같은 관점을 보인다. 자기주장으로 넘쳐나는 세상
에서 자기의 유익을 구하지 않는 사랑은 설 자리가 없다. 역사적으로
가장 완벽한 균형을 이룬 정의 체계도 사실 서로 겨루는 의지 및 이익
의 균형일 뿐이다. 따라서 이 균형에 동참하지 않는 이들은 패배를 맛
볼 수밖에 없다.[170] 많은 학자가 정의의 황금률과 사랑의 계명이 조화를

이룬다고 보았지만, 현실의 역학을 고려할 때 황금률은 그리스도의 아가페 원리와 공존하기 어렵다는 주장도 가능하다. 어떻게 할 것인가? 그리스도의 황금률을 실천함으로써 세상에 가득한 갈등이 줄어들지, 아니면 세상의 조화에 끼지 못해 그대로 짓밟혀 죽을지 우리는 모른다. 하지만 주께서 은혜로 명하셨으니 우리는 오늘도 황금률을 실천한다.[*]

세상은 오늘도 하나가 되고자 애쓴다. 정치, 경제, 스포츠도 그렇지만 여러 종교도 이 통일 운동에 앞장선다. 황금률이 이미 이 운동의 중심에 섰다. 사람들은 마치 그게 성경에서 나온 것인 양 하면서 기독교도 동참할 것을 요구한다. 하지만 그들이 말하는 황금률이 그리스도께서 가르치신 황금률이 아니기에, 황금률을 통한 연합은 그리스도 없는 연합이요, 그리스도와 무관한 통합일 수밖에 없다. 참 하나님을 거부하고 그리스도를 배제하는 연합으로서 오래전 사람들이 바벨론에서 높은 탑을 쌓을 때 했던 일의 반복일 뿐이다. 은혜는 오늘도 자연을 품으려 애쓰나 자연은 여전히 독립만을 원한다. 땅의 성공에 대한 미련을 버려야 힌다.

그리스도인이 세상의 지도자가 되어 세상을 변혁시키는 건 참 좋은 일이다. 하지만 우리의 이상일 뿐 현실은 그렇지 않다. 길, 진리, 생명이신 분을 모르고서는 아버지께로 갈 수가 없다. 참 아버지께 가지 않고서는 하나가 될 수 없다. 하여 우리는 공허한 목표에 매달리는 대신 참된 방법에 집중한다. 평화와 공존의 노력이 영혼에 대한 무관심으로 전락해서는 안 된다는 키르케고르의 경고에 유념한다. 그래서 오늘도

---

[*] 아웃카는 라인홀드 니버의 관점을 비판한다. 끼어 죽더라도 타협하지 말고 약간의 변화라도 기대하며 끝까지 아가페로 가야 한다는 것이다. Outka, *Agape*, 26f, 31을 보라.

그리스도를 사람들에게 알린다. 사람들이 알고 있는 황금률 아닌 그리스도께서 가르치신 참 황금률, 곧 왕의 법을 실천하고자 애쓴다. 주님의 황금률을 실천할 때는 일반 황금률이 안고 있는 이론적 실천적 문제는 없는 대신, 일반 황금률을 실천하는 이들이 겪지 않는 온갖 미움과 수모와 박해를 예상해야 한다. 일반 황금률에는 없는 엄청난 어려움이다. 하지만 그 어떤 고난도 앞날의 영광과는 비교조차 할 수 없다롬8:18.

율법과
선지자들

그리스도께서는 당신의 황금률에다 "이것이 율법과 선지자들이기 때문이다"라는 구절을 덧붙여 주셨다. 이유로 말씀하신 것은 황금률 실천의 당위성을 강조하심일 것이다. 이게 바로 성경이니 무엇이든지 너희가 사람들이 너희에게 해 주기 바라는 모든 것을 너희도 그들에게 그대로 하라는 말씀이다.

만약 주님의 황금률을 일반 황금률과 같은 것으로 본다면,* 세상 속담 하나를 들려주시고는 그게 바로 성경이다 하신 것이니 이해하기 어려울 것이다. 그래서 이 구절은 주님 말씀이 아니라 하는 이들도 있다. 슈트레커는 그리스도 황금률의 독특성을 잘 이해했으면서도 이 구절은 편집자 마태가 추가한 구절이라 주장한다.[171] 다른 주석가도 마태가 힐렐의 말을 염두에 두고 추가했을 가능성이 크다고 본다.[172] 당시 유대교에서는 부정문 황금률을 토라의 요약으로 알고 있었고, 이와 통하는 바

---

* 교회 안팎의 적지 않은 사람이 아직도 그리스도 황금률을 자연법의 하나로 본다. Gensler, *EGR*, 42f를 보라.

울의 말도 자신이 받은 바리새파 교육을 반영한다는 것이다. 딜이 황금률 자체가 그리스도의 말씀이 아니라 주장한 근거도 바로 추가된 이 구절이었다.[173] 전체 토라를 한 구절로 압축하는 것은 당시 유대교의 특징이었다는 것이다.[174] 딜은 예수의 윤리가 황금률을 없애고 사랑의 계명으로 대체한 분리자 윤리라 주장하면서 황금률과 추가된 구절 모두 기독교 이전 후기 유대교의 가르침이라고 푼다.

하지만 베츠Hans Dieter Betz, 1931-는 슈트레커의 주장이 근거가 없다고 일축한다.[175] 베츠는 딜의 주장도 반대한다. 유대적 요소가 있긴 하나 그렇다고 기독교적이 아닌 것은 아니라는 주장이다. 딜처럼 분리자 윤리로 볼 것이 아니라, 기독교가 유대교의 황금률을 물려받은 것으로 보아야 한다는 관점이다. 초기 기독교인이 거의 유대인이었으므로 그런 분리는 생각하기 어렵다고 본다.[176] 그래서 덧붙인 구절은 본디 마태의 것으로, 누가는 이방인 독자들을 고려해 뺐다고 보는 이가 많다. 예레미아스는 마태가 힐렐을 흉내 내 이 구절을 추가했다고 보는데, 예레미아스의 주장은 아직 힐렐 이야기의 신뢰성에 대한 의문이 본격적으로 제기되기 전에 나온 것이다.[177] 불트만도 예레미아스와 같은 관점이다.[178] 반대로 누가가 먼저고 마태가 뒤에 이 구절을 추가한 것이라 보는 사람도 있으며, 두 가지 가능성을 다 열어두는 이들도 많다.[179] 예레미아스는 이 구절이 그리스도의 말씀이라고 본다. 황금률을 "전체 신약의 요약"으로 주셨다는 것이다.[180]

우리는 사본이나 역사의 증거보다 본문 자체의 증거에 더 비중을 둔다. 그리스도께서 주신 황금률의 참뜻을 이해하면 황금률도 또 덧붙이신 말씀도 그리스도의 것이 아닐 수 없다. 그리스도 황금률은 '그러므로'의 은혜를 입은 '너희'에게 주신 명령이며, 하나님께 바라는 '모든 것'을 '사람들'에게 그대로 해 주라는 뜻이다. 따라서 주님의 이 말씀은 "내가 너희를 사랑한 것처럼 너희도 서로 사랑하라"는 새 계명을 황금률이라는 일반적 틀에 담아 주신 것임을 깨닫게 된다. 또 황금률과 새 계명은 구약성경을 요약한 하나님 사랑, 이웃 사랑 계명과 같은 내용이므로, "율법과 선지자들"이 그 두 계명에 달려 있다 하신 주님께서 황금률 말미에 "이것이 율법과 선지자들이다" 하는 구절을 덧붙여 주신 것도 지극히 자연스럽다.[181]

황금률의 참뜻을 포괄적으로 이해하지 못한 이들은 황금률에 덧붙여 주신 "이것이 율법과 선지자들이다" 하신 말씀을 애써 달리 해석했다. 교부 아우구스티누스는 황금률은 사람에 대한 사랑을 말하기 때문에 큰 두 계명 가운데 이웃 사랑 계명하고만 통한다고 보았다. 주님께서 하나님 사랑과 이웃 사랑을 함께 언급하신 다음에는 '전체 율법과 선지자들'이 그 두 계명에 달려 있다 하셨지만, 황금률 직후에는 그냥 '율법과 선지자들'이라 하여 '전체'라는 말씀을 안 하셨기 때문이라는 것이다.[182] 사실 사도 바울은 이웃 사랑 하나만 언급하면서 그걸 '모든 율법'이라 불렀으니, 아우구스티누스의 논리가 좀 궁색해진다갈5:14.[183] 아우구스티누스 자신도 사람을 향한 사랑에는 하나님을 향한 사랑도 포함된다고 가르치지 않았던가?[184] 아퀴나스도 『신학대전』에서는 이웃 사랑 계명이 하나님 사랑도 포함한다고 잘 논증했으면서,[185] 정작 『마태복음 강해』에서는 황금률에는 '전체'가 없으니 이웃 사랑만 가리킨다고 풀어 아우구스티누스를 따른다.[186]

아우구스티누스와 동시대를 살았던 히에로니무스는 황금률을 정의를 가르치는 자연법으로만 보았기에 "이것이 율법과 선지자들이다" 하신 말씀을 무시해 버린다. 이 구절의 뜻을 풀지도 않고 무엇보다 가장 큰 계명과 연결하지도 않는다. 그저 그 영원한 자연법, 곧 정의의 법칙과 사람 속에 있는 양심의 확실성을 강조하려고 덧붙이신 구절이라고 얼버무리고 넘어간다.[187] 그래도 불가타 성경 번역에서 빼지는 않았으니 다행이다.

루터도 황금률을 사람에 대한 계명으로 보았지만 설명은 독특하다. '율법과 선지자들'을 '복음 또는 약속'과 대비시키신 것이라 본다. 그리스도를 믿는 믿음에 대해서는 말하지 않고, 사랑 즉 선행에 대해서만 말하고 있는 구절이라는 것이다. 가톨릭의 공로주의에 너무 민감했기 때문인지 율법이라는 말을 복음과 대조적인 표현으로 이해하여, 율법과 선지자가 성경 전체를 가리키는 표현이 아니라고 본 것이다.[188] 사실 루터가 황금률을 오직 사람을 향한 계명이라고 본 중요한 근거가 바로 "율법과 선지자들"이라는 이 문구였다. 그래서 이 구절을 설명할 때 "사람들에게"라고 세 번 거푸 외쳤던 것이다.[189]*

칼뱅도 『마태복음 주석』에서는 황금률을 정의의 원칙으로 강조하다 보니 율법과 선지자들이라는 표현 역시 성경 전체를 가리키기보다 성경에 나오는 자비의 가르침, 정의에 관한 법을 가리킨다고 썼다.[190] 정의의 법칙이니 오직 사람 사랑의 계명이라는 것이다. 그렇지만 『기독교 강요』에서는 그리스도의 황금률이 이웃 사랑 계명과 같지만 주님께서 그것을 두고 '율법과 선지자들'이라 하심으로써 우리가 사람에 대한 의

---

* 이 책 408-409쪽을 참고하라.

무를 지킴으로 하나님에 대한 경건한 두려움을 드러낸다는 것을 가르쳐 주셨다고 정확하게 지적하였다.[191]

산상수훈의 구조를 볼 때, 이 구절은 서두에 나온 "내가 율법이나 선지자들을 없애러 왔다고 생각지 말라" 하신 말씀과 이어진다마5:17.[*] 없애러 온 것이 아니라 완성하러 오셨다 했다. 따라서 황금률에 덧붙이신 이 말씀은 황금률이 그리스도께서 가르치신 모든 말씀의 종합이요 결론이라는 점을 다시 한번 확인해 준다.

---

[*] 대부분의 주석가가 황금률을 이 구절과 연결한다. Hagner, *Matthew*, 176. Allison & Davies, *Matthew*, 484 와 McNeil, *Matthew*, 93을 보라.

자연을 품는 은혜

THE

GOLDEN

RULE

THE GOLDEN RULE

황금률은 하나이면서 둘이다. 하나님께서 사람을 창조하시면서 주신
상호 존중과 공존의 원리가 첫째요, 그리스도께서 오셔서 가르치신 사
랑과 희생의 원리가 둘째다. 첫째가 자연이라면, 둘째는 은혜다. 그리
스도인은 두 황금률을 다 아는 사람이다. 이 둘은 사실 한 황금률의 두
측면으로서 자연과 은혜의 신비로운 역학이 이 황금률에 고스란히 담
겼다. 그리스도 십자가의 은혜는 죄로 손상된 자연을 회복하여 자기 안
에 품는다. 그리스도인의 사명은 자연을 뛰어넘는 은혜의 황금률을 사
람들에게 실천하여 그들도 상호 존중과 공존을 넘어 영원한 은혜를 바
라보게 돕는 일이다.

1

은혜와 자연

은혜로 받은
구원

그리스도인은 구원을 얻은 사람이다. 성경은 구원을 다양하게 표현하는데, 우선 소속의 변화다. 마귀에게 속했던 자가 하나님께 속한 사람이 되었다요8:44; 요일3:8. 핏줄만큼 강한 그 소속이 정반대로 바뀌었으니 극적인 변화다요8:44; 요일3:10. 이 변화를 국적 교체로 표현하기도 한다. 주권이 바뀐 것인데, 마귀의 나라에서 하나님 나라로 옮겼다엡2:1-5; 골1:13. 그리스도께서는 구원을 탄생에도 비기셨다. 다시 태어나는 것, 곧 거듭남이다요3:3-8. 태어남은 생명의 시작이다약1:18; 벧전1:23; 요일3:9. 모든 유기체의 신비한 출발점이 탄생이다. 구원이 다시 태어나는 것이라면 내 삶 전체가 다시 시작된다는 뜻이니 엄청난 변화다.

가장 강력한 표현은 죽음에서 건져내어 삶으로 옮겼다는 것이다. 성경은 구원을 죽다가 살아난, 아니 완전히 죽었다가 다시 살아난 것이

라 표현한다. 하나님께서는 죄와 허물로 죽었던 우리를 살리셨다엡2:1-
5. 죽음에서 생명으로 바뀌는 이 변화를 무엇으로 설명할까. 인간 세계
에 있는 그 어떤 과격한 변화도 구원에는 비길 수 없다. 자연에서는 한
번 시작된 생명은 오직 죽음을 향해 갈 뿐, 죽었던 것이 다시 삶으로 돌
아오지는 않는다. 현실 세계에서 죽음은 돌아오지 않는 다리다. 그런데
죽은 인생이 다시 삶으로 변하는 이 말도 안 되는 일이 바로 우리가 경
험한 구원이다. 그리스도께서도 하나님을 믿은 자는 "죽음에서 삶으로
옮겼다"고 명확하게 선언하신다요5:24.

사망과 생명만큼 강한 대비가 어디 있을까? 죽었다가 다시 사는 것
만큼 극적인 전환이 있을까? 우리에게 구원은 너무나 놀라운 사실이어
서 구원 이전과 구원 이후는 확연히 구분된다. 지금이 생명이라면 과거
는 죽음이었다. 다시 태어난 것이라면 이전에는 존재조차 없었다. 하
나님께 속한 지금 난 창조주 하나님을 믿고 의지하며 순종하는 삶을 산
다. 생명이다. 진정으로 산 것이다. 이전에는 하나님을 대적하는 자 편
이 되어 하나님의 뜻과 반대되는 삶을 살았다. 사는 것 같았지만 사실
은 죽은 것이었다. 내가 내가 아니었다. 내 과거는 한마디로 죄다. 불의
의 무기가 되어 죄짓는 일에 헌신했고 마지막 운명은 죽음이었는데, 이
제는 의의 무기가 되어 하나님께 헌신하여 영생을 바라보게 되었다롬
6:13, 17-18, 21-22.

성경은 이런 놀라운 구원을 가리켜 은혜라 부른다. 구원은 은혜다.
우리가 할 수 없던 것을 하나님께서 다 해 주셨다. 죽은 자가 무엇을 할
수 있었겠는가. 한 것 없이, 아무런 대가도 없이, 공짜로, 거저 받은 것
이 구원이다.

"공짜로, 그의 은혜로, 그리스도 예수 안의 속량 덕에 의롭게 되었습
니다."_롬3:24

구원은 죄인이던 우리가 의롭게, 무죄한 상태로 인정받는 것이다.
죄가 죽음을 부르니 의로운 우리는 이제 살았고 죽음을 두려워하지 않
는다. 이 구원을 우리는 한 것 없이 받았다. 아무 대가 없이 받았다. 구
원은 하나님의 은혜다. 그리스도께서 우리 죄를 대신 속해 주신 덕분이
다. 죽음의 죄 가운데 고통스럽게 살며 영원한 죽음과 파멸을 기다리던
우리에게 하나님께서 아무 값 없이 구원의 길을 주셨다. 당신의 독생자
를 예수 그리스도로 보내어 우리 죄를 대신 짊어지고 형벌을 받게 하심
으로써 그리스도를 믿는 모두가 구원을 얻게 하셨다. 믿기만 하라 하셨
다. 믿음은 뭔가 하는 것이 아니라 난 아무것도 하지 않았음을, 할 수도
없음을 시인하는 일이다. 하나님께서 다 해 주셨음을 수용하고 고백하
는 일이다. 그래서 은혜다.

은혜란 무엇일까? 하나님께서 죄인이던 우리를 구원하시는 모든 과
정을 우리는 은혜라 부른다. 창세 전에 구원을 계획하시고, 창조와 섭
리 가운데 그리스도께서 사람이 되어 세상에 와 우리 대신 죽으시고,
성령께서 그 은혜를 우리에게 알게 하시는 그 모든 게 은혜다. 삼위일
체 하나님께서 이렇게 구원을 계획, 실행, 적용하시는 이것이 은혜의
골자다. 그 은혜는 우리에게 곧바로 작용한다. 우리가 죄에 있음을 깨
닫게 하고, 그 상태가 곧 죽음임을 느끼게 하고, 생명을 갈망하게 하고,
그렇게 바라는 생명을 우리에게 직접 주고, 구원을 알아 감사하게 하
고, 구원받은 사람답게 행동할 능력까지 준다. 마음의 평안과 외적 평

화를 누리게 하고, 사랑을 실천함으로써 기쁨을 누리게 하는 모든 일이 포함된다. 남을 해치는 일, 더러운 일을 멀리하고 거룩한 삶을 살게 한다. 미움, 거짓, 음란, 폭력, 오만은 버리고, 진실, 거룩, 존중, 봉사, 사랑의 삶을 살게 돕는다. 이 모든 게 은혜의 힘이다. 사도 바울은 하나님의 은혜는 헛되지 않다며, 자신이 남보다 많이 수고한 것이 다 하나님의 은혜라 고백한다고전15:10.

은혜라는 관점

은혜는 워낙 놀라운 경험이어서 우리의 관점을 바꾸어 놓는다. 새 눈, 새 관점이다. 구원의 은혜를 받고 과거를 돌아보니 온갖 죄와 악이 보인다. 은혜를 받기 전이니 자연 상태다. 바깥세상도 자연이지만, 내 본성 역시 자연이다. 구원받은 후 비로소 과거의 내 자연 상태가 저주와 멸망의 자리였음을 발견한다. 한마디로 나는 노예였다. 마귀에게 속한 노예로서 죄를 짓지 않을 수 없는 그런 삶을 살았다. 구원받기 전에는 내가 자유인인 줄 알았다. 그런 자유 가운데 내가 바라는 것을 마음껏 하며 살지 않았던가엡2:3. 그런데 참 자유를 얻고 나서 보니 좋은 일을 행할 자유조차 없던 죽음 상태였다요8:31-36. 거기서 나는 죄만 지었다. 마귀의 노예로 부정과 불법을 저질렀고, 죽음의 열매를 맺었다롬6:17-21. 착한 일도 조금은 했을 것 같은데 기억나는 것이라고는 죄와 악뿐이다. 탐욕, 불의, 억압, 약탈, 폭력이다. 은혜의 빛에 비추어 본 과거는 온통 어둠이다. 빛 같은 것은 보이지 않는다. 이곳이 너무 밝아 내 과거는 온통 칠흑처럼 보이는 것이다. 은혜의 눈으로 요약한 과거는 이렇다.

"전에는 우리도 바보였고, 거역했고, 속았고, 온갖 욕심과 쾌락의 노
예였고, 못됨과 질투로 살았고, 혐오스러웠고, 서로 미워했지요."
_딛3:3

"이방인의 뜻을 실행하여 음란, 욕망, 술 취함, 방탕, 향락, 곧 가증스
러운 우상숭배를 하며 산 것은 지나간 때로 충분합니다."_벧전4:3

구원의 은혜를 경험하면 삶이 은혜 이전과 은혜 이후로 나뉜다. 그
리스도의 탄생이 우주 역사를 이전과 이후로 가르듯 구원이라는 경험
이 내 인생을 이전과 이후로 나눈다. 그런데 죄가 많을수록 은혜가 큰
것처럼롬5:20, 은혜가 크면 클수록 지난날의 죄는 더 뚜렷해지고, 구원이
고마우면 고마울수록 죄에 대한 부끄러움과 후회도 커진다. 그렇게 자
연과 은혜가 대비된다. 은혜와 자연은 뚜렷이 구분되는, 그리고 서로
맞서는 어떤 것처럼 보인다. 자연에는 은혜가 없었다. 자연은 죄요, 악
이며, 죽음이고, 멸망이었다. 그래서 지금 이 은혜의 상태에서는 그런
자연이 완전히 사라지고 극복되는 것 같다. 자연이 어둠이라면 은혜는
빛이다. 자연은 죽음이고 은혜는 생명이다. 빛과 어두움이 함께일 수
없고, 죽음과 생명도 공존할 수 없으니, 은혜와 자연이 뒤섞인 상태 또
는 공존하는 상태는 생각조차 하기 어렵다.

참 놀라운 고백이요 감격이다. 그런데 이런 경험, 이런 태도, 이 놀
라운 관점에 부작용도 없지 않다. 오류가 섞였고, 따라서 혼란이 초래
되기 때문이다. 무엇이든 지나치면 문제가 된다. 사실 자연과 은혜는
두부 자르듯 무 자르듯 나누어지지 않는다. 자연은 은혜의 반대이고 은

혜는 자연과 맞서는 듯 보이지만, 그것이 둘 사이의 유일한 관계는 아니다. 아니, 그건 둘의 올바른 관계도 아니다. 은혜의 빛이 아무리 찬란하다 해도 자연을 완전한 어둠으로 만들지는 않는다. 자연에도 빛이 있기 때문이다. 은혜가 자연을 완전히 배제하는 것도 아니다. 이곳이 너무 밝아 자연이 잠시 캄캄하게 보일 뿐 거기도 사실 희미한 빛은 있다. 자연 자체를 어둠으로 보아서는 안 된다. 그래서 자연과 은혜를 죽음과 생명으로 치환할 수도 없다.

자연은 처음부터 좋은* 것이었다. 하나님 눈에 아주 좋았던 자연, 그래서 그 자체로 좋은 자연이다창1:31.** 좋으신 하나님께서 아무것도 없던 상태에서 당신의 손길을 통해 무언가를 만드셨으니 존재하는 것은 다 좋은 것이다. 우리는 존재 그 자체로 하나님께 감사해야 한다딤전4:3-4. 있는 것은 본디 그렇게 다 좋은 것이었다. 풀과 나무, 꽃과 새, 수학의 정밀함과 석양의 아름다움, 만유인력 법칙에서 열역학 법칙까지, 전부가 하나님의 권능과 신성을 드러낸다롬1:20. 지구와 태양계를 넘어 광대한 우주까지 전부가 그렇게 하나님의 영광을 드러내는 계시의 자연이다시19:1-4. 사람의 몸과 마음도 처음에는 그렇게 좋은 자연이었다. 생각하고 느끼고 행동하는 인간이었다. 하나님 형상으로 존귀하게 창조된 인간은 하나님을 닮아 자유를 누리고, 그 자유로 서로를 돌보며 하나가 되어 살게 하셨다창1:26-28. 사랑이신 하나님처럼 서로 사랑하여 존

---

* 성경에서는 '좋은(καλός)'을 거의 '선한'으로 번역하는데, '선한'은 도덕적 뉘앙스가 강하므로 일반적 표현인 '좋은'이 본뜻을 더 잘 표현한다.

** 그런 자연을 거저 주셨으니 은혜라 부를 수도 있지만, 성경은 오직 구원만 은혜라 부른다. 사랑의 하나님께서 하신 창조라면 사랑이라 부를 수도 있겠지만, 사랑이라는 용어 역시 구원과 관련해 사용하지 창조에 직접 사용하지는 않는다.

귀하게 살고 하나님과 사귀는 기쁨을 누리게 하신 것이다_{요 17:21}.

죄와 자연

그런데 자연 가운데 죄가 들어왔다. 하나님을 닮아 자유를 가진 피조물 인간이 자유를 주신 분의 뜻을 어기고 금지된 열매를 먹었다. 그래서 자연 가운데 죄, 악, 죽음, 고통이 생겨났다. 좋은 것만 있던 자연에 좋지 않은 것이 생겼다. 창조주 하나님은 그 자체로 좋은 분이시기에 좋은 것만을 주시는데, 인간이 창조주를 거역함으로써 기원을 알 수 없는 악을 자연 가운데 도입한 것이다_{마 13:24-30}. 신화도 그것을 희미하게 기억했는지 판도라라는 여인이 상자를 열어 온갖 나쁜 것들이 퍼지게 된 이야기를 전한다. 좋기만 하던 자연이 죄로 신음하게 되었다. 즐기라 하신 풍성함으로 만족하지 못하고 왜 금지하신 그 열매를 탐했을까? 하나님께서 왜 하나만 먹지 말라 하셨는지, 그 열매가 무엇을 가리키는지, 왜 그리 쉽게 넘어갔는지 수많은 의문과 안타까움과 성찰로 우리를 인도하지만, 핵심은 분명하다. 하나님을 어겼다는 것이고, 그 결과 나쁜 것들이 생겨났다는 것이다.

자연이 악과 뒤섞였다. 죄는 자연의 외형뿐 아니라 내적 특성까지 바꾸어 놓았다. 죄는 처음 하나님을 순종하고자 하는 본성을 누르고 하나님을 거역하도록 만들었다. 본성, 곧 자연이 엄연히 있는데도 그 '본성과 반대로_{παρὰ φύσιν(파라 퓌신)}' 하게 만든 것이다_{롬 1:26}. 그런데 죄는 더 나아가 자연의 본성마저 바꾸어 놓았다. 그래서 하나님의 구원은 그렇게 죄로 물든 본성을 바꾸는 것, 곧 '본성과 반대로' 하여 좋은 감람나무에

접붙여지는 것이 되었다롬11:24.* 죄가 들어온 이후 자연은 곧 죄성이 되었다. 자연과 죄가 거의 같아진 것이다. 좋기만 하던 곳에 부패, 불의, 부조리가 생겼고, 하나님 형상 인간의 삶도 수고, 억압, 좌절, 고통, 무의미로 가득 차게 되었고, 마지막에는 죽음으로 끝나게 되었다. 특히 인간의 삶은 자기만 아는 이기주의, 타인을 무시하고 짓밟는 태도, 혐오, 억압, 경쟁, 질투, 분열, 약탈, 착취, 폭력, 무자비, 독점, 굶주림 등 인간이 직접 만드는 수많은 악으로 고통을 받게 되었다. 그리고 그런 고통의 인생을 다 산 다음에는 하나님의 심판대 앞에 서야 하는 비참한 운명이 된 것이다히9:27.

그런 인간에게 하나님께서 약속하신 것이 구원이다. 사람의 범죄가 온갖 나쁜 것들을 도입한 바로 그 순간, 하나님께서는 그 모든 나쁜 것들을 없이 하고 자연을 다시금 좋은 자리로 만들기로 하셨다. 죄, 악, 죽음 등 사람이 도입한 모든 나쁜 것과 그 모든 것의 원인인 죄까지 없애는 완벽한 구원이다. 하나님은 사랑이시라! 하나님은 사랑이시기에 인간이 죄로 멸망하는 것을 좋아하지 않으셨다. 방법은 하나님께서 아들을 보내어 인류의 죄를 대신 짊어지고 십자가에 달려 죽는 방법이었다. 하나님은 공의의 하나님이기에 또 인간을 존엄하게 지으셨기에, 피조물 인간이 지은 죄를 그냥 못 본 척 지나가실 수는 없었다. 반드시 죄에 대한 벌이 따라야 하고, 잘못한 일들을 바로잡는 과정이 필요했다. 하지만 인간은 연약하여 그 일을 할 수 없었다. 모두가 죄인이어서 자기 한 사람도 구원하지 못하는 존재다. 그래서 하나님께서 내신 방법이

---

* 신약성경에 이 표현이 꼭 두 번 나오는데, '자연'의 의미는 정반대다. 이 책 50쪽 두 번째 각주를 참고하라.

십자가다. 하나님 당신이 친히 오셔서 인간이 할 수 없는 것을 몸소 맡아 주시고 인간에게 구원을 주시기로 한 것이다. 우리가 할 수 없는 것을 해 주셨기에 은혜다. 죽음에서 생명으로 옮겨 주시는 은혜다.

그렇지만 죄가 본디 좋았던 자연을 완전히 파괴한 것은 아니다. 죄 가운데서도 자연의 좋음은 유지된다. 죄가 자연을 변질시킨 이후에도 하늘은 하나님의 영광을 선포하고 궁창은 하나님께서 하신 일을 나타낸다시19:1. 천지창조 이후 지금까지, 다시 말해 죄가 들어온 이후에도 하나님께서 만드신 만물에는 하나님의 영원한 권능과 신성이 드러나 있다롬1:20. 죄가 주도하는 오늘날도 하나님께서 지으신 것은 전부 좋을 것이라고, 모든 음식이 깨끗하다고 가르친다막7:19; 딤전4:3-4. 우리는 그 모든 것들에 대해 감사하는 것이 옳다. 혹 죄의 영향이 있다 해도 하나님 말씀과 기도로 거룩해진다딤전4:5. 죄가 인간 세계를 탐욕, 착취, 억압으로 뒤엎은 이후에도 사랑, 자유, 존중, 배려, 양보, 희생, 헌신이 인류와 공존해 왔다. 죄 가운데 죄가 아닌, 죄와 맞서고 죄를 이기는 힘도 함께 있어 온 것이다.

2

두 가지 자연

두 가지 자연

하여 죄가 들어온 후 자연은 두 가지 뜻을 갖게 되었다. 하나님께서 정말 좋게 창조하신 자연과 죄가 왜곡하고 더럽힌 자연이다. 둘은 전혀 다르다. 첫 자연은 아름답고 좋은 자연으로서 지켜야 할 자연이고, 둘째 자연은 은혜와 반대되는 자연으로서 제거하고 정화해야 할 자연이다. 하나님께서 우리에게 주시는 구원은 둘째 자연을 바로잡아 첫 자연으로 돌아가는 것이다. 물론 첫 모습보다 훨씬 영광스럽게 되겠지만, 기본 개념은 회복이다. 본디의 좋음과 아름다움을 되찾는 것에서 시작한다. 그렇기에 같은 자연이다. 자연이 둘로 나누어진 것이 아니라 한 자연이 그렇게 두 가지 뜻을 갖게 되었다. 그렇기에 이 두 자연의 뜻을 잘 구분하여 혼동하지 않는 것이 중요하다.

자연의 두 가지 의미는 세상을 향한 상반된 태도에서 잘 나타난다. 같은 세상인데 하나님께서는 세상을 사랑하시면서 우리에게는 세상을 사랑하지 말라 하신다_{요3:16; 요일2:15-17}. 하나님과 우리가 달라서가 아니라 세상의 뜻이 다르기 때문이다. 하나는 하나님께서 불쌍히 보아 건지고자 하시는 세상이고, 하나는 마귀의 주도 아래 하나님을 거역하는 세상이다. 우리는 이 둘을 뒤섞거나 맞바꾸어서는 안 된다. 즉 사랑해야 할 세상을 미워하고 외면해서는 안 되며, 반대로 사랑하지 말아야 할 세상을 사랑하고 그 쾌락에 빠져서도 안 된다. 세상을 나쁘게만 보고 세상을 등지려 한 극단적 경건주의 또는 도피주의가 교회사에는 많이 있었다. 조심해야 한다. 성도들만 모여 살아도 여전히 세상이요, 깊은 수도원 한가운데도 우리가 미워해야 할 죄가 있다. 반대로 세상의 원리와 법칙, 곧 공중의 권세 잡은 자가 통치하는 세상을 사랑하다가는 우리도 마귀의 노예가 될 수 있다. 혐오해야 할 세상을 사랑하는 일은 하나님께서 주신 생명을 내버리고 다시금 죽음으로 돌아가는 어리석음이다.

죄와 뒤섞인 이 자연과 우리는 싸운다. 은혜로 거듭났지만, 그래서 새 생명을 누리며 살게 되었지만, 그 은혜의 삶은 여전히 자연을 기초로 하고 있고, 그 자연은 여전히 죄와 뒤엉켜 있기 때문이다. 그래서 내 몸을 쳐 복종시키는 훈련이 필요하고_{고전9:27}, 복종하지 않는 모든 것을 낮추어 복종케 할 책임이 있다_{고후10:5}. 싸우는 삶이다_{고전9:26; 히12:4}. 경건은 훈련이 필요하다_{딤전4:7}. 육신의 경향에도 그런 것들이 있지만 우리 마음의 생각에도 그런 부분들이 많다. 잘 몰랐는데 밝은 빛에 비추어 보니 어두움임이 드러나는 것들이다. 이 땅을 살며 유익이 되는 것들이지만 일시적 유익만 주고 진정한 유익은 박탈하는 것들이다. 사람들이 개발한 많은 세상 지혜와 처세술이 그런 것들이다.[*]

---

[*] 필자는 이런 요소들을 이전의 책 『질그릇에 담은 보배』에서 다루었다.

이를테면 사람들은 겸손을 배워 실천한다. 사람들 앞에서 자신을 낮추는 것으로 모두가 미덕으로 칭송하나 말씀의 빛으로 비추어 보니 그 겸손은 더 높아지고자 하는 본성을 숨긴, 아니, 그것을 반대로 표현한 위선이다. 그게 자연이다. 성경이 가르치는 대로 자신이 하나님 앞에서 죄인임을 깨닫는 참 겸손에서 시작해야 그런 위선에서 벗어나 진정으로 남을 높이고 온유와 친절로 대할 수 있다. 사람들은 용서도 미덕으로 칭송한다. 하지만 남의 허물을 덮어주기만 하는 값싼 용서로는 공동체의 정의가 짓밟히고 피해자를 향한 위로와 회복도 기대할 수 없다. 자연을 넘어야 한다. 하나님 앞에 자신의 죄를 인정하고 그 잘못을 바로잡는 노력을 포함한 참 회개를 하나님 앞에 드릴 때, 참 용서가 가능하며, 사회 정의도 확립되고, 피해자는 위로와 보상을 받을 수 있다.

죄짓게 만드는 자연 가운데 최악은 '번영복음'이다. 죄로 물든 자연, 곧 돈을 추구하며 자기를 사랑하는 탐욕의 구현을 그대로 수용하여딤후 3:2 그것이 마치 하나님께서 창조 때 주신 좋은 자연인 양 착각하게 만들어 사람들을 죄와 멸망으로 인도한다. 인간의 타락으로 자연은 가시와 엉겅퀴를 내게 되었는데, 그 가시 가운데 가장 심각한 것이 바로 사람의 마음 밭에서 나는 가시다마13:3-23. 가시밭에 나는 씨는 싹이 터 자라지만 가시에 기운이 눌려 열매는 못 맺고 만다. 먹고살 걱정과 풍요의 속임수가 바로 그 가시다. 돈을 의지해 남보다 더 가지려 하는 우상숭배다. 가시는 자연이 아니라 자연을 더럽히고 방해하는 주범이다. 이 가시의 힘을 이겨야 열매를 맺는데, 번영복음은 그런 풍요가 마치 복인 양 사람들을 속여 멸망으로 인도한다.*

---

* 이 점을 다룬 것이 필자의 책 『번영복음의 속임수』다.

L'Angélus(저녁기도)

프랑스 화가 장프랑수아 밀레(Jean-François Millet, 1814-1875)의 명화인 '저녁기도'(Angelus, 1857-1859)인데, 프랑스 파리의 오르세 미술관(Musée d'Orsay)에 소장되어 있다.

인간의 삶에 의미를 주는 것은 무엇일까? 티끌 같은 내가 이 광대한 우주의 중심임을 인식하고, 찰나를 살다 가면서도 영겁을 넘어 영원에 잇대어 사는 것이 아닐까?

드넓은 벌판에서 부부가 하루 일을 마치고 멀리 예배당에서 들려오는 종소리에 맞추어 저녁기도를 드린다. 힘든 노동으로 몸은 지쳐 있지만 하나님의 은혜가 있어 삶이 보람이 있고 오늘도 성실하게 또 진실하게 살 수 있었다. 하나님의 은혜가 하늘과 벌판과 사람을 가득 덮고 있다. 우리의 본성과 자연을 새롭게 하는 하나님의 은혜, 그것이 있어 오늘도 감사하며 산다. 농부 부부의 모습과 주변 땅은 다소 어둡다. 하지만 저 멀리 하늘은 아직 밝게 빛나고 있다. 멀리 지평선 위로 비치는 저녁노을은 우리의 짧은 인생과 그 이후의 영원을 함께 보여주는 아름다움이리라.

_출처: Wikimedia Common.

자연의 준비

그런데 죄가 들어온 이후에도 자연은 태초의 좋음을 간직하고 있다. 하나님의 구원을 알고 난 뒤 새롭게 발견하는 자연이다. 죄의 안개를 통과해 처음 주신 그 자연까지 가 보니, 나의 구원도 놀랍지만 자연도 놀랍다. 구원받은 은혜에 대한 감사가 그 은혜의 바탕을 이룬 존재에 대한 경탄으로 이어진다. 나의 존재를 포함한 존재 자체가 온통 경이다. 왜 아무것도 없지 않고 무언가가 있을까 물었던 철학자들의 존재론적 질문이 나에게도 새롭게 제기되는 것이다. 있음은 곧 자연이다. 그리고 자연은 존재 자체로 좋으신 하나님의 작품이다. 그걸 구원을 경험하며 깨달았다. 사실 그렇게 구원을 알아야 자연도, 하나님의 창조도, 제대로 눈에 보인다. 구원의 하나님을 예배할 수 있는 이만이 창조의 하나님도 예배할 수 있다시95:1-7; 느9:5-8.

그 자연은 죄가 들어온 이후에는 은혜의 도구가 된다. 죄에 눌리기만 한 줄 알았더니 그 죄를 이기는 바탕을 제공한다. 죄를 제거하는 은혜, 죄에서 우리를 구원하시는 은혜의 기초다. 하나님의 구원 역사부터 이미 오랜 보편 역사의 틀 안에서 진행되어 오지 않았나. 고레스의 명령 같은 특이한 것들도 없지 않으나, 전반적으로 하나님의 구원 역사도 자연이라는 기초 위에서 전개되어 왔다. 음식을 먹어 생명을 유지하는 유기체의 특성, 남녀의 결합을 통한 생식과 출산, 나라와 민족의 단합과 다툼과 이합집산도 그 역사의 줄기를 이룬다. 몸에 영혼이 깃들 듯, 은혜는 그렇게 자연에 깃들어 있었다.

은혜는 자연을 초월하지만, 자연을 부인하거나 제거하지 않는다. 오히려 자연을 이용하여, 자연을 기초로 삼아, 우리에게 온다. 은혜의 바탕이 되는 자연은 창조 때 내신 바로 그 자연이다. 이를테면 언어는 자연이다약3:9-10. 죄로 물든 자연은 거짓말과 욕설을 만들지만, 하나님의 구원의 복음을 담은 언어 역시 자연이다. 언어와 소통이라는 자연이 없었다면 구원의 소식도 전하지 못했을 것이요, 구원을 입은 이들이 생각과 말과 노래로 하나님을 찬양할 수도 없었을 것이다. 세종대왕이 창제한 한글도 자연으로서 죄의 도구도 되지만, 복음을 쉬운 글로 표현하는 멋진 도구도 된다. 영어는 둘째치고 국어도 잘 못 하는 수많은 신학생은 한국교회의 암울한 미래다. 죄가 들어온 이후에도 자연은 하나님의 섭리로 유지되며, 이 자연을 바탕으로 하나님의 은혜가 구현된다. 성령이 오시면 우리 마음이 변한다. 마음은 같은 마음인데 돌처럼 단단했다가 살처럼 부드러워진다겔11:19; 36:26; 고후3:3. 성령의 열매는 하나님께서 창조하신 사람의 인격이라는 자연을 나무로 삼아 맺힌다. 변화가 워낙 엄청나기에 죽었다가 살았다고 말하지만, 그렇게 죽은 나와 다시 살아난 나는 여전히 같은 인간, 동일한 인격체다.

창조는 좋은 것이다. 그리고 죄가 들어온 이후에도 그 좋은 창조를 바탕 삼아 구원의 은혜가 실현된다. 구원은 언제나 창조의 터전 위에서 이루어지지, 창조를 부인하거나 제거하면서 이루어지지 않는다. 그래서 하나님의 구원을 전하는 성경이 천지창조 이야기로 시작되는 것 아닌가. 중간에 개입된 죄를 제거하는 것이 구원이다. 아름답지 않게 된 자연을 다시금 아름답게 만드는 것이 구원의 은혜다. 그래서 구원을 가리켜 만물의 회복이라 부르기도 한다행3:21. 자연은 은혜를 위한 준비 단계다. 아니, 은혜가 시작된 이후에도 자연은 새로운 차원에서 쓰임을 받는다. 예수를 믿으면 인격은 변하지만 성격은 변하지 않는다. 변하지 않는 그 성격이 바로 쓰임 받는 자연이다. 베드로의 다혈질, 급한 성질, 나서기 좋아하는 그 성격은 주님의 사도가 된 이후에도 그대로 드러났고 그대로 쓰임을 받았다.

모세는 어려서 이집트 왕궁에서 궁중 교육을 받았다. 이집트인들의 모든 지혜를 배운 결과 말과 행동이 유능했다행7:22. 40년의 미디안 생활 후 이집트로 돌아와 자기 민족을 구출하는 과정을 보면 이 유능함은 40년 이후에도 사라지지 않고 그대로 사용되었음을 볼 수 있다. 바울은 바리새파에 속해 어려서 철저한 율법 교육을 받았고 당대 최고의 학문을 섭렵했다행22:3; 23:6; 26:5, 24. 그런 교육과 훈련도 바울이 똥이라 부른 것들에 포함되지만빌3:5-8, 바울이 그것을 똥이라 부른 것은 그것들을 내던진 것이 아니라 그리스도의 나라를 위해 드린 것이었다.

테르툴리아누스와 아우구스티누스, 또 루터와 칼뱅은 모두 철학을 배우고 인문주의 교육을 받았다. 이들이 공부한 문학, 철학, 논리학, 역사 등 고전이 이들의 마음을 키우고 생각하는 능력을 길렀다. 플라톤의 이데아론이고, 아리스토텔레스의 논리학이며, 스토아학파의 범신론 사상이니 한마디로 자연이다. 이 자연은 은혜의 말씀 성경을 바로, 또 깊이 깨닫는 도구가 되었고, 은혜와 더불어 하나님의 사람의 중요한 일부를 차지했다. 말하자면, 자연은 질그릇으로서 하나님의 보배를 담는 그릇이 된다. 하나님께서는 극히 평범한 질그릇에 보배를 담아 주시는데, 그릇이 부각될 때 보배가 가려지기 쉬우므로 조심해야 하지만, 반대로 그릇이 없이는 보배도 담을 수 없다는 사실도 잊지 말아야 한다. 그래서 겸손, 용서, 섭리 등을 대할 때 주의가 요망된다. 정의, 평등, 자유, 박애 등 인류 보편의 가치가 그런 요소를 담고 있다. 그런 원리에 기초

한 황금률은 그릇이 보배를 잘 담고 보배의 참뜻을 드러내 주는 가장
아름다운 보기다.

3

일반 은혜

일반 은혜의 뜻

자연은 좋은 것이면서 또 죄로 물들어 있다. 그래서 하나님의 영광을 드러내면서 동시에 악의 도구가 되기도 한다. 첫 자연이 은혜의 도구라면, 둘째 자연은 은혜가 필요한 자연이니, 둘 다 구원의 은혜와 관련된다. 그런데 자연에는 구원의 은혜와 구분되는 또 다른 은혜가 있다. 신학에서 이것을 일반 은혜*라 부른다. 일반 은혜는 구원과 무관한 은혜로서, 좋은 자연에서 출발하지만 자연 그 자체가 좋다는 점과 조금 다르다. 죄가 들어온 이후에도 여전히 하나님을 순종하는 방향으로 작용하기 때문이며, 따라서 어느 정도는 죄와 맞서고 죄를 억누르는 특성까지 보이기 때문이다. 그렇지만 우리에게 하나님에 대한 참 지식을 주지 못하여 우리를 구원으로 인도할 수 없기에 그냥 은혜라 부르

---

* '일반 은총'이라는 용어가 많이 사용되는데 번역서 제목의 영향인 것 같다. 같은 낱말을 굳이 은혜, 은총 등 다른 용어로 불러 혼란을 일으킬 필요는 없다.

지 않고 일반 은혜라는 이름으로 구분한다.

일반 은혜는 죄 가운데 사는 인간이 그 죄를 이기고 처음 하나님께서 창조하신 본뜻에 맞게 살도록 돕는 은혜다. 이 은혜는 아직 구원의 은혜를 모르는 사람들 속에서 죄를 최대한 억제하고 인간다운 삶에 근접하도록 돕는다. 그리스도께서 오시기 전, 그리스도 복음을 듣지 못한 이들이 이 은혜 가운데 있었다. 대표적인 것이 양심이다. 사람 마음에는 참과 거짓을 구분하는 지성적 능력 외에 무엇이 옳고 그른지 판단하는 도덕적 능력이 있다. 지적 판단과 연결은 되어 있지만 상태에 대한 서술을 넘어 어떤 행동을 요구하는 당위 개념은 전혀 새로운 것이다. 옳은 것을 해야 한다는 느낌, 그리고 그것을 하지 않았을 때 생기는 무거운 마음이 양심의 증거다. 양심, 곧 도덕률의 존재를 부인하는 이는 없다. 그런데 이 양심의 기원에 대해서는 의견이 갈린다. 다양한 설명이 있는 가운데 변증가 씨 에스 루이스는 이 양심, 곧 도덕률이야말로 하나님이 계시다는 증거라고 설명한다. 하나님께서 우리 마음에 심어주셨다는 것 외에 다른 설명이 가능하다는 것이다.

이 양심은 사람 마음에 있는 종교의 씨와 통하여 하나님을 찾는 동기가 된다. 하나님께서 민족을 나누시고 나라를 세우신 것은 국가의 질서와 법을 통해 죄를 줄이시는 대표적인 일반 은혜로서, 이 은혜 가운데 사람들은 하나님을 더듬어 찾게 된다창11:6-9; 행17:27. 참 하나님을 찾는다는 것은 곧 그 하나님께서 만드신 인간의 본모습을 추구한다는 뜻이다. 진리 탐구의 열정, 아름다움의 추구, 자유와 평화 같은 보편 가치를 위한 헌신 등으로 나타나기도 하지만 옳음을 추구하는 도덕으로 가장 뚜렷이 나타난다. 양심이 사회에 적용되어 도덕을 만들고 윤리가 되고 여러 관습과 법칙으로 정착되는 과정이다. 인간의 이기적 본성과 폭력적 성품에 대한 깨달음과 결합하여 법을 만들고, 그런 모든 것을 종합하는 국가라는 제도도 만들었다. 그렇지만 저 바닥에는 사람이면 느끼는 존재론적 동질감이 놓여 있다. 그리고 인류의 보편 가치라 불리는 정의, 평등, 자유, 박애 등의 가치가 다 이 양심에 기초를 두고 있다. 모두에게 친절하고, 서로서로 양보하고, 잘못에 대해 관대하고, 어려운 이웃을 돕는 고급 가치도 결국은 다 이런 양심의 판단에서 비롯된다.

이 모든 것의 바탕을 이루는 핵심적 개념이 바로 너와 나의 공존에서 비롯되는 상호성이며, 그 상호성이 더 든든한 원리로 정착한 것이 바로 황금률이다. 황금률은 타자의 존재를 인정하면서 공존을 꾀하고 상호 존중하면서 더불어 사는 방법을 추구하는 것이니, 죄에 빠져 서로 싸우며 죽이게 된 인간이 그 죄를 줄이고 이길 수 있게 하는 가장 근본적인 원동력이다. 물론 사회는 제도나 법을 만들고 어기는 자에게 벌을 줌으로써 이런 원리를 강제로 이행하게 하지만, 황금률은 어린 시절의 보복적 정의를 넘어 서로 이해하고 받아주는 단계까지 나간다. 인간의 자율성과 책임, 그리고 상대에 대한 존중에 비중을 두므로 외적 제약보다 더 나은 차원의 일반 은혜다.

일반 은혜의 힘

일반 은혜도 은혜다. 하나님의 특별한 간섭이며, 하나님께 감사와 찬송을 드릴 이유가 된다. 하나님께서는 서로 미워하고 빼앗고 죽여 오래전 자멸할 수도 있었던 인류를 일반 은혜를 통해 보호하시고 오늘까지 인도해 오셨다. 인류 역사를 살피면 그런 일반 은혜의 힘을 여러 문화, 여러 민족에게서 발견한다. 그런 힘을 잘 확인할 수 있는 한 분야가 인문학과 예술이다. 사람이 자기 생각과 뜻을 글로 표현한 곳, 말하자면 문학, 철학, 역사, 예술 등 여러 분야가 바로 하나님의 일반 은혜를 발견하고 감사, 찬송할 수 있는 영역이다. 고흐의 그림, 모차르트의 음악, 셰익스피어나 괴테나 한강의 문학이 그런 자리다.

죄가 들어온 뒤에도 자연은 은혜다. 죄로 뒤덮인 세상에서도 하나님께서 창조하신 물질은 여전히 존재하며, 온갖 법칙들도 제 기능을 발휘하여 창조주의 영광을 드러내고 있다. 심는 대로 거둔다는 법칙은 죄가 들어온 이후에도 하나님께서 사용하시는 법칙이다갈6:7. 탐욕에 빠진 인간도 양심의 소리를 들으며 서로 타협하고 규칙을 만들어 공존을 꾀한다. 공동체가 있고, 법이 있고, 질서가 있다. 합리적 사고를 이용해 학문을 연구하여 새로운 진리를 발견한다. 다양한 문화를 만들어 발전시킨다. 국가를 두서서 강자를 제어하고 약자를 보호하신다. 물론 완벽하지는 않다. 아, 허점이 너무 많아 고통이 넘친다. 그렇지만 은혜다. 그 은혜가 없었다면 완전 파멸이기 때문이다.

자연의 빛은 한계가 너무나 분명한 빛이다. 인간 본성에 양심의 힘으로 남아 도덕적 삶을 가능하게 하고 종교의 씨로 남아 하나님을 찾고자 하는 열심도 보이지만, 옳고 그름을 판단하는 그 양심의 힘이 옳은 행동을 선택하게 만들지 못하며, 하나님을 찾고자 하는 그 열심도 참 하나님을 찾으면 거부해 버리고 언제나 거짓 신, 곧 우상을 찾아 신화를 만들고 종교를 만들어 낸다. 그래서 하나님께서 구원의 길을 따로 내신 것 아닌가. 그렇지만 구원에 이르지는 못해도 자연 가운데서 인간다운 삶을 영위할 어느 정도의 은혜가 있고, 그런 자연 은혜가 있기에 인류가 생존도 해 왔고, 또 그걸 바탕으로 하나님의 구원의 복음도 들을 수 있었다. 자연 은혜는 인류와 우주의 존재 유지를 위해 서로 필요하고, 구원의 복음을 듣기 위해서도 필요하다.

탁월함은 일반 은혜의 한 부분이다. 모차르트의 음악을 들으며 삶의 즐거움과 뜻과 보람을 느끼는 사람이 얼마나 많은가. 고흐의 그림은 오늘도 수많은 인류에게 성찰과 꾸지람과 깨달음과 즐거움을 준다. 키케로와 세네카의 글을 읽으며 나는 바로 살았는지 돌아본다. 셰익스피어의 작품을 보며 삶 깊은 곳까지 성찰한다. 이들이 자연의 빛만으로 깨우친 진리가 너무나 위대하여 고개가 숙여진다. 인생의 성찰을 강조한 소크라테스의 철학이나 사람을 사랑하는 태도를 가르친 공자의 교훈이나 사라지는 것을 넘어 영원한 것을 추구하라 역설한 동서양의 수많은 사상가에게는 정말 배울 것이 많다.

남을 위해 자기를 바친 사람들, 나라와 민족을 위해, 특히 자유와 평등과 정의와 자비라는 인류 보편의 가치를 위해 자신의 시간과 돈과 에너지와 심지어 목숨까지 바친 사람들을 보면 존경심과 감사의 마음이 절로 생긴다. 자연의 희미한 빛 가운데 살았으면서도 삶을 정직하게, 진실하게, 성실하게, 치열하게, 또 사랑하며 산 사람들, 사람에게 주어진 자유의 무게를 알고 끝까지 그 책임을 짊어지고자 한 이들의 이야기가 소위 인문학과 예술 분야에 차고 넘친다. 그런 이야기가 고대 신화에 가득하고, 뒷동산이나 연못에 얽힌 전설에도 넘치고, 상상의 나래를 펼친 수많은 이야기, 소설, 시에도 가득하고, 인류의 삶을 있는 그대로 기록한 역사에도 차고 넘친다.

두 은혜의 삶

인류는 모두 하나님의 일반 은혜 가운데 산다. 그런데 일반 은혜만 아는 이들은 그 은혜를 누리면서도 그것이 은혜인 줄 모른다. 오직 특별 은혜를 입은 이들만 그것을 또 다른 은혜로 느끼며, 하나님께서 주신 좋은 것인 줄 알고 감사한다. 말하자면, 그리스도인은 일반 은혜와 특별 은혜를 함께 누리는 사람이다. 그리고 일반 은혜의 열매조차도 특별 은혜의 힘으로 맺으려 애쓴다. 구원의 은혜를 경험한 사람이 하나님께서 창조하신 자연도 제대로 알아볼 수 있는 것처럼, 특별 은혜를 가진 성도는 일반 은혜의 영역도 자연만 아는 이들보다 더 잘 지키는 것이 옳다.

그런데 이 두 은혜에 대해 적지 않은 오해가 있다. 구원의 은혜가 너무 강하기 때문일 것이다. 일반 은혜를 구분하지 못하고 특별 은혜의 일부로 여기거나, 아니면 특별 은혜만 은혜고 일반 은혜는 그 자체로 아무 가치가 없다고 생각하는 오해다. 심지어 일반 은혜에 대해 듣고서도, 그건 불신자들에게나 해당하는 것이라 생각하고 그 가치를 무시하거나 불신자들이 일반 은혜 가운데 보여주는 많은 결과를 경시하는 잘못도 있다. 둘 다 은혜이니 뒤섞으면 어떠냐, 하나가 워낙 중요하니 다른 하나는 무시해도 되지 않느냐 할 수도 있지만, 문제는 그렇게 간단하지 않다. 그런 태도는 우리가 얻었다 하는 특별 은혜의 진정성에 대해서도 의문을 제기하기 때문이다. 씨 에스 루이스의 표현을 원용하자면 태양에서 직접 나오는 빛만 태양 빛이 아니라 내 주위의 모든 것을 볼 수 있게 밝히는 빛 역시 태양 빛임을 알아야 한다.

우선은 특별 은혜를 종교의 영역에 국한하고 우리 삶 전반을 덮고 있는 일반 은혜를 무시함으로써 삶의 모든 영역에서 그리스도의 주권을 드러내어야 할 제자의 삶을 제대로 살지 못할 수가 있다. 또 성과 속을 구분하는 이원론에 빠져 하나님 영광의 도구가 되어야 할 영역을 더러운 것으로 치부해 버릴 수도 있다. 사랑해야 할 세상을 외면하는 잘못이다. 또 자신의 삶 전체를 무시한 채 종교적 삶에만 치중하고, 그것을 바탕으로 불신자들이 일반 은혜 가운데 낳은 많은 삶의 열매를 가벼이 보는, 그래서 나는 거룩하고 너는 죄인이라고 보는 위선의 죄도 많이 짓는다. 그런 이원론이 정치 이데올로기와 결합할 때는 하나님께서 주시는 정의, 자유, 평화 등 일반 은혜의 세계를 하나님께서 주시는 특별 은혜의 이름으로 짓밟는 잘못도 저지르게 된다. 또 특별 은혜를 모른다는 이유 하나로 일반 은혜 부분에서 좋은 모범이 되는 불신자를 부당하게 무시하거나 심지어 경멸하는 극도의 오만함에 빠지기도 한다.

참 하나님을 모르고, 그 하나님의 구원을 모르면서도 사회에서 정의를 수립하고 더불어 사는 사회를 만들려 애쓴 이들이 있다. 고대 그리스의 솔론과 페리클레스가 좋은 보기다. 묵자처럼 사람은 서로 돕고 남을 위해 희생해야 한다고 가르친 이들의 위대한 가르침이 있다. 참 실천 여부는 알 수 없으나 진리에 근접한 그런 교훈의 가치를 폄훼하는 것은 하나님께서 주신 은혜를 짓밟는 일이 된다. 대한민국의 교회는, 마음껏 모여 예배하고 여러 사안에 대해 거침없이 말할 수 있는 지금, 조국의 민주화를 위해 몸 바친 불신자들의 희생과 공헌을 잊어서는 안 된다.

4

두 은혜의 조화

교과서와 위선

우리는 어려서부터 주입식 교육을 주로 받았다. 교과서에 담긴 내용을 달달 외는 소위 교과서 중심 교육이었다. 미국 여행을 갔다가 교통사고를 당해 길에 누운 한국인이 "하우 아르 유?" 하고 묻는 경찰에게 "아임 파인. 땡큐. 앤 유?" 하고 답했다는 유머가 우리에겐 낯설지 않다. 내가 이해했든 아니든, 배운 내용을 실천하든 말든, 우리는 주어진 질문에 맞는 모범답안을 잘 학습했다. 교회에서도 그 방식을 잘 활용하여 성경이라는 교과서, 교리라는 모범답안을 잘 주입하여 어떤 질문에도 정확한 답을 할 수 있게 되었다. 그런 실력은 제자 훈련을 통해 더 늘었다. 우리만큼 제자 훈련을 많이 하는 교회는 없다. 문제는 무엇인가? 알면서도 행하지 않는 잘못, 아니, 행하지는 않으면서도 말은 번드르르하게 하는 잘못, 곧 교과서 위주의 위선에 너무나 깊이 빠지게 되었다.

그 위선의 중심에는 이원론 또는 이분법이 놓여 있다. 믿음과 순종을 나누고, 신앙과 생활을 구분하고, 종교와 세속을 분리하여 대립하는 둘 가운데 하나에만 집중하는 오류다. 특별 은혜와 일반 은혜의 관계를 바로 이해하지 못한 잘못이다. 그리스도인은 무엇을 하든지 하나님 이름으로 해야 하고, 무엇을 하든지 믿음으로 해야 하고, 어느 영역에서든 그리스도의 제자로 살아야 하는데, 우리는 그렇지 못했다엡5:20; 롬14:23. 세례요한은 회개의 방법을 묻는 이들에게 의식주를 서로 나누라 권했다. 또 세리에게는 착취하지 말라 했고, 군인에게는 권력을 남용하지 말라 경고하여, 그들의 삶에 관련된 조언을 했다눅3:10-14. 구원을 경험한 삭개오는 주님을 자신의 직장과 경제생활의 주인으로 모셨다눅19:8. 그런데 오늘 우리는 그런 일에는 관심이 없이 그냥 교회에 나오라고만 권한다.

물론 그게 가장 중요하고 또 효과적인 전도 방법이라는 점은 분명하다요1:45-51. 문제는 교회에 출석한 이후에도 그리스도인이 현장에서 어떻게 살아야 하는지 가르치지 않는다는 점이다. 오늘 교회는 성경 읽고, 기도하고, 헌금 드리고, 봉사하는 일만 가르친다. 교회 안에 갇힌 종교다. 그래서 주일 성수를 앞세우고, 예배자임을 강조한다. 바깥 세계와 연결되는 유일한 한 가지가 전도인데, 나와 같은 사람을 더 생산하는 일로 그친다. 사람을 데려오는 것이 최상의 전도임은 알지만, 그렇게 데려다 놓은 사람에게 평생 십자가의 길을 가르치지 않고 훈련하지도 않는다면, 그게 무슨 전도며, 그게 무슨 부흥이며, 그게 무슨 제자 훈련인가? 예배도 중요하고 말씀과 기도도 당연히 중요하다. 하지만 말씀은 순종을 위한 것 아닌가. 주일은 평일을 위해 있고 내 예배는 한 주간의 삶으로 드리는 축제인데, 교회는 그걸 잊은 채 바깥 세계와 단절된 게토로 전락해 간다.

우리는 말씀, 기도, 전도, 봉사 등 소위 종교 생활에 익숙하다. 주일 성수, 십일조, 예배 등에 잘 훈련되어 있다. 그러면서 그런 종교적 열정이 곧 훌륭한 신앙인 줄 착각한다. 직장에서는 말씀대로 살지 않고, 경제생활은 맘몬 신을 숭배하고, 사회생활은 자본주의, 성공주의를 추종하면서도, 교회에 나오니까, 예배에 참석하니까, 거룩하다고 착각한다. 그러면서 구원을 경험하지 못한 이들, 나와 같은 그런 종교 생활을 모르는 이들을 불쌍히 여기고 심지어 경멸하기도 한다. 교회 다니지 않는 사람들 가운데 그리스도인인 나보다 더 성실하고, 더 정직하고, 더 자비로운 사람도 적지 않은데, 그들이 적어도 외적인 모습에서는 나보다 더 그리스도의 제자 같은 삶을 살고 있는데, 우리는 우리의 종교 생활 때문에, 나는 주일마다 교회에 가서 예배를 드리고, 헌금, 봉사, 기도, 전도를 한다는 이유로 그들보다 더 거룩하다고 생각한다.

우리가 가진 의는 주님의 의로서 당연히 다른 의보다 뛰어나다마 5:20. 율법을 지키려 애써 이룬 의나 선행을 해 이루는 의와 다르다. 하지만 주님의 의는 그것보다 뛰어나기 때문에 그 의를 지닌 사람은 외적 행위에 있어서도 바리새인과 서기관보다 뛰어나야 옳다. 하지만 우리의 종교 생활이 우리의 착한 행실, 하나님 앞에서 바르게 사는 삶, 우리 삶의 모든 영역에서 그리스도의 제자가 되는 삶을 보장해 주지 않는다. 안 믿는 이들과 멍에를 매지 말라고고후6:14? 우리가 더 거룩하기 때문인가? 아니면 그냥 교회에 다니니까? 종교 생활이 우리를 거룩하게 만드는 것이 아니라고 옛 이스라엘의 실패가 거듭 가르치지 않는가? 예수를 믿으니까 더 낫다면 그 사람보다 더 진실, 성실, 자비의 삶을 살려는 몸부림이 있어야 한다. 그렇지 않으면 우리는 불신자보다 더 못된 사람이 되고_{딤전5:8}, 예수 예수 떠벌리는 우리 때문에 우리 주님이 이방인 가운데서 모욕을 당할 것이다_{롬2:24}.

자연을 품는
은혜

우리가 받은 구원의 은혜가 참 은혜라면 그 은혜는 우리의 관점을 바꾸고 우리의 삶을 바꾼다. 은혜가 너무나 놀라워 자연이 온통 어둠으로 보이는 것은 일시적인 현상일 뿐 우리 눈의 탁월한 기능이 이내 조정 작업을 한다. 그래서 자연 가운데 여전히 발하는 하나님 영광의 빛을 보고, 우리의 죄를 막고 인간답게 살도록 하시는 하나님의 일반 은혜도 발견한다. 구원의 은혜를 몰랐으면서도 믿는 나보다 더 진지하게, 성실하게, 정직하게 인생을 살아가는 이들도 많이 만나게 된다. 우리와 가치관이 다르고 목표나 방법도 다르지만, 때로 우리보다 더 삶을 고민하며 연구하고 전체 인류와 지구와 우주를 우리보다 더 깊이 성찰할 때도 많다. 그리스도를 믿지 않으니 궁극적 소망이 없다고? 그렇다면 그들의 멋진 삶을 보는 나 자신이 더욱 부끄러워야 하지 않는가. 우리가 인문학을 배우는 이유 가운데 중요한 하나가 바로 이것이다.

특별 은혜는 우리의 삶도 바꾼다. 구원의 은혜는 우리 삶의 모든 영역에서 힘을 발휘한다. 다시 말해 일반 은혜의 영역에서도 안 믿는 사람보다 더 바로, 더 멋지게 살도록 돕는다. 하나님의 자녀가 된 우리는 물건을 사거나 팔 때 은혜에 바탕을 둔 원리와 방법을 사용한다. 세금을 낼 때, 교통법규를 지킬 때, 선거 때 후보를 살피고 결정해 투표할 때, 정당의 경제, 사회 정책을 분석할 때도 구원의 은혜에 근거해 한다. 아이돌이나 케이드라마 등 문화 현상을 실제로 분석하고 평가하면서 그리스도인에게 바른 참여와 관람을 가르치는 일, 유튜브 등 여러 매체에 내포된 잘잘못과 장단점을 잘 살펴 그리스도인에게 바른 활용법을 가르치는 일도 있다. 구원받았다고 해서 사회 제도나 노래나 사람이 바뀐 것은 아니니 일반 은혜의 영역이 분명하지만, 그것을 실행하는 원리와 힘은 언제나 하나님의 구원의 은혜에서 나온다.

은혜가 자연을 제거하거나 파괴하지 않고 회복한다는 점을 잊어서는 안 된다. 훌륭한 그리스도인은 훌륭한 사람이다. 성령의 아홉 가지 열매를 잘 맺는다면 별난 사람이 아닌 가장 훌륭한 인간이 된다갈5:22-23. 사랑의 여러 특성을 고루 갖춘 사람이라면 누구나 칭송할 멋진 인간이 되지 않겠는가고전13:4-7. 구원의 은혜를 받은 사람이라면, 종교 생활을 하게 된 것으로 만족하지 않고 그런 종교 생활의 결과 내 삶 전체를, 특히 하나님께서 일반 은혜로 유지해 가시는 그 세계를 하나님께서 주시는 특별 은혜의 힘으로 살아갈 수 있어야 한다. 그것이 바로 로잔 언약이 강조하는 온전한 복음이요, 삶의 모든 영역에서 그리스도의 제자가 되는 것 아닌가. 그리스도인은 누구보다 공평하고 정의로운 삶을 추구해야 하며, 정직하고 성실한 삶을 살아야 하고, 남을 존중하고 배려하는 일에 앞장서야 한다. 그렇기에 사람이면 누구나 본능으로 느끼는 그 원칙, 그래서 하나님을 모르는 이들도 소중히 여기며 실천하려 애쓰는 그 황금률을 그리스도인은 누구보다 앞장서 지켜야 옳다.

교회는 주님의 황금률을 가졌다며 일반 황금률을 무시하는 잘못을

특별한 사람

서울 강남구 일원동에 있는 대왕중학교 정문에 인기 시인 하상욱의 간결한 시 하나가 걸려 있다. "난 특별해 딱 너
만큼. 넌 소중해 딱 나만큼". 인류 보편의 황금률을 우리 시대 분위기에 맞게 잘 표현했다. 내가 특별한 만큼 내 주
위의 사람들도 나와 똑같이 소중한 사람임을 느끼게 해 주는 멋진 문구다. 아이들이 그렇게 서로를 소중하게 여기
는 법을 배우며 자라면 사회 전체도 서로를 존중하는 법을 그만큼 잘 배우고 실천할 수 있을 것이다.

_사진: 저자 촬영(2025년 4월).

자주 저지른다. 특히 사람들이 자연의 빛 가운데 일반 은혜로 순종하는 황금률을 가벼이 여기는 죄를 짓는다. 나는 실천도 하지 않으면서, 우리는 주님의 황금률이 있으니 세상 황금률은 무시해도 좋다는 생각도 큰 오류다. 주님의 황금률을 실제로 실천할 정도로 하나님을 두려워하는 사람이라면 그 보배의 그릇이 되는 일반 황금률 또한 크게 존중하고 실천하고자 애쓸 것이다. 분명한 것은, 일반 황금률에 무관심하고 실천하지 않는 사람이라면 주님의 황금률도 절대 실천할 수 없다는 사실이다.

일반 은혜의 세계에서 실천되는 것들이 특별 은혜를 아는 이들에게 실천적 도움을 주고, 또 그 은혜의 구체적인 모습을 아는 일에도 도움을 줄 수 있다. 일반 은혜의 세계에 있는 것들은 모두가 질그릇 역할을 할 수 있다. 용서, 겸손, 운명 등 사람들이 가진 개념은 특별 은혜의 빛으로 비추어 그 한계를 알고 난 뒤에는 소중한 그릇으로 가치를 유지한다. 하나님께서 참 용서, 참 겸손, 하나님의 섭리 등을 깨닫게 하시려 이 땅 가운데 두신 자연의 열매다. 자연 자체로도 없는 것보다는 낫다. 보배를 못 보는 그게 문제지, 보배를 보았다고 해서 그릇을 내던지는 일은 지혜롭지 못하다. 은혜는 자연을 폐지하거나 파괴하지 않고 바로 잡아 완성한다. 우리 주님의 사역은 율법을 폐지하지 않고 완성한다마 5:17. 똑같은 원리다. 위선적 겸손을 참 깨달음에서 비롯된 겸손으로 바꾸고, 거짓 용서를 하나님 앞에서 회개하는 참 용서로 바꾼다.

질그릇과 보배

황금률은 하나면서 또 둘이다. 일반 황금률은 정의다. 배려, 공존 등을 품지만 상호성이 근본이며, 추구할 이상 역시 공평함을 넘지 못한다. 주님께서 가르치신 황금률은 사랑이다. 은혜를 받았으니 다 주라는 계명이다. 주님께서는 일반 황금률의 가치를 그대로 갖고 와 당신의 가르침으로 그것을 감싸셨다. 정의의 규칙을 사랑으로 덮으셨으니, 주님의 황금률은 하나님의 십자가 구원 전체를 포괄하는 원리다. 황금률이라는 질그릇에 당신의 보배를 담으신 것이다. 주님께서는 이 황금률로 율법과 선지자들을 완성하셨다마7:12.

일반 황금률은 질그릇이지만 그 자체로서 상당한 빛을 발한다. 자연의 빛 가운데 어쩌면 가장 밝은 빛일 수도 있다. 사람이 사람 되게 돕는 가장 소중한 원리를 담고 있기 때문이다. 황금률은 인간이 서로를 존중함으로써 더불어 살아가는 방법을 배우게 한다. 죄로 타락해 자기만 아는 인간이 그래도 자연의 빛 가운데서 이 정도는 지켜야 너도나도 인간답게 살 수 있다고 발견한 가장 원초적인 원리다. 하나님께서 주시는 은혜다. 그렇기에 겸손, 용서, 운명 이런 것보다 더 뛰어난 자연의 빛이다. 자유, 평등, 정의, 평화의 기초가 되는 원리다. 보배 황금률로 나아가는 것이 최고지만, 그 자체로 두어도 얼마든지 찬란하게 빛나는 원리가 된다.

질그릇 황금률도 중요하다. 질그릇이라고 천대하다가 깨뜨린다면 안에 담긴 보배마저 손상될 수 있다. 그릇보다 내용물이 소중하다고 해서 일반 황금률이 갖는 가치를 폄훼해서는 안 된다. 외연을 넓히든 처지를 바꾸든 타자의 존재를 인정하고, 서로 이해하며 존중하고, 평화롭게 공존하는 일은 사람으로 살아가면서 누구나 목표로 삼아야 할 중요한 일이다. 따라서 그리스도인도 일반 황금률에 포함된 온갖 문제들과 씨름해야 하며 올바른 실천을 도모할 방법을 함께 연구해야 한다. 관습이든 법이든 모두에게 공평한 원리를 추구하는 일은 주님께서 말씀하신 하나님의 나라와 의를 구하는 일의 일부다. 너와 나 사이의 평화에서 세계를 아우르는 평화까지 평화를 심는 일은 우리 그리스도인의 중요한 책무다. 이 점에서 그리스도인은 믿지 않은 이들과 머리를 맞대야 한다.

그리스도의 황금률이야말로 질그릇에 담은 보배다. 그릇 자체도 소중하고 버릴 것이 없지만, 거기 담으신 보배는 그 질그릇과 비교조차 할 수 없을 정도로 값진 것이다. 자연과 은혜를 어찌 나란히 단순 비교할 수 있으리. 질그릇도 귀하지만 거기 담아 주신 보배는 말로 다할 수 없다. 아, 주님께서는 그걸 깨닫게 해 주시려고 황금률이라는 보배를 황금률이라는 질그릇에 담아 주신 것이리라. 자연을 품으라고, 우리의 위선도 좀 깨달으라고, 그리고 이제는 제대로 좀 실천하라고. 무엇보다 하나님의 구원의 은혜를 아는 사람으로서 주님이 우리를 위해 희생하신 것처럼 우리도 서로 사랑하라 하시는 명령이 주님께서 주신 황금률의 핵심이다요13:34-35.

주(註)

제1부 어디에나 있는 황금률

1. The Seven Golden Rules of Leadership, The 10 Golden Rules of Medical Administration, The Three Golden Rules of Accounting etc.
2. Charles Darwin, *The Origin of Species* (London: John Murray, 1859), ch. 9, 297, Darwin Online.
3. '황금률'(The Golden Rule)이라는 이름의 초기 역사에 관해서는 Harry J. Gensler, *Ethics and the Golden Rule* (New York: Routledge, 2013), 83; Oliver du Roy, "The Explosion of the Golden Rule in 17th Century English" in *Journal of Ethics and Moral Theology* 2014/1, no. 278: 35-56 등을 참고하라.
4. *The Eloquent Peasant* (이하『말 잘하는 농부』), 141행; 영역 "Do for the doer to cause him to do." Loren R. Fisher, *The Eloquent Peasant*, Second Edition (Eugene, OR: Cascade, 2015), 20; Miriam Lichtheim, *Ancient Egyptian Literature* vol. 1 (Berkeley, CA: Univ of California Press, 1975), 17; 겐슬러는 약간 다른 번역을 역시 황금률 구도로 소개한다. Gensler, EGR, 56, 76.
5. 『브루클린 파피루스』, 제5면 7-8행; Richard Jasnow, *A Late Period Hieratic Wisdom Text* (P. Brooklyn 47.218.135) (Chicago: Univ of Chicago Press, 1992), 95, 100.
6. Miriam Lichtheim, *Late Egyptian Wisdom in the International Context: A Study on Demotic Instructions* (Freiburg: Universitätverlag, 1983), 32-33; Jasnow, Text, 100.
7. F. C. Conybeare, J. Rendel Harris, and Agnes Smith Lewis, eds., *The Story of Ahikar* (London: Cambridge University Press, 1913), 34. 이 책 『*The Story of Ahikar* (아히카르의 이야기)』(이하 『아히카르의 이야기』)의 아람어 원본과 여러 번역본을 원문과 영역으로 소개하는 종합적인 자료다; Jeffrey Wattles, *The Golden Rule* (New York, Oxford University Press, 1996), 43. 시리아어판은 '동료'가 '이웃'으로 바뀌어 있어 유대교의 영향을 보여준다. 이 책 69쪽을 참고하라.
8. Conybeare, *Ahikar*, 29, 103.
9. 제196조, 200조. 이 원리는 성경에도 나온다. 출21:23-25; 레24:20; 신19:21. 함무라비 법전과 마찬가지로 법정에서 적용할 엄격한 원리였지 일반 윤리 규정은 아니었다.
10. Paul Ricoeur, "The Golden Rule and Religion" in Gensler, ed., *Ethics*, 168; Wattles, *GR*, 58.
11. Albrecht Dihle, *Die Goldene Regel: Eine Einführung in Die Geschichte der Antiken Und Frühchristlichen Vulgärethik* (Göttingen: Vandenhoeck & Ruprecht, 1962), 80ff; Jasnow, *Text*, 100; 리히타임은 딜의 그리스 기원설에 반대한다. 그 정도 추상화는 이집트에도 있었다는 이유다. Lichtheim, *Late Egyptian*, 33-34; Wattles, *GR*, 30.
12. Homer, *Odyssey* (이하 『오디세이아』), bk. 5, ll. 188-189; Richard Lattimore, translator, *The Odyssey of Homer* (New York: HarperPerennial, 1967), 93; Dihle, *GR*, 96; Wattles, *GR*, 28; Gensler, *EGR*, 76.
13. Wattles, GR, 29.
14. Martha Nussbaum, "Golden Rule Arguments: A Missing Thought?" in Kim-chong Chong et al., eds., *The Moral Circle and the Self: Chinese and Western Approaches* (Chicago: Open Court, 2003), 7f. 호메로스의 글에는 단순한 처지 바꾸기 사례도 많다. 『일리아스』24권 503-512에서 아킬레우스가 아들의 시신을 요구하는 프리아모스 앞에서 자기가 그 처지였으면 어떻게 해 주기를 바랐을까 생각하고, 『오디세이아』17권 415-423에서 거지로 꾸민 오디세우스가 나그네를 박대하는 안티누스에게 자신이 거지가 된다면

뭘 바랐을지 생각해 보라고 권한 일 등이다.

15. Hesiod, *Works and Days* (일과 날), ll. 349-351, 354; in *Hesiod: Theogony, Works and Days, Shield* (Baltimore: Johns Hopkins University Press, 1983). 글 곳곳에 친구와 대적을 구분하는 태도가 나타나 있다; Carolyn Dewald, "Alternatives to the Golden Rule: Social Reciprocity and Altruism in Early Archaic Greece" in Neusner & Chilton, eds., *The Golden Rule: The Ethics of Reciprocity in World Religions* (London: Continuum, 2008), 26.

16. 솔론: "Solon Fragments," #4-5; Maria Noussia, *A Commentary on Solon's Poems*, Ph. D. Dissertation, University College London, 1999, 105-112; 페리클레스: Thucydides, "Pericles' Funeral Oration" in *The Peloponnesian War*, II, 40, 3-II, 41, 1. Perseus Digital Library; Dihle, *GR*, 24 (Solon), 97 (Pericles); Dewald, "Alternatives," 37-38.

17. Diogenes Laertius (3rd century AD), *Lives of Eminent Philosophers* (유명한 철학자들의 생애와 사상), Bk. 1, ch. 1, #36, Perseus Digital Library, "ἐὰν ἃ τοῖ" ἄλλοι" ἐπιτιμῶμεν αὐτοὶ μὴ δρῶμεν"; 한국어판: 김주일, 김인곤, 김재홍, 이정호 옮김, 『유명한 철학자들의 생애와 사상』(서울: 나남, 2021). 이 책은 후대의 기록으로서 역사적 신뢰도가 무척 낮다; Wattles, *GR*, 29 및 Gensler, *EGR*, 76; Allison & Davies, *The Gospel According to Saint Matthew* (Edinburgh: T & T Clark, 1988), 687.

18. Herodotus, *The History* (이하 『역사』), bk. 3, ch. 142, sec. 3; translated by G. C. Macaulay, Project Gutenberg Online; Dihle, *GR*, 96f; Wattles, *GR*, 29; Gensler, *EGR*, 77; Allison & Davies, *Matthew*, 687; Georg Strecker, trans. by Dean, O. C., *The Sermon on the Mount: An Exegetical Commentary* (Edinburgh: T & T Clark, 1988; original title Die Bergpredigt, 1984), 151, 215. 관련 설명으로는 이 책 113쪽을 보라.

19. Dihle, *GR*, 101f. 딜은 황금률 공식을 전하는 헤로도토스 역시 아테네를 방문하여 초기 소피스트들과 교류하며 영향을 받았을 것으로 본다; Dihle, *GR*, 97을 보라.

20. Wattles, *GR*, 30.

21. Isocrates, Speech 3, "Nicocles or the Cyprians" (니코클레스 또는 키프리안), #61, Perseus Digital Library; Wattles, *GR*, 31; Gensler, *EGR*, 77; Allison & Davies, *Matthew*, 687. 이소크라테스의 황금률 가운데 가장 대표적인 구절이다.

22. Isocrates, Speech 2, "To Nicocles" (니코클레스에게), #24, Perseus Digital Libaray; Wattles, *GR*, 31.

23. Isocrates, Speech 1, "To Demonicus" (데모니코에게), #14. Perseus Digital Libaray; Wattles, *GR*, 31.

24. Isocrates, Speech 3, "Nicocles or the Cyprians," #49; John P. Meier, *A Marginal Jew: Rethinking the Historical Jesus*, vol. 4 (New Haven, CT: Yale Univ Press, 2009), 553.

25. Isocrates, Speech 19, "Aegineticus" (아에기네티코), #51, Perseus Digital Libaray; Wattles, *GR*, 31.

26. Plato, *Crito*, 49c; in *The Collected Works of Plato* (Princeton: Princeton University Press, 1961), 34; Dihle, *GR*, 86; Wattles, *GR*, 33.

27. Plato, *Phaedo*, 62b-c; in *The Collected Works of Plato*, 45; Wattles, *GR*, 33; Gensler, *EGR*, 77.

28. Robert M. Berchman, "The Golden Rule in Greco-Roman Religion and Philosophy" in Neusner & Chilton, *GR*, 45.

29. Plato, *Laws*, bk. 11, 913a; in *The Collected Works of Plato*, 1465f.; James Hervey Hyslop, *The Ethics of the Greek Philosophers, Socrates, Plato and Aristotle: A Lecture Given Before the Brooklyn Ethical Association, Season of 1896-1897* (New York: C. M. Higgins & Company, 1903), 106; Wattles, *GR*, 36; Gensler, *EGR*, 77.

30. Berchman, "Golden Rule," 44.

31. Aristotle, *Rhetoric* (이하 『수사학』), bk. 2, ch. 6, 1384b, lines 4-5; Dihle, *GR*, 96; Raymond Brown, ed., *The New Jerome Bible Commentary* (Englewood Cliffs, NJ: Prentice Hall, 1968), 646; 마태복음 7장 12절 주석.

32. Aristotle, *Nicomachean Ethics* (이하 『니코마코스 윤리학』), bk. 9, ch. 4, #5 (1166a 30-32); bk. 9, ch. 9, #1 (1169b 6-7); bk. 9, ch. 9, #10 (1170b 5-6); Wattles, *GR*, 37-39; Gensler, *EGR*, 78; Berchman, "Golden Rule," 41.

33. 『니코마코스 윤리학』, bk. 8, ch. 1, #3 (1155a 15-19); Wattles, *GR*, 38-39.

34. Berchman, "Golden Rule," 46.

35. 『니코마코스 윤리학』, bk. 8, ch. 3, #6 (1156b 7-9); Berchman, "Golden Rule," 48.

36. 『수사학』, bk. 2, ch. 4, 1381a 8-11; Wattles, *GR*, 38.

37. Plato, Apology (이하 『변명』), 30a-b; in *The Collected Works of Plato*, 16.

38. 『변명』, 34c, Plato, *Works*, 20.

39. 『변명』, 35b-c, Plato, *Works*, 20f.

40. 『변명』, 35c, 30d, Plato, *Works*, 20, 16; 소크라테스 황금률의 이 핵심을 기존의 황금률 연구서는 언급조차 하지 않는다.

41. 『변명』, 21a-e, Plato, Works, 7f.

42. Alexander James (A. J.) Carlyle, *A History of Medieval Political Theory in the West*, vol. 1 (Edinburgh; W. Blackwood & Sons, 1903), 8-9.

43. Cicero, *De Officiis* (의무론), 44BC, bk. I, #20, Perseus Digital Library.

44. Cicero, *Tusculanae Disputationes* (투스쿨룸 논총), 45BC. bk. V, #56, Perseus Digital Library ("nam… accipere quam facere praestat iniuriam."); Herbert C. Nutting, "Cicero as a Moral Teacher" in *The Classical Journal*, vol. 22, no. 8 (May 1927): 603-607.

45. Seneca, *De Ira* (분노론), bk. III, #12; Seneca, *Seneca Moral Essays* (London: Heinenmann, 1928), 285; Perseus Digital Library; *De Ira*, bk. III, #3-4에도 비슷한 내용이 나옴; Wattles, *GR*, 39f.

46. Seneca, *Ad Lucilium Epistulae Morales* (서간집), Ep. XLVII, sec. 11; *The Epistles of Senaca*, Perseus Digital Library.

47. Seneca, *De clementia* (관용론), bk. VII, sec. 1; 칼뱅은 『세네카 관용론 주해』에서 이 처지 바꾸기 원리를 '자연법'이라 부르며, 세네카가 왕에게 자연법을 일깨워 준 것이라 설명한다. John Calvin, *Commentary on Seneca's De Clementia*, pdf, 86 (commentary on Seneca, *De Clementia*, bk. VII, sec. 1).

48. Seneca, *De Ira* (분노론), bk. II, sec. 31.

49. Seneca, *De beneficiis* (호의론), bk. II, ch. 1, #1, "sic demus, quomodo vellemus accipere."

50. Wattles, *GR*, 40.

51. Epictetus, *The Golden Sayings of Epictetus* (Fragments), 41, Project Gutenberg; Epictetus, *The Teaching of Epictetus*, bk. 3, ch. 4, "On Slavery," #2, Project Gutenberg; Wattles, *GR*, 40.

52. Epictetus, *Discourse*, 2.17.35, Perseus Digital Library; Allison and Davies, *Matthew*, 688.

53. Marcus Aurelius, *Medications* (Mineola, NY: Dover, 1997), bk. IV, sec. 4; bk. VII, sec. 65.

54. Aurelius, *Meditations*, bk. II, sec. 1, "παρά φύσιν"

55. Hieroclus, "Siblings" in *On Appropriate Acts* (Strobaes's Anthology 4.84.20), in Hierocles, *Hiercles the Stoic: Elements of Ethics, Fragments, and Excerpts* (Atlanta, GA: Society of Biblical Literature, 2009), 87; Wikisource, "Political fragments of Archytas and ohter ancient Pythagoreans / On fraternal love," 89-91.

56. Aelius Lampridius, *Historia Augusta* II, *Loeb Classical Library* (Cambridge, MA: Harvard Univ Press, 1924), 282 ("Severus Alexander" LI). 이 책은 역사적 신뢰성이 무척 낮다; 겐슬러는 알렉산데르 황제가 황금률을 황금빛 글씨로 적어 황금률이 되었다는 주장을 소개하는데, 이는 소문일 뿐 근거자료는 전혀 없다. Gensler, *EGR*, 80; 알렉산데르가 사용한 공식은 "Quod tibi fieri non vis, alteri ne feceris"이다.

57. Lampridius, *Historia*. 유대인 아니면 기독교인에게 배웠다는 내용: LI, 8-9, 282. 유대교와 기독교에 호의적인 내용: XXII, 4-5. 218; XXIX, 2, 234; XLIII, 6-7, 266; XLV, 7, 270; XLIX, 6, 278.

58. Joyce Hertzler, "The Golden Rule and Society" in Harry Gensler, Earl Spurgin, & James Dwindal, eds.,

Ethics Contemporary Readings (London: Routledge, 2003), 162; Hans Dieter Betz, *Sermon on the Mount* (Minneapolis: Fortress, 1995), 515. 스토아와 힐렐의 유사성을 고려할 때 스토아학파와 유대교의 심층 교류 가능성도 추적해 볼 수 있다.

59. Rob Thompson, "Why Stoics Should Love the Golden Rule" in *Medium*, June 5, 2016.

60. 그리스의 헬레니즘(Hellenism)과 이스라엘의 헤브라이즘(Hebraism)이 서양 문화의 두 원류라는 사상은 영국 역사가 매슈 아널드(Matthew Arnold)가 주저 『*Culture and Anarchy* (교양과 무질서)』(1873)에서 처음 주장한 이후 서양 문명사를 보는 틀로 널리 수용되고 있다.

61. Richard Whately, *Introductory Lessons on Morals and Christian Evidences* (Cambridge: John Bartlett, 1856), 27f; "A Critique of the Golden Rule" in Louis Pojman, ed., *The Moral Life* (New York: Oxford Univ Press, 2000), 336; Gensler, *EGR*, 38.

62. Wattles, *GR*, 43.

63. 우화를 통해 처지 바꾸기를 시도한 사례가 히브리 성경에 더 있다. 요압이 다윗에게 압살롬을 예루살렘으로 부르라고 요청하려 만든 우화(삼하14:1-13)와 한 선지자가 아합의 죄를 지적하기 위해 만든 우화(왕상20:38-42) 등이다. 남의 이야기인 양 들려주어 자신을 돌아보게 한 것이다. Gensler, *EGR*, 38; Wattles, *GR*, 200, n. 4.

64. Nobuyoshi Kiuchi, "Commanding an Impossibility? Reflections on the Golden Rule in Leviticus 19:18" in J. G. McConville and Karl Möller, eds., *Reading the Law: Studies in Honour of Goddon J. Wenham* (New York: T & T Clark, 2007), 38-40.

65. 전자는 12세기의 라쉬밤(Rashbam, Rabbi Samuel ben Meir), 후자는 역시 12세기의 이븐 에즈라 (Abraham ben Meir ibn Ezra)가 있다. "Rashbam on Leviticus 19," "Ibn Ezra on Leviticus 19:18" on Sefaria.org; John J. Collins, "Love Your Neighbor: How It Became the Golden Rule" on *The Torah*, accessed on July 20, 2024. pdf, 3.

66. Kengo Akiyama, *The Love of Neighbor in Ancient Judaism* (Leiden: Brill, 2018), 68.

67. Akiyama, *Neighbor*; 기독교에 호의적인 유대교 학자 플러써와 유대교에 호의적인 기독교 학자 콜린스도 레위기 19장 18절을 황금률인 동시에 성경의 요약으로 본다. David Flusser, "The Decalogue and the New Testament" in *Jerusalem Perspective*, November 1, 1990; Collins, "Neighbor."

68. Joyce Hertzler, "On Golden Rules" in *International Journal of Ethics*, vol. 44, no. 4 (July 1934): 418, 428.

69. 이 경우 이웃 사랑을 동기(動機)로 이해하고 황금률을 과정(過程)으로 파악하는 상보적 관계가 가능하다. 물론 당시에는 전혀 고려되지 않던 관계다. 황금률과 이웃 사랑 계명의 관계에 대해서는 Gensler, *EGR*, 38-39를 보라; 상보적인 견해는 Jacob Neusner, "The Golden Rule in Classical Judaism" in Neusner & Childon, *GR*, 60을 보라; 또 황금률은 이웃 사랑의 계명으로 보충되어야 한다는 폴 틸리히의 관점이 이 둘을 상보적 관계로 보는 전형적인 관점이다. 이 책 443-448쪽을 보라.

70. 뉴즈너는 레위기 19장 18절이 유대교 황금률의 원천일 수 있다고 추측하나 근거는 제시하지 않는다. Jacob Neusner, *The Rabbinic Traditions About the Pharisees Before 70 CE*, vol. 3 (Leiden: Brill, 1971): 331.

71. 레위기 19장 18절은 동족에게 행할 여러 규정을 말한 다음 이웃 사랑을 명령하고 있으므로 이웃 역시 동족으로 제한된 느낌을 준다. Akiva & Ben Azzai, *Sifra*, Kedoshim, 2:4:12; Neusner, "The Golden Rule," 57-58.

72. Maimonides, *Mishneh Torah*, Avel 14:1; "토라와 계명이 말하는 동료".

73. 『*Book of Jubilees*(희년서)』(이하 『희년서』) 20:2, 플러써의 번역; Flusser, "Decalogue." 4. 플러써 번역은 다른 번역과 약간 다르다.

74. Flusser, "Decalogue," 9; Wattles, *GR*, 47. 내용은 '두 길'(Two Ways) 전통에 속하는 것으로 초기 기독교 문서인 『*Didache*(디다케)』(이하 『디다케』) 1:1-2와 똑같다.

75. 이웃 사랑이라는 긍정 계명 뒤에 부정 황금률을 추가한 이유는 긍정 계명 직전의 구체적인 명령이 부정

문이기 때문이라고 17세기의 랍비 에델스(Samuel Edels, 1550-1631)는 푼다. "보복하지 말고, 네 백성의 자녀들에게 앙심을 품지 말고, 네 이웃을 너처럼 사랑하라. 네가 싫은 것은 그에게도 하지 마라. 나는 야웨다." Palestinian Targum; George Brockwell King, "The Negative Golden Rule" in *The Journal of Religion*, vol. 8, no. 2 (Apr 1928): 270, 274; Wattles, *GR*, 47; Allison & Davies, *Matthew*, 687.

76. Levine, "The Golden Rule in Ancient Israelite Scripture" in Neusner & Chilton, GR, 12f.; Neusner, "Golden Rule," 62-64; Menahem Kister, "The Golden Rule and Ancient Jewish Biblical Exegesis: The Pluriformity of a Tradition" in *Journal of Biblical Literature*, vol. 141, no. 2 (2022): 718; 콜린스는 이런 전통을 그리스 철학의 영향으로 본다. Adela Yarbro Collins, *Mark: A Commentary*, Hermeneia (Minneapolis: Fortress, 2007), 569-70.

77. 『*The Book of Tobit*(토비트)』(이하 『토비트』)는 기존의 칠십인역과 사해에서 발견된 아람어판 및 히브리어판이 구성의 전부 같다. King, "Negative," 270. 히브리어로는 4:5에 "ואשר תשנא לנפשך לא תעשה לאחרים"라고 되어 있다. 칠십인역은 '네가 싫은 것은 아무에게도 하지 말라'로 번역되어 있다. Dihle, *GR*, 82f.

78. Israel Abrahams, *Studies in Pharisaism and the Gospels* (Cambridge: The Univ Press, 1917), 22; King, "Negative," 276.

79. 히브리어 원문은 31장 18절인데, 칠십인역은 31장 15절로 옮겼다. 불가타역은 히브리어 원문을 따라 31장 18절로 되어 있다.

80. Frédérique Michèle Rey & Eric Reymond, *A Critical Edition of the Hebrew Manuscript of Ben Sira: With Translations and Philological Notes* (Leiden: Brill, 2024), 86. 『*Sirach*(시라크)』 7:21 등에도 비슷한 용법이 나온다.

81. "네 이웃의 것"은 히브리어로 "τὰ τοῦ πλεσίον"이다.

82. 황금률과 통하는 내용을 담고 있는 당시 문헌이 많다. 1) 서기 1세기 말의 제2에녹서(2 Enoch) 61:1-2에서는 "사람이 하나님께 자기 영혼을 위해 간구하는 것처럼 모든 산 영혼을 대할 때도 같은 방식으로 대해야 한다"라고 제시한다. 2) 사해사본 중 히브리어판 『납달리 유훈』 1:6은 히브리어본이 원본이고 그리스어본은 그 히브리어본의 번역으로 간주된다. 관련 연구는 King, "Negative," 270; R. H. Charles, *Greek Versions of the Testaments of the XII Patriarchs* (Oxford: Clarendon, 1908), Appendix, 239; Wattles, *GR*, 47; King, "Negative," 270; Allison & Davies, *Matthew*, 686에 자세히 나온다. 3) 랍비 엘리에제르 (Rabbi Eliezer)는 "네 이웃의 영예를 너 자신의 영예만큼 존중해야 한다"라고 가르쳤으며, 이는 Abot de Rabbi Natan 15 (1)에 기록되어 있다. 관련 연구는 Allison & Davies, *Matthew*, 687; Wattles, *GR*, 202, n. 37에서 확인할 수 있다.

83. 유대 학자인 뉴즈너(Neuser)는 황금률이 유대교에 낙하산처럼 내려왔다(parachuted down)고 세 번이나 되풀이해 주장한다. Neusner, "Golen Rule," 56, 60, 63.

84. 메소포타미아 기원설은 Wattles, *GR*, 43, 201, n. 4를, 그리스 기원설은 Dihle, *GR*, 83; Wattles, *GR*, 45; Strecker, *Sermon*, 151; Lichtheim, *Late Egyptian*, 33을 보라.

85. 250-1번. 자료: www.syriacstudies.com; T. Baarda, "The Sentences of the Syriac Menander" in *The Old Testament Pseudepigraph*, ed. James H. Charlesworth (New York: Doubleday, 1985); Allison & Davies, *Matthew*, 687.

86. 246-7번. 이 문구는 『아히카르의 이야기』 시리아어 번역판도 "The Sentences of the Syriac Menander"(시리아어 메난더)처럼 '이웃'으로 되어 있다.

87. 아랍어판 "하이카에와 나단 이야기" Conybeare, *Ahikar*, 117.

88. Betz, *Sermon*, 514f; Alexander, P. S., "Jesus and the Golden Rule" in James H. Charlesworth & Loren L. Johns eds., *Hillel and Jesus: A Comparison of Two Major Religious Leaders* (Minneapolis: Fortress, 1997), 373f.

89. Flavius Josephus, *The Antiquities of the Jews*, 12, 2; 한국어판: 김지찬 옮김, 『유대 고대사』(서울: 생명의말씀사, 2025).

90. 『아리스테아스의 편지』, 207장; Charles, R. H. ed., *The Letter of Aristeas* (Oxford: The Clarendon Press, 1913), Online. 요세푸스는 왕과 번역자들이 대화를 나누었다는 것만 언급하고 이 황금률 문장은 소개하지 않는다.

91. Meier, *Marginal*, vol. 4, 629, n. 254.

92. 『바빌로니아 탈무드』, 샤바트 31a; *Babylonian Talmud: Tractate Shabbath 31a* (Folio 31a in ch. II). 히브리어 원문: "דַּעֲלָךְ סְנֵי לְחַבְרָךְ לָא תַּעֲבֵיד"(네가 싫은 것은 이웃에게 하지 마라).

93. "Historical and Literary Introduction to the New Edition of Talmud" in Michael L. Rodkinson trans., *The Babylonian Talmud*, vol. 10 (1918), 82; pdf, 3202; Wilhlem Bacher, *Die Agada der Tannaiten* (Straßburg, Frankfurt, 2012); King, "Negative," 274; John Collins, "Neighbor," 5. 현대의 탈무드 해설도 대부분 힐렐의 말을 레위기 19장 18절의 적용으로 본다.

94. Neusner, "Golden Rule," 57. "가서 배우라"는 문구에 긍정문으로 가는 힌트가 있다고 보는 사람도 있다. Alexander Sachs, "Rights, Promises, and Property" in Ruth Nanda Anshen ed., *Moral Principles of Action: Man's Ethical Imperative* (New York: Harper & Brothers, 1952), 276.

95. 랍비 에델스의 주석: Samuel Edels (Maharsha), *Chidushei Agadot on Talmud*, #Shabbat 31a. sefaria. org; King "Negative," 274.

96. 앨린슨의 설명: Robert Allinson, "Hillel and Confucius: The Proscriptive Formulation of the Golden Rule in the Jewish and Chinese Confucian Ethical Traditions" in *Dao: A Journal of Comparative Philosophy* III (Dec 2003), 33.

97. Alexander, "Jesus," 374f. 힐렐이 일반인들이 알던 황금률을 말했을 가능성은 있다.

98. Yohoash trans., *Pirkei Avot (Ethics of the Fathers)*, Mishnah 2:4 in Mishnah collection(미슈나 모음집).

99. Neusner, "Golden Rule," 56, 60, 64 및 Wattles, *GR*, 49, 202-3에 황금률을 논의한 랍비 몇 사람을 소개하며, Gensler, *EGR*, 79도 같은 내용을 인용한다; 워틀즈는 힐렐 이후 황금률이 유대교의 중심을 이루었다고 주장하나 근거가 빈약하고 동의하는 이도 없다(Wattles, *GR*, 42).

100. Eusebius, *Praeparatio Evangelica (Preparation for the Gospel*, The Tertullian Project, 복음의 준비) vol. 8, ch. 7, #6; Philo, "Hypothetica," *Excerpt I*, 7.6, trans. C. D. Yonge, *The Works of Philo* (Peabody, MA: Hendrickson, 1993), 743; Wattles, *GR*, 202, n. 37; Allison & Davies, *Matthew*, 686.

101. Akiva, *Sifra*, Kedoshim, 4:12; 오늘의 유대교 해석은 힐렐과 아키바가 함께 가르친 교훈이 평화라고 본다; Mois Navon, "Equal to All the Mitzvot in the Torah," 61, pdf; *Targum Pseudo-Jonathan* (서기 6-8세기)은 레위기 19장 18절을 '네 농료를을 사랑하라. 네가 싫은 것은 그늘에게 하지 말라'고 번역해 놓았다. 아키바의 제자들도 부정문 황금률을 가르쳤다고 한다. Gensler, *EGR*, 79; Wattles, *GR*, 202, n. 37.

102. Ben Azzai, *Sifra*, Kedoshim, 2:4:12; Neusner, "Golden Rule," 58.

103. 적지 않은 학자가 그리스도가 힐렐을 따라 한 것이라 본다. J. Jeremias, *New Testament Theology* (New York: Charles Scribner's Sons, 1971), 212, n. 1; Allison & Davies, *Matthew*, 689. 마태가 힐렐을 모방해 추가한 것이라 본다.

104. 탈무드는 3세기에 편집된 미슈나(구전 토라, 토라 해설)와 5세기에 편집된 게마라(미슈나 해설)로 구성되는데, 힐렐 일화는 미슈나 가운데 5세기 이후 추가된 바라이타(미슈나 외전)에 속한다. 바라이타는 여러 이야기를 모아 한 랍비의 가르침인 듯 전하는 경우가 많다. 마이어는 힐렐 이야기가 『예루살렘 탈무드』의 같은 위치에는 나오지 않는다는 점도 지적한다(Meier, *Marginal*, 555f).

105. Neusner, *Rabbinic*, 331, 359-360; Allison & Davies, *Matthew*, 689, n. 36; Kister, "Golden Rule," 719; Arthur Headlam, *The Life and Teaching of Jesus the Christ* (New York: Oxford Univ Press, 1923), 82.

106. Solomon Schlechter ed., *Abot de-Rabbi Nathan (ARN)*, Second Recension (1967), ver. B, ch. 26, 53; King, "Negative," 268; Raphael Jospe, "Hillel's Rule" in *Jewish Quarterly Review*, vol. 81, no. 1/2 (1990), 45-47, 48, n. 4; 뉴즈너는 랍비 전승 가운데 어떤 주제를 강조하고자 할 때 유명인의 말인 듯 표현하는 경우가 있음을 지적하며 황금률을 보기로 든다(Neusner, *Rabbinic*, vol. 3, 331); 베츠도 이 사실

을 근거로 마태가 힐렐을 모방했다는 예레미아스의 주장을 반박한다(Betz, *Sermon*, 515); 마이어도 학자들이 정교하게 만들었을 가능성을 언급한다(Meier, *Marginal*, vol. 4, 629f, n. 257); 알렉산더는 탈무드가 역사적 신뢰성이 약하다는 점을 길게 논증하고 탈무드 편집자가 실수로 아키바 대신 힐렐을 적었다고 추정한다(Alexander, "Jesus," 367-9); 앨리슨과 데이비스도 힐렐 이야기의 신뢰성에 의문을 던지며 뉴즈너를 인용한다(Allison & Davies, *Matthew*, 689, n. 3); 키스터도 아키바가 나오는 *ARN* 본문을 소개한다(Kister, "Golden Rule," 719f).

107. Betz, *Sermon*, 515의 지적이다; Johannes Aakjær Steenbuch, "The Problem of the Negative Version of the Golden Rule in Early Christian Ethics" in *Patristica Nordica Annuaria* 34 (2019), 76도 이런 오류를 언급한다.

108. 대표적인 것이 3세기 이후 힐렐 학파와 쌍벽을 이룬 심라이(Simlai) 학파의 토라 요약인데, 613개의 계명을 13개로 줄이고 다시 여섯 개로 압축하고 나중에 하나로 결론을 내릴 때도 정의의 원리는 등장하지만 황금률은 언급조차 되지 않는다(Neusner, "Golden Rule," 62-64; Wattles, *GR*, 47-48).

109. Neusner, "Golden Rule," 55-64, 특히 56, 64; Nathan Cofnas, "The Golden Rule: A Naturalistic Perspective" in *Utilitas* 34 (2022), 265.

110. 참고,『論語(논어)』(이하,『논어』) 7장(述而篇), 19, 27.

111. 주희가 이 4권을 정했다. 유교를 넘은 중국 전체의 고전으로는『詩經(시경)』,『書經(서경)』,『易經(역경)』,『春秋(춘추)』,『禮記(예기)』를 꼽는다.

112.『논어』3장(八佾篇), 13.

113.『大學(대학)』(이하『대학』) 傳文 7-10장, "修身 齊家 治國 平天下".

114. 이를테면, 누스바움(Nussbaum)은 공자의 황금률을 호의적으로 푸는 니비슨의 글에 대해 고대 중국의 사상에는 모두가 공유한 인간성, 특히 인간이 재난 앞에 평등하다는 인식이 없다고 비판한다(Nussbaum, "Missing," 3-16); 칙센미하이는 윤리의 현장성을 강조하며 두 관점을 조정하려 한다(Mark A. Csikszentmihalyi, "The Golden Rule in Confucianism" in Neusner and Chilton ed., *The Golden Rule: The Ethics of Reciprocity in World Religions* (London: Continuum, 2008), 169).

115. 후대에 생겨난 삼강(三綱), 즉 군위신강(君爲臣綱), 부위자강(父爲子綱), 부위부강(夫爲婦綱) 역시 주도-종속의 의미가 아니라 서로서로 지켜야 할 도리가 있다고 푸는 것이 공자의 가르침 및 유교의 전반적 사상과 일치한다.

116.『논어』15장(衛靈公篇), 23, "子貢問曰 有一言而可以終身行之者乎 子曰 其恕乎 己所不欲 勿施於人".

117. Bo Mou, "A Re-examination of the Structure and Content of Confucius's Version of the Golden Rule" in *Philosophy East & West*, vol. 54, no. 2 (Apr 2004), 223f. 내게 일어나지 않기를 바라는 일(넘어져 다침), 내가 나에게 하고 싶지 않은 일(호기심에 목숨 걸기), 내가 남이 나에게 하기를 바라지 않는 일(욕하기) 등이다.

118.『논어』5장(公冶長篇), 12. 이 책 89쪽의 미주 179를 참고하라.

119.『논어』12장(顏淵篇), 2, "仲弓問仁 子曰 出門如見大賓 使民如承大祭 己所不欲 勿施於人". 여기서 "문을 나서면… 모실 때처럼 하며"라는 문구는 중국 고전『춘추좌씨전(春秋左氏傳)』에서 가져온 표현이다.

120.『논어』5장(公冶長篇), 12 및『중용』13장 1. 이 책 79쪽의 미주 135와 89쪽의 미주 179를 참고하라.

121.『管子(관자)』51편(小問), 2, "語曰… 非其所欲 勿施於(于)人 仁也"(자료 ctext.org 및 bakie.baidu.com); Csikszentmihalyi, "Confucianism," 165에서는 관중(管仲)의 다른 글 "己之所不安 勿施於人"(내가 불편한 것은 남에게 베풀지 말라),『管子』66편(版法解), 6을 소개한다; 겐슬러의 황금률 연보에는 관중이 빠져 있다.

122. 이 책 36-41쪽을 보라.

123. Csikszentmihalyi, "Confucianism," 161.

124.『논어』12장(顏淵篇), 22, "樊遲問仁 子曰愛人".

125.『中庸(중용)』(이하『중용』) 20장, 2, "仁者 人也".

126. 朱熹(주희)의 『四書章句集注(사서장구집주)』 총 26권 중 『大學章句(대학장구)』 10번으로 『대학』 傳文 9장 4번을 주석한 것이다. 원문은 "皆推己以及人　所謂恕也"(자료: ctext.org)이며, Csikszentmihalyi, "Confucianism," 163, 165에서 언급된다. 첫 구절은 간단히 "推己及人" 넉 자로 줄이기도 했다. 이 책 82쪽의 미주 151을 보라.

127. 朱熹, 『朱子語類(주자어류)』 27, 論語九 #16, "稱物平施"(『周易(주역)』 15, 謙卦에서 인용), quoted in Chu Hsi, *The Philosophy of Human Nature*, trans. J. Percy Bruce (London: Probsthain & Co., 1922), 434.

128. 유일환, 〈칸트의 황금률 비판과 유가의 충서(忠恕) 개념〉, 《철학사상》 제53권, 2014년 8월, 3-25.

129. 『孟子(맹자)』(이하 『맹자』) 7장(盡心篇) 盡心章句 上, 제4조 「萬物皆備於我章」, "强恕而行 求仁 莫近焉".

130. 『논어』 13장(子路篇), 19, "與人忠".

131. 임헌규와 Nivison의 설명을 담고 있다(유일환, 〈충서 개념〉, 14); 임헌규, 〈유가의 도덕원리와 칸트〉, 《한국철학논집》 29권, 2010년, 125-152; 주희는 충(忠)을 중(中)과 심(心)의 결합이라 풀어 균형을 강조한다(Chu Hsi, *Philosophy*, 435). 이 책 79쪽의 미주 133을 참고하라.

132. David S. Nivison, "Golden Rule Arguments in Chinese Moral Philosophy" in *The Ways of Confucianism*, ed. David S. Nivison & B. V. Norden (Chicago: La Salle, 1996), 73; Wattles, *GR*, 17; Mou, "Re-examination," 236. 주희는 충을 하늘의 도, 서를 사람의 도로 묘사한다("忠者天道 恕者人道"), 『論語集注(논어집주)』 里仁第四, no. 15.

133. 『論語集注』 里仁第四, no. 15, "中心爲忠, 如心爲恕".

134. 『논어』 4장(里仁篇), 15, "吾道一以貫之哉… 夫子之道, 忠恕而已矣"; Wattles, *GR*, 17; 황금률은 유교 후대에 강조된 것으로 공자 사상의 중심은 아니라는 주장도 많다(Csikszentmihalyi, "Confucianism," 161-164, 166).

135. 『중용』 13장, 1, "忠恕 違道不遠 施諸己而不願 亦勿施於人". '모든 것'을 언급한 점이 그리스도의 황금률을 생각나게 한다. 『논어』 5장의 황금률에도 '모든 것'이 들어 있다.

136. 유일환, 〈충서 개념〉, 12. 칸트의 윤리가 이성의 자율성에 근거한 보편적 정언명령이라면 유교 황금률은 상호 배려와 사랑을 근거로 한 공동체 윤리의 성격이 강하다.

137. Csikszentmihalyi, "Confucianism," 167. 뒤에 살펴볼 이슬람의 황금률도 비슷한 뜻을 갖고 있다.

138. Wattles, GR, 15, 23; Mou, "Re-examination," 241.

139. 『중용』 20장, 9; 『논어』 1장(學而篇) 2절에도 비슷한 내용이 나온다.

140. 『대학』 傳文 10장 治國平天下, 3, 19.

141. Wattles, GR, 24-25; Csikszentmihalyi, "Confucianism," 164.

142. 『논어』 6장(雍也篇), 30, "夫仁者己欲立而立人 己欲達而達人". Gensler, *EGR*, 53에도 인용됨; 김명석, 〈부정적 형식의 황금률이 유가 전통에서 지니는 의미에 대한 비판적 고찰〉, 《철학논집》 68(2022년 2월), 69.

143. 평유란도 이 구절을 긍정문 황금률로 푼다. 평유란은 긍정문을 '충', 부정문을 '서'로 구분한다. Fung Yu-lan, *A Short History of Chinese Philosophy* (New York: MacMillan, 1958), 43; 평유란의 이 구분은 호응을 얻지 못한다. 김명석, 〈논어의 충서는 진정한 일관지도가 될 수 있는가? 서양의 황금률 논쟁과의 비교를 중심으로〉, 《유교사상 문화연구》 통권 82호, 2020, 332.

144. 진순 『北溪字義(북계자의)』 1. 卷上, "忠恕", 1, "夫子謂 己所不欲 勿施于人 只是就一邊論 其實不止是勿施 己所不欲者 凡己之所欲者 須要施于人方可"(ctext.org); Ch'en Ch'un, *Neo-Confucian Terms Explained* (北溪字義) (New York: Columbia Univ Press, 1986), 89; Wattles, GR, 25.

145. 『노자』 49장, "聖人無常心 以百姓心爲心". 해석하면, "성인은 마음이 한결같지 않다. 백성의 마음을 자기 마음으로 삼기 때문이다"인데, 이 구절을 황금률로 해석하는 이도 있으나 위치 바꾸기 이상으로 보기는 어렵다; Robert Hume, The World's Living Religions (Edinburgh: T & T Clak, 1959), 277; John Horsfield, "The Golden Rule - Treat Others as you wish to be treated. The fundamental basis of faith" in *Hearts Minds Media* (April 2017), 18.

146. Allinson, "Hillel and Confucius," 32f; Robert Allinson, "The Confucian Golden Rule: A Negative

Formulation" in *Journal of Chinese Philosophy* 12 (1985), 307. 앨린슨은 중국의 황금률이 공식뿐 아니라 실천에 있어서도 소극적 태도를 가졌다고 주장하지만, 이는 긍정 황금률에 대한 편견과 오해에서 비롯된 것이다; Wattles, *GR*, 24-5. 이 책 417쪽의 부정문이 좋다 하는 두 번째 이유 부분을 보라.

147. Csikszentmihalyi, "Confucianism," 168.

148. 『朱子語類』27, 論語九, #57; Chu Hsi, *Philosophy*, 343f.

149. 『논어』12장(顏淵篇), 1, "克己復禮爲仁".

150. Philip Ivanhoe, "Reweaving the 'One Thread' of the Analects" in *Philosophy East and West*, vol. 40, no. 1 (Jan 1990): 17-33, 31. n. 23; Mou, "Re-examination," 231, 236.

151. 朱熹, 『與范直閣(여범직각)』3번, 『晦庵先生朱文公文集(회암선생주문공문집)』卷第三十七, 『朱熹文集』(朱子文集), "推己及人". 이 책 78쪽의 미주 126을 참고하라. 恕를 "推己及物"로도 표현. 『論語集注』里仁第四, #15.

152. 『朱子語類』27권, 論語九, 里仁篇下, 子曰參乎章, #65; Chu Hsi, *Philosophy*, 435 (#5-6); Wattles, *GR*, 19.

153. 『논어』6장(雍也篇), 30, "能近取譬 可謂仁之方也已"; Wattles, *GR*, 19,

154. 『朱子語類』27권, 論語九, 里仁篇下, 子曰參乎章, #3, "以一心應萬事".

155. 『맹자』7장(盡心篇) 盡心章句 上, 第四 萬物皆備於我章, "萬物皆備於我 反身而誠 樂莫大焉".

156. 박일봉 편저, 『논어』(서울: 육문사, 2011), 339.

157. 『墨子(묵자)』, 4권 兼愛 下, "若爲人之國 若爲其國… 吾豈能爲吾友之身若爲吾身 爲吾友之親若爲吾親 是故退睹其友 飢卽不食 寒卽不衣", (https://ctext.org/mozi/zhs); Wattles, *GR*, 21; Gensler, *EGR*, 54, 77.

158. 묵자의 겸애사상은 호혜평등의 보편적 사랑이어서 친소에 따른 차등적 사랑을 인정한 공자의 인(仁)보다 예수의 박애에 더 가깝다고 본다. 김지수, 〈묵자의 법사상〉, 《이화여대 법학논문집》18권 2호(2013년 12월), 293-336.

159. 『맹자』1장(梁惠王篇) 梁惠王章句 上, 第七 齊桓晋文章, "他人有心 予忖度之". 원전은 『詩經』2편(小雅), 節南山之什에 나오는 시 '巧言(교언)'이다.

160. 『맹자』7장(盡心篇) 盡心章句 上, 第四, 萬物皆備於我章, "萬物皆備於我".

161. 『맹자』7장(盡心篇) 盡心章句 上, 第一, 盡心知性章, "知其性則知天矣 在其心 養其性 所以事天也".

162. 『노자』47장, "不出戶 知天下".

163. Wattles, *GR*, 15.

164. 『대학』傳文 9장 齊家治國, 3, "一人貪戾 一國作亂", "一家仁 一國興仁".

165. 『논어』12장(顏淵篇), 2. 원문은 이 책 76쪽의 미주 119를 보라.

166. 『맹자』1장(梁惠王篇) 梁惠王章句 下, 第四 樂以天下章, "樂民之樂者 民亦樂其樂 憂民之憂者 民亦憂其憂"; Wattles, *GR*, 194.

167. 『대학』傳文 10장 治國平天下, 3.

168. 『대학』傳文 10장 治國平天下, 2, "所惡於上 毋以使下, 所惡於下 毋以事上".

169. 『맹자』1장(梁惠王篇) 梁惠王章句 上, 第七 齊桓晋文章, "老吾老 以及人之老 幼吾幼 以及人之幼 天下 可運於掌"; Wattles, *GR*, 21.

170. 『논어』12장(顏淵篇), 5, "四海之內 皆兄弟也".

171. Wattles, *GR*, 22.

172. 張載(장재), 『張載文集(장재문집)』1권 '西銘' & 3권 '正蒙' 乾稱篇 17, "民吾同胞", Wing-tsit Chan trans., *A Source Book in Chinese Philosophy* (Princeton: Princeton Univ Press, 1963), 497. (Chang Tsai); 王陽明(왕양명), 『拔本塞源論(발본색원론)』"皆其昆弟赤子之亲", Wang Yang-ming, trans. Wing-tsit Chan, *Instructions for Practical Living and Other Neo-Confucian Writings by Wang Yang-ming* (New York: Columbia Univ Press, 1963), 118, n. 142.

173. 『논어』12장(顏淵篇), 2, "請事斯語矣".

174. 이 책 75쪽의 두 번째 각주(**)를 보라.

175. 『중용』20장, 5, "好學 近乎知 力行 近乎仁 知恥 近乎勇".

176. 『논어』6장(雍也篇), 12, "力不足者 中道而廢 今女畫".

177. 『논어』4장(里仁篇), 6, "有能一日用其力於仁矣乎 我未見力不足者".

178. 『논어』7장(述而篇), 29, "仁遠乎哉 我欲仁 斯仁至矣".

179. 『논어』5장(公冶長篇), 12, "子貢曰, 我不欲人之加諸我也 吾亦欲無加諸人, 子曰, 賜也, 非爾所及也".

180. 『중용』20장, 3, 5.

181. 『중용』13장, 2, "君子之道四 丘未能一焉 所求乎子 以事父 未能也 所求乎臣 以事君 未能也 所求乎弟 以事兄 未能也 所求乎朋友 先施之 未能也"; Wattles, *GR*, 18 및 Gensler, *EGR*, 54도 인용. 이 군자의 도는 공자가 가르친 오달도나 맹자가 가르친 오륜과 통하는 것으로 여기서는 네 가지를 언급하고 있다.

182. 『중용』5장, 8, "道其不行矣夫".

183. 『대학』傳文 9장 齊家治國, 4, "所藏乎身不恕 而能喩諸人者 未之有也".

184. 앨린슨은 공자의 겸손을 인식론적 측면에서 부각한다. Allinson, "Conucian," 306, 315, n. 7; 김명석은 앨린슨을 비판한다(김명석, 〈부정적 형식〉, 72-76).

185. Wattles, *GR*, 23.

186. 朱熹, 『御纂朱子全書(어찬주자전서)』53, 卷47, #6, 10; Chan, Julia, ed., *A Source Book in Chinese Philosophy* (Canberra: Australian National University Press, 1972), 633; 王陽明, "我所欲也, 出乎其心之所欲, 皆自然而然, 非有所強, 勿施於人, 則勉而後能", 『王陽明 書信集(왕양명 서신집)』第一編 #7, 與黃宗賢, xuoda.com; Julia Ching ed, *The Philosophical Letters of Wang Yang-ming* (Canbera: Australian National Univ Press, 1972), 17 (Letter #9); Wattles, *GR*, 24; Csikszentmihalyi, "Confucianism," 158.

187. 『노자』18장, "大道廢, 有仁義".

188. 『논어』4장(里仁篇), 8, "朝聞道 夕死可矣".

189. Gensler, *EGR*, 48.

190. 『바가바드기타』는 『마하바라타』 6권 "비슈마 파르바(Bhishma Parva)"의 일부인 "바가바드기타 파르바" 24-42장으로 구성되어 있다. *Mahabharata*, vol. 5, "Bhishma Parva" (2013), 2527-3044.

191. Swami Sivananda, *All About Hindusim* (Himalaya: Divine Life Society, 1999), 135; Gensler, EGR, 49.

192. H. T. D. Rost, *The Golden Rule: A Universal Ethics* (Oxford: G. Ronald, 1986), 28; Richard H. Davis "A Hindu Golden Rule, in Context" in Neusner & Chilton, *GR*, 147-150.

193. Davis, "Golden Rule," 148.

194. Gensler, *EGR*, 48. Davis, "Golden Rule," 151.

195. Davis, "Golden Rule," 149-150.

196. Davis, "Golden Rule," 153.

197. 『바가바드기타』12장, 13절; Sri Swami Sivananda trans., *Bhagavad Gita* (Himalayas: Divine Life Society, 2000), pdf, 98; *Mahabharata*, vol. 5, 2683 (Canto 36).

198. 『바가바드기타』12장, 18절; *Bhagavad Gita*, 98; *Mahabharata*, vol. 5, 2683 (Canto 36); 나와 남을 동일하게 대하는 태도는 『마하바라타』 3권(바나 파르바), 82 및 6권(비슈마 파르바), 30에도 나온다; *Mahabharata*, vol. 2, 1102, vol. 5, 2653; Gensler, *EGR*, 48.

199. *Bhāgavata Purāna* (바가바타 푸라나), bk. 6 (6th Skandha), ch. 10, #9; G. V. Tagare trans., *The Bhāgavata Purāna* (Motilal Banarsodass, 1994), Online Version; Bhagavan Das, *The Essential Unity of All Relgions* (Adyar, India: Theosophical, 1932), 141; Rost, Golden Rule, 29.

200. 『마하바라타』는 스스로에 대해 이렇게 말한다: 『마하바라타』 1권 "아디 파르바(Adi Parva)", 62장, "다르마, 아르타, 카마, 목샤에 대해 말한 것은 다른 곳에도 분명히 있을 것이다. 하지만 마하바라타에 들어 있지 않은 것은 다른 어디에서도 찾을 수 없다."; *Mahabharata*, vol. 1, 187.

201. 『마하바라타』13권 "아누사사나 파르바(Anusasana Parva)", 113장; *Mahabharata*, vol. 11, 6204. Davis, "Golden Rule," 152; Gensler, *EGR*, 48. 만물을 나 자신 또는 동족처럼 대해야 한다는 말이 『마하바라타』

12권 "샨티 파르바(Śānti Parva)", 167장, 251장에도 나온다. *Mahabharata*, vol. 8, 4907; vol. 9, 5195f.

202. Sivananda, *Hindusim*, 28, 122.

203. 『마하바라타』 13권, 113장, "the religion of universal compassion," *Mahabharata*, vol. 11, 6204; F. Bakker, "Comparing the Golden Rule in Hindu and Christian Religious Texts," *Studies in Religion* 42, no. 1 (2013), 49; Davis, "Golden Rule," 147; Gensler, *EGR*, 48.

204. 힌두교는 아힘사를 강조할 뿐 황금률 자체를 중시하지 않는다는 주장도 있다(Davis, "Golden Rule," 148, 154).

205. 『마하바라타』 12권, 259장; *Mahabharata*, vol. 9, 5214; Wattles, *GR*, 191, n. 1.

206. 『마하바라타』 13권, 113장; *Mahabharata*, vol. 11, 6204; Davis, "Golden Rule," 152. 또 『마하바라타』 3권 ("바나 파르바"), 82도 모든 생물을 황금률 실천의 대상으로 규정한다; Gensler, *EGR*, 48; *Mahabharata*, vol. 2, 1102.

207. 『마하바라타』 12권, 215장; *Mahabharata*, vol. 9, 5067.

208. 『마하바라타』 12권, 259장; *Mahabharata*, vol. 9, 5214.

209. 『마하바라타』 12권, 330장; *Mahabharata*, vol. 10, 5552.

210. 『마하바라타』 12권, 236장; *Mahabharata*, vol. 9, 5148. 이런 역설적 교훈이 『바가바드기타』의 가르침이라고 많이들 알려져 있으나 『바가바드기타』에는 그런 내용이 전혀 나오지 않는다.

211. 『마하바라타』 13권, 113장; *Mahabharata*, vol. 11, 6204.

212. 『마하바라타』 12권, 251장; *Mahabharata*, vol. 9, 5195.

213. 『마하바라타』 13권, 59장; *Mahabharata*, vol. 11, 5972.

214. Charles Hallisey, "The Golden Rule in Buddhism" in Neusner and Chilton, *GR*, 129-130.

215. 『우다나(自說經)』 5 "Sona Thera(蘇那長老品)" 1번; Ānandajoti Bhikkhu trans., *Udana: Exalted Utterances*, pdf, 142f; Wattles, *GR*, 192; Gensler, *EGR*, 51; Justin Parrott, "The Golden Rule in Islam: Ethics of Reciprocity in Islamic in Islamic Tradition" (Master's thesis, University of Wales Trinity Saint David, 2018), 8; Kristin Scheible, "The Formulation and Significance of the Golden Rule in Buddhism" in Neusner & Chilton, *GR*, 120; 왕의 심기가 불편해진 이유에 대해서는 후대의 주석인 『빠라맛타 디파니(Paramattha Dipani)』가 잘 설명하고 있다. Scheible, "Buddhism," 122f.

216. 『長部(디가 니까야, Dīgha Nikāya)』, 『長阿含經(장아함경, Dirgha Agama)』第一分初大本經第一, pdf, 13, "天上天下 唯我為尊"; 『敦煌變文集』卷三, #37, "天上天下 唯我獨尊".

217. 『숫타 니파타(經集)』 3권, "Mahavagga(大品)" 11부, "Nalaka Sutta(那羅迦經)" 27번, 전체 705번; Ṭhānissaro Bhikkhu trans., *Sutta Nipāta* (Valley Center, CA: 2016), pdf, 203. 비슷한 구조의 논리가 『쌍윳따 니까야(Saṃyutta Nikāya)』 353권에도 나온다; Andrew Wilson ed., *World Scripture* (New York: International Religious Foundation, 1991) pdf, 67.

218. 『Udanavarga (法句經)』 10장 "징벌(또는 폭력)", 1-2번, 전체 129-130번; Acharya Buddharakkhita trans., *The Dhammapada: The Buddha's Path of Wisdom* (Kandy: Buddhist Publication Society, 1985), 43; Scheible, "Buddhism," 121.

219. Hallisey, "Buddhism," 137-9. 이 점에 대해서는 경전마다 내용이 서로 다르다.

220. 『法句經』 10장, 5번, 전체 133번.

221. 『法句經』 10장, 3-4번, 전체 131, 132번; Scheible, "Buddhism," 121.

222. Scheible, "Buddhism," 128

223. 원혜영, 〈탈종교를 지향하는 불교적 황금률: 우주와 자연법에서 자아와 무아〉, 《한국교수불자연합회학회지》 26권 2호(2020), 135.

224. 『Visuddhimagga (위숫디막가)』 9장, 10항; Bhadantácariya Buddhaghosa, trans. Bhikkhu Nanamoli, *Visuddhimagga: The Path of Purification* (Colombo, Samayawardana, 2010), 293. 중국과 일본에서는 『Visuddhimagga』를 『清淨道論(청정도론)』으로 옮겼다; Hallisey, "Buddhism," 141.

225. 『Sûtrakritâṅga (수트라크리탕가)』 1권, 10강 1-3행; Hermann Jacobi trans., *Jaina Sutas* (1894), (New York: Dover, 1968), 306f.; Wattles, *GR*, 192, n. 3; Gensler, *EGR*, 77; Davis, "Golden Rule," 146. 『수트라크리탕가』는 기원전 3-4세기의 자료로 추정된다.

226. Mahnaz Moazami, "The Golden Rule in Zoroastrianism" in Neusner & Chilton, *GR*, 66.

227. 니체, 『차라투스트라는 이렇게 말했다(Also sprach Zarathustra)』(1883-1892). '차라투스트라'는 '자라투스트라'의 독일어 발음임.

228. 『역사』 7권, 136장, 2항; Harry Gensler "Persia and the Golden Rule" in *Religious Inquiries* 3 (2013), 36에도 인용.

229. 이 책 40쪽의 마이안드리오스를 언급하는 부분을 보라.

230. Dihle, *GR*, 99; Moazami, "The Golden Rule," 71f.

231. 『아히카르의 이야기』 문구를 담은 돌판이 이 지역에서 발견되었다; Moazami, "The Golden Rule," 67.

232. 현존하는 『아베스타』 판본도 『덴카르드』보다 후대의 것이다.

233. 『덴카르드』 6권, 2장, 1항; Moazami, "The Golden Rule," 68. 자료는 avesta.org에서 확인 가능하다.

234. Moazami, "The Golden Rule," 71ff.

235. 『덴카르드』 3권, 195장, 4항; Moazami, "The Golden Rule," 69.

236. 『덴카르드』 6권, 24장, 2항.

237. 『덴카르드』 9권, 21항, 6항; Stud-Yasn Nask 2항; Moazami, "The Golden Rule," 73.

238. 『덴카르드』 6권, 24장, 3항.

239. Moazami, "The Golden Rule," 74.

240. 『덴카르드』 6권, 127장, 8항; Moazami, "The Golden Rule," 74.

241. 『꾸란』 2:178; 4:92; 5:45 등. 등가보복의 가르침은 하디스에도 자주 등장한다. *Sahih al-Bukhari* (하디스 경전 모음), vol. 1, bk. 3 (Knowledge), 하디스 111번; *Sahih Muslim* (수니파 경전 모음), vol. 4, bk. 16 (Oaths), 하디스 4151 등. 등가보복을 가리키는 용어 키사스(Qiṣāṣ)가 *Sahih al-Bukhari*에만 총 27회 등장하며, *Sahih Muslim*에는 키사스를 규정하는 장도 나온다(vol. 4, bk. 16, 4138-4142). 꾸란이나 하디스의 등가보복 규정도 함무라비 법전이나 성경처럼 법정에서 사용하는 규정이 대부분이다.

242. 『꾸란』 4:36.

243. 『꾸란』 83:1-6.

244. Al-Razi, *al-Tafsir* 31:89; Th. Emil Homerin, "The Golden Rule in Islam" in Neusner & Chilton, *GR*, 102; Parrot, *Islam*, 20, n. 61은 31:84라고 함.

245. *Sahih Al-Bukhari*, vol. 1, Bk. 2 (Belief), 하디스 12번; *Sahih Muslim*, vol. 1 (The Book of Faith), 하디스 17번 (소스에 따라서는 72-73번); Gensler, "Persia," 37; Homerin, "Islam," 102.

246. Amir Lerner, "The Golden Rule in The 101 Nights' Version of The Book of Sindbād, the Question of Literary Context and a Possible Solution Formulated in Later Arabic Versions" in *Quaderni di Studi Arabi*, vol. 15, no. 1/2, 341.

247. 이븐 하자르를 비롯한 여러 주석가들이 긍정문과 부정문을 다 사용하고 있다. Gensler, *EGR*, 44; Homerin, "Islam," 103.

248. Jamāl al-Dīn Qāsimī, *Tafsīr al-Qāsimī, al-Musammá, Maḥāsin al-Ta'wī* (Bayrūt: Dar al-Kutub al-'Ilmiyah, 1997), 3:35-36; Parrot, *Islam*, 21.

249. Alī ibn Abī Ṭālib, *Nahj al-Balaghah*, #31; Gensler, *EGR*, 44.

250. Al-Ghazali, *Letter to a Disciple* (Cambridge: The Islamic Texts Society, 2005), 57; Recited from Homerin, "Islam," 107.

251. Al-Ghazali, trans. by David B. Burrell & Nazih Daher, *The Ninety-Nine Beautiful Names of God: Al-Maqṣad al-Asnā fī Sharḥ Asmā' Allāh al-Ḥusnā* (Cambridge: The Islamic Texts Society, 2011), 119; Parrot, *Islam*, 14.

252. 겐슬러도 이 점을 지적한다. Gensler, "Persia," 44f.

253. 이 책 453-458쪽을 보라.

254. Ibn Ḥajar al-'Asqalānī, *Fath al-Bārī*, 1:58; Recited from Homerin, "Islam," 104.

255. 『꾸란』 59:9.

256. Nawawī, *Sharḥ al-Nawawī 'alá Ṣaḥīḥ Muslim*, 2:17, #45; Parrot, *Islam*, 29. 수많은 학자가 황금률 실천이 쉬운 일이 아님을 강조하고 있다.

257. Muslim, *Ṣaḥīḥ Muslim*, vol. 4, 1988, #2567; Parrot, *Islam*, 42.

258. Sulaymān ibn Aḥmad Ṭabarānī, *Al-Mu'jam al-Kabīr* (al-Qāhirah, al-Riyāḍ: Maktabat Ibn Taymīyah, Dār al-Ṣumayʿī, 1983), 10:216, #10517; Parrot, *Islam*, 54.

259. Ahmad Miskawayh, The Refinement of Character (*Tadhīb al-Akhlāq*), trans. Constantine K. Zurayk (Beirut: American University of Beirut Press, 1968), 118, 133-134; Homerin, "Islam," 109-111.

260. Homerin, "Islam," 108.

261. Mistawayh, *Refinement*, 932-1030; Homerin, "Islam," 109.

262. 『꾸란』 99:6-7; Homerin, "Islam," 100.

263. 『꾸란』 24:22.

264. Tirmidhī, *Sunan al-Tirmidhī*, vol. 3, 388, #1924; Parrot, *Islam*, 48; Sohaib Saeed, "The Golden Rule: An Islamic-Dialogic Perspective," paper presented at the 2010 Edinburgh Festival of Spirituality of Peace, 4; 『꾸란』 76:8-10 참고.

265. 『꾸란』 4:135; 5:8.

266. Ibn 'Arabī, *Kunh mā lā Budda lil-MurīdMinhu*, 657; Homerin, "Islam," 107.

267. Ibn Ḥajar al-'Asqalānī, *Fath al-Bārī fī Sharḥ Ṣaḥīḥ al-Bukhārī*, 1:56-58; Homerin, "Islam," 103.

268. 4세기경 제작된 고대 인도의 설화집 『판차탄트라』를 8세기 중엽 이슬람 초기 학자인 이븐 알무카파(Ibn Al-Muqaffa')가 번역, 출간했는데 거기 담긴 이야기다; Ibn Al-Muqaffa', *Kalīlah wa-Dimnah* (Beirut: Maktabat Lubnan, 1987), 306-310. 영역은 I. G. N. Keith-Falconer trans., *Kalilah and Dimnah or The Fables of Bidpai* (London: Cambridge Univ Press, 1885), 214-216, "Story of the Lioness and the Jackal"; Rev. Wyndham Knatchbull trans., *Kalila and Dimna* (London: Oxford Univ Press, 1819), 339-343, "The Lioness and the Horseman"; Homerin, "Islam," 111-113; Lerner, "101 Nights," 341. 그런데 정작 『판차탄트라』에는 이 이야기가 나오지 않아 원출처는 아직 모른다(Lerner, "101 Nights," 341. n. 11). 이 이야기가 인도 『마하바라타』에서 나온 것이라는 주장도 있으나 거기에 나오는 다른 암사자와 자칼 이야기와 혼동한 것 같다.

269. Bruce Fudge trans., *A Hundred and One Nights* (New York: New York University Press, 2017), 117 (#14.9-10), "The Story of the Prince and the Seven Viziers." 『백일야화』에 수록되어 있으며, 『천일야화』 역본 중에도 황금률을 담은 것도 있다.

270. Lerner는 Perry의 글 "The Origin of the Book of Sindbad"에 근거해 9세기 이전이라 본다.

271. 영역: "Do not do unto others what you would not want done to yourself."

272. Lerner, "101 Nights," 340.

273. Lerner, "101 Nights," 343, 346.

274. 하디스인 *Sahih Al-Bukhari*과 *Sahih Muslim*은 형제 및 이웃을 무슬림으로 명시하고 있다.

275. Muḥammad ibn Aḥmad Qurṭubī, *Jami' li-Aḥkām al-Qur'an* (al-Qāhirah: Dār al-Kutūb al-Miṣrīyah, 1964), 5:184; Parrot, Islam, 16.

276. Ibn Abī Dunyā, *Kitāb Makārim al-Ākhlāq*, James A. Bellamy ed., (Wiesbaden: Franz Steiner, 1973), 80; Homerin, "Islam," 114.

277. *Sahih al-Bukhari*, 23 (49).

278. Homerin, "Islam," 104, 114.

279. Yaḥyá ibn Sharaf Nawawī, *Kitāb al-Arbaʾīn al-Nawawīyah wa Sharḥuh* (Cairo: Dār Ḥarāʾ lil-Kitāb, 1987), 38; Parrot, *Islam*, 31; Saeed, "The Golden Rule," 6. Saeed는 나와위의 글 후반부를 누락시켜 나와위가 마치 보편적 사랑을 가르친 것처럼 오해하게 만든다.

280. Homerin, "Islam," 105.

281. 『꾸란』, 2:120; 5:54; 5:82 등.

282. 현대의 한 이슬람 학자는 '형제'라는 용어가 남자에게 국한되는 것이 아니라는 점과 외부인은 해당하지 않는다는 말이 없다는 이유로 보편성을 주장하지만, 이슬람이 가르친 특유의 배타성을 넘어설 정도의 설득력은 보여주지 않는다. Sohaib Saeed, "The Golden Rule," 5.

283. 알자지라 방송이 2002년 11월 12일에 방송한 빈 라덴의 연설; *FBIS Report: Compilation of Usama bin Ladin Statements 1994 - January 2004* (FBIS, 2004), 227. 비슷한 내용의 글이 Osama bin Laden, *Messages to the World* (London: Verso, 2005), 235-6에도 나온다. 두 글 모두 "reciprocal treatment"라는 문구를 포함한다. 후자는 Homerin, "Islam," 114에도 인용했다.

제2부 사람 마음에 있는 황금률

1. Derek Parfit, *On What Matters*, vol. 1 (Oxford: Oxford Univ. Press, 2011), 321; vol. 2, 536; Cofnas, "Golden Rule," 263, 264도 파핏 언급; de Lazari-Radek, Katarzyna, and Singer, Peter, "The Objectivity of Ethics and the Unity of Practical Reason" in *Ethics* 123 (Oct 2012), 25f.; de Lazari-Radek and Singer, *The Point of View of the Universe* (Oxford: Oxford University, Press, 2014), 193.

2. Hertzler, "Society," 163.

3. Johannes Morsink, *Inherent Human Rights* (Philadelphia: UPenn Press, 2009), 113.

4. John Locke, *An Essay Concerning Human Understanding* (Oxford: Oxford University Press, 1975), I, iii, 4.

5. Samuel Clarke, *Discourse Concerning the Unchangeable Obligations of Natural Religion* (London: Will Bothan, 1711), 67, pdf version; Gensler, *EGR*, 85; de Lazari-Radek & Singer, "Objectivity," 25f.; *Point of View* (2014), 193 등도 수학에 비김.

6. de Lazari-Radek & Singer, "Objectivity," 25f. 싱어는 직관의 신뢰 가능성을 길게 논의한다.

7. Q. C. Terry, *Golden Rules and Silver Rules of Humanity: Universal Wisdom of Civilization* (West Conshohocken, PA: Infinity, 2011), 14; Gensler, *EGR*, 26, 104; de Lazari & Singer "Objectivity," (2012), 26; Cofnas, "Golden Rule," 264, 267 등도 Terry 인용함.

8. Walter Terence Stace, *The Concept of Morals* (New York: MacMillan, 1937), 136.

9. Hierocles, *Hiercles the Stoic*, 87; Donald Robertson, "The Golden Rule in Stoicism" in *The Stoic*, vol. 2, Issue 2, Feb 2020.

10. Wattles, *GR*, 188.

11. Sachs, "Rights," 275.

12. Gensler, *EGR*, vii.

13. Parfit, *On What Matters*, vol. 1, 321, 330.

14. Marcus Singer, "Golden Rule" in *Routledge Encyclopedia of Philosophy* (1998); Yong Huang, "A Copper Rule Versus the Golden Rule: A Daoist-Confucian Proposal for Global Ethics" in *Philosophy East & West*, vol. 55, no. 3 (July 2005): 394.

15. C. S. Lewis, *Mere Christianity* (New York: Simon & Schuster, 1980), 79.

16. R. M. Hare, "Abortion and the Golden Rule" in *Philosophy and Public Affairs*, vol. 4, no. 3 (Spring, 1975), 207. 헤어는 이런 기초로 황금률과 더불어 칸트의 정언명령, 이상적 관찰자 이론, 합리적 계약자 이

론, 각종 공리주의, 그리고 자신의 보편적 명령주의 등도 함께 거론한다; Richard Mervyn, "R. M. Hare" in *Routledge Encyclopedia of Philosophy* (1998).

17. Michael Kowalik, "The Golden Rule as It Ought to Be" in *PhilArchives*, Dec 2020, 4.

18. Stace, *Morals*, 133.

19. James Gould, "The Golden Rule" in *American Journal of Theology and Philosophy*, vol. 4, no. 2 (May 1983): 73-79.

20. Marcus Singer, "The Golden Rule" in *The Ideal of a Rational Morality: Philosophical Compositions* (Oxford: Oxford Univ Press, 2002), 270f. (Originally in Philosophy: *The Journal of the Royal Institute of Philosophy*, 38 (1963), 293-314).

21. M. Singer, "The Golden Rule," 269-271; Arthur Temple (A. T.) Cadoux, "The Implications of the Golden Rule" in *International Journal of Ethics* 22 (1912), 272f.

22. W. T. Blackstone, "The Golden Rule: A Defense" in *Southern Journal of Philosophy*, 3 (1965), 172-177.

23. Whately, *Lessons*, 25f. ("Critique," 334f.)

24. J. Gould, "The Golden Rule," 75.

25. Blackstone, "The Golden Rule," 172.

26. M. Singer, "The Golden Rule," 283.

27. Gensler ed., *Ethics*, 10.

28. Mou, "Re-examination," 223; "The principle of extensibility" 및 "The principle of reversibility"에 관한 내용임.

29. Kowalik, "Golden Rule," 4.

30. Robert M. McIver, "The Deep Beauty of the Golden Rule" in *Moral Principles of Action: Man's Ethical Imperative*, ed. Ruth Nanda Anshen (New York: Harper & Brothers, 1952), 45.

31. R. M. Hare, "Abortion," 208.

32. Gensler ed., *Ethics*, 14; Hertzler, "On Golden Rules," 429; R. M. Hare, *Freedom and Reason* (Oxford: Oxford University Press, 1963), 94.

33. Hans Reiner, "Die goldene Regel und das Naturrecht," *Studia Leibnitiana*, Bd. 9, H. 2 (1977): 237-241. 각각 Einfühlungsregel, Autonomieregel, Rückbezüglichkeitsregel로 부른다. Reiner, "The Golden Rule and the Natural Law" in *Duty and Inclination: The Fundamentals of Morality Discussed and Redefined with Special Regard to Kant and Schiller*, trans. M. Santos (The Hague: Nijhoff, 1983), 274에 번역됨. Betz, Sermon, 511도 소개함. Wattles, GR, 144-147. Onora O'Neill, "Universalism in Ethics" in *Routlege Encyclopedia*, 8770, pdf.

34. Hertzler, "Society," 163.

35. Gensler ed., *Ethics*, 22.

36. Hertzler, "Society," 163

37. Rost, *Golden Rule*, 16.

38. Alan Gewirth, *Reason and Morality* (Chicago: Univ of Chicago Press, 1982), 134; Paul Ricoeur, "Ethical and Theological Considerations on the Golden Rule" in *Figuring the Sacred: Religion, Narrative, and Imagination* (Minneapolis: Fortress, 1995), 295.

39. Kowalik, "Golden Rule," 2f.

40. Mary Ellen Giess, "God, Country and the Golden Rule: A Conversation with Paul D. Miller" on Interfaithamerica.org, Nov 2022.

41. 카펫 설치와 관련된 설명은 IFP Editorial Staff, "Zarif Narrates Story of Iranian Carpet Hung up on UN's Wall" on *Iran Front Page*, April 19, 2017을 참고하라.

42. Kristen Monroe, "What do we get wrong about the Golden Rule?," headspace.com, n. d.

43. Frans De Waal, "How Animals Do Business" in *Scientific American*, vol. 292, no. 6 (June 2005): 79. Also cited in K. Monroe, *Ethics in an Age of Terror and Genocide: Identity and Moran Choice* (Princeton: Princeton Univ. Press, 2010), 293. 드발은 모든 영장류가 생래적인 도덕감이 있다고 주장한다. De Waal, *The Ape and the Sushi Master: Cultural Reflections of a Primatologist* (New York: Basic Books, 2001).

44. John MacMurray, *Persons in Relation* (Amherst, NY: Humanity Book, 1999), 62f; Rost, Golden Rule, 15f.

45. Jean Piaget, trans. by Marjorie Gabain, *The Moral Judgment of the Child* (New York: Free Press, 1997); Wattles, *GR*, 106-8, 211. 또 Gensler, *EGR*, 111-4는 피아제의 이론을 계승한 하버드 심리학자 콜버그 (Lawrence Kohlberg, 1927-1987)의 실험을 자세하게 소개한다.

46. Piaget, *The Moral Judgment*, 232.

47. Piaget, *The Moral Judgment*, 323.

48. Piaget, *The Moral Judgment*, 280.

49. Diana Baumrind & Ross A. Thompson, "The Ethics of Parenting," Marc H. Bornstein, ed., *Handbook of Parenting*, vol. 5 (Mahwah, NJ: Lawrence Erlbam Associates, 2002), 4f.

50. Thomas Hobbes, *Leviathan*, Pt. I, ch. 14, Under "The Second Law of Nature"; Project Gutenberg, Pt. 2, ch. 42, Under "What Christians May Do To Avoid Persecution"에도 두 황금률이 '구세주의 말씀'과 '자연의 법'으로 나란히 등장한다.

51. "Quod tibi fieri non vis, alteri ne feceris." 홉스가 인용한 라틴 문구는 알렉산데르 황제가 사용한 것과 똑같다. 나중에 칸트도 이 구절을 인용한다. 이 책 225쪽을 보라.

52. 『리바이어던』, Pt. 2, ch. 42, "What Christians May Do To Avoid Persecution."

53. 『리바이어던』, Pt. 1, ch. 15, "A Rule, By Which The Laws Of Nature May Easily Be Examined." 여기서는 부정문 황금률을 영어로 소개한다. Project Gutenberg, Pt. 2, ch. 17, "Which Is Not To Be Had From The Law Of Nature"에도 부정문 황금률은 자연법칙으로서 영어로 소개된다.

54. 『리바이어던』, Pt. 2, ch. 42, "What Christians May Do To Avoid Persecution."

55. Wattles, *GR*, 77; Gensler, *EGR*, 127-9. 남에 대한 관심은 사회적으로 학습된 것이라는 주장은 홉스 외에도 밀(John Stuart Mill), 흄(David Hume), 다윈(Chales Darwin) 등도 내세웠다(Gensler, *EGR*, 131f).

56. Untea, "Interfaith," 154f.

57. Locke, *Essay*, I, iii, #4 & #7, 68, 70.

58. Locke, *Essay*, I, iii, #4 & #7, 68, 70; Wattles, GR, 81

59. Locke, *Essay*, I, iii, #13, 75.

60. Locke, *Two Treatises of Government* (통치론, 1689), II, ii, vi; William Uzgalis, "John Locke" in *Stanford Encyclopedia of Philosophy* (2001), Online.

61. Clarke, *Discourse*, 68. 클러크는 황금률을 공평의 규칙으로 보고 보편적 사랑 또는 자비(benevolence)의 의무와 구분한다. Henry Sidgwick, *The Method of Ethics* (New York: MacMillan, 1907). 384f., Project Gutenberg online edition.

62. Voltaire, "Religion" in *Philosophical Dictionary*, Online version.

63. Voltaire, "Remarques pour servir de Supplément à l'Essai sur les moeurs et l'esprit des nations," XVII "Des Lois" in *Oeuvres complètes de Voltaire*, Tome 24 (Paris: Garnier, 1879), 574, Wikisource. "Traite les autres comme tu voudrais être traite"; du Roy, "The Golden Rule as the Law of Nature, from Origen to Martin Luther" in Neusner & Chilton, *GR*, 94; Gensler, *EGR*, 86.

64. Voltaire, "Traité sur la tolérance," #6 in *Oeuvres complètes de Voltaire*, Tome 25 (Paris: Garnier, 1879), 40; English trans., "Treatise on Tolerance" (1763), 13, Online Version.

65. Voltaire, "Tolerance" in *Philosophical Dictionary*, Online Version.

66. Jean-Jacques Rousseau, trans. Barbara Foxley, *Emile* (London: Everyman, 1993), bk. IV, 236 본문 및 각

주. Gensler, EGR, 86에도 부분 인용됨. 『에밀』(1762).

67. Jean-Jacques Rousseau, *Discours sur l'origine et les fondements de l'inégalité parmi les hommes* (Amsterdam: Marc Michel Rey, 1755), 75. G. D. H. Cole, trans., *Discourse on the Origin of Inequality* (International Relations and Security Network), First Part, pdf, 25. 『인간불평등 기원론』(1754).

68. Jean-Jacques Rousseau, trans. Christopher Betts, *Discourse on Political Economy AND The Social Contract* (Oxford: Oxford University Press, 1994), 7. 『정치경제론』(1755).

69. T. H. Green, *Prolegomena to Ethics* (Oxford: Clarendon, 1906), 342; E. W. Hirst, "The Categorical Imperative and the Golden Rule" in *Philosophy*, vol. 9, no. 35 (Jul 1934): 333.

70. C. E. Vaughan, "Introduction: Rousseau as Political Philosopher" in *The Political Writings of Jean Jacques Rousseau* (Cambridge, Cambridge Univ. Pess, 1915), vol. 1, Online Library of Liberty.

71. John. S. Mill, *Utilitarianism* (1863) (The Floating Press, 2009), 32. pdf; Gensler, EGR, 90.

72. Mill, *Utilitarianism*, 31.

73. Mill, *Utilitarianism*, 15.

74. Gensler ed., *Ethics*, 18.

75. Mill, *Utilitarianism*, 108.

76. Mill, *Utilitarianism*, 55, 57.

77. Gensler, *EGR*, 188.

78. Sharon Street, "A Darwinian Dilemma For Realist Theories of Value" in *Philosophical Studies* 127 (Spring 2006), 109.

79. David Hume, *A Treatise of Human Nature* (1739), bk. III, #1, Project Gutenberg.

80. Charles Darwin, *The Descent of Man, and selectin in relation to sex* (London: John Murray, 1871), vol. 1, ch. 2, 35; ch. 3, 105.

81. Darwin, *Descent*, vol. 1, ch. 3, 71f, 106; Gensler, *EGR*, 90, 131-135; Hallisey, "Buddhism," 134. 다윈의 황금률 문구는 마태복음 7장 12절의 킹 제임스 번역과 거의 같다("As ye would that men should do to you, do ye to them likewise.").

82. Darwin, *Descent*, 86.

83. Darwin, *Descent*, 97-98.

84. Darwin, *Descent*, 82, 102-3.

85. Herbert Spencer, *Social Statics or the Conditions Essential to Human Happiness* (1850) (London: John Chapman, 1851); *The Principle of Biology* (1864), vol. I & II (New York: D. Appleton, 1910).

86. Spencer, *Biology*, vol. 1, Pt. III, "The Evolution of Life," ch. 12, #165, 539. 스펜서는 책에서 이 '적자생존' 용어를 수십 회 사용하며 자세하게 설명한다.

87. Thomas Huxley, *Evolution and Ethics and Other Essays* (London: MacMillan and Co, 1895), II, 80.

88. William James, "Great Men, Great Thoughts, and the Environment" in *Atlantic Monthly* (Oct 1880), Harvard Natural History Society에서 한 연설. 같은 글이 Michael Rues ed., *Philosophy After Darwin* (Princeton: Princeton Univ Press, 2009), 49-54에도 수록됨. 제임스의 사회진화론(Social Evolutionism)은 스펜서의 사회진화론과 다르다. Lucas McGranahan, "William James's Social Evolutionism in Focus" in *The Pluralist*, vol. 6, no. 3 (Fall 2011), 80-92.

89. History Editors, "Social Darwinism," (Aug 2018), History.com; Michael Ruse, *Evolutionary Naturalism* (London: Routledge, 1995); Emily M. Wollmuth, "Darwinian Evolutionary Theory and Constructions of Race in Nazi Germany: A Literary and Cultural Analyses of Darwin's Works and Nazi Rhetoric" (2017) *Departmental Honors Project*, 67.

90. Richard Joyce, *The Evolution of Morality* (Cambridge, MA: MIT Press, 2006).

91. Gretchen Vogel, "The Evolution of the Golden Rule," *Science* 303 (Feb 2004): 1128-1131.

92. de Lazari-Radek & Singer, "Objectivity," 20; Cofnas, "Golden Rule," 268.

93. de Lazari-Radek & Singer, "Objectivity," 25f.

94. Parfit, *On What Matters*, vol. 2, 536f.

95. Vogel, "Evolution," 1128.

96. Paul Thagard, "Darwin and the golden rule: how to distinguish differences of degree from differences of kind using mechanisms" in *Biology & Philosophy* vol. 37, Art 58 (2022): 2, 14ff, 19f.

97. Thagard, "Darwin," 3, 12.

98. Cofnas, "Golden Rule," 268, 272.

99. Kowalik, "Golden Rule," 5.

100. Richard Dawkins, *The selfish gene* (1976) (Oxford: Oxford Univ Press, 2016), 40th Anniversary Edition, ix-x, 3-4.

101. Frans de Waal, "The integration of dominance and social bonding in primates," *The Quarterly Review of Biology* 61, no. 4 (1986): 459-479; Kristen Monroe, Adam Martin, & Priyanka Ghosh, "Politics and an Innate Moral Sense," *Political Research Quarterly*, vol. 62, no. 3 (Sep 2009): 620.

102. Vogel, "Evolution," 1128.

103. John Fraser, *Evolutionary Debunking Arguments and Theism: How Moral Knowledge Points to the Existence of God*, Ph. D. Dissertation, Liberty University (2021), 220, 222. 프레이저는 황금률과 관련한 보편적 자비는 생래적 본능이 아니라 기독교의 영향이라고 주장한다.

104. Guy Kahane, "Evolutionary Debunking Arguments," *Nous* (2011); de Lazari-Radek & Singer, "Objectiviey," 29.

105. Scarboro Mission Society. 1918년 중국 선교를 위해 설립되었으나 이후 전 세계를 대상으로 일하고 있다. Gensler, *EGR*, 59-60에서도 소개하고 있다. 커리큘럼에서 케네디 연설을 활용한다.

106. Ron Hubbard, "The Way to Happiness" (1980), thewaytohappiness.org; Gensler, *EGR*, 56, 100.

107. World Union of Deists, 「Deism Is⋯ 」, 이신론 블로그, http://deism.com.

108. Brother John, "Christian Deism: Religion of the Golden Rule" (Jan 2019), 2, pdf.

109. http://christiandeism.com/beliefs.

110. Robert Freke Gould, *Gould's History of Freemasonry throughout the World* (1887), vol. 1 (New York: Charles Scribners's Sons, 1936), x.

111. Donald C. Ken, "The Golden Rule is a Talisman of Freemasonry" on *Knight Templar*, August 12, 2014.

112. Nic Price, "Treat others as you would like to be treated" on *Beatnic.co.uk* (Sep 2005); Raymond E. Spier, "The British public speaks," *Science and Engineering Ethics* 11 (2005): 163-165; Gensler, *EGR*, 10, 233. 채널 포(Channel Four) 방송국이 미니시리즈 〈The Ten Commandments〉(십계명) 홍보차 실시한 조사다.

113. Richard Dawkins, *The God Delusion* (London: Bantam Books, 2006), 263; 한국어판: 이한음 옮김, 「만들어진 신」(서울:김영사, 2007).

114. Dawkins, Delusion, 264.

115. Adam Lee, "The New Ten Commandments," *Ebon Musings*, Accessed August 17, 2024.

116. Greg Epstein, *Good Without God: What a Billion Nonreligious People Do Believe* (New York: HarperCollins, 2010), 115.

117. Robin Grinter & Anna Whitehead, *Exploring Humanism* (British Humanist Association, March 2010), 25-29.

118. Maria MacLachlan, "The Golden Rule" in *Think Humanism*, Oct 2007.

119. Charles Sykes, *50 Rules Kids Won't Learn in School: Real-World Antidotes to Feel-Good Education* (New York: St. Martin's Press, 2007), 11-15.

120. Sykes, *50 Rules*, 11. 사일스의 주장에 따르면 미국 청소년은 이 말을 하루 평균 8.6회 한다고 한다.

121. Michael E. De Bakey, "Medical Research and the Golden Rule" in *JAMA* 319, no. 7 (Feb 20, 2018): 726.

122. Kirsten N. Corazzini, et al., "The Golden Rule: Only a starting point for quality care," *The Director* 14, no. 1 (2005): 255-293, PubMed Central.

123. F. Adler, "The Freedom of Ethical Fellowship" in *International Journal of Ethics*, vol. 1, no. 1 (Oct 1980), 22; Gensler, *EGR*, 90도 인용함.

124. Gensler, *EGR*, 57.

125. William Scott Green, "Parsing Reciprocity: Questions for the Golden Rule" in Neusner & Chilton, *GR*, 1.

126. Allison & Davies, *Matthew*, 687, n. 33.

127. Whately, *Lessons*, 27. ("Critique," 336.)

128. Cadoux, "Implications," 277.

129. Gensler, *EGR*, 2. 젠슬러는 책 전체에 걸쳐 이 일관성 문제를 깊이 다루고 있다.

130. Clarke, *Discourse*, 67.

131. Hare, *Freedom and Reason*, 108-111; R. M. Hare, "Euthanasia - A Christian View" in *Philosophic Exchange*, vol. 6, no. 1 (1975): 44; 안병웅은 〈헤어(R. M. Hare)의 보편적 행위공리주의 연구〉(한국교원대학교 박사학위 논문, 2004)에서 헤어의 공리주의를 논하면서 황금률을 연결해 언급한다.

132. Horsfield, "Golden Rule," 3; Dewald, "Alternatives," 27, 30.

133. Strecker, *Sermon*, 153.

134. Dewald, "Alternatives," 29.

135. Wattles, *GR*, 31f.

136. Richard Swift, "Pathways & possibilities" in *New Internationalist* 484 (July 2015); Horsfield, "Golden Rule," 22.

137. Ralph Waldo Emerson, *The Conduct of Life, in The Works of Ralph Waldo Emerson*, vol. 6 (Boston: Fireside Edition, 1909), Under "Worship," pdf, 81.

138. Ricoeur, "The Golden Rule," 169, 170; "Ethical," 300.

139. 랍비 아키바의 가르침으로 나온다. *Tosefta Megillah* 3:8 (*Babylonian Talmud*): Allison & Davies, *Matthew*, 687, n. 32.

140. 『마하바라타』13권, 113장.

141. Bernard Shaw, "Maxims for Revolutionists" (1903), Project Gutenberg. 이 얇은 책자에는 황금률 및 이웃을 자신처럼 사랑하라는 계명에 대한 조롱 섞인 표현이 여러 개 담겨 있다. Wattles, *GR*, 6; Gensler, *EGR*, 92, 201.

142. 이솝 우화. 페리 인덱스 426번. 영어로는 "The fox and the Stork"이다.

143. Alexander, "Jesus," 381. n. 1. 황금률을 내가 바라는 걸 그대로 남에게 해 버리는 윤리라며 혹평한 이가 많다. L. J. Russell, "Ideals and Practice (1)," *Philosophy* 17 (1942): 110.

144. Walter Lippmann, *Public Opinion* (New York: Harcourt, Brace and Company, 1922), 121-22, cited in M. Singer, "The Golden Rule," 269.

145. Julian Esteban Torres Lopez, "On the Limits of Goodwill, the Golden Rule, and Deontological Ethics: A Social Justice Activist's Reflections," *The Nasiona*, January 14, 2022.

146. Sidgwick, *Methods*, 380. 카두는 시즈윅이 황금률을 과도하도록 정밀하게 구현한다며 비판한다. Cadoux, "Implications," 275f.

147. H. R. Hare, *Moral Thinking*, 129, quoted phrase "with their preferences."

148. 스테이스는 쇼의 문장을 그대로 인용하고 논박한다(Stace, *Morals*, 136).

149. Hare, "Euthanasia," 44.

150. Hare, *Freedom and Reason*, 145f.

151. Hans-Ulrich Hoche, "The Golden Rule: New Aspects of an Old Moral Principle" in *Contemporary German Philosophy*, ed. Darrell E. Christiansen et al., vol. 1 (University Park, PA: Penn State Univ Press, 1982), 75. (German, "Die goldene Regel. Neue Aspekte eines alten Moalprinzips," 359)

152. McIver, "Beauty," 42.

153. Carl Sagan, *Billions and Billions: Thoughts on Life and Death at the Brink of the Millennium* (New York: Random House, 1997), 220, 223; 한국어판: 김한영 옮김,『에필로그: 칼 세이건이 인류에게 남긴 마지막 메시지』(서울: 사이언스북스, 2001).

154. McIver, "Beauty," 42f.

155. Gottfried Wilhelm Leibniz, *Nouveaux essais sur l'entendement humain* (Paris: Ernest Flammarion, n. d.) bk. I, ch. II, #4, 52f.; trans. Alfred Langley, *New Essays on Human Understanding* (1765) (New York: MacMillan, 1896), 88-9; Wattles, GR, 81-2.

156. Leibniz, *essais*, bk. I, ch. II, #4, 53; Gensler, *EGR*, 21; Tapper, "What Is Wrong with the Golden Rule?" *International Journal of Applied Philosophy* 36, no. 2 (2022): 256.

157. Huxley, *Evolution*, I, xi, 32.

158. Parfit, *On What Matters*, vol. 1, 323f.; Alan Gewirth, "The Golden Rule Rationalized" in *Midwest Studies in Philosophy* 3 (1978: 133, 137f; Johannes Morsink, *Inherent*, 115f; Henry Sidgwick, *Methods*, 279f. 허스트는 시즈윅을 비판한다. E. W. Hirst, "The Implications of the Golden Rule," *The Expository Times* 1915: 556. Richard Rorty, "Truth and Freedom: A Reply to Thomas McCarthy" in Gene Outka and John P. Reeder, Jr., ed., *Prospects for a Common Morality* (Princeton, N. J.: Princeton University Press, 1993), 282; J. Gould, "The Not-So-Golden Rule," 75.

159. Paul Weiss, "The Golden Rule" in *Journal of Philosophy* 38, no. 16 (July 31, 1941): 421-30; Huang, "Copper Rule," 395.

160. M. Singer, "The Golden Rule," 277. Kurt Baier의 관점에 대한 비판임.

161. 아우구스티누스도 황금률을 가역성 원리로 오해하면 간음 같은 악도 정당화할 수 있음을 알고 있었다. Augustine, *De Libero Arbitrio (The Problem of Free Choice)* (자유의지론), I, ii, (Westminster, MD: Newman, 1955), 38-40; Augustine, *De Civitate Dei* (신의 도성), bk. 14, ch. 8.

162. Hare, *Freedom and Reason*, 160-162, 174; 무어는 식인종, 일부다처주의자 등을 보기로 든다. Carey A. Moore, *The Anchor Bible: Tobit* (Garden City, NY: Doubleday, 1996), 180; Meier, *Marginal*, vol. 4, 628, n. 249; Alan Donagan, *The Theory of Morality* (Chicago: Univ of Chicago Press, 1977), 58.

163. M. Singer, "The Golden Rule," 264f, 270. 싱어의 이 구분은 그리스도의 두 황금률의 차이와 닮았다. 이 책 358-361쪽을 보라.

164. Cadoux, "Implications," 275. 카두는 시즈윅의 주장을 비판한다.

165. 주희도 공자의 서(恕)가 그런 보편성을 가진 것임을 설명하기 위해 때로는 서를 행하지 않는 것이 옳다고 푼다. "己所不欲 勿施於人 是恕 如以刑罰加人 豈其人之所欲 便是不恕 始得,"『朱子語類』, 권42,『論語』24, 顏淵篇下, 仲弓問仁章, #5.

166. Wattles, *GR*, 166.

167. Huang, "Copper Rule," 398f. 황은 그워스의 합리화 논리를 분석, 비판하고 있다.

168. John Goodman, *The Golden Rule, or The Royal Law of Equity Explained* (London: Samuel Roycroft, 1688), 22에서도 이미 술 취함, 간통 등 합리화를 지적한다; Duxbury, "Reasoning," 1545.

169. Cadoux, "Implications," 276f.

170. Wattles, *GR*, 7; 굴드는 소설의 이 부분을 이용해 황금률의 한계를 비판한다. James Gould, "The Not-So-Golden Rule" in *Southern Journal of Philosophy*, vol. 1, Issue 3 (Fall 1963): 10f.

171. W. Green, "Parsing," 4.

172. Robert Lewis Dabney, *A Defense of Virginia* (New York: E. J. Hale, 1867), 192-198.

173. Karl Popper, *The Open Society and Its Enemies* (열린 사회와 그 적들), Complete Volume I and II, pdf version, 737; Addenda to Volume II, ch. 1 (1961). 이 내용은 5판(1966) 이후 추가된 것이다.

174. Milton J. Bennett, "Overcoming the Golden Rule: Sympathy and Empathy" in *Basic Concepts of Intercultural Communication*, ed. M. J. Bennett (Boston: Intercultural Press, 2013), 205-235; Originally published in D. Nimmo, ed., *Communication Yearbook 3: International Communication Association* (New Brunswick, NJ: Transaction Publishers, 1979). 406-422; 이 규칙을 "청동률"(Copper Rule)이라 부르는 이도 있다. Huang, "Copper Rule," 403.

175. Tony Alessandra, *The Platinum Rule: Discover the Four Basic Business Personalities and How They Can Lead You to Success* (New York: Grand Central, 1996), 77, 82, pdf; Karl Popper, *The Open Society and Its Enemies* (OSE), pdf, 741.

176. Gensler, *EGR*, 201.

177. Jeremy Comfort, *The Mindful international manager: how to work effectively across cultures* (London: Kegan Paul, 2014), 65.

178. Jouni Reinikeinen, "The Golden Rule and the Requirement of Universalizability" in *Journal of Value Inquiry*, 39, no. 2 (2005): 155-168; Horsfield, "Golden Rule," 25.

179. David Trickey, "The Golden Rule vs the Platinum Rule - The trap of projecting similarity" on SietarEu. org, Dec 2020.

180. Huang, "Copper Rule," 403f; 『장자』 2편 제물론, 3장에 사람과 미꾸라지와 원숭이의 거처를 비교하는 질문과 대답이 나온다.

181. Bennett, "Overcoming," 232.

182. R. D. Hanks, "The Platinum Rule of service" in *Motor Age*, vol. 126 (2007): 116; *The Nashville Business Journal*, 2002; Joan F. Marques, "The Spiritual Rule" in *International Journal of Organizational Analyses*, vol. 16, no. 1/2 (2008): 45.

183. Popper, *OSE*, 720.

184. Popper, *OSE*, 741.

185. Marques, "The Spiritual Rule," 48, "Treat others as well as possible, considering your best abilities and values, their preferences, and the well being of all life."

186. Francis Eshemomoh Ikhianosime, "Livinas' Theory of Alterity and the Sketching of an Epistemology of Otherness" in *Ekpoma Reviews*, vol. 5, no. 1 (2019): 120.

187. Emmanuel Levinas, Alphonso Lingis trans., *Totality and infinity: an essay on exteriority* (Pittsburgh, PA: Duquesne Univ Press, 1969), 215; Mike Cooper, "The 'Golden' and 'Platinum' Rules," Supplementary Material for *Integrating Couseling and Psychotherapy: Directionality, Synergy, and Social Change* (London: Sage, 2019), 2.

188. M. Cooper, "The 'Golden' and 'Platinum' Rules," 2.

189. Ikhianosime, "Levinas," 131.

190. Huang, "Copper Rule," 408.

191. Paul Ricoeur, Kathleen Blarmey trans., *Oneself as Another* (Chicago: Univ. of Chicago Press, 1992), 222f; Duxbury, "Reasoning," 1540-1543.

192. Ricoeur, *Oneself*, 268.

193. Ricoeur, *Oneself*, 193.

194. Ricoeur, "The Golden Rule," 171.

195. Hoche, "Golden Rule," 78 (German original, 365); Huang, "Copper Rule," 409.

196. Jürgen Habermas, *Moral Consciousness and Communicative Action* (Cambridge, MA: MIT Press, 1991), 197; original German edition, Moralbewußtsein und kommunikatives Handeln (1983).

197. Habermas, *Consciousness*, 197; Gensler, *EGR*, 100.

198. Habermas, *Consciousness*, 57, 65 (on the Universalization Principle).

199. Habermas, "Justice and Solidarity: On the Discussion Concerning Stage 6" in Thomas Wren ed., *The Moral Domain* (Cambridge, MA: MIT Press, 1990), 246.

200. Marques, "The Spiritual Rule," 43f, 47.

201. 황금률을 별로 금 같지 않은 규칙이라 조롱하는 글이 많다. J. Gould, "The Not-So-Golden Rule," in *Southern Journal of Philosophy*, vol. 1, Issue 3 (Fall 1963); Stephen L. Anderson, "The Golden Rule: Not So Golden Anymore" in *Philosophy Now*, Issue 74 (2009); Dan Flores, "The Not So Golden Rule" in *Philosophy Now*, Issue 125 (2018).

202. Thomas Reid, The Works of Thomas Reid (Edinburgh: MacLachlan and Stewart, 1852), 450; Alvin Plantinga, *God and Other minds* (Ithaca, NY: Cornell University Press, 1967), 188.

203. Anita Avramides, "Other Minds" in *Stanford Encyclopedia of Philosophy*, Online.

204. Reid, *Works*, 443.

205. Ludwig Wittgenstein, *Philosophical Investigations*, trans. G. E. M. Anscombe (New York: MacMillan, 1958), original German edition, *Philosophische Untersuchungen*, 1946, 1949, #243에서 처음 언급하고 #256 이하에서 집중적으로 논의한다.

206. Parfit, *On What Matters*, vol. 1, 329.

207. Paul Weiss, *Man's Freedom* (New Haven, CT: Yale University Press, 1950), 140.

208. Bennett, "Overcoming," 206.

209. 철학자 Niklas Luhmann의 비판이 대표적이다; Joachim Radkau, *The Age of Ecology* (Cambridge, UK: Polity, 2014), 2.

210. 김명석, 〈일관지도〉, 342-344에 가치관 충돌을 보여주는 동서양의 다양한 실례가 나온다.

211. Popper, *The Open Society*, 738.

212. Wattles, *GR*, 41.

213. Csikszentmihalyi, "Confucianism," 159, 166, 168.

214. Allinson, "Confucian," 307.

215. Leibniz, *Essay*, bk. I, ch. II, #4, 89.

216. M. Singer, "The Golden Rule," 284.

217. James Gould, "Clarifying Singer's Golden Rule" in *Crítica: Revista Hispanoamericana de Filosofía*, vol. 2, no. 6 (Sep 1968): 96.

218. Harry Gensler, *Ethics: A Contemporary Introduction* (New York: Routledge, 1998), 89.

219. Weiss, *Man's Freedom*, 153f; J. Gould, "Clarifying Singer's Golden Rule," 97.

220. J. Gould, "Golden Rule," 76.

221. John Dewey, *Human Nature and Conduct* (New York: Random House, 1930), 175; J. Gould, "Golden Rule," 776.

222. Clarke, *Discourse*, 4, 35, 43; J. Gould, "Clarifying Singer's Golden Rule," 96f.

223. Charles A. Baylis, *Ethics: the Principle of Wise Choice* (New York: Holts, 1958), 99.

224. Ernst Haeckel, for example; J. Gould, "Clarifying," 96.

225. Gensler, ed., *Ethics: Contemporary Readings*, 3-4.

226. A. Tapper, "What Is Wrong," 253.

227. M. Singer, "The Golden Rule," 284; John Dewey and James H. Tufts, *Ethics* (New York: Holt, 1908), 334.

228. David Ingram, *Habermas: Introduction and Analysis* (Ithaca, NY: Cornell University Press, 2010), 123.

229. Richard Rorty의 보기; Morsink, *Inherent*, 115; Rorty, "Truth and Freedom," 282.

230. 석가모니의 전생을 담았다는 『자타카(*Jataka Tale*)』에 수록된 (마하)사트바 왕자 이야기. 이 이야기는 중국 둔황 막고굴에도 그림으로 표현되어 있다; "Jataka Tale: Prince Mahasattva" on *Dunhuang Foundation*, May 7, 2018.

231. Amitai Etzioni, *The New Golden Rule: Community and Morality in a Democratic Society* (New York: Basic Books, 1996), xviii.

232. Gensler, *EGR*, 178; Etzioni, *Golden Rule*, xix.

233. Plato, *Works*, "Crito" 44c-d, 46d, 29, 31.

234. McIver, "Beauty," 41, 45 ("mode of behaving," 41; "a way of approach," 45); M. Singer, "The Golden Rule," 265.

235. W. Green, "Parsing," 2.

236. Parfit, *On What Matters*, vol. 1, 330. 여기서 말하는 세 원리는 황금률, 그레이의 공정한 관찰자 공식, 그리고 칸트 해석의 하나인 동의 원리를 가리킨다.

237. Kowalik, "Golden Rule," 1.

238. Kowalik, "Golden Rule," 3, 6. 코발릭도 황금률은 이론적 약점을 넘는 실천적 강점이 있다고 주장한다.

239. Stuart P. Green, "Golden Rule Ethics and the Death of the Criminal Law's Special Part" in *Criminal Justice Ethics*, vol. 29, no. 2 (Aug 2010): 212.

240. Reiner, "Goldene Regel," 90; Wattles, *GR*, 146.

241. Sachs, "Rights," 276.

242. 한 법학자는 구체적이고 복잡한 법 조항이 왜 황금률 같은 일반 원리로 대체될 수 없는지 자세히 논증하고 있다. Stuart P. Green, "Golden Rule Ethics and the Death of the Criminal Law's Special Part" in *Criminal Justice Ethics*, vol. 29, no. 2 (Aug 2010): 208-218.

243. R. M. Hare, "Euthanasia," 1975; "Abortion," 1975; Wattles, *GR*, 127f.

244. Gensler, *EGR*, 160f., 100 (Nathanson 언급); *Ethics: A Contemporary Introduction*, 22.

245. David Boonin-Vail, "Against the golden rule argument against abortion," *Journal of Applied Philosophy*, 14, no. 2 (1997): 187.

246. Chris D. Meyers, "Abortion, the Golden Rule, and the Indeterminacy of Potential Persons" in *The Journal of Value Inquiry* 39 (2005): 459.

247. McIver, "Beauty," 39, 41f; Duxbury, "Reasoning," 1560.

248. Gewirth, "Golden Rule," 138f; Duxbury, "Reasoning," 1567.

249. Blackstone, "Golden Rule," 172f.

250. Duxbury, "Reasoning," 1562.

251. McIver, "Beauty," 45.

252. A. Tapper, "What Is Wrong," 253-255.

253. M. Singer, "The Golden Rule," 274.

254. Friedrich Nietzsche, *On the Genealogy of Morality* (New York: Boni & Liveright, 1887), 16ff.; original German edition, *Zur Genealogie der Moral: Eine Stretschrift* (1887).

255. A. W. Price, "Hare, Richard Mervyn (1919-)" in *Routledge Encyclopedia of Philosophy*, 3320.

256. Frank Crane, "The Golden Rule is of no use to you whatsoever unless you realize it is your move," Internet.

257. Bill Puka, "The Golden Rule" in *Internet Encyclopedia of Philosophy*.

258. McIver, "Beauty," 45f.

259. Gensler, *EGR*, 173; Parfit, *On What Matters*, vol. 1, 330.

260. A. Tapper, "What Is Wrong," 251f.

261. D. Hume, *A Treatise of Human Nature*, vol. 2, bk. 3, Pt. 3, "Of the Other Virtues and Vices," 362f.

262. Morsink, *Inherent*, 115; Abdullahi Ahmed An-Na'im, "Problems of Universal Cultural Legitimacy" in Abdullahi Ahmed An-Na'im and Francis M. Deng ed., *Human Rights in Africa: Cross-Cultural Perspectives* (Washington, D.C.: Brookings Institution, 1990), 345.

263. J. Gould, "Clarifying," 96.

264. Donald W. Pfaff, *The neuroscience of fair play: why we (usually) follow the Golden Rule* (New York: Dana Press, 2007).

265. Darcia Narvaez, "Cooperation: the new human nature" in *Journal of oral Education*, vol. 39, no. 1 (Mar 2010): 114.

266. 『도덕 형이상학 기초작업』은 우리말 번역이 네 가지다. 이원봉 역, 『도덕 형이상학을 위한 기초 놓기』 (2002); 백종현 역, 『윤리 형이상학의 정초』(2005); 박찬구 역, 『도덕 형이상학 정초』(2014); 김석수, 김종국 역, 『도덕 형이상학 정초』(2019).

267. Immanuel Kant, *Grundlegung zur Metaphysik der Sitten* (Berlin: L. Heimann, 1870), 55, 430; English trans., *Foundations of the Metaphysics of Morals* (New York: The Liberal Arts Press, 1959), 48. 칸트의 각주는 여기 인용한 내용보다 많이 길다.

268. 홉스는 알렉산데르 황제의 공식을 그대로 사용한다. 이 책 152쪽의 미주 50을 보라.. 칸트가 사용한 라틴어 문구는 아우구스티누스가 〈시편 강해〉에서 사용한 문구와 똑같다. 이 책 338-344쪽을 참고하라.

269. Wattles, *GR*, 85.

270. 보기 1번은 *Grundlegung*, 421-2; 보기 3번은 *Grundlegung*, 422-3.

271. Hirst, "Categorical," 330.

272. Cadoux, "Implications," 272f.

273. Cadoux, "Implications," 272; Gensler, *EGR*, 209.

274. 보기 4번은 *Grundlegung*, 423.

275. 유일환, 〈칸트의 황금률 비판과 유가의 충서(忠恕) 개념〉, 12f.

276. Parfit, *On What Matters*, vol. 1, 321ff. 파핏은 칸트가 도움받고 싶지 않다는 태도가 비합리적임을 지적했더라면 더 나았을 것이라 추가한다.

277. Parfit, *On What Matters*, vol. 1, 322.

278. 겐슬러도 이 오류를 지적한다. Gensler, "Persia," 33f.

279. Parfit, *On What Matters*, vol. 1, 326f.

280. 『실천이성비판』(1788), Immanuel Kant, *Kritik der praktischen Vernunft* (Project Gutenberg), 28 (4, Lehrsatz III, Anmerkung); Lewis White Beck trans., *Critique of Practical Reason* (Indianapolis, IN: Bobbs-Merrill, 1956); E. W. Hirst, "Categorical," 333.

281. Weiss, *Man's Freedom*, 141, "The principle of arrogant kindness."

282. Cadoux, "Implications," 275; McIver, "Beauty," 45; Hoche, "Golden Rule," 77f (German original, 364).

283. Parfit, *On What Matters*, vol. 1, 328. 따라서 파핏은 황금률이 정언명령보다 실천하기 쉽다고 덧붙인다.

284. Wattles, *GR*, 85.

285. *Grundlegung*, 412.

286. *Grundlegung*, 414.

287. *Grundlegung*, 421; *Kritik der praktischen Vernunft*, 30.

288. *Grundlegung*, 421.

289. *Grundlegung*, 429.

290. Hirst도 Votaw의 견해를 인용하며 동의한다. Hirst, "Implications," 556; Clyde W. Votaw, "Sermon on the Mount" in J. Hastings ed., *A Dictionary of the Bible*, Extra Vol. (Edinburgh: T& T Clark, 1909), 42.

291. *Kritik der praktischen Vernunft*, 8.

292. *Kritik der praktischen Vernunft*, 19f. (준칙 또는 공리, Maximen).

293. *Kritik der praktischen Vernunft*, 27.

294. Kingsmill Abbott, "Memoir of Kant" in *Kant's Theory of Ethics* (London: Longman, Green & Co, 1889), liif.; Andy Blunden, *An Interdisciplinary Theory of Activity* (Leiden & Boston: Brill, 2010), 269; Cadoux, "Implications," 272; Kurt von Fritz, "Relative and Absolute Values" in Ruth Nanda Anshen ed., *Moral Principles of Action: Man's Ethical Imperative* (New York: Harper & Brothers, 1952), 106; Joyce Hertzler, "On Golden Rule," 433; Sidgwick, *Method*, xvii; William Wallace, Kant (Edinburgh: William Blackwood & Sons, 1882), 215.

295. Arthur Schopenhauer, Arthur Broderick Bullock trans., *The Basis of Morality* (London: Swan Sonnenshein & CO, 1903), 87, Project Gutenberg; 한국어판: 김미영 옮김, 『도덕의 기초에 관하여』(서울: 책세상, 2004).

296. Parfit, *On What Matters*, vol. 2, 188f. (on the Non-Reversibility Objection to Kant); vol. 1, 19에도 같은 내용이 나온다.

297. 김종국이 칸트의 『판단력 비판』에 나오는 "공통감"을 "타인의 자리에 서 보는 것"과 연결한 점이 흥미롭다. 김종국, 〈보편주의 윤리학에서 황금률 논쟁 - 칸트와 헤어〉, 《철학연구》 통권 62(2003), 89.

298. *Kritik der praktischen Vernunft*, 13. 칸트는 황금률의 보편적 인기가 자신이 전개한 참 도덕법과 닮았다는 점에 기인한다는 주장도 한다.

299. G. W. F. Hegel, "On the Scientific Ways of Treating Natural Law" (자연법 논문, 1802-3); G. W. F. Hegel, *Philosophy of Right* (*Grundlinien der Philosophie des Rechts* 〔법철학 강요〕, 1820), 135-41. 이 비판의 타당성에 대한 논란은 오늘도 이어지고 있다.

300. Mill, Utilitarianism, 9, "he fails, almost grotesquely, to show⋯."

301. Cadoux, "Implications," 272.

302. Ricoeur, "Ethical," 295.

303. Tapper, "What Is Wrong," 251-261; 싱어도 이 점은 인정한다. M. Singer, "The Golden Rule," 288.

304. S. B. Thomas, "Jesus and Kant" in *Mind*, April 1970: 188-199; Kowalik, "Golden Rule," 1.

305. Schopenhauer, *Morality*, 54-55. Latin: "Neminem laede, immo omnes, quantum potes, juva." Translation: "Do harm to no one; but rather help all people, as far as lies in your power."

306. Schopenhauer, *Morality*, 53.

307. Ricoeur, "Ethical," 294; 이와 관련하여 박종준은 황금률은 모두 구체적 상황에서 비롯된 것이므로 합리화 또는 보편화 시도 자체가 황금률의 본성과 맞지 않다고 주장한다. 현대 황금률이 구체적 맥락을 무시한다는 점은 공감되나 고대 황금률에 일반화된 형식이 없었다는 주장은 과도해 보인다. 박종준, 〈현대 황금률의 도덕철학적 문제〉, 《철학사상》 제60권 (2016년 5월), 227-255.

308. Stewart E. Kelly and James K. Dew, Jr., *Understanding Postmodernism* (Garden Grove, IL: IVP Academic, 2017), 244.

309. Kowalik, "Golden Rule," 2.

310. Lev Tolstoy, *What Is Religion*, trans. V. Tchertkoff and A. C. Fifield (New York: Thomas Y. Crowwell & Company, Feb 1902).

311. Tolstoy, "What Is Religion and What is Its Essence?" in *Religion*, 40; Brendan Howard, "Tolstoy's pitch? Godly origin. Loving source. Golden Rule," patreon.com. June 9, 2023.

312. Tolstoy, "The Only Means" in *Religion*, 85-103, 특히 91, 103.

313. Tolstoy, "The Only Means," 88, 이후 92, 94, 98, 100, 118 등에서 계속 인용한다.

314. Tolstoy, "The Only Means," 89.

315. Tolstoy, "The Only Means," 91-93.

316. Alexandre Christoyannopoulos, "The Golden Rule on the green stick: Leo Tolstoy's 'postsecular' international thought" in Luca Mavelli & Fabio Petito ed., *Towards a Postsecular International Politics*

(New York: Palgrave Macmillan, 2014), 81-102; Online Version (2019), 5f.

317. Tolstoy, "On Religious Tolerance" in *Religion*, 48f.

318. Tolstoy, "What Is Religion," 42.

319. Christoyannopoulos, "The Golden Rule," 18.

320. Mahatma Gandhi, *Young India 1924-1926* (Madras: S. Ganesan, 1927), 453 (1924/12/26); 517 (1925/6/11). 간디는 입증되지 않은 것은 믿지 말라는 등 다른 유익한 가르침도 황금률이라 부른다.

321. Gandhi, *Young India 1924-1926*, 924 (1925/5/7).

322. Gandhi, *Young India 1924-1926*, 1182 (1926/9/26).

323. Gandhi, *Young India 1924-1926*, 227 (1924/4/27); 1173 (1926/9/2). '관점' 대신 '종교'.

324. Mahatma Gandhi, *The Story of My Experiment with Truth* (Bombay: Navajivan, 2017), 30 (Pt. 1, ch. 17); pdf, 81.

325. Hirst, "Implications," 558, n. 1. 러스킨은 플라톤을 본받아 재산은 삶의 수단이라 주장하면서 모두가 마치 한 집안처럼 서로 협조하면서 나누어야 한다고 주장했다.

326. Jean B. Quandt, "Religion and Social Thought: The Secularization of Postmillennialism" in *American Quaterly*, vol. 25, no. 4 (Oct 1973: 392.

327. Washington Gladden, *Applied Christianity* (London: Ward, Lock & Co., 1886).

328. "Tainted Money," in *The New York Times*, April 26, 1905.

329. Norman Erlandson, "A Gospel with a Social Conscience," ucc.org, Feb 1, 2018 (originally published 1976).

330. Christopher H. Evans, *The Social Gospel in American Religion: A History* (New York: New York University Press, 2017), 48.

331. Charles M. Sheldon, *In His Steps: What Would Jesus Do* (Chicago: Advance Pub., 1897); Evans, Social Gospel, 48.

332. Evans, *Social Gospel*, 53.

333. Peter Frederick, *Knights of the Golden Rule: The Intellectuals as Christian Social Reformer in the 1890s* (Uni. of Kentucky Press, 2014), 23f, 237.

334. Frederick, *Knights*, 57f.

335. Ligon Duncan, "The Golden Rule" in *The Justice of the Kingdom* (Reformed Theological Seminary, Sep 1997), 2, 7, pdf.

336. John Gresham Machen, *Christianity and Liberalism* (New York: McMillan, 1923), 35-38, 134f.

337. Machen, *Christianity*, 2, "(this) modern non-redemptive religion."

338. Machen, *Christianity*, 35.

339. Machen, *Christianity*, 38.

340. Machen, *Christianity*, 37f.

341. Machen, *Christianity*, 134f.

342. Machen, *Christianity*, 158.

343. James Cash Penny, *My Experience With The Golden* Rule, Literary Licensing, LLC, 2012; Wattled, *GR*, 102-3; Gensler, *EGR*, 153; 페니의 사망을 알리는 뉴욕타임스 기사 제목도 "유통업의 제이 씨 페니 죽다. 황금률 위에 사업을 세운 사람"이었다. "J. C. Penney of Store Chain Dies; Built Business on 'Golden Rule,'" *The New York Times*, February 13, 1971.

344. Napoleon Hill, *The Law of Success* (New York: Penguin Books, 2008), 565.

345. D. Kim, "동요 '등대지기'의 원곡을 찾아서", 네이버 블로그, 2011년 8월 4일.

346. 포콜라레 출간.

347. 세계종교회의 웹사이트: https://parliamentofreligions.org; 모임의 자세한 정황과 모임에 대한 다양한

평가로는 Arie L. Molendijk, "To Unite Religion against all Irreligion: The 1893 World Parliament of Religions" in *Journal of the History of Modern Theology / Zeitschrift für Neuere Thelogiegeschichte* vol. 18, no. 2 (Oct 2011)을 참고하라.

348. Charles Carroll Bonney, *World's Congress Addresses* (Chicago: Open Court, 1900), 8, Internet Archive; Wattles, GR, 217. n. 5.

349. Sohaib Saeed, "The Golden Rule," 2.

350. "Towards a Global Ethic: An Initial Declaration," 6, Parliament of the World's Religions Website; Gensler, *EGR*, 58f.; "Persia," 39f.도 인용; 한스 큉의 원문서 Hans Küng, "EXPLANATORY REMARKS CONCERNING A 'DECLARATION OF THE RELIGIONS FOR A GLOBAL ETHIC,'" pdf.

351. https://www.goldenruleproject.org.

352. Andrew Wilson, ed., *World Scripture: A Comparative Anthology of Sacred Texts* (International Religious Foundation, 1991), https://www.unification.net/ws/.

353. A. Wilson ed., *World Scripture*, Pt. 1, ch. 2, "Divine Law, Truth, and Cosmic Principle," 66-67.

354. "The Promise of World Peace" by The Bahá'í Faith; 황금률을 통해 바하이 신앙을 알리는 전도사가 로스트다. H. T. D. Rost, *The Golden Rule: A Universal Ethics* (Oxford: G. Ronald, 1986).

355. Hazrat Inayat Khan, "Sufi Thoughts" on inayatiyya.org, accessed August 2, 2024.

356. North American Interfaith Network, "Many People, Many Faiths, One Common Principle: The Golden Rule"; Gensler, "Persia," 40; Terry Weller, "North American Interfaith Network Explores the Golden Rule" in *The Interfaith Observer* (Seattle University), July 2011.

357. 관련 자료는 〈A Common Word〉 웹사이트 https://www.acommonword.com을 참고하라.

358. Regensburg Lecture, 2006년 9월 12일, 독일 레겐스부르크 대학교에서 한 연설; Ian Fisher, "Vatican Says Pope Benedict Regrets Offending Muslims" *The New York Times*, Sep 17, 2006.

359. 편지 본문에서는 구약 신명기 6장 5절을 비롯하여 신약에서 가장 큰 계명을 언급한 마태, 마가, 누가 본문을 전부 인용한 다음 자세히 설명하고 있다.

360. The Royal Aal al-Bayt Institute for Islamic Thought, ed., *A Common Word Between Us and You* (Jordan, 2009), 170-71. 이 편지에 대한 Colin Chapman의 반응을 역시 이 편지에 대한 캔터베리 대주교 Rowan Williams가 인용하고 있다. 교황 베네딕토 16세도 234쪽에서 황금률이 둘 사이의 공통분모라 지적한다.

361. Christian Toll, quoted in Gensler, *EGR*, 45; "Persia," 43.

362. Untea, "Interfaith," 152.

363. John Locke, *A Letter Concerning Toleration* (1689) (Indianapolis, IN: Hacket, 1983), 51f. 이 편지는 라틴으로 출판된 후 같은 해에 영어로 번역되어 출판되었다. Untea, "Interfaith," 155; 루치는 이 두 집단에 대한 혐오가 반율법주의와 이신론에 대한 혐오에 기원한 것으로 분석한다. Diego Lucci, "John Locke on Atheism, Catholicism, Antinomianism, and Deism" in *Etica & Politica / Ethics & Politics*, XX (2018), 203, 228f.

364. John Locke, *The Reasonableness of Christianity* (1695) (London: Livington, 1824), 189.

365. Søren Kierkegaard, *Søren Kierkegaard's Journals and Papers*, vol. 1 (Bloomington: Indiana Univ Press, 1967), 243, #599; Untea, "Interfaith," 158.

366. John F. Kennedy, "Televised Address to the Nation on Civil Rights" in John F. Kennedy Presidential Library and Museum.

367. Martin Luther King, Jr., "The Negro and the Constitution" (May 1944) in *The Papers of Martin Luther King*, vol. 1 (Berkeley, CA; Univ of California Press, 1992), 110.

368. Bill Mullen, *What It Means To Be a Man: How to Become a Better Person* (Quantico, VA: Marine Corps Univ Press, 2023), 140ff. 이 일화를 전하는 저자는 좋은 사람이 되기 위한 조건의 하나로 황금률 실천

을 꼽는다(140-151).

369. Don Bacon, "Press Releases," January 20, 2020. 네브라스카주 하원의원.

370. hopestevens, "Sharing Dr. Martin Luther King's Messages with Future Generations" on Southwest Home Page.

371. Warren Throckmorton, "The Golden Rule and Civil Rights" (2011).

372. Leo Damrosch, *Jean-Jacques Rousseau: Restless Genius* (Boston: Houghton Mifflin Co., 2008), 349-351; Horsfield, "Golden Rule," 22.

373. Tore Lindholm, "Prospects for Research on the Cultural Legitimacy of Human Rights: The Cases of Liberalism and Marxism" in Abdullahi Ahmed An-Na'im ed., *Human Rights in Cross-Cultural Perspectives: A Quest for Consensus* (Philadelphia, PA: UPenn Press, 2010), 395ff., 407; 린트홀름의 주장을 황금률과 연결한 사람은 모어싱크다. Johannes Morsink, *Inherent Human Rights* (Philadelphia: UPenn Press, 2009), 113.

374. Abdullahi Ahmed An-Na'im, "Problems," 366; Abdullahi Ahmed An-Na'im, *Islam and the Secular State* (Cambridge, Mass.: Harvard University Press, 2008); Morsink, *Inherent*, 112f.

375. Gensler, *EGR*, 99, 187.

376. Morsink, *Inherent*, 120ff.

377. Paul D. Miller, "Democracy is the embodiment of the Golden Rule," quoted in Giess, God, Country.

378. Noam Chomsky, "Commentary: Moral Truisms, Empirical Evidence, and Foreign Policy," *Review of International Studies* 29, no. 4 (2003): 605-20.

379. Bruce Robbins, "Chomsky's Golden Rule: Comparison and Cosmopolitanism" in *New Literary History* vol. 40, no. 3 (Summer 2009): 549f., 555.

380. Robbins, "Chomsky's Golden Rule," 557f.

381. Josef Bordat, "The Golden Rule As an Ethos of Global Solidarity: A Philosophical Inquiry" in Dariusz Dobrzański, ed., *The Idea of Solidarity: Philosophical and Social Contexts* (Washington, DC: The Council for Research in Values and Philosophy, 2011), 101f.

382. Samuel V. Bruton, "Teaching the Golden Rule" in *Journal of Business Ethics*, 49 (2004): 182f.

383. Brian K. Burton & Michael Goldsby, "The Golden Rule and Business Ethics: An Examination" in *Journal of Business Ethics*, 56 (Spring 2005): 377.

384. Manhattan Institute for Policy Studies의 Heather MacDonald 선임 연구원; Anderson, "Not So Golden," 2f.

385. Stephen Jay Gould, "The Golden Rule—a Proper Scale for Our Environmental Crises" in *Natural History*, vol. 99, Issue 9 (Sep 1990): 30. 굴드는 칸트의 정언명령보다는 욕망, 협상, 상호성 등과 연결되는 가언명령이 더 좋다 하면서 황금률을 가언명령의 한 파생물이라 본다.

386. veteransforpeace.org.

387. "A More Just World Is Possible with Just One Rule"은 유니세프가 운영하는 "Education Cannot Wait" 사업의 성명서다(Jan 20, 2024).

388. R. N. Carmona, "The Philosophy Corner," recited from "How Cruel is the Golden Rule?" on Whitman Wire.

389. Hershey H. Friedman, "The Second 'Golden Rule': Caring for Society's Disadvantaged," *SSRN Electronic Journal*, Oct 2013.

390. Bordat, "The Golden Rule," 97,

391. Paul D. Miller, quoted in Ellen Giess, God, Country.

392. Augustine, *City of God*, bk. 19, ch. 17, Penguin edition, 878.

제3부 교회가 이해한 황금률

1. 서로 화목하고(막9:50), 서로 발을 씻기고(요13:14), 서로 사랑하고(요13:34), 서로 우애하고(롬12:10), 서로 앞장서 존경하고(롬12:10), 서로 한마음이 되고(롬12:16; 15:5), 서로 덕을 세우고(롬14:19), 서로 받고(롬15:7), 서로 권하고(롬15:14), 서로 문안하고(롬16:16), 서로 돕고(고전12:28), 서로 노예가 되고(갈5:13), 짐을 서로 지고(갈6:2), 서로 용납하고(엡4:2), 서로 친절하고(엡4:32), 서로 용서하고(엡4:32), 서로 대접하고(벧전4:9).

2. Gregory T. Papanikos, "Philoxenia and Xenophobia in Ancient Greece" in *Athens Journal of Mediterranean Studies*, vol. 6, no. 3 (July, 2020): 238.

3. Pamela Johnston, "'All Strangers and Beggars are from Zeus': Early Greek Views of Hospitality" in *Pacific Journal* 13 (2018): 107-109; 나그네 대접의 보기가 『일리아스』 6권, 69-74, 232-6; 『오디세이아』 1권, 118-157; 3권, 30-42; 6권, 207-8; 14권, 57-8 등에 나온다.

4. 『일리아스』 13권, 622-7; Papanikos, "Philoxenia," 242.

5. 『오디세이아』 9권; Johnston, 109.

6. 한 유대인 학자는 판단하지 않는 것은 불가능하므로 "모든 사람을 공로에 따라 판단하라"는 랍비의 가르침이 그리스도의 가르침보다 우월하다고 주장한다. 이는 정죄하지 말라는 참뜻을 못 본 결과인데, 기원전 2세기 조슈아 벤 페라키아(Joshua the son of Perachyah)의 견해다. Gerald Friedlander, *The Jewish Sources of the Sermon on the Mount* (London: George Routledge & Sons, 1911), 250; King, "Negative," 276f.

7. Wattles, *GR*, 55.

8. C. S. Lewis, *Mere Christianity* (New York: Simon & Schuster, 1980), 79; 한국어판: 장경철 외 옮김, 『순전한 기독교』(서울: 홍성사, 2005), 137.

9. Lewis, *Mere Christianity*, 17; 『순전한 기독교』, 25.

10. C. S. Lewis, *The Problem of Pain* (New York: MacMillan, 1962), 63, n. 1; 한국어판: 이종태 옮김, 『고통의 문제』(서울: 홍성사, 2018).

11. Lewis, *Mere Christianity*, 137, 138, 154; 『순전한 기독교』, 243, 244, 273 등.

12. Allison & Davies, *Matthew*, 685; R. T. France, *The Gospel of Matthew* (Grand Rapids, MI: Eerdmans, 2007), 145; Meier, *Marginal*, vol. 4, 552; Willoughby C. Allen, *A Critical and Exegetical Commentary on the Gospel according to Matthew* (1907; Piscataway, NJ: Gorgias Press, 2010), 67. 마태복음의 산상수훈은 팔복(5:3-12), 소금과 빛(5:13-16), 율법의 완성(5:17-48, 살인, 간음, 이혼, 맹세, 원수 사랑), 올바른 경건(6:1-34, 구제, 기도, 금식, 염려), 판단(7:1-6), 간구(7:7-11) 등에 관한 말씀 이후 황금률이 결론으로 나온다. 이어지는 실천적 말씀은 좁은 문(7:13-14), 거짓 선지자(7:15-20), 행함의 중요성(7:21-23), 반석 위의 집(7:24-27) 등이다.

13. 자연과 계시 사이의 이 관계를 잘 정리한 책으로는 Etienne Gilson, *Reason and Revelation in the Middle Ages* (New York: Charles Scribner's Sons, 1938)가 있다. 1983년 서광사에서 『중세철학입문』이라는 제목으로 번역, 출간하였으나 지금은 절판되었다.

14. 주님은 마태복음 22장 38절에서는 '크다' 하신 반면, 마가복음 12장 31절에서는 '더 큰 게 없다' 하셔서 최상급 표현을 쓰셨으므로 '가장 큰 계명'이라는 표현은 성경적으로 옳다. 그런데 마태복음 22장 36절과 38절을 〈킹 제임스〉 번역은 원문 그대로 'great'로 번역했지만 〈새 국제역(NIV)〉은 'greatest'로 과장해 번역했다.

15. Strecker는 이 구절을 근거로 황금률 후반부 구절을 마태가 편집해 넣은 것이라 주장한다. Strecker, *Sermon*, 154; 베츠는 근거 없는 주장이라 비판한다. Betz, *Sermon*, 516, n. 698.

16. 하나님 사랑은 구약이 거듭 강조하는 핵심 주제다. 신10:12; 11:13; 13:3; 26:26; 30:6; 왕상2:4; 왕하23:25; 대하15:12; 34:31 등도 이 내용을 담고 있다.

17. '힘'이라는 용어를 구약 〈칠십인역〉은 'δυναμι"로 옮겼는데, 마가와 누가는 둘 다 'ισχυ"을 쓴다. 또 마가가 〈칠십인역〉 그대로 전치사 'εξ'를 쓴 반면 마태는 'εν'을 사용한다. 누가는 '마음' 하나만 'εξ'를 쓰고 나

머지는 'ejn'을 썼는데, 사본에 따라 약간의 차이가 있다.

18. 벵겔은 마음, 영혼, 힘이 인격의 구성요소인 지성, 감정, 의지를 가리킨다고 했고, 브라운 등은 의지, 목숨, 재산을 가리킨다고 했다. Johann Albrecht Bengel, *Gnomon of the New Testament*, vol. I, 400, pdf; Brown, Fitzmyer, and Murphy ed., *The New Jerome Bible Commentary* (Englewood Cliffs, NJ: Prentice Hall, 1990), 666.

19. 번영복음의 대표자였던 로버트 슐러(Robert Schuller)는 가장 큰 두 계명을 하나로 압축한 다음 하나님을 사랑할 때도 자신을 사랑하듯 해야 한다는 기만적 논리를 이용해 이기적 자기 사랑을 정당화하려 한다. 필자의 책『번영복음의 속임수』(서울: SFC, 2019), 260-265을 참고하라.

20. Akiva, Sifra, Kedoshim, 4:12. 이 책 72쪽의 미주 101을 보라.

21. 『희년서』 20:2; David Flusser, "The Decalogue and the New Testament" in *Jerusalem Perspective*, no. 1, 4. 이 책 64쪽의 미주 74를 보라; 이삭도 에서와 야곱에게 똑같은 교훈을 들려준다. 『희년서』 36:4-8.

22. Flusser, "Decalogue," 7f. 그래서 12족장 유훈에도 두 계명 나란히 언급되는 경우가 많다. 9.

23. 많은 주석가가 이 비유의 교훈이 황금률이라고 푼다. John Burnaby, *Amor Dei: A Study of the Religion of St. Augustine* (1938; Norwich: Canterbury Press, 1991), 116; Keith Stanglin, "The Historical Connection Between the Golden Rule and the Second Greatest Love Command" in *The Journal of Religious Ethics*, vol. 33, no. 2 (June 2005): 357-371, 364.

24. Robert M. Bowman Jr., "The Authenticity of the Golden Rule Logion in Matthew and Luke" at Society of Biblical Literature Convention, Nov 2017, 6.

25. John Calvin, *Institutes of the Christian Religion* II.viii.53; 이하 칼뱅, 『기독교 강요』로 표기함.

26. 원문은 '사랑이 있으면(ajgavphn ejvchte)'이다. 〈개역개정〉은 같은 원문에 부정어가 결합된 고전 13:1-3은 '사랑이 없으면'으로 빌 2:2은 '사랑을 가지고'로 번역했다. 벧전 4:8은 '서로 사랑할지니'로 옮겼다.

27. Richard Eburne, *The Royal Law*, (1616); George Boraston, *The Royal Law, or the Golden Rule of Justice and Charity* (1683); John Goodman, *The Golden Rule, or The Royal Law of Equity* Explained (1688)

28. 칼뱅, 『기독교 강요』, II.viii.51.

29. 칼뱅, 『기독교 강요』, II.viii.52.

30. Allison and Davies, *Matthew*, 687; Timothy Jacobs, "Golden Rule," *Lexham Bible Dictionary* (WA: Logos Bible Software, 2014), 2.

31. Stanglin, "Connection," 368.

32. King, "Negative," 271, n. 4; James Vernon Bartlett는 부정문 황금률이 레위기 19장 18절의 이웃 사랑 계명의 참 정신을 전달하지 못한다며 『디다케』 편집자들을 강하게 비판하고 있다. Bartlett, "Didache" in J. Hastings ed., *A Dictionary of the Bible*, Extra Vol. (Edinburgh: T& T Clark, 1909), 444; Bartlett, *The Apostolic Age: Its Life, Doctrine, Worship and Polity* (New York: Charles Scribner's Sons, 1899), 253; Both cited in King, "Negative," 271; 유대교 영향 가능성에 대해서는 J. G. Tasker, "Golden Rule" in James Hastings, John A. Selbie, & John C. Lambert ed., *A Dictionary of Christ and the Gospels*, vol. 1 (New York: Charles Scribner's Sons, 1906-08), 654을 보라.

33. 『디다케』 제1장 1-3. *Ante-Nicene Fathers* (ANF), vol. 7, 377, pdf 846; du Roy, "The Golden Rule," 95f. 특히 첫 네 낱말이 유사함을 근거로 마태의 영향이라 보는 학자가 많다. Allison & Davies, *Matthew*, 686f, n. 31. 4세기 저작인 *Apostolic Constitutions*, 문서 6번에 마태가 부정문 황금률을 두 번 언급하는 내용이 나온다. Philip Schaff ed., *The Teaching of the Twelve Apostles or the Oldest Church Manual* (New York: Funk & Wagnalls, 1890), 251, cited from King, "Negative," 271. n. 1; 『디다케』 첫 6절은 사해사본으로 발견된 기원전 2세기의 유대교 문서와 내용이 똑같다.

34. 『도마복음』은 콥트어로 되어 있으며 60-140년 사이의 기록으로 추정한다; 『사도 서신(*Epistula Apostolorum*)』 #18은 2세기경의 기록으로 추정한다.

35. 『유대인 트리포와의 대화』 93장, #1-2, #2-3, ANF, vol. 1, 246. 저작 시기는 155-160년이다. A, Lukyn Williams trans., *Justin Martyr The Dialogue with Trypho* (London: MacMillan, 1930), 197f.; Wattles, GR, 69.

36. 『아리스티데스의 변증』 #15. J. Rendel Harris trans., *The Apology of Aristides on Behalf of the Christians* (Cambridge: Cambridge Univ Press, 1893), 48f. 저작 시기는 120-130년.

37. Robert M. Grant trans., *Theophilus, Theophilus of Antioch Ad Autolycum* (Oxford: Clarendon, 1970), 85. (Ad Autolycum II. 34.) 저작 시기는 180-192년.

38. Tertullian, *Adversus Marcionem*, bk. 4, ch. 16 in ANF, vol. 3 (Christian Classics Ethereal Library), 372.

39. Nivison도 이 점을 언급한다. Nivison, "Golden Rule Arguments," 62.

40. Tertullian, *Adversus Marcionem*, bk. 4, ch. 16, *ANF*, vol. 3, 800, no. 4092.

41. Clement, *Paedagogus* (선생), 3.12. 198년경; Steenbuch, "Problem," 71.

42. Cement, *Stromata* (잡록), 2.23. 198-203년경; Steenbuch, "Problem," 72.

43. 『클레멘스 설교(*The Clementine Homilies*)』 설교 II, 6(이성); VII, 4(자신과 대화, 부정문 사례들); XI, 4(형상 존중, 선행들); XII, 32(하나님의 법, 선행들), (*ANF*, vol. 8, 268, 285, 299). 부정 황금률이 이성으로 쉽게 알 수 있는 것임은 클레멘스 교령집의 『인식서(*Reconitiones Clementi*)』 bk. VIII, ch. 56에도 나옴. du Roy, "Golden Rule," 90, 96.

44. *The Clementine Homilies*, VII, 4; XII, 32.

45. Walter T. Wilson, *The Sentences of Sextus* (Atlanta: Society of Biblical Literature, 2012), 126. 서기 2세기 말에 살았던 섹스투스 엠피리쿠스와는 다른 인물이다. 오리게네스가 3세기의 책 『켈수스 논박』 VIII, 30에서 언급했다.

46. *The Epistles of Pope Fabian* (교황 파비아노의 편지), 2nd Epistle, ch. II. #32, #33, ANF, vol. 8, 633.

47. Philip Schaff ed., *Ante-Nicene Fathers*, vol. 8, 1052, no. 2826. 특히 키프리안, 코넬리우스, 노바투스 관련 내용이 다 틀렸다. Schaff, vol. 8, 1017.

48. David W. T. Brattson, *Traditional Christian Ethics, vol. 2: Affirmative or Positive Commandment* (Bloomington: WestBow, 2014), 404f에 목록이 나온다; Steenbuch, "Problem," 73.

49. Harris, *Aristides*, 86. Dihle, *GR*, 9. F. L. Cross & E. A. Livingstone ed., "Golden Rule" in *The Oxford Dictionary of the Church History* (London: Oxford Univ Press, 1974), 689. 『아리스티데스의 변증』과 이레니우스의 글이 이 사본을 인용하고 있다.

50. du Roy, "Golden Rule," 88. 유스티누스도 "양심이 그들을 비난한다"고 했지만 그것을 로마서 2장14-15절과 연결한 것인지는 확실하지 않다; du Roy는 Reiner의 견해를 따라 유스티누스가 선구라고 본다. 88f.

51. Origenes, *Commentarii in Epistulam ad Romanos* (로마서 주석), bk. II, ch. 9. trans. Thomas Scheck, *Commentary on the Epistle to the Romans* (Washington, DC: CUA Press, 2010), 131; Wattles, *GR*, 208, n. 5; Olivier du Roy, "Golden Rule," 90, 97. 역자 쉐크는 오리게네스가 유대교 랍비와 이방 전승에서 영향을 받아 황금률을 부정문으로 썼을 것이라는 Tollinton의 주장을 각주에 실었다. 로마서 2장 14-15절의 정확한 성경적 의미에 대해서는 고재수, 『교의학의 이론과 실제』(천안: 고려신학대학원 출판부, 1992, 2001), 101-122를 보라.

52. Origenes, *Commentarii in Epistulam ad Romanos*, bk. II, ch. 9, (2); Commentary, 132.

53. *Commentarii in Epistulam ad Romanos*, XXVI. R. B. Tollinton trans., *Selections From the Commentaries and Homilies of Origen* (London: Society for Promoting Christian Knowledge, 1929), 55f.

54. *The Divine Institutes* (신의 교훈), bk. VI, ch. 23, ANF, vol. 7, 190; Wattles, *GR*, 209, n. 14; du Roy, "Golden Rule," 90, n. 6; Mary Francis McDonald trans., *Lactantius: The Divine Institutes* (Washington, DC: Catholic Univ of America, 1964), 461.

55. *The Epitome of the Divine Institutes* (신의 교훈 요약), ch. 60, ANF, vol. 7, 247; Alexander Roberts ed., *The Works of Lactantius*, vol. 2 (Edinburgh: T & T Clark, 1871), 145.

56. *Epitome*, ch. 60; Roberts, ed., *Works*, 145f.

57. Basil the Great, *Hexameron*, 설교 9, #3, *NPNF*, ser. 2, vol. 8, 328, pdf.

58. Steenbuch, "Problem," 76.

59. Bardaisan, *Liber Legum Regionum 11*, "Bardaisan Liber Legum Regionem" in F. Nau, *Patrologia Syriaca*, vol. 2, R. L. Graffin, ed., *Patrologia orientalis* (Paris: Firmin-Didot, 1907), 490-610; Steenbuch, "Problem," 74.

60. 이 책 363쪽을 보라.

61. Steenbuch, "Problem," 76.

62. Meier, *Marginal*, V. 4, 629f, n. 257와 마이어를 비판하는 Robert M. Bowman, "Authenticity," 4도 이 점을 함께 지적한다.

63. Steenbuch, "Problem," 77.

64. Steenbuch, "Problem," 76.

65. 설교 XIII, 7, *Homilies to the people of Antioch, Concerning the Statues*, NPNF, ser. 1, vol. 9, 428; du Roy, "The Golden Rule," 91. (du Roy의 인용에서 3번은 7번의 오류임)

66. 설교 XIII, 7, *Homilies to the people of Antioch*, NPNF, ser. 1, vol. 9, 428.

67. 욥기 31:9-10 본문; LXX는 31:11-12; Jean Chrysostome, *Commentaire sur Job II* (Paris: Edition du Cerf, 1988), 134f; du Roy, "Golden Rule," 91.

68. 『마태복음 설교』 설교 I, 12, *NPNF*, ser. 1, vol. 10, 5, pdf, 23. 모두가 아는 규정이라는 표현은 크리소스토무스의 설교 곳곳에 등장한다. 설교 XXIII (마태복음 7:1), 6, *NPNF*, ser. 1, vol. 10, 158; 『고린도후서 설교』 설교 XVII (고린도후서 8:7), [4] *NPNF*, ser. 1. vol. 12, 362.

69. 『요한복음 설교』 설교 LXXVII (요한복음 15:11-12). *NPNF*, ser. 1, vol. 13, 280; *Homilies to the people of Antioch, Concerning the Statues, Homily* XIII, 9, *NPNF*, ser. 1, vol. 9, 428.

70. 히에로니무스 편지 121, #8, Isidor Hilberg ed., *Epistularum pars III* (*Corpus scriptorum ecclesiasticorum Latinorum*, CSEL 56, Vienna Corpus), (Wien, Akademie der Wissenschaftlichen in Wien, 1910), 32f. 이 책은 히에로니무스 편지 121-154의 라틴어 원문을 수록함. 현존 영역본에는 이 편지의 제목만 나오고 내용은 빠져 있음. 교황청에서 발행한 문서도 이 부분을 인용하고 있음; International Theological Commission, trans. Joseph Bolin, *In Search of a Universal Ethic: A New Look at the Natural Law* (2009), 2.4 #51. 히에로니무스가 인용한 라틴어 황금률은 알렉산데르 황제의 것과 낱말 하나가 다름: "quod tibi fieri nolueris, alteri ne feceris." 자신이 번역한 『토비트』 불가타역은 4:16인데 표현이 많이 달라졌다.

71. 히에로니무스 편지 148, #14-15. *Epistularum pars III*, 341. 이 편지도 영역본에는 제목만 수록되어 있다.

72. Andrew M. Greenwell, "St. Jerome on the Natural Law: The Scintilla of Conscience," *Lex Christianorum*, March 2010.

73. Ambrose, *De fuga saeculi*, 3.15, CSEL 32, 2 (Wien: Akademie der Wissenschaftlichen in Wien, 1866), 175f.; du Roy, "Golden Rule," 91.

74. "vulgare proverbium" (the popular saying). Augustinus, *De ordine (On Order)*, trans. Silvano Borruso (South Bend, IN: St. Augustine's Press, 2007), bk. 2, 2nd Debate, #8, 84-85. 인용문: "Nemini faciant quod pati nolunt (Do not do unto others what you o not wish to be done unto you)."

75. 『시편 설교』 58편 1절, *NPNF*, ser. 1, vol. 8, 230f.

76. 『시편 설교』 58편 1절, *NPNF*, ser. 1, vol. 8, 229f.; du Roy, "Golden Rule," 91f. (라틴어 원문은 시편 57편); *Patrologia Latina* (Corpus 2), *Enarrationes in Psalmos*, mlat.uzh.ch. 아우구스티누스가 여기서 인용한 부정문 황금률은 "Quod tibi non vis fieri, ne facias alteri"로, 첫 다섯 글자는 칸트가 인용한 것과 동일하다. 아우구스티누스는 또한 다른 문구인 "Quod tibi fieri non vis, alii ne feceris"도 사용한다. *De doctrina Christiana libri quatuor* (Lipsiae, 1838), bk. 3, C14. 22, 91.

77. 『서간문』 157번, 3.15; Betz, *Sermon*, 510, n. 657; Reiner, "The Golden Rule and the Natural Law," 272

도 언급함.

78. 『시편 설교』 58편 1절, *NPNF*, ser. 1, vol. 8, 229-230; du Roy, "Golden Rule," 91f.

79. 『고백록』 1권 18 (29), Augustine, *Confessions* (New York, Penguin, 1961), 39; Wattles, GR, 70.

80. Augustine, *On Christian Doctrine*, bk. III, ch. 14, #22, *NPNF*, ser. 1, vol. 2, 563.

81. Augustine, *On the Psalms*, Psalm 58, 1, *NPNF*, ser. 1, vol. 8, 229f.

82. 『산상수훈 설교』 II권, 9장, #32, *NPNF*, ser. 1, vol. 6, 44. pdf, 109; *Contra Faustum*, XIX, 2에서도 '자연의 법'이라 하고 같은 구절 소개함; *NPNF*, ser. 1, vol. 4, 239.

83. 『산상수훈 설교』 II권, 22장, #74 아래 주석; *Enarrationes in Psalmos*, cxl. 6.

84. 『고백록』 2권 4 (9); Thomas Pearson, "Luther on Natural Law" in *Journal of Lutheran Ethics* (December 1, 2007), 2 (pdf).

85. Letter LXXXII, ch. 3, #28-29, *Letters of St. Augustine*, *NPNF*, ser. 1, vol. 1, 359; 동일 내용은 『산상수훈 설교』 II권, 19장, #65에도 수록되어 있다.

86. 『시편 설교』 52편 1, *NPNF*, ser. 1, vol. 8, pdf, 406.

87. 『산상수훈 설교』 II권, 22장, #74, *NPNF*, ser. 1, vol. 6, 58f.; 『신국론』 14권 8장, *NPNF*, ser. 1, vol. 2, 267. 자세한 논의는 이 책 448-453쪽을 보라.

88. 『요한복음 설교』 93, 요한복음 16:7, *NPNF*, ser. 1, vol. 6, 1111; Wattles, *GR*, 70.

89. 『산상수훈 설교』 II권, 9장, #32, *NPNF*, ser. 1, vol. 6, 44, pdf, 109; Wattles, *GR*, 208, n. 7.

90. 『산상수훈 설교』 II권, 22장, #76, *NPNF*, ser. 1, vol. 6, 59, pdf, 144.

91. du Roy, "Golden Rule," 92f; Wattles, *GR*, 72.

92. *Decorum Gratiani* (D.1 d.a.c.1), 1; 영역: Augustine Thompson trans., *Gratian: The Treatise on Laws* (Washington, DC: Catholic Univ of America, 1993), 3; du Roy, "Golden Rule," 93; Wattles, *GR*, 72.

93. *Damiano Simoncelli*, "From Natural Law to the Golden Rule: Aquinas Revisited," *Ethics, Politics & Society*, May 2018, 261-275; 『신학대전(1265-1273)』 I-II, Q 91.1.

94. 『신학대전』 I-II, Q 94.2.

95. 『신학대전』 I-II, Q 94.4. 1번 반론에 대한 답변임.

96. 『신학대전』 I-II, Q 94.4; Gensler, *EGR*, 190.

97. 『신학대전』 II-II, Q 25.4. 인용 내의 『윤리학』은 『니코마코스 윤리학』 9권, 4장, #6을 가리킨다.

98. 『신학대전』 II-II, Q 26.4.

99. 『신학대전』 I-II. Q 99.1. 3번 반론에 대한 답변임; Wattles, *GR*, 72f., 209, n. 19; Gensler, *EGR*, 39, n. 1, 82.

100. du Roy, "Golden Rule," 93.

101. Wattles, *GR*, 74.

102. Piotr Malysz "A Brief Introduction to Temporal Authority" an excerpt of "Nemo iudex in causa sua as the Basis of Law, Justice, and Justification in Luther's Thought," published in *Harvard Theological Review* 100, no. 3 (2007): 363-386.

103. 『로마서 강의 2(1515-6)』 10. Wilhelm Pauck trans., *Luther: Lectures on Romans* (Louisville, KY: Westminster John Knox, 1961), 46, 48 (1514-5); du Roy, "Golden Rule," 93; Wattles, *GR*, 75. 루터는 황금률을 "타고나는 생래적 법(inborn and indigenous law)"이라 부른다(Luther, *Letures on Romans*, 48).

104. 『마태복음 설교』, Charles Hay trans., *Commentary on the Sermon on the Mount* (Albany, OR: Ages Software, 1997), pdf, 218.

105. 주현절 후 넷째 주일 설교(본문: 로마서 13:8-10), #34, Online version.

106. 『황금률 설교(1530)』, *WA*, vol. 21, 235-241; *Sermon on the Mount*, 219; Wattles, *GR*, 75.

107. 1520년 설교, 7계명에 관하여; du Roy, "The Golden Rule," 93; n. 10에도 인용됨.

108. 『마태복음 설교』, *Sermon on the Mount*, 222.

109. Nicholas Lenker, ed. and trans., *Sermons by Martin Luther* (1905), no. 51, pdf, 41.

110. Wattles, GR, 74.

111. 『세네카 관용론 주해』, Calvin, *Seneca's De Clementia*, pdf, 86.

112. Calvin, *A Harmony of the Gospels Matthew, Mark, and Luke*, vol. 1 (Grand Rapids, MI: Christian Classics Ethereal Library, Online pdf), 232; Calvin, *Commentary on Matthew, Mark, Luke*, vol. 1 (Grand Rapids, MI: Christian Classics Ethereal Library, Online pdf), 311; Gensler, *EGR*, 82f.

113. John Calvin, *Commentary on Psalms*, vol. 1 (Grand Rapids, MI: Christian Classics Ethereal Library, online), 224. 칼뱅이 시편 주석에서 황금률을 인용한 유일한 경우다.

114. Calvin, *Psalms*, vol. 1, 223.

115. John Calvin, *Harmony of the Law*, vol. 3 (Grand Rapids, MI: Christian Classics Ethereal Library, online), 147. 출애굽기 22:25 해설 부분임.

116. 『기독교 강요』 II. viii. 53; 다른 한 번은 III. xx. 45에 나오는데 용서의 가르침과 연결한다. 이 책 472-473쪽을 참고하되, 특히 미주 147을 보라.

117. '판타 호사' 뒤에 '안' 또는 '에안'이 따르는 경우도 마찬가지다.

118. 같은 내용을 담은 마가복음 11장 24절은 '판타 호사'만 있고 '안'은 누락되어 있다.

119. 대상과 방법을 나눈 싱어의 구분이 이 차이에 근거했을 가능성이 있다. 이 책 184쪽을 보라.

120. W. F. Albright & C. S. Mann eds., *Matthew*, Anchor Bible, vol. 26 (Garden City, NY: Doubleday, 1971), 83.

121. D. A. Carson은 사도행전 2장 16절처럼 '성취'의 의미로 해석한다. D. A. Carson, *Matthew* (Grand Rapids, MI: Zondervan, 2017), 7:12.

122. Rudolf Bultmann, *The History of the synoptic tradition*, trans. John Marsh (New York: Harper & Row, 1968), 102f.; *Die Geschichte der synoptischen Tradition* (Göttingen: Vanderhoeck, 1931), 107f. 초판은 1921년에 출간됨.

123. James Breech, *The Silence of Jesus* (Philadelphia, PA: Fortress, 1983), 55; Allison & Davies, *Matthew*, 687.

124. Dihle, *Die goldene Regel*, 112; Betz, *Sermon*, 512.

125. Robert Funk, Roy W. Hoover, and The Jesus Seminar, trans., *The Five Gospels: The Search for the Authentic Wods of Jesus* (New York: Scribner, 1993), 155f., 296.

126. 이 주장에 대한 비판으로는 Bowman, "Authenticity," 8f를 보라.

127. John P. Meier, *Marginal*, vol. 4, 556, 552.

128. John P. Meier, *Matthew*, (Collegeville, MN: Liturgical, 1980) 70-1; Allison & Davies, *Matthew*, 687f, n. 33은 이 점을 비판한다.

129. Joseph Fitzmyer, *The Gospel According to Luke*, vol. 1 (Garden City, NY: Doubleday, 1981), 627; Alexander, "Jesus," 369.

130. Alexander, "Jesus," 370; Betz, *Sermon*, 516.

131. Joachim Jeremias, *The Sermon on the Mount* (Philadelphia: Fortress, 1963), 4; German: *Die Bergpredigt* (Stuttgart: Calwer Verlag, 1959); Jeremias, *New Testament Theology* (New York: Charles Scribner's Sons, 1971), 211f.; Betz도 그리스도가 부정문을 긍정으로 직접 바꾸었을 가능성을 높게 평가함, 515.

132. Bultmann, *The History*, 103; *Geschichte*, 107; Dihle, 10은 불트만에 동조한다; Betz, *Sermon*, 515.

제4부 그리스도께서 가르치신 황금률

1. Allison & Davies, *Matthew*, 688; Donald A. Hagner, *Matthew*, vol. 1, Word Biblical Commentary, vol. 33a (Dallas: Word Books, 1993), 176; 주석가 찬(Zahn)은 사본상 근거가 약하다 하면서도 이 낱말이 원문

에는 없었을 것이라 주장한다. Theorod Zahn, *Das Evangelium des Matthäus* (Leibzig: Deichert, 1922), 310. 사본 가운데 ℵ* L 1424 *pc sy*[p] bo[mss] 등이 이 낱말을 누락하고 있다. 앞부분과의 연결 관계를 잘 몰라 빠뜨렸을 것으로 본다.

2. Henry George Liddell and Robert Scott, *A Greek-English Lexicon* (Abridged) (Oxford: Oxford University Press, 1980), 505; 'then'에 대해서는 Blass & Debrunner, *A Greek Grammar of the New Testament* (Chicago: University of Chicago Press, 1961), #451(1); 다른 의미에 대해서는 Blass & Debrunner, #462(1) 참고하라.

3. Calvin, *Harmony of the Gospels*, vol. 1, 232; *Matthew, Mark, and Luke*, vol. 1, 312.

4. Blass & Debrunner, *A Greek Grammar*, 372(1)은 누가복음 11장 13절 및 요한복음 13장 14절을 언급하면서도 이 점은 충분히 설명하지 않고 있다.

5. Blass & Debrunner, *A Greek Grammar*, 372(1).

6. '그러므로'의 다양한 연결 가능성에 대해서는 Allison & Davies, *Matthew*, 688f.를 보라.

7. Alan Hugh McNeile, *The Gospel According to St. Matthew* (London: Macmillan, 1915), 93; Allison & Davies, *Matthew*, 688-9. 역시 황금률을 전체 산상수훈의 결론으로 본다; Steenbuch, "Problem," 70; D. A. Carson, *Matthew*, 7:12.

8. D. Martyn Lloyd-Jones, *Studies in the Sermon on the Mount*, vol. 2, 206 (One Volume Edition, 466); 〈산상수훈 강해설교〉 주석가 가운데 이 견해를 가진 사람도 많다. Albright & Mann, *Matthew*, 84, n. 12; Willoughby C. Allen, *A Critical and Exegetical Commentary on the Gospel according to Matthew* (1907), (Piscataway, NJ: Gorgias Press, 2010), 67; 이 견해에 비판적인 내용은 Allison & Davies, *Matthew*, 688을 보라. 특히 7-11절을 이후의 삽입으로 볼 근거가 약하다고 주장한다.

9. Lloyd-Jones, *Studies*, vol. 1, 23.

10. Lloyd-Jones, *Studies*, vol. 2, 207.

11. Matthew Henry, *Matthew Henry's Commentary on the Whole Bible*, Matthew 7:12, accessed [online].

12. Adolf Schlatter, *Der Evangelist Matthäus. Seine Sprache, sein Ziel, seine Selbständigkeit. Ein Kommentar zum ersten Evangelium* (Stuttgart: Calwer, 1963), 246; Robert Horton Gundry, *Matthew: A Commentary on His Handbook for a Mixed Church Under Persecution* (Grand Rapids, MI: Eerdmans, 1982), 125 등이 이 견해를 갖는다.

13. 『마태복음 설교』 설교 XXIII, 6 (마 7:1), *NPNF*, ser. 1, vol. 10, 158.

14. 『마태복음 설교』 설교 XXIII, 6. 또 설교 I, 12에서도 누구든 어디서든 알 수 있는 원리임을 명시한다.

15. 『디다케』 1장, *ANF*, vol. 7, 377.

16. Lloyd-Jones, *Studies*, vol. 2, 215.

17. Meier, *Marginal*, vol. 4, 551f.

18. Matthew Henry, *Commentary*, Matthew 7:12, accessed [online].

19. Gensler, *EGR*, 41, n. 1.

20. 이 점은 리쾨르가 잘 설명하고 있다. Ricoeur, "The Golden Rule," 169.

21. Wattles, *GR*, 68.

22. 『요한복음 설교』 설교 LXXVII (요한복음 15:11-12). *NPNF*, ser. 1, vol. 13, 280; pdf, 547.

23. Luther, *Commentary on the Sermon on the Mount*, trans. Charles Hay (Albany, OR: Ages Software, 1997), pdf, 222.

24. Nicholas Lenke trans. & ed., *Sermons by Martin Luther* (1905), #47. 대림절 첫 주일 본문은 마태복음 21:1-9이다.

25. 워틀즈도 이 주제를 논의하는데, 주 대상은 사도들이나 사도, 제자, 청중을 대상으로 한 여러 말씀이 섞인 것으로 본다. Wattles, *GR*, 60-63.

26. Gandhi, *Young India 1924-1926*, 1078; Gandhi, *The Story of My Experiment with Truth*, 34 (Pt. 1, ch.

20), pdf, 92f.

27. Gandhi, *Harijan*, June 30, 1948. "His was non-violence *par excellence.*" Cited from Gandhi, *What Jesus Meant to Me* (Bombay: Navajivan, 1959), 16. pdf.

28. 『기독교 강요』 I. v. 3; I. xv. 5; 『사도행전 주석』 17:28 주석; 아라토스는 스토아학파를 창시한 제논과 교류했으므로 영향을 받았을 수도 있다. 필자의 은사 고재수(N. H. Gootjes) 교수는 바울이 아라토스의 시를 이용해 그들 종교의 모순을 지적하고 있다고 설명한다. 고재수, 『교의학의 이론과 실제』(고려신학대학원 출판부, 1992, 2001), 64-77.

29. David L. Edward & John Stott, *Evangelical Essentials: A liberal-evangelical dialogue* (London: Hodder & Stoughton, 1988), 328.

30. Calvin, *Harmony of the Gospels*, vol. 3, 147; *Matthew, Mark, Luke*, vol. 3, 147. 마태복음 25:40 주석 부분이다.

31. 예수에 대한 간디의 관점은 Gandhi, *Young India 1924-1926*, 720ff., 1034; "Jesus was a supreme artist" 1080-3을 보라. 보편적 예수에 대한 관점. Gandhi, *Experiment*, 70 (Pt. 1, ch. 15), pdf, 161.

32. "A return to the primitive unity of the world," 세계종교회의 홈페이지.

33. Paul Ricoeur(리꾀르) in Wattles, GR, 64.

34. Paul Siebig, *Jesu Bergpredigt* (Göttingen: Vanderhoek & Ruprecht, 1924), 143, n. 411. 시비크는 힐렐과 달리 그리스도 황금률은 "공식이 긍정문이고, 거기다 더하여 복수로 되어 있다"고 말했는데, '복수'의 의미를 더 천착하지는 않는다; King, "Negative," 269f.

35. 김홍전, 『예수께서 가르치신 하나님 나라의 열매』(서울: 성약출판사, 2004), 130-131; Wattles, *GR*, 54도 언급한다.

36. Berchman, "Golden Rule," 50.

37. Berchman, "Golden Rule," 50-51.

38. Wattles, *GR*, 67도 비슷한 설명을 한다.

39. Wattles, *GR*, 74f.

40. 『황금률 설교 (1530)』, *WA*, vol. 21, 235-241; *Commentary on the Sermon on the Mount*, trans. Charles Hay (Albany, OR: Ages Software, 1997), pdf, 219; Wattles, *GR*, 75.

41. Lenker, trans. and ed., *Sermons by Martin Luther* (1905), #45, pdf, 39.

42. Mere *Christianity*, 79, 84-84 (pdf, 40, 42); 한국어판은 『순전한 기독교』(서울: 홍성사, 2005), 138-9, 146을 보라.

43. *Mere Christianity*, 83, 108 (pdf, 41, 55); 한국어판은 『순전한 기독교』, 145, 191을 보라.

44. *Mere Christianity*, 22-24, 37 (pdf, 10-11, 19); 한국어판은 『순전한 기독교』, 34-37, 61을 보라.

45. *Mere Christianity*, 79 (pdf, 39); 한국어판은 『순전한 기독교』, 137을 보라.

46. *Mere Christianity*, 61 (pdf, 28); 한국어판은 『순전한 기독교』, 94, 95을 보라.

47. 이 주제에 관한 폭넓은 논의로는 다음 자료를 보라. Junghwan Lee, "'The golden rule of our Saviour… had been inculcated by Confucius, almost in the same words, for centuries before': The Clash of the Christian and Confucian Golden Rules in the 17th to 19th Century England" in *Journal of Confucian Philosophy and Culture*, vol. 31 (2019): 75-116.

48. Nicolas Trigault ed., *China in the Sixteenth Century: The Journals of Matthew Ricci, 1583-1610* (New York: Random House, 1953), 93, 97, 155, 158. James Legge, *The Life and Teachings of Confucius* (London: Kegan Paul, 1895). 112. Csikszentmihalyi, "Confucianism," 157, 158.

49. Alfred Edersheim, *The Life and Times of Jesus the Messiah*, vol. 1 (London: Longmans, Green, and Co, 1915), 535; King, "Negative," 269; P. S. Alexander, "Jesus," 377. 알렉산더는 여러 이유로 이 관점을 비판한다. 킹은 에더샤임을 따라 유대교 황금률을 부정적으로 묘사한 사람을 여럿 열거하고 있다(King, 269f).

50. Elmer Mould, review of Ernest Cadman Colwell, *An Approach to the Teaching of Jesus*, in *Journal of*

Bible and Religion, vol. 16, no. 2 (1948): 131f; Gensler, *EGR*, 164.

51. Arthur Headlam, *The Life and Teaching of Jesus the Christ* (New York: Oxford Univ Press, 1923), 82, 233; King, "Negative," 268.

52. 김교신, 『성서 연구』 김교신 전집 4권(서울: 부키, 2001), 207.

53. John Piper(존 파이퍼), "2013년 설교", redeemerbiblechurch.com을 참고하라.

54. William Barclay, *The Gospel of Matthew*, vol. 2 (Louisville, KY: Westminster John Knox, 1968), 317; Steenbuch, "Problem," 70,

55. Robert M. Bowman, "The Authenticity of the Golden Rule Logion in Matthew and Luke," 8. 마이어의 관점을 비판하는 내용 중에 나온다.

56. Gensler, *EGR*, 171.

57. Laertius, *Lives*, bk. 5, ch. 1, Aristotle, #21 (Perseus Digital Library); Alexander, "Jesus," 378; Walter T. Wilson, *The Sentences of Sextus* (Atlanta: Society of Biblical Literature, 2012), 126.

58. Meier, *Marginal*, v. 4, 630. n. 259. (유일성 거부); v. 4, 629, n. 254 (상호성 미흡 지적).

59. Nivison, "Golden Rule Arguments," 62.

60. Strecker, *Sermon*, 152.

61. Ricoeur, "Ethical," 294. 리쾨르는 도너건의 견해를 그대로 수용한다; Alan Donagan, *The Theory of Morality* (Chicago: Univ of Chicago Press, 1977), 57f.

62. Allsion & Davies, *Matthew*, 687; King, "Negative," 277, 279; Alan Donagan, *Theory*, 57f.

63. 『Visuddhimagga (위숫디막가)』, IX, 10, trans. by Bhikkhu Nanamoli, *The Path of Purification (Visuddhimagga)* (Kandy, Sri Lanka: Buddhist Publication Society, 1975), 293, pdf; Hallisey, "Buddhism," 141.

64. Hallisey, "Buddhism," 143.

65. Gandhi, *Young India 1924-1926*, 980, 1926/10/21, VII; 또는 "남들에게 최대한의 편의를 허용하는 것", 984, 1926/10/21, VII.

66. Robert Allinson "Hillel and Confucius: The Proscriptive Formulation of the Golden Rule in the Jewish and Chinese Confucian Ethical Traditions" in *Dao: A Journal of Comparative Philosophy* III (Dec 2003): 30.

67. George Foot Moore, *Judaism in the First Centuries of the Christian Ear*, vol. II (Cambridge, MA: Harvard Univ, Press, 1927), 87f.; Allison & Davies, *Matthew*, 687; Wattles, GR, 56.

68. Csikszentmihalyi, "Confucianism," 159; King, "Negative," 271, n. 4.

69. Wattles, *GR*, 120; 심리학자 Ron B. Rembert의 실험이다. Ron B. Rembert, "The golden rule: Two versions and two views" in *Journal of Moral Education*, 12, no. 2 (May 1983): 101.

70. Wattles, *GR*, 56.

71. Allinson "Hillel and Confucius," 31.

72. Allinson, "Confucian," 314, 310, 305f.; 김명석은 이 주장을 비판한다(김명석, 〈부정적 형식〉, 84-87).

73. Allinson, "Hillel and Confucius," 33, 36, 39.

74. Hertzler, "On Golden Rules," 432.

75. Kaufmann Kohler & Emil G. Hirsch, "GOLDEN RULE, THE" in *Jewish Encyclopedia*, http://www.jewishencyclopedia.com/articles/6744-golden-rule-the.

76. Nassim Nicholas Taleb, *Skin in the Game: Hidden Asymmetries in Daily Life* (New York: Random House, 2018), pdf, 33ff., 117ff.; 한국어판: 김원호 번역, 『스킨 인 더 게임』(서울: 비즈니스북스, 2019).

77. Allinson, "Confucian," 309-311; 김명석은 이 주장을 비판하면서 성악설을 주장한 순자를 보기로 든다(김명석, 〈부정적 형식〉, 86f).

78. Allinson, "Confucian," 319.

79. Wattles, *GR*, 120.

80. Ahad Ha'am, "Judaism and the Gospels" (1910) in *Ten Essays on Zionism and Judaism*, trans. Leon Simon (London: George Routledge & Sons, 1922), 235f.; 원저: *Kol Kitbe Ahad Ha-Am* (Tel Aviv, 1947), 374; Alexander, 379f., n. 18.

81. Allinson, "Hillel and Confucius," 30, 36-38,

82. F. Schleiermacher, *Predigten*, III (Leibzig: Nachfolger, 1909), 84f.; Recited from Tasker, "Golden Rule," 654, pdf, 1925.

83. King, "Negative," 276.

84. Hyslop, *The Ethics of the Greek Philosophers*, 107f.

85. Iain King, *How to Make Good Decisions and Be Right All the Time* (London: Continuum, 2008), 78, 110; Horsfield, "Golden Rule," 23f.; 탈레브도 같은 우려를 표명한다(Taleb, Skin, 36).

86. 김용옥 〈중용 강좌〉 25번. 이 책 180-181쪽을 참고하라. Robert Allinson, "The Golden Rule as the Core Value in Confucianism and Christianity: Ethical Similarities and Differences" in *Asian Philosophy* 2, n. 2 (1992): 173-185; Csikszentmihalyi, "Confucianism," 158.

87. Allinson, "Confucian," 305-307, 311; Allinson "Hillel and Confucius," 33.

88. Allinson, "Confucian," 307f.

89. 김명석, 〈부정적 형식〉, 74-76, 90.

90. Allinson, "Confucian," 312. 학대 가능성 등등.

91. Alexander, "Jesus," 379.

92. Jeremias, *Theology*, 212, n. 3. 예레미아스는 둘을 똑같이 다루는 딜을 비판한다.

93. Gensler, *EGR*, 167-8; Betz는 이 구분도 법정에서 한다면 큰 차이를 보일 것이라 주장한다(Betz, *Sermon*, 510).

94. M. Singer, "The Golden Rule," 275, 277.

95. "Psychological differences," Gensler, *EGR*, 168; Q. C. Terry, *Golden Rules and Silver Rules of Humanity* (Concord, MA: Infinity, 2012), 81을 인용함: 표현의 원출처는 M. Singer, "The Golden Rule," 272; Allinson도 "Hillel and Confucius," 31에서 Singer(싱어)를 비판한다.

96. 몇몇 사본은 25:40에서 "내 형제들 중(τῶν αςδελφῶν μου)" 구절이 빠져 있는데, 이는 25:45의 영향일 것으로 본다. McNeil, *Matthew*, 371; Hagner, *Matthew*, 739; 여기서 '형제'가 복음 전파를 위해 파송된 제자들을 가리킨다는 수상노 있나(R. I. France, *Matthew*, 357).

97. 『고린도후서 설교』 설교 XVII (고린도후서 8:7), *NPNF*, ser. 1, vol. 12, 362, pdf, 632.

98. Hagner, *Matthew*, 176; Meier, *Marginal*, vol. 4, 626, no. 242.

99. Abrahams, *Studies*, 22; Hagner, *Matthew*, 176.

100. 김교신, 『성서 연구』, 207.

101. Moshe Benovitz, "Your Neighbor Is Like Yourself: A Broad Generalization with Regard to the Torah" in Marcel Poorthuis & Joshua Schwartz eds., *A Holy People: Jewish and Christian Perspectives on Religious Communal Identity* (Leiden: Brill, 2006), 140-141; Kister, "Golden Rule," 723.

102. 김교신, 『성서 연구』, 207-208.

103. Hirst, "Implications," 556; 언급한 비판은 F. Younghusband가 *Hibbert Journal* (Jan 1914)에 제기한 비판이다. Francis Younghusband, "Some Laymen's Needs" in *Hibbert Journal*, vol. 12, no. 1 (Jan 1914).

104. Allison & Davies, *Matthew*, 686.

105. R. Hume, *The World's Living Religions*, 279.

106. Ricoeur, "The Golden Rule" in *Ethics*, 170.

107. 첫 두 가지는 Gene Outka, *Agape: An Ethical Analysis* (New Haven: Yale University Press, 1972), 62-63을 참고하라.

108. Outka, *Agape*, 71.

109. Reinhold Niebuhr, *Faith and History: A Comparison of Christian and Modern Views of History* (New York: Charles Scribner's Sons, 1949), 177; Outka, Agape, 66; Reinhold Niebuhr, *An Interpretation of Christian Ethics* (New York: Harper & Brothers, 1934); J. Gould의 지적은 "Clarifying Singer's Golden Rule," 95; "The Golden Rule," 73; "The Not-So-Golden Rule" (1963), 10을 보라.

110. Paul Tillich, *Love, Power and Justice* (New York: Oxford University Press, 1954), 70, 78; 한국어판: 성신형 역,『사랑, 힘, 그리고 정의』(서울: 한들출판사, 2017).

111. Lewis, *Mere Christianity*, 168;『순전한 기독교』296-7.

112. Erich Fromm, *The Art of Loving* (New York: Harper & Row, 1956), 130 (ch. 4, "The Practice of Love"); 한국어판: 황문수 역,『사랑의 기술』(서울: 문예출판사, 1976).

113. Paul Tillich, *The New Being* (New York: Charles Scribner's Sons, 1955), 30-32; 한국어판: 강원룡 역,『새로운 존재』(서울: 대한기독교서회, 1960), 54; Tillich, *Love, Power, and Justice*, 79f.; Wattles, *GR*, 5, 193.

114. Paul Tillich, "4. The Golden Rule" in *The New Being*, pdf, 15-16; 폴 틸리히,『새로운 존재』, 55. 인용문은 필자의 번역이다.

115. Tillich, *Love, Power, and Justice*, 2-3.

116. Tillich, *The New Being*, 32.

117. 틸리히의 이 관점은 겐슬러의 설명 가운데 레위기 19장 18절과 황금률 사이를 상보적이라 보는 견해와 통한다. Gensler, *EGR*, 39. 이 책 64쪽의 미주 69를 참고하라.

118. Ricoeur, "The Golden Rule," 168f.; "Ethical," 300.

119. Betz, *Sermon*, 514; Ricoeur, "The Golden Rule," 170.

120. Outka, *Agape*, 75.

121. Joseph Fletcher, *Situation Ethics* (Philadelphia: Westminster, 1966), 87; Outka, *Agape*, 85.

122. Outka, *Agape*, 80.

123. Wattles, *GR*, 65.

124. Georg Strecker, *The Sermon on the Mount* (Edinburgh: T & T Clark, 1988), 153f.; 선포된 말씀들 보기: 마태 5:39b-42; 누가 6:29-30; 마태 5:46-47; Strecker, 216. n. 75.

125. Strecker, *Sermon*, 155; 워틀즈는 이 점을 고려하여 황금률을 이렇게 표현한다: "Do to others as God wants you do do to them." Wattles, "Levels of Meaning in the Golden Rule" in *Journal of Religious Ethics*, 15 (1987): 107.

126. 『산상수훈 설교』II권, 22장, #74-76; *NPNF*, vol. 6, 58f.

127. 『신의 도성』14권, 8장(펭귄, 559);『산상수훈 설교』II권, 22장, #74; Wattles, *GR*, 71.

128. Huang, "Copper Rule," 398.

129. R. M. Hare, "Euthanasia," 43f.

130. 『기독교 강요』III. vi. 2.

131. Duncan, "Golden Rule," 2.

132. Justinus, *Trypho*, XCIII.

133. Tertullian, *Adversus Marcionem*, bk. IV, ch. xvi, *ANF*, vol. 3, 370-372.

134. 김홍전,『예수께서 가르치신 하나님 나라의 열매』, 138.

135. Machen, *Christianity*, 38.

136. Stanglin, "Connection," 365.

137. Lloyd-Jones, *Studies*, vol. 2, 215.

138. Levine은 이 명령을 empathy로 푼다(Levine, "Golden Rule," 14). 처지를 바꿔 생각하라는 것이다. 옳고 또 틀렸다.

139. Alister E. McGrath, *Mere Apologetics: How to Help Seekers and Skeptics Find Faith* (Grand Rapids,

MI: Baker Books, 2012), 16; 한국어판: 전의우 역, 『기독교 변증』(서울: 국제제자훈련원, 2014), 24.

140. 이 책 180-181쪽에 나오는 김용옥의 비판을 보라.

141. Allison & Davies, *Matthew*, 688.

142. Jong-June Park, "Ethics of the Golden Rule and the Commandment of Love" in *Cheolhak*, vol. 145 (November 2020): 235, 240을 참조하라.

143. Ricoeur, "Ethical," 294.

144. 김교신, 『성서 연구』, 205.

145. Wattles, *GR*, 35.

146. 『묵자』 1권 4장 "법의(法儀)": "愛人利人者, 天必福之。惡人賊人者, 天必禍之".

147. 『기독교 강요』 III. xx. 45; 영역자 Battles는 "우리가 하나님이 우리가 남들에게 하는 대로 우리에게 해 주시기를 구하는 것이기 때문이다"라는 문구 뒤에 마태복음 7장 12절을 참고하라고 적었다(Battles, *Institutes*, vol. 2, 912). 이 문구는 마태복음 6장 12절을 일반화한 것으로, 처지를 바꾸어 보는 황금률 원리는 분명하나 칼뱅이 마태나 누가의 황금률 공식을 염두에 두었는지는 분명하지 않다.

148. 1939년 10월 12일 일기, 김교신 전집 7권, 『일기 III』(서울: 부키, 2002), 151.

149. Allison & Davies, *Matthew*, 428.

150. 『마태복음 설교』, 설교 XXIII(마태 7:1), 12; *NPNF*, ser. 1, vol. 10, 158, pdf, 291.

151. Søren Kierkegaard, *Works of Love* (Princeton: Princeton Univ Press, 1949), 55; 한국어판: 임춘갑 역, 『사랑의 역사』(인천: 도서출판 치우, 2011); Outka, *Agape*, 7.

152. 〈산상수훈 설교〉, II권, 22장, #75. Gensler, *EGR*, 41.

153. Betz, *Sermon*, 516.

154. Voltaire, "Religion" in *Philosophical Dictionary*, online.

155. 루터의 모범 설교. Martin Luther, "4th Sun after Epiphany," on Rom 13:8-10, no year, sermon #21-22, online, 소스: http://www.lutherdansk.dk/1%20Web-AM%20-%20Introduction/Kirkepos.htm

156. 『논어』 4장(里仁篇), 6; 7장(述而篇), 29.

157. "爲之難", 『논어』 2장(爲政篇), 13; 4장(里仁篇), 22-24; 14장(憲問篇) 21, 29.

158. 『논어』 12장(顏淵篇), 3.

159. Kant, *Kant on Education* (Boston: D. C. Heath & Co., 1900), 7 (original work: *Über Pädagogik*, 1803).

160. William Frankena, *Ethics* (Englewood Cliffs, NJ: Prentice-Hall, 1963), 53: "Principles without traits are impotent, traits without principles are blind." Outka, *Agape*, 139. 칸트 원문: "Gedanken ohne Inhalt sind leer, Anschauungen ohne Begriffe sind blind."("내용 없는 생각은 공허하고, 개념 없는 직관은 맹목이다.")

161. Frankena, *Ethics*, 51.

162. Outka, *Agape*, 123.

163. Martin Luther, "Vorrede (1522)" in D. *Martin Luthers Wreke*, 6. Band (Weimar: Herman Böhlaus, 1929), 10.

164. Lloyd-Jones, *Studies*, vol. 1, 28.

165. 『클레멘스 1서』 13:2; Wattles, *GR*, 57.

166. Outka, *Agape*, 292f.

167. Kierkegaard, *Works of Love*, 228.

168. 『산상수훈 설교』 II권, 8장, #19.

169. Kierkegaard, *Works of Love*, 108, 290, 295; Outka, *Agape*, 19.

170. Reinhold Niebuhr, *The Nature and Destiny of Man*, vol. 2 (London: Nisbet & Co, 1943), 72; Outka *Agape*, 24f.

171. Strecker, *Sermon*, 154.

172. Allison & Davies, *Matthew*, 689. n. 3; Harvey K. McArthur, "Golden Rule" in *A new Dictionary of Christian Ethics* (London: SCM, 1986), 250.

173. Dihle, *GR*, 112; Betz, *Sermon*, 513.

174. 이런 특징에 대해서는 Neusner, "Classical Judaism," 62f를 보라.

175. Betz, *Sermon*, 516, n. 698.

176. Betz, *Sermon*, 513.

177. Jeremias, *Theology*, 212, n. 1.

178. Bultmann, *The History*, 103; *Geschichte*, 107. 반대로 마태가 추가한 구절이라 보기도 한다.

179. Fitzmyer, *Luke*, 639; Betz, *Sermon*, 517f.

180. Jeremias, *Theology*, 212.

181. France, *Matthew*, 145.

182. 『산상수훈 설교』 II권, 22, #75; *NPNF*, vol. 6, 59; "On the Holy Trinity," bk. VIII, ch. 7, no. 10, pdf, 247.

183. 원어의 경우, 마태복음 22:40은 ὅλος이고 갈라디아서 5:14은 πᾶς여서 다르다.

184. "On the Holy Trinity" bk. VIII, ch. 7, #10, pdf, 247. 이웃 사랑을 말한 구절이지만 이웃을 사랑하는 사람도 사랑 자체가 필요하고, 그 사랑이 곧 하나님이므로 하나님을 사랑하는 것도 포함된다.

185. 『신학대전』 I-II, Q. 99, 아르굴멘툼 1, 제3번 반론에 대한 답변.

186. *Super Evangelium Matthaei* (1256-1259 또는 1269-1272), #983; 불어: trans. Jacques Ménard, *LECTURE DE L'ÉVANGILE DE SAINT MATTHIEU* (Documenta Catholica Omnia, 2004-5), pdf, 290; 영어: trans. R. F. Larcher, *Commentary on Saint Matthew's Gospel* (Idisore, Co). 현대 주석가 중에도 건드리(Gundry)는 아우구스티누스와 아퀴나스의 논리를 따른다(Gundry, *Matthew*, 125).

187. 히에로니무스 편지 148, #13-18; *Epistularum pars III*, 341.

188. 산상수훈 설교, 1530년의 황금률 설교. Luther, *Commentary on the Sermon on the Mount*, trans. Charles Hay (Albany, OR: Ages Software, 1997), pdf, 222.

189. Lenker trans., *Sermons by Martin Luther*, #45, pdf, 39.

190. Calvin, *Harmony of the Gospels*, vol. 1, 232; *Matthew, Mark, Luke*, vol. 1, 312.

191. 『기독교 강요』 II. viii. 52.

창세기

1-2장 46
1:26-27 145
1:26-28 46, 526
1:28 416
1:31 526
2:15 416
2:16 416
2:17 416
2:18-25 46
2:23 143
3:2-3 201
3:7 322
3:10 322
4:23-24 57
5:1 64
5:1-2 46
6:11 200
11:1-9 401
11:6-9 539
18:1-8 282
19:1-13 282
23:4 282, 461
34:14-31 57
42:37 58
47:9 282

출애굽기

20:6 317
21:23-25 57, 535, 555
22:21 60
22:22-24 61
22:25 589
23:9 60
23:29-30 65

레위기

19:9-18 388
19:14 318
19:18 55, 63, 64, 65, 66, 68, 71,
73, 303, 317, 458, 481, 558, 560,
586, 595
19:32 318
19:33-34 60
19:34 65, 265, 281
24:17-22 57
24:20 555
25:17 318
25:23 282, 461
25:36 318
25:43 318

신명기

5:10 317
6:4-5 71, 303
6:5 302, 582
7:9 317
7:16 65
10:12 585
10:12-13 318
10:18-19 60
11:13 585
13:3 585
15:10-11 61
15:14-15 390
16:11-12 62
19:21 57, 555
20:10 65
24:17-18 62
25:17-19 65
26:26 585
30:6 585
32:6 146

여호수아

22:5 317

룻기

2:11-12 62
3:10 62

사무엘상

15:3 58, 65
26:24 62, 470

사무엘하

12:1-11 58
12:5 205
12:11 59
14:1-13 558
22:26-27 62

열왕기상

2:4 585
20:38-42 558

열왕기하

23:25 585

역대상

29:15 282

역대하

15:21 585
34:31 585

느헤미야

1:5 317
5:15 318
9:5-8 534

에스더

9:5-16 58

욥기

30:24-25 62
31:9-10 587
31:13-14 62, 470
31:15 60, 147
31:29-30 62

22:37-40 302
22:38 585
22:40 597
22:45 373
23:3 356
23:15 281
25:29 505
25:34 505
25:35-40 281
25:37-38 507
25:40 318, 401, 426, 475, 476, 591, 594
25:45 426, 475, 476

마가복음

4:25 505
6:34 288, 481
7:19 529
8:2 482
9:50 584
10:21 356, 567
10:45 506
11:24 589
11:29 302
12:28-33 302
12:31 585
12:33 303, 304

누가복음

3:10-14 546
6:17 395
6:20 395
6:24-26 396
6:27 385, 395
6:27-30 387
6:29-30 595
6:30 382
6:31 277, 295, 351, 355, 358, 359, 363, 379, 387
6:31-36 485
6:32-33 288
6:32-34 397
6:34 288
6:35 397
6:35-36 288, 388, 389
6:37 285

6:38 505
6:45-46 494
7:8-10 293
7:31-35 280
8:18 505
9:58 283, 284
10:1-2 508
10:25-28 302
10:25-37 280, 305, 426
10:29 65
10:29-37 316
10:30-35 481
10:37 428
11:9-10 499
11:9-13 498
11:13 373, 499, 590
11:36 373
12:26 373
13:1-5 472
13:26-27 397
14:28-33 509
16:11 373
16:13 311
16:16 362, 434
16:29 362
16:31 362
17:20 507
18:1 425
18:2 322
18:4 322
18:11 507
19:8 546
19:26 505
21:36 425
24:27 312, 362, 435
24:31-32 284
24:44 312, 362

요한복음

1:12 400
1:45-51 546
3:3-8 521
3:16 312, 531
5:17-19 383
5:20 384
5:24 522

5:39 312, 435
5:42 311
6:27 504
8:31-36 524
8:44 521
13:14 373, 584, 590
13:14-15 468
13:34 279, 298, 391, 467, 584
13:34-35 313, 404, 553
14:3 284
14:15 317
14:16 500
14:17 500
14:21 317, 319
14:23 319
14:26 500
15:10 319
15:11-12 587, 591
15:26 500
16:7 588
16:13 500
17:11 145
17:15 406
17:20-22 46, 146
17:21 527
17:21-23 145
18:8 373
19:30 498
20:17 401

사도행전

1:4 500
2:2 500
2:11 281
2:16 589
2:33 500
2:39 357
3:21 535
3:22 357
5:1-11 509
6:5 281
7:22 536
11:17 373
13:43 281
15:20 332
15:29 332

17:26 147
17:26-27 399
17:27 539
17:28 147, 398, 591
19:38 373
22:3 536
23:6 536
25:11 373
26:5 536
26:24 536

로마서

1:19-20 345
1:20 526, 529
1:20-23 301
1:26 50, 527
2:1 285
2:2 285
2:14-15 333, 337, 339, 345, 587
2:24 548
3:24 523
4:2-4 496
5:10 288
5:20 525
6:13 303, 522
6:17-18 522
6:17-21 524
6:21-22 522
7:11 495
7:15 492
8:3-4 498
8:4 501
8:4-5 501
8:11-12 501
8:18 512
8:26-27 500
8:28 311, 382, 465
8:32 383
9-11장 56
9:28 331
9:30 494
9:32 494
10:3 494
11:21 50
11:24 50, 528
12:1 303, 390

12:10 584
12:11 291
12:13 281
12:15 279, 457
12:16 584
13:4-7 269
13:8 78, 315, 349, 353
13:8-9 278
13:8-10 353, 589, 596
13:9 303, 315
13:10 316, 335, 349, 353, 414
14:18 322
14:19 584
14:23 546
15:7 584
15:5 584
15:14 584
16:16 584

고린도전서

2:9 311
2:10-11 500
3:16-18 495
5:10 406
7:3-4 292
8:3 311
8:11 426
9:19-22 340
9:25 504
9:26 531
9:27 473, 531
10:24 353, 459
12:28 584
13:1-3 585
15:10 524
15:33 495
15:42 504

고린도후서

2:9-11 495
3:3 500, 535
3:17 498
5:14-15 313
6:14 547
8:7 587, 594
8:21 322

9:6 503
10:5 531
11:29 340

갈라디아서

3:7 56
3:14 56
3:29 56
5:13 584
5:14 303, 315, 349, 514, 597
5:16 456, 501
5:22-23 482, 501, 549
5:25 501
6:1 340, 478, 483, 485
6:2 584
6:4 353
6:7 495, 541

에베소서

1:10 315
2:1-5 521
2:3 524
2:14-22 46
2:15 145
2:18 87
4:1 390
4:2 584
4:24-25 46
4:32 287, 455, 474, 503, 584
5:1 288, 383, 390, 462
5:2 391
5:6 495
5:9 495
5:20 546
5:31-32 46, 146
6:1 292
6:4 292
6:5 86, 291
6:5-8 478
6:7 291
6:8 502
6:9 86, 290, 292, 479

빌립보서

2:1 373, 390
2:2 585

2:3　120
2:3-4　81
2:4　353
2:22　383
3:5-8　536
4:1　390

골로새서

1:13　521
3:1　373, 390
3:10-11　46
3:13　359, 455
3:20-21　292
3:22　291
3:22-24　478
4:1　86, 290, 479

데살로니가전서

5:15　278
5:17　425

데살로니가후서

3:2　400

디모데전서

1:5　317
2:2　269, 405
3:2　281
4:3-4　526, 529
4:5　529
4:7　531
5:8　482, 548
5:10　281
6:2　291

디모데후서

3:2　532
3:13-14　495
3:15　301

디도서

1:8　281
1:10　495
3:3　457, 490, 525

빌레몬서

1:16　292
1:17　373

히브리서

2:11　401
4:15　280
7:11　373
8:4　373
9:27　528, 531
10:31　286
10:34　280, 283, 478
10:35　283
11장　495
11:4-39　495
11:13-16　281
11:36-37　281
12:4　531
12:7　354
13:1-2　281
13:2　282
13:3　280

야고보서

1:12　311
1:16　397, 495
1:18　521
1:22　397, 495
2:5　311
2:8　303, 315
2:13　458, 473
2:17　95, 314
2:24　495
2:26　458
3:9-10　535

베드로전서

1:23　521
2:9　48
2:11　282
3:15　402, 460
3:18　313
4:3　525
4:8　585
4:9　281, 282, 461, 584

베드로후서

1:3　48
1:5　48

요한일서

2:5　320, 321
2:6　359
2:7　318
2:15-17　531
2:23　401
3:8　521
3:9　521
3:10　497, 521
3:16　298, 314, 392, 431, 468, 531
3:16-17　476, 480
3:17　497
3:18　314
3:23　314, 317, 392
4:10　312, 319
4:10-11　311
4:11　279, 430
4:12　321
4:13-17　500
4:17　320
4:20　321, 476
4:20-21　311
4:21　317
5:1　317
5:1-2　311, 476
5:3　311, 317
5:12　401

요한이서

1:6　317, 318

유다서

1:21-23　503

요한계시록

3:20　283

참고문헌

1. 성경

원어
Biblia Hebraica Stuttgartensia (BHS, Deutsche Bibelgesellschaft, 1984).
Novum Testamentum Graece (Nestle-Aland, Deutsche Bibelgesellschaft, 2004).
Septuaginta (LXX, Deutsche Bibelgesellschaft, 1979).

한글
〈한글개역〉, 〈개역개정〉, 〈표준새번역〉, 〈공동번역〉, 〈바른성경〉, 〈새한글성경〉.

외국어
Biblia Vulgata (Latin Vulgata, 라틴 불가타, 라틴어).
King James Version (KJV, 킹 제임스 성경, 1691, 1769, 영어).
Lutherbibel (Luther Bible, 루터 성경, 독일어).
New American Standard Bible (NASB, 새 미국 표준역, 영어).
New International Version (NIV, 새 국제판, 1984, 2011, 영어).
Revised Standard Version (RSV, 개역표준판, 영어).
Sainte Bible selon la version Louis Segond (Louis Segond, 루이 스공 성경, 프랑스어).

2. 단행본 및 논문

고재수. 『교의학의 이론과 실제』. 고려신학대학원 출판부, 1992, 2001.
공자. 『논어(論語)』, 『중용(中庸)』. 박일봉 편저. 서울: 육문사 간행, 1993.
김교신. 『성서 연구』(김교신 전집 4권). 서울: 부키, 2001.
______. 『일기 III』(김교신 전집 7권). 서울: 부키, 2002.
김지수. 〈묵자의 법사상〉. 《이화여대 법학논문집》 18권 2호(2013, 12): 293-336.
김홍전. 『예수께서 가르치신 하나님 나라의 열매』. 서울: 성약출판사, 2004.
『꾸란』.
노자. 『노자(老子)』. 서울 동서문화사, 1979.
『덴카르드』.
『돈황변문집(敦煌變文集)』.
맹자. 『맹자(孟子)』.
묵자. 『묵자(墨子)』.
불경: 『長部(디가 니까야, Dīgha Nikāya)』, 『長阿含經(장아함경, Dirgha Agama)』, 『經集(숫타 니파타, Sutta Nipata)』,
        『法句經(우다나바르가, Udanavarga)』, 『自說經(우다나, Udana)』.
박일봉 편저. 『대학(大學)』. 서울: 육문사, 1992.
박종준. 〈현대 황금률의 도덕철학적 문제〉. 《철학사상》 제60권(2016, 5): 227-255.
유일환. 〈칸트의 황금률 비판과 유가의 충서(忠恕) 개념〉. 《철학사상》 제53권(2014, 8): 3-25.
임헌규. 〈유가의 도덕원리와 칸트〉. 《한국철학논집》 29권(2010): 125-152.
쿠퍼, 아일린. 『황금률』. 정선심 역. 서울: 두레아이들, 2008.
포콜라레. 『젠의 노래』. 마리아 사업회 역. 서울: 가톨릭출판사, 2003.

Abbott, Thomas Kingsmill. "Memoir of Kant." In *Kant's Critique of Practical Reason and Other Works on the Theory of Ethics*, iii-lxiv. London: Longmans, Green & Co., 1889.
Abrahams, Israel. *Studies in Pharisaism and the Gospels*. Cambridge: The University Press, 1917.
Adler, Felix. "The Freedom of Ethical Fellowship." *International Journal of Ethics* 1, no. 1 (Oct. 1980): 16-30.
Ahad Ha'am. "Judaism and the Gospels." Originally published 1910; in *Ten Essays on Zionism and Judaism*, translated by Leon Simon, 223-253. London: George Routledge & Sons, 1922.

A Hundred and One Nights. Translated by Bruce Fudge. New York: New York University Press, 2017.

Akiyama, Kengo. *The Love of Neighbor in Ancient Judaism.* Leiden: Brill, 2018.

Albright, W. F., and C. S. Mann, eds. *Matthew.* Anchor Bible, vol. 26. Garden City, NY: Doubleday, 1971.

Alessandra, Tony. *The Platinum Rule: Discover the Four Basic Business Personalities and How They Can Lead You to Success.* New York: Grand Central, 1996.

Alexander, P. S. "Jesus and the Golden Rule." In *Hillel and Jesus: A Comparison of Two Major Religious Leaders,* edited by James H. Charlesworth and Loren L. Johns, 363-388. Minneapolis: Fortress, 1997.

Al-Ghazali. *Letter to a Disciple.* Cambridge: The Islamic Texts Society, 2005.

______. *The Ninety-Nine Beautiful Names of God: Al-Maqṣad al-Asnā fī Sharḥ Asmā' Allāh al-Ḥusnā.* Translated by David B. Burrell and Nazih Daher. Cambridge: The Islamic Texts Society, 2011.

Allen, Willoughby C. *A Critical and Exegetical Commentary on the Gospel according to Matthew.* 1907; reprint, Piscataway, NJ: Gorgias Press, 2010.

Allinson, Robert. "The Confucian Golden Rule: A Negative Formulation." *Journal of Chinese Philosophy* 12, no. 4 (1985): 305-315.

______. "The Golden Rule as the Core Value in Confucianism and Christianity: Ethical Similarities and Differences." *Asian Philosophy* 2, no. 2 (1992).

______. "Hillel and Confucius: The Proscriptive Formulation of the Golden Rule in the Jewish and Chinese Confucian Ethical Traditions." *Dao: A Journal of Comparative Philosophy* 3, no. 1 (December 2003): 29-41.

Allison, Dale C., and W. D. Davies. *The Gospel According to Saint Matthew.* Edinburgh: T&T Clark, 1988.

Al-Qāsimī, Jamāl al-Dīn. *Tafsīr al-Qāsimī al-musammá Maḥāsin al-ta'wīl.* 17 vols. Beirut: Dār al-Kutub al-'Ilmiyyah, 1997.

al-Qurṭubī, Muḥammad ibn Aḥmad. *al-Jāmi' li-Aḥkām al-Qur'ān.* 20 vols. Cairo: Dār al-Kutub al-Miṣrīyah, 1964.

Ambrose. *De fuga saeculi.* Edited by Karl Schenkl. *Corpus Scriptorum Ecclesiasticorum Latinorum* (CSEL), vol. 32. Vienna: Akademie der Wissenschaften in Wien, 1866.

Anderson, Stephen. "The Golden Rule: Not So Golden Anymore." *Philosophy Now,* no. 74 (July/August 2009): 26-29.

An-Na'im, Abdullahi Ahmed. "Problems of Universal Cultural Legitimacy." In *Human Rights in Africa: Cross-Cultural Perspectives,* edited by Abdullahi Ahmed An-Na'im and Francis M. Deng. Washington, DC: Brookings Institution, 1990.

______. *Islam and the Secular State.* Cambridge, MA: Harvard University Press, 2008.

Apressyan, Ruben G. "Whether the Golden Rule Is in Aristotle's Ethics." *Russian Studies of Philosophy* 54, no. 26 (2016): 456-470.

Aquinas, Thomas. *Summa Theologiae.* Translated by the Fathers of the English Dominican Province. New York: Benziger Brothers, 1947.

Aristotle. *The Complete Works of Aristotle.* Edited by Jonathan Barnes. Princeton: Princeton University Press, 1984. 김재홍 외 공역. 『아리스토텔레스 선집』 서울: 도서출판 길. 2023.

Augustine. *De Libero Arbitrio* (*The Problem of Free Choice,* 자유의지론). Translated by Mark Pontifex. Westminster, MD: Newman, 1955.

______. *Confessiones* (*Confessions,* 고백록). Translated by R. S. Pine-Coffin. New York: Penguin Classics, 1961.

______. *De ordine* (*On Order,* 계시론). Translated by Silvano Borruso. South Bend, IN: St. Augustine's Press, 2007.

______. *De Civitate Dei* (*City of God,* 신의 도성). Translated by Henry Bettenson. New York: Penguin, 1980.

______. *De doctrina Christiana libri quatuor* (*On Christian Doctrine,* 기독교 교의). Leipzig, 1838.

______. *Enarrationes in Psalmos* (Expositions of the Psalms, 시편 강해). In *Patrologia Latina,* vol. 37, edited by Jacques-Paul Migne. Paris: Migne, 1861. https://mlat.uzh.ch/.

______. *Sermo in Monte* ("Sermon on the Mount," 산상수훈 강해) In *Nicene and Post-Nicene Fathers,* edited by Philip Schaff, vol. 6. Buffalo: Christian Literature Publishing Company, 1888.

______. *Letters of St. Augustine.* In *Nicene and Post-Nicene Fathers,* edited by Philip Schaff, vol. 1. Buffalo: Christian Literature Publishing Company, 1886.

Aurelius, Marcus. *Meditations* (Ta eis Heauton). Translated by George Long. Mineola, NY: Dover, 1997. 천병희 역. 『명상록』 파주: 도서출판 숲, 2017.

Avramides, Anita. "Other Minds." *Stanford Encyclopedia of Philosophy.* Edited by Edward N. Zalta. May 2, 2019. https://plato.stanford.edu/.

Baarda, T. "The Sentences of the Syriac Menander." In *The Old Testament Pseudepigrapha*, vol. 2, edited by James H. Charlesworth, 583-606. Garden City, NY: Doubleday, 1985.

Bacher, Wilhelm. *Die Agada der Tannaiten*. Frankfurt am Main: Hutson Street Press, 2012.

Bakker, Freek L. "Comparing the Golden Rule in Hindu and Christian Religious Texts." *Studies in Religion*, vol. 42, no. 1 (2013): 38-58.

Barclay, William. *The Gospel of Matthew*. vol. 2. Louisville, KY: Westminster John Knox Press, 1968.

Bardaisan. *Bardaisani Opera*. Translated by F. Nau. In *Patrologia Syriaca*, vol. 2, edited by R. L. Graffin. Paris: Firmin-Didot, 1907.

Bartlett, James Vernon. *The Apostolic Age: Its Life, Doctrine, Worship and Polity*. New York: Charles Scribner's Sons, 1899.

______. "Didache." In *A Dictionary of the Bible*, edited by James Hastings, Extra vol. Edinburgh: T&T Clark, 1909.

Basil the Great. *Hexameron*. In *NPNF*, Second Series, vol. 8, edited by Philip Schaff and Henry Wace. Buffalo: Christian Literature Publishing Company, 1895.

Baudelaire, Charles. "Les Sept Vieillards." In *Les Fleurs du mal*. Paris: Poulet-Malassis and de Broise, 1857.

Baumrind, Diana, and Ross A. Thompson. "The Ethics of Parenting." In *Handbook of Parenting*, edited by Marc H. Bornstein, vol. 5. Mahwah, NJ: Lawrence Erlbaum Associates, 2002.

Baylis, Charles A. *Ethics: The Principle of Wise Choice*. New York: Holt, 1958.

Bekhrad, Joobin. "The Obscure Religion That Shaped the West." *BBC Culture*, April 7, 2017. https://www.bbc.com/.

Ben Azzai. *Sifra*. Kedoshim. In Sefaria. https://www.sefaria.org/Sifra/Kedoshim/.

Bengel, Johann Albrecht. *Gnomon of the New Testament*. Translated by Charlton T. Lewis and Marvin R. Vincent. vol. 1. New York: Sheldon, 1865.

Bennett, M. J. "Overcoming the Golden Rule: Sympathy and Empathy." In *Basic Concepts of Intercultural Communication*, edited by M. J. Bennett. Boston: Intercultural Press, 2013. Originally published as "Overcoming the Golden Rule: Sympathy and Empathy," in *Communication Yearbook 3: International Communication Association*, edited by Dan Nimmo. New Brunswick, NJ: Transaction Publishers, 1979.

Benovitz, Moshe. "Your Neighbor Is Like Yourself: A Broad Generalization with Regard to the Torah." In *A Holy People: Jewish and Christian Perspectives on Religious Communal Identity*, edited by Marcel Poorthuis and Joshua Schwartz. Leiden: Brill, 2006, 127-156.

Berchman, Robert M. "The Golden Rule in Greco-Roman Religion and Philosophy." In *The Golden Rule: The Ethics of Reciprocity in World Religions*, edited by Jacob Neusner and Bruce Chilton. London: Continuum, 2008, 40-54.

Betz, Hans Dieter. *Sermon on the Mount*. Minneapolis: Fortress, 1995.

Blackstone, W. T. "The Golden Rule: A Defense." *Southern Journal of Philosophy* 3 (1965): 172-177.

Blass, Friedrich, and Albert Debrunner. *A Greek Grammar of the New Testament*. Translated and edited by Robert W. Funk. Chicago: University of Chicago Press, 1961.

Blunden, Andy. *An Interdisciplinary Theory of Activity*. Leiden and Boston: Brill, 2010.

Bonney, Charles Carroll. *World's Congress Addresses*. Chicago: Open Court, 1900.

Boonin-Vail, David. "Against the Golden Rule Argument Against Abortion." *Journal of Applied Philosophy* 14, no. 2 (1997): 187-197.

Boraston, George. *The Royal Law, or the Golden Rule of Justice and Charity*. London, 1683.

Bordat, Josef. "The Golden Rule As an Ethos of Global Solidarity: A Philosophical Inquiry." In *The Idea of Solidarity: Philosophical and Social Contexts*, edited by Dariusz Dobrzański. Washington, DC: The Council for Research in Values and Philosophy, 2011, 97-103.

Bowman, Robert M., Jr. "The Authenticity of the Golden Rule Logion in Matthew and Luke." Paper presented at the Society of Biblical Literature Convention, November 2017.

Brattson, David W. T. *Traditional Christian Ethics*. vol. 2: Affirmative or Positive Commandment. Bloomington: WestBow, 2014.

Breech, James. *The Silence of Jesus*. Philadelphia, PA: Fortress, 1983.

Brown, Raymond E., Joseph A. Fitzmyer, and Roland E. Murphy, eds. *The Jerome Biblical Commentary*. Englewood Cliffs, NJ: Prentice-Hall, 1968. 2nd ed.: *The New Jerome Biblical Commentary*. Englewood Cliffs, NJ: Prentice-Hall, 1990.

Bruce, F. F., ed. *The International Bible Commentary*. Grand Rapids: Zondervan, 1979.

Brülisauer, Bruno. "Die goldene Regel: Analyse einer dem kategorischen Imperativ verwandten Grundnorm." *Kant Studien* 71 (1980): 325-345.

Bruton, Samuel V. "Teaching the Golden Rule." *Journal of Business Ethics* 49 (2004): 179-187.

Buddhaghosa. *The Path of Purification* [*Visuddhimagga*]. Originally written in Pali, c. 5th century. Translated by Bhikkhu Ñāṇamoli. Kandy, Sri Lanka: Buddhist Publication Society, 1979. Fourth edition, Colombo, Sri Lanka: Buddhist Publication Society, 2010.

Buddharakkhita, Acharya. *The Dhammapada: The Buddha's Path of Wisdom.* Kandy: Buddhist Publication Society, 1985.

Bultmann, Rudolf. *The History of the Synoptic Tradition.* Translated by John Marsh. New York: Harper & Row, 1968. Originally published as *Die Geschichte der synoptischen Tradition* (Berlin: Töpelmann, 1921). 허혁 역. 『공관복음서 전승사』. 서울: 대한기독교서회. 2000.

Burnaby, John. *Amor Dei: A Study of the Religion of St. Augustine.* Norwich: Canterbury Press, 1991. Originally published in 1938.

Burton, Brian K., and Michael Goldsby. "The Golden Rule and Business Ethics: An Examination." *Journal of Business Ethics* 56 (Spring 2005): 371-383.

Cadoux, Arthur Temple. "The Implications of the Golden Rule." *International Journal of Ethics* 22 (1912): 272-287.

Calvin, John. *Commentary on Seneca's De Clementia.* Translated by Ford Lewis Battles and André Malan Hugo. Leiden: E. J. Brill, 1969. PDF.

———. *Institutes of the Christian Religion.* Philadelphia: Westminster Press, 1960.

———. *A Harmony of the Gospels: Matthew, Mark, and Luke.* Grand Rapids, MI: Christian Classics Ethereal Library (CCEL). PDF. https://www.ccel.org/.

———. *Commentary on Matthew, Mark, and Luke.* Grand Rapids, MI: Christian Classics Ethereal Library (CCEL). PDF. https://www.ccel.org/.

———. *Harmony of the Law.* Grand Rapids, MI: Christian Classics Ethereal Library (CCEL). PDF. https://www.ccel.org/.

———. *Commentary on Psalms.* Grand Rapids, MI: Christian Classics Ethereal Library (CCEL). PDF. https://www.ccel.org/.

———. *Commentary on the Gospel of Matthew.* Translated by John King. Grand Rapids, MI: Christian Classics Ethereal Library (CCEL). https://www.ccel.org/.

Carlyle, Alexander James. *A History of Medieval Political Theory in the West,* vol. 1. Edinburgh: William Blackwood & Sons, 1903.

Carson, Donald A. *Matthew.* Grand Rapids, MI: Zondervan, 2017.

Chang Tsai. *A Source Book in Chinese Philosophy.* Edited by Wing-tsit Chan. Princeton: Princeton University Press, 1963.

Charles, R. H. *Greek Versions of the Testaments of the XII Patriarchs.* Oxford: Clarendon, 1908.

———, ed. *The Letter of Aristeas.* Oxford: Clarendon Press, 1913. https://www.archive.org/.

Charlesworth, James H., ed. *The Old Testament Pseudepigrapha.* New York: Doubleday, 1985.

Ch'en Ch'un. *Neo-Confucian Terms Explained* (北溪字義). New York: Columbia University Press, 1986.

Ching, Julia. *The Philosophical Letters of Wang Yang-ming.* Canberra: Australian National University Press, 1972.

Chomsky, Noam. "Commentary: Moral Truisms, Empirical Evidence, and Foreign Policy." *Review of International Studies* 29, no. 4 (2003): 605-620.

Christoyannopoulos, Alexandre. "The Golden Rule on the Green Stick: Leo Tolstoy's 'Postsecular' International Thought." In *Towards a Postsecular International Politics,* edited by Luca Mavelli and Fabio Petito. New York: Palgrave Macmillan, 2014, 81-102.

Chrysostome, Jean. *Commentaire sur Job.* Vol. 2. Paris: Édition du Cerf, 1988.

Chu Hsi. *The Philosophy of Human Nature.* Translated by J. Percy Bruce. London: Probsthain & Co., 1922.

Cicero. *Tusculanae Disputationes.* Translated by J. E. King. Loeb Classical Library. Cambridge, MA: Harvard University Press, 1927. Perseus Digital Library. https://www.perseus.tufts.edu/.

Clarke, Samuel. *Discourse Concerning the Unchangeable Obligations of Natural Religion.* London: William Botham, 1711.

Clement of Alexandria. *Paedagogus. The Ante-Nicene Fathers,* vol. 2. Buffalo: Christian Literature Publishing Company, 1885, 198-220.

———. Stromata, *The Ante-Nicene Fathers,* vol. 2. Buffalo: Christian Literature Publishing Company, 1885, 198-

203.

Cofnas, Nathan. "The Golden Rule: A Naturalistic Perspective." *Utilitas* 34, no. 3 (2022): 262-274.

Collins, Adela Yarbro. *Mark: A Commentary*. Hermeneia. Minneapolis: Fortress, 2007.

Collins, John J. "Love Your Neighbor: How It Became the Golden Rule." *The Torah*. Accessed July 20, 2024.

Comfort, Jeremy. *The Mindful International Manager: How to Work Effectively Across Cultures*. London: Kegan Paul, 2014.

Conybeare, F. C., J. Rendel Harris, and Agnes Smith Lewis, eds. *The Story of Ahikar*. Cambridge: Cambridge University Press, 1913. PDF. https://archive.org/.

Cooper, Ilene. *The Golden Rule*. New York: Abrams Books, 2007. 정선심 역, 『황금률』. 서울: 두레아이들, 2008.

Cooper, Mike. "The 'Golden' and 'Platinum' Rules." Supplementary Material for *Integrating Counseling and Psychotherapy: Directionality, Synergy, and Social Change*. London: Sage, 2019.

Corazzini, Kirsten N., et al. "The Golden Rule: Only a Starting Point for Quality Care." *PubMed Central*, vol. 14, no. 1 (2005): 255-293.

Cross, F. L., and E. A. Livingstone, eds. *The Oxford Dictionary of the Church*. London: Oxford University Press, 1974. s.v. "Golden Rule."

Csikszentmihalyi, Mark A. "The Golden Rule in Confucianism." In *The Golden Rule: The Ethics of Reciprocity in World Religions*, edited by Jacob Neusner and Bruce D. Chilton, 157-169. London: Continuum, 2008.

Dabney, Robert Lewis. *Defense of Virginia*. Richmond: Divine Publishing House, 1867. Project Gutenberg. https://www.gutenberg.org/.

Damrosch, Leo. *Jean-Jacques Rousseau: Restless Genius*. Boston: Houghton Mifflin, 2008.

Dante Alighieri. *The Divine Comedy* (*La Divina Commedia*, ca. 1320). Translated by Allen Mandelbaum. Everyman's Library. New York: Knopf, 1995.

Darwin, Charles. *The Descent of Man, and Selection in Relation to Sex*. London: John Murray, 1871. Darwin Online. https://www.darwining.org/.

______. *On the Origin of Species*. London: John Murray, 1859. Darwin Online. https://www.darwining.org/.

Das, Bhagavan. *The Essential Unity of All Religions*. Adyar, India: Theosophical Publishing House, 1932.

Davis, Richard H. "A Hindu Golden Rule, in Context." In *The Golden Rule: The Ethics of Reciprocity in World Religions*, edited by Jacob Neusner and Bruce D. Chilton, 146-156. London: Continuum, 2008.

Dawkins, Richard. *The Selfish Gene*. 1976. Rev. ed. Oxford: Oxford University Press, 2016. 홍영남 역, 『이기적 유전자』. 서울: 을유문화사, 2006.

______. *The God Delusion*. London: Bantam Books, 2006. 이한음 역, 『만들어진 신: 종교는 환상인가』. 서울: 김영사, 2007.

De Bakey, Michael E. "Medical Research and the Golden Rule." *JAMA*, vol. 319, no. 7 (February 20, 2018): 726.

de Lazari-Radek, Katarzyna, and Peter Singer. "The Objectivity of Ethics and the Unity of Practical Reason." *Ethics*, vol. 123, no. 1 (October 2012): 9-31.

______. *The Point of View of the Universe*. Oxford: Oxford University Press, 2014.

De Waal, Frans. *The Ape and the Sushi Master: Cultural Reflections of a Primatologist*. New York: Basic Books, 2001.

______. "How Animals Do Business." *Scientific American*, vol. 292, no. 6 (June 2005): 72-79.

______. "The Integration of Dominance and Social Bonding in Primates." *The Quarterly Review of Biology*, vol. 61, no. 4 (1986): 459-479.

Dewald, Carolyn. "Alternatives to the Golden Rule: Social Reciprocity and Altruism in Early Archaic Greece." In *The Golden Rule: The Ethics of Reciprocity in World Religions*, edited by Jacob Neusner and Bruce D. Chilton, 26-39. London: Continuum, 2008.

Dewey, John. *Human Nature and Conduct*. New York: Random House, 1930.

Dewey, John, and James H. Tufts. *Ethics*. New York: Holt, 1908.

Dihle, Albrecht. *Die Goldene Regel: Eine Einführung in die Geschichte der Antiken und Frühchristlichen Vulgärethik*. Göttingen: Vandenhoeck & Ruprecht, 1962.

Donagan, Alan. *The Theory of Morality*. Chicago: University of Chicago Press, 1977.

du Roy, Oliver. "The Golden Rule as the Law of Nature, from Origen to Martin Luther." In *The Golden Rule: The Ethics of Reciprocity in World Religions*, edited by Jacob Neusner and Bruce D. Chilton. London: Continuum, 2008, 88-98.

______. *La Règle d'Or: Histoire d'une Maxime Morale Universelle*. 2 vols. Paris: Éditions du Cerf, 2012.

_______. "The Explosion of the Golden Rule in 17th Century English." *Journal of Ethics and Moral Theology*, vol. 1, no. 278 (2014).

Duchesne-Guillemin, Jacques. "Zoroastrianism." *Britannica*. Accessed June 6, 2024.

Duncan, Ligon. "The Golden Rule." In *The Justice of the Kingdom*. Reformed Theological Seminary, September 1997.

Duxbury, Neil. "Golden Rule Reasoning, Moral Judgment, and Law." *Notre Dame Law Review*, vol. 84, no. 4 (April 2009): 1529-1606.

Eburne, Richard. *The Royal Law: A Treatise Wherein the Doctrine and Practice of the Sacred Scripture, Touching the Equity and Justice of Laws is Plainly Declared*. London: John Beale, 1616.

Edels, Samuel. *Chidushei Agadot on Talmud: Shabbat 31a*. In Sefaria. Online.

Edersheim, Alfred. *The Life and Times of Jesus the Messiah*. Vol. 1. London: Longmans, Green, and Co., 1915. 황영철·김태곤 역, 『메시아: 예수 그리스도의 생애와 시대 1, 복음을 위한 준비. 탄생에서 세례까지』. 서울: 생명의말씀사, 2012.

Edward, David L., and John Stott. *Evangelical Essentials: A Liberal-Evangelical Dialogue*. London: Hodder & Stoughton, 1988. 김일우 역, 『복음주의가 자유주의에 답하다』. 서울: 포이에마, 2010.

Emerson, Ralph Waldo. *The Conduct of Life*. In *The Works of Ralph Waldo Emerson*, vol. 6. Boston: Houghton Mifflin, 1909. 솝희 역, 『에머슨의 자기 확신에 관하여』. 서울: 레디투다이브, 2025.

Epictetus. "On Slavery." In *Discourses and Fragments*. Translated by George Long. Project Gutenberg. https://www.gutenberg.org/.

Epstein, Greg. *Good Without God: What a Billion Nonreligious People Do Believe*. New York: HarperCollins, 2010.

Erlandson, Norman. "A Gospel with a Social Conscience." ucc.org. Originally published 1976; accessed February 1, 2018.

Etzioni, Amitai. *The New Golden Rule: Community and Morality in a Democratic Society*. New York: Basic Books, 1996.

Eusebius. *Praeparatio Evangelica (Preparation for the Gospel)*. Translated by E. H. Gifford. The Tertullian Project. https://www.tertullian.org/.

Foreign Broadcast Information Service (FBIS). *Compilation of Usama bin Ladin Statements, 1994-January 2004*. Washington, DC: FBIS, 2004.

Fisher, Ian. "Vatican Says Pope Benedict Regrets Offending Muslims." *The New York Times*, September 17, 2006.

Fisher, Loren R. *The Eloquent Peasant*. 2nd ed. Eugene, OR: Cascade, 2015.

Fitzmyer, Joseph A. *The Gospel According to Luke*. Vol. 1. Garden City, NY: Doubleday, 1981.

Fletcher, Joseph. *Situation Ethics*. Philadelphia: Westminster, 1966.

Flores, Dan. "The Not So Golden Rule." *Philosophy Now*, no. 125 (April/May 2018).

Flusser, David. "The Decalogue and the New Testament." *Jerusalem Perspective*, vol. 29 (November 1, 1990): 6-10, 15.

Foord, Martin. "The 'Epistle of Straw': Reflections on Luther and the Epistle of James." *Themelios*, vol. 45, no. 2 (August 2020): 291-298.

France, R. T. *The Gospel of Matthew*. The New International Commentary on the New Testament. Grand Rapids, MI: Eerdmans, 2007. 권대영·황의무 역, 『NICNT 마태복음』. 서울: 부흥과개혁사, 2019.

Frankena, William K. *Ethics*. Englewood Cliffs, NJ: Prentice Hall, 1963. 황경식 역, 『윤리학』. 서울: 종로서적, 1983.

Fraser, John. "Evolutionary Debunking Arguments and Theism: How Moral Knowledge Points to the Existence of God." PhD diss., Liberty University, 2021.

Frederick, Peter. *Knights of the Golden Rule: The Intellectuals as Christian Social Reformer in the 1890s*. Lexington: University of Kentucky Press, 2014.

Friedlander, Gerald. *The Jewish Sources of the Sermon on the Mount*. London: George Routledge & Sons, 1911.

Friedman, Hershey H. "The Second 'Golden Rule': Caring for Society's Disadvantaged." *SSRN Electronic Journal*, October 2013. https://ssrn.com/.

Fromm, Erich. *The Art of Loving*. New York: Harper & Row, 1956. 황문수 역, 『사랑의 기술』. 서울: 문예출판사, 1976.

Funk, Robert W., Roy W. Hoover, and The Jesus Seminar. *The Five Gospels: The Search for the Authentic Words of Jesus*. New York: Scribner, 1993.

Gandhi, Mohandas K. *Young India, 1924-1926*. Madras: S. Ganesan, 1927.

_______. *The Story of My Experiment with Truth*. Bombay: Navajivan, 2017.

Gensler, Harry J. *Ethics: A Contemporary Introduction.* New York: Routledge, 1998.

______. *Ethics and the Golden Rule.* New York: Routledge, 2013.

______. "Persia and the Golden Rule." *Religious Inquiries,* vol. 2, no. 3 (2013): 29-46.

Gensler, Harry J., Earl Spurgin, and James Dwindal, eds. *Ethics: Contemporary Readings.* London: Routledge, 2003.

Gewirth, Alan. "The Golden Rule Rationalized." *Midwest Studies in Philosophy,* vol. 3 (1978): 133-147.

______. *Reason and Morality.* Chicago: University of Chicago Press, 1982.

Giess, Mary Ellen. "God, Country and the Golden Rule: A Conversation with Paul D. Miller." *Interfaith America,* November 2022. https://www.interfaithamerica.org/.

Gilson, Etienne. *Reason and Revelation in the Middle Ages.* New York: Charles Scribner's Sons, 1938.

Gladden, Washington. *Applied Christianity.* London: Ward, Lock & Co., 1886.

Goodman, John. *The Golden Rule, or The Royal Law of Equity Explained.* London: Samuel Roycroft, 1688.

Gould, James. "The Not-So-Golden Rule." *Southern Journal of Philosophy,* vol. 1, no. 3 (Fall 1963): 10-14.

______. "Clarifying Singer's Golden Rule." *Crítica: Revista Hispanoamericana de Filosofía,* vol. 2, no. 6 (September 1968): 95-101

______. "Blackstone's Meta-Not-So-Golden-Rule." *Southern Journal of Philosophy,* vol. 18, no. 4 (Winter 1980): 509-513.

______. "The Golden Rule." *American Journal of Theology and Philosophy,* vol. 4, no. 2 (May 1983): 73-79.

Gould, Robert Freke. *Gould's History of Freemasonry throughout the World.* Vol. 1. New York: Charles Scribner's Sons, 1936. First published 1887.

Gould, Stephen Jay. "The Golden Rule—A Proper Scale for Our Environmental Crises." *Natural History,* vol. 99, no. 9 (September 1990): 24-30.

Graffin, R. L., ed. *Patrologia Orientalis,* vol. 1. Paris: Firmin-Didot, 1907.

Gratian. *Gratian: The Treatise on Laws.* Translated by Augustine Thompson. Washington, DC: Catholic University of America Press, 1993.

Green, Stuart P. "Golden Rule Ethics and the Death of the Criminal Law's Special Part." *Criminal Justice Ethics,* vol. 29, no. 2 (Aug. 2010): 208-218.

Green, Thomas Hill. *Prolegomena to Ethics.* Oxford: Clarendon Press, 1906.

Green, William Scott. "Parsing Reciprocity: Questions for the Golden Rule." In *The Golden Rule: The Ethics of Reciprocity in World Religions,* edited by Jacob Neusner and Bruce Chilton. London: Continuum, 2008.

Greenwell, Andrew M. "St. Jerome on the Natural Law: The Scintilla of Conscience." *Lex Christianorum,* March 2010.

Grinter, Robin, and Anna Whitehead. *Exploring Humanism.* London: British Humanist Association, March 2010.

Gundry, Robert Horton. *Matthew: A Commentary on His Handbook for a Mixed Church Under Persecution.* Grand Rapids, MI: Eerdmans, 1982.

Habermas, Jürgen. "Justice and Solidarity: On the Discussion Concerning Stage 6." In *The Moral Domain,* edited by Thomas Wren, 224-255. Cambridge, MA: MIT Press, 1990.

______. *Moral Consciousness and Communicative Action.* Cambridge, MA: MIT Press, 1991. Originally published as *Moralbewußtsein und kommunikatives Handeln,* 1983. 『도덕의식과 소통적 행위』 서울: 나남. 1997.

Hagner, Donald A. *Matthew.* Vol. 1, Word Biblical Commentary 33a. Dallas: Word Books, 1993.

Hallisey, Charles. "The Golden Rule in Buddhism II." In *The Golden Rule: The Ethics of Reciprocity in World Religions,* edited by Jacob Neusner and Bruce D. Chilton, 129-145. London: Continuum, 2008.

Hanks, R. D. "The Platinum Rule of Service." *Motor Age,* vol. 126 (2007).

Hare, R. M. *Freedom and Reason.* Oxford: Oxford University Press, 1963.

______. "Euthanasia—A Christian View." *Philosophic Exchange,* vol. 6, no. 1 (1975): 43-52.

______. "Abortion and the Golden Rule." *Philosophy and Public Affairs,* vol. 4, no. 3 (Spring 1975): 201-222.

______. *Moral Thinking.* Oxford: Clarendon Press, 1981.

Harris, J. Rendel, trans. *The Apology of Aristides on Behalf of the Christians.* Cambridge: Cambridge University Press, 1893.

Headlam, Arthur. *The Life and Teaching of Jesus the Christ.* New York: Oxford University Press, 1923.

Hegel, G. W. F. *Natural Law: The Scientific Ways of Treating Natural Law, Its Place in Moral Philosophy, and Its Relation to the Positive Sciences of Law.* Translated by T. M. Knox. Philadelphia: University of Pennsylvania Press, 1975.

______. *Philosophy of Right.* Originally published as *Grundlinien der Philosophie des Rechts,* 1820. Translated by

T. M. Knox. Oxford: Oxford University Press, 1967. 임석진 역. 『법철학』. 파주: 한길사. 2008.

Henry, Matthew. *Matthew Henry's Commentary on the Whole Bible*. Originally published 1706-1710. Online. https://www.mhcbb.org/.

Herodotus. *The History of Herodotus*. Translated by G. C. Macaulay. Project Gutenberg. https://www.gutenberg.org/.

Hertzler, Joyce. "On Golden Rule." *International Journal of Ethics*, vol. 44, no. 4 (July 1934): 418-436.

______. "The Golden Rule and Society." In *Ethics: Contemporary Readings*, edited by Harry Gensler, Earl Spurgin, and James Dwindal, 158-166. London: Routledge, 2003.

Hesiod. *Theogony, Works and Days, Shield*. Translated by Apostolos N. Athanassakis. Baltimore: Johns Hopkins University Press, 1983.

Hierocles. *Hierocles the Stoic: Elements of Ethics, Fragments, and Excerpts*. Edited and translated by Ilaria Ramelli and David Konstan. Atlanta: Society of Biblical Literature, 2009.

Hill, Napoleon. *The Law of Success*. New York: Penguin Books, 2008.

Hirst, E. W. "The Implications of the Golden Rule." *The Expository Times*, vol. 26, no. 12 (1915): 555-558.

______. "The Categorical Imperative and the Golden Rule." *Philosophy*, vol. 9, no. 35 (July 1934): 328-335.

History.com Editors. "Social Darwinism." *History.com*, August 21, 2018. https://www.history.com/.

Hobbes, Thomas. *Leviathan*. Project Gutenberg. https://www.gutenberg.org/.

Hoche, Hans-Ulrich. "The Golden Rule: New Aspects of an Old Moral Principle." In *Contemporary German Philosophy*, vol. 1, edited by Darrell E. Christiansen et al. University Park, PA: Penn State University Press, 1982.

Homer. *The Iliad*. Translated by Richmond Lattimore. Chicago: University of Chicago Press, 1951.

______. *The Odyssey*. Translated by Richmond Lattimore. New York: HarperPerennial, 1967.

Homerin, Emil. "The Golden Rule in Islam." In *The Golden Rule: The Ethics of Reciprocity in World Religions*, edited by Jacob Neusner and Bruce D. Chilton, 99-115. London: Continuum, 2008.

Horsfield, John. "The Golden Rule: Treat Others as You Wish to Be Treated. The Fundamental Basis of Faith." *Hearts Minds Media*, April 2017. https://www.heartsmindsmedia.com/.

Howard, Brendan. "Tolstoy's Pitch? Godly Origin. Loving Source. Golden Rule." *Patreon*, June 9, 2023. https://www.patreon.com/.

Huang, Yong. "A Copper Rule Versus the Golden Rule: A Daoist-Confucian Proposal for Global Ethics." *Philosophy East & West*, vol. 55, no. 3 (July 2005): 394-425.

Hubbard, Ron. *The Way to Happiness*. 1980. https://www.thewaytohappiness.org/.

Hugo, Victor. "Joyeuse Vie." In *Les Châtiments*. Brussels: Henri Samuel, 1853.

Hume, David. *A Treatise of Human Nature*. 1739. Project Gutenberg. https://www.gutenberg.org/.

Hume, Robert. *The World's Living Religions*. Edinburgh: T & T Clark, 1959.

Huxley, Thomas Henry. *Evolution and Ethics and Other Essays*. London: Macmillan, 1895.

Hyslop, James Hervey. *The Ethics of the Greek Philosophers: Socrates, Plato and Aristotle: A Lecture Given Before the Brooklyn Ethical Association, Season of 1896-1897*. New York: C. M. Higgins & Company, 1903.

Ibn Ezra, Abraham. Commentary on Leviticus 19:18. *Sefaria*. https://www.sefaria.org/.

Ibn Abī Dunyā. *Kitāb Makārim al-Ākhlāq*. Edited by James A. Bellamy. Wiesbaden: Franz Steiner, 1973.

Ibn Al-Muqaffa'. *Kalīlah wa-Dimnah*. Beirut: Maktabat Lubnan, 1987.

IFP Editorial Staff. "Zarif Narrates Story of Iranian Carpet Hung up on UN's Wall." *Iran Front Page*. April 19, 2017. https://www.iranfrontpage.com/.

Ikhianosime, Francis Eshemomoh. "Levinas' Theory of Alterity and the Sketching of an Epistemology of Otherness." *Ekpoma Review*, vol. 6, no. 1 (2019): 120-138.

Ingram, David. *Habermas: Introduction and Analysis*. Ithaca, NY: Cornell University Press, 2010.

International Theological Commission. In *Search of a Universal Ethic: A New Look at the Natural Law*. Vatican: Libreria Editrice Vaticana, 2009.

Isocrates. *Aegineticus*. Translated by George Norlin. Perseus Digital Library. https://www.perseus.tufts.edu/.

______. *Nicocles, or The Cyprians*. Translated by George Norlin. Perseus Digital Library. https://www.perseus.tufts.edu/.

______. *To Demonicus*. Translated by George Norlin. Perseus Digital Library. https://www.perseus.tufts.edu/.

______. *Aegineticus*. Translated by George Norlin. Perseus Digital Library. https://www.perseus.tufts.edu/.

______. *To Nicocles*. Translated by George Norlin. Perseus Digital Library. https://www.perseus.tufts.edu/.

Ivanhoe, Philip C. "Reweaving the 'One Thread' of the Analects." *Philosophy East and West*, vol. 40, no. 1 (January 1990): 17-33.

Jacobi, Hermann, trans. *Jaina Sutras*. Sacred Books of the East, vols. 22 and 45. Oxford: Clarendon Press, 1884-1895. Reprint, New York: Dover Publications, 1968.

Jacobs, Timothy. "Golden Rule." *Lexham Bible Dictionary*. Bellingham, WA: Logos Bible Software, 2014. https://www.logos.com/.

"Jataka Tale at Dunhuang: Prince Mahasattva." *Dunhuang Foundation*. Published May 7, 2018. https://www.dunhuangfoundation.org/.

James, William. "Great Men, Great Thoughts, and the Environment." *Atlantic Monthly*, vol. 46, no. 10 (October 1880): 441-459. Harvard Natural History Society.

Jasnow, Richard. *A Late Period Hieratic Wisdom Text: P. Brooklyn 47.218.135*. Chicago: University of Chicago Press, 1992.

Jeremias, Joachim. *Die Bergpredigt*. Stuttgart: Calwer Verlag, 1959. Translated by Norman Perrin as *The Sermon on the Mount*. Philadelphia: Fortress Press, 1963.

______. *New Testament Theology*. New York: Charles Scribner's Sons, 1971.

Jerome. *Epistularum pars III*. Edited by Isidor Hilberg. *Corpus Scriptorum Ecclesiasticorum Latinorum*, vol. 56. Wien and Leipzig: Akademie der Wissenschaften in Wien, 1910.

John, Brother. "Christian Deism: Religion of the Golden Rule." *Deism.com*. January 2019.

Johnston, Pamela. "'All Strangers and Beggars are from Zeus': Early Greek Views of Hospitality." *Pacific Journal*, vol. 13 (2018): 103-113.

Josephus. *The Works of Josephus*. Translated by William Whiston. Peabody, MA: Hendrickson, 1995.

Joyce, Richard. *The Evolution of Morality*. Cambridge, MA: MIT Press, 2006.

Justin Martyr. *The Dialogue with Trypho*. Translated by A. Lukyn Williams. London: S.P.C.K.; New York and Toronto: The Macmillan Co., 1930.

Kahane, Guy. "Evolutionary Debunking Arguments." *Noûs*, vol. 45, no. 1 (2011): 103-125.

Kant, Immanuel. *Grundlegung zur Metaphysik der Sitten*. Riga: J. F. Hartknoch, 1785. Translated by Lewis White Beck as *Foundations of the Metaphysics of Morals*. New York: The Liberal Arts Press, 1959.

______. *Kritik der praktischen Vernunft*. Riga: J. F. Hartknoch, 1788. Translated by Lewis White Beck as *Critique of Practical Reason*. Indianapolis, IN: Bobbs-Merrill, 1956. German text available at Project Gutenberg.

______. *Kant's Critique of Practical Reason and Other Works on the Theory of Ethics*. Translated by Thomas Kingsmill Abbott. London: Longmans, Green & Co., 1889.

______. *Kant on Education*. Translated by Annette Churton. Boston: D. C. Heath & Co., 1900. Originally published as Über Pädagogik (Berlin, 1803).

Keith-Falconer, I. G. N. *Kalilah and Dimnah; or, The Fables of Bidpai: Being an Account of Their Literary History, with an English Translation of the Later Syriac Version of the Same*. Cambridge: Cambridge University Press, 1885.

Kelly, Stewart E., and James K. Dew Jr. *Understanding Postmodernism: A Christian Perspective*. Downers Grove, IL: IVP Academic, 2017.

Kennedy, John F. "Televised Address to the Nation on Civil Rights." June 11, 1963. *John F. Kennedy Presidential Library and Museum*. https://www.jfklibrary.org/.

Kerr, Donald C. "The Golden Rule as a Talisman of Freemasonry." *Knight Templar Magazine*, August 2014.

Khan, Hazrat Inayat. "Sufi Thoughts." *The Inayatiyya*. Accessed August 2, 2024.

Kierkegaard, Søren. *Works of Love*. Translated by David F. Swenson and Lillian Marvin Swenson. Princeton, NJ: Princeton University Press, 1949. 임춘갑 역. 『사랑의 역사』. 도서출판 치우, 2011.

______. *Søren Kierkegaard's Journals and Papers*. Edited and translated by Howard Vincent Hong and Edna Hatlestad Hong. Vol. 1, Bloomington, IN: Indiana University Press, 1967.

King, George Brockwell. "The Negative Golden Rule." *The Journal of Religion*, vol. 8, no. 2 (April 1928): 268-279.

King, Iain. *How to Make Good Decisions and Be Right All the Time: Solving the Riddle of Right and Wrong*. London: Continuum, 2008.

King, Martin Luther, Jr. "The Negro and the Constitution." May 1944. In *The Papers of Martin Luther King, Jr., Volume I: Called to Serve, January 1929-June 1951*. Edited by Clayborne Carson et al. Berkeley, CA: University of California Press, 1992.

Kister, Menahem. "The Golden Rule and Ancient Jewish Biblical Exegesis: The Pluriformity of a Tradition." *Journal* of Biblical Literature, vol. 141, no. 4 (2022): 717-735.

Kiuchi, Nobuyoshi. "Commanding an Impossibility? Reflections on the Golden Rule in Leviticus 19:18b." In Reading the Law: Studies in Honour of Gordon J. Wenham. Edited by J. G. McConville and Karl Möller. New York: T & T Clark International, 2007.

Knatchbull, Wyndham, tr. Kalila and Dimna, or The Fables of Bidpai. Oxford: W. Baxter for J. Parker; Longman, Hurst, Rees, Orme, and Brown, 1819.

Kohler, Kaufmann. "The Golden Rule." The Jewish Encyclopedia. Online. https://www.jewishencyclopedia.com/.

Kowalik, Michael. "The Golden Rule as It Ought to Be." PhilArchives, December 2, 2020. https://philarchive.org/.

Küng, Hans. "Towards a Global Ethic: An Initial Declaration." Prepared for the Parliament of the World's Religions. Chicago: Council for a Parliament of the World's Religions, 1993.

Lactantius. The Works of Lactantius. Translated by William Fletcher. Vol. 2. Edinburgh: T&T Clark, 1871.

Lactantius. The Divine Institutes, Books I-VII. Translated by Sister Mary Francis McDonald, O.P. Vol. 49 of The Fathers of the Church: A New Translation. Washington, D.C.: The Catholic University of America Press, 1964.

Laertius, Diogenes. Lives of Eminent Philosophers. Translated by R. D. Hicks. Perseus Digital Library. 김주일, 김인곤, 김재홍, 이정호 역. 『유명한 철학자들의 생애와 사상』. 서울: 도서출판 나남, 2021.

Lampridius, Aelius. "Severus Alexander." In Historia Augusta. Vol. II of the Loeb Classical Library, 140. Translated by David Magie. Cambridge, MA: Harvard University Press, 1924.

Lee, Adam. "The New Ten Commandments." Ebon Musings. Accessed August 17, 2024.

Legge, James. The Life and Teachings of Confucius. London: Kegan Paul, Trench, Trübner & Co., 1895.

Leibniz, Gottfried Wilhelm. New Essays on Human Understanding. Translated by Alfred Gideon Langley. New York: The Macmillan Company, 1896.

Lerner, Amir. "The Golden Rule in The 101 Nights' Version of The Book of Sindbād, the Question of Literary Context and a Possible Solution Formulated in Later Arabic Versions." Quaderni di Studi Arabi, vol. 15, no. 1/2 (2020): 338-352.

Levinas, Emmanuel. Totality and Infinity: An Essay on Exteriority. Translated by Alphonso Lingis. Pittsburgh, PA: Duquesne University Press, 1969.

Levine, Baruch A. "The Golden Rule in Ancient Israelite Scripture." In The Golden Rule: The Ethics of Reciprocity in World Religions, edited by Jacob Neusner and Bruce D. Chilton, 9-25. London: Continuum International Publishing Group, 2008.

Lewis, C. S. Mere Christianity. New York: Simon & Schuster, 1980. 장경철, 이종태 역. 『순전한 기독교』. 서울: 홍성사, 2005.

______. The Problem of Pain. New York: Macmillan, 1962. 이종태 역. 『고통의 문제』. 서울: 홍성사, 2018.

Lichtheim, Miriam. Ancient Egyptian Literature, Volume I: The Old and Middle Kingdoms. Berkeley, CA: University of California Press, 1975.

______. Late Egyptian Wisdom Literature in the International Context: A Study of Demotic Instructions. Freiburg: Universitätsverlag Freiburg; Göttingen: Vandenhoeck & Ruprecht, 1983.

Liddell, Henry George, and Robert Scott. A Greek-English Lexicon. Abridged edition. Oxford: Oxford University Press, 1980.

Lindholm, Tore. "Prospects for Research on the Cultural Legitimacy of Human Rights: The Cases of Liberalism and Marxism." In Human Rights in Cross-Cultural Perspectives: A Quest for Consensus. Edited by Abdullahi Ahmed An-Na'im. Philadelphia, PA: University of Pennsylvania Press, 1995.

Lippmann, Walter. Public Opinion. New York: Harcourt, Brace and Company, 1922.

Lloyd-Jones, D. Martyn. Studies in the Sermon on the Mount. 2 vols. Grand Rapids, MI: William B. Eerdmans Publishing Company, 1976. 문창수 역. 『산상설교』. 상권, 하권. 서울: 정경사, 2008.

Locke, John. An Essay Concerning Human Understanding. Edited by Peter H. Nidditch. Oxford: Oxford University Press, 1975. Originally published 1689.

______. A Letter Concerning Toleration. Edited by James Tully. Indianapolis: Hackett Publishing Company, 1983. Originally published 1689.

______. Two Treatises of Government. Edited by Peter Laslett. Cambridge: Cambridge University Press, 1960. Originally published 1689.

______. The Reasonableness of Christianity as Delivered in the Scriptures. London: Rivington, 1824. Originally published 1695.

López, Julián Esteban Torres. "On the Limits of Goodwill, the Golden Rule, and Deontological Ethics: A Social Justice Activist's Reflections." *The Nasiona*, January 14, 2022.

Lucci, Diego. "John Locke on Atheism, Catholicism, Antinomianism, and Deism." *Etica & Politica / Ethics & Politics*, vol. 20, no. 3 (2018): 201-246.

Luther, Martin. *Works*, Christian Classics Ethereal Library.

______. *Commentary on the Sermon on the Mount*. Translated by Charles Augustus Hay. Albany, OR: Ages Software, 1997.

______. *Lectures on Romans*. Translated and edited by Wilhelm Pauck. The Library of Christian Classics, vol. 20. Louisville, KY: Westminster John Knox Press, 1961.

______. *Sermons by Martin Luther*. Edited and translated by Nicholas Lenker. 1905. Reprint, PDF.

Machen, J. Gresham. *Christianity and Liberalism*. New York: The Macmillan Company, 1923.

MacLachlan, Maria. "The Golden Rule." *Think Humanism*. October 2007. https://www.thinkhum.org/.

MacMurray, John. *Persons in Relation*. Originally published 1961. Amherst, NY: Humanity Books, 1999.

Maimonides. *Mishneh Torah: Avel*. Translated by Moznaim Publishers. Jerusalem: Moznaim Publishers, 1990.

Malysz, Piotr J. "Nemo iudex in causa sua as the Basis of Law, Justice, and Justification in Luther's Thought." *Harvard Theological Review* 100, no. 3 (2007): 363-386.

Marques, Joan F. "The Spiritual Rule." *International Journal of Organizational Analysis*, vol. 16, nos. 1-2 (2008): 42-49.

McArthur, Harvey K. "Golden Rule." In *A New Dictionary of Christian Ethics*, edited by James F. Childress and John Macquarrie, 250-251. London: SCM Press, 1986.

McGranahan, Lucas. "William James's Social Evolutionism in Focus." *The Pluralist*, vol. 6, no. 3 (Fall 2011): 80-92.

McGrath, Alister E. *Mere Apologetics: How to Help Seekers and Skeptics Find Faith*. Grand Rapids, MI: Baker Books, 2012. 전의우 역. 『기독교 변증: 회의자와 구도자를 믿음으로 이끄는 법』 전의우 역. 서울: 국제제자 훈련원, 2014.

MacIver, Robert M. "The Deep Beauty of the Golden Rule." In *Moral Principles of Action: Man's Ethical Imperative*, edited by Ruth Nanda Anshen, 39-47. New York: Harper & Brothers, 1952.

McNeile, A. H. *The Gospel According to St. Matthew: The Greek Text with Introduction, Notes, and Indices*. London: Macmillan and Co., Limited, 1915.

Meier, John P. *Matthew*. New Testament Message, vol. 3. Collegeville, MN: Liturgical Press, 1980.

______. *A Marginal Jew: Rethinking the Historical Jesus*. Vol. 4, Law and Love. The Anchor Yale Bible Reference Library. New Haven, CT: Yale University Press, 2009.

Melville, Herman. *Moby-Dick; or, The Whale*. New York: Modern Library, 1992. 김석희 역. 『모비 딕』 서울: 작가 정신, 2019.

Menon, Ramesh, ed. *The Complete Mahabharata*. 12 vols. New Delhi: Rupa Publications, 2009-2017.

Meyers, Chris D. "Abortion, the Golden Rule, and the Indeterminacy of Potential Persons." *The Journal of Value Inquiry*, vol. 39, no. 3-4 (2005): 459-473.

Mill, John Stuart. *Utilitarianism*. 1863. Reprint, The Floating Press, 2009.

Miskawayh, Ahmad. *The Refinement of Character: A Translation from the Arabic of Aḥmad ibn-Muḥammad Miskawayh's Tahdhīb al-akhlāq*. Translated by Constantine K. Zurayk. Beirut: American University of Beirut Press, 1968.

Moazami, Mahnaz. "The Golden Rule in Zoroastrianism." In *The Golden Rule: The Ethics of Reciprocity in World Religions*, edited by Jacob Neusner and Bruce D. Chilton, 65-75. London: Continuum, 2008.

Monroe, Kristen R., Adam Martin, and Priyanka Ghosh. "Politics and an Innate Moral Sense: Scientific Evidence for an Old Theory?" *Political Research Quarterly*, vol. 62, no. 3 (September 2009): 614-634.

Monroe, Kristen. R. "What Do We Get Wrong About the Golden Rule?" *Headspace*. https://www.headspace.com/.

______. *Ethics in an Age of Terror and Genocide: Identity and Moral Choice*. Princeton: Princeton University Press, 2010.

Montaigne, Michel de. *Essais*. 1580. Project Gutenberg. https://www.gutenberg.org/.

Moore, George Foot. *Judaism in the First Centuries of the Christian Era: The Age of the Tannaim*. Vol. 2, Harvard University Press, Cambridge, MA, 1927.

Morsink, Johannes. *Inherent Human Rights: Philosophical Roots of the Universal Declaration*. Philadelphia: University of Pennsylvania Press, 2009.

Mou, Bo. "A Reexamination of the Structure and Content of Confucius's Version of the Golden Rule." *Philosophy

East and West, vol. 54, no. 2 (April 2004): 218-248.

Mould, Elmer. Review of An Approach to the Teaching of Jesus, by Ernest Cadman Colwell. Journal of Bible and Religion, vol. 16, no. 2 (April 1948): 131-132.

Mullen, Bill. What It Means to Be a Man: How to Become a Better Person. Quantico, VA: Marine Corps University Press, 2023.

Narvaez, Darcia. "The Neuroscience of Fair Play: Why We (Usually) Follow the Golden Rule." Journal of Moral Education, vol. 39, no. 1 (2010): 113-116.

Navon, Mois. "Equal to All the Mitzvot in the Torah." Chidushei Torah, 2010.

Nawawī. Yaḥyá ibn Sharaf. Kitāb al-Arba'īn al-Nawawīyah wa Sharḥuh (The Forty Hadith of al-Imām an-Nawawi). Cairo: Dār Ḥarā' lil-Kitāb, 1987.

Neusner, Jacob. The Rabbinic Traditions About the Pharisees Before 70. Vol. 3, Leiden: E. J. Brill, 1971.

______. "The Golden Rule in Classical Judaism." In The Golden Rule: The Ethics of Reciprocity in World Religions, edited by Jacob Neusner and Bruce D. Chilton, 69-78. London: Continuum, 2008.

Neusner, Jacob, and Bruce D. Chilton, eds. The Golden Rule: The Ethics of Reciprocity in World Religions. London: Continuum, 2008.

Neusner, Jacob, trans. Sifra: An Analytical Translation. Vol. 3: Aharé Mot, Qedoshim, Emor, Behar, and Behuqotai. Atlanta: Scholars Press, 1988.

Niebuhr, Reinhold. An Interpretation of Christian Ethics. New York: Harper & Brothers, 1934.

______. The Nature and Destiny of Man: A Christian Interpretation. Vol. 2, Human Destiny, London: Nisbet & Co., 1943.

______. Faith and History: A Comparison of Christian and Modern Views of History. New York: Charles Scribner's Sons, 1949.

Nietzsche, Friedrich. Also sprach Zarathustra: Ein Buch für Alle und Keinen (Thus Spoke Zarathustra: A Book for All and None). Translated by Thomas Common. Project Gutenberg. https://www.gutenberg.org/.

______. Zur Genealogie der Moral: Eine Streitschrift (On the Genealogy of Morality: A Polemic). Translated by Horace B. Samuel. New York: Boni & Liveright, 1913.

Nivison, David S. "Golden Rule Arguments in Chinese Moral Philosophy." In The Ways of Confucianism: Investigations in Chinese Philosophy, 59-76. Chicago and La Salle: Open Court, 1996.

Noussia, Maria. "A Commentary on Solon's Poems." PhD diss., University College London, 1999.

Nussbaum, Martha C. "Golden Rule Arguments: A Missing Thought?" In The Moral Circle and the Self: Chinese and Western Approaches, edited by Kim-chong Chong, Sor-hoon Tan, and C. L. Ten, 3-16. Chicago: Open Court, 2003.

Nutting, Herbert C. "Cicero as a Moral Teacher." The Classical Journal, vol. 22, no. 8 (May 1927): 603-607.

O'Neill, Onora. "Universalism in Ethics." In Routledge Encyclopedia of Philosophy, edited by Edward Craig, 1998.

Origen. Selections from the Commentaries and Homilies of Origen. Translated by R. B. Tollinton, London: Society for Promoting Christian Knowledge, 1929.

______. Commentary on the Epistle to the Romans, Books 1-5. Translated by Thomas P. Scheck, Washington, DC: The Catholic University of America Press, 2001.

Outka, Gene. Agape: An Ethical Analysis. New Haven: Yale University Press, 1972.

Papanikos, Gregory T. "Philoxenia and Xenophobia in Ancient Greece." Athens Journal of Mediterranean Studies, vol. 6, no. 3 (July 2020): 237-246.

Parkinson, Richard B. The Tale of the Eloquent Peasant. Oxford: Griffith Institute, Ashmolean Museum, 1991.

Parfit, Derek. On What Matters. Vol. 1, Oxford: Oxford University Press, 2011.

Parrott, Justin. "The Golden Rule in Islam: Ethics of Reciprocity in Islamic Traditions." Master's thesis, University of Wales Trinity Saint David, 2018.

Pearson, Thomas D. "Luther on Natural Law." Journal of Lutheran Ethics, vol. 7, no. 12. December 2007.

Penney, James Cash. My Experience with the Golden Rule. Literary Licensing, LLC, 2012.

Pfaff, Donald W., with Sandra J. Ackerman. The Neuroscience of Fair Play: Why We (Usually) Follow the Golden Rule. New York: Dana Press, 2007.

Philo. The Works of Philo: Complete and Unabridged. Translated by C. D. Yonge, Peabody, MA: Hendrickson Publishers, 1993.

Piaget, Jean. The Moral Judgment of the Child. Originally published in French as Le Jugement Moral chez l'Enfant, 1932. Translated by Marjorie Gabain, New York: Free Press, 1997.

Plantinga, Alvin. *God and Other Minds: A Study of the Rational Justification of Belief in God.* Ithaca, NY: Cornell University Press, 1967.

Plato. *The Collected Dialogues of Plato: Including the Letters.* Edited by Edith Hamilton and Huntington Cairns. Princeton, N.J.: Princeton University Press, 1961.

Pope Fabian. "The Epistles of Pope Fabian." In *The Ante-Nicene Fathers*, vol. 8, edited by Alexander Roberts and James Donaldson. The Tertullian Project. https://www.tertullian.org/.

Popper, Karl. *The Open Society and Its Enemies.* 2 vols. Princeton: Princeton University Press, 1971.

Price, Nic. "Treat Others as You Would Like to Be Treated." *Beatnic* (blog), September 17, 2005.

Puka, Bill. "The Golden Rule." In *Internet Encyclopedia of Philosophy.* Rensselaer Polytechnic Institute. https://www.iep.utm.edu/.

Quandt, Jean B. "Religion and Social Thought: The Secularization of Postmillennialism." *American Quarterly*, vol. 25, no. 4 (October 1973): 390-409.

Rashbam. "Commentary on Leviticus 19." Sefaria. https://www.sefaria.org/.

Reid, Thomas. *The Works of Thomas Reid, D.D.: Now Fully Collected, with Selections from His Unpublished Letters.* Edited by Sir William Hamilton. Edinburgh: MacLachlan and Stewart, 1852.

Reiner, Hans. "Die Goldene Regel und das Naturrecht: Zugleich Antwort auf die Frage: Gibt es ein Naturrecht?" *Studia Leibnitiana* Bd. 9, H. 2 (1977): 231-254.

______. "The Golden Rule and the Natural Law." In *Duty and Inclination: The Fundamentals of Morality Discussed and Redefined with Special Regard to Kant and Schiller*, translated by Mark Santos. The Hague: Martinus Nijhoff, 1983.

Reinikainen, Jouni. "The Golden Rule and the Requirement of Universalizability." *Journal of Value Inquiry*, vol. 39, no. 2 (2005): 155-168.

Rembert, Ron B. "The Golden Rule: Two Versions and Two Views." *Journal of Moral Education*, vol. 12, no. 2 (May 1983): 100-103.

Rey, Frédérique Michèle, and Eric Reymond. *A Critical Edition of the Hebrew Manuscripts of Ben Sira: With Translations and Philological Notes.* Supplements to the Journal for the Study of Judaism, vol. 217, Brill, 2024.

Ricci, Matteo. *China in the Sixteenth Century: The Journals of Matthew Ricci, 1583-1610.* Edited by Nicolas Trigault and translated by Louis J. Gallagher. New York: Random House, 1953.

Ricoeur, Paul. "The Golden Rule and Religion." In *Ethics: Contemporary Readings*, edited by Harry J. Gensler, Earl Spurgin, and James L. Swindal, 167-172. New York: Routledge, 2004. Originally published as "The Golden Rule: Exegetical and Theological Perplexities," *New Testament Studies* 36, no. 3 (1990): 392-397.

______. "Ethical and Theological Considerations on the Golden Rule." In *Figuring the Sacred: Religion, Narrative, and Imagination*, translated by David Pellauer, edited by Mark I. Wallace, 293-302. Minneapolis: Fortress Press, 1995. Originally published as "Considérations éthiques et théologiques sur la Règle d'Or," in *L'Interprétation, un défi de l'action pastorale: Actes du colloque 1987*, 125-135.

______. *Oneself as Another.* Translated by Kathleen Blamey. Chicago: University of Chicago Press, 1992.

Robbins, Bruce. "Chomsky's Golden Rule: Comparison and Cosmopolitanism." *New Literary History*, vol. 40, no. 3 (Summer 2009): 547-565.

Robertson, Donald. "The Golden Rule in Stoicism." *The Stoic*, vol. 2, no. 2, February 2020.

Robinson, James. Review of *Die Goldene Regel: Eine Einführung in die Geschichte der antiken und frühchristlichen Vulgärethik*, by Albrecht Dihle. *Journal of the History of Philosophy*, vol. 4, no. 1 (1966): 84-87.

Rodkinson, Michael Levi, translator. *The Babylonian Talmud.* 20 vols. in 10. Boston: The Talmud Society, 1918.

Rönnedal, Daniel. "The Golden Rule: A Defence." *Australasian Journal of Philosophy*, vol. 103, no. 3 (2024): 726-738.

Ropes, James Hardy. *A Critical and Exegetical Commentary on the Epistle of St. James.* International Critical Commentary. Edinburgh: T&T Clark, 1973.

Rorty, Richard. "Truth and Freedom: A Reply to Thomas McCarthy." In *Prospects for a Common Morality*, edited by Gene Outka and John P. Reeder, Jr., 279-291. Princeton, N.J.: Princeton University Press, 1993.

Rost, H. T. D. *The Golden Rule: A Universal Ethic.* Oxford: George Ronald, 1986.

Rousseau, Jean-Jacques. *Discours sur l'origine et les fondements de l'inégalité parmi les hommes.* Amsterdam: Marc Michel Rey, 1755. English translation: *Discourse on the Origin of Inequality*, translated by G. D. H. Cole (International Relations and Security Network). 『인간 불평등 기원론』

______. *Emile, or Education.* Translated by Barbara Foxley, London: J. M. Dent; Rutland, VT: C. E. Tuttle, 1993. 이환 역. 『에밀』 서울: 돋을새김, 2015.

______. *The Political Writings of Jean Jacques Rousseau.* Edited by C. E. Vaughan. 2 vols. Cambridge: Cambridge University Press, 1915.

______. *The Social Contract.* Translated by Christopher Betts. Oxford: Oxford University Press, 1994. 이재형 역. 『사회계약론』 서울: 문예출판사, 2013.

Royal Aal al-Bayt Institute for Islamic Thought. *A Common Word Between Us and You.* Amman, Jordan: Royal Aal al-Bayt Institute for Islamic Thought, 2009.

Ruse, Michael, ed. *Philosophy After Darwin: Classic and Contemporary Readings.* Princeton, N.J.: Princeton University Press, 2009.

Ruse, Michael. *Evolutionary Naturalism.* London: Routledge, 1995.

Russell, L. J. "Ideals and Practice." *Philosophy* 17 (1942): 109-110.

Sachs, Alexander. "Rights, Promises, and Property." In *Moral Principles of Action: Man's Ethical Imperative,* edited by Ruth Nanda Anshen, 228-302. New York: Harper & Brothers, 1952.

Saeed, Sohaib. "The Golden Rule: An Islamic-Dialogic Perspective." Paper presented at the 10th Festival of Spirituality and Peace, Edinburgh, August 2010.

Sagan, Carl. *Billions and Billions: Thoughts on Life and Death at the Brink of the Millennium.* New York: Random House, 1997. 김한영 역. 『에필로그: 칼 세이건이 인류에게 남긴 마지막 메시지』 서울: 사이언스북스, 2001.

Sahih al-Bukhari (하디스 경전 모음)

Sahih Muslim (수니파 경전 모음)

Schaff, Philip, ed. *The Teaching of the Twelve Apostles or the Oldest Church Manual: The Didache and Kindred Documents.* New York: Funk & Wagnalls, 1890.

Schaff, Philip, Alexander Roberts, James Donaldson, A. Cleveland Coxe, and Henry Wace, eds. *Ante-Nicene Fathers and Nicene and Post-Nicene Fathers, Series One and Two.* 38 vols. Peabody, MA: Hendrickson, 2004.

Scheible, Kristen. "The Formulation and Significance of the Golden Rule in Buddhism." In *The Golden Rule: The Ethics of Reciprocity in World Religions,* edited by Jacob Neusner and Bruce Chilton, 116-145. London: Continuum, 2008.

Schlatter, Adolf. *Der Evangelist Matthäus. Seine Sprache, sein Ziel, seine Selbständigkeit. Ein Kommentar zum ersten Evangelium.* 6th ed. Stuttgart: Calwer, 1963.

Schechter, Solomon, ed. *Abot de-Rabbi Nathan,* Version B. New York: Jewish Theological Seminary of America, 1967.

Schleiermacher, Friedrich. *Predigten.* Vol. 3. Leipzig: G. Reimer Nachfolger, 1909.

Schopenhauer, Arthur. *The Basis of Morality.* Translated by Arthur Brodrick Bullock, London: Swan Sonnenschein & Co., 1903. 김미영 역. 『도덕의 기초에 관하여』 서울: 책세상, 2004.

Seneca, Lucius Annaeus. *De Ira, Ad Lucilium Epistulae Morales, De clementia, and De beneficiis.* Edited by John W. Basore and Richard M. Gummere, translated by John W. Basore and Richard M. Gummere. Perseus Digital Library, Tufts University.

______. *Moral Essays.* With an English translation by John W. Basore. London: Heinemann, 1928.

Shaw, George Bernard. "Maxims for Revolutionists." *Man and Superman* (1903). Project Gutenberg.

Sheldon, Charles M. In *His Steps: What Would Jesus Do?* Chicago: Advance Publishing Company, 1897.

Sidgwick, Henry. *The Methods of Ethics.* 7th ed. New York: MacMillan, 1907. Project Gutenberg

Siebig, Paul. *Jesu Bergpredigt: Rabbinische Texte zum Verständnis der Bergpredigt.* Göttingen: Vandenhoeck & Ruprecht, 1924.

Simoncelli, Damiano. "From Natural Law to the Golden Rule: Aquinas Revisited." *Ethics, Politics & Society* 1, no. 1 (May 2018): 261-275.

Singer, Marcus G. "The Golden Rule." *Philosophy: The Journal of the Royal Institute of Philosophy* 38 (1963): 293-314. Reprinted in *The Ideal of a Rational Morality: Philosophical Compositions,* 264-292. Oxford: Oxford University Press, 2003.

______. "Golden Rule." In *Routledge Encyclopedia of Philosophy,* edited by Edward Craig. London and New York: Routledge, 1998.

Sivananda, Swami. *All About Hindusim.* Himalaya: Divine Life Society, 1999.

Spencer, Herbert. *Social Statics; or, The Conditions Essential to Happiness Specified, and the First of them*

Developed. London: John Chapman, 1851.

______. *The Principles of Biology*. 2 vols. London: Williams & Norgate, 1864. Final ed., New York and London: D. Appleton and Company, 1910.

Spier, Raymond E. "The British Public Speaks." *Science and Engineering Ethics* 11, no. 2 (2005): 163-165.

Stace, Walter Terence. *The Concept of Morals*. New York: The Macmillan Company, 1937.

Stanglin, Keith D. "The Historical Connection between the Golden Rule and the Second Greatest Love Command." *Journal of Religious Ethics* 33, no. 2 (June 2005): 357-371.

Steenbuch, Johannes Aakjær. "The Problem of the Negative Version of the Golden Rule in Early Christian Ethics." *Patristica Nordica Annuaria* 34 (2019): 69-78.

Steinsaltz, Adin Even-Israel, trans. *The Babylonian Talmud: The William Davidson Edition*. Sefaria, 2017-present.

Strecker, Georg. *The Sermon on the Mount: An Exegetical Commentary*. Translated by O. C. Dean. Edinburgh: T&T Clark, 1988. Originally published as *Die Bergpredigt: Ein exegetischer Kommentar*. Göttingen: Vandenhoeck & Ruprecht, 1984.

Street, Sharon. "A Darwinian Dilemma for Realist Theories of Value." *Philosophical Studies* 127, no. 1 (2006): 109-166.

Sussman, Lance J. "What Judaism Says About the Golden Rule." Reform Judaism, April 19, 2017. https://www.reformjudaism.org.

Swift, Richard. "Pathways & Possibilities." *New Internationalist*, no. 484 (July 2015).

Sykes, Charles J. *50 Rules Kids Won't Learn in School: Real-World Antidotes to Feel-Good Education*. New York: St. Martin's Press, 2007.

Ṭabarānī, Sulaymān ibn Aḥmad. Al-*Mu'jam al-Kabīr*. 11 vols. Cairo and Riyadh: Maktabat Ibn Taymīyah and Dār al-Ṣumayʿī, 1983.

Tagare, G. V., translator. *The Bhāgavata Purāna*. Edited by J. L. Shastri. 5 vols. Delhi: Motilal Banarsidass Publishers Pvt. Limited, 1994. Online.

"Tainted Money." *New York Times*, April 26, 1905, 10.

Taleb, Nassim Nicholas. *Skin in the Game: Hidden Asymmetries in Daily Life*. New York: Random House, 2018. 김원호 역. 『스킨 인 더 게임: 선택과 책임의 불균형이 가져올 위험한 미래에 대한 경고』. 서울: 비즈니스북스, 2019.

Tapper, Alan. "What Is Wrong with the Golden Rule?" *International Journal of Applied Philosophy* 36, no. 2 (2022): 251-261.

Tasker, J. G. "Golden Rule." In *A Dictionary of Christ and the Gospels*, edited by James Hastings, vol. 1, pp. 653-655. New York: Charles Scribner's Sons, 1906-1908.

Tertullian. *Adversus Marcionem* (*Against Marcion*). Translated by Peter Holmes. In *The Ante-Nicene Fathers: The Writings of the Fathers Down to A.D. 325*, edited by Alexander Roberts, James Donaldson, and Arthur Cleveland Coxe, vol. 3. Buffalo, NY: Christian Literature Publishing Company, 1885-1896.

Terry, Q. C. *Golden Rules and Silver Rules of Humanity: Universal Wisdom of Civilization*. West Conshohocken, PA: Infinity Publishing, 2011.

Thagard, Paul. "Darwin and the Golden Rule: How to Distinguish Differences of Degree from Differences of Kind Using Mechanisms." *Biology and Philosophy* 37, no. 6, art. 58 (2022).

Ṭhānissaro Bhikkhu, trans. *Sutta Nipāta: The Discourse Group*. Valley Center, CA: Metta Forest Monastery, 2016.

Theophilus of Antioch. *Ad Autolycum*. Translated and edited by Robert M. Grant. Oxford: Clarendon Press, 1970.

Thomas, S. B. "Jesus and Kant: A Problem in Reconciling Two Different Points of View." *Mind* 79, no. 314 (1970): 188-199.

Thompson, Rob. "Why Stoics Should Love the Golden Rule?" *Medium*, June 2016.

Thucydides. "Pericles' Funeral Oration." In *History of the Peloponnesian War, Book* 2, Chapters 34-46. Translated by Benjamin Jowett. Perseus Digital Library, Tufts University.

Tillich, Paul. *Love, Power, and Justice: Ontological Analyses and Ethical Applications*. Oxford: Oxford University Press, 1954. 성신형 역. 『사랑, 힘 그리고 정의』. 서울: 한들출판사, 2017.

______. *The New Being*. New York: Charles Scribner's Sons, 1955. 강원룡 역. 『새로운 존재』. 서울:대한기독교서회, 1960.

Tolstoy, Lev. *What Is Religion? and Other New Articles and Letters*. Translated by V. Tchertkoff and A. C. Fifield. New York: Thomas Y. Crowell & Company, 1902.

Trickey, David. "The Golden Rule vs the Platinum Rule: The Trap of Projecting Similarity." *SIETAR-Europe*,

December 2020.

Untea, Ionut. "The Golden Rule in Interfaith Relations from Early Modern to Contemporary Times: The Evolution of Arguments for Religious Tolerance." *Eu-topias*, vol. 10 (November 2015): 151-162.

Uzgalis, William. "John Locke." *Stanford Encyclopedia of Philosophy*, edited by Edward N. Zalta, originally published September 1, 2001. https://plato.stanford.edu/.

Van Bruggen, J. *The Future of the Bible*. Nashville and New York: Thomas Nelson, 1978.

Vogel, Gretchen. "The Evolution of the Golden Rule." *Science* 303, no. 5661 (February 20, 2004): 1128-1131.

Voltaire. *Œuvres complètes de Voltaire*. Paris: Garnier Frères, 1879.

______. "Religion." In *Philosophical Dictionary*. Translated by H.I. Woolf. New York: Knopf, 1924. https://www.gutenberg.org/.

______. "Tolerance." In *Philosophical Dictionary*. Translated by H.I. Woolf. New York: Knopf, 1924. https://www.gutenberg.org/.

von Fritz, Kurt. "Relative and Absolute Values." In *Moral Principles of Action: Man's Ethical Imperative*, edited by Ruth Nanda Anshen. New York: Harper & Brothers, 1952.

Votaw, Clyde W. "Sermon on the Mount." In *A Dictionary of the Bible, Extra Volume*, edited by James Hastings. Edinburgh: T&T Clark, 1909.

Wallace, William. *Kant*. Edinburgh and London: William Blackwood and Sons, 1882.

Walton, John H. *The Lost World of Adam and Eve: Genesis 2-3 and the Human Origins Debate. The Lost World Series*. Downers Grove, IL: InterVarsity Press, 2015. 김광남 역. 『아담과 하와의 잃어버린 세계: 역사적 아담의 기원과 정체에 관한 논쟁』. 서울: 새물결플러스, 2018.

Wang Yang-ming. *Instructions for Practical Living and Other Neo-Confucian Writings*. Translated by Wing-tsit Chan. New York: Columbia University Press, 1963.

Wattles, Jeffrey. *The Golden Rule*. New York and Oxford: Oxford University Press, 1996.

Weiss, Paul. "The Golden Rule." *The Journal of Philosophy* 38, no. 16 (July 1941): 421-430.

______. *Man's Freedom*. New Haven, CT: Yale University Press, 1950.

Weller, Terry. "North American Interfaith Network Explores the Golden Rule." *The Interfaith Observer*, Seattle University, July 2011. http://www.theinterfaithobserver.org/.

Whately, Richard. *Introductory Lessons on Morals, and Christian Evidences*. Cambridge, MA: J. Bartlett, 1856.

______. "A Critique of the Golden Rule." In *The Moral Life: An Introductory Reader in Ethics and Literature*, edited by Louis P. Pojman, 334-337. New York: Oxford University Press, 2000.

Wilson, Andrew, ed. *World Scripture: A Comparative Anthology of Sacred Texts*. New York: International Religious Foundation, 1991.

Wilson, Walter T. *The Sentences of Sextus: Critical Text, Translation, and Commentary. Wisdom Literature from the Ancient World*, vol. 1. Atlanta: Society of Biblical Literature Press, 2012.

Wittgenstein, Ludwig. *Philosophical Investigations (Philosophische Untersuchungen)*. Translated by G. E. M. Anscombe. 3rd ed. New York: Macmillan, 1958.

Wollmuth, Emily M. "Darwinian Evolutionary Theory and Constructions of Race in Nazi Germany: A Literary and Cultural Analysis of Darwin's Works and Nazi Rhetoric." Departmental Honors Project, Hamline University, 2017.

Wright, N. T. *God and the Pandemic: A Christian Reflection on the Coronavirus and Its Aftermath*. Grand Rapids, MI: Zondervan Reflective, 2020. 이지혜 역. 『하나님과 팬데믹: 코로나와 포스트 코로나 시대에 대한 기독교적 성찰』. 서울: 비아토르, 2020.

Yehoash, trans. *Pirkei Avot: Ethics of the Fathers*. https://www.chabad.org/.

Younghusband, Francis. "Some Laymen's Needs." *The Hibbert Journal* 12, no. 1 (January 1914): 17-35.

Zahn, Theodor. *Das Evangelium des Matthäus*. 4. Auflage. Leipzig: A. Deichert'sche Verlagsbuchhandlung, 1922.

3. 기타 자료

D. Kim. "동요 '등대지기'의 원곡을 찾아서". 네이버 블로그, 2011년 8월 4일.

Online Religious Texts: Buddhism, Hinduism, Zoroastrianism, Islam.

Udana: Exalted Utterances. Translated by Ānandajoti Bhikkhu. PDF. https://www.ancient-buddhist-texts.net/.

Wikipedia articles: "The Golden Rule," "Buddhism," "Confucianism," "Cosmopolitanism" "Hinduism," "Quod tibi fieri non vis, alteri ne feceris,"

권수경

서울대학교에서 철학BA, 1984을 전공한 뒤 고려신학대학원에서 신학M. Div., 1990을 공부하였다. 1991년 도미하여 예일대학교 신학대학원에서 철학신학 전공으로 신학석사STM, 1993 학위를, 예일대학교 대학원 종교학과에서 종교철학 전공으로 박사Ph. D., 2007 학위를 받았다. 박사 학위 논문은 독일 관념론 철학자 프리드리히 셸링F. W. J. Schelling이 다룬 기독교와 다른 종교의 관계를 사상사 관점에서 분석한 것이다. 학위 과정 중 전임목회도 병행하여 코네티컷 한인교회에서 4년, 그리니치 한인교회에서 17년을 담임목사로 일했다. 고려신학대학원에서 초빙교수로 변증학, 기독교 윤리학, 포스트모더니즘, 자연과학과 기독교 세계관, 기독교와 인문학 등의 과목을 가르쳤고, 현재는 일원동교회 담임 목사로 섬기고 있다.

저서로는 일반상식과 성경의 차이점을 해설한 『질그릇에 담은 보배』복있는사람, 2017, 한국교회의 재물 숭배를 비판한 『번영복음의 속임수』SFC, 2019, 현대 사상 및 세계관을 근거로 한국교회의 위기를 진단한 『변하는 세상 영원한 복음』SFC, 2020, 시대를 뛰어넘은 천재 파스칼의 성찰과 삶을 살핀 『파스칼 평전』깃드는숲, 2024 등이 있고, 『벌코프 조직신학』루이스 벌코프 저, CH북스, 2017, 『구속사적 설교의 원리』시드니 그레이다누스 저, SFC, 2003를 번역하였다. 공저로는 『AI 시대, 교회교육을 답하다!』생명의양식, 2025, 『정치에 빠진 교회』, 『한국교회, 어디로 가나?』이상 야다북스, 2025 등이 있다.